U1075393

最高人民法院民事审判第三庭 编

最高人民法院
知识产权审判案例指导

最高人民法院知识产权案件
法律适用问题年度报告及案例全文

第 16 辑

中国法治出版社
CHINA LEGAL PUBLISHING HOUSE

出版说明

为进一步充分发挥最高人民法院审判案例的示范和指引作用，从2008年起，最高人民法院每年对自身审理的知识产权典型案件进行分析、梳理和归纳，形成最高人民法院知识产权案件年度报告，并在“4·26”世界知识产权日期间向社会公布报告的摘要内容，既总结了审判经验和统一了法律适用标准，又推进了司法公开，赢得了社会的广泛关注和普遍好评。

但是限于篇幅，案件年度报告只是整理和归纳相关的典型法律适用问题，难以反映案件的全貌。应读者的要求，我们将案件年度报告及其所涉及的裁判文书整理和汇编成书，忠实记录我国知识产权司法保护进程中每一个前进的脚印，以每年一册的形式奉献给读者。

目　录

最高人民法院知识产权案件法律适用问题年度报告（2023）

审判案例指导（最高人民法院2023年典型知识产权案件裁判文书选登）①

① 本书中个别案例未收录与年度报告对应的裁判文书，因此裁判文书部分的标题序号不连贯。另，部分案例对应的裁判文书相同，为避免重复收录，目录上均已标注“存目　参见第×页”。

最高人民法院

知识产权案件法律适用问题

年度报告（2023）

序　言

2023 年，最高人民法院坚持以习近平新时代中国特色社会主义思想为指导，全面贯彻党的二十大精神，深入贯彻习近平法治思想，深刻领悟“两个确立”的决定性意义，不断增强“四个意识”、坚定“四个自信”、做到“两个维护”，深化知识产权审判理念变革，充分发挥审判职能作用，坚持把“公正与效率”工作主题落到实处，奋力书写服务和支撑中国式现代化的新篇章。本年度报告从最高人民法院 2023 年审结的知识产权案件中梳理出下列 41 个法律适用问题。

一、专利案件审判

（一）专利民事案件

▶1. 专利侵权诉讼程序中转让专利权时停止侵害责任的认定

【裁判要旨】

侵害专利权纠纷案件审理期间，原专利权人转让涉案专利权的，其诉讼主体资格不受影响。人民法院认定被诉侵权行为构成侵权的，应当依法支持原专利权人关于停止侵害的诉讼请求，但被诉侵权人能够证明其已获现专利权人许可的除外。

【关键词】

实用新型专利　侵权　专利权转让　诉讼主体资格　停止侵害

【案号】

（2022）最高法知民终 1923 号

【基本案情】

在陈某诉深圳市智某科技有限公司（以下简称智某公司）、张某伟侵害实用新型专利权纠纷案[①]中，原专利权人陈某诉称：其从智某公司的网店公证购得被诉侵权产品，被诉侵权技术方案落入专利号为201621096840.3、名称为“一种磁吸式数据线”实用新型专利权的保护范围。故请求判令：智某公司停止侵权，赔偿损失及合理费用共计5万元，由该公司的唯一股东张某伟对赔偿损失承担连带责任。智某公司、张某伟辩称：被诉侵权产品使用的是现有技术，请求依法驳回陈某的诉请。法院审理查明：陈某于2018年5月17日向国家知识产权局申请了涉案专利，于2019年1月4日获得授权。陈某在1688网站名为“智某公司”购买了被诉侵权产品，并经（2020）深证字第124529号公证书公证。陈某主张智某公司实施了许诺销售、销售的侵权行为。智某公司确认被诉侵权产品由其许诺销售、销售。智某公司成立于2015年7月，系自然人独资的有限责任公司，张某伟为其唯一股东。张某伟未提交证据证明智某公司财产与其个人财产彼此独立。一审庭审后，2022年1月14日，涉案专利的专利权人由陈某变更为案外人王某基，国家知识产权局于同年2月25日予以公告。广东省深圳市中级人民法院于2022年7月22日作出（2021）粤03民初5037号民事判决：智某公司赔偿陈某经济损失及维权合理费用共计2万元，张某伟对该债务承担连带清偿责任；驳回陈某的其他诉讼请求。智某公司、张某伟均不服，提出上诉。最高人民法院于2023年11月8日作出（2022）最高法知民终1923号民事判决：驳回上诉，维持原判。

【裁判意见】

最高人民法院二审认为，被诉侵权技术方案具有涉专利权利要求1全部技术特征，落入了涉案专利权利要求1的保护范围。将被诉侵权产品技术特征与智某公司提交的现有技术专利相比对，该现有技术专利并没有公开被诉落入涉案专利权保护范围的“止挡块”这一技术特征，智某公司所主张的现有技术抗辩不成立。一审法院综合考虑涉案专利权类别、侵权行为的性质、情节以及陈某所支出的维权合理开支等因素，酌情确定本案赔偿金额2万元并无不当。关于一审法院未予判令智某公司停止侵权的问题，陈某虽没有上诉，但依据《最高人民法院关于适用〈中华人民共和国民事诉讼法〉的解释》（以下简称民事诉讼法司法解释）第三百二十一条“第二审人民法院应

---

① 本案裁判文书参见第93页。

当围绕当事人的上诉请求进行审理。当事人没有提出请求的，不予审理，但一审判决违反法律禁止性规定，或者损害国家利益、社会公共利益、他人合法权益的除外”的规定，一审法院未予判令智某公司、张某伟停止侵权，适用法律有误，主要分析如下：民事诉讼法司法解释第二百四十九条规定：“在诉讼中，争议的民事权利义务转移的，不影响当事人的诉讼主体资格和诉讼地位。人民法院作出的发生法律效力的判决、裁定对受让人具有拘束力。受让人申请以无独立请求权的第三人身份参加诉讼的，人民法院可予准许。受让人申请替代当事人承担诉讼的，人民法院可以根据案件的具体情况决定是否准许；不予准许的，可以追加其为无独立请求权的第三人。”依据该规定，在侵害专利权纠纷诉讼过程中，专利权发生转让的，原专利权人作为该案原告的诉讼主体资格不受影响，该案生效裁判对专利权受让人具有拘束力。人民法院认定构成侵害专利权的，应当依法支持原专利权人关于判令被告停止侵害的诉讼请求，但被告能够证明其已获得专利权受让人许可的除外。本案中，一审庭审后，涉案专利权利人由陈某变更为王某基，一审判决在认定智某公司未经权利人许可，销售、许诺销售被诉侵权产品，构成对涉案专利权的侵害的情况下，以涉案专利权人在一审判决之前已进行了变更为由，驳回陈某关于停止侵权的诉请，一方面违反了民事诉讼法司法解释第二百四十九条之规定，依据该规定陈某的全部诉讼主张、行为及后果都及于王某基，不能仅因专利权人发生变化，而不予支持陈某关于停止侵权的诉请；另一方面在一定程度上会放任侵权行为继续发生，对专利权受让人王某基的合法权益造成损害，不符合专利法保护专利权人合法权益、鼓励发明创造的立法精神。故一审法院仅以专利权人进行了变更为由驳回陈某关于停止侵权的诉请的做法不妥，予以纠正。考虑到陈某在二审中已认可被诉侵权产品在涉案网站上的相关链接已被删除，不再增加停止侵权的判项。

▶2. 数值限定技术特征的等同认定

【裁判要旨】

对于发明或者实用新型专利中以数值或者连续变化的数值范围限定的技术特征，不宜绝对排除等同原则的适用，但应予严格限制。当具有差异的数值或者数值范围系以基本相同的技术手段，实现实质相同的功能，达到实质相同的效果，且本领域技术人员无须经过创造性劳动就能够联想到；同时，综合考虑技术领域、发明类型、权利要求修改内容等相关因素，认定有关技术特征等同既不违背社会公众对权利要求保护范围的合理期待，又可以公平保护专利权的，可以认定构成等同技术特征。

【关键词】

发明专利　侵权　数值限定技术特征　等同

【案号】

（2021）最高法知民终985号

【基本案情】

在深圳市富某自行车配件有限公司（以下简称富某公司）诉上海永某自行车有限公司（以下简称永某公司）、广州晶某贸易有限公司（以下简称晶某公司）侵害发明专利权纠纷案①中，富某公司诉称：永某公司、晶某公司存在制造、销售侵权产品等行为，侵害了富某公司专利号为201310348393.0、名称为“一种伸缩套管锁紧装置”的发明专利权。故请求判令：永某公司、晶某公司停止侵害并连带赔偿经济损失100万元及维权合理开支6188元。永某公司辩称：永某公司不是该产品的制造商，也没有专用设备和模具。在收到本案传票之后，被诉侵权产品已全部下架。永某公司销售的产品有合法来源，依法无须承担赔偿责任。即使认定侵权，富某公司索赔100万元金额过高。晶某公司辩称：晶某公司销售被诉侵权产品有合法来源，不应承担赔偿责任。法院经审理查明：富某公司请求保护涉案专利权利要求1，即：一种伸缩套管的锁紧装置，包括上端口沿壁体轴向设有导槽（12）的套管（7）、插入该套管（7）的插入管（1）、套于所述套管上端口外圆的束环夹（4）、连接于所述束环夹开口端的偏心锁紧手柄（3），所述的插入管（1）外圆壁面上沿轴向设置有平面结构（8）；所述束环夹（4）的内圆壁面设有限位块（9），该限位块朝向束环夹中心的为一限位平面，该限位平面与所述插入管（1）外圆壁面的平面结构（8）相贴合，其特征在于：所述限位块（9）的背面呈弧形面，限位块（9）背面由一导片（10）与束环夹（4）的内圆壁面连接，该导片（10）卡于所述套管（7）的导槽（12）中，所述限位块（9）背面的弧形面贴合于所述套管（7）的内圆壁面；所述限位块（9）的限位平面的横向宽度（L）为束环夹（4）的内径的0.5-0.8倍。双方当事人关于技

---

① 本案裁判文书参见第102页。

术方案的唯一争议是，涉案专利限定了“限位块的限位平面的横向宽度（即L）为束环夹的内径的0.5-0.8倍”，被诉侵权产品对应的L是束环夹内径的0.45倍，二者是否构成等同。广州知识产权法院于2021年1月4日作出（2019）粤73知民初1399号民事判决：驳回富某公司的全部诉讼请求。富某公司不服，提出上诉。最高人民法院二审查明，涉案专利权利要求1在专利实质审查过程中有过多次修改，其申请文本为：1. 一种伸缩套管的锁紧装置，包括上端口沿壁体轴向设有导槽（12）的套管（7）、插入该套管（7）的插入管（1）、套于所述套管上端口外圆的束环夹（4）、连接于所述束环夹开口端的偏心锁紧手柄（3），其特征在于：所述的插入管（1）外圆壁面上沿轴向设置有平面结构（8）；所述束环夹（4）的内圆壁面设有限位块（9），该限位块朝向束环夹中心的为一限位平面，该限位平面与所述插入管（1）外圆壁面的平面结构（8）相贴合，限位块（9）由一导片（10）与束环夹（4）的内圆壁面连接，该导片（10）卡于所述套管（7）的导槽（12）中。2. 如权利要求1所述的伸缩套管的锁紧装置，其特征在于：所述限位块（9）的限位平面的横向宽度（L）为束环夹（4）的内径的0.5至0.8倍……专利实质审查过程中，富某公司曾将上述权利要求2的附加技术特征添加至权利要求1。国家知识产权局《第四次审查意见通知书》指出修改后的权利要求1不具备《中华人民共和国专利法》第二十二条第三款规定的创造性。基于此，富某公司对权利要求1修改增加了“所述限位块（9）的背面呈弧形面”和“所述限位块（9）背面的弧形面贴合于所述套管（7）的内圆壁面”技术特征并获得授权。最高人民法院于2023年4月26日作出（2021）最高法知民终985号民事判决：一、撤销广州知识产权法院（2019）粤73知民初1399号民事判决；二、永某公司于本判决生效之日起十五日内向富某公司赔偿经济损失30万元，支付合理维权开支6188元；三、驳回富某公司的其他诉讼请求。

【裁判意见】

最高人民法院二审认为，对于发明或者实用新型中以数值或者连续变化的数值范围限定的技术特征，不宜绝对排除等同原则的适用。也即，除非本领域普通技术人员阅读权利要求书、说明书及附图后认为专利技术方案特别强调该数值或者数值范围对技术特征的限定作用，否则仍应站位于本领域普通技术人员视角，结合有关数值的差值相对于数值限定的技术特征在整体技术方案中所起的作用有无实质性影响认定其是否构成等同技术特征。同时，专利权利要求具有公示性，为保障社会公众利益，对于以数值或者数值范围限定的技术特征，在适用等同原则时应予严格限制。只有数值或数值范围上的差异对本领域普通技术人员而言属于显而易见的基本相同的技术手段，所实现的技术功能和达到的技术效果实质相同，综合考虑技术领域、发明类型、权利要求修改内容等相关因素后，认定等同既不违背社会公众对权利要求保护范围的合理期待，又可以公平保护专利权利益的，才能够认定构成等同技术特征。本案中，根据专利授权审查档案可以确认，争议技术特征“限位块的限位平面的横向宽度（即 L）为束环夹的内径的 0.5 至 0.8 倍”并非涉案专利发明点。涉案专利获得授权是基于专利申请人根据国家知识产权局《第四次审查意见通知书》对权利要求 1 增加了限位块背面与套管内圆壁面相配合的弧形面结构技术特征。在此情形下，对于认定涉案专利技术方案的上述数值范围特征不宜完全排除等同侵权的可能性。结合专利说明书［0011］段关于“保持限位平面的横向宽度最好大于束环夹内径的 0.5 倍，以保证限制插入管的相对转动”的记载，本领域技术人员可知，上述数值范围在专利技术方案中的作用是为保障插入管的稳定性。因此，对于能够解决同一技术问题的特别接近限定数值范围内的数值，仍存在将其纳入等同技术特征认定范围的有限可能性。因被诉侵权产品与涉案专利相比，数值比例差值仅为 0.05，差值范围在 10%以内，对于自行车领域技术人员而言，二者所采用的技术手段基本相同，而且所实现的功能和达到的效果实质相同，故应认定二者构成等同技术特征。综上，被诉侵权产品具有与涉案专利权利要求 1 记载的全部技术特征相同或者等同的技术特征，落入涉案专利权的保护范围。

▶3. 专利权利有效性对于专利权属纠纷案件审理的影响

【裁判要旨】

即使专利申请被驳回或者专利权被宣告无效，无过错方当事人也可以依据专利申请权或者专利权权属纠纷案件中对发明创造权益归属的认定结果，向有过错的当事人另行主张法律救济。故专利申请权或者专利权权属纠纷案件中，所涉专利申请被驳回或者专利权被宣告无效的，人民法院仍可以根据具体案情继续审理。

【关键词】

专利权权属　专利申请被驳回　专利权被宣告无效　继续审理

【案号】

（2021）最高法知民终 2312、2395 号

【基本案情】

在深圳市优某机电科技发展有限公司（以下简称优某公司）诉深圳市盛某电子有限公司（以下简称盛某公司）、郑某时、郭某专利权权属纠纷案①中，优某公司诉称：专利权人为盛某公司、发明人为郑某时的名称为“一种超静音管道风机”、专利号为 201620905578.6 的实用新型专利权（以下简称为涉案专利一）及名称为“一种高风量风压管道风机”、专利号为 201520515431.1 的实用新型专利权（以下简称涉案专利二）均系其公司法定代表人郭某在两涉案专利申请日之前完成的职务发明，故提起诉讼，要求判令两涉案专利权归优某公司所有，发明人为郭某。广东省深圳市中级人民法院于 2021 年 8 月 24 日作出（2020）粤 03 民初 912、913 号民事判决：两涉案专利权归优某公司所有，发明人为郭某。盛某公司不服，提出上诉。二审程序中，案外人刘某广作为无效宣告请求人，于 2021 年 12 月 14 日向国家知识产权局提出无效宣告请求，以两涉案专利不具备创造性为由，请求宣告涉案专利权无效，国家知识产权局于 2022 年 5 月 23 日作出第 56126 号（针对涉案专利一）、第 56187 号（针对涉案专利二）无效决定，宣告两涉案专利权全部无效。在法定期限内，盛某公司作为登记的专利权人并未提起行政诉讼，第 56126 号、第 56187 号无效决定已经生效。二审程序中优某公司主张，第 56126 号、第 56187 号无效决定生效后，其仍主张申请涉案专利的发明创造相关权益归其所有。盛某公司及郑某时不同意优某公司的上述主张，认为涉案专利权被宣告无效后，优某公司上述请求并非本案审理范围，应另案起诉，且本案中，优某公司怠于行使权利，在诉讼过程中未及时申请中止无效宣告行政审查程序，故不应再准许优某公司变更诉讼请求。最高人民法院认为，涉案专利权被宣告无效后专利权权属纠纷案件也应当继续审理，根据在案证据，可以认定郭某为涉案发明创造的实际发明人之一，故于 2023 年 12 月 13 日作出（2021）最高法知民终 2312、2395 号民事判决：撤销原判，涉案发明创造权

① 本案裁判文书参见第 115 页。

益归优某公司所有，郭某为涉案发明创造的发明人。

【裁判意见】

最高人民法院二审认为，依据《中华人民共和国专利法》第二条第一款、第三款和第六条、第二十二条第一款的规定，一项发明创造的权利归属，与该发明创造能否获得专利授权以及能否在确权程序中维持专利权有效，属于不同的法律关系，法律判断标准并不相同。专利授权确权纠纷，所要判断的是一项发明创造是否具备授予专利权的条件；而专利申请权及专利权权属纠纷案件，所要判断的系一项发明创造的权益归属，应当以原告对所主张的发明创造是否具有受法律保护的利益为判断标准，而不应以专利是否授权以及专利权是否维持有效为前提。即使专利申请被驳回或者专利权被宣告无效，无过错方当事人也可以依据专利申请权及专利权权属纠纷案件中对发明创造权益归属的认定结果，向有过错的当事人另行主张侵权责任。因此，专利申请权及专利权权属纠纷案件中，所涉专利申请被驳回或者专利权被宣告无效的，人民法院仍应对所涉发明创造的权益归属进行审理。

本案中，因二审审理期间涉案专利权被宣告无效，优某公司明确请求判令涉案发明创造权益归其所有；盛某公司抗辩认为优某公司二审要求认定涉案发明创造权益归其所有的主张，不属于本案审理范围。如前所述，虽然涉案专利权被宣告无效，涉案发明创造对应的专利权自始无效，但是并不能排除涉案发明创造上还有其他的民事权益，优某公司明确请求判令涉案发明创造权益归其所有，应依法对其诉讼请求予以审理。

▶4. 侵权警告未明确具体产品时被警告侵权产品的确定

【裁判要旨】

专利权利人的侵权警告未明确其所指向的具体产品的，人民法院可以在被警告人因该警告而受到负面影响的产品范围内，结合被警告人的诉讼请求，合理确定确认不侵害专利权纠纷案件应当审理的具体产品范围。

【关键词】

确认不侵害知识产权　专利　侵权警告　被警告侵权产品

【案号】

（2022）最高法知民终 1744 号

【基本案情】

在北京博某信息技术有限公司（以下简称博某公司）诉东莞华某电子科技有限公司（以下简称华某公司）、广州阔某电子科技有限公司（以下简称阔某公司）确认不侵害知识产权纠纷案[①]中，博某公司诉称：华某公司针对博某公司、阔某公司的侵权警告函未明确侵权产品具体型号，博某公司生产的手机检测门涉及三款产品，型号分别为BYing-Ljw0088、KWS-D6、XYD-II，华某公司侵权警告函应当指向了博某公司生产、销售的上述手机检测门产品，由此给其造成了一定的负面影响。故请求判令：确认博某公司生产、销售的手机检测门产品不侵害华某公司拥有的两项涉案专利权（即专利号为201610291906.2、名称为“一种金属分类的图像显示方法及装置”的发明专利和专利号为201610182859.8、名称为“手机探测的标定方法、测试方法及其系统”的发明专利）及其系统，华某公司消除侵权警告函所带来的影响。华某公司辩称：博某公司和阔某公司生产制造、销售给宿州市公共资源交易管理局和广东省广州女子监狱的手机检测门产品侵害了华某公司的涉案专利权。阔某公司述称：同意博某公司的诉请，恳求支持博某公司的全部诉讼请求。法院经审理查明：华某公司系涉案专利的权利人，本案争议被警告侵权产品涉及手机检测门。2018年10月至2019年9月，华某公司向多个案外招标单位发送侵权产品告知函称，博某公司和阔某公司所生产的手机检测门仿制了华某公司产品，侵害了该公司多项涉案专利权，现就上述侵权产品情况予以告知，并保留追究法律责任的权利。该侵权产品告知函并未明确具体的手机检测门产品型号。一审程序中，阔某公司、博某公司分别就型号XYD-II产品及型号KWS-D6产品进行公证证据保全，公证处分别出具了第16404号公证书和第01182号公证书。一审现场勘验时，华某公司明确侵权产品告知函仅指博某公司和阔某公司生产销售的、型号为XYD-II的手机检测门。同时，第16404号公证书中的型号为XYD-II产品实物因保管不善而丢失。为此，阔某公司再次就型号XYD-II产品进行公证证据保全，公证处出具第16318号公证书。北京知识产权法院认为，本案的审理范围应为型号为XYD-II的手机检测门是否落入涉案专利权的保护范围，博某公司关于其他产品的诉讼请求不应在本案中予以处理。同时，鉴于在先公证封存的型号为XYD-II的产品实物因保管不善而丢失，虽经再次公证封存了同一款产品，但现有证

---

① 本案裁判文书参见第140页。

据无法证明该产品与第16404号公证书中的产品具有同一性，华某公司亦明确表示不同意以再次公证封存的产品与涉案专利进行侵权比对，因此在缺乏产品实物进行技术特征比对的情况下，现有证据无法认定型号为XYD-II的手机检测门产品是否落入涉案专利权的保护范围。北京知识产权法院于2021年11月29日作出（2019）京73民初213号民事判决：驳回博某公司的诉讼请求。博某公司不服，提出上诉。最高人民法院于2023年9月11日作出（2022）最高法知民终1744号民事裁定：一、撤销北京知识产权法院（2019）京73民初213号民事判决；二、本案发回北京知识产权法院重审。

【裁判意见】

最高人民法院二审认为，确认不侵害专利权之诉的目的在于使被警告人或利害关系人有渠道摆脱因受到警告所处的不安状态，从而开展正常的生产经营。人民法院在处理该类纠纷时，基于确认不侵害专利权之诉的法律目的，首先需要查明权利人的警告所涉及的行为和产品范围，以明确警告给被警告人可能带来的负面影响范围。在大部分情况下，权利人的警告对侵权产品会有明确具体的指向。如果权利人的侵害专利权警告未明确其所指向的具体被警告侵权产品的，人民法院可以在被警告人因该警告而受到负面影响的产品范围内，结合被警告人的诉讼请求，合理确定确认不侵害专利权案件所应审理的具体被警告侵权产品。本案中，华某公司在发出相关警告函时并未明确指向具体的某款侵权产品，但是该警告函所影响的范围在其发出时已经明确，即手机检测门产品。而且，根据现有证据，在华某公司发出警告函时，被警告的手机检测门产品的具体型号尚无法从公开渠道获知，在华某公司未提供证据证明其发出警告函时所针对的具体产品及型号的情况下，有理由认为华某公司侵权警告函针对的是博某公司、阔某公司生产的全部手机检测门产品。华某公司主张，涉案相关项目最终中标的产品系型号为XYD-II的手机检测门产品，且其亦在一审中明确其警告函所针对的对象就是上述XYD-II产品，但是上述理由与陈述并不足以构成对其先前警告函范围的修正与限缩。为此，博某公司有权就其手机检测门系列产品，即型号BYing-Ljw0088、型号KWS-D6、型号XYD-II三款产品及其系统提起确认不侵害专利权之诉。本案阔某公司两次公证的产品型号均为XYD-II，为消除涉案警告函对博某公司XYD-II产品产生的负面影响，一审法院亦应当就该产品是否落入涉案专利权的保护范围进行审理。

▶5. 表征结晶结构的化合物专利以及包含该化合物的组合物专利是否属于可登记专利类型

【裁判要旨】

药品专利纠纷早期解决机制实施办法规定的化学药可登记的专利类型应为药物活性成分化合物专利、含活性成分的药物组合物专利及前两者的医药用途专利。在已有的以分子结构表达的化合物基础上进一步以晶体晶胞参数等表征结晶结构的化合物专利、包含该化合物的组合物专利以及前两者的医药用途专利，尚不属于药品专利纠纷早期解决机制实施办法规定的可登记专利类型。

【关键词】

确认是否落入专利权保护范围　药品专利链接　可登记专利类型　晶型专利

【案号】

（2023）最高法知民终 7 号

【基本案情】

在瑞典某公司诉四川某制药公司确认是否落入专利权保护范围纠纷案①中，瑞典某公司诉称：其系名称为“作为用于治疗糖尿病的 SGLT2 抑制剂的（1S）-1，5-脱水-L-C-（3-（（苯基）甲基）苯基）-D-葡萄糖醇衍生物与氨基酸的结晶溶剂合物和络合物”的发明专利（以下简称涉案专利）的权利人，其将涉案专利授权公告文本的权利要求 9 在中国上市药品专利信息登记平台（以下简称专利信息登记平台）上进行登记，上述权利要求与该公司批准文号为 H20170119 和 H20170120 的达格列净片（以下简称涉案原研药）相关联。四川某制药公司以涉案原研药为被仿制药向国家药监局提交涉案仿制药上市许可申请，并作 4.1 类声明，申请已被受理。瑞典某公司认为涉案仿制药落入涉案专利权利要求 9 的保护范围，请求法院确认涉案仿制药落入涉案专利权利要求 9 的保护范围。四川某制药公司辩称：涉案专利权利要求 9 实质上保护的是晶型专利，不属于《最高人民法院关于审理申请注册的药品相关的专利权纠纷民事案件适用法律若干问题的规定》第二条规定的专利类

① 本案裁判文书参见第 150 页。

型，瑞典某公司无权依据《中华人民共和国专利法》（以下简称专利法）第七十六条提起本案诉讼。法院经审理查明：涉案专利系专利号为200780024135.X，名称为“作为用于治疗糖尿病的SGLT2抑制剂的（1S）-1，5-脱水-L-C-（3-（（苯基）甲基）苯基）-D-葡萄糖醇衍生物与氨基酸的结晶溶剂合物和络合物”的发明专利，专利权人为瑞典某公司。涉案专利目前处于有效状态，其权利要求1和9内容如下：“1. 具有式Ia的结晶结构……其特征在于粉末X-射线衍射图如图1所示。”“9. 权利要求1所述的结晶结构在制备用于治疗哺乳动物的糖尿病、胰岛素抵抗、高血糖……或糖尿病并发症的药物方面的用途。”瑞典某公司在专利信息登记平台登记的相关专利权利要求为涉案专利权利要求9，登记的专利类型为化学药品医药用途专利。涉案原研药的商品名为“安达唐”，通用名为达格列净片，剂型为片剂，规格为10mg，上市许可持有人为瑞典某公司。2021年11月29日，国家药品监督管理局受理了四川某制药公司提出的涉案仿制药注册申请，被仿制药为涉案原研药，针对涉案专利四川某制药公司在专利信息登记平台作出4.1类声明。北京知识产权法院于2022年11月18日作出（2022）京73民初586号民事判决：确认受理号为CYHS2102104国的“达格列净片”仿制药的技术方案落入200780024135.X号发明专利权利要求9的保护范围。四川某制药公司以涉案专利权利要求9属于晶型专利，不属于药品专利链接案件审理的专利类型为由，提出上诉。最高人民法院于2023年6月14日作出（2023）最高法知民终7号民事裁定：一、撤销北京知识产权法院（2022）京73民初586号民事判决；二、驳回瑞典某公司的起诉。

【裁判意见】

最高人民法院二审认为，当事人依据专利法第七十六条第一款提起的诉讼应系因申请注册的药品相关的专利权产生的纠纷提起的诉讼，当事人据以主张权利的专利权应与申请注册的药品相关。由于现行制度下药品上市许可持有人可以自行在专利信息登记平台进行登记，而登记的专利信息未经审查，故在当事人对于涉案专利是否属于可登记专利类型有争议时，人民法院应当在案件审理过程中对此进行审查。《最高人民法院关于审理申请注册的药品相关的专利权纠纷民事案件适用法律若干问题的规定》第二条进一步明确，应根据药品专利纠纷实施办法审查可登记的专利类型。《药品专利纠纷早期解决机制实施办法（试行）》第五条规定：“化学药上市许可持有人可在中国上市药品专利信息平台登记药物活性成分化合物专利、含活性成分的药物组合物专利、医药用途专利。”对于该条规定的三种可登记专利类型所涵盖的范围应进行综合认定：首先，该条表明并非所有化合物专利和组合物专利均可登记，在其对药品化合物专利、药品组合物专利作出限定的前提下，如果对“医药用途专利”不作任何限定，则会出现本不可登记的药品化合物、药品组合物对应的医药用途专利却可以登记的情形，这显然不符合对前两种类型专利限定的本意，亦不符合规范性文件的行文逻辑。结合整体文义进行理解，药品专利纠纷早期解决机制实施办法规定可登记的专利类型应为药物活性成分化合物专利、含活性成分的药物组合物专利及前两者的医药用途专利。其次，药品专利纠纷早期解决机制并非解决药品专利纠纷的唯一途径，对适用于这一特殊机制的药品专利范围原则上不能随意作扩大解释。在已有的以分子结构表达的化合物基础上进一步以晶体晶胞参数和空间群、晶体 XRPD 图（数据）、固相 NMR 图（数据）等特征表征结晶结构的化合物专利以及包含该化合物的组合物专利不应包括在药品专利纠纷早期解决机制实施办法规定的药物活性成分化合物专利、含活性成分的药物组合物专利的范围内。最后，制定药品专利纠纷早期解决机制实施办法的国家行政主管机关发布的《〈药品专利纠纷早期解决机制实施办法（试行）〉政策解读》关于“相关专利不包括中间体、代谢产物、晶型、制备方法、检测方法等的专利”的规定，可以作为解释登记专利类型的重要参考。本案中，涉案专利权利要求 1 要求保护一种结晶结构，该结晶结构的具体技术特征由附图 1 所示的粉末 X-射线衍射图进行了明确，权利要求 9 所载内容是该结晶结构的具体用途，而非药物活性成分化合物专利和含活性成分的药物组合物专利的医药用途专利。因此，瑞典某公司登记的权利要求并非《药品专利纠纷早期解决机制实施办法（试行）》第五条规定的三种专利类型，其无权依据专利法第七十六条提起本案诉讼，应予驳回起诉。

▶6. 滥用知识产权的认定和处理

【裁判要旨】

行使知识产权应当遵循诚实信用原则，且不得损害他人合法权益。当知识产权被侵害时，权利人可以依法行使诉权，但诉权的行使也应当遵循诚实信用原则，秉持善意，审慎行事。权利人故意以“诱导侵权”“陷阱取证”

“误导性和解”“故意一事两诉”等方式滥用知识产权的，人民法院应当依法采取有效措施予以规制，并可视情依据《最高人民法院关于知识产权侵权诉讼中被告以原告滥用权利为由请求赔偿合理开支问题的批复》，判令权利人承担对方当事人的诉讼合理开支。

【关键词】

发明专利　侵权　诚信原则　滥用权利　诱导侵权　陷阱取证　误导性和解　一事两诉　合理开支

【案号】

（2023）最高法知民终 235 号

【基本案情】

在北京润某科技发展有限公司（以下简称润某公司）诉李某良侵害发明专利权纠纷案[①]中，润某公司诉称：润某公司系专利号为 200710068015.1、名称为“塑料伸缩管及其制造方法”的发明专利权的排他被许可人。个体工商户李某良未经许可，以生产经营为目的，于 2019 年 8 月 7 日销售“下水管”（即被诉侵权产品），被诉侵权产品落入涉案专利权利要求 1 的保护范围。故请求李某良停止侵权并赔偿经济损失及维权合理开支 1 万元，并承担案件诉讼费用。李某良辩称：双方曾因侵害商标权纠纷于 2022 年 2 月 18 日达成和解协议，李某良已赔偿润某公司 2000 元。法院经审理查明：2019 年 8 月 7 日，被诉侵权产品经公证取得。另案（2021）晋 01 民初 1424 号案（以下简称第 1424 号商标侵权案）中，柏某（北京）科技发展有限公司（以下简称柏某公司）于 2021 年以侵害“潜水艇”商标权起诉同一个体工商户李某良，该案被诉侵权产品与本案相同，均为“下水管”，系同一次公证购买所得。在第 1424 号商标侵权案中，柏某公司与李某良于 2022 年 2 月 18 日达成和解协议，约定李某良一次性支付柏某公司 2000 元，双方再无其他争议。柏某公司持有润某公司 100%股权，两公司为关联公司，住所地位于同一地址。山西省太原市中级人民法院于 2022 年 10 月 18 日作出（2022）晋 01 知民初 126 号民事判决：驳回润某公司的诉讼请求。宣判后，润某公司以本案与第 1424 号案完全不同，第 1424 号案和解并不影响李某良在本案承担赔偿责任为由，提出上诉。最高人民法院于 2023 年 10 月 20 日作出（2023）最高

① 本案裁判文书参见第 160 页。

法知民终 235 号民事判决：驳回上诉、维持原判。

【裁判意见】

最高人民法院二审认为，保护专利权人的合法权益，鼓励发明创造，推动发明创造的应用，提高创新能力，促进科学技术进步和经济社会发展，是我国专利法的立法目的。我国商标法也规定，商标法旨在加强商标管理，保护商标专用权，促使生产、经营者保证商品和服务质量，维护商标信誉，以保障消费者和生产、经营者的利益，促进社会主义市场经济的发展。专利权被公告授予、商标被核准注册后，应当受到法律保护；专利权、商标权被侵害，权利人有权依法提起诉讼。本案中，润某公司与柏某公司分别就涉案专利权和“潜水艇”等商标权享有权利，其遵循合法途径提起诉讼，以制止侵权行为，维护自身合法权益，人民法院应予尊重并依法支持。然而，权利的行使必须有一定边界，应当遵循诚实信用原则，且不得损害他人合法权益。《中华人民共和国民法典》第七条规定，民事主体从事民事活动，应当遵循诚信原则，秉持诚实，恪守承诺。第一百三十二条规定，民事主体不得滥用民事权利损害国家利益、社会公共利益或者他人合法权益。《中华人民共和国专利法》（以下简称专利法）第二十条亦明确，申请专利和行使专利权应当遵循诚实信用原则；不得滥用专利权损害公共利益或者他人合法权益。《中华人民共和国民事诉讼法》（以下简称民事诉讼法）第十三条第一款规定，民事诉讼应当遵循诚实信用原则。由此可见，诚实信用原则是我国民事主体从事民事活动、进行民事诉讼均应遵循的一项基本原则。当合法权益被侵害时，权利人可以依法行使诉权，但其诉讼行为应秉持善意、审慎行事，应当符合诚实信用原则。各地法院审理的有关系列案件情况以及初步检索统计数据信息显示，从全国范围来看，润某公司及柏某公司已经提起数千件侵害涉案专利及相关商标的侵权诉讼且主要选择起诉小微零售商，并已经累计获取巨额赔偿。因此，作为有专业团队和充分维权经验的权利人，其更应采取有利于实现专利法、商标法立法目的的诉讼方式与诉讼策略，更应遵循诚实信用原则以保护自身专利权与商标权，更应注重打击侵权源头，重点通过起诉制造者以有效维权并取得赔偿；而不宜仅选择经营小五金、日用杂货小微零售商为被告，更不应以“一事两诉”等非诚信方式滥用权利而损害公民、法人和其他组织的合法权益。本案中，润某公司在关联公司已经与小微零售商达成“一次性支付赔偿金”“双方再无其他争议”的和解协议后，又再行提起本案诉讼，难谓是正当行使权利。首先，润某公司与柏某公司系关联公司，两公司采取“合并取证、分开公证、分别诉讼”的维权方式说明，两公司对诉讼方式与诉讼策略选择明显存在共谋与合意。其次，涉案专利权与“潜水艇”等商标权形式上分别为润某公司与柏某公司所享有有关权利，但两公司作为具有维权共谋与合意的关联公司，且委托同一知识产权代理机构取证，显然明知涉案销售行为既侵害发明专利权也侵害商标权。为制止侵权行为并有效解决纠纷，柏某公司在在先侵害商标权诉讼调解过程中本应告知被告可就侵害专利权问题一并和解解决，但其并未予以告知，显然难言诚信。而润某公司在柏某公司签订的和解协议已经明确“一次性支付赔偿金”“双方之间再无其他争议”后，在同一被告并未实施新的侵权行为情况下，针对同一销售行为再次提出侵害专利权诉讼，其诉讼目的显然并非为制止侵权，而意在获取额外赔偿的非正当利益。最后，润某公司及柏某公司作为关联公司将本可一次解决的纠纷，先后拆分诉讼，既增加作为小微零售商的被告的诉累与经济负担，也造成司法诉讼案件的非正常增长和司法资源的不合理耗费。综上，润某公司提起本案诉讼应当认定为滥用权利。人民法院在保障当事人正当行使专利权的同时，也必须对专利权的行使依法予以引导，以保障有限的司法资源能为专利权人提供必要且充分的司法救济。起诉有合法来源或虽无合法来源证据但明显没有侵权故意的小微零售商而不积极向侵害专利权的制造商主张权利，并非维护专利权的最优方式。对于权利人故意以“诱导侵权”“陷阱取证”“误导性和解”“一事两诉”等方式滥用权利行为，人民法院应依法采取有效措施予以规制。本案润某公司故意“一事两诉”，违反诚实信用原则，滥用权利，并因此致使作为个体工商户的李某良增加交通费等不必要的诉讼开支，应当承担相应的法律责任。依据《最高人民法院关于知识产权侵权诉讼中被告以原告滥用权利为由请求赔偿合理开支问题的批复》有关“在知识产权侵权诉讼中，被告提交证据证明原告的起诉构成法律规定的滥用权利损害其合法权益，依法请求原告赔偿其因该诉讼所支付的合理的律师费、交通费、食宿费等开支的，人民法院依法予以支持”之规定，李某良在本案中请求润某公司赔偿其交通费等合理开支 1000 元，具有法律依据，应予支持。

（二）专利行政案件

▶7. 权利要求放弃式修改的认定

【裁判要旨】

1. 放弃式修改一般是指修改权利要求时引入否定性技术特征，将特定保护对象从原权利要求的保护范围中予以排除，以此限缩原专利权利要求的保护范围；通常仅适用于专利申请因部分重合的抵触申请而丧失新颖性，或者因现有技术意外占先而丧失新颖性，或者基于非技术原因排除专利法不予保护的主题等有限的特定情形。

2. 放弃式修改同样需要符合专利法第三十三条的规定。具体判断时，应当综合考虑原权利要求书和说明书公开的内容、放弃保护的内容、放弃式修改后保留的内容以及三者关系等；如果本领域技术人员能够确定修改后保留的内容在原权利要求书或者说明书中已经直接公开或者隐含公开，则该修改符合专利法第三十三条的规定。

【关键词】

发明专利　驳回复审　权利要求　放弃式修改　专利法第三十三条

【案号】

（2021）最高法知行终 44 号

【基本案情】

在柯某股份有限公司（以下简称柯某公司）诉国家知识产权局发明专利申请驳回复审行政纠纷案①中，柯某公司系申请号为 201480035281.2、名称为“生产由氧化锆制造的有色制品，特别是橙色制品的方法；和根据该方法得到的由氧化锆制造的有色装饰性制品”的发明专利申请的专利申请人。国家知识产权局作出第 172070 号复审请求审查决定，以柯某公司对权利要求的修改属于放弃式修改，而修改后的权利要求不具备创造性为由，认定柯某公司对权利要求的修改不符合《中华人民共和国专利法》（以下简称专利法）第三十三条规定，故维持原驳回决定；柯某公司不服，向北京知识产权法院提起诉讼，请求撤销被诉决定。北京知识产权法院于 2020 年 8 月 26 日作出

---

① 本案裁判文书参见第 170 页。

（2019）京73行初7568号行政判决：驳回柯某公司的诉讼请求。柯某公司不服，提出上诉。最高人民法院于2023年11月29日作出（2021）最高法知行终44号行政判决：一、撤销北京知识产权法院（2019）京73行初7568号行政判决；二、撤销国家知识产权局第172070号复审请求审查决定；三、国家知识产权局就柯某公司针对申请号为201480035281.2、名称为“生产由氧化锆制造的有色制品，特别是橙色制品的方法；和根据该方法得到的由氧化锆制造的有色装饰性制品”的发明专利申请提出的复审请求重新作出审查决定。

【裁判意见】

最高人民法院二审认为，第一，关于专利申请文件修改的一般要求。专利法第三十三条规定：“申请人可以对其专利申请文件进行修改，但是，对发明和实用新型专利申请文件的修改不得超出原说明书和权利要求书记载的范围，对外观设计专利申请文件的修改不得超出原图片或者照片表示的范围。”原说明书和权利要求书记载的范围应该包括如下内容：一是原说明书及其附图和权利要求书以文字或者图形等明确表达的内容；二是所属领域普通技术人员通过综合原说明书及其附图和权利要求书可以直接、明确确定的内容。与上述内容相比，如果修改后的专利申请文件引入新的技术内容，则应认定对该专利申请文件的修改超出原说明书和权利要求书记载的范围，这种修改是不允许的。第二，关于放弃式修改的内涵与要求。所谓放弃式修改一般是指修改权利要求时引入否定性技术特征，将特定保护对象从原权利要求的保护范围中予以排除，以此限缩原专利权利要求的保护范围。放弃式修改所排除保护的内容可能在原说明书和权利要求书中并未直接公开或者隐含公开，因此该修改方式可能引入新的技术内容，与专利法第三十三条关于“对发明和实用新型专利申请文件的修改不得超出原说明书和权利要求书记载的范围”的规定不尽相符。但如果放弃式修改后保留的保护对象在原说明书和权利要求书中已经直接公开或者隐含公开，则基于公平保护专利权人利益的考虑得以允许。因此，对于放弃式修改应该严格审查，通常仅适用于有限的特定情形：例如专利申请因部分重合的抵触申请而丧失新颖性；因现有技术意外占先而丧失新颖性；或者基于非技术原因排除专利法不予保护的主题等。除满足上述形式要求和特定情形外，放弃式修改同样需要符合专利法第三十三条的规定。为此，还应综合考虑原说明书和权利要求书公开的内容、放弃保护的内容以及放弃式修改后保留的内容以及三者关系等确定是否应予准许。在满足上述形式要求和特定情形条件后，综合考虑上述因素，本领域技术人员能够确定修改后保留的内容在原说明书和权利要求书中已经直接公开或者隐含公开，则修改没有违反专利法第三十三条的规定，应予接受。第三，被诉决定关于放弃式修改的审查逻辑值得商榷。被诉决定认为，“如果鉴于对比文件公开的内容影响发明的创造性，而采用具体‘放弃’的方式，从原保护范围中排除对比文件所公开的特征，使得要求保护的技术方案的保护范围从整体上看来明显不包括该部分，由于这样的修改超出了原说明书和权利要求书记载的范围，因此如果不能够根据原始申请记载的内容证明该特征被‘放弃’后的范围时，本发明具备创造性，否则这样的修改不能被允许”。可见，被诉决定的审查逻辑是，先认定放弃式修改超出原说明书和权利要求书记载的范围，再根据该修改能否使得专利申请具备新颖性或者创造性决定应否予以接受；如果该修改使得专利申请具备新颖性或者创造性，则修改可以接受，反之则不予接受。这一逻辑似难以自洽，如果放弃式修改已被认定超出原说明书和权利要求书记载的范围，则不应予以接受，即便该修改使得专利申请具备新颖性或者创造性，亦无法挽救其修改超范围的缺陷。因此，被诉决定应先判断放弃式修改是否超范围以及应否予以接受，认定不超范围且应予接受后再审查修改后的权利要求是否具备新颖性和创造性，而不是相反。第四，关于本案中柯某公司对权利要求 1 的修改是否属于放弃式修改以及应否接受。本案中，柯某公司在复审程序中修改权利要求 1，进一步限定“其中第一混合物不包含氧化铜粉末”，此种修改方式并非对权利要求 1 所涵盖的特定保护对象的排除，而是对于权利要求 1 整体技术方案的进一步限定，不符合放弃式修改的形式要求。同时，该修改亦非出于专利申请因部分重合的抵触申请或者因现有技术意外占先而恢复新颖性所需，更非基于非技术原因排除专利法不予保护的主题所需，不符合放弃式修改的特定情形要求。被诉决定不应接受并评述柯某公司所谓的“放弃式修改”请求，而应当针对驳回决定所依据的文本进行审查。

▶8. 已知化学产品用途发明专利的新颖性判断

【裁判要旨】

已知化学产品用途发明专利所限定的新用途，仅是从不同角度描述或者以不同方法验证申请日前本领域技术人员已经能够确定的该化学产品技术效果的，该所谓新用途不构成该专利与现有技术的区别技术特征。

【关键词】

发明专利　驳回复审　新颖性　已知化学产品用途发明　技术效果

【案号】

（2022）最高法知行终788号

【基本案情】

在徐某军诉国家知识产权局发明专利申请驳回复审行政纠纷案[①]中，徐某军系专利申请号为201611021737.7、名称为“缩短残留农药半衰期和/或完全降解时间的降残方法”的发明专利申请的专利申请人。2018年11月8日，国家知识产权局经其原审查部门审查，决定驳回本申请。徐某军不服驳回决定，向国家知识产权局提出复审。对此国家知识产权局于2020年7月27日作出第221525号复审请求审查决定，认为本申请权利要求1至3相对于对比文件1不具备《中华人民共和国专利法》（以下简称专利法）第二十二条第二款规定的新颖性，权利要求4-10不具备专利法第二十二条第三款规定的创造性，维持国家知识产权局作出的驳回决定。徐某军不服，向北京知识产权法院提起诉讼，请求撤销被诉决定，判令国家知识产权局重新作出决定。北京知识产权法院于2022年8月29日作出（2020）京73行初13452号行政判决：驳回徐某军的诉讼请求。徐某军提出上诉，最高人民法院于2023年12月7日作出（2022）最高法知行终788号行政判决：驳回上诉，维持原判。

【裁判意见】

最高人民法院二审认为，对于已知化学产品的用途发明而言，如果一项已知产品的新用途本身是一项发明，则已知产品不能破坏该新用途的新颖性。这样的用途发明属于使用方法发明，因为发明的实质不在于产品本身，而在于如何去使用它。相反，如果要求保护的所谓的已知产品的新用途仅是描述了产品在申请日前未明确公开但本领域技术人员已经能够确定的技术效果，或者仅从不同角度描述或以不同的验证方法验证了申请日前已经能够确定的技术效果，则其本身不构成一项发明，相对于现有技术不具备新颖性。本案

① 本案裁判文书参见第184页。

中，本申请说明书明确记载了本申请是为有效降低和消除农产品中农药的残留，这与对比文件1的用途并无差别。本申请所称的“作物体内残留农药半衰期和/或完全降解时间”与对比文件1公开的施药后14天在农作物中的残留量相比，二者存在直接的正相关关系，仅仅是从不同角度、以不同的方法和参数验证了相同产品去除农药残留的效果。在产品组成完全相同的情况下，即便本申请验证了作物体内残留农药半衰期和/或完全降解时间，也不因此限定而具有新的用途。并且，尽管对比文件1表1中序号为1.12的施药方式为对比例，但并不意味着本申请以农药半衰期和/或完全降解时间表征的降低农药残留的技术效果相对于该对比例降低农药残留的技术效果有所改进。此外，在混合物的成分、比例、用途、效果均已公开的情况下，发现和验证其中的增效助剂所起到的具体作用，也不属于产生新的用途，故亦不会对新颖性的判断产生影响。因此，本申请权利要求1的技术方案不具备新颖性。

▶9. 包含方法特征的实用新型专利新颖性、创造性判断

【裁判要旨】

对于既包含产品形状、构造，又包含产品制造方法的实用新型专利权利要求，在判断其新颖性、创造性时，如果其方法特征能够使产品具有某种特定形状、构造，则该方法特征对实用新型专利权保护范围具有限定作用。在进行新颖性、创造性判断时，应当将该方法导致的特定形状、构造与现有技术的形状、构造进行比对，而非将该方法本身与现有技术的方法进行比对。

【关键词】

实用新型专利　无效程序　新颖性　创造性　限定作用

【案号】

（2021）最高法知行终422号

【基本案情】

在保定市满某纸业有限公司（以下简称满某公司）诉国家知识产权局、佛山市南海区德某机械制造有限公司（以下简称德某公司）实用新型专利权无效行政纠纷案[①]中，德某公司系专利号为201520898029.6、名称为“一种无胶环保封卷的卷筒”的实用新型专利的专利权人。本专利权利要求1为：

① 本案裁判文书参见第197页。

“一种无胶环保封卷的卷筒，包括处于卷筒最外层的卷筒末圈，其特征在于：在靠近该卷筒末圈尾端处沿卷筒轴向方向形成一相对圆周表面突出的压合部，该压合部由卷筒上的一圈（以下简称技术方案A）或几圈（以下简称技术方案B）卷纸与该卷筒末圈通过机械层间压合方式共同夹出或挤出形成。”2019年2月26日，满某公司针对本专利权提出无效宣告请求。国家知识产权局于2019年9月4日作出第41627号无效宣告请求审查决定，认为本专利权利要求1技术方案A不具备创造性，宣告本专利权部分无效，在权利要求1技术方案B及权利要求2引用技术方案B的技术方案的基础上继续维持本专利权有效。满某公司不服，向北京知识产权法院提起诉讼，请求撤销被诉决定，判令国家知识产权局重新作出决定。北京知识产权法院于2020年12月2日作出（2019）京73行初12602号行政判决：一、撤销国家知识产权局作出的第41627号无效宣告请求审查决定；二、国家知识产权局针对满某公司就第201520898029.6号实用新型专利提出的无效宣告请求重新作出审查决定。德某公司不服，提出上诉。最高人民法院于2023年6月28日作出（2021）最高法知行终422号行政判决：驳回上诉，维持原判。

【裁判意见】

最高人民法院二审认为，实用新型专利权的保护客体仅限于对产品的形状、构造或者其结合所提出新的技术方案，不包括对产品的制造方法、使用方法、处理方法以及将产品用于特定用途等提出的新的技术方案。对于既包含产品形状、构造，也包含产品制造方法的实用新型专利权利要求，在判断其新颖性、创造性时，如果其方法特征能够使产品具有某种特定形状、构造，则该方法特征对实用新型专利权保护范围具有限定作用。但在进行新颖性、创造性判断时，应当将该方法导致的特定形状、构造与现有技术的形状、构造进行比对，判断其是否被现有技术公开、对本领域技术人员是否显而易见，而非就该方法本身与现有技术的方法进行比对。在考量改进动机时，应立足于现有技术的产品本身，而非制造该产品的方法。只有产品本身的形状、构造或其结合相对于现有技术并非显而易见，才对创造性有贡献；原则上不能仅因其权利要求中包含的方法非显而易见而认定其具备创造性。如果实用新型专利权利要求中的方法特征不会对产品的形状、构造产生影响，则该方法特征对实用新型专利权保护范围原则上不具有限定作用。在进行新颖性、创造性判断时，应当仅就除该方法特征外的有关产品形状、构造的技术特征与现有技术的相关形状、构造进行比对。本专利系卷筒产品的实用新型专利，权利要求 1 既包含产品的形状、构造，也包含产品的制造方法。被诉决定认定的本专利权利要求 1 技术方案 B 与证据 1 的区别特征在于：1. 压合部的卷纸层数不同。2. 压合部的机械层间压合方式不同。本专利压合部是通过从两个相对的方向同时施加压力而形成；证据 1 接头则是通过从一个方向施加压力而形成。对此，生效裁判认为，本专利权的保护客体应当是卷筒本身的形状、构造或其结合，而非生产该卷筒的方法，在认定保护范围和进行新颖性、创造性评价时应该排除对产品的形状、构造或其结合不产生影响的制造方法的技术特征。本专利权利要求 1 并未记载从两个方向施力进行夹挤。即使限定了从两个方向向中间施加压力，其也仅仅是对压合部形成方式的限定，无论是从一个方向施力还是从两个方向施力，均不会对最终形成的压合部以及卷筒的形状、构造产生影响。因此，本专利权利要求 1 方案 B 关于压合方式的技术特征不属于本专利的保护范围，在进行创造性评价时，不应将其作为与现有技术的区别特征予以考虑。本专利权利要求 1 技术方案 B 与证据 1 的区别仅在于压合部的卷纸层数不同。本专利的压合部由卷筒上的几圈卷纸与末圈压合形成；而证据 1 的压合部则是由卷筒上的一圈卷纸与末圈压合形成。基于上述区别特征，本专利权利要求 1 技术方案 B 相较于证据 1 实际解决的技术问题是，如何进一步提高压合部的稳固性。关于该区别特征对本领域技术人员来说是否显而易见，生效裁判认为，无论是证据 1 还是本专利，设置压合部的目的均在于将卷纸尾端固定，避免卷纸散开。虽然证据 1 所公开的卷纸生产装置及方法无法制造出几圈卷纸与末圈卷纸压合的卷筒，本领域技术人员也没有动机将证据 1 的装置及方法改进为制造几圈卷纸与末圈卷纸压合的装置及方法。但在考量改进动机时，应立足于现有技术的产品本身，而非制造该产品的方法。只有产品本身的形状、构造或其结合相对于现有技术并非显而易见，才对创造性有贡献；原则上不能仅因其权利要求中包含的方法非显而易见而认定其具备创造性。对于本案来说，应当考虑的是，本领域技术人员为了进一步提高压合部的稳固性，有无动机改进采用证据 1 的装置及方法制造出来的卷筒产品，将一圈卷纸与末圈卷纸压合的卷筒改进为几圈与末圈压合的卷筒；而不是有无动机将证据 1 的制造一圈卷纸与末圈卷纸压合的卷筒的装置或方法改进为制造几圈与末圈压合的卷筒的装置或方法。本领域技术人员公知，机械压合的压合部的层数越多越厚，结合越牢固。因为卷纸单圈的层数可以是单层也可以是多层，由于层数越少纸张越薄，纤维强度越弱，当对单层卷纸进行机械层间压合时，压合部明显不够稳固。证据1明确记载，纸的多层、多张或多片的机械层间结合众所周知。本领域技术人员为了提高压合部的稳固性，取得更好的封尾效果，有动机也容易想到增加与末圈压合的卷纸的圈数，采用几圈与末端压合。故本专利权利要求1技术方案B相对于证据1不具备创造性。被诉决定关于“本专利能够通过较为简单的工序和设备解决了所要解决的技术问题，进一步提高了压合部的稳固性，为本专利带来了有益的技术效果，故本专利权利要求1技术方案B相对于证据1具备创造性”的认定，实际上是将制造本专利产品的方法作为本专利的发明点，认为现有技术未给出该制造方法的技术启示，并据此认定本专利具备创造性。该认定偏离了实用新型专利权保护客体的范围，缺乏事实与法律依据。

▶10. 权利要求撰写明显错误对保护范围是否清楚的影响

【裁判要旨】

本领域技术人员阅读权利要求书和说明书后能够确定权利要求的撰写存在明显错误，且能够确定唯一的正确答案的，原则上应当认为权利要求保护范围清楚。当事人仅以存在该明显错误为由主张权利要求保护范围不清楚的，人民法院不予支持。

【关键词】

实用新型专利　无效程序　权利要求　保护范围清楚明显错误

【案号】

（2022）最高法知行终858号

【基本案情】

在张某诉国家知识产权局、东莞市精某包装机械有限公司（以下简称精某公司）实用新型专利权无效行政纠纷案①中，张某系专利号为201320862896.5、名称为“全自动拼板式制盒机”的实用新型专利的专利权人。2020年9月14日，精某公司针对本专利权提出的无效宣告请求。对此国家知识产权局于2021年3月29日作出第49013号无效宣告请求审查决定，认为本专利权利要求保护范围不清楚、不具备创造性，宣告本专利权全部无效。作为审查基础

① 本案裁判文书参见第213页。

的权利要求如下（共127项权利要求）："1. 一种全自动拼板式制盒机，包括底板输送喷胶工位（1），该工位的输出端连接着产品成型工位（2）的底板输入端，所述产品成型工位（2）具有左、右两侧板输入端，其分别与左侧板输送立板工位（3）和右侧板输送立板工位（5）的输出端相连接，其特征在于，所述左侧板输送立板工位（3）设置有左立板机构（16），所述右侧板输送立板工位（5）设置有右立板机构（31），左立板机构（16）配置有左立板组件和左托条组件，右立板机构（31）配置有右立板组件和右托条组件。2. 如权利要求1所述的全自动拼板式制盒机，其特征在于，右侧板输送立板工位（5）设置有右侧板支撑件（29）。3. 如权利要求2所述的全自动拼板式制盒机，其特征在于，右侧板支撑件（29）上装有右侧板靠板（30）。4. 如权利要求3所述的全自动拼板式制盒机，其特征在于，右侧板支撑件（29）在内侧或外侧任意一侧或两侧设置有右侧板输送装置。5. 如权利要求4所述的全自动拼板式制盒机，其特征在于，所述右侧板输送装置设置有导轨副。6. 如权利要求5所述的全自动拼板式制盒机，其特征在于，所述导轨副为开式直线导轨。7. 如权利要求6所述的全自动拼板式制盒机，其特征在于，所述导轨副为闭式直线导轨……"张某不服，向北京知识产权法院提起诉讼，请求撤销被诉决定，判令国家知识产权局重新作出决定。北京知识产权法院于2022年3月24日作出（2021）京73行初10961号行政判决：驳回张某的诉讼请求。张某提出上诉，最高人民法院于2023年6月20日作出（2022）最高法知行终858号行政判决：一、撤销北京知识产权法院（2021）京73行初10961号行政判决；二、撤销国家知识产权局第49013号无效宣告请求审查决定；三、国家知识产权局就精某公司针对专利号为201320862896.5、名称为"全自动拼板式制盒机"的实用新型专利提出的无效宣告请求重新作出审查决定。

【裁判意见】

最高人民法院二审认为，《中华人民共和国专利法》第二十六条第四款规定，权利要求书应当以说明书为依据，清楚、简要地限定要求专利保护的范围。权利要求书用文字记载的方式表达技术方案，由于文字记载与技术方案之间天然的差异，因此权利要求的语义是否清楚、是否存在明显错误及内容的具体含义均需从本领域技术人员的角度出发进行确定，从而界定专利权的保护范围。如果本领域技术人员通过阅读本专利权利要求书和说明书能够对权利要求得出确定的解释，包括确定权利要求的撰写存在错误及得出确定的正确内容，则应认为对本领域技术人员来说，专利权的保护范围仍是清楚的。为避免权利保护范围的不当扩大或限缩，确保权利的稳定性，对撰写错误的解释仅能针对明显错误。所谓明显错误是指，对于本领域技术人员来说，如果其根据所具有的普通技术知识在阅读权利要求后能够立即发现某一技术特征存在错误，同时结合其具有的普通技术知识，阅读说明书及说明书附图的相关内容后能够立即确定其唯一的正确答案的错误。本专利权利要求5记载“如权利要求4所述的全自动拼板式制盒机，其特征在于，所述右侧板输送装置设置有导轨副”；权利要求6记载“如权利要求5所述的全自动拼板式制盒机，其特征在于，所述导轨副为开式直线导轨”；权利要求7记载“如权利要求6所述的全自动拼板式制盒机，其特征在于，所述导轨副为闭式直线导轨”。仅从本专利权利要求6和7这二者的关系来看，本专利权利要求6记载导轨副为“开式直线导轨”，而权利要求7引用权利要求6，但其记载导轨副为“闭式直线导轨”，故本专利权利要求7中导轨副的形式到底是开式直线导轨还是闭式直线导轨，可能存在不清楚的问题。但是结合说明书及附图的记载来看，说明书第［0160］段记载，实施例1中“所述底板输送装置设置有导轨副，所述导轨副为开式直线导轨”；说明书第［0162］段记载，实施例2“同实施例1，所不同的是，所述导轨副为闭式直线导轨”，因此针对权利要求5的记载即“右侧板输送装置设置有导轨副”，权利要求6和7进一步限定了“导轨副”的结构，而根据本专利说明书的记载，导轨副仅有“开式直线导轨”和“闭式直线导轨”两种结构，故在本专利权利要求6已经明确限定权利要求5中的导轨副为“开式直线导轨”的情况下，本领域技术人员在阅读本专利说明书及附图后，根据本领域普通技术知识，能够确认本专利权利要求7的“闭式直线导轨”实质是对权利要求5中“导轨副”的具体限定。本专利权利要求7中“如权利要求6所述”的撰写属于明显错误，权利要求7的保护范围对本领域技术人员而言是清楚的。

▶11. 专利代理机构、专利代理师借用他人名义请求宣告专利权无效的法律后果

【裁判要旨】

专利代理机构、专利代理师借用他人名义请求宣告专利权无效的，构成

对《专利代理条例》第十八条关于不得以自己的名义请求宣告专利权无效之规定的实质违反，人民法院可以依法将涉嫌违法线索移送有关机关处理。

【关键词】

实用新型专利　无效程序　专利代理机构专利代理师　借用他人名义　专利代理条例第十八条

【案号】

（2022）最高法知行终 716 号

【基本案情】

在西安艾某物联网技术服务有限责任公司（以下简称艾某公司）诉国家知识产权局、张某培实用新型专利权无效行政纠纷案①中。艾某公司是专利号为 201620383079.5、名称为“用于停车场控制系统的摄像机及停车场控制系统”的实用新型的专利权人。2020 年 10 月 16 日，张某培请求国家知识产权局宣告本专利权利要求全部无效。对此国家知识产权局专利复审委员会于 2021 年 5 月 11 日作出第 49746 号无效宣告请求审查决定，宣告本专利权全部无效。艾某公司不服，向北京知识产权法院提起行政诉讼，请求撤销被诉决定，判令国家知识产权局重新作出决定。张某培的委托诉讼代理人为其子范某详，其曾在 2007 年至 2012 年在国家知识产权局专利复审委员会工作，专职从事专利复审和无效的审查工作，2012 年调入国家知识产权局审查业务管理部，之后离职。北京知识产权法院于 2022 年 7 月 28 日作出（2021）京 73 行初 12976 号行政判决：驳回艾某公司的诉讼请求。艾某公司不服，提出上诉。最高人民法院于 2023 年 8 月 31 日作出（2022）最高法知行终 716 号行政判决：驳回上诉，维持原判。同时，涉嫌违法线索移送有关行政主管部门处理。

【裁判意见】

最高人民法院二审认为，《专利代理条例》第十八条规定：“专利代理机构和专利代理师不得以自己的名义申请专利或者请求宣告专利权无效。”第二十六条第一款规定：“专利代理师有下列行为之一的，由省、自治区、直辖市人民政府管理专利工作的部门责令限期改正，予以警告，可以处 5 万元以下的罚款；情节严重或者逾期未改正的，由国务院专利行政部门责令停止

---

① 本案裁判文书参见第 235 页。

承办新的专利代理业务 6 个月至 12 个月，直至吊销专利代理师资格证……（五）……以自己的名义申请专利或请求宣告专利权无效。”根据查明的事实，张某培与范某详系母子关系，2015 年 12 月至 2021 年 2 月，国家知识产权局至少受理了以张某培为请求人的 25 件无效宣告请求，无效宣告请求人的代理机构均为范某详所在的恒某公司，其中部分案件的代理人为范某详。该 25 件无效宣告请求涉及机械、电学等多个领域中的玩具、天线、电动汽车、家用电器、按摩器等多类装置，并无证据表明张某培具有如此广泛的多领域专业知识和能力，或者其与无效宣告的结果存在利害关系。虽然依法任何人可以请求宣告专利权无效，并不以具有利害关系为条件，但在审查判断无效宣告请求行为是否违反《专利代理条例》第十八条的规定时，是否具有利害关系等合理理由可以作为重要考量因素。基于现有证据，在张某培对此不能作出合理说明的情况下，可以初步认定上述无效宣告请求系范某详及其所在的专利代理机构恒某公司为规避《专利代理条例》第十八条的规定，以范某详母亲张某培的名义提起的无效宣告请求，该行为涉嫌实质违反《专利代理条例》第十八条的规定。对于实质违反《专利代理条例》第十八条规定的行为，系以合法形式掩盖其规避法律的目的，扰乱专利代理秩序，并可能具有滥用专利权无效宣告程序牟取不当利益的可能，与专利权无效宣告程序发挥社会公众纠错作用的立法目的不符，依法应予规制。但《专利代理条例》第十八条系规范专利代理行为的管理性规定，从该条例第二十六条规定来看，违反第十八条应承担限期改正、警告、罚款乃至吊销专利代理师资格证等行政法律责任，并不当然导致提出无效宣告请求的行为和代理行为溯及既往失去效力。因此，尽管本案存在涉嫌实质违反《专利代理条例》第十八条规定的行为，但无效宣告请求审查程序并不因此构成程序违法。该相关行为可由国务院专利行政部门依法予以查处，现将有关涉案违法行为线索同步予以移送。鉴于艾某公司关于代理人资格、代理人应当回避而未回避及创造性的上诉理由不能成立，对其上诉请求均不予支持。

▶12. 专利权属纠纷当事人在专利确权行政纠纷案件中的原告资格

【裁判要旨】

专利行政部门宣告专利权利要求全部或者部分无效后，专利权属纠纷案件中主张权利的当事人提起专利确权行政诉讼的，可以认定其构成被诉无效宣告请求审查决定潜在的利害关系人，不宜简单以原告主体不适格为由径行裁定驳回起诉；当事人是否构成适格专利确权行政诉讼原告取决于专利权属纠纷案件的审理结果，专利权属纠纷尚未实质解决的，可视情中止专利确权行政诉讼的审理。

【关键词】

实用新型专利　无效程序　原告主体资格　专利权权属纠纷　利害关系人

【案号】

（2022）最高法知行终 836 号

【基本案情】

在浙江春某股份有限公司（以下简称春某公司）诉国家知识产权局、赛某科技有限公司（以下简称赛某公司）实用新型专利权无效行政纠纷案[①]中，专利号为 201920062017.8、名称为“行驶设备”的实用新型专利的登记的专利权人为赛某公司。2021 年 3 月 10 日，案外人叶某清针对本专利权提出的无效宣告请求，对此国家知识产权局于 2021 年 9 月 8 日作出第 51851 号无效宣告请求审查决定，认为本专利不具备新颖性或创造性，宣告本专利权全部无效。春某公司向北京知识产权法院提起诉讼，请求撤销被诉决定，判令国家知识产权局重新作出决定。主要理由为：1. 本专利存在权属纠纷，极大可能归春某公司所有，赛某公司认可被诉决定相关认定，变相放弃本专利权，极有可能损害真正权利人的合法权益，春某公司应被认定为被诉决定的利害关系人。2. 被诉决定认定本专利权利要求不具备新颖性、创造性，在事实和法律上没有依据，应予撤销。北京知识产权法院于 2022 年 7 月 27 日作出（2021）京 73 行初 19401 号行政裁定：驳回春某公司的起诉。春某公司提出上诉，最高人民法院于 2023 年 12 月 5 日作出（2022）最高法知行终 836 号行政裁定：一、撤销北京知识产权法院（2021）京 73 行初 19401 号行政裁定；二、本案指令北京知识产权法院审理。

【裁判意见】

最高人民法院二审认为，春某公司提起本案诉讼时，本专利权的权属纠纷案正在审理过程中，春某公司是否系被诉行政行为的利害关系人，取决于

---

① 本案裁判文书参见第 251 页。

本专利权权属纠纷案的审理结果，因此春某公司系被诉行政行为潜在的利害关系人。在此情况下，一审法院以春某公司不具有原告主体资格为由径行裁定驳回其起诉，适用法律有误。而且，本案一旦裁定驳回春某公司的起诉，专利权行政确权程序可能会就此终结，被诉决定将确定发生法律效力，即便专利权属纠纷案件最终认定春某公司系本专利的权利人，其可能亦难以另行通过法律渠道获得充分救济。因此，一审法院应继续审理，并可中止诉讼，等待专利权属纠纷案件的诉讼结果。

二、商标案件审判

（一）商标民事案件审判

▶13. 微信公众号、官方网站商标侵权行为主体的认定

【裁判要旨】

对于难以证明被诉微信公众号、官方网站的运营商是被诉侵权人，但有证据证明该公众号、官方网站宣传的标识、产品和内容均指向了被诉侵权人，且被诉侵权人系该宣传行为实际获益者的，人民法院可以据此认定被诉侵权人通过该公众号、官方网站实施了宣传推广被诉侵权产品的行为。

【关键词】

商标　侵权　广告宣传　证明责任

【案号】

（2022）最高法民终 146 号

【基本案情】

在上诉人新某衡体育运动公司（以下简称新某衡公司）、新某伦贸易（中国）有限公司（以下简称新某伦公司）与上诉人江西新某伦领跑体育用品有限公司（以下简称江西新某伦领跑公司）、广州新某伦领跑鞋业有限公司（以下简称广州新某伦领跑公司）、原审被告曾某红侵害商标权及不正当

竞争纠纷案（以下简称新百伦商标侵权和不正当竞争纠纷案）① 中，涉及新某衡公司、新某伦公司第 175151 号“”商标和第 5942394 号“”商标（以下简称涉案商标）和“新百伦”企业名称。新某衡公司、新某伦公司认为，江西新某伦领跑公司、广州新某伦领跑公司未经许可，在生产、销售和宣传新百伦领跑运动鞋的过程中，大量突出使用与涉案商标近似的标识，侵害了新某衡公司的涉案商标专用权。江西新某伦领跑公司、广州新某伦领跑公司注册带有“新百伦”字号的企业名称并在生产、销售过程中大量使用“新百伦”字号，侵犯了新某衡公司、新某伦公司的在先企业名称权，构成了不正当竞争。江西新某伦领跑公司、广州新某伦领跑公司构成商标侵权和不正当竞争，权利人的损失或者侵权人的侵权获利均已超过 1 亿元。江西新某伦领跑公司、广州新某伦领跑公司答辩称，新百伦领跑微信公众号的运营主体是广州蓝某鞋业有限公司，广州新某伦领跑公司并非涉案产品的生产、销售商，也并未参与被诉侵权产品的宣传推广。江西新某伦领跑公司、广州新某伦领跑公司系“新百伦”和“新百伦领跑”注册商标的合法使用人，且在先生效判决已经确认新某伦公司使用的“新百伦”字号侵犯了“新百伦”商标的注册商标专用权。辽宁省高级人民法院一审认为，新百伦领跑微信公众号的宣传者实际是江西新某伦领跑公司、广州新某伦领跑公司，两公司的行为构成商标侵权。即使案外人将“新百伦”商标许可给江西新某伦领跑公司使用，江西新某伦领跑公司、广州新某伦领跑公司也不当然享有“新百伦”字号权，两公司构成擅自使用他人企业字号的不正当竞争。新某衡公司、新某伦公司关于权利人的损失或者侵权人的侵权获利计算方式和计算数额均不准确，无法据此确定赔偿数额，故依据法定赔偿方式确定了 500 万元的赔偿。新某衡公司、新某伦公司及江西新某伦领跑公司、广州新某伦领跑公司均不服，向最高人民法院提起上诉，新某衡公司、新某伦公司主张一审法院确定的赔偿数额过低，其提交的证据和计算方式已经充分证明权利人的损失或者侵权人的侵权获利均超过 1 亿元。江西新某伦领跑公司、广州新某伦领跑公司则主张一审法院确定的赔偿数额和合理开支过高，缺乏相应的依据。最高人民法院于 2023 年 9 月 26 日判决维持了一审法院构成商标侵权和不正当竞争的认定，改判江西新某伦领跑公司、广州新某伦领跑公司赔偿新某衡公司、新某伦公司经济损失及合理开支 3004 万元。

---

① 本案裁判文书参见第 256 页。

【裁判意见】

最高人民法院二审认为，被诉侵权产品的鞋盒上均标注了“新百伦领跑官方微信”二维码，扫描后均跳转至微信公众号“新百伦领跑”，该公众号宣传的标识、产品和内容均指向了江西新某伦领跑公司、广州新某伦领跑公司运营的“新百伦领跑”品牌，并介绍“新百伦领跑是江西新百伦领跑体育用品有限公司的主导品牌”，相关宣传内容与新百伦领跑官方网站的宣传内容高度一致，因此，江西新某伦领跑公司、广州新某伦领跑公司属于新百伦领跑微信公众号宣传、推广的实际获益者，可以认定两公司通过官方网站、微信公众号长期实施了大量宣传、推广被诉侵权产品的行为。

▶14. 举证妨碍规则下酌情确定赔偿数额的适用

【裁判要旨】

被诉侵权人构成举证妨碍，人民法院在参考权利人的主张和提供的证据确定赔偿数额时，应当全面客观地审核相关证据，综合考虑被诉侵权行为持续的时间、被诉侵权产品的数量、被诉侵权人的主观恶意等因素，被诉侵权人对于生产规模、范围、情节的自述可以作为确定赔偿数额的重要参考。

【关键词】

商标　侵权　举证妨碍　赔偿数额

【裁判意见】

在前述新百伦商标侵权和不正当竞争纠纷案[①]中，最高人民法院还明确了举证妨碍规则下酌情确定赔偿数额的适用。最高人民法院二审认为，新某衡公司、新某伦公司为证明其因侵权所受到的损失或者侵权人的侵权获利已尽力举证，在法院已经明确释明拒不提供、虚假提供账簿、资料应承担的法律后果的情况下，江西新某伦领跑公司、广州新某伦领跑公司仍然向法院提供数据不全、缺乏真实性的财务资料，故可以参考新某衡公司、新某伦公司的主张和提供的证据判定本案赔偿数额。在确定损害赔偿时应依法运用证据规则，全面、客观地审核计算赔偿数额的证据，对有关证据的真实性、合法性和证明力进行综合审查判断。对于难以证明侵权受损或侵权获利的具体数额，但有证据证明前述数额明显超过法定赔偿最高限额的，应当综合全案的

① 本案裁判文书参见第256页。

证据情况合理确定赔偿额，而不应简单适用法定赔偿。最高人民法院认为，根据全案证据、优势证据规则和侵权人的侵权情形，本案可以参考“新百伦领跑”品牌年销售额×利润率×侵权时间×侵权产品占比确定赔偿数额。首先，关于新百伦领跑品牌的年销售额。结合新百伦领跑品牌关联公司新百伦领跑集团高管的自述、该集团的产业发展规模，及在案证据显示的新百伦领跑集团的侵权规模、侵权范围，可以将10亿元酌定作为新百伦领跑集团的年销售额。参考新百伦领跑集团2020年度大会“新百伦领跑”品牌销售额在整个集团销售额的占比，即22亿/28亿，可以据此推算出“新百伦领跑”品牌的年销售额约为：10亿元×22亿/28亿=7.857亿元。其次，关于利润率。鉴于本案无法具体查清江西新某伦领跑公司、广州新某伦领跑公司的利润率，根据《最高人民法院关于审理商标民事纠纷案件适用法律若干问题的解释》第十四条的规定，可以按照注册商标商品的单位利润计算侵权所获得的利益。根据新某伦公司一审提交的该公司年度审计报告，2016年、2017年新某伦公司的平均营业利润率为9.24%，故以9.24%作为“新百伦领跑”品牌的利润率。最后，关于被诉侵权产品占比。鉴于在案证据不能证明“新百伦领跑”专卖店销售的产品均为突出使用“N”字母的被诉侵权产品，综合考虑在案证据，酌定被诉侵权产品在“新百伦领跑”品牌的销售占比为20%。据此确定江西新某伦领跑公司、广州新某伦领跑公司的赔偿数额为：785700000元×9.24%×2×20%=2904万元。关于合理开支，根据案件具体情况酌情对权利人主张的100万元合理开支予以支持。

▶15. 惩罚性赔偿倍数的考量因素

【裁判要旨】

明知他人注册商标及字号的知名度和影响力，仍然大量使用与他人注册商标近似的商标，开展相同的业务，应当认定具有混淆商品来源、攀附他人知名度的主观恶意；被诉侵权人侵权规模大、涉及区域广、侵权获利巨大，应当认定属于侵权情节严重。上述主观恶意、侵权情节的严重程度应当作为人民法院确定惩罚性赔偿倍数的重要考量因素。

【关键词】

商标　不正当竞争　侵权情节　恶意　惩罚性赔偿

【案号】

（2022）最高法民终 209 号

【基本案情】

在上诉人四川鑫某某门业有限公司（以下简称鑫某某公司）、成都市新都区顾某金属门厂（以下简称顾某门厂）、周某贵与被上诉人盼某安居门业有限责任公司（以下简称盼某公司）、一审被告方某萍侵害商标专用权及不正当竞争纠纷案①中，盼某公司以鑫某某公司、顾某门厂、周某贵、铸某商行（经营者方某萍）侵害其“盼盼”系列商标专用权及不正当竞争为由提起诉讼，请求法院判令：停止侵权及不正当竞争行为；连带赔偿盼某公司 1 亿元、合理费用 89 万余元等。江苏省高级人民法院一审认定鑫某某公司、顾某门厂、周某贵、铸某商行构成侵害涉案系列商标专用权及不正当竞争，以 3427.12 万元为基数，适用 4 倍惩罚性赔偿，计算出赔偿数额共计 1.7 亿余元。遂判决鑫某某公司、顾某门厂、周某贵赔偿盼某公司 1 亿元经济损失及合理开支 65 万元。鑫某某公司、顾某门厂、周某贵不服，提起上诉。最高人民法院二审认定盼某公司在防盗门等商品上的涉案系列商标已达到驰名程度，应作为驰名商标受保护。被诉侵权标识在防盗门上与涉案系列商标构成类似商品；在智能家居、阳光房等商品上可实现跨类保护。被诉侵权标识与涉案系列商标构成近似标识。鑫某某公司、顾某门厂、周某贵未规范使用“鑫盼盼”标识，在鑫某某公司不享有熊猫图案商标的情况下，将熊猫图案与“鑫盼盼”组合使用，构成侵害涉案系列商标专用权。鑫某某公司、顾某门厂、周某贵对“盼盼”字号、熊猫吉祥物形象的使用及虚假宣传、商业诋毁等行为构成不正当竞争。一审法院确定赔偿数额的计算基数存在错误，最高人民法院对此予以纠正。最高人民法院确定赔偿基数为 2707.5 万元，适用 4 倍惩罚性赔偿，应赔偿 1.3 亿余元。一审判决计算基础存在不当，但全额支持盼某公司全部诉讼请求的裁判结果正确，最高人民法院于 2023 年 8 月 31 日判决驳回上诉，维持原判。

【裁判意见】

最高人民法院二审认为，盼某公司“盼盼”系列商标已达到驰名程度，应作为驰名商标保护。鑫某某公司、顾某门厂、周某贵在其生产、销售的商

---

① 本案裁判文书参见第 304 页。

品上以不同方式突出使用与“盼盼”系列商标近似的被诉侵权标识，构成侵害“盼盼”系列商标权。鑫某某公司及顾某门厂作为盼某公司的同业竞争者，明知盼某公司“盼盼”字号及“盼盼”系列商标的知名度和影响力，在经营活动中使用“鑫盼盼”企业名称及其简称、字号、熊猫吉祥物形象，欺骗、误导消费者，传播虚假信息或者误导性信息，构成不正当竞争。关于赔偿数额。周某贵早在2007年即与盼某公司产生业务往来，仍然于2016年成立鑫某某公司，积极寻求受让“鑫盼盼”商标，委托顾某门厂生产防盗门系列产品，开展与盼某公司相同的业务，并在经营中宣称鑫某某公司与盼某公司是新盼盼与老盼盼的关系，直接将其销售的防盗门系列称为“盼盼防盗门”，且“鑫盼盼”商标被宣告无效后，鑫某某公司等仍在继续使用被诉侵权标识，上述行为明显具有攀附盼某公司及其涉案系列商标知名度的故意。2018年4月，周某贵宣称其来自全国各地经销商已达180位，鑫某某公司在全国开设加盟直营店进行线上线下经营和宣传，经营规模和日产量很大。鑫某某公司宣传册及官网称鑫盼盼门业总投资20亿元，拥有门业公司六家，木门公司十二家，总规划占地面积100万平方米，在全国有近百家实体店等。从上述事实来看，鑫某某公司等侵权规模大、涉及区域广、侵权获利巨大，应认定其侵权行为情节严重。一审法院确定赔偿数额中的计算基数参考了周某贵发表鑫某某公司计划实现第一个五年产值十个亿的对外宣传内容，但计算方式却存在逻辑错误。最高人民法院二审将第一年产值确定为0.76万元计算出2017年至2019年的产值，得出计算基数为2707.5万元。鑫某某公司、顾某门厂、周某贵具有攀附盼某公司及其“盼盼”系列商标知名度的故意，且侵权规模大、涉及区域广、侵权获利巨大，应认定侵权行为情节严重，故依法确定4倍的惩罚性赔偿倍数，计算出赔偿数额13537.5万元。根据鑫某某公司、顾某门厂、周某贵的主观故意程度以及侵权情节严重程度，判令其共同赔偿其因不正当竞争行为造成的损失人民币500万元。鉴于盼某公司诉讼请求仅为赔偿1亿元及合理费用，一审判令赔偿盼某公司损失人民币1亿元及合理费用65万元的结论并无不当。

▶16. 驰名商标的按需认定原则

【裁判要旨】

认定驰名商标是对商标驰名的客观事实在个案中的法律确认，驰名商标的司法认定应遵循按需认定原则，只有在商标驰名是构成被诉侵害商标权或者不正当竞争行为的法律要件事实时，才确有必要认定驰名商标。

【关键词】

商标　侵权　驰名商标　跨类保护

【案号】

（2023）最高法民再 29 号

【基本案情】

在再审申请人上海飞某电器股份有限公司（以下简称飞某公司）与被申请人慈溪市三某电器有限公司（以下简称三某公司）、合肥市经济技术开发区彭某百货店（以下简称彭某百货店）侵害商标权纠纷案[①]中，飞某公司以三某公司、彭某百货店侵害其申请注册的第 4193798 号“FLYCO 飞科”商标（以下简称涉案商标）侵权为由，起诉请求法院认定飞某公司的涉案商标为驰名商标；判令三某公司及彭某百货店立即停止侵害涉案商标权的行为并分别赔偿飞某公司经济损失及合理费用 47 万元及 3 万元。安徽省合肥市中级人民法院一审认为，飞某公司要求认定涉案商标为驰名商标的证据不足，被诉侵权商品与飞某公司注册商标的商品既不相同亦不类似，不符合《中华人民共和国商标法》（以下简称商标法）第五十七条侵害商标权的构成要件，故判决驳回飞某公司的诉讼请求。飞某公司不服，提起上诉。安徽省高级人民法院二审判决驳回上诉，维持原判。飞某公司不服，向最高人民法院申请再审。最高人民法院裁定提审本案，并于 2023 年 11 月 16 日判决：撤销一、二审判决；三某公司、彭某百货店立即停止侵害飞某公司涉案商标权的行为；三某公司赔偿飞某公司经济损失及合理费用 47 万元；彭某百货店赔偿飞某公司经济损失及合理费用 3 万元。

【裁判意见】

最高人民法院再审认为，（一）关于涉案商标是否构成驰名商标。首先，涉案商标核定使用的剃须刀、剃须盒、修指甲工具等商品与三某公司被诉侵权的热得快、排插商品在功能、用途、销售渠道、消费群体等方面差别较大，不属于类似商品。本案涉及驰名的注册商标跨类保护问题，故本案具有认定飞某公司涉案商标是否为驰名商标的必要性。其次，飞某公司使用涉案商标

---

① 本案裁判文书参见第 345 页。

的剃须刀商品销售区域广、规模大、广告投入金额大，在全国同类产品市场中占有率领先，“FLYCO 飞科”剃须刀商品已经具备较高的市场知名度和影响力，可以认定使用在剃须刀上的涉案商标在被诉侵权行为发生时已经构成驰名商标。（二）关于三某公司、彭某百货店是否构成侵害涉案商标权。被诉侵权商品“FIGO 飞科 飞科安全转换器（插座）”及“FIGO 飞科 飞科安全热得快”显示生产基地为三某公司，并标注有生产基地的地址，可以认定三某公司为上述被诉侵权商品的生产者及销售者。根据公证购买被诉侵权商品的证据，彭某百货店销售了被诉侵权商品。三某公司、彭某百货店在上述被诉侵权商品上使用的“FIGO 飞科”“飞科”标志与飞某公司的涉案商标“FLYCO 飞科”相比，构成对飞某公司涉案商标的复制、摹仿。三某公司生产、销售被诉侵权商品的行为容易误导相关公众，使相关公众认为被诉侵权商品来源于飞某公司或者其来源与飞某公司具有密切的联系，从而损害飞某公司的利益。因此，三某公司的被诉侵权行为属于商标法第五十七条第七项规定的给他人注册商标专用权造成其他损害的行为，侵害了飞某公司涉案商标权，应当承担侵权责任。彭某百货店应承担销售被诉侵权商品的民事责任。

▶17. 非善意的被诉侵权行为人不具有可保护的信赖利益

【裁判要旨】

在商标侵权诉讼中，被诉侵权标识曾为注册商标，后被商标行政主管部门撤销。认定被诉侵权人是否因商标曾获准注册具有信赖利益，应考虑其主观状态，如果被诉侵权人明知信赖基础不合法或者明显违法仍实施相应行为，其主观态度难谓善意，其所谓的信赖利益不应给予保护。

【关键词】

商标　侵权　主观状态　信赖利益

【案号】

（2022）最高法民终 313 号

【基本案情】

在上诉人南京金某希望酒业有限公司（以下简称金某公司）、南京拉某庄园酒业有限公司（以下简称拉某公司）、南京华某葡萄酿酒有限公司（以下简称华某公司）、深圳市骏某酒业有限公司（以下简称深圳某公司）因与被上诉人拉某罗斯柴尔德酒庄（以下简称拉某酒庄）及一审被告杭州佩某贸易有限公司（以下简称杭州某公司）等侵害商标权及不正当竞争纠纷案（以下简称“LAFITE”商标侵权纠纷案）[①] 中，拉某酒庄是第 1122916 号“LAFITE”商标、第 1122917 号“CHATEAU LAFITE ROTHSCHILD”商标（以下统称涉案商标）的商标权人。上述商标核定使用在第 33 类含酒精饮料（啤酒除外）商品上。“LAFITE”葡萄酒 1868 年就已成为罗某家族的产业，“LAFITE”酒庄也是《波尔多 1855 年列级酒庄》。自 20 世纪 80 年代开始，多种报刊、书籍、影视均记载有“拉菲”“LAFITE”的历史、品质及行业地位。金某公司于 2005 年 4 月 1 日申请注册了第 4578349 号“拉菲庄园”商标，2007 年 11 月 14 日核准注册，亦核定使用在第 33 类葡萄酒、酒（饮料）商品上。该商标注册后，金某公司委托华某公司加工生产“拉菲庄园”品牌葡萄酒，授权拉某公司在全国范围内招募加盟商，三方由此建立由金某公司或指定的代理公司负责进口，华某公司负责国内生产，拉某公司进行销售的完整产销体系。深圳某公司、杭州某公司销售“拉菲庄园”葡萄酒。2011 年 8 月 24 日，拉某酒庄针对“拉菲庄园”商标提出争议申请，原国家工商行政管理总局商标评审委员会作出裁定撤销了该商标。金某公司不服提起行政诉讼，北京市第一中级人民法院判决维持上述争议裁定，金某公司不服，提起上诉，北京市高级人民法院作出判决撤销了上述争议裁定。最高人民法院提审该案后于 2016 年 12 月 23 日作出（2016）最高法行再 34 号判决（以下简称 34 号判决），认为“LAFITE”与“拉菲”形成了稳定的对应关系，维持了撤销“拉菲庄园”商标的争议裁定。2017 年 1 月，拉某酒庄认为金某公司等的涉案行为构成商标侵权及不正当竞争，遂诉至法院。江苏省高级人民法院一审认为，商标侵权及不正当竞争成立，据此判决停止侵权、拉某公司办理企业名称变更手续，刊登声明消除影响，拉某公司赔偿经济损失及合理支出 5100 万元，华某公司赔偿经济损失及合理支出 2520 万元，金某公司承担连带赔偿责任。深圳某公司赔偿经济损失及合理开支 269 万元，杭州某公司赔偿经济损失及合理支出 28 万元，金某公司、拉某公司、华某公司对上述赔偿责任承担连带责任。金某公司、拉某公司、华某公司、深圳某公司不服，向最高人民法院提起上诉。最高人民法院于 2023 年 9 月 21 日作出判决，基于二审审理过程中各方当事人就金某公司、拉某公司、华某公司对深圳某公

① 本案裁判文书参见第 362 页。

司、杭州某公司的赔偿责任不再承担连带责任已无异议，对本案作部分改判。

【裁判意见】

最高人民法院二审认为：根据2002年实施的《中华人民共和国商标法实施条例》（以下简称2002年商标法实施条例）第三十六条规定，诉争商标被撤销后，其商标权自始无效。因此，金某公司即使在撤销裁定生效前的使用行为也缺乏正当的权利基础，其仅以被诉侵权行为发生时“拉菲庄园”商标仍属有效为由主张不构成侵权，不能成立。金某公司还主张，“拉菲庄园”商标获准注册的事实以及最高人民法院在先生效的裁判关于该商标与“LAFITE”商标不近似的认定，使其产生的信赖利益应受保护。但信赖利益获得保护通常需要具备三个要件：一是存在信赖的基础，行政机关的行政行为或合法成立的合同关系均可能成为信赖的基础；二是产生了信赖行为，即行为人基于信赖基础实施了信赖行为；三是信赖利益应受保护。信赖利益应否受到保护通常取决于行为人的主观状态，一般而言，善意的信赖利益才能够受到保护。如果行为人明知信赖基础不合法或者明显违法仍实施相应行为，其主观态度难谓善意，其所谓的信赖利益不应给予保护。本案中，根据34号判决查明的事实，金某公司在推广宣传中，使用拉某酒庄的法文“Chateau Lafite Rothschild”或中文名称“罗某柴尔德拉菲堡”等，具有混淆其与拉某酒庄葡萄酒的明显恶意；该判决进一步认定，“金某公司与拉某酒庄为同行业经营者，理应知晓拉某酒庄的引证商标及其音译情况，其在申请争议商标注册时应当合理避让，但仍然在葡萄酒等相同或类似商品上申请注册了与引证商标近似的争议商标，其行为难谓正当。”可见，金某公司实施被诉侵权行为并不具有善意，亦不存在应予保护的信赖利益。最高人民法院在先生效裁判所涉两案与本案所涉商标不同，当事人、证据不同，不足以否定金某公司在申请注册及使用“拉菲庄园”商标过程中对涉案商标的攀附恶意，更不能佐证金某公司具有善意信赖利益。

▶18. 商标侵权诉讼中三年未使用抗辩的认定

【裁判要旨】

在商标侵权诉讼中，被诉侵权人以注册商标专用权人未使用注册商标提出抗辩的，权利人对此前三年未使用涉案商标的事实负有证明责任。其中，“此前三年”应自起诉之日起向前推三年。权利人仅需举证证明在该三年内实施了商标使用行为即可。涉案商标的使用程度影响其受保护的范围，但不是决定被诉侵权人是否承担赔偿责任的因素。

【关键词】

商标　侵权　三年未使用抗辩　起诉之日

【裁判意见】

在前述“LAFITE”商标侵权纠纷案①中，最高人民法院还明确了商标侵权诉讼中三年未使用抗辩的认定规则。最高人民法院二审认为：2013 年修正的《中华人民共和国商标法》第六十四条第一款关于三年未使用抗辩的规定旨在督促商标使用，合理平衡权利人与侵权行为人之间的利益。权利人对于其起诉之日起前三年使用涉案商标的事实负有证明责任。针对被诉侵权人的该项抗辩，权利人仅需举证证明其针对涉案商标实施了商标使用行为即可。涉案商标的使用程度影响其受保护的范围，但不是决定侵权人是否承担赔偿责任的因素。根据本案查明事实，长沙海关法规室出具的证明及从上海海关调取的报关单记录显示涉案三年期间拉某酒庄进口了“Carruades de Lafite”“CHATEAU LAFITE ROTHSCHILD”葡萄酒；梅花网广告监测的检索内容显示，涉案三年期间拉某酒庄在《新闻晨报》《参考消息》《广州日报》等多家媒体上对“LAFITE”“拉菲”进行了大量宣传；此外，2014 年的《21 世纪经济报道》《华夏酒报》等报刊以及 2015 年上映的《澳门风云》等影视作品均能反映涉案三年期间“拉菲”葡萄酒在中国具有一定知名度。因此，在案证据能够证明，拉某酒庄在涉案三年期间在中国使用了涉案商标。

▶19. 委托加工关系中商标使用行为的认定

【裁判要旨】

判断委托加工过程中受托人的商标贴附行为是否构成商标使用，不能割裂商品的生产与流通环节，如果受托加工商品已经进入流通领域，相关公众从贴附的标志中识别到受托加工人的，其贴附行为可以认定为商标使用行为，该受托人即为商标使用人。

【关键词】

商标　侵权　委托加工　商标使用

① 本案裁判文书参见第 362 页。

【基本案情】

在前述“LAFITE”商标侵权纠纷案中，最高人民法院还明确了委托加工关系中商标使用行为的认定规则。最高人民法院二审认为：商标使用行为的目的在于发挥商标识别商品来源的功能，在商品上贴附商标标志并使其进入市场流通，是让相关公众识别商品来源的主要手段。判断受托加工过程中商标贴附行为是否构成商标使用，不能割裂商品的生产与流通环节，如果受托加工商品已经进入流通领域，相关公众从贴附的标志中识别到受托加工人的，其贴附行为可以认定为商标使用行为，该受托人即为商标使用人。本案中，华某公司生产的部分被诉侵权产品明确标示生产厂商为华某公司，华某公司亦直接向拉某公司、深圳某公司等主体提供被诉侵权产品并收取货款、开具发票，其受托加工行为应当认定为商标使用行为。

▶20. 商标侵权案件合法来源抗辩的成立条件

【裁判要旨】

在商标侵权诉讼中，合法来源抗辩成立应当具备主、客观两方面要件。客观要件为被诉侵权商品系由销售者合法取得，主观要件为销售者不知道或不应当知道被诉侵权商品构成侵权，主、客观要件相互联系，不可分割，并且客观要件的举证对于主观要件具有推定效果。人民法院在审查前述主、客观要件时，应当综合考虑销售者所处的市场地位、权利人维权成本以及市场交易习惯等因素，对销售者的举证责任作出合理要求；销售者的经营规模、专业程度、市场交易习惯等，可以作为确定其合理注意义务的证据，销售者提供的合法来源证据与其注意义务程度相当的，可以推定其主观上不知道所销售的系侵权商品。

【关键词】

商标　侵权　合法来源抗辩　举证责任

【案号】

（2022）最高法民再 274、275、276、277、278 号

【基本案情】

在再审申请人望都县江某化妆品门市部等与被申请人株式会社纳某（以

下简称纳某株式会社）侵害商标权纠纷系列案（以下简称纳益其尔商标侵权案）[①] 中，纳某株式会社系第 10494197 号“NATURE REPUBLIC”商标、第 9481384 号“纳益其尔”商标的权利人，两商标核定使用商品均为第 3 类：香水；润肤油；化妆品等。纳某株式会社的代理人赴多个涉案店铺刷卡购买了标识有“NATURE REPUBLIC”的商品，相关涉案店铺出具购物小票，商品购买过程由公证机关进行证据保全公证。北京纳某株式会社国际贸易有限公司出具《鉴别证明》，认定被诉侵权商品系假冒纳某株式会社注册商标的产品。纳某株式会社主张相关涉案店铺的行为侵害了纳某株式会社的注册商标专用权，严重损害了消费者的合法权益，扰乱市场秩序，依法应承担停止侵权、赔偿损失的民事法律责任。故分别诉至法院，请求：判令相关涉案店铺立即停止侵害涉案商标专用权行为，并赔偿纳某株式会社经济损失及其为维权支付的合理费用。相关涉案店铺辩称被诉侵权商品具有合法来源，故无须承担侵权责任，并于一审阶段提供了其与上游商家天津众某供应链管理有限公司（以下简称众某公司）签订的产品分销合同、众某公司营业执照副本、众某公司出具的出库单等证据；二审阶段，相关涉案店铺补充提供了入库单、付款凭证等证据，与一审证据一并用以证明其所销售的被诉侵权商品系合法取得。上述证据均为原件。此外，相关涉案店铺还提供了众某公司从上游商家天津冠某商贸有限公司（以下简称冠某公司）及冠某公司从其上游商家青岛一某某国际贸易有限公司（以下简称一某某公司）获取纳益其尔芦荟胶商品的有关证据，包括发票、进口货物报关单、入境货物检验检疫证明、进口关税专用缴款书等证据的复印件，用以证明其合法取得被诉侵权商品并尽到了相应注意义务。纳某株式会社对相关涉案店铺与众某公司之间的交易及相关证据的真实性、合法性不持异议，但认为上述证据所涉商品不能与被诉侵权商品一一对应，不能达到证明目的。在再审庭审中，众某公司明确认可相关涉案店铺销售的被诉侵权商品系来源于众某公司。河北省保定市中级人民法院一审认定相关涉案店铺的行为构成商标侵权，其合法来源抗辩不能成立，判决涉案店铺于判决生效之日起立即停止侵害商标专用权行为，即停止销售侵害涉案商标专用权的产品，并销毁库存侵权产品；涉案店铺赔偿纳某株式会社维权合理费用支出及经济损失共计 10000 元或 7000 元；驳回纳某株式会社的其他诉讼请求。相关涉案店铺不服，向河北省高级人民法院提起

---

① 本案裁判文书参见第 408 页。

上诉，该院判决：驳回上诉，维持原判。相关涉案店铺不服，向最高人民法院申请再审，最高人民法院裁定提审本案，并于 2023 年 6 月 16 日判决：撤销一、二审判决；改判相关涉案店铺于判决生效之日起立即停止侵害纳某株式会社注册商标专用权的行为，即停止销售侵害纳某株式会社注册商标专用权的产品，并销毁库存侵权产品；驳回纳某株式会社的其他诉讼请求。

【裁判意见】

最高人民法院再审认为：商标侵权案件中，合法来源抗辩的成立须同时具备主、客观要件：客观要件为被诉侵权商品系由销售者合法取得，主观要件为销售者不存在过错；上述主、客观要件相互联系，不可分割，并且客观要件的举证对于主观要件具有推定效果。1. 关于对本案客观要件的审查。对于合法来源抗辩客观要件的审查，应当从该制度设计的初衷出发，综合考虑销售者所处的市场地位、权利人维权成本以及市场交易习惯等因素，对于销售者的举证责任作出合理要求，行政法规的相关规定亦可作为认定该客观要件是否成立的参考。《中华人民共和国商标法实施条例》第七十九条规定，“有供货单位合法签章的供货清单和货款收据且经查证属实或者供货单位认可的”“有供销双方签订的进货合同且经查证已真实履行的”“有合法进货发票且发票记载事项与涉案商品对应的”等情形均属于《中华人民共和国商标法》第六十四条第二款规定的“能证明该商品是自己合法取得”的情形。本系列案中，相关涉案店铺系个体零售商，在市场经营活动中所处地位较弱，交易方式通常较为灵活，对其证明合法来源的举证责任应予适度减轻，不宜过于苛求证据形式要件的完备，只要其提供的证据符合一般交易习惯，能够指明被诉侵权商品供货商的真实身份信息，以及系通过合法的购货渠道和合理的价格购入被诉侵权商品，就应当认定其所销售的被诉侵权商品具有合法来源。经审查，相关涉案店铺提供的证据中，产品分销合同、众某公司营业执照副本等证据显示，众某公司的经营范围包括销售化妆品，涉案店铺与众某公司之间就纳益其尔芦荟胶商品存在购销合同关系。根据合同约定，由众某公司向涉案店铺提供纳益其尔芦荟胶商品，涉案店铺向众某公司支付货款；而出库单、入库单、付款凭证等证据显示，涉案店铺已从众某公司购入了纳益其尔芦荟胶商品，并已向众某公司支付相关款项。上述证据中的商品名称、商品数量、交易时间、交易金额等均能够与合同相对应，可以证明上述合同已真实履行。此外，众某公司出具的出库单以及涉案店铺的入库单上载明的商品条码、生产批号和限用日期等信息与被诉侵权商品外包装上的相关信息能够对应。故，相关涉案店铺提供的证据所显示的交易链条完整，交易渠道合法，交易方式符合一般交易习惯，且指明了被诉侵权商品的供货商系众某公司，已基本符合法律、法规及司法解释关于合法来源抗辩客观要件证明责任的标准和要求，能够证明被诉侵权商品系合法取得。鉴于纳某株式会社未提供相反证据予以反驳，且众某公司对相关涉案店铺销售的被诉侵权商品系来源于众某公司亦表示认可，最高人民法院对相关涉案店铺提供的证据予以采信。2. 关于对本案主观要件的审查。合法来源抗辩成立的主观要件要求销售者主观上不存在过错，即实际不知道且不应当知道其销售的系侵权商品。根据上述司法解释的规定，对销售者主观状态的把握，应从审查被诉侵权商品合法来源的证据着手，结合具体案情和交易习惯综合判断。销售者的经营规模、专业程度、市场交易习惯等，可以作为确定其合理注意义务的证据。通常情况下，小规模零售商与具有一定规模的商业主体相比，对于被诉侵权商品是否侵权的认知能力是不同的，销售者提供的合法来源证据与其注意义务程度相当的，则可以推定其主观上不知道所销售的系侵权商品。本案中，被诉侵权商品纳益其尔芦荟胶，是一种平价日用化妆品，市场售价及产品利润均较为微薄；而销售者系个体工商户，经营规模小，专业程度低，故对其关于所售商品是否侵权的认知能力不宜要求过高。从相关涉案店铺提供证据的情况来看，其所举证据能够证明其在遵从合法、正常的市场交易规则的情况下取得了被诉侵权商品，且商品的来源清晰、渠道合法、价格合理，亦指明了被诉侵权商品的提供者系众某公司，应视为其对被诉侵权商品的进货尽到了与其经营规模、专业程度等相适应的合理注意义务，从而推定相关涉案店铺实际不知道也不应当知道所销售的商品为侵权商品，其主观上不存在过错。此外，相关涉案店铺还提供了众某公司从其上游商家冠某公司获取纳益其尔芦荟胶商品的发票以及冠某公司从其上游商家一某某公司获取纳益其尔芦荟胶商品的进口货物报关单、入境货物检验检疫证明、进口关税专用缴款书等证据的复印件。虽然涉案店铺合法来源抗辩的成立并不要求其证明所销售的被诉侵权商品源于权利人，但其作为销售者，在不持有上述证据原件的情况下，向人民法院提供上述证据的复印件，对于权利人纳某株式会社追溯侵权源头有一定帮助，对于法院进行主观要件的审查亦具有参考作用。因而，对于相关涉案店铺向人民法院积极举证的行为应当予以鼓励和肯定。综上，相关涉案店铺已完成其关于被诉侵权商品具有合法来源且已尽合理注意义务的证明责任，其合法来源抗辩成立，不应承担赔偿责任。

▶21. 批量维权案件中对于赔偿合理开支主张合理性的认定

【裁判要旨】

在合法来源抗辩成立及权利人存在批量维权的情况下，人民法院应当综合考虑被诉侵权行为情节、侵权销售商主观因素、权利人关于合理开支方面的举证等具体情况，回归合法来源抗辩制度的立法本意，对权利人关于赔偿合理开支主张的合理性予以认定。

【关键词】

商标　侵权　批量维权　合理开支

【裁判意见】

在前述纳益其尔商标侵权案①中，经审查中国裁判文书网数据，纳某株式会社基于与该系列案相同的侵权商品，在中国十余个省份向大量中小销售商提起诉讼，存在批量维权的情况。最高人民法院再审认为：维权支出是权利人为制止侵权行为而产生的费用，系独立于因侵权所遭受的经济损失之外的维权成本，其法律属性与侵权损害赔偿不同；即使相关涉案店铺的合法来源抗辩成立，不承担赔偿损失的责任，但原则上仍应对权利人为获得停止侵权救济的合理开支承担赔偿责任。但在本系列案中，纳某株式会社关于维权支出的诉讼主张是否应予支持，应当结合案件的具体情况，并回归合法来源抗辩制度的立法本意加以综合认定。首先，纳某株式会社虽然提出应由相关涉案店铺赔偿其维权支出的诉讼主张，但始终未向人民法院提供相关证据，故其应承担对其不利的法律后果。其次，合法来源抗辩制度关于免除善意销售者赔偿责任的规定，一方面，系为激励善意销售者积极披露商品来源信息；另一方面，也是对善意销售者基于正常市场交易秩序所产生的信赖利益的保护。本系列案中，被诉侵权商品的进货价格及销售价格较低，侵权情节及侵权后果较为轻微，且相关涉案店铺已经说明被诉侵权商品的提供者，为纳某株式会社追溯侵权源头提供了有利线索，已尽到了合理注意义务，主观上不存在过错。在此情况下，如果仍由相关涉案店铺承担该项维权支出，不但有违公平原则，亦不能充分体现合法来源抗辩制度对善意销售者的激励和保护。

---

① 本案裁判文书参见第408页。

最后，纳某株式会社基于与本系列案相同的侵权商品，在中国十余个省份向大量中小销售商提起诉讼，存在批量维权的情况。鉴于在批量诉讼案件中，权利人为制止侵权行为存在共同支出合理开支的情况，为防止维权支出的赔偿额高于权利人的实际维权支出，致使权利人多重得利，审查认定个案维权支出时，应评估诉讼主张的合理性。由于纳某株式会社未能提供其维权支出的相应证据，法院对其就具体案件的维权支出无法单独核算，其相应诉讼主张缺乏依据。综上，为体现合法来源抗辩制度对善意销售者的激励和保护，同时引导知识产权权利人积极向侵权源头的生产商主张权利，合法、合理进行维权，对于纳某株式会社有关维权支出的诉讼主张不予支持。

▶22. 商标权人不得禁止他人对商品原料名称的正当使用

【裁判要旨】

当注册商标中含有本商品的主要原料时，商标权人无权禁止他人正当使用。在判断是否构成正当使用时，要综合考虑注册商标的显著性、相关商品的市场惯例、其他经营者的具体使用方式等因素。

【关键词】

商标　侵权　显著性　主要原料　正当使用

【案号】

（2022）最高法民再238号

【基本案情】

在再审申请人苏州诗某生物日化有限公司（以下简称诗某公司）与被申请人上海碧某化妆品有限公司（以下简称碧某公司）及二审被上诉人长丰润某商贸有限公司（以下简称润某公司）侵害商标权纠纷案①中，碧某公司系“金银花”商标（以下简称涉案商标）的商标权人，涉案商标核定使用在化妆品、润肤液、香水等商品上。碧某公司主张诗某公司生产、销售，润某公司销售的两款“金银花花露水”侵害其注册商标专用权。江苏省苏州市中级人民法院一审认为，被诉包装一花露水所使用的“金银花”文字与涉案商标构成近似，会使公众产生混淆与误认，应认定构成商标侵权。包装二花露水上的

① 本案裁判文书参见第418页。

"金银花"文字与涉案商标存在一定差异，不会使公众产生混淆或误认，属于合理使用，不构成商标侵权。碧某公司和诗某公司不服，提起上诉。江苏省高级人民法院二审认为，两款被诉侵权商品上使用的"金银花"标识与涉案商标相比，构成近似商标，容易引起混淆或误认，且超出了为描述商品成分或者说明商品其他特点而正当使用的界限，构成侵权，改判诗某公司、润某公司立即停止侵权行为并赔偿损失。诗某公司不服，向最高人民法院申请再审。最高人民法院裁定提审本案，并于 2023 年 9 月 27 日判决撤销一审、二审判决，驳回碧某公司的诉讼请求。

【裁判意见】

最高人民法院再审认为，如果其他经营者只是使用了已注册商标中包含的公共领域中的描述性信息，则该种对商标构成要素的正当使用，不构成侵权。将金银花作为原料成分的花露水商品，使用"金银花"文字，具有表明商品原料、功能的属性。单纯文字形式的"金银花"标志在花露水商品上的固有显著性不高。涉案商标的"金银花"文字进行了一定程度的艺术设计，其保护范围仅限于具有该特定艺术设计形式的文字。以金银花作为原料的花露水属于常见的商品类型，相关消费者能够对涉案商标与公共领域的权利界限进行区分，不会仅因"金银花"文字的使用对商品来源产生混淆。将"金银花"文字与花露水商品名称共同使用，并未超出为说明商品或服务、便于消费者辨认的必要限度。被诉侵权商品含有金银花成分，诗某公司在包装瓶贴上使用"金银花"属于对商品原料名称的指明。其将"金银花"独立于其他原料予以特别的指示，符合介绍商品类型的市场惯例。被诉侵权商品上的"金银花"文字的整体视觉效果与涉案商标并不相同，已经对涉案商标进行了避让。碧某公司主张诗某公司和润某公司侵害其商标专用权，依据不足。

（二）商标行政案件审判

▶23. 商标连续三年不使用撤销案件中商标使用行为的认定

【裁判要旨】

诉争商标实际使用的商品不属于其核定使用的规范商品名称。在认定是否属于在其核定使用的商品类别实际使用时，应当结合商品功能、用途、生产部门、销售渠道、消费群体进行判断，并考虑消费习惯、生产模式、行业经营需求等综合认定。

【关键词】

商标　撤销复审　三年不使用　规范商品名称

【案号】

（2023）最高法行再 10 号

【基本案情】

在再审申请人江苏洋某酒厂股份有限公司（以下简称江苏洋某酒厂）与被申请人上海某盾资产管理有限公司（以下简称上海某盾公司）及二审上诉人国家知识产权局商标权撤销复审行政纠纷案①中，江苏洋某酒厂的驰名商标第 1470448 号“洋河”（以下简称诉争商标）注册在“蒸馏酒精饮料；蒸馏饮料；蒸煮提取物（利口酒和烈酒）”等商品上（当时的《类似商品和服务区分表》不包含“白酒”商品）。在《类似商品和服务区分表》增加“白酒”商品项目后，洋河公司又在“白酒”等商品上注册了第 1599550 号“洋河”商标。上海某盾公司对诉争商标提出三年不使用撤销申请。江苏洋某酒厂提交了关于诉争商标在白酒、高粱酒等商品上的使用证据，上海某盾公司主张上述使用证据均系对第 1599550 号“洋河”商标，而非对本案诉争商标的使用。国家知识产权局作出商评字〔2019〕第 126632 号《关于第 1470448 号“洋河”商标撤销复审决定书》（以下简称被诉决定），诉争商标予以维持。上海某盾公司不服，提起行政诉讼。北京知识产权法院一审认为江苏洋某酒厂提交的全部证据，均不足以证明其在指定期间内在诉争商标核定使用的商品上进行了真实、公开、合法有效的使用。遂判决撤销被诉决定，国家知识产权局重新作出决定。国家知识产权局、江苏洋某酒厂、上海某盾公司均不服，提起上诉。北京市高级人民法院二审判决驳回上诉，维持原判。江苏洋某酒厂不服，向最高人民法院申请再审。最高人民法院裁定提审本案，并于 2023 年 8 月 31 日判决撤销一、二审判决，维持被诉决定。

【裁判意见】

最高人民法院再审认为，关于诉争商标于指定期间是否在“白酒”商品上进行使用的问题。本案中，江苏洋某酒厂提交的多张销售发票、在指定期间的宣传报道及江苏省高级人民法院作出的（2017）苏民终 1781 号民事判决等证据均能充分证明，诉争商标于指定期间在“白酒”商品上进行了公

① 本案裁判文书参见第 427 页。

开、真实、有效的商业使用。关于指定期间内使用的“洋河”商标是否为本案诉争商标的问题。经查，根据原审查明的事实，江苏洋某酒厂于1999年4月对诉争商标提出注册申请，2000年11月获得核准注册。江苏洋某酒厂在当时生产销售的白酒商品上使用的“洋河”商标应为本案诉争商标。第1599550号“洋河”商标核准注册时间为2001年7月7日，晚于诉争商标。江苏洋某酒厂明确在指定期间即2015年1月9日至2018年1月8日对“洋河”商标的使用系对诉争商标的一贯持续使用，具有较强的合理性。上海某盾公司虽予以反驳，但并不能提供证据证明在指定期间内江苏洋某酒厂在白酒商品上贴附的“洋河”标志明确指向第1599550号商标。在无相反证据的情况下，应认定指定期间内使用的“洋河”商标为本案诉争商标。关于诉争商标在“白酒”商品上的使用是否属于在核定商品范围内使用的问题。本案诉争商标申请注册时，“白酒”不属于《类似商品和服务区分表》中的规范商品名称。实际使用的商品不属于区分表中的规范商品名称，在认定具体商品所属类别时，应当结合商品功能、用途、生产部门、销售渠道、消费群体进行判断，并考虑消费习惯、生产模式、行业经营需求等综合认定。一方面，“白酒”与诉争商标核定使用的“蒸馏酒精饮料”等商品在功能、用途、销售渠道等方面相同或相近。另一方面，根据经营者和消费者的通常认知，“蒸馏酒精饮料”和“烈酒”商品包括中国白酒。在当时的区分表不包含“白酒”商品的情况下，江苏洋某酒厂结合白酒制作工艺，将商标注册在“蒸馏酒精饮料”“蒸煮提取物（利口酒和烈酒）”上，并实际使用在白酒商品上，具有正当性。不能因之后《类似商品和服务区分表》商品项目更新增加了“白酒”商品，而对注册人此前的权利范围进行限缩。江苏洋某酒厂在“白酒”商品上的使用证据可以用于维持诉争商标在核定商品上的注册。

▶24. 仅境外使用证据不足以认定“在先使用并有一定影响”

【裁判要旨】

商标权具有地域性，其权利范围、保护内容及保护期限均受到地域范围的限制。仅在其他国家、地区使用商标的，不构成《中华人民共和国商标法》第三十二条规定的“在先使用并有一定影响”的情形。

【关键词】

商标　无效宣告　地域性　在先使用

【案号】

（2023）最高法行申 2567 号

【基本案情】

在再审申请人哥伦比代某某有限责任公司（以下简称哥伦比代某某公司）与被申请人国家知识产权局、一审第三人石狮市永某商贸发展有限公司（以下简称永某公司）商标权无效宣告请求行政纠纷案①中，国家知识产权局于 2021 年 2 月 9 日作出商评字〔2021〕第 36831 号《关于第 5172626 号“StAPLe”商标（以下简称诉争商标）无效宣告请求裁定》（以下简称被诉裁定），裁定诉争商标予以维持。哥伦比代某某公司不服，向北京知识产权法院起诉并提交了其在先于境外使用含有诉争商标标识的证据。该院经审理认定：被诉裁定认定事实清楚，适用法律正确，符合法定程序，哥伦比代某某公司的诉讼请求和理由缺乏事实和法律依据，据此判决驳回哥伦比代某某公司的诉讼请求。哥伦比代某某公司不服，上诉至北京市高级人民法院，并补充提交了其在先于境外使用含有诉争商标标识的证据。该院经审理，判决：驳回上诉，维持原判。哥伦比代某某公司不服，向最高人民法院申请再审。最高人民法院于 2023 年 12 月 11 日裁定驳回哥伦比代某某公司的再审申请。

【裁判意见】

最高人民法院审查认为，哥伦比代某某公司在商标行政阶段及一、二审期间提交了拟证明“STAPLE”标识注册并使用的证据。虽然其中部分证据未显示时间、部分证据晚于诉争商标申请日、部分证据未显示“STAPLE”标识、部分证据并非中国杂志，但是结合一、二审法院及再审期间查明的事实看，上述证据的内容能证明哥伦比代某某公司于 2011 年 7 月 25 日受让了 Jeff Staple 关于“STAPLE”商标的全部权利，还能够证明 Jeff Staple 于诉争商标申请注册的 2006 年 2 月 23 日之前已经在美国在先申请注册“STAPLE”商标，且经过使用在美国具有了较高的知名度和影响力。鉴于商标权具有地域性，哥伦比代某某公司提交的证据均为“STAPLE”商标在境外注册和使用的证据，不能证明“STAPLE”商标在中国境内于诉争商标申请日前经过使用具有了一定影响力和知名度。因此，哥伦比代某某公司关于诉争商标的注册属于以不正当手段抢先注册他人已经使用并有一定影响的商标的再审主张

---

① 本案裁判文书参见第 438 页。

缺乏事实和法律依据。

▶25. 当事人在诉讼阶段新增的商标无效事由不应纳入审查范围

【裁判要旨】

在商标无效宣告请求行政诉讼中，判断国家知识产权局作出裁定是否合法，应根据该裁定作出时当事人的请求作出认定，当事人在诉讼阶段新增的商标无效事由不应纳入审查被诉裁定是否合法的考量范围。

【关键词】

商标　无效宣告　新增无效事由　审查范围

【案号】

（2023）最高法行申 331 号

【基本案情】

在再审申请人鹤山市东某调味食品有限公司（以下简称东某公司）与被申请人国家知识产权局、第三人胡某某商标权无效宣告请求行政纠纷案①中，诉争商标为第 12380352 号“乐古 Le Gu 及图商标”（以下简称诉争商标），于 2013 年 4 月 7 日申请注册，核定使用在第 30 类“咖啡调味香料（调味品）；谷类制品；酱油”等商品上；引证商标为东某公司的第 1989916 号“东古及图”商标（以下简称引证商标），核定使用在第 30 类“酱油；醋；豆汁”等商品上。在商标评审阶段，东某公司以诉争商标违反《中华人民共和国商标法》（以下简称商标法）第四十五条第一款、第三十条、第三十二条为由，提出无效宣告申请，国家知识产权局作出商评字〔2020〕第 252571 号《关于第 12380352 号“乐古 Le Gu 及图”商标无效宣告请求裁定》，对诉争商标予以维持。东某公司不服，提起行政诉讼。北京知识产权法院一审以东某公司就诉争商标提出无效宣告申请的时间距诉争商标获准注册时间超过五年法定时限，且不足以证明其引证商标在诉争商标申请日之前已成为相关公众所熟知为由，判决驳回东某公司的诉讼请求。东某公司不服，提起上诉。北京市高级人民法院二审判决驳回上诉、维持原判。东某公司不服，向最高人民法院申请再审。最高人民法院于 2023 年 9 月 28 日裁定驳回东某公司的再审申请。

---

① 本案裁判文书参见第 443 页。

【裁判意见】

最高人民法院审查认为：经审查，在东某公司的无效宣告申请书中，东某公司明确提出了根据商标法第四十五条、第九条、第三十一条、第三十二条的规定请求裁定诉争商标无效，并未提出第十三条作为依据。由于东某公司未依据商标法第十三条提出申请，故国家知识产权局未就第十三条进行审查，不属于遗漏审查对象。国家知识产权局认为，被诉裁定中“况且申请人提交的证据亦不足以证明其引证商标在争议商标申请日之前已成为相关公众所熟知的商标”的表述系针对商标法第三十二条的回应，并非对驰名商标认定问题的回应，并无不当。商标无效宣告请求行政诉讼是对被诉行政行为的合法性进行审查，判断国家知识产权局作出被诉裁定是否合法，应根据该裁定作出时当事人的请求作出认定，当事人在诉讼阶段新增的商标无效事由不应纳入审查被诉裁定是否合法的考量范围。本案中在商标无效宣告的审查阶段，东某公司未明确主张诉争商标违反商标法第十三条的规定，国家知识产权局亦未对该条款的适用问题进行审查，仅在诉讼阶段东某公司新增了此项无效请求事由。如人民法院对诉争商标是否违反商标法第十三条径行予以审理，不仅超出商标无效宣告行政审查的范围，也会剥夺诉争商标注册人陈述、答辩等程序性权利。故东某公司在商标无效宣告的审查阶段中未提出、但在诉讼阶段提出诉争商标违反商标法第十三条的规定，人民法院不应对此予以评价。东某公司于 2019 年 11 月 18 日就诉争商标提出无效宣告申请，该时间距离诉争商标获准注册时间 2014 年 9 月 14 日已超过五年法定时限。国家知识产权局根据东某公司的申请，依据商标法第三十一条、第三十二条审查并作出的被诉裁定，并无不当。如东某公司认为诉争商标违反商标法第十三条第二款、第三款的规定，可依法另行向国家知识产权局提出无效宣告申请。

▶26. 商标缺乏显著特征的认定

【裁判要旨】

判断诉争商标是否具有显著性，首先要看相关公众是否可以将该标志作为指示商品或服务来源的标志加以识别对待。人民法院可以结合商标指定使用商品或者服务所在领域的相关公众的认知习惯，以及所属行业的实际使用情况等进行综合判断。

【关键词】

商标　驳回复审　显著特征　识别性

【案号】

（2023）最高法行申 1053 号

【基本案情】

在再审申请人郴州大某某防伪科技有限公司（以下简称大某某公司）与被申请人国家知识产权局商标申请驳回复审行政纠纷案①中，第 52444799 号“大拇印卖家承诺商标假一赔百及图”商标（以下简称诉争商标）于 2020 年 12 月 24 日申请注册，指定使用在纸、书籍等商品上。国家知识产权局作出商评字〔2022〕第 36823 号《关于第 52444799 号“大拇印 卖家承诺商标假一赔百及图”商标驳回复审决定书》，驳回诉争商标注册申请。同期，大某某公司就上述相同标志在不同商品类别上另申请注册多枚案外商标，均被国家知识产权局驳回注册申请。大某某公司不服，提起行政诉讼。北京知识产权法院一审认为，诉争商标的申请注册违反了《中华人民共和国商标法》（以下简称商标法）第十一条第一款第三项其他缺乏显著特征的规定、未违反商标法第十条第一款第七项有关欺骗性的规定，驳回大某某公司的诉讼请求。大某某公司不服，提起上诉。北京市高级人民法院二审判决驳回上诉，维持一审判决。大某某公司不服，向最高人民法院申请再审。最高人民法院于 2023 年 9 月 26 日裁定驳回大某某公司的再审申请。

【裁判意见】

最高人民法院审查认为：申请商标注册的标志具有显著特征，是获得商标注册的必要条件。具备显著特征的标志应当能够使相关公众识别、记忆，从而可用以指示商品或服务来源，这也是商标的功能和价值。判断申请商标注册的标志是否具有显著特征，首先要考虑其本身的含义、呼叫和外观构成的识别性，即一般公众是否可以将该标志作为指示商品或服务来源的标志加以识别对待。其次，在具体情况下还要进一步结合申请指定使用商品或者服务所在领域的相关公众的认知习惯，以及所属行业的实际使用情况等，对标志是否可指示商品或服务来源进行具体、综合、整体判断。本案中，首先，关于诉争商标的含义、呼叫和外观是否可使公众作为指示商品或服务来源的

---

① 本案裁判文书参见第 446 页。

标志进行识别或记忆。诉争商标由上部较大的“大拇印”文字及下部带框较小的“卖方承诺商标假一赔百”文字构成，字体为普通印刷体。大某某公司主张因“大拇印”文字本身具有显著性，在此基础上添加“卖方承诺商标假一赔百”文字会增添标志的显著性。一般而言，在获准注册的商标标志周边添附其他装饰或文字并不会有损商标标志的显著性，有时甚至会增加商标标志的显著性。但有些添附恰恰会画蛇添足减损原标志的显著性。就诉争商标而言，“卖方承诺”“商标假一赔百”属于对真实性进行承诺的广告宣传惯常用语，而“大拇印”在这一语境下刚好也具有承诺的含义，两者结合后，反而淡化了“大拇印”单独存在时的显著性。诉争商标整体容易被一般公众识别成一个对真实性进行承诺的惯常广告用语，认为是对商品真实性或其上贴附的其他商标真实性的承诺，而非指示商品或服务来源的标志。因此，诉争商标缺乏显著性。其次，大某某公司还主张相关公众易将诉争商标下部“卖方承诺商标假一赔百”理解为经营者对上部“大拇印”标志真实性的承诺。但商标自证真伪功能并非认定商标显著性的考虑因素。大某某公司关于诉争商标因具有自证真伪功能而具有显著性的主张不能成立。最后，大某某公司未能提供证据证明诉争商标经过使用获得了显著性。

▶27. 涉驰名商标行政案件中“一事不再理”原则的适用

【裁判要旨】

以复制、模仿或翻译驰名商标为由对诉争商标提出异议和异议复审未得到商标行政主管部门支持，且相关程序已终结，此后申请人无合理事由再次以相同事实和理由提出无效宣告请求的，构成“一事不再理”的情形。

【关键词】

商标　无效程序　驰名　一事不再理

【案号】

（2023）最高法行申 1725 号

【基本案情】

在再审申请人雀某产品有限公司（以下简称雀某公司）与被申请人国家知识产权局、一审第三人广东太某某电器有限公司（以下简称太某某公司）

商标权无效宣告请求行政纠纷案①中，第 7292806 号商标（以下简称诉争商标）于 2009 年 3 月 31 日申请注册，核定使用在第 11 类燃气炉、电炊具、小型取暖器等商品上，商标权利人为太某某公司。雀某公司曾针对诉争商标的注册申请提出异议及异议复审，原国家工商行政管理总局商标评审委员会（以下简称商标评审委员会）作出商评字〔2013〕第 93926 号异议复审裁定书，认定引证商标未达到驰名程度，诉争商标并不属于复制、模仿或翻译驰名商标的情形，未违反 2001 年修正的《中华人民共和国商标法》（以下简称商标法）第十三条第二款的规定，于 2014 年 3 月 27 日对诉争商标予以核准注册。雀某公司未提起行政诉讼。2020 年 10 月 30 日，雀某公司向国家知识产权局提交针对诉争商标的商标权无效宣告请求，理由之一为诉争商标违反商标法第十三条第二款规定，引证商标与前次异议复审程序中的相同。国家知识产权局作出商评字〔2021〕第 268228 号关于第 7292806 号商标无效宣告请求裁定书认定，由于雀某公司提交的证据未形成新的事实和理由，故不再针对相关理由予以审理。雀某公司不服，提起行政诉讼。北京知识产权法院一审认为，雀某公司在本案无效宣告请求程序中提交新的证据没有合理理由，应当受到“一事不再理”原则的约束，故判决驳回雀某公司的相关诉讼请求。雀某公司不服，提起上诉。北京市高级人民法院二审判决驳回上诉，维持一审判决。雀某公司不服，向最高人民法院申请再审。最高人民法院于 2023 年 11 月 29 日裁定驳回雀某公司的再审申请。

【裁判意见】

最高人民法院审查认为：关于雀某公司是否存在以相同的事实和理由再次提出评审申请的情形。首先，雀某公司曾在商评字〔2013〕第 93926 号异议复审案中提出诉争商标的注册违反了商标法第十三条第二款这一复审理由。商标评审委员会针对雀某公司提出的该复审理由作出了裁定。雀某公司未就该裁定提起诉讼，该裁定业已生效。此为雀某公司对自身权利的处分行为。该公司应当承担相应的后果。其次，雀某公司的引证商标在诉争商标申请之时驰名与否是一个确定的事实，并不会随着时间发展而变化、产生新的事实。最后，诉争商标于 2014 年 3 月 27 日被依法核准注册。时隔六年后，2020 年雀某公司再次提出评审申请，理由之一与前次异议复审程序中提出的理由相

① 本案裁判文书参见第 450 页。

同，均为商标法第十三条第二款。雀某公司在本案中新提交的证据不存在前次商标异议复审程序中因客观原因无法取得或在规定的期限内不能提供的合理事由。综上，雀某公司依据商标法第十三条第二款提出的评审申请属于以相同的事实和理由再次提出评审申请的情形。

三、著作权案件审判

▶28. 酒店、民宿提供影视作品点播服务行为的侵权判断

【裁判要旨】

酒店、民宿在提供影视作品点播服务时，既未实施将影视作品置于信息网络中的行为，也未提供相关播放软件的会员账号、密码，其仅在客房设置通过合法渠道购买的影视播放设备的行为，不构成侵权。

【关键词】

著作权　侵权　信息网络传播权　放映权

【案号】

（2023）最高法民申 711 号

【基本案情】

在再审申请人捷某华某网聚（北京）文化传媒有限公司（以下简称捷某公司）与被申请人金华市雷某酒店管理有限公司（以下简称雷某公司）侵害著作权纠纷案①中，捷某公司主张其为涉案电影《海神密码》信息网络传播权的被许可人，雷某公司在其经营酒店的客房内设置了投影仪设备，使得入住者可以通过该投影仪设备上的“云视听极光”软件点播涉案电影，侵害了捷某公司对涉案电影享有的信息网络传播权。浙江省金华市中级人民法院一审认为，雷某公司侵害了捷某公司对涉案电影的信息网络传播权，判令雷某公司承担停止侵权、赔偿捷某公司经济损失及维权合理开支共计 4000 元的法律责任。雷某公司不服，提出上诉。浙江省高级人民法院二审认为，信息网络传播权中的提供行为首先是将作品置于信息网络中进行传播的行为；其次，

---

① 本案裁判文书参见第 453 页。

这种传播方式的效果是能够使公众在其选定的时间和地点获得该作品。本案中，雷某公司并未实施将涉案电影置于信息网络中的行为，其仅是通过能够联网的技术设备向入住者再现已然置于信息网络中的涉案电影，故雷某公司实施的行为属于放映行为。一审法院认定被诉行为构成侵害信息网络传播权不当，应予纠正。根据捷某公司一审提交的授权书，其对涉案电影作品享有的仅限于中国独家信息网络传播权，不包括放映权。因此，即使被诉行为落入放映权的控制范围，捷某公司亦无权要求雷某公司承担侵权责任。二审法院最终判决撤销一审判决，驳回捷某公司的诉讼请求。捷某公司不服，向最高人民法院申请再审。最高人民法院于 2023 年 12 月 5 日裁定驳回了捷某公司的再审申请。

【裁判意见】

最高人民法院审查认为：《最高人民法院关于审理侵害信息网络传播权民事纠纷案件适用法律若干问题的规定》第三条第二款规定，通过上传到网络服务器、设置共享文件或者利用文件分享软件等方式，将作品、表演、录音录像制品置于信息网络中，使公众能够在个人选定的时间和地点以下载、浏览或者其他方式获得的，人民法院应当认定其实施了前款规定的提供行为。本案中，根据在案证据，涉案电影系通过投影仪设备带有的第三方软件——“云视听极光”，在不登录会员，并看完片头广告的情况下，便可完整播放。因此，涉案电影系已经通过“云视听极光”软件在互联网上传播的作品。“云视听极光”软件是可以通过公开渠道下载并安装的 APP，并无证据显示雷某公司与“云视听极光”软件存在合作关系。雷某公司既未实施将涉案电影上传到网络服务器，或者设置共享文件或者利用文件分享软件等方式，将其置于信息网络中的行为，也未有证据证明其提供相关播放软件的会员账号、密码，其仅在酒店客房设置通过合法渠道购买的影视播放设备的行为，不构成侵权。

四、不正当竞争案件审判

▶29. 企业名称合法权利基础的判断

【裁判要旨】

对某一标志享有商标专用权，不代表其当然有权将该标志作为企业名称使用。在权利人字号已具有较高知名度的情况下，即便被诉侵权人后续被许可使用或者取得与权利人字号相同或近似的商标，也无法基于在后的商标取得将权利人字号登记注册为企业名称的权利。

【关键词】

不正当竞争　企业名称　功能　使用

【裁判意见】

在前述新百伦商标侵权和不正当竞争纠纷案①中，最高人民法院还明确了商标权是否一定为企业名称合法权利基础的问题。最高人民法院二审认为，一方面，商标和企业名称属于不同的商业标识，在权利取得、权利性质等方面存在区别。商标的功能在于区别不同商品或服务的来源，企业名称的功能在于区别不同市场主体，二者注册取得途径和管理制度均有所不同。对某一标志享有商标专用权，不代表其当然有权将该标志作为企业名称使用，反之亦然。当不同主体使用同一标志作为商业标识开展经营时，容易导致相关公众对其主体身份、商品或服务的来源产生混淆或混淆可能性。另一方面，本案中第4100879号“新百伦”商标、第4817498号“新百伦领跑”注册商标的许可时间、转让时间均在江西新某伦领跑公司、广州新某伦领跑公司成立之后。第4817498号“新百伦领跑”商标于2015年4月20日转让给广州新某伦领跑公司，于2016年11月27日转让给江西新某伦领跑公司。第4100879号“新百伦”商标的授权许可时间为2016年9月1日，均在江西新某伦领跑公司、广州新某伦领跑公司成立之后。因此，在新某伦公司的“新百伦”字号已具有较强知名度的情况下，即便江西新某伦领跑公司、广州新

① 本案裁判文书参见第256页。

某伦领跑公司后续受让或者取得与“新百伦”相关的商标，也无法基于在后的商标许可和受让行为取得在前的以“新百伦”为主要部分登记注册企业名称的权利基础。

▶30. 行业协会原告主体资格的认定

【裁判要旨】

行业协会是否具备不正当竞争纠纷原告主体资格可结合行业协会的性质、业务范围等综合判断，如果行业协会与经营者存在竞争关系并且与案件有直接利害关系的，可认定其具备适格的原告主体资格。

【关键词】

不正当竞争　虚假宣传　行业协会　原告主体资格

【案号】

（2022）最高法民再76号

【基本案情】

在唐山市某某协会与长沙顺某电子商务有限公司（以下简称长沙顺某公司）不正当竞争纠纷案（以下简称新陶瓷不正当竞争纠纷案）[①] 中，唐山市某某协会系地理标志集体商标“唐山骨质瓷”的注册人，其从天猫网店“亿嘉旗舰店”购买了长沙顺某公司销售的名称为“碗碟套装亿嘉中式新骨瓷餐具套装简约陶瓷碗筷碗盘家用送礼格林”的陶瓷商品。该商品经检测，显示磷酸三钙含量为0.81%，未达到骨质瓷的标准。唐山市某某协会认为长沙顺某公司在其销售的非骨质瓷商品中使用“新骨瓷”字样构成虚假宣传不正当竞争，遂向法院起诉。长沙顺某公司辩称唐山市某某协会不是本案适格主体，对本案不享有诉权。“新骨瓷”与“骨质瓷”是不同的瓷器种类，新骨瓷不属于虚假宣传。河北省唐山市中级人民法院一审认为，唐山市某某协会可作为本案的诉讼主体。长沙顺某公司销售的产品材质为新骨瓷，并非“骨质瓷”，且骨质瓷是瓷器的一种，并不是唐山独有、专属的商品，长沙顺某公司的宣传及销售行为不构成不正当竞争。遂判决驳回唐山市某某协会的诉讼请求。唐山市某某协会不服，提起上诉。河北省高级人民法院二审认为长沙顺某公司将不属于骨瓷（骨质瓷）也与骨瓷（骨质瓷）无特殊联系的涉案陶

---

① 本案裁判文书参见第455页。

瓷产品描述为“新骨瓷”，且将该字样加入商品名称供消费者作为搜索关键词，没有合理合法的正当理由，且容易使消费者对涉案陶瓷产品的质量和材质造成误解，误认为该涉案陶瓷产品与骨瓷（骨质瓷）产品存在迭代、替代等特殊关系，从而影响消费者选择，该行为属于虚假宣传行为。但长沙顺某公司在宣传中并未提及与唐山市某某协会相关的“唐山骨瓷（骨质瓷）”字样或者实施其他容易让消费者误解与唐山市某某协会存在特殊联系的行为，该虚假宣传行为并未对唐山市某某协会构成不正当竞争。遂判决驳回上诉，维持原判。唐山市某某协会不服，向最高人民法院申请再审。最高人民法院裁定提审本案，再审期间，长沙顺某公司因股东会决议解散而注销，唐山市某某协会明确主张由该公司两名股东李某、张某承担法律责任，李某、张某同意以认缴的出资额为限对长沙顺某公司未完结的债务进行清偿。最高人民法院于 2023 年 7 月 28 日判决撤销一、二审判决，李某、张某承担连带赔偿责任 5 万元。

【裁判意见】

最高人民法院再审认为，关于唐山市某某协会是否具备适格的原告主体资格问题，可从两个方面考察：一是当事人之间是否存在竞争关系。《中华人民共和国反不正当竞争法》第二条第三款规定：“本法所称的经营者，是指从事商品生产、经营或者提供服务（以下所称商品包括服务）的自然人、法人和非法人组织。”第十七条第二款规定：“经营者的合法权益受到不正当竞争行为损害的，可以向人民法院提起诉讼。”《最高人民法院关于适用〈中华人民共和国反不正当竞争法〉若干问题的解释》第二条规定：“与经营者在生产经营活动中存在可能的争夺交易机会、损害竞争优势等关系的市场主体，人民法院可以认定为反不正当竞争法第二条规定的‘其他经营者’。”二是提起诉讼一方与案件是否具有直接利害关系。2021 年修正的《中华人民共和国民事诉讼法》第一百二十二条规定：“起诉必须符合下列条件：（一）原告是与本案有直接利害关系的公民、法人和其他组织……。”具体到本案，唐山市某某协会是由唐山市陶瓷企业、相关单位及个人会员自愿结成的地方性、行业性社会团体，属于非营利性法人。协会章程和《社会团体法人登记证书》明确其业务范围包括“维护行业竞争秩序”。同时，唐山市某某协会系地理标志集体商标“唐山骨质瓷”的注册人，集体商标的注册人负有对该商标进行有效管理和控制的职责。唐山市某某协会在宣传推广唐山骨质瓷时系从事商品活动的经营者。唐山市某某协会在宣传推广唐山骨质瓷、维护骨质瓷行业竞争秩序和唐山骨质瓷声誉的过程中，与长沙顺某公司具有竞争关系。长沙顺某公司的被诉宣传行为，可能对唐山市某某协会的合法权益造成损害。唐山市某某协会与本案具有直接利害关系，具备适格的原告主体资格。

▶31. 在特定商品名称前冠以“新”字作为被宣传的商品名称是否构成虚假宣传

【裁判要旨】

对于有国家标准或者行业标准的特定商品名称，在没有相关证据证明确实存在承继关系的情况下，在特定商品名称前冠以“新”字作为被宣传的商品名称，易使消费者对该商品产生错误的认识，具有欺骗、误导消费者的可能性，可认定构成虚假宣传行为。

【关键词】

不正当竞争　虚假宣传　商品名称　行业标准

【裁判意见】

在前述新陶瓷不正当竞争纠纷案①中，最高人民法院还明确了在特定商品名称前冠以“新”字作为被宣传的商品名称是否构成虚假宣传的判断。最高人民法院再审认为：（一）长沙顺某公司所作“新骨瓷”宣传没有充分依据。首先，根据检测报告，长沙顺某公司销售的陶瓷商品的磷酸三钙含量为0.81%，远未达到关于骨质瓷（骨瓷）磷酸三钙含量不低于36%的国家标准，因此该陶瓷商品不属于骨质瓷（骨瓷）。其次，截止到目前，我国国家标准确定的陶瓷种类不包括“新骨瓷”这一陶瓷类别，而且对于“新骨瓷”尚不存在国家标准或行业公认的标准。长沙顺某公司亦承认“新骨瓷”没有统一标准。再次，虽然长沙顺某公司提交了学术刊物登载的部分关于“新骨瓷”的文章，但一方面这些文章对新骨瓷坯料配方的描述并不相同，另一方面这些文章主要是研究探讨性的，并未形成理论或实践上的定论。长沙顺某公司主张“新骨瓷”的外观、质地等与骨质瓷近似，但在缺少标准的情况下此类描述高度依赖于个体感受，无法进行客观评价。（二）“新骨瓷”宣传具有欺骗、误导消费者的可能性，对唐山市某某协会造成损害。首先，“新骨

① 本案裁判文书参见第455页。

瓷”字样作为商品材质或质量的描述性关键词客观上起到了提示或吸引消费者的作用。其次，“新骨瓷”不仅表明与骨瓷（骨质瓷）存在密切联系，而且“新”字暗示对骨瓷（骨质瓷）的改进或创新，对消费者选购陶瓷商品产生实质性影响。新骨瓷宣传足以产生引人误解的效果。再次，骨质瓷与其他瓷器之间的区别主要有两点：一是磷酸三钙含量在36%以上，二是经过二次烧制而成。长沙顺某公司明知其所销售的“新骨瓷”与骨质瓷在坯料含量、制作流程方面存在本质区别，以“新骨瓷”向普通消费者宣传并无充分依据，但仍然在商品名称中使用“新骨瓷”字样。此行为损害了骨质瓷经营者的正当利益，扰乱了市场竞争秩序。虽然长沙顺某公司的宣传并未提及“唐山”这一特定地区或与“唐山骨质瓷”的联系，但唐山地区是我国骨质瓷的主要产地，“唐山骨质瓷”是地理标志集体商标，“新骨瓷”宣传会降低唐山骨质瓷的美誉度，甚至为唐山骨质瓷带来负面评价，使唐山市某某协会作为同业经营者在陶瓷行业的竞争优势减弱或丧失。涉案行为损害了唐山市某某协会的合法权益。

▶32. 有证据证明侵权获利高于法定最高赔偿额的认定及酌定考虑因素

【裁判要旨】

在案证据足以认定侵权人因侵权获得的利益明显超过反不正当竞争法规定的法定赔偿最高限额时，人民法院应当综合考虑企业名称的知名度、侵权人的主观恶意程度、是否存在举证妨碍、侵权行为的具体情节以及被侵权人为维权支出的合理费用等因素，在法定赔偿额以上确定赔偿数额。

【关键词】

商标　不正当竞争　侵权　法定赔偿　举证妨碍

【案号】

（2022）最高法民终312号

【基本案情】

在上诉人宁波奇某电器有限公司（以下简称奇某公司）、龚某某、王某因与被上诉人西某某股份公司（以下简称西某某公司）、西某某（中国）有限公司（以下简称西某某中国公司）及一审被告昆山新某某电器有限公司

（以下简称新某某公司）、武某某侵害商标权及不正当竞争纠纷案[①]中，西某某公司及西某某中国公司对涉案商标“西某某”“SIEMENS”享有专用权，并经过长期使用具有较高知名度。奇某公司在其生产销售的洗衣机产品、产品外包装及相关宣传活动中使用了“上海西某某电器有限公司”标识；个人独资企业新某某公司销售了上述被诉侵权产品。西某某公司及西某某中国公司认为，奇某公司、新某某公司的行为侵害了其注册商标专用权并构成不正当竞争，应当承担侵权责任，该二公司的相关股东亦应承担责任，遂将奇某公司及其股东龚某某、王某夫妻二人，以及新某某公司及其股东武某某作为被告诉至法院，请求判令五被告立即停止商标侵权及不正当竞争行为，奇某公司赔偿西某某公司、西某某中国公司经济损失人民币 1 亿元及合理开支 163000 元，龚某某、王某对上述经济损失及合理开支承担连带赔偿责任，新某某公司和武某某在 300 万元范围内承担连带赔偿责任等。奇某公司辩称，其使用“上海西某某电器有限公司”系经过该公司的授权，其行为不构成商标侵权及不正当竞争。新某某公司辩称其仅系销售，不应承担相应责任。江苏省高级人民法院一审认为，奇某公司在洗衣机产品上标注“上海西某某电器有限公司”，构成不正当竞争；新某某公司销售被诉侵权产品亦构成不正当竞争。故判决：新某某公司、奇某公司立即停止侵害涉案商标专用权及不正当竞争行为；奇某公司、龚某某、王某连带赔偿西某某公司、西某某中国公司经济损失 1 亿元及合理开支 163000 元；新某某公司、武某某就上述款项在 50 万元范围内承担连带赔偿责任等。奇某公司、龚某某、王某不服一审判决，向最高人民法院提起上诉。最高人民法院二审判决驳回上诉，维持原判。

【裁判意见】

最高人民法院二审认为：奇某公司在洗衣机机身上、商品外包装及宣传活动中使用“上海西某某电器有限公司”，分别对西某某公司构成商标侵权及不正当竞争，应当承担赔偿责任。关于赔偿数额，根据现有证据难以确定奇某公司的侵权获利及西某某公司、西某某中国公司因被侵权受到的实际损失，但足以认定奇某公司因生产、销售被诉侵权产品而获得的利益明显超过反不正当竞争法规定的法定赔偿最高限额 300 万元。在此情况下，最高人民法院认为，应当综合考虑西某某公司及西某某中国公司企业名称具有较高的

---

① 本案裁判文书参见第 473 页。

知名度，奇某公司具有明显的主观恶意，且侵权规模大、侵权持续时间长，并结合洗衣机产品的利润率以及西某某公司、西某某中国公司为维权支出的合理费用等因素，在法定最高限额以上确定赔偿额。鉴于奇某公司诉讼中拒不提供与侵权行为相关的财务资料，一审法院将在案的媒体报道内容作为销售总额的计算依据，并按照十五分之一计算被诉侵权产品的销售额占比，进而确定1亿元赔偿额的做法并无不当。此外，虽然西某某公司、西某某中国公司二审中明确表示，其主张的赔偿数额不包括侵害商标权行为的赔偿，但本案侵害商标权及不正当竞争行为均体现为使用被诉侵权标识“上海西某某电器有限公司”，获利数额亦均体现在被诉侵权产品的生产、营销之上，而被诉侵权产品的生产和销售数量是固定的，且根据前述关于赔偿额的确定方式，即使仅考虑不正当竞争部分，确定1亿元的赔偿数额亦无明显不当，故最高人民法院对一审确定的赔偿数额予以维持。龚某某、王某二人系奇某公司仅有的两名股东，该二人作为奇某公司的实际控制人，在奇某公司侵权行为的实施过程中起到了重要作用，其行为表现出明显的侵权故意，应认定其与奇某公司构成共同侵权，与奇某公司承担连带赔偿责任。

五、技术合同案件审判

▶33. 技术秘密相关约定与技术秘密构成要件的审查

【裁判要旨】

即使当事人曾通过签订和解协议等方式就技术秘密的构成、归属、侵害及责任达成约定，在后续纠纷案件中，人民法院仍应就当事人主张的技术信息是否构成反不正当竞争法意义上的技术秘密进行审查认定。

【关键词】

侵害技术秘密　和解协议　技术秘密构成要件　秘密性

【案号】

（2021）最高法知民终1530号

【基本案情】

在杭州丙某科技有限公司（以下简称丙某公司）诉杭州运某科技有限公司（以下简称运某公司）、顾某洁、胡某、乔某伟合同纠纷案[①]中，丙某公司主张其拥有与摆料机结构相关的技术秘密。运某公司、顾某洁、胡某、乔某伟曾因侵害商业秘密与丙某公司签订和解协议，承认侵权并承诺不再侵害丙某公司的各项知识产权，若再侵害则向丙某公司支付违约金 500 万元。后运某公司、顾某洁、胡某、乔某伟又用窃取的图纸申请专利，故丙某公司请求判令该四方连带支付违约金 500 万元及维权合理开支 2 万元。运某公司、顾某洁、胡某、乔某伟反诉主张，丙某公司主张的技术信息不构成技术秘密，已被在先专利、产品实物公开；运某公司申请的专利与丙某公司主张的技术信息不同。运某公司及顾某洁、胡某、乔某伟均无违约行为，丙某公司应依约返还保证金共计 20 万元及约定利息。浙江省杭州市中级人民法院认为，在丙某公司与运某公司及顾某洁、胡某、乔某伟存在和解协议的情况下，可免除丙某公司就其所主张技术信息具有秘密性的举证责任。运某公司申请的专利披露了丙某公司所主张技术秘密中的两项秘密点，构成违约，但运某公司的专利申请行为与顾某洁、胡某、乔某伟无关，故于 2021 年 5 月 6 日作出（2020）浙 01 民初 1617 号民事判决：一、运某公司支付丙某公司违约金 400 万元；二、丙某公司返还顾某洁保证金 5 万元，并自 2017 年 7 月 1 日起按同期银行 3 年期定期存款利率计算至款项实际清偿之日止支付利息；三、丙某公司返还胡某保证金 5 万元，并自 2017 年 7 月 1 日起按同期银行 3 年期定期存款利率计算至款项实际清偿之日止支付利息；四、丙某公司返还乔某伟保证金 5 万元，并自 2017 年 7 月 1 日起按同期银行 3 年期定期存款利率计算至款项实际清偿之日止支付利息；五、驳回丙某公司的其他诉讼请求；六、驳回运某公司的反诉请求。运某公司不服，提出上诉。最高人民法院于 2023 年 6 月 5 日作出（2021）最高法知民终 1530 号民事判决：驳回上诉，维持原判。

【裁判意见】

最高人民法院二审认为，本案案由虽确定为合同纠纷，但引发双方当事人争议的法律关系为运某公司等是否存在侵害丙某公司技术秘密的行为，运

---

① 本案裁判文书参见第 498 页。

某公司等应否依照双方和解协议承担相应的违约责任，故该案先决问题为运某公司是否存在披露丙某公司技术秘密的侵害行为。反不正当竞争法所保护的技术秘密，应具备不为公众所知悉、具有商业价值、权利人对其采取了相应保密措施三个构成要件。经审查后足以认定，承载丙某公司技术信息的摆料机虽未在市场上对外销售，但其能为该公司充气保护膜的生产过程提高装箱效率和节约装箱成本，由此为丙某公司在与包括运某公司在内的同行企业竞争中赢得优势。因此，丙某公司所主张的技术信息具有商业价值。同时，丙某公司通过与其员工签订保密协议的方式针对承载了其技术信息的图纸提出保密要求，这种方式是该公司对其技术信息采取的保密措施。此外，丙某公司要求保护的与滚筒设置位置相关的技术内容，以及实现摆料板往复运动的曲柄与连接杆的特定连接结构，均未在在先专利权中得以体现，公众通过查询在先专利文件并不能知悉。因此，丙某公司主张的上述两项技术信息构成反不正当竞争法意义上的技术秘密。运某公司申请的涉案专利披露了丙某公司就滚筒的设置位置，以及曲柄与连接杆的特定连接结构所享有的技术秘密，一审判决由此认定运某公司的上述披露行为构成对和解协议的违反、应承担违约责任并无不当。

▶34. 法定代表人作为企业获取技术秘密渠道时的责任认定

【裁判要旨】

被诉侵权企业直接实施使用技术秘密的侵权行为，且该企业的法定代表人系该企业获取涉案技术秘密的渠道的，原则上可以认定法定代表人与企业构成共同侵权，而不能简单以没有直接证据证明法定代表人实施侵权行为为由免除其侵权责任。

【关键词】

侵害计算机软件著作权　侵害技术秘密　法定代表人　共同侵权

【案号】

（2021）最高法知民终1629号

【基本案情】

在网某科技股份有限公司（以下简称网某公司）诉深圳万某科技有限公司（以下简称深圳万某公司）、厦门万某网络科技有限公司（以下简称厦门万某公司)、郭某强、程某、江某化、钟某强等侵害计算机软件著作权纠纷及侵害商业秘密纠纷案中，网某公司诉称：网某公司对 A＊、R＊及 W＊三款软件（以下统称为涉案软件）享有著作权，并将涉案软件的源程序代码、设计文档等系统设计资料作为核心商业机密予以严格保密。郭某强、程某、江某化、钟某强等人均曾是网某公司研发人员，参与涉案软件的设计工作，能够接触到涉案软件源程序代码、目标程序代码及设计文档等资料。郭某强于 2015 年 11 月起担任网某公司部门负责人，离职后成立深圳万某公司及其全资子公司厦门万某公司。程某等人自 2017 年 7 月起相继从网某公司离职，加入厦门万某公司工作。网某公司发现，深圳万某公司、厦门万某公司推出的“＊递”等三款软件，是上述人员利用在网某公司任职期间擅自拷贝的涉案软件的源程序、设计文档等资料未经实质性修改形成的侵权产品，目前均已对外销售。该行为侵害了涉案软件著作权和商业秘密，故请求判令：深圳万某公司、厦门万某公司及郭某强等人停止侵害网某公司的计算机软件著作权和商业秘密，连带赔偿网某公司经济损失及合理费用共计 3000 万元。深圳万某公司辩称：网某公司涉案软件著作权存在重大瑕疵，大量使用遵循开源协议的自由软件开源代码进行编译，不能禁止他人改编、使用、复制、发表，也不能要求支付报酬；网某公司未对涉案软件源代码采取相应的保密措施，其所主张的技术信息不属于商业秘密的范畴；深圳万某公司并无侵害网某公司涉案软件著作权及商业秘密的主观故意，客观上未使用网某公司的涉案软件盈利。深圳万某公司、厦门万某公司对员工硬盘中存在涉案软件源代码事宜并不知情；网某公司主张的赔偿金额无事实和法律依据。厦门万某公司辩称：厦门万某公司使用的软件系利用开源软件进行二次开发，并非对网某公司软件的源程序代码、设计文档进行非实质性修改形成的；本案 A＊、R＊软件已公之于众，不具有秘密性，且网某公司并未采取具体必要的保密措施；网某公司未提交证据证明经济损失及维权合理费用达到 3000 万元；网某公司的行为构成虚假诉讼。法院经审理查明：网某公司是涉案软件的著作权人，该公司发布的《商业秘密管理办法》中对于商业秘密的定义、机构职责、保护要求以及保护措施等作出了规定。郭某强、江某化、程某、钟某强等人均系网某公司前员工，其中，郭某强曾为“网站产品部”部门负责人，江某化、程某曾分别参与 A＊、W＊、钟某强曾参与 R＊软件的研发工作。郭某强从网某公司离职后成立深圳万某公司、厦门万某公司。根据网某公司申请，福建省福州市中级人民法院在厦门万某公司经营场所，现场对程某、江某化等人的电脑以及云主机的相关数据进行提取和复制，并向北京万某公司调取深圳万某公司向其发送的涉及“＊递”服务的安装包。经法院责令提交，深圳万某公司、厦门万某公司无正当理由未予提供从北京万某公司调取的目标程序对应的源程序代码以及编译说明。经鉴定，网某公司的 R＊产品目标代码与法院调取的第三方产品目标代码存在相似性、具有相关性。A＊软件中 95 个源代码文件、W＊软件中 21 个源代码文件、R＊软件传输协议的 111 个源代码文件以及 111 个函数在 2020 年 4 月 13 日之前不为公众所知悉。江某化硬盘检材中的 1 个源代码文件与 R＊软件具有同一性，95 个源代码文件、39 个关键文档与 A＊软件具有同一性；程某硬盘检材中 21 个源代码文件、4 个关键文档与 W＊软件具有同一性。福建省福州市中级人民法院认为，深圳万某公司、厦门万某公司、江某化、程某侵权成立，郭某强为二云联公司的法定代表人，其余四人均在厦门万某公司任职，但此五人任职期间的行为均为职务行为，在案证据并不能证明此五人系涉案“＊递”软件的开发者，也未有证据证明此五人存在以不正当手段获取、持有、使用或披露在网某公司任职期间取得的 R＊、A＊、W＊软件源程序代码的行为。故于 2020 年 12 月 29 日作出（2018）闽 01 民初 1409 号民事判决：一、深圳万某公司、厦门万某公司立即停止侵害网某公司 R＊软件著作权的复制、发行行为，并赔偿经济损失以及合理费用共计 200.6 万元；二、深圳万某公司、厦门万某公司立即停止侵害网某公司关于 R＊软件商业秘密的行为，并赔偿经济损失以及合理费用共计 332 万元；三、江某化立即停止侵害网某公司关于 R＊软件、A＊软件商业秘密的行为，并赔偿经济损失以及合理费用共计 20 万元；四、程某立即停止侵害网某公司关于 W＊软件商业秘密的行为，并赔偿经济损失以及合理费用共计 20 万元；五、驳回网某公司的其他诉讼请求。宣判后，网某公司以郭某强等人构成共同侵权、判赔金额过低为由，深圳万某公司以不构成计算机软件著作权及商业秘密侵权、判赔数额不合理为由，江某化、程某以相关软件源代码系合法取得且系基于开源软件二次开发不构成侵权为由，分别提出上诉。最高人民法院于 2023 年 12 月 13 日作出（2021）最高法知民终 1629 号民事判决：改判深圳万某公司、厦门万某公司、郭某强、钟某强立即停止侵害网某公司 R＊软件著作权及商业秘密的行为，删除相关软件及源程序代码，连带赔偿经济损失 300 万元及合理费用 100 万元；维持一审判决关于江某化、程某停止侵权并承担赔偿责任的相关判项；驳回深圳万某公司、江某化、程某的其他上诉请求及网某公司的其他诉讼请求。

【裁判意见】

最高人民法院二审认为，深圳万某公司、厦门万某公司推出的“＊递”软件目标代码与网某公司享有的R＊软件存在相似性、具有关联性。深圳万某公司、厦门万某公司拒不提交“＊递”软件源代码，且对于前述相似性未作出合理解释，可以认定其二公司构成对于R＊软件著作权及商业秘密侵权。郭某强曾任网某公司“网站产品部”部门负责人，负责包括R＊软件在内的软件开发，离职后立即注册成立深圳万某公司及厦门万某公司，基于其职业背景、职务层级及工作属性，对于深圳万某公司、厦门万某公司所从事的经营活动应具有合理注意义务及统筹管控责任；钟某强在网某公司负责R＊软件开发工作，离职后即入职厦门万某公司，负责“＊递”软件开发。在其二人未能举证证明“＊递”软件系独立研发的情况下，根据本案实际情况及日常生活经验，可以推定郭某强、钟某强参与了R＊软件开发且非法披露了其所掌握的商业秘密，与深圳万某公司、厦门万某公司构成共同侵权。

▶35. 修复、重建、加强保密措施费用的赔偿

【裁判要旨】

在侵害技术秘密纠纷案件中，权利人为修复或者重建因侵权行为遭致破坏的原有保密措施所支出的费用，以及为减轻损失、防止损失扩大，确有必要合理加强保密措施所支出的费用，均可计入侵权损害赔偿数额。

【关键词】

侵害技术秘密　损害赔偿　恢复、重建、加强保密措施　合理措施

【案号】

（2022）最高法知民终945号

【基本案情】

在青岛义某机械有限公司（以下简称义某公司）诉贾某权侵害技术秘密纠纷案[①]中，义某公司诉称：其拥有包装袋相关技术秘密，贾某权系该公司技术工程师，在离职交接过程中，义某公司发现贾某权的个人笔记本电脑和个人手机中存储有大量义某公司相关设备技术信息，其均为义某公司的商业秘密信息，给义某公司造成巨大经济损失。故请求判令：贾某权停止侵权并

① 本案裁判文书参见第517页。

赔偿经济损失23万元。贾某权辩称：义某公司主张的商业秘密在互联网上已经公开，其主张没有任何依据。贾某权没有侵害义某公司的商业秘密，义某公司系统升级与贾某权无关，损失也不应由贾某权承担。法院经审理查明：义某公司在本案中主张的技术秘密为三种包装机的部分三维零件图和三维装配图。贾某权自2013年7月至2021年3月在义某公司生产技术部担任技术工程师，从事研发设计工作，具体负责前述三种包装机的设计。其入职后与义某公司签订了《保守商业秘密及知识产权保护协议》。义某公司《电子设备使用规章制度》亦对公司机密作了保密规定，贾某权签字确认其认可该制度。2021年3月6日，贾某权离职交接，其承诺未备份公司商业机密，没有拷贝或带走记录公司商业机密的磁盘或其他形式载体。经司法鉴定，贾某权笔记本电脑中有150个三维零件图与义某公司提供的三维零件图的特征和尺寸完全相同；有25个特征相同，但尺寸不同。2021年3月12日，义某公司与青岛某信息技术有限公司签订《某信息安全管理系统服务购销补充合同》《某协同管理系统EDM服务购销补充合同书》《服务器及相关设备维护合同》，购买某信息安全管理平台系统架构专业版、数据防泄密系统升级版和安装调试培训服务等软件及服务，并支付款项151600元。义某公司为本案支付律师费1万元、鉴定费8万元。山东省青岛市中级人民法院于2022年1月14日作出（2021）鲁02知民初111号民事判决：一、贾某权于判决生效之日立即停止侵害义某公司的技术秘密；二、贾某权于判决生效之日起十日内赔偿义某公司经济损失10万元（含鉴定费）；三、驳回义某公司的其他诉讼请求。义某公司认为其经济损失还包括其因发现贾某权窃密而购买某信息安全管理平台系统架构专业版、数据防泄密系统升级版和安装调试培训服务等软件及服务的款项151600元，提出上诉。最高人民法院于2023年6月30日作出（2022）最高法知民终945号民事判决：一、撤销山东省青岛市中级人民法院（2021）鲁02知民初111号民事判决第二项；二、贾某权于本判决生效之日起十日内赔偿义某公司经济损失6万元，合理开支1万元；三、驳回义某公司的其他诉讼请求。鉴定费8万元由贾某权负担。

【裁判意见】

最高人民法院二审认为，侵害商业秘密纠纷案件中，权利人有权选择以其因被侵权所受到的实际损失或者侵权人因侵权所获得的利益来计算损害赔偿数额。其中，权利人因被侵权所受到的实际损失的认定，需要实际损失与侵害行为之间具有因果关系，权利人重建或者修复因侵权行为遭致破坏的保密措施所支出的费用属于其因被侵权所受到的实际损失。但是，侵害商业秘密行为发生后，即使原有保密措施仍然有效，权利人通常也会采取升级安全系统、增加安保设备等措施来加强商业秘密的保护，维护商业秘密安全。虽然升级的安全系统、增加的安保设备权利人在今后的生产经营中仍可以使用，但是，权利人采取上述措施的诱因是侵权行为的发生。为有效保护商业秘密，遏制侵权行为，对于权利人为减轻损失、防止损失扩大而采取必要、合理的措施加强商业秘密保护、维护商业秘密安全所支出的补救费用，应当在计算权利人因被侵权所受到的实际损失中予以适当考虑。义某公司购买某信息安全管理平台系统架构专业版、数据防泄密系统升级版和安装调试培训服务等软件及服务的行为发生在发现贾某权实施被诉侵权行为之后的第四天，时间极为接近，且其内容涉及技术秘密的安全与维护，二者之间具有关联性。根据保密需要和保密制度，义某公司对贾某权的工作电脑采取了主机上锁及封闭全部 USB 接口的物理隔离措施，但是，贾某权的个人笔记本电脑中却存储了 175 个与义某公司的技术秘密相同或近似的三维零件图，义某公司对其技术秘密安全与维护系统进行升级亦属必要和合理。因此，在确定赔偿数额时，应将义某公司在发现贾某权被诉侵权行为后为减轻损失、防止损失扩大而采取必要及合理的补救措施加强技术秘密保护、维护技术秘密安全所支出的相关费用予以适当考虑。需要强调的是，义某公司支出的该笔 151600 元的费用，并非一次性损失，义某公司可以长期使用并从中获益，故该笔费用不应由贾某权全额负担。另，根据查明事实，义某公司为本案诉讼支出律师费 1 万元及司法鉴定费 8 万元，一审判决贾某权共赔偿义某公司 10 万元，考虑到义某公司支出的律师费及司法鉴定费等因素，该判赔数额明显偏低，应予适当调整。

六、植物新品种案件审判

▶36. 植物新品种权的新颖性判断

【裁判要旨】

行为人为交易目的将品种繁殖材料交由他人处置，放弃自身对该繁殖材料的处置权的行为，构成导致申请植物新品种权保护的品种丧失新颖性的销售。育种者为委托他人制种而交付申请品种繁殖材料，同时约定制成的品种繁殖材料返归育种者的，因育种者实质上保留了对该品种繁殖材料的处置权，一般不因此导致申请品种丧失新颖性。

【关键词】

植物新品种权无效　新颖性　委托制种回购　保留处置权

【案号】

（2022）最高法知行终809号

【基本案情】

在大连致某种业有限公司（以下简称致某公司）诉农业农村部植物新品种复审委员会（以下简称植物新品种复审委员会）、衣某龙植物新品种权无效行政纠纷案[①]中，衣某龙为品种权号为CNA20090802.7、名称为“强硕68”的玉米植物新品种的品种权人。2008年，衣某龙委托张掖某种业公司生产“强硕68”，并约定制种回购。致某公司以“强硕68”丧失新颖性为由向植物新品种复审委员会提出无效宣告请求。植物新品种复审委员会作出2020年第25号品种权无效宣告审理决定，维持“强硕68”品种权有效。致某公司不服，提起行政诉讼，认为甘肃某公司于2008年6月24日增加玉米品种“强硕68”种子生产许可，可以认定衣某龙已将“强硕68”繁殖材料在2008年6月24日前交付给了甘肃某公司生产“强硕68”玉米种子；衣某龙自2008年起将“强硕68”的繁殖材料交付给张掖某种业公司制种，至2009年12月9日申请品种权已经超过一年，已丧失新颖性。法院经审理查明：甘肃

① 本案裁判文书参见第526页。

某公司持有（甘）农种生许字（2006）第＊＊＊6号种子生产许可证，于2008年6月24日增加了玉米品种“强硕68”的生产许可。2008年至2015年，张掖某种业公司接受衣某龙的委托，为衣某龙培育“强硕68号”玉米种子，根据生产经营实际以每公斤6.3元的价格将“强硕68”玉米种子卖给衣某龙。北京知识产权法院于2022年8月17日作出（2021）京73行初3144号行政判决：驳回致某公司的诉讼请求。致某公司不服，提出上诉。最高人民法院于2023年3月21日作出（2022）最高法知行终809号行政判决：驳回上诉，维持原判。

【裁判意见】

最高人民法院二审认为，首先，关于申请品种是否具备新颖性的判定标准：判断申请植物新品种权的品种是否具备新颖性，应当重点审查该植物品种的繁殖材料在申请日前是否由育种者本人或者经育种者许可在中国境内销售超过1年，在中国境外藤本和木本植物销售超过6年，其他植物销售超过4年。本案争议的核心在于判断，衣某龙是否在中国境内于申请“强硕68”植物新品种权的2009年12月9日前一年即2008年12月9日前销售了“强硕68”的繁殖材料。审定品种是通过行政管理程序获得审定证书，其与获得作为一项民事权利的植物新品种权不同，通过品种审定并不意味着申请人获得排他性的民事权利。《农作物种子生产经营许可证管理办法》第七条第八项规定所涉及的“品种为授权品种的，申请领取种子生产许可证还应向审核机关提供品种权人同意的书面证明或品种转让合同”，其中的“授权品种”应当是指获得植物新品种权的品种。其次，关于甘肃某公司种子生产许可证上变更增加“强硕68”品种的相关证据及其证明力：“强硕68”品种的授权时间在2014年3月1日，甘肃某公司于2008年6月24日在其原种子生产许可证上变更增加“强硕68”时，“强硕68”尚不属于授权品种，显然不属于前述《农作物种子生产经营许可证管理办法》规定的办理种子生产许可证时需要提交品种权人同意的书面证明的情形。致某公司仅以甘肃某公司在其原种子生产许可证变更增加了“强硕68”为由，主张衣某龙与甘肃某公司必然签署了生产协议，尚缺有效证据予以佐证，不足以证明衣某龙存在销售“强硕68”繁殖材料的事实。最后，关于衣某龙委托张掖某种业公司制种行为的认定：销售行为是否存在是判断申请品种具备新颖性的重要事实。根据《中华人民共和国植物新品种保护条例》（以下简称植物新品种保护条例）第十四条的规定，导致申请植物新品种权保护的品种丧失新颖性的销售是指，行为人为交易目的是将品种繁殖材料交由他人处置，放弃自身对该繁殖材料的处置权的行为。育种者为委托他人制种而交付申请品种繁殖材料，同时约定制成的品种繁殖材料返归育种者，因育种者实质上保留了对该品种繁殖材料的处置权，除非法律另有规定，不会导致申请品种丧失新颖性。根据《证明函》的记载内容，张掖某种业公司生产的“强硕 68”种子要交付给衣某龙，衣某龙系委托该公司制种并有义务支付制种款回购张掖某种业公司生产的“强硕 68”种子，双方对委托制种并回购的意思表示明确。致某公司对该委托制种并回购的事实并未提出相反证据予以推翻。张掖某种业公司虽然在一定时期内持有、使用了“强硕 68”繁殖材料，但其无权对“强硕 68”繁殖材料进行处置，作出不符合委托生产合同约定的其他行为。衣某龙作为委托人并没有放弃对申请品种繁殖材料的处置权。故衣某龙委托张掖某种业公司生产“强硕 68”并回购的行为不属于销售“强硕 68”繁殖材料的行为。因此致某公司在本案提交的现有证据不足以证明“强硕 68”丧失新颖性。

▶37. 植物新品种确权程序的审查范围及特异性认定标准

【裁判要旨】

1. 在依请求启动的植物新品种权无效程序中，植物新品种复审委员会原则上仅需以无效宣告请求人提交的证据和理由为基础，审查授权品种是否符合授权条件，并不承担全面审查即审查其是否符合植物新品种权全部授权条件的义务。

2. 在植物新品种确权审查程序中，对于特异性的判定标准应当与植物新品种授权审查程序相一致，即最终判定授权品种是否具备特异性，原则上应当以田间种植测试所确定的性状特征为准；授权品种与已知品种经基因指纹图谱鉴定无明显差异的，该鉴定可以作为认定授权品种不具备特异性的重要参考。

【关键词】

植物新品种权　无效程序　特异性　确权行政审查　错误标准样品

【案号】

（2023）最高法知行终 132 号

【基本案情】

在云南滇某种业有限公司（以下简称滇某公司）诉植物新品种复审委员会、云南大某种业有限公司（以下简称大某公司）植物新品种权无效行政纠纷案[①]中，“西抗18”玉米植物新品种和“西山121”玉米审定品种的育种者为贵州西某种业有限责任公司（以下简称西某公司），并于2012年转让给大某公司。“西抗18”的品种权申请日为2013年6月13日，授权日为2017年5月1日，品种权号为CNA20130494.4，品种权人为大某公司。“西抗18”于2011年11月9日通过云南省农作物品种审定；“西山121”于2009年6月9日通过湖北省农作物品种审定。滇某公司以“西抗18”与“西山121”为同一品种，“西抗18”不具备特异性、新颖性为由向植物新品种复审委员会提出无效宣告请求。植物新品种复审委员会作出2021年第27号品种权无效宣告审理决定，维持“西抗18”品种权有效。滇某公司不服，提起行政诉讼，主要理由包括：1. 滇某公司曾于2016年12月22日申请农业部[②]植物新品种测试中心对“云优19”“西山121”及“西抗18”是否是同一品种进行基因指纹检测和DUS测试。在基因指纹检测中，“西抗18”和“西山121”对比差异位点为0；在DUS测试中，“西抗18”和“云优19”无明显差异、“云优19”和“西山121”无明显差异，因此“西抗18”与“西山121”为同一品种，“西抗18”不具备特异性；2. “西抗18”的育种者大某公司在2010年11月、12月向案外人某丰种业公司销售“西抗18”，某丰种业公司又销售给各级分销商，导致“西抗18”丧失新颖性。另查明：2018年5月23日，西某公司向大某公司出具《关于“西抗18”和“西山121”标准样品的回复》，自述西某公司曾错误将“西抗18”标准样品当作“西山121”的标准样品提交。北京知识产权法院于2022年10月27日作出（2021）京73行初12705号行政判决：驳回滇某公司的诉讼请求。滇某公司不服，提出上诉。最高人民法院于2023年10月23日作出（2023）最高法知行终132号行政判决：一、撤销北京知识产权法院（2021）京73行初12705号行政判决；二、撤销植物新品种复审委员会2021年第27号品种权无效宣告审理决定；三、植物新品种复审委员会就滇某公司针对品种权号为CNA20130494.4、名

---

① 本案裁判文书参见第540页。

② 注：2018年3月13日，十三届全国人大一次会议审议通过《国务院机构改革方案》，组建农业农村部，不再保留农业部。

称为“西抗 18”的玉米植物新品种权提出的无效宣告请求重新作出审查决定。

【裁判意见】

最高人民法院二审认为，品种权授予后，任何单位和个人均可对授予的品种权提出无效宣告请求，植物新品种复审委员会也可依职权直接启动无效宣告程序。在依请求启动的品种权无效程序中，植物新品种复审委员会原则上仅以无效请求人提交的证据和理由为基础审查涉案品种权是否符合授权条件，并不承担对涉案品种权全面审查即其是否符合品种权全部授权条件的义务。无效宣告请求人应就涉案品种权不符合授予品种权的新颖性、特异性等授权条件提交证据，相关证据证明上述相关事实具有高度盖然性时，由品种权人对于授权品种符合授权条件进一步提供证据。关于“西山 121”是否存在错误补交标准样品的事实。被诉决定和一审判决仅以西某公司作出的《关于“西抗 18”和“西山 121”标准样品的回复》认定大某公司错误将“西抗 18”标准样品当作“西山 121”的标准样品提交，致使两者的标准样品相同，并据此认定基于“西山 121”错误标准样品作出的鉴定结果不具有证明力。对此，分析如下：第一，在案证据不能证明大某公司或者大某公司曾经补充提交过“西山 121”的标准样品，因此，不能推定保藏号为 SIG01655 的“西山 121”审定品种标准样品是错误提交的样品。第二，错误提交标准样品的不利后果一般亦应由提交该标准样品的行为主体承担。“西山 121”作为审定品种，提交的标准样品是确定品种真实性的最终依据。“西山 121”与“西抗 18”均为同一育种单位大某公司完成，前者于 2009 年在湖北完成审定，后者于 2011 年 11 月在云南省完成审定，“西山 121”早于“西抗 18”。“西山 121”作为审定品种，提交的标准样品是确定品种真实性的最终依据，即使发生了将“西抗 18”的标准样品作为“西山 121”的样品进行提交的事实，该错误补交标准样品的不利后果一般亦应由提交的行为主体承担。如果允许品种审定主体对于品种的标准样品可以随意提交进行置换且无需承担由此产生的不利后果，行政机关和司法机关将难以确定实际推广销售的品种的真实性，导致损害社会公众利益，严重影响用种安全。关于“西抗 18”是否具备特异性的问题。在品种权授权审查程序中，审批机关针对申请品种是否具备特异性的实质审查，最终依据是以田间种植测试（DUS 测试）所确定的性状特征为准。基因检测所采取的核心引物（位点）与 DUS 测试的性状特征之间并不具有对应性，故一般不能仅依据基因指纹鉴定结果直接判定品种间的特征特性有无明显区别，进而作出特异性判断，决定是否授予品种权。在品种权无效宣告审查程序中，对于特异性的判定标准也应当与品种权授权审查程序相一致，即最终判定授权品种是否具备特异性原则上应当以采取田间种植测试所确定的性状特征为准；授权品种与已知品种经基因指纹鉴定无明显差异的，可以作为判定授权品种不具备特异性的重要参考。无效宣告请求人有证据证明授权品种与已知品种经基因指纹检测差异位点数小于阈值，证明两者特征特性相同具有高度盖然性时，可以认定无效请求人已经完成初步举证责任，转由品种权人提交反证，证明授权品种具备特异性。滇某公司在无效宣告审查程序中提交的基因鉴定报告的鉴定程序以及样品来源可靠，其对“西山 121”和“西抗 18”未进行相邻种植对比测试的原因作出了相对合理的说明。综合其提交的证据，可以认定其对于“西抗 18”与“西山 121”相比不具有明显区别的待证事实达到了高度盖然性的证明标准。此时应当由品种权人大某公司提供反证证明“西抗 18”具备特异性。本案中，大某公司提供的育种者陈述、选育报告、转让协议等证据均不足以得出“西山 121”与“西抗 18”是不同品种的结论，且“西抗 18”和“西山 121”的审定材料记载的特征特性并非根据 DUS 测试标准经过相邻种植对比测试得出，不能据此判定“西抗 18”相对于“西山 121”具有明显区别、具备特异性。一审判决和被诉决定关于“西山 121”与“西抗 18”具有明显区别的事实认定以及举证责任分担有所不当，结论有误。

▶38. 尚无分子标记检测标准的植物新品种的侵权比对

【裁判要旨】

认定植物新品种与被诉侵权品种的特征特性是否相同时，对于某些尚无基因指纹图谱等分子标记检测的国家标准或者行业标准的品种，在审查采用基因指纹图谱等分子标记检测法的检验报告的证明力时，应当综合分析全部相关证据，着重审查使用引物来源的样本范围及其代表性，以及基因指纹图谱的建立是否符合科学规律并足以科学精准区分不同品种。

【关键词】

侵害植物新品种权　特征特性　分子标记检测　DUS 测试

【案号】

（2022）最高法知民终568号

【基本案情】

在荷兰某公司、昆明某花园艺有限公司诉广州市某农业科技有限公司侵害植物新品种权纠纷案[①]中，荷兰某公司、昆明某花园艺有限公司诉称：荷兰某公司系品种权号为CNA20080311.5、名称为“安祖奥利尔”的植物新品种的品种权人，昆明某花园艺有限公司系该品种权在中国独占实施被许可人，荷兰某公司发现广州市某农业科技有限公司实施的生产、繁殖和销售行为，侵害了涉案植物新品种权。故请求判令广州市某农业科技有限公司立即停止侵害并赔偿249万元。广州市某农业科技有限公司辩称：广州市某农业科技有限公司没有实际生产、繁殖被诉侵权植株，也没有在花卉市场上公开销售。现有证据不能证明被诉侵权植株侵害了涉案授权品种的植物新品种权。红掌品种目前只有植物特异性、一致性、稳定性（DUS）测试标准，没有基因指纹检测标准；昆明研究所不具备合法的真实性检测资质。因此，荷兰某公司、昆明某花园艺有限公司证明侵权所依据的基因实验报告不具备合法性和关联性，不能作为认定本案侵权的证据。法院经审理查明：荷兰某公司为涉案“安祖奥利尔”红掌植物新品种的品种权人，昆明某花园艺有限公司是其全资子公司，经许可取得该品种独占实施权，上述两公司经公证购买了被诉侵权红掌产品，并委托昆明研究所进行基因测试，测试结果显示，广州市某农业科技有限公司的被诉侵权红掌产品在所检测的29个位点的指纹图谱完全一致。后又委托上海测试中心将被诉侵权植株与两个公司授权品种进行DUS测试，测试报告后附的《性状描述对比表》显示测试的两个品种在40个基本性状中有12个存在差异。2014年6月1日实施的行业标准花烛属测试指南中规定天南星科花烛属新品种DUS测试的技术要求和结果判定的一般原则，适用于花烛属新品种DUS测试和结果判定。根据该标准，当申请品种至少在一个性状上与近似品种具有明显且可重现的差异时，即可判定申请品种具有特异性。广州知识产权法院于2021年12月31日作出（2020）粤73知民初611号民事判决：驳回荷兰某公司、昆明某花园艺有限公司的全部诉讼请求。荷兰某公司、昆明某花园艺有限公司不服，提出上诉。最高人民法院于2023年

---

① 本案裁判文书参见第565页。

3月3日作出（2022）最高法知民终568号民事判决：驳回上诉，维持原判。

【裁判意见】

最高人民法院二审认为，关于如何确定涉案授权品种的保护客体的问题。一般而言，用来确定授权品种保护客体的繁殖材料是以品种权人向品种权审批机关提交并保存的标准样品为准。涉案品种主要通过组织培养的无性繁殖方式进行扩繁，植株整体或其叶片都可以成为繁殖材料。由于涉案品种的特殊性，在涉案品种申请过程中以及授权之后，审批机关均未要求荷兰某公司提交用于保存的标准样品，故无法通过提取标准样品确定授权品种的保护客体。囿于当时的技术条件所限，审批机关也没有保存授权品种的基因型信息。在此情况下，为切实保护品种权人利益，正确确定授权品种的保护客体，如果品种权人通过充分说明、作出承诺，且提供其他证据能够初步证明其提供的繁殖材料样品就是授权品种繁殖材料，则可以以品种权人提供的该繁殖材料样品作为确定保护客体的依据，被诉侵权人有相反证据或者合理理由足以推翻的除外。关于昆明研究所基因实验报告和上海测试中心DUS测试报告的证明力问题。基因指纹图谱等分子标记检测是通过基因型相同的事实推定特征、特性相同，田间观察检测则是通过田间观察和比对表型得出结论。对于特征、特性是否相同的认定而言，田间观察检测法相对于基因指纹图谱等分子标记检测法更为科学。当存在两种使用不同检测方法得到的检验报告时，采用田间观察检测法的检验报告的证明力一般高于采用基因指纹图谱等分子标记检测法的检验报告。对于某些尚无基因指纹图谱等分子标记检测的国家标准或行业标准的品种，在审查报告的证明力时，应当综合分析全部证据，着重审查采用基因指纹图谱等分子标记检测法的检验报告使用引物来源的样本范围及其代表性、基因指纹图谱的建立是否符合科学规律，并足以科学精准地区分不同品种。通过对于涉案两份实验或测试报告的分析，昆明研究所的基因实验报告虽显示两个样品在29个位点上一致，但由于在案证据尚不能证明筛选该29对引物所使用的样品具有代表性，足以全面代表已知红掌品种，尚不能证明该29对引物的选择符合科学规律，足以区分不同的红掌品种，涉案基因实验报告证明力不强，不足以证明两者特征、特性相同。上海测试中心DUS测试报告显示两个样品存在明显差异，而该明显差异是否由环境等非遗传变异因素影响所致尚处于真伪不明状态。通过对涉案两份实验或测试报告的比较，并综合考虑上述因素，在案证据尚不能证明被诉侵权植株属于涉案授权品种的繁殖材料，对该事实负有举证责任的二公司尚未完成举证责任，应对此承担不利后果，即无法认定广州市某农业科技有限公司的有关行为构成对涉案品种权的侵害。

七、垄断案件审判

▶39. 垄断协议固定价格的认定

【裁判要旨】

固定商品价格的垄断协议所涉及的固定价格方式，不仅包括固定最低价格或者直接确定具体价格，还包括固定价格幅度或者固定能够据以间接控制价格的计算方式、标准等。

【关键词】

反垄断行政处罚　垄断协议　固定价格

【案号】

（2023）最高法知行终 29 号

【基本案情】

在重庆江某建材有限公司（以下简称江某建材公司）诉重庆市市场监督管理局反垄断行政处罚纠纷案①中，重庆市市场监督管理局于 2021 年 6 月 15 日作出渝市监处字〔2021〕41 号《行政处罚决定书》（被诉行政处罚决定），该决定的主要内容为：根据重庆市公安局来函反映的问题，重庆市市场监督管理局于 2019 年 10 月 14 日对江某建材公司涉嫌垄断行为进行立案调查。经调查，江某建材公司存在以下违法行为及事实：（一）江某建材公司与具有竞争关系的经营者达成“固定或者变更商品价格、分割销售市场或者原材料采购市场”的垄断协议（以下简称涉案协议）。江某建材公司与重庆建某混凝土有限公司（以下简称建某混凝土公司）是两家相互独立的商砼生产企业，2019 年 5 月以前，重庆市丰都县内只有江某建材公司和建某混凝土公司

① 本案裁判文书参见第 587 页。

实际生产、销售商砼。2014 年年初，江某建材公司和建某混凝土公司为了不相互杀价、消除恶性竞争，开始磋商联营事宜，并于 2014 年 4 月达成涉案协议。（二）江某建材公司与具有竞争关系的经营者建某混凝土公司实施了固定商品价格及分割销售市场的行为。1. 实施固定商品价格的行为。2014 年 4 月 20 日起，江某建材公司和建某混凝土公司互派统计人员到对方公司上班。江某建材公司与建某混凝土公司达成协议后，约定了商砼销售价，并互派监督人员，如发现受监督公司因特殊情况低于标准价进行销售会将销售情况向自己公司负责人汇报、请示。2. 实施分割销售市场的行为，包括：（1）划分商品销售地域。双方互派人员每天相互检查混凝土罐车的行车全球定位系统（GPS），以确保供货地址与合同、票单一致，同时确保对方公司的水泥罐车未前往本公司供应的工地供货。两家公司在实际实施过程中通过调整分配方量对划分销售地域进行补充。（2）划分销售商品数量及销售利润。双方互派人员收集对方公司商砼销售合同和票据进行核对，并统计对方公司每天销售商砼的方量和价格；每月初分别汇总提交两公司上个月的销售总方量和总利润，两公司则根据统计数据对双方销售的总方量和总利润按约定比例进行分配。2019 年 3 月，江某建材公司和建某混凝土公司互相撤出实施涉案协议期间指派到对方的工作人员，并不再按照以往的约定实施涉案协议。江某建材公司 2018 年的销售额为 242985217.65 元。江某建材公司和建某混凝土公司属于经营同种业务的独立经营者，相互之间在重庆市丰都县区域内具有明显的竞争关系。双方达成涉案协议并实施固定销售商砼价格、分割商砼销售市场的行为，破坏了公平竞争的市场环境，严重排除、限制竞争，损害了消费者利益。根据 2008 年施行的《中华人民共和国反垄断法》（以下简称反垄断法）第四十六条第一款的规定，决定对江某建材公司作出如下处罚：处上一年度销售额 5%的罚款，共 12149260.88 元。江某建材公司不服被诉行政处罚决定，于 2021 年 11 月 22 日向重庆市渝北区人民法院提起诉讼；2022 年 3 月 22 日，重庆市渝北区人民法院裁定将本案移送重庆市第一中级人民法院管辖。重庆市第一中级人民法院认为，江某建材公司与建某混凝土公司达成并实施了涉案协议，该行为的实质是通过固定价格、分割销售市场等联合经营方式消除相互之间的竞争，达到垄断货源、操纵价格的目的，不仅排除了相互之间的竞争关系，损害了公平竞争的市场秩序，还使建筑企业失去对商砼的议价权和选择权，侵害了丰都县区域内建筑企业的利益，构成经营者达成并实施垄断协议的行为，故于 2022 年 10 月 8 日作出（2022）渝 01 行初 55

号行政判决：驳回江某建材公司的诉讼请求。江某建材公司不服，提出上诉。最高人民法院于2023年8月31日作出（2023）最高法知行终29号行政判决：驳回上诉，维持原判。

【裁判意见】

最高人民法院二审认为，江某建材公司与建某混凝土公司于2014年4月在丰都县聚贤茶楼聚会并就双方的商砼联营事宜达成涉案协议，该协议约定的主要内容涵盖固定商砼的供应价格、划分两公司的商砼销售市场、按照协商的商砼市场份额划分两公司的销售方量和利润、确定足以确保协议得到落实的监督方式，可见涉案协议的内容符合2008年施行的反垄断法第十三条所规制的“固定或者变更商品价格”和“分割销售市场”。江某建材公司与建某混凝土公司通过涉案协议固定价格的具体表现是：通过约定“价格变动幅度”“不同灌注方式的灌注费和一定运输距离以上的运输费”“据以计算价格的标准算法”“未经参加协议的其他经营者同意不得变更价格”等多种条件共同实现对不同型号商砼价格的固定。2008年施行的反垄断法第十三条第一款第一项规定的固定商品价格的横向垄断协议所涉及的固定价格方式，不仅包括固定最低价格或者直接确定价值的具体数值，也包括固定价格幅度或者固定能够据以间接控制价格数值的计算方式、标准等。按照涉案协议的约定，双方在协议存续期间因特殊情况并非不可以低于约定的标准价进行销售，只要报经双方负责人同意即可，故这种调整价格需经双方同意的做法仍然属于双方协商固定商品价格的一种方式。江某建材公司以其没有固定最低价格或者可能低于约定标准价销售为由主张涉案协议不构成固定商品价格的横向垄断协议，与反垄断法第十三条第一款第一项规定的内涵不符，不予支持。

▶40. 仅诉请确认特定行为构成垄断时的处理

【裁判要旨】

原告起诉仅请求人民法院确认被告的特定行为构成垄断，而不请求被告承担民事责任的，该类起诉不具有诉的利益，即其不具有诉的必要性和实效性，人民法院可以裁定不予受理或者驳回起诉。

【关键词】

垄断纠纷　确认之诉　诉的利益

【案号】

（2021）最高法知民终 2131 号

【基本案情】

在马某等九十名出租车司机诉某出租汽车协会垄断纠纷案[①]中，某出租汽车协会在近二十年期间向其会员单位客运出租汽车企业发布《关于规范客运出租汽车企业经营行为的自律意见》等指导性意见，涉及对出租车辆承包费的项目进行测算、调整等内容，其中部分自律意见因所在市的交通运输委员会根据国家有关文件精神通知宣布自 2016 年 9 月失效。在本案诉讼前，王某等四十名出租车司机以该出租汽车协会及相关出租汽车经营企业为共同被告，向湖北省武汉市江岸区人民法院分别提起 40 件侵权民事诉讼，湖北省武汉市江岸区人民法院已判决驳回上述 40 件案件原告的诉讼请求。之后，马某等九十人（含上述王某等四十名出租车司机）向湖北省武汉市中级人民法院提起诉讼，请求确认某出租汽车协会滥用市场支配地位对马某等九十人造成横向垄断的民事侵权行为成立（没有提出要求该出租车协会承担赔偿损失等民事责任的请求）。湖北省武汉市中级人民法院认为，某出租汽车协会制定、发布一系列协会文件的行为不应视为 2008 年施行的反垄断法第二章规定的“组织本行业的经营者从事禁止的垄断行为”的情形或该法第五章规定的“滥用行政权力，强制经营者从事本法规定的垄断行为”的情形，据此于 2020 年 12 月 14 日作出（2019）鄂 01 民初 8256 号民事判决：驳回马某等九十人的全部诉讼请求。马某等九十人中的王某等三十五人不服，提出上诉。最高人民法院于 2023 年 5 月 15 日作出（2021）最高法知民终 2131 号民事裁定：撤销原审，驳回马某等九十人的起诉。

【裁判意见】

最高人民法院二审认为，本案为垄断纠纷，就本案一审原告马某等九十人的诉讼请求看，其主要请求法院确认某出租汽车协会的行为构成“横向垄断的民事侵权行为”，而没有据此提出停止侵害、损害赔偿等请求，故本案为确认之诉。对于该诉讼，人民法院应当依据本案原告起诉时所施行的民事诉讼法（2017 年修正）及其司法解释的有关规定审查原告起诉是否符合法定起诉条件，包括诉的必要性与实效性（即诉的利益）。民事诉讼法（2017

① 本案裁判文书参见第 617 页。

年修正）第一百一十九条规定的第三项起诉条件为起诉“有具体的诉讼请求和事实、理由”。“具体的诉讼请求”，是指原告应当明确的其起诉所要解决的问题，也就是向人民法院提出保护自己民事权益的具体内容。原告在起诉时所提出的事实主要是纠纷发生的事实经过即客观情况。原告在事实的基础上，根据法律规定说明提出诉讼请求的理由。而原告仅仅提出“确认被告侵权”之类的请求，并不必然导致其民事权益获得保护，因为原告要求被告承担赔偿损失等民事责任，还涉及损失与因果关系的证明、诉讼时效等一系列问题。对于确认之诉，应严格审查起诉条件，以避免当事人随意提起不能直接产生具体权利义务关系、缺乏单独诉讼必要性和实效性的确认之诉，徒增诉累、浪费司法资源。能够成为确认之诉的对象的法律关系或者法律事实一般是一旦判决确认即能够直接引起当事人之间权利义务变动的法律关系或者法律事实（如请求确认双方的收养关系、请求确认某自然人失踪或者死亡等），而并非任何事实和法律问题均可成为确认之诉的对象。原则上，只有特定民事法律关系（或民事权益）属于民事纠纷的核心法律关系或者确认该法律关系是纠纷解决之本质所在，才能对此提起独立的确认之诉。在给付之诉中，当事人的诉讼目的是获得给付判决，而确认民事法律关系或民事权益之存在只是作出给付判决的前提，若允许当事人就确认关系提起确认之诉则意味着当事人为获得给付判决而至少会先后提起两个诉，其结果必然造成诉累和司法资源浪费。事实上，法院对给付之诉和形成之诉作出本案判决前，均需要确认作为本案判决先决事项的某项民事法律关系（或民事权益）是否成立乃至是否合法有效，原告原则上应当将所谓“侵权确认”主张作为诉的理由在侵权责任之诉中一并提出，仅在例外情况下允许当事人对“特定法律事实”的争议提起确认之诉。具体就本案诉讼而言，如果允许当事人先单独提出确认“被告侵权”之诉，待该诉的判决生效后再据此提出侵权损害赔偿诉讼，该两诉看似是不同的诉，实质上属于不当拆分案件，将本应作为一个诉进行的诉讼拆分为多个诉分别诉讼，徒增诉累。对于原告以提起损害赔偿等民事责任承担之诉为潜在目的而单独提起的所谓“侵权确认之诉”，人民法院原则上不应予以受理。一般而言，当事人不能仅仅以确认被告特定行为构成垄断、侵权等本应作为诉讼理由的主张作为独立诉讼请求提起诉讼，而不提出要求被告承担停止侵害、赔偿损失、赔礼道歉等民事责任。该类起诉不具有诉的必要性与实效性，缺乏诉的利益。现行《民事案件案由规定》中没有“确认侵权”“确认垄断”等之类确认之诉的案由，仅有特定的积极确认之诉（如确认亲子关系纠纷、确认收养关系纠纷、物权确认纠纷、确认合同效力纠纷、股东资格确认纠纷、公司决议效力确认纠纷、专利权权属纠纷等）和特定条件下的消极确认之诉（如否认亲子关系纠纷、确认合同无效纠纷、确认不侵害知识产权纠纷）。换言之，“确认侵权”“确认垄断”等之类的诉讼主张不能直接产生民事权利义务关系（或者民事责任），故原则上不能单独作为确认之诉提出，仅可作为请求对方当事人承担民事责任之诉的理由同时提出，除非原告能够合理说明其单独提起上述确认之诉具有必要性和实效性等正当理由。这类确认之诉的必要性与实效性问题分别涉及法院有无必要通过判决来解决当事人之间的纠纷、法院能否通过判决实际解决该纠纷。本案中，马某等九十人提起的“确认被告侵权”之诉既不直接针对权利义务关系，又不能期待通过确认判决直接、实质性解决当事人之间的权利义务纠纷，提起本案确认之诉缺乏诉的利益，不符合民事诉讼法（2017 年修正）第一百一十九条第三项“有具体的诉讼请求和事实、理由”这一受理条件。

八、知识产权诉讼程序

▶41. “产地”作为制造行为实施地确定案件管辖的条件

【裁判要旨】

“产地”不是《最高人民法院关于审理专利纠纷案件适用法律问题的若干规定》第二条中的法律概念，如将“产地”视为制造行为的实施地，该地点应当是一个便于查明被诉侵权制造者或制造行为的具体地点，并足以据此确定与制造行为有关的、具有案件管辖权的法院。

【关键词】

外观设计　专利　侵权　管辖　产地　事实查明

【案号】

（2023）最高法民辖 143 号

【基本案情】

在原告深圳市小某硅胶生活用品有限公司（以下简称深圳某公司）诉被告浙江森某电子商务有限公司（以下简称浙江某商务公司）、浙江森某服饰股份有限公司（以下简称浙江某服饰公司）侵害外观设计专利权纠纷案①中，深圳某公司以浙江某商务公司、浙江某服饰公司未经深圳某公司授权，擅自制造、销售、许诺销售与涉案专利相同外观设计的折叠水瓶，以构成侵权为由，向广东省深圳市中级人民法院提起诉讼。经查，被诉侵权产品的包装盒上标注了“品牌商：浙江某服饰公司，地址：温州市瓯海区娄桥工业园××号”“产地：广东深圳”等字样。广东省深圳市中级人民法院经审查认为，本案两被告住所地均在浙江省，现有证据无法证明两被告实施的侵权行为是发生在深圳，故仅以包装盒上的产地信息无法确定侵权行为地是广东省深圳市。根据民事诉讼“原告就被告”以及便利诉讼原则，本案应由浙江省杭州市中级人民法院管辖，故于2023年3月6日作出（2023）粤03民初1064号民事裁定，裁定本案移送浙江省杭州市中级人民法院审理。浙江省杭州市中级人民法院经审查认为，广东省深圳市中级人民法院对本案具有管辖权，其将本案移送管辖不当，遂报请浙江省高级人民法院指定管辖。浙江省高级人民法院经审查认为，立案审查阶段应为形式审查，本案中，被诉侵权产品的包装盒上标注了“产地：广东深圳”字样，可以初步证明被诉侵权产品的生产地位于广东省深圳市，即被诉侵权行为地位于该市。又根据《最高人民法院关于第一审知识产权民事、行政案件管辖的若干规定》第二条第一款规定，外观设计专利的权属、侵权纠纷以及涉驰名商标认定第一审民事、行政案件由知识产权法院和中级人民法院管辖。广东省深圳市中级人民法院作为侵权行为地的中级人民法院，对本案具有管辖权。浙江省高级人民法院遂函告广东省高级人民法院协商管辖。2023年9月25日，两地人民法院因管辖权争议协商未果，遂报请最高人民法院指定管辖。

【裁判意见】

最高人民法院审查认为：“产地”并非《最高人民法院关于审理专利纠纷案件适用法律问题的若干规定》第二条中的规范用语，如将“产地”视为制造行为的实施地，该地点也应当是一个便于查明被诉侵权制造者或制造行

① 本案裁判文书参见第632页。

为的具体地点，并足以据此确定与制造行为有关的、具有案件管辖权的法院。理由在于，一方面，制造地通常为被诉侵权产品制造者所在地或实施被诉侵权制造行为的具体地点，将“制造地”作为侵权结果发生地有利于查明与被诉侵权制造行为有关的事实，实现对侵权行为的源头打击。因此，被诉侵权产品之上标注的“制造地”，至少应当是一个便于查明被诉侵权制造者或制造行为的具体地点。另一方面，如被诉侵权产品之上标注的“制造地”信息过于笼统，且地域范围较大，而该地域范围内又存在多个具有管辖权的法院时，就可能出现管辖法院不确定的情况，故不宜直接将此作为侵权行为地。本案中，根据深圳某公司提交的证据，作为本案两被告的浙江某商务公司、浙江某服饰公司的住所地均位于浙江省且住所地信息明确，足以指向具体的被诉侵权行为实施主体并作为确定案件管辖权的依据。而根据被诉侵权产品包装上标注的“产地：广东深圳”等信息，难以进一步查明与确定被诉侵权产品的制造者或与制造行为有关的事实，不宜直接作为确定本案管辖权的事实依据。在此情况下，深圳市中级人民法院依据《最高人民法院关于第一审知识产权民事、行政案件管辖的若干规定》第二条规定，将本案移送杭州市中级人民法院处理并无不当，符合“两便原则”，亦有利于案件事实的查明。

审判案例指导

最高人民法院2023年典型知识产权案件
裁判文书选登

一、专利案件审判

（一）专利民事案件审判

1. 专利侵权诉讼程序中转让专利权时停止侵害责任的认定

——上诉人深圳市智某科技有限公司、张某伟与被上诉人陈某侵害实用新型专利权纠纷案①

中华人民共和国最高人民法院民事判决书（2022）最高法知民终1923号

上诉人（一审被告）：深圳市智某科技有限公司。住所地：广东省深圳市宝安区。

法定代表人：张某，该公司经理。

上诉人（一审被告）：张某伟。

被上诉人（一审原告）：陈某。

委托诉讼代理人：谭羽，广东融方律师事务所律师。

上诉人深圳市智某科技有限公司（以下简称智某公司）、张某伟因与被上诉人陈某侵害实用新型专利权纠纷一案，不服广东省深圳市中级人民法院于2022年7月22日作出的（2021）粤03民初5037号民事判决，向本院提起上诉。本院于2022年9月19日立案后，依法组成合议庭，并于2023年1

① 本案在年度报告中的位置为第3页。另，本书收录的裁判文书所引法律法规等均为裁判时有效，以下不再提示。

月 11 日询问当事人。上诉人智某公司的时任法定代表人张某伟，被上诉人陈某的委托诉讼代理人谭羽到庭参加询问。本案现已审理终结。

智某公司、张某伟上诉请求：1. 撤销一审判决，改判驳回陈某的全部诉讼请求；2. 本案一审、二审案件受理费由陈某负担。事实和理由：一审判决事实认定错误。被诉侵权产品实施的系专利号为 201621096840.3、名称为“一种磁吸式数据线”实用新型专利（以下简称现有技术专利）中公开的现有技术方案。线体、两端接口、磁铁等技术特征均为现有技术。专利号为 201820735161.9、名称为“一种自调节收拢式磁力吸附传输线”实用新型专利（以下简称涉案专利）与上述现有技术相比增加了止挡块这一技术特征，其目的是在所述止挡块的定位作用下，使得磁铁和钢体能围绕线体自由转动，以达到自调节的目的。现有技术中的磁石这一技术特征已经将涉案专利的磁力吸附体和止挡块两个技术特征融为一体，即磁石既可以实现磁力吸附体的技术特征，也可以实现止挡块的技术特征，其公开了磁力吸附体和止挡块两个技术特征。此外，智某公司、张某伟二审询问时进一步主张，被诉侵权产品未落入涉案专利权的保护范围。

陈某辩称：智某公司、张某伟主张的现有技术抗辩不能成立。一审判决认定事实清楚，适用法律正确，请求驳回上诉，维持原判。

陈某向一审法院提起诉讼，一审法院于 2021 年 7 月 6 日立案受理。陈某起诉请求判令：1. 智某公司立即停止销售、许诺销售侵害涉案专利权产品的行为；2. 智某公司赔偿陈某经济损失及因制止侵权所支付的合理费用共计 5 万元，张某伟对上述赔偿款项承担连带责任；3. 本案诉讼费用由智某公司、张某伟负担。事实和理由：陈某从智某公司的网店公证购得被诉侵权产品，被诉侵权技术方案落入涉案专利权的保护范围。智某公司销售的被诉侵权产品销量较大，侵害了陈某的合法权益。

智某公司、张某伟一审辩称：陈某的诉请没有事实和法律依据。被诉侵权产品使用的是现有技术，请求依法驳回陈某的诉请。

一审法院认定事实：

陈某于 2018 年 5 月 17 日向国家知识产权局申请了涉案专利，于 2019 年 1 月 4 日获得授权，该专利权年费已经缴纳。2020 年 4 月 15 日，国家知识产权局作出《实用新型专利权评价报告》，结论为：涉案专利全部权利要求 1-8 未发现存在不符合授予专利权条件的缺陷。2022 年 1 月 14 日，涉案专利的专利权人由陈某变更为案外人王某，国家知识产权局于同年 2 月 25 日予以公告。涉案专利权利要求 1 记载：一种自调节收拢式磁力吸附传输线，至少包括线体以及位于线体两端的连接头，其特征在于：所述的线体为圆形线，线体上间隔设置有两个以上的磁力吸附体，所述的磁力吸附体套设在线体上，且磁力吸附体与线体之间有间隔，磁力吸附体能够在线体上自由转动；所述的线体上还设置有止挡块，所述止挡块固定安装于磁力吸附体的上下两端处，用于阻止磁力吸附体沿线体滑动；所述的磁力吸附体为磁铁或钢铁，当磁力吸附体为磁铁时，磁铁的磁极位于两侧；且全部所述磁力吸附体中钢铁的数量不超过全部 50%。

陈某的代理人在 1688 网站店铺名称为“智某公司”购买了被诉侵权的硅胶充电线产品，并经（2020）深证字第 124529 号公证书公证。智某公司确认被诉侵权产品由其许诺销售、销售。

陈某在本案中请求保护涉案专利权利要求 1。权利要求 1 可分解为以下技术特征：A. 一种自调节收拢式磁力吸附传输线，至少包括线体以及位于线体两端的连接头；B. 所述的线体为圆形线；C. 线体上间隔设置有两个以上的磁力吸附体；D. 所述的磁力吸附体套设在线体上；E. 磁力吸附体与线体之间有间隙；F. 磁力吸附体能够在线体上自由转动；G. 所述的线体上还设置有止挡块；H. 所述止挡块固定安装于磁力吸附体的上下两端处，用于阻止磁力吸附体沿线体滑动；I. 所述的磁力吸附体为磁铁或钢铁；J. 当磁力吸附体为磁铁时，磁铁的磁极位于两侧；K. 所述磁力吸附体中钢铁的数量不超过全部的 50%。

陈某认为，被诉侵权产品的技术特征与涉案专利权利要求 1 的技术特征一一对应且相同。智某公司确认被诉侵权产品的磁力吸附体均为磁铁，除止挡块以外的其他技术特征与涉案专利权利要求 1 的技术特征相同，因涉案专利权利要求 1 技术方案的线体上设置有止挡块，而被诉侵权产品没有止挡块，故被诉侵权技术方案未落入涉案专利权利要求 1 的保护范围。经查，被诉侵权技术方案具备以下技术特征：a. 一种自调节收拢式磁力吸附传输线，至少包括线体以及位于线体两端的连接头；b. 所述的线体为圆形线；c. 线体上间隔设置有两个以上的磁力吸附体；d. 所述的磁力吸附体套设在线体上；e. 磁力吸附体与线体之间有间隙；f. 磁力吸附体能够在线体上自由转动；i. 所述的磁力吸附体为磁铁；j. 当磁力吸附体为磁铁时，磁铁的磁极位于两侧；k. 所述磁力吸附体中钢铁的数量不超过全部的 50%。被诉侵权产品线体上设置有若干橡胶套管，该橡胶套管设置于两个磁力吸附体上下两端之间，可以阻止磁力吸附体沿线体滑动。

陈某主张经济损失及合理费用共计5万元，其中合理费用1600元。陈某向一审法院提交了公证费电子发票两张，一张金额为800元，另一张金额为5600元，明确该项费用系包括本案在内的七个案件的公证费，在本案中主张其中的800元。陈某请求酌情确定赔偿金额。

智某公司提交了现有技术专利，证明被诉侵权产品的线体、两端接口、磁铁等技术特征属于现有技术。该现有技术专利摘要载明："一种磁吸式数据线，包括USB接口与数据接口，以及连接USB接口与数据线接口的数据线本体，所述数据线本体上每隔一定距离设置有磁石，相邻磁石的极性相反，当弯曲数据线本体时，相邻磁石相互吸附。该实用新型通过在数据线本体内设置或外置磁石，通过磁石的相互吸附，方便固定数据线，便于数据线收纳整理。"智某公司主张涉案专利比上述现有技术专利增加了止挡块这一技术特征，其目的是在所述止挡块的定位作用下，使得磁铁和钢体能围绕线体自由转动，以达到自调节的目的。现有技术专利中的磁石这一技术特征已经将涉案专利的磁力吸附体和止挡块两个技术特征融为一体，即磁石既可以实现磁力吸附体的技术特征，也可以实现止挡块的技术特征，其公开了磁力吸附体和止挡块两个技术特征。经查，上述现有技术专利的授权公告号为CN206179584U，系涉案专利说明书中载明的背景技术专利文献。

智某公司成立于2015年7月，系自然人独资的有限责任公司，经营范围包括：电子产品等的研发与销售；电子商务等。张某伟系其唯一股东。张某伟未提交证据证明智某公司财产独立于其个人财产。

一审法院认为，本案系侵害实用新型专利权纠纷。被诉侵权行为发生于2020年10月至12月期间，故本案应适用2008年修正的《中华人民共和国专利法》（以下简称专利法）。本案的争议焦点在于：1. 被诉侵权产品是否落入涉案专利权的保护范围；2. 智某公司、张某伟主张的现有技术抗辩能否成立；3. 智某公司、张某伟应承担的侵权责任。

关于焦点一，一审法院认为，涉案专利权利要求1技术方案没有限定止挡块的具体材质及结构，被诉侵权产品系采用在线体上设置有若干橡胶套管，也即热塑性橡胶圈，该橡胶套管设置、充盈于两个磁力吸附体上下两端之间，可以阻止磁力吸附体沿线体滑动。因此，被诉侵权产品的橡胶套管的位置与涉案专利的止挡块相同，同时也发挥了阻止磁力吸附体沿线体滑动的功能和作用，被诉侵权产品具备涉案专利权利要求1中的止挡块这一技术特征，根据专利法第十一条第一款、第五十九条第一款，《最高人民法院关于审理侵犯专利权纠纷案件应用法律若干问题的解释》第二条、第七条之规定，被诉侵权技术方案落入涉案专利权利要求 1 的保护范围。

关于焦点二，一审法院认为，智某公司作为现有技术抗辩的现有技术专利的授权公告日在涉案专利申请日之前，可以作为涉案专利的现有技术对比文件。将被诉侵权产品的技术特征与智某公司所提现有技术专利相比，该现有技术专利至少没有公开被诉落入涉案专利权利要求 1 保护范围的止挡块这一技术特征。现有技术专利通过在数据线上设置磁石，当弯曲数据线时，磁石相互吸附方便固定数据线，便于收纳。涉案专利以该现有技术专利为背景技术文献，在线体上设置有固定安装于磁力吸附体上下两端处的止挡块，用于阻止磁力吸附体沿线体滑动，从而实现线体在收拢时能够随意弯曲、快速收拢，解决了现有技术专利的技术方案在实际使用中不便的问题。智某公司辩称止挡块为公知常识的主张依据不足，不能成立。因此，被诉侵权产品并未实施智某公司所主张的在先技术方案，智某公司主张的现有技术抗辩依据不足，一审法院不予支持。

关于焦点三，智某公司未经权利人许可，销售、许诺销售被诉侵权产品，构成对涉案专利权的侵害。鉴于陈某现已非涉案专利权人，其有关判令智某公司停止侵权的诉请，一审法院不予支持。针对陈某在享有涉案专利权期间内智某公司的侵权行为，其有权提起诉讼并获得赔偿，对其有关判令智某公司赔偿经济损失及维权合理支出并承担本案诉讼费用的诉请，一审法院予以支持。关于本案的赔偿数额问题，陈某没有提供其因被侵权所受损失或者智某公司因侵权获利的证据，且陈某在一审庭审时请求酌情判定赔偿金额。一审法院综合考虑涉案专利权类别、侵权行为的性质、情节以及陈某所支出的合理维权费用等因素，酌情确定本案赔偿金额为 2 万元。陈某为制止侵权行为所支出的合理费用已计算在该赔偿金额范围之内。诉讼请求超出该赔偿金额部分，一审法院不予支持。智某公司系自然人独资的有限责任公司，张某伟系该公司的唯一股东。因张某伟未举证证明其个人财产独立于智某公司财产，根据《中华人民共和国公司法》第六十三条关于“一人有限责任公司的股东不能证明公司财产独立于股东自己的财产的，应当对公司债务承担连带责任”的规定，张某伟应当对本案中智某公司的赔偿债务承担连带责任。一审法院依照《中华人民共和国专利法》（2008 年修正）第十一条第一款、第五十九条第一款、第六十五条，《中华人民共和国公司法》第六十三条，《最高人民法院关于审理侵犯专利权纠纷案件应用法律若干问题的解释》第二条、第七条，《中华人民共和国民事诉讼法》第六十七条的规定，判决："一、被告智某公司于判决生效后十日内赔偿原告陈某经济损失及维权合理费用共计 2 万元，被告张某伟对该债务承担连带清偿责任；二、驳回原告陈某的其他诉讼请求。被告如果未按判决指定的期间履行给付金钱义务，应当依照《中华人民共和国民事诉讼法》第二百六十条之规定，加倍支付迟延履行期间的债务利息。案件受理费 1050 元，由被告智某公司、张某伟负担。上述案件受理费已由原告陈某全部预缴，被告智某公司、张某伟应于判决生效之日起十日内径付原告陈某。"

二审中，双方当事人均未提交新证据。

一审法院查明的事实属实，本院予以确认。

本院另查明：涉案专利说明书第［0012］段记载："所述的止挡块为热塑性橡胶圈或金属圆环。"

陈某二审确认被诉侵权产品网上链接已经删除。

本院认为，本案被诉侵权行为发生在 2021 年 6 月 1 日之前，故本案应适用 2008 年修正的专利法进行审理。

根据双方当事人的诉辩意见及在案事实，本案二审争议焦点为：（一）被诉侵权技术方案是否落入涉案专利权利要求 1 的保护范围；（二）智某公司主张的现有技术抗辩能否成立；（三）一审认定的赔偿数额及合理开支是否适当。

（一）关于被诉侵权技术方案是否落入涉案专利权利要求 1 的保护范围的问题

专利法第五十九条第一款规定："发明或者实用新型专利权的保护范围以其权利要求的内容为准，说明书及附图可以用于解释权利要求的内容。"《最高人民法院关于审理侵犯专利权纠纷案件应用法律若干问题的解释》第二条规定："人民法院应当根据权利要求的记载，结合本领域普通技术人员阅读说明书及附图后对权利要求的理解，确定专利法第五十九条第一款规定的权利要求的内容。"该司法解释第七条规定："人民法院判定被诉侵权技术方案是否落入专利权的保护范围，应当审查权利人主张的权利要求所记载的全部技术特征。被诉侵权技术方案包含与权利要求记载的全部技术特征相同或者等同的技术特征的，人民法院应当认定其落入专利权的保护范围；被诉侵权技术方案的技术特征与权利要求记载的全部技术特征相比，缺少权利要求记载的一个以上的技术特征，或者有一个以上技术特征不相同也不等同的，人民法院应当认定其没有落入专利权的保护范围。”本案中，智某公司对其在一审中陈述的“被诉侵权产品除止挡块以外的技术特征均落入涉案专利权保护范围”这一事实再次予以确认。故双方争议点在于被诉侵权技术方案是否具有涉案专利权利要求1中止挡块这一技术特征。对此，本院认为，首先，涉案专利权利要求1并未对止挡块的材质和结构作出限制，依据涉案专利说明书第［0012］段记载的内容，止挡块可以为橡胶材质。其次，经比对，被诉侵权产品线体上亦设置有若干橡胶套管，该橡胶套管设置于两个磁力吸附体上下两端之间，可以阻止磁力吸附体沿线体滑动，即该橡胶套管功能与涉案专利权利要求1中止挡块这一技术特征具有阻止磁力吸附体沿线体滑动相同的功能和效果。因此，被诉侵权技术方案中橡胶套管这一技术特征与涉案专利权利要求1中止挡块这一技术特征相同，被诉侵权技术方案具有涉专利权利要求1全部技术特征，落入涉案专利权利要求1的保护范围。

（二）关于智某公司主张的现有技术抗辩能否成立的问题

《最高人民法院关于审理侵犯专利权纠纷案件应用法律若干问题的解释》第十四条规定“被诉落入专利权保护范围的全部技术特征，与一项现有技术方案中的相应技术特征相同或者无实质性差异的”，方可认定被诉侵权产品实施的技术属于专利法规定的现有技术。智某公司主张现有技术专利中磁石这一技术特征已经将涉案专利的磁力吸附体和止挡块两个技术特征融为一体，即磁石既可以实现磁力吸附体的技术特征，也可以实现止挡块的技术特征，其公开了磁力吸附体和止挡块两个技术特征。对此，本院认为，首先，将被诉侵权产品技术特征与该现有技术专利相比对，现有技术专利通过在数据线上设置磁石，当弯曲数据线时，磁石相互吸附方便固定数据线，便于收纳，即磁石相当于涉案专利中的磁力吸附体，并没有止挡块这一技术特征。其次，涉案专利以该现有技术专利为背景技术，在线体上设置有固定安装于磁力吸附体上下两端处的止挡块，用于阻止磁力吸附体沿线体滑动，从而实现线体在收拢时能够随意弯曲、快速收拢，解决了该现有技术专利在实际使用中的不便利。该现有技术专利并没有公开被诉落入涉案专利权保护范围的止挡块这一技术特征。故智某公司所主张的现有技术抗辩不能成立，本院不予支持。

（三）关于一审认定的赔偿数额及合理开支是否适当的问题

专利法第六十五条规定：“侵犯专利权的赔偿数额按照权利人因被侵权所受到的实际损失确定；实际损失难以确定的，可以按照侵权人因侵权所获得的利益确定。权利人的损失或者侵权人获得的利益难以确定的，参照该专利许可使用费的倍数合理确定。赔偿数额还应当包括权利人为制止侵权行为所支付的合理开支。权利人的损失、侵权人获得的利益和专利许可使用费均难以确定的，人民法院可以根据专利权的类型、侵权行为的性质和情节等因素，确定给予一万元以上一百万元以下的赔偿。”本案中，陈某请求人民法院酌定赔偿金额。一审法院综合考虑涉案专利权类别、侵权行为的性质、情节以及陈某所支出的合理维权费用等因素，酌情确定本案赔偿金额 2 万元并无不当。一审法院没有严格按照《最高人民法院关于审理专利纠纷案件适用法律问题的若干规定》第十六条的规定，在一审判决中分别确定经济损失和合理开支的数额，而是将该两部分金额笼统酌定，该做法有欠严谨。综合考虑陈某购买被诉侵权产品支出、公证取证以及委托律师参与诉讼，本院在 2 万元金额中酌情确定陈某维权合理费用为 5000 元。

此外，关于一审法院未予判令智某公司停止侵权的问题，陈某虽没有上诉，但依据《最高人民法院关于适用〈中华人民共和国民事诉讼法〉的解释》第三百二十一条“第二审人民法院应当围绕当事人的上诉请求进行审理。当事人没有提出请求的，不予审理，但一审判决违反法律禁止性规定，或者损害国家利益、社会公共利益、他人合法权益的除外”的规定，本院认为，一审法院未予判令智某公司、张某伟停止侵权，适用法律有误，主要分析如下：《最高人民法院关于适用〈中华人民共和国民事诉讼法〉的解释》第二百四十九条规定：“在诉讼中，争议的民事权利义务转移的，不影响当事人的诉讼主体资格和诉讼地位。人民法院作出的发生法律效力的判决、裁定对受让人具有拘束力。受让人申请以无独立请求权的第三人身份参加诉讼的，人民法院可予准许。受让人申请替代当事人承担诉讼的，人民法院可以根据案件的具体情况决定是否准许；不予准许的，可以追加其为无独立请求权的第三人。”依据该规定，在侵害专利权纠纷诉讼过程中，专利权发生转让的，原专利权人作为该案原告的诉讼主体资格不受影响，该案生效裁判对专利权受让人具有拘束力。人民法院认定构成侵害专利权的，应当依法支持原专利权人关于判令被告停止侵害的诉讼请求，但被告能够证明其已获得专利权受让人许可的除外。本案中，一审庭审后，涉案专利权利人由陈某变更为王某，一审判决在认定智某公司未经权利人许可，销售、许诺销售被诉侵权产品，构成对涉案专利权的侵害的情况下，以涉案专利权人在一审判决之前已进行了变更为由，驳回陈某关于停止侵权的诉请，一方面违反了《最高人民法院关于适用〈中华人民共和国民事诉讼法〉的解释》第二百四十九条之规定，依据该规定陈某的全部诉讼主张、行为及后果都及于王某，不能仅因专利权人发生变化，而不予支持陈某关于停止侵权的诉请；另一方面在一定程度上会放任侵权行为继续发生，对专利权受让人王某的合法权益造成损害，不符合专利法保护专利权人合法权益、鼓励发明创造的立法精神。故一审法院仅以专利权人进行了变更为由驳回陈某关于停止侵权的诉请的做法不妥，本院予以纠正。考虑到陈某在二审中已认可被诉侵权产品在1688网站上的相关链接已被删除，本院不再增加停止侵权的判项。

综上所述，智某公司、张某伟的上诉请求不能成立，应予驳回；一审判决认定事实清楚，但适用法律存在部分不当，对不当部分，本院依法予以纠正。依照《最高人民法院关于审理专利纠纷案件适用法律问题的若干规定》第十六条、《中华人民共和国民事诉讼法》第一百七十七条第一款第一项、《最高人民法院关于适用〈中华人民共和国民事诉讼法〉的解释》第二百四十九条、第三百二十一条、第三百三十二条之规定，判决如下：

驳回上诉，维持原判。

二审案件受理费300元，由深圳市智某科技有限公司、张某伟负担。

本判决为终审判决。

审 判 长 原晓爽
审 判 员 吴红权
审 判 员 马清华
二〇二三年十一月八日
法官助理 高 瑞
书 记 员 汪 妮

2. 数值限定技术特征的等同认定

——上诉人深圳市富某自行车配件有限公司与被上诉人上海永某自行车有限公司、广州晶某贸易有限公司侵害发明专利权纠纷案①

中华人民共和国最高人民法院民事判决书（2021）最高法知民终985号

上诉人（一审原告）：深圳市富某自行车配件有限公司。住所地：广东省深圳市宝安区。

法定代表人：曹某，该公司执行董事兼总经理。

委托诉讼代理人：胡朝阳，深圳市康弘知识产权代理有限公司专利代理师。

委托诉讼代理人：尹彦，深圳市康弘知识产权代理有限公司专利代理师。

被上诉人（一审被告）：上海永某自行车有限公司。住所地：上海市宝山区。

法定代表人：颜某某，该公司执行董事。

委托诉讼代理人：庄毅雄，上海市恒业律师事务所律师。

委托诉讼代理人：滕欣子，上海市恒业律师事务所律师。

被上诉人（一审被告）：广东晶某贸易有限公司。住所地：广东省广州市黄埔区。

法定代表人：章某，该公司执行董事兼总经理。

委托诉讼代理人：黄某，该公司员工。

上诉人深圳市富某自行车配件有限公司（以下简称富某公司）因与被上诉人上海永某自行车有限公司（以下简称永某公司）、广州晶某贸易有限公司（以下简称晶某公司）侵害发明专利权纠纷一案，不服广州知识产权法院于2021年1月4日作出的（2019）粤73知民初1399号民事判决，向本院提起上诉。本院于2021年5月17日受理后，依法组成合议庭，并于2021年8

① 本案在年度报告中的位置为第5页。

月10日询问当事人，上诉人富某公司的委托诉讼代理人胡朝阳、尹彦，被上诉人永某公司的委托诉讼代理人滕欣子，被上诉人晶某公司的委托诉讼代理人黄某到庭参加询问。本案现已审理终结。

富某公司上诉请求：1. 撤销原审判决，改判永某公司生产、销售、许诺销售被诉侵权产品的行为侵害了富某公司专利号为201310348393.0、名称为“一种伸缩套管锁紧装置”发明专利（以下简称涉案专利）权，晶某公司构成销售侵权；2. 永某公司、晶某公司连带赔偿富某公司经济损失100万元及合理维权开支6188元；3. 永某公司、晶某公司承担本案一、二审诉讼费用。事实和理由：（一）原审判决对涉案专利的发明点认定有误。被诉侵权产品用15mm宽度的限位块简单替换涉案专利17mm宽度的限位块，二者构成等同特征。1. 根据涉案专利的第四次审查意见，争议技术特征“限位块的限位平面的横向宽度L为束环夹的内径的0.5至0.8倍”并非涉案专利发明点。被诉侵权产品除了争议技术特征之外，其他技术特征均与涉案专利的技术特征相同。2. 等同原则本身就是对专利权利要求字面保护范围的扩张，是对专利权字面侵权的适当补充，以鼓励技术创新。涉案专利权利要求1的保护范围具有足够的法律确定性和可预见性，本案适用等同原则不会损害社会公众的利益。3. 被诉侵权产品所规避的技术特征只是惯用技术手段，而核心的产生显著技术进步的技术特征与涉案专利完全相同。（二）晶某公司不能证明其销售被诉侵权产品有合法来源。晶某公司原审提供的发票、品牌授权书等证据无法证明与本案具有关联性，所涉产品即为被诉侵权产品。（三）富某公司请求赔偿损失100万元应获支持。涉案专利是自行车新产品——折叠自行车的核心技术，涉案专利锁紧装置虽小，但是影响折叠自行车品质的关键部件，所占自行车整车利润的比例较大。

永某公司辩称：（一）被诉侵权技术方案没有落入富某公司涉案专利权保护范围。与涉案专利争议技术特征为“限位块的限位平面的横向宽度（L）为束环夹的内径的0.5-0.8倍”相比，被诉侵权产品的束环夹的内径为0.45倍，明显未落入专利权保护范围。富某公司所称该争议技术特征并非专利发明点与事实不符。首先，富某公司提交的审查文件、答复意见等材料均为内部文件，不具有公示效力，永某公司无法从公共渠道查询该文件，应以国家知识产权局公示的专利权利要求书和说明书作为权利依据。其次，争议技术特征为权利要求1所限定，而权利要求1应为发明专利最显著项。（二）原审法院认定事实部分有误。永某公司并非产品制造商，永某公司仅委托天津某自行车有限公司（以下简称天津某公司）进行定牌加工，涉案零部件为该公司自行购买安装。

晶某公司辩称：同意原审判决的意见，请求驳回上诉，维持原判。

富某公司向原审法院提起诉讼，原审法院于2019年10月9日立案受理，富某公司请求判令：1. 永某公司停止制造、许诺销售、销售侵害涉案专利权的产品，销毁库存侵权产品及制造侵权产品的专用模具和设备；2. 晶某公司停止销售侵权产品并销毁库存侵权产品；3. 永某公司、晶某公司连带赔偿富某公司经济损失100万元及合理维权开支6188元；4. 永某公司、晶某公司共同承担本案诉讼费用。二审中，富某公司确认被诉侵权产品已下架，放弃上述第一项和第二项诉讼请求。

永某公司辩称：被诉侵权产品是2019年的老款，之后未再销售，永某公司不是该产品的制造商，也没有专用设备和模具。在收到本案传票之后，被诉侵权产品已全部下架。永某公司销售的产品有合法来源，依法无须承担赔偿责任。即使认定侵权，富某公司索赔100万元金额过高。

晶某公司辩称：晶某公司销售被诉侵权产品有合法来源，已尽到进货审查的审慎义务，且及时将被诉侵权产品下架。晶某公司依法不应承担赔偿责任。

原审法院认定事实：

（一）涉案专利权及富某公司请求保护的权利范围

富某公司是涉案专利的专利权人，专利申请日为2013年8月12日，授权公告日为2016年8月10日，最近一次缴纳专利年费的时间为2020年7月16日。

富某公司本案请求保护涉案专利权利要求1，即：一种伸缩套管的锁紧装置，包括上端口沿壁体轴向设有导槽（12）的套管（7）、插入该套管（7）的插入管（1）、套于所述套管上端口外圆的束环夹（4）、连接于所述束环夹开口端的偏心锁紧手柄（3），所述的插入管（1）外圆壁面上沿轴向设置有平面结构（8）；所述束环夹（4）的内圆壁面设有限位块（9），该限位块朝向束环夹中心的为一限位平面，该限位平面与所述插入管（1）外圆壁面的平面结构（8）相贴合，其特征在于：所述限位块（9）的背面呈弧形面，限位块（9）背面由一导片（10）与束环夹（4）的内圆壁面连接，该导片（10）卡于所述套管（7）的导槽（12）中，所述限位块（9）背面的弧形面贴合于所述套管（7）的内圆壁面；所述限位块（9）的限位平面的横向宽度

（L）为束环夹（4）的内径的0.5-0.8倍。

专利说明书第［0003］段记载如下：由于零件较多，加工的积累误差较大，以致插入管的大圆弧凹槽面与定位块的小圆弧面始终不能完全吻合，使得插入管和套管锁紧后还有间隙，即插入管和套管会产生10°-25°左右的相对转动。如此，降低了连接装置的刚性，给人以松散的感觉。久而久之还会给骑行者带来安全隐患。第［0004］段记载如下：业界经过多年的改进，插入管和套管之间少量相对转动之缺陷一直都没有真正解决……第［0018］段记载如下：……本发明限位块9的限位平面的横向宽度L应该设置为束环夹4的内径的0.5-0.8倍，根据零件的刚度、限位的具体要求可以选择适当的宽度。本实施例中，该限位平面的横向宽度L选择束环夹4内径的0.6倍，而将限位块9设于束环夹4开口端相对的内壁上，根据实践检验可以获得最佳限位效果……

（二）关于侵权事实

广东省深圳市深圳公证处（2019）深证字第112288-112291号公证书共同显示，富某公司委托代理人2019年8月6日使用公证处计算机，在设于"1号店"名称为"永久自行车自营旗舰店"以1068元购买了"永久"牌20寸铝合金折叠自行车一辆，于同年8月7日收到卖家通过快递公司寄送的物流包裹。公证人员对前述收取的物品进行拍照、封存后交由富某公司委托代理人保管。之后，富某公司还收到了显示系晶某公司同年8月7日就上述销售行为开具的电子发票（号码：01359359）一张。

原审庭审中富某公司出示上述公证封存物。观察可见，前述封存的外包装箱上印有"上海永久自行车有限公司"字样、"永久"商标及永某公司地址、网址、电话等。包装箱内有型号为"永久F20"折叠自行车一辆（含有自行车配件一套）；说明书（附保修卡）一份，说明书上印有"上海永久Forever"商标，官方网站的二维码、商标、地址、电话、传真等信息。经当庭验证（用手机根据被诉侵权产品上显示的序号发送"0140465927"到159××××0059），收到回复信息："序号［0140465927］不符合永某公司的序号格式。"晶某公司确认是前述发票的开具方销售了被诉侵权产品。永某公司承认授权晶某公司的关联公司销售自行车产品，其确实有许诺销售、销售与被诉侵权产品同款的"永久"牌自行车产品，但表示基于庭审中上述验证结果，无法确定该产品是否为正品。另，永某公司庭后向原审法院提交情况说明，称其庭审进行产品验证时因发送序号"0140465927"编辑格式有误导致收到上述不符合序号格式的回复，经庭后查验，发送序号“0140465927”到159××××0059，收到序号“0140465927”为永某公司生产的永久自行车正牌防伪标识，确认被诉侵权产品为永某公司生产。

观察可见，被诉侵权产品车把下方设有伸缩套管的锁紧装置，该锁紧装置包括：设有导槽的套管、插入管、束环夹及偏心锁紧手柄，插入管外壁有平面结构、束环夹的内壁有限位块；限位块上有限位平面，限位平面与插入管的外壁平面结构相贴合；限位块的背面呈弧形面，限位块背面由导片与束环夹的内壁连接，该导片卡于套管的导槽中，限位块背面贴合于套管的内壁。经当庭测量，被诉侵权产品前述限位块的限位平面的横向宽度（以下简称 L）为 1.5cm，束环夹内径为 3.4cm。计算可知：L 是束环夹内径的 0.45 倍。

经比对，双方关于技术方案的唯一争议是：被诉侵权产品的 L 是束环夹内径的 0.45 倍，与涉案专利技术方案记载相应比例应为“0.5-0.8 倍”的技术特征是否等同。除此之外，双方确认被诉侵权技术方案具备与涉案专利技术方案其他必要技术特征相同的技术特征。就上述技术分歧点，富某公司主张两者技术等同的理由是根据涉案专利说明书［0018］段的记载，L 与束环夹内径的比例为 0.6 可以获得最佳效果，数值太大，影响外观；数值越小，定位效果越差，被诉侵权产品的 L 是束环夹内径的 0.45 倍只是未达最佳效果，但技术效果和手段是等同的。永某公司、晶某公司共同认为涉案专利技术方案已明确将上述比例限定在 0.5-0.8 之间，故被诉侵权产品相应数值为 0.45 的技术特征与涉案专利技术方案相应技术特征不相同也不等同。

永某公司提出合法来源抗辩，举证如下：1. “中路某公司（永某公司）”（合同甲方）与案外人天津某公司（合同乙方）2017 年 12 月 4 日签订的《中路某公司定牌加工永久牌自行车协议书》（以下简称协议书）。证据显示合同双方拟采用通用“OEM”形式，甲方委托乙方定牌加工永久牌自行车。合同第三条“产品及质量管理”部分约定：“1. 甲方委托乙方定牌加工、生产的永久牌自行车，执行标准为 GB3565-2005 及甲方企业产品质量标准执行。2. 乙方定牌加工的产品，必须由乙方提供产品配置资料、图片、样车及加工价格，经甲方审核（新产品受理时间为 7 个工作日）后，以产品配置及技术文件形式予以确认，并命名型号、确定贴花款式。乙方在生产过程中不得擅自变更与脱离甲方的产品配置及工艺技术文件。若需变更与脱离，须得到甲方的书面同意与确认……4. 乙方定牌加工，重要零部件选用在甲方认可备案的基础上，对甲方统一采购的零部件，乙方应统一执行，并不得以任何理由推诿。”2. 天津某公司2019年8月14日向中路某公司出具的发票3张、中路某公司2019年8月20日向永某公司出具的发票3张。每张发票的金额皆为90余万元，天津某公司出具的3张发票内容为“自行车零配件（含加工费）”，中路某公司出具的3张发票内容为“永久牌自行车”。永某公司称中路某公司是其全资公司，其通过该公司委托天津某公司生产涉案“永久牌”自行车产品，可证明其对涉案自行车及其相关零部件等具有合法来源。经询问，永某公司称被诉侵权的“伸缩套管锁紧装置”不属于重要零部件。富某公司质证意见：被诉侵权装置是为了保证折叠自行车稳定性的重要零部件，且根据协议书第三条第二点、第四点的规定，永某公司实质上也提供了技术方案、技术文件而非单纯的看样购买，说明永某公司就是产品的制造商。晶某公司对永某公司提交的上述证据无异议。

晶某公司提出合法来源抗辩，举证如下：1. 永某公司2018年11月7日出具的《授权书》。证据显示永某公司、中路某公司共同授权北京京东某公司为“永久”品牌的经销商，在京东网站使用“永久自行车旗舰店”作为京东自营店铺名称销售上述品牌产品，授权期间自2019年1月1日至同年12月31日。2.《网络销售授权书》。证据显示永某公司、中路某公司共同授权委托案外人上海某贸易公司为永久牌系列产品京东商城直营店，授权期限同前。3. 北京京东某公司与案外人上海某贸易公司2019年1月1日签订的《产品购销协议》、北京京东某公司情况说明及上海某贸易公司的营业执照等。4. 被诉侵权产品的销售现状，证据显示该产品已经下架。晶某公司拟据此证明被诉侵权产品由上海某贸易公司供货给其关联公司北京京东某公司，其销售被诉侵权产品已尽合理注意义务且有合法来源。

富某公司对晶某公司上述证据的真实性、合法性没有异议，同意被诉侵权产品已经下架，但认为上述发票上没有显示产品型号、类型，无法认定发票所涉的自行车就是被诉侵权产品。永某公司对晶某公司提交的证据1、4无异议，证据2、3由法院审查。

（三）关于赔偿请求及其他

富某公司请求酌定本案赔偿数额，称根据前述公证书显示的被诉侵权产品销量、评价以及该产品在多个知名网络平台销售的事实，足可推定产品销量巨大。富某公司还提出被诉侵权产品行业平均利润率为20%，专利技术对产品价格的贡献率为60%~70%。另，富某公司称根据被诉侵权产品结构可知制造该产品需要专用模具，但未举证。永某公司、晶某公司对富某公司上述意见均不予认同。维权合理费用方面，富某公司提交了6188元公证费发票和购买被诉侵权产品1068元的发票等证据为证。

另查明，永某公司成立于2007年12月20日，注册资本1200万元，经营范围包括自行车整车的生产、销售等。

原审法院认为，本案的争议焦点是：1. 永某公司、晶某公司的行为性质；2. 被诉侵权技术方案有否落入富某公司本案请求保护的范围；3. 如落入，侵权者的责任承担。

关于争议焦点一。第一，（2019）深证字第112288号公证书等证据显示被诉侵权产品购自设于“1号店”名称为“永久自行车自营旗舰店”，被诉侵权产品的包装物、随附说明书上均印有永某公司的名称、地址等生产者信息。晶某公司作为销售方为此出具了发票，又提供了品牌授权书等证据证明其销售的被诉侵权产品系获得品牌方授权的经销商供应的产品。结合永某公司庭后提交情况说明确认被诉侵权产品系其生产，现有证据足可认定被诉侵权产品为厂家供应的正品。综上，应认定晶某公司销售被诉侵权产品已尽合理注意义务且产品来源合法。第二，根据永某公司与天津某公司协议书内容，永某公司作为委托方要求加工方定牌加工永久牌自行车须执行其企业产品质量标准，选用的重要零部件须经其认可备案。该证据足可证明永某公司对产品核心技术方案享有主导权，其委托天津某公司加工“永久”品牌自行车产品的方式并非简单“贴牌”代工。同时，永某公司庭后亦提交情况说明确认被诉侵权产品系其生产。据此，应认定永某公司就是被诉侵权产品法律意义上的制造商。永某公司将被诉侵权的有伸缩套管的锁紧装置作为零部件用于被诉侵权产品，再将成套产品通过包括网络平台在内的渠道出售，依法应认定其实施了制造、许诺销售、销售被诉侵权产品的行为。永某公司关于被诉侵权产品及其相关零部件具有合法来源的抗辩不能成立，不予支持。

关于争议焦点二。本案中，就双方分歧的被诉侵权产品的L是束环夹内径的0.45倍，与专利方案限定相应数值区间为“0.5-0.8倍”的技术特征是否等同的问题，原审法院认为两者不相同也不等同。理据是：第一，根据涉案专利权利要求1及说明书［0018］段的记载，专利申请人请求保护的是限位块限位平面的横向宽度（即L）与束环夹内径的数值比限定于0.5-0.8倍的技术特征，认为该比例为0.6最佳。换言之，L与束环夹内径的比例落于上述区间之外的技术特征不属于专利申请人请求保护的范围。故从文意出发，被诉侵权产品上述技术特征不属于涉案专利权的保护范围。专利权人未获授权禁止他人在相同技术领域实施 L 与束环夹的内径比低于 0.5 倍或高于 0.8 倍的技术特征。第二，根据涉案专利说明书［0003］［0004］段关于涉案专利技术背景及发明内容的记载，可知涉案专利技术方案试图改进的是“伸缩套管的锁紧装置”插入管和套管之间少量相对转动空间现有技术的缺陷：插入管和套管的铰接度过紧（即 L 与束环夹内径的数值比高），则影响产品外观和灵活性；插入管和套管的铰接度过松（即 L 与束环夹内径的数值比低），则产品定位效果差甚至带来安全隐患。专利申请人认为上述数值设定在 0.5 至 0.8 之间可实现对内、外管套之间的连接刚性给予本质性提高，是涉案专利技术方案相对现有技术的显著进步。可见对上述数值区间予以严格设定的技术特征是涉案专利发明点所在。

因而专利申请人为实现上述技术效果提出的具体而明确的技术手段（数值比限定在“0.5-0.8”区间），不存在可用区间之外其他数值等同替换的问题，否则该专利的发明点无从体现。换一个角度理解，可认为被诉侵权产品的制造商“放弃”了对产品插入管和套管之间少量相对转动空间现有缺陷的技术改进，才将上述数值设定在 0.45。综上，富某公司认为被诉侵权产品 L 为束环夹的内径 0.45 倍的技术特征与专利方案相应技术特征等同的主张不能成立。综上所述，因被诉侵权产品没有实施与专利方案“限位块的限位平面的横向宽度（L）为束环夹的内径的 0.5 至 0.8 倍”技术特征相同或等同的技术特征，依法应认定被诉侵权技术方案没有落入富某公司涉案专利权的保护范围，制造、许诺销售和销售被诉侵权产品的行为没有侵害富某公司涉案专利权。永某公司、晶某公司不侵权抗辩成立，应予采纳。富某公司本案提出的侵权指控不能成立，其诉讼请求于法无据，应予全部驳回，本案亦再无讨论余下争议焦点之必要。

综上，原审法院依照《中华人民共和国专利法》（2008 年修正）第十一条第一款、第五十九条第一款，《中华人民共和国民事诉讼法》（2017 年修正）第六十四条第一款之规定，判决：驳回深圳市富某自行车配件有限公司的全部诉讼请求。案件受理费 13855.69 元，由深圳市富某自行车配件有限公司负担。

本院二审期间，富某公司提交涉案专利审查档案，拟证明争议技术特征“限位块的限位平面的横向宽度（L）为束环夹的内径的 0.5-0.8 倍”并非涉案专利发明点。经质证，永某公司、晶某公司认为富某公司上述证据的真实性无法确认，对其证明目的不予认可，认为专利权利要求具有公示性，争议技术特征的数值限定范围明确，是否为专利发明点均不应适用等同原则。经审查，本院认为，富某公司上述专利审查档案有国家知识产权局文件编号和审查员信息，其来源和真实性可以确认。因该专利审查档案并非社会公众难以获取的档案信息，永某公司、晶某公司未经查询，仅以真实性无法确认为由对其证明目的不予认可，本院不予支持。关于上述专利审查档案证明力，本院将在下文结合本案事实一并予以评述。

原审法院查明的事实属实，本院予以确认。

本院另查明，涉案专利的权利要求1在专利实质审查过程中有过多次修改，其申请文本为：1. 一种伸缩套管的锁紧装置，包括上端口沿壁体轴向设有导槽（12）的套管（7）、插入该套管（7）的插入管（1）、套于所述套管上端口外圆的束环夹（4）、连接于所述束环夹开口端的偏心锁紧手柄（3），其特征在于：所述的插入管（1）外圆壁面上沿轴向设置有平面结构（8）；所述束环夹（4）的内圆壁面设有限位块（9），该限位块朝向束环夹中心的为一限位平面，该限位平面与所述插入管（1）外圆壁面的平面结构（8）相贴合，限位块（9）由一导片（10）与束环夹（4）的内圆壁面连接，该导片（10）卡于所述套管（7）的导槽（12）中。2. 如权利要求1所述的伸缩套管的锁紧装置，其特征在于：所述限位块（9）的限位平面的横向宽度（L）为束环夹（4）的内径的0.5至0.8倍。……专利实质审查过程中，富某公司曾将上述权利要求2的附加技术特征添加至权利要求1。国家知识产权局《第四次审查意见通知书》指出修改后的权利要求1不具备专利法第二十二条第三款规定的创造性。基于此，富某公司对权利要求1又增加了“所述限位块（9）的背面呈弧形面”和“所述限位块（9）背面的弧形面贴合于所述套管（7）的内圆壁面”技术特征并获得授权。

再查明，永某公司确认天津某公司对被诉侵权产品收取税前代工费为422元/辆左右；截至富某公司本案公证取证时，被诉侵权产品在天猫“永久官方旗舰店”销量为4605辆，在“1号店”销量为5300多辆，售价为1068元/辆。

以上事实，有富某公司原审提交的公证书、二审提交的专利审查档案及二审询问笔录等在案佐证。

本院认为，本案为侵害发明专利权纠纷，因被诉侵权行为发生在2008年修正的专利法施行日（2009年10月1日）以后、2020年修正的专利法施行日（2021年6月1日）前，故本案应适用2008年修正的专利法。本案二审阶段的争议焦点有两点：一是被诉侵权产品是否落入涉案专利权保护范围；二是永某公司、晶某公司应否承担侵权责任。

（一）被诉侵权产品是否落入涉案专利权保护范围

首先，关于专利权的保护范围和等同原则的适用。《最高人民法院关于审理专利纠纷案件适用法律问题的若干规定》（2015 年修正）第十七条规定："专利法第五十九条第一款所称的'发明或者实用新型专利权的保护范围以其权利要求的内容为准，说明书及其附图可以用于解释权利要求的内容'，是指专利权的保护范围应当以权利要求记载的全部技术特征所确定的范围为准，也包括与该技术特征相等同的特征所确定的范围。等同特征，是指与所记载的技术特征以基本相同的手段，实现基本相同的功能，达到基本相同的效果，并且本领域普通技术人员在被诉侵权行为发生时无需经过创造性劳动就能够联想到的特征。"对于发明或者实用新型中以数值或者连续变化的数值范围限定的技术特征，不宜绝对排除等同原则的适用，也就是说，除非本领域普通技术人员阅读权利要求书、说明书及附图后认为专利技术方案特别强调该数值或者数值范围对技术特征的限定作用，否则仍应站位于本领域普通技术人员视角，结合有关数值的差值相对于数值限定的技术特征在整体技术方案中所起的作用有无实质性影响认定其是否构成等同技术特征。同时，专利权利要求具有公示性，为保障社会公众利益，对于以数值或者数值范围限定的技术特征，在适用等同原则时应予严格限制。只有数值或数值范围上的差异对本领域普通技术人员而言属于显而易见的基本相同的技术手段，所实现的技术功能和达到的技术效果实质相同，综合考虑技术领域、发明类型、权利要求修改内容等相关因素后，认定等同既不违背社会公众对权利要求保护范围的合理期待，又可以公平保护专利权利益的，才能够认定构成等同技术特征。

其次，关于权利要求的解释。人民法院可以运用专利审查档案解释涉案专利的权利要求。经审查，涉案专利争议技术特征"限位块的限位平面的横向宽度（L）为束环夹的内径的 0.5 至 0.8 倍"并非涉案专利发明点，涉案专利获得授权是基于专利申请人根据国家知识产权局《第四次审查意见通知书》，对权利要求 1 增加了限位块背面与套管内圆壁面相配合的弧形面结构技术特征。在此情形下，对于认定涉案专利技术方案的上述数值范围特征不宜完全排除等同侵权的可能性。结合专利说明书［0011］段关于"保持限位平面的横向宽度最好大于束环夹内径的 0.5 倍，以保证限制插入管的相对转动"

的记载，本领域技术人员可知，上述数值范围在专利技术方案中的作用是为保障插入管的稳定性。因此，对于能够解决同一技术问题的特别接近限定数值范围内的数值，仍存在将其纳入等同技术特征认定范围的有限可能性。

最后，关于技术比对。本案中，根据已查明的事实，各方当事人确认与涉案专利争议技术特征“限位块的限位平面的横向宽度（L）为束环夹的内径的0.5-0.8倍”相比，被诉侵权产品该数值比例为0.45倍，除此之外，被诉侵权产品具有涉案专利权利要求1限定的其他技术特征。富某公司上诉主张，被诉侵权产品该数值比例差值极小，限位块宽度仅仅缩小2mm，该细微差别对限制插入管在套管内的相对转动、保障其稳定性不会产生实质影响，构成涉案专利争议技术特征的等同特征。对此，本院认为，涉案专利权利要求1保护的是一种伸缩套管锁紧装置，该技术方案涉及自行车机械领域内非精密仪器的锁紧装置装配关系，争议技术特征通过数值比例限定了限位块的宽度，使限位块与插入管相贴合能够限制插入管在套管内的相对转动，故该宽度影响限位块与插入管的装配关系。经审查，将被诉侵权产品的束环夹、套管和插入管装配好后，束环夹上的限位块能够限制插入管转动，使其稳定固定在套管中。在此情形下，本院认为，因被诉侵权产品与涉案专利相比，数值比例差值仅为0.05，差值范围在10%以内，对于自行车领域技术人员而言，显而易见二者所采用的技术手段基本相同，而且所实现的功能和达到的效果实质相同，故应认定二者构成等同技术特征。原审法院相关认定适用法律有误，本院予以纠正。

综上，被诉侵权产品具有与涉案专利权利要求1记载的全部技术特征相同或者等同的技术特征，落入涉案专利权的保护范围。

（二）永某公司、晶某公司应当承担的侵权责任。

本案中，原审法院认定永某公司实施了制造、销售、许诺销售被诉侵权产品行为，晶某公司实施了销售被诉侵权产品行为，富某公司确认被诉侵权产品已下架，故请求二公司承担赔偿损失侵权责任。永某公司认可其实施了销售、许诺销售行为，但否认其为产品制造商，主要理由是被诉侵权产品是天津某公司为其定牌加工制造的，其未实施制造行为。经审查，本院认为，永某公司在被诉侵权产品包装箱和说明书上标注了公司企业名称和联系方式，表明其为产品制造商，在无相反证据推翻该事实的情形下，应据此认定永某公司为被诉侵权产品制造商。永某公司虽提交了协议书，但不能证明被诉侵权技术方案由天津某公司提供，且即便证明，也不足以否定本案证据所显示的永某公司的制造商地位，故应认定永某公司为产品制造商。本院对永某公司的抗辩理由不予采纳。永某公司应对其制造、销售、许诺销售行为承担相应的赔偿损失侵权责任，且今后不得制造、销售、许诺销售被诉侵权产品。晶某公司认可其实施了销售行为，但是认为其销售的被诉侵权产品有合法来源，不应承担赔偿责任。经审查，本院认为，晶某公司原审提交了《授权书》《网络销售授权书》《产品购销协议》等证据，可以证明被诉侵权产品合法来源，永某公司亦确认晶某公司销售的被诉侵权产品系由永某公司供货，故晶某公司依据专利法第七十条的规定主张合法来源抗辩合法有据，本院予以支持。晶某公司对其销售行为可以免除赔偿损失责任，但今后不得销售被诉侵权产品。

关于赔偿数额的确定。富某公司主张本案按照永某公司的侵权获利确定赔偿数额，具体计算方式为：被诉侵权产品网店公证销售数量约为 9905 辆×646 元/辆（1068 元销售单价−422 元代工费）×25%专利贡献率＝159.97 万元。此外，永某公司在 6 家网络销售平台设有官方旗舰店或直营店，在全国各地有销售门店，保守估计被诉侵权产品总销量为 20000 辆；并且被诉侵权产品的海外销量暂时无法估算。综上，富某公司主张赔偿损失 100 万元。对此，本院认为，本案可以确定的是，被诉侵权产品折叠自行车在网店的公证销售数量约为 9905 辆，天津某公司收取代工费税前单价约为 422 元，晶某公司在“1 号店”对被诉侵权产品销售单价为 1068 元。根据以上数据难以精准计算得出永某公司因其折叠自行车产品使用涉案专利技术方案所获实际利润。在此情形下，本院将结合本案具体情况，以上述数据为依据，酌定永某公司应承担的赔偿责任。综合考虑被诉侵权产品为折叠自行车，涉案专利为其车把固定锁紧装置，相关零部件价值占整车产品比例较小，以及永某公司的品牌知名度，本院酌定永某公司本案赔偿富某公司经济损失 30 万元。富某公司超出该赔偿数额的诉讼请求，本院不予支持。此外，富某公司实际支出的公证费 6188 元为其合理维权开支，本院予以支持。

综上所述，富某公司的上诉请求成立，应予支持。依照《中华人民共和国专利法》（2008 年修正）第十一条、第五十九条第一款、第六十五条第一款、第七十条，《最高人民法院关于审理专利纠纷案件适用法律问题的若干规定》（2015 年修正）第十七条，《中华人民共和国民事诉讼法》第一百七十七条第一款第二项之规定，判决如下：

一、撤销广州知识产权法院（2019）粤 73 知民初 1399 号民事判决；

二、上海永某自行车有限公司于本判决生效之日起十五日内向深圳市富某自行车配件有限公司赔偿经济损失30万元，支付合理维权开支6188元；

三、驳回深圳市富某自行车配件有限公司的其他诉讼请求。

如果未按本判决指定的期间履行给付金钱义务，应当依照《中华人民共和国民事诉讼法》第二百六十条之规定，加倍支付迟延履行期间的债务利息。

一审案件受理费13855.69元，由上海永某自行车有限公司负担10000元，广州晶某贸易有限公司负担2000元，深圳市富某自行车配件有限公司负担1588.69元；二审案件受理费13855.69元，由上海永某自行车有限公司负担10000元，广州晶某贸易有限公司负担2000元，深圳市富某自行车配件有限公司负担1588.69元。

本判决为终审判决。

审 判 长 徐燕如
审 判 员 刘晓梅
审 判 员 庞 敏
二〇二三年四月二十六日
法官助理 韦梦旸
书 记 员 翟雨晶

3. 专利权利有效性对于专利权属纠纷案件审理的影响

——上诉人深圳市盛某电子有限公司、郑某时与被上诉人深圳市优某机电科技发展有限公司及原审第三人郭某专利权权属纠纷案[①]

中华人民共和国最高人民法院民事判决书（2021）最高法知民终2312号

上诉人（一审被告）：深圳市盛某电子有限公司。住所地：广东省深圳市坪山新区。

法定代表人：郑某时，该公司总经理。

委托诉讼代理人：唐海佳，北京市盈科（深圳）律师事务所律师。

委托诉讼代理人：陈晨，北京盈科（上海）律师事务所律师。

上诉人（一审被告）：郑某时。

委托诉讼代理人：李静珍，北京市盈科（深圳）律师事务所律师。

委托诉讼代理人：方茗茗，北京盈科（上海）律师事务所律师。

被上诉人（一审原告）：深圳市优某机电科技发展有限公司。住所地：广东省深圳市龙岗区。

法定代表人：郭某，该公司总经理。

委托诉讼代理人：车小燕，上海市锦天城（深圳）律师事务所律师。

一审第三人：郭某。

委托诉讼代理人：车小燕，上海市锦天城（深圳）律师事务所律师。

上诉人深圳市盛某电子有限公司（以下简称盛某公司）、郑某时因与被上诉人深圳市优某机电科技发展有限公司（以下简称优某公司）及一审第三人郭某专利权权属纠纷一案，不服广东省深圳市中级人民法院于2021年8月24日作出的（2020）粤03民初912号民事判决，向本院提起上诉。本院于2021年12月6日立案后，依法组成合议庭，并于2022年2月16日对本案进行了询问。上诉人盛某公司的法定代表人、上诉人郑某时，盛某公司的委托

---

① 本案在年度报告中的位置为第8页。

诉讼代理人唐海佳、陈晨，郑某时的委托诉讼代理人李静珍、原委托诉讼代理人申晨，被上诉人优某公司法定代表人、一审第三人郭某，优某公司、郭某的共同委托诉讼代理人车小燕、原委托诉讼代理人苏迎到庭参加询问。本案现已审理终结。

优某公司向一审法院提起诉讼，一审法院于 2020 年 3 月 31 日立案受理。优某公司起诉请求判令：1. 名称为“一种超静音管道风机”、专利号为 201620905578.6 的实用新型专利权（以下简称涉案专利）归优某公司所有；2. 涉案专利的发明人为郭某；3. 盛某公司在盛某公司官网上刊登声明，向优某公司赔礼道歉；4. 盛某公司、郑某时承担本案的全部诉讼费用。事实与理由：优某公司的法定代表人郭某基于从国外带回来的管道风机样机进行改进，研发设计了功能更强大的管道风机。为满足该款管道风机的大批量生产，优某公司于 2014 年与盛某公司合作，由盛某公司按照优某公司的图纸进行管道风机的生产，并且优某公司也向盛某公司的员工发送了管道风机相关图纸。盛某公司未经优某公司同意擅自使用优某公司的管道风机图纸，于 2016 年 8 月以郑某时为发明人申请了涉案专利，侵害了优某公司的技术成果相关权利以及实际发明人郭某的署名权。

一审法院查明事实：

（一）当事人相关情况

优某公司成立于 2006 年 5 月 16 日，法定代表人为郭某，郭某担任优某公司执行董事和总经理职务，且系该公司的股东。优某公司的经营范围为机电、电子产品的设计、技术开发等。

深圳市某环保物联科技有限公司（以下简称某物联公司）成立于 2014 年 1 月 3 日，法定代表人为郭某，郭某担任该公司执行董事和总经理职务，且系该公司股东。某物联公司一般经营项目包括机电产品、环保产品的研发与销售等。

某环保制品（深圳）有限公司（以下简称某环保公司）成立于 2007 年 12 月 28 日，法定代表人为郭某，郭某担任该公司执行董事和总经理职务，且系该公司股东。某环保公司一般经营项目包括研发、生产经营空气净化产品等。

根据香港公司注册处商业登记资料，某富集团有限公司成立于 2007 年 4 月 2 日，董事及股东均包括郭某。优某公司及某富集团有限公司也是某环保公司的股东。

郭某于1982年取得苏州某工学院（现苏州某大学）丝绸机械专业毕业证书，于1983年取得苏州某工学院（现苏州某大学）工学学士学位；郭某具有江西省职称改革领导小组、原江西省人事厅颁发的中级专业技术职称资格证，具有工程师任职资格。

盛某公司成立于2005年12月5日，法定代表人为郑某时。盛某公司一般经营项目包括散热风扇、塑胶制品的生产销售等。

盛某公司、郑某时出具《专利发明设计人郑某时的技术背景说明》，称郑某时自2004年开设广东省广州市天河区某甲电子经营部从事散热风扇产品贸易开始，进入散热风扇行业，具有风机的技术背景和研发能力。2015年7月，郑某时作为发明人以盛某公司名义申请了第一份专利（关联案件诉争的名称为“管道风机”、专利号为201530247487.9的外观设计专利）。

（二）涉案专利的情况

2016年8月20日，盛某公司申请涉案专利，于2017年2月22日获得授权公告，发明人为郑某时，该专利权至一审判决作出时仍处于有效状态。涉案专利权利要求内容如下：

权利要求1：一种超静音管道风机，包括一个外桶、机芯以及设置于外桶两侧用于密封外桶两端开口端用的转接口，其特征在于：外桶内套装一个内网桶，内网桶由圆弧段与直线段组成，内网桶上设置网孔，圆弧段外部套装一个第一消音棉，直线段外部套装一个第二消音棉，第一消音棉与第二消音棉密封整个内网桶，机芯套装于内网桶内。

权利要求2：根据权利要求1所述的超静音管道风机，其特征在于：转接口上设置螺孔，外桶上正对转接口位置设置有对应的装配孔，转接口通过螺丝完成与外桶的装配连接。

权利要求3：根据权利要求1所述的超静音管道风机，其特征在于：第一消音棉与第二消音棉的外径等于外桶的内径，第一消音棉与第二消音棉外壁与外桶内壁紧密贴合。

涉案专利说明书［0003］段记载：本实用新型所要解决的技术问题是提供一种通过安装消音棉以及内网桶，使得风机运转产生的风声经过内网桶壁吸纳衰减变得极低，风扇运转因扇叶相对的不平衡产生的震动声经过网桶外围消音棉吸收，将震动声完全消耗在消音桶内的超静音管道风机。

（三）优某公司研发情况

2009年11月，优某公司就进口“离心式通风机”“可伸缩通风管/镀锡软管”向海关缴纳进口关税460.72元，海关专用缴款书加盖有办讫章。2009年12月，深圳市某某达国际货运代理有限公司开具《付款通知书》，以现金方式收取运费1816.71元，备注“2009年11月18日进口美国（NDW）提供的5件风扇样品”。优某公司主张其以上述离心式通风机为基础进行涉案专利技术的研发。

广东省深圳市先行公证处因优某公司申请出具的（2020）深先证字第2927号公证书载明：某科技（深圳）有限公司（以下简称某科技公司）向优某公司的法定代表人郭某、员工赵某军等人发送如下邮件：1. 发送时间为2011年6月9日，主题为“152模具”的邮件，内容为RF152管道风机（风罩、扇叶、蝶形叶模具）的模具报价。2. 发送时间为2011年7月22日，主题为“RF152图纸”的邮件，包含5个附件，内容为整理好的RF152管道风机图纸。附件1为管道风机扇叶的结构图纸（见本判决书附图C），品名为扇叶，型号为“RS12897”，图号为A411187，图纸日期为2011.7.20。附件2为管道风机静叶的结构图纸（见本判决书附图E），品名为静叶，型号为“RS12897”，图号为A411188，图纸日期为2011.7.21。附件3为管道风机导风罩的结构图纸（见本判决书附图B），品名为导风罩，型号为“RS12897”，图号为A411189，图纸日期为2011.7.21。附件4为管道风机底板的结构图纸，品名为底板，型号为“RS12897”，图号为A411234，图纸日期为2011.7.21。附件5为型号为“RF152”管道风机的装配图图纸，图纸日期为2011.7.21，该装配图的“RF152管道风机”包括风筒下壳、pcb组立（电路板）、螺丝、绝缘座、滚珠轴承、垫片、轴心、扣环、铜套、底板、磁条、马达壳、螺丝、静叶、导风罩、风筒上壳、扇叶、漆包线、绝缘盖、弹簧、垫片，轴芯座、矽钢片等部件。装配图中的“2011.7.17会议记录”载明：“外壳结构由客户自行变更，我公司只提供风机安装位置尺寸。”3. 发送时间为2011年8月8日，主题为“RS12897支架风扇开模图档”的邮件，包含3个附件。邮件内容为RF152管道风机开模进度。附件1为《管道风机导风罩的模具制作进度表》，模具名称为RTI17213导风罩，接单日期为2011.10.6，要求完成日期：2011.11.6。附件2为《管道风机扇叶的模具制作进度表》，模具名称为RTI3010叶，接单日期为2011.10.6，要求完成日期：2011.11.20。附件3为《管道风机支架的模具制作进度表》，模具名称为RT17213支架，接单日期为2011.10.6，要求完成日期：2011.11.20。上述模具制作进度表一旁标注了“某戊电子（肇庆）有限公司”的名称。4. 发送时间为

2011年9月7日，主题为“RF200模具报价”的邮件，内容为RF200管道风机的模具报价。5. 发送时间为2011年9月13日，主题为“RF200装配图”的邮件，内容为RF200管道风机的装配图，该装配图与前述“RF152管道风机装配图”除尺寸之外的其他结构完全一致。6. 发送时间为2011年9月13日，主题为“RT17213（RF200）图纸”的邮件，包含3个附件。邮件内容为关于RF200管道风机图纸，邮件正文为“RT17213（RF200）支架风扇的图纸（装配图2D、导风罩2D、3D）1份”。附件1与前述RF200管道风机装配图一致。附件2为RF200管道风机的导风罩2D图纸，品名为导风罩，型号为“RT17213”，图号为A411275，图纸日期为2011.9.13，与前述“RS12897管道风机导风罩结构图纸”除尺寸之外的结构一致。7. 发送时间为2011年10月24日，主题为“RT17213模具进度”的邮件，包含3个附件，内容为RF200管道风机开模进度的邮件，系按照RT17213结构的3D、2D图纸进行开模设计。附件1为《管道风机导风罩模具制作进度规划表》，模具名称为RTI7213导风罩，接单日期为2011.10.6，要求完成日期：2011.11.6。附件2为《管道风机扇叶模具制作进度规划表》，模具名称为RTI3010叶，接单日期为2011.10.6，要求完成日期：2011.11.20。附件3为《管道风机支架模具制作进度规划表》，模具名称为RT17213支架，接单日期为2011.10.6，要求完成日期：2011.11.20。上述模具制作进度表一旁标注了“某戊电子（肇庆）有限公司”的名称。8. 发送时间为2012年8月10日，主题为“三款管道风机模具余款额INVOICE”的邮件，内容为“关于三款管道风机模具余款的账单”。9. 发送时间为2012年12月3日，主题为“管道风机测试报告”的邮件，包括3个附件。内容为发送“管道风机测试报告”，双方往来邮件显示了管道风机测试的相关情况。在上述邮件中，赵某军和郭某的署名处均并列标注了某富集团有限公司和优某公司的企业名称。上述邮件的三个附件分别为HF250、HF150和HF200管道风机的规格表，显示了该三款型号管道风机的各性能参数，并提到申请ETL安规认证。10. 发送时间为2012年12月18日，主题为“管道风机报价单”的邮件，内容为管道风机报价单。11. 发送时间为2012年12月18日，主题为“管道风机报价单”的邮件，内容为优某公司向某科技公司发送管道风机的订购单。12. 发送时间为2013年6月19日，主题为“Hyper Fan assy”的邮件，内容为优某公司员工Wenst向其他员工发送管道风机的组装图（见本判决书附图A、D）。所附三个附件分别为Hyper 150、Hyper 200、Hyper 250管道风机的组装图，日期均为2013.6.1，显示这三款管道风机仅存在尺寸的差异，结构相同。上述图纸署名处标注了“某乙环保有限公司”的名称。13. 发送时间为2013年7月29日，主题为“风扇爆炸示意图”的邮件，内容为优某公司员工Wenst向其他员工发送管道风机的组装图，显示风扇包括风扇外壳、静叶（即底座）、风扇叶片、PCBA、后盖板。14. 发送时间为2014年6月9日，主题为“某丁开案通知-AGZ140519096-ETL/cETL报备”的邮件，内容为某科技公司向优某公司发送管道风机ETL报告，所附附件显示了关于管道风机ETL报备的沟通情况。其中，认证单位某祥集团向某科技公司发邮件确认报备信息，显示产品名称为MIXFLOW FAN，型号为HF150、HF200、HF250、HyperFan6，服务项目为ETL/cETL报备，预计完成日期为2014.6.17，附件显示了CDR报告（ETL认证报告），报告编号为GZ12081562-1，修订日期为2014.6.6，申请人为某科技公司，产品名称为混流式风机，品牌名称为HyperFan，型号为HF150、HF200、HF250、HyperFan6寸静音风机、HyperFan8寸静音风机、HyperFan10寸静音风机，模型相似性说明“所有模型都具有相同的结构、功能和大多数组件，仅于电机、尺寸及电源接口方面略有不同。HF150、HF200和HF250分别与HyperFan6寸静音风机、HyperFan8寸静音风机、HyperFan10寸静音风机完全相同”。报告中还显示了消音管道风机消音筒的内筒和外筒照片（见本判决书附图K-M）。

某科技公司出具的《客户某乙2013—2017年付款记录表》显示，自2013年6月至2017年11月，“某乙”多次向其支付款项。优某公司据此证实其与某科技公司长期合作并从该公司采购了大量管道风机产品。

2020年6月1日，某科技公司出具《情况说明》，声明其自2009年开始与优某公司进行管道风机的合作，由优某公司及其法定代表人郭某提出具体的要求，某科技公司按照指示绘制关于管道风机结构图纸，并根据优某公司提出的性能参数要求，设计出符合要求的电器线路图，最终确定此管道风机的结构图纸和电器线路图，并按照此图纸开发模具、生产管道风机。某科技公司与优某公司之间合作的管道风机所涉及的结构以及外观的知识产权全部归属于优某公司。某科技公司还说明，该公司参与上述项目的工程师凡某兴于2013年5月离职。

2014年，某物联公司（甲方）与盛某公司（乙方）签订编号为2014122301的《新产品模具开发协议》，约定甲方委托乙方开发、生产塑胶产品模具，模具清单包括150扇叶、150支架、200扇叶、200支架，总金额为 108000 元。上述合同约定“模具依照图纸及样品开发生产，加工后的产品在材料、外形尺寸、表面质量等符合甲方图纸要求或不低于样品品质”“模具由乙方保管，甲方委托乙方进行生产供货，模具所有权归甲方所有，未经甲方授权，乙方不得利用该模具进行生产、销售产品给甲方以外的厂商”。

发送时间为 2014 年 4 月 22 日，主题为“Re：某丙风扇样机参数”的邮件，内容为盛某公司员工凡某兴与赵某军等人沟通管道风机扇叶、外框参数的相关问题。发送时间为 2014 年 4 月 30 日，邮件发件人为赵某军，收件人为刘某、郭某，主题为“管道风机和消音管道风机图片”的邮件，内容为赵某军向某科技公司发送管道风机和消音管道风机的图片，所附 5 个图片显示了管道风机和消音管道风机（消音筒）的外观（见本判决书附图 J、K、M）。

发送时间为 2015 年 1 月 6 日，主题为“150200HYPERFAN PROE 及 CAD 图纸”的邮件，内容为优某公司员工 Wenst 向盛某公司员工凡某兴发送管道风机的图纸（见本判决书附图 G、H、I）。邮件正文：“请看附件的图纸，有 PROE 及 CAD 图纸。”所附压缩包附件显示了右下角标注“某乙环保制品（深圳）有限公司”，产品名称均为 HyperFan 的图纸文件：1. 部件名称为“风扇 200 风筒”，图纸显示了风筒各面视图，修订时间为 2013. 1. 29。2. 部件名称为“风扇 200 支架”，图纸显示了支架各面视图，修订时间为 2013. 1. 29。3. 部件名称为“风扇 200 支架底座”，图纸显示了底座各面视图，修订时间为 2013. 1. 29。

发送时间为 2015 年 1 月 12 日，发件人为凡某兴，收件人为姓氏余某，并抄送刘某、郭某、赵某军，主题为“原理图”，落款为凡某兴的邮件，内容为盛某公司员工凡某兴回复有关 200 和 150 风扇返工的问题。发送时间为 2015 年 11 月 20 日，发件人为凡某兴，收件人为赵某军，并抄送郭某，主题为“管道风机报价”的邮件，内容为盛某公司的报价单。发送时间为 2016 年 5 月 16 日，发件人为凡某兴，收件人为陈某鹏，并抄送郭某、赵某军，主题为“凡某兴”的邮件，内容为关于管道风机的沟通记录。

2015 年 12 月 24 日，盛某公司向购买方某物联公司开具增值税发票。2016 年 7 月和 2017 年 11 月期间，某物联公司与盛某公司就 160 风机马达、200 管道风机、150 管道风机等产品存在购销关系，某物联公司向盛某公司支付了相应货款。2017 年 12 月和 2019 年 3 月期间，某环保公司与盛某公司就 250 单喇叭口（导风罩）、250 管道机芯、250 电源盖板等产品存在购销关系，某环保公司向盛某公司支付了相应货款。

优某公司自述，郭某是其法定代表人，因优某公司的经营范围包括机电、电子产品的设计、技术开发与销售、国内贸易等，故研发及优化管道风机的相应技术也是郭某的工作职责之一，所以郭某在优某公司工作期间所形成的发明创造成果是属于优某公司的职务发明。郭某一审当庭对此确认，并述称管道风机样机的采购以及与某科技公司的沟通，每次都是由其去开会沟通。

另查，名称为“消音桶”、专利号为200820213928.8的实用新型专利申请日为2008年11月25日，授权公告日为2010年6月2日，专利权人为优某公司，发明人为郭某。该专利说明书［0003］段说明了该实用新型的目的是提供一种消音桶，可以与通风系统相连接，达到降低噪声的目的；同时采用组合式结构，大幅度减小了运输及存储时的体积，且装配时方便快捷。［0005］［0006］［0008］段载明“消音桶由外壳、吸音隔音材料及密封胶带组成，外壳由管体与连接盖组成……管体平板上粘贴了吸音隔音材料……吸音隔音材料为海绵、橡胶等软质吸音隔音材料”。优某公司据此证明，基于该专利的技术方案与涉案专利技术方案实质相同部分，涉案专利权应当归优某公司所有。

再查，郭某陈述：“1. 某科技公司和盛某公司向优某公司供货的产品是没有外壳的管道风机的机芯，风机的蓝色外壳及其他配件由优某公司生产和组装。2. 在高风量管道风机外再加消音筒就会形成超静音管道风机，消音筒也由优某公司自行生产，但因需和里面的机芯相匹配，故将消音筒图纸交给了盛某公司的凡某兴。3. 郭某研发的技术成果实际上就是由某科技公司所绘制的图纸，该公司根据图纸为优某公司生产了产品，凡某兴当时是某科技公司的员工并参与了生产的过程，其也持有产品图纸。之后，优某公司以某物联公司的名义跟盛某公司进行合作。鉴于生产必然要涉及图纸，而那时候凡某兴已经入职盛某公司，故凡某兴就把图纸交给了盛某公司，优某公司当时是知情的，但优某公司强调仅用于生产，而不能非法占有，上述能够说明盛某公司在2014年8月所形成的图纸与优某公司在2011年及2013年期间所形成图纸一致性的原因。”

（四）盛某公司研发情况

盛某公司提交了以下证据拟证明涉案专利系由其自主研发设计：1. 技术图纸、产品爆炸图。（1）日期为2013年7月2日的“8025B扇叶”图纸，体现了盛某公司早期研发设计的扇叶形状、尺寸及曲面图；（2）日期为2014年8月25日的“200支架”图纸（见本判决附图e），体现了筋条尺寸、数量、角度、形状、曲面图及轴芯设计；（3）日期为2014年8月6日的“200扇叶”图纸，体现了扇叶形状、数量、轴芯及塑胶框叶等设计；（4）日期为2014年8月21日的“125支架”图纸（见本判决附图c），该支架同200支架形状设计，仅缩小了相应的尺寸；（5）日期为2014年8月21日的“100/125扇叶”图纸，该扇叶在200扇叶的基础上，缩小了相应的尺寸，并修改了扇叶中心区域的塑胶框叶。（6）2014年9月3日的“JB100导风罩”图纸（见本判决附图b）；（7）日期为2015年5月6日的涉案外观设计专利产品视图（见本判决附图a）；（8）2015年5月6日的卷边筒管道风扇产品实用新型专利爆炸图（见本判决附图d、f）；（9）2015年5月6日的“150消音筒”外形图；（10）2015年5月6日的“200消音筒”外形图；（11）2015年5月6日的“250J消音筒”外形图；（12）2016年5月10日消音筒产品实用新型专利爆炸图，包括导风口、消音棉、消音筒、调速盒、弹簧、风机、连接线、线路板、马达、磁条、脚架等产品零部件的形状（见本判决附图k）；（13）2017年5月之后250扇叶、250支架、200导风罩、250风筒、150风筒、150消音桶、150导风罩、100支架、150支架、200扇叶等部件的工程图纸（见本判决附图g、h、i）。2. 2014年至2015年期间零部件采购发票，盛某公司向案外人采购了轴承、胶磁、连接线、电路板、风机配件、胶框叶、铝框、线路板、开关电源、百叶窗、风机等零部件用于涉案专利产品的研发生产。3. 2015年6月5日，盛某公司对100和150管道风机的风量风压、噪声值进行测试技术后形成的测试报告。4. 2015年6月11日，盛某公司与案外人东莞某林机电科技有限公司签订的《模具保管、保密协议》，委托该公司保管150及120的管道和风筒模具，存放日期分别为2014年9月5日及2014年12月30日，盛某公司为此支付了保管费用。5. 2016年8月5日某煌通风设备五金厂出具的《150消音桶模具报价单》。6. 涉案专利申请后，盛某公司对专利产品进行开模和改模的模具采购及改模报价单。7. 盛某公司2017年产品宣传册，其中展示了管道风机和消音筒的产品外观、尺寸（见本判决附图j、l、m）。8. 盛某公司自2015年至今在管道风机技术领域申请并获得授权14件专利列表。9. 名称为“电扇”、专利号为USD703303S的专利文件，盛某公司系在该专利基础上研发的关联案件专利。

盛某公司、郑某时述称，凡某兴于2013年6月1日入职盛某公司，任电子工程师一职，协助郑某时管理工程部，于2017年1月20日离职。此前，凡某兴曾在某科技公司任职，其《2012年至2017年社会保险参保缴费明细表》显示，凡某兴于2012年5月从该司离职。

（五）技术比对情况

优某公司在涉案专利申请日之前申请ETL认证的HyperFan静音风机内筒和外筒照片所示部件与涉案专利说明书附图显示的结构相同（见本判决附图K、M）。优某公司举证的包括管道风机主视图以及导风罩、连接头、底座、风筒、M型脚架、脚架底座、控制盒等部件的图纸与盛某公司举证的图纸图a-图i一一对应，除存在细微差别之外，双方图纸构成相同或者实质相同。优某公司邮件中的消音管道风机（静音风机）产品外观图片（见本判决附图J、K、M）与盛某公司宣传册中的消音管道风机产品外观图片（见本判决附图j、l、m）相同。

优某公司研发过程中的相关图纸、产品实物照片与涉案专利技术特征一一对应且相同。

一审法院认为，结合双方当事人的诉辩主张，本案的争议焦点在于：（一）优某公司提起本案权属纠纷是否应适用诉讼时效的相关规定；（二）涉案专利的实际发明人以及涉案专利权的权属应当如何认定。

关于焦点问题一，本案属于专利权权属纠纷，系当事人之间围绕特定专利权的归属发生争议，进而由优某公司向法院主张将业已登记在盛某公司名下的专利权变更至己方名下。由于专利权类似于物权，具有绝对权性质和对世效力，无法归入债权请求权的范畴，故专利权权属纠纷属于形成之诉，并非前述法律规定可以适用诉讼时效制度的给付之诉。因此，盛某公司有关优某公司的诉请应受到时效限制的相关抗辩主张缺乏法律依据，一审法院不予采纳。

关于焦点问题二，关于涉案专利的实际发明人如何认定的问题。由于我国专利申请过程中对登记的发明人并不做实质性审查，因此可能存在登记的发明人并非实际发明人的情形。在案证据显示，在2014年6月之前，包含涉案专利技术特征的消音管道风机图纸已经由某科技公司在与郭某、赵某军沟通过程中绘制完成。盛某公司提交的研发涉案专利的图纸完成于2016年5月，其对于该图纸形成于前述某科技公司绘制的图纸和用于认证的成品照片之后，却对包含与图纸、照片中相同的涉案专利说明书附图，以及其中所展示的涉案专利技术特征与前述照片中的技术特征相同等均未提供合理解释。涉案专利登记的发明人郑某时虽然较早从事散热风扇贸易行业，但未举证证明其具有实际从事管道风机研发的能力，故盛某公司主张郑某时系涉案专利发明人的依据不足。鉴于优某公司已经提交证据证明郭某具有工程师任职资格，郭某还具有研发“消音筒”专利技术的能力，某科技公司亦书面确认其系根据优某公司及其法定代表人郭某的具体要求绘制前述图纸、其不享有相关知识产权，而郭某、赵某军在优某公司任职总经理及副总经理，赵某军了解本案案情且并未对涉案专利发明人这一身份提出主张等事实情况，一审法院认定涉案专利的实际发明人系郭某。

关于涉案专利权的权属应当如何认定的问题。本案中，优某公司主营机电产品的设计、技术开发，其于2008年11月25日申请的、发明人为郭某、名称为“消音桶”的实用新型专利与涉案专利属于相近的技术领域，所载明的技术方案与涉案专利技术方案包含相同的技术特征。上述事实说明优某公司具有涉案专利产品静音（消音）风机的研发基础。2009年年底，优某公司进口了“离心式通风机”并与某科技公司达成管道风机的合作，由某科技公司根据其具体要求绘制管道风机的结构图纸和电器线路图并开模生产产品。优某公司已向某科技公司支付了相应的模具开发费用及产品采购费用，某科技公司亦书面确认其与优某公司合作的管道风机产品所涉结构和外观的知识产权归属优某公司，某科技公司还将管道风机及静音管道风机申请了ETL认证。在某科技公司绘制管道风机图纸的过程中，由优某公司总经理郭某负责与某科技公司沟通并作出具体指示，图纸经郭某确认后开模生产产品。优某公司及郭某对于涉案静音管道风机实用新型专利技术系郭某执行本单位的任务所完成的职务发明创造均无异议。

本案中，虽然没有直接证据证明凡某兴在某科技公司工作期间是优某公司管道风机图纸的绘制人之一，但某科技公司述称凡某兴在职期间参与了该项目，故凡某兴存在接触优某公司管道风机图纸的可能性。2014年，优某公司的关联公司某物联公司就150、200管道风机扇叶、支架与盛某公司进行合作，约定盛某公司开发的模具需符合某物联公司图纸要求或不低于样品品质，模具所有权归盛某公司所有，未经某物联公司授权，盛某公司不得利用该模具进行生产、销售产品给某物联公司以外的厂商。依据常理和上述约定，机电产品的生产需要以图纸为蓝本，而在2014年4月，凡某兴作为盛某公司的员工，与郭某、赵某军就风机参数通过邮件进行过沟通，说明盛某公司在为某物联公司生产相关产品时已经掌握了管道风机相应图纸。优某公司在2014年4月30日发送的、主题为“管道风机和消音管道风机图片”的邮件中展示的静音风机产品图片与盛某公司宣传册中的消音管道风机产品图片完全相同。这同样也能够解释盛某公司举证其研发涉案专利、形成于 2016 年 5 月 10 日的图纸，与优某公司 2014 年 6 月前申请 ETL 认证时的产品照片实质相同的原因。甚至在盛某公司举证的研发涉案专利最早期的图纸上依然沿用了优某公司的产品型号 200 等。退一步而言，即便如盛某公司所述涉案专利系其自行研发，然而其接受某物联公司委托开模，却无法提供证据证明其设计的图纸经委托方确认，与常理不符。无论盛某公司系通过员工获取图纸，或由优某公司或其关联公司向盛某公司交付图纸，优某公司并未主张上述行为违背其意志。但盛某公司将相关图纸用以申请专利，并由其享有该专利权系未经优某公司许可的行为，侵害了优某公司的合法权益，不应得到法律的支持。涉案专利既已授权，盛某公司并非专利权人，专利权应归属优某公司。

综上，涉案专利属于郭某执行优某公司的任务所完成的发明创造，系职务发明，依法应归优某公司所有，设计人为郭某。优某公司对此主张依据充分，一审法院予以支持。鉴于优某公司未提交证据证明盛某公司的涉案行为对其商誉造成了实质损害，故一审法院对其诉请盛某公司刊登声明赔礼道歉不予支持。

一审法院依照 2008 年修正的《中华人民共和国专利法》（以下简称专利法）第六条，《中华人民共和国专利法实施细则》（以下简称专利法实施细则）第十二条、第十三条，2017 年修正的《中华人民共和国民事诉讼法》第六十四条第一款之规定，判决："一、名称为'一种超静音管道风机'、专利号为 201620905578. 6 的实用新型专利权归深圳市优某机电科技发展有限公司所有；二、名称为'一种超静音管道风机'、专利号为 201620905578. 6 实用新型专利的发明人为第三人郭某；三、驳回原告深圳市优某机电科技发展有限公司的其他诉讼请求。本案受理费 1000 元，由深圳市盛某电子有限公司、郑某时负担。"

盛某公司、郑某时上诉请求：1. 撤销一审判决第一项、第二项，改判驳回优某公司的全部诉讼请求；2. 一审、二审诉讼费用由优某公司承担。事实与理由：（一）某科技公司出具的《情况说明》所载明的内容缺乏事实依据。1. 优某公司提供的邮件内容仅为某科技公司生产的图纸，不能体现出整个研发设计过程，更不能体现出郭某对相关图纸提出过明确、具体的要求。2. 某科技公司出具的《情况说明》没有其他证据加以证明，且其所载明的内容与凡某兴社会保险参保缴费明细表显示的明显不符，该份证据不应具有证明力。（二）一审法院认定郭某系涉案专利的发明人缺乏事实和法律依据。在案证据无法证明郭某参加过涉案专利的研发，且作出了实质性贡献。（三）一审法院认定盛某公司有可能接触某科技公司相关图纸缺乏事实依据。1. 一审法院认定“凡某兴存在接触优某公司管风机图纸的可能性”“凡某兴与赵某军就风机参数通过邮件沟通，说明盛某公司已经掌握了相应图纸”，并据此认定“优某公司或其关联公司向盛某公司交付图纸”明显错误。2. 盛某公司并未获取优某公司的设计图纸，亦未擅自使用某科技公司的图纸申请专利。

优某公司辩称：一审判决认定事实清楚，适用法律正确，请求驳回上诉，维持原判。（一）一审判决查明事实清楚。涉案专利的实际发明人为郭某，专利权属于优某公司。一审判决认定盛某公司将相关图纸用于申请专利侵害了优某公司的合法权益，事实认定清楚、正确。（二）盛某公司的上诉理由缺乏事实依据与法律依据。某科技公司出具的《情况说明》所载明的内容符合客观事实，社保清单显示“凡某兴 2012 年 5 月从某科技公司离职、2013 年 5 月入职盛某公司”并不影响对本案事实的认定。郑某时并非真正的发明人，涉案专利不可能为盛某公司自主研发。

郭某述称：同优某公司意见。

本院二审期间，盛某公司、郑某时提交国家知识产权局就涉案专利权作出的第 56126 号无效宣告请求审查决定书（以下简称第 56126 号无效决定），拟证明涉案专利权已经被宣告无效，优某公司的诉讼请求不能成立。

优某公司、郭某发表质证意见为：认可第 56126 号无效决定的真实性、合法性、关联性，但不认可证明目的，其认为涉案专利权被宣告无效，不影响涉案专利权的权属判断。

本院认证意见为：第 56126 号无效决定与涉案专利权稳定性相关，本院予以采纳，至于能否实现证明目的将在说理部分予以阐述。

优某公司、郭某二审未提交新证据。

一审法院查明的事实属实，本院予以确认。

本院另查明，案外人刘某广作为无效宣告请求人，于 2021 年 12 月 14 日向国家知识产权局提出无效宣告请求，以涉案专利不具有创造性为由，请求宣告涉案专利权无效，国家知识产权局于 2022 年 5 月 23 日作出第 56126 号无效决定，宣告涉案专利权全部无效。在法定期限内，盛某公司作为登记的专利权人并未提起行政诉讼，第 56126 号无效决定已经生效。

二审中优某公司主张，第 56126 号无效决定生效后，其仍主张申请涉案专利的发明创造相关权益归其所有。盛某公司及郑某时不同意优某公司的上述主张，认为涉案专利权被宣告无效后，优某公司上述请求并非本案审理范围，应另案起诉，且本案中，优某公司怠于行使权利，在诉讼过程中未及时申请中止无效宣告行政审查程序，故不应再准许优某公司变更诉讼请求。

以上事实，有第 56126 号无效决定在案佐证。

本院认为，本案系专利权权属纠纷案件，涉案专利申请日为 2016 年 8 月 20 日，2020 年修正的专利法于 2021 年 6 月 1 日起施行，故本案应适用 2008 年修正的专利法及相关司法解释的规定。根据各方当事人的诉辩意见，本案二审的争议焦点为：（一）涉案专利权被宣告无效后专利权权属纠纷案件是否应当继续审理；（二）郭某是否为涉案发明创造的实际发明人；（三）涉案发明创造是否应当归优某公司所有。

（一）关于涉案专利权被宣告无效后专利权权属纠纷案件是否应当继续审理

专利法第二条第一款规定："本法所称的发明创造是指发明、实用新型和外观设计。"第三款规定："实用新型，是指对产品的形状、构造或者其结合所提出的适于实用的新的技术方案。"第六条规定："执行本单位的任务或者主要是利用本单位的物质技术条件所完成的发明创造为职务发明创造。职务发明创造申请专利的权利属于该单位；申请被批准后，该单位为专利权人。非职务发明创造，申请专利的权利属于发明人或者设计人；申请被批准后，该发明人或者设计人为专利权人。利用本单位的物质技术条件所完成的发明创造，单位与发明人或者设计人订有合同，对申请专利的权利和专利权的归属作出约定的，从其约定。"第二十二条第一款规定："授予专利权的发明和实用新型，应当具备新颖性、创造性和实用性。"依据上述规定，一项发明创造的权利归属，与该发明创造能否获得专利授权以及能否在确权程序中维持专利权有效，属于不同的法律关系，法律判断标准并不相同。专利授权确权纠纷，所要判断的是一项发明创造是否具备授予专利权的条件；而专利申请权及专利权权属纠纷案件，所要判断的系一项发明创造的权益归属，应当以原告对所主张的发明创造是否具有受法律保护的利益为判断标准，而不应以专利是否授权以及专利权是否维持有效为前提。即使专利申请被驳回或者专利权被宣告无效，无过错方当事人也可以依据专利申请权及专利权权属纠纷案件中对发明创造权益归属的认定结果，向有过错的当事人另行主张侵权责任。因此，专利申请权及专利权权属纠纷案件中，所涉专利申请被驳回或者专利权被宣告无效的，人民法院仍应对所涉发明创造的权益归属进行审理。

本案中，因二审审理期间涉案专利权被宣告无效，优某公司明确请求判令涉案发明创造权益归其所有；盛某公司抗辩认为优某公司二审要求认定涉案发明创造权益归其所有的主张，不属于本案审理范围。对此，本院认为，如前所述，虽然涉案专利权被宣告无效，涉案发明创造对应的专利权自始无效，但是并不能排除涉案发明创造上还有其他的民事权益，优某公司明确请求判令涉案发明创造权益归其所有，本院依法对其诉讼请求予以审理。

（二）关于郭某是否为涉案发明创造的实际发明人

专利法实施细则第十三条规定："专利法所称的发明人或者设计人，是指对发明创造的实质性特点作出创造性贡献的人。在完成发明创造过程中，只负责组织工作的人、为物质技术条件的利用提供方便的人或者其他从事其他辅助工作的人，不是发明人或者设计人。"

本案中，根据在案证据，可以认定郭某为涉案发明创造的实际发明人之一，具体分析如下：

首先，郭某具有相关技术背景，具备研发涉案发明创造的可能性。郭某于 1982 年取得苏州某工学院（现苏州某大学）丝绸机械专业毕业证书，于 1983 年取得苏州某工学院（现苏州某大学）工学学士学位，具有研发涉案发明创造的相关知识。优某公司于 2008 年 11 月申请名称为"消音桶"的实用新型专利，该专利所涉技术方案与涉案专利相关，均为静音（消音）风机，郭某为该专利的发明人，显然，郭某具有研发涉案发明创造的相关工作经历和能力。

其次，郭某对涉案发明创造的研发作出了实质性贡献。根据优某公司提交的其内部员工之间的往来邮件，以及其与某科技公司的往来邮件可以证明，优某公司委托某科技公司绘制管道风机结构图纸。某科技公司经多次与郭某、赵某军沟通，在 2014 年 6 月前，形成包含涉案专利的图纸，即郭某、赵某军参与了相关图纸的研发。结合某科技公司提交的《情况说明》，在某科技公司认可其系按照优某公司及郭某提出的要求绘制图纸，并确认相关知识产权均属于优某公司的情况下，应认定郭某、赵某军对相关图纸的研发作出了实质性贡献。

最后，盛某公司无法证明系其独立研发涉案发明创造：1. 盛某公司提交证据证明其于 2016 年完成了涉案图纸的研发，晚于上述某科技公司完成相关图纸绘制的时间。2. 盛某公司有接触上述相关图纸的可能性。2009 年优某公司与盛某公司就相关图纸绘制开始合作，凡某兴在两公司合作期间曾就职于某科技公司，参与相关图纸的绘制，有接触相关图纸的可能性，至于其何时离职并不影响本案事实认定。2014 年优某公司关联公司某物联公司作为甲方与乙方盛某公司签订《新产品模具开发协议》，约定甲方委托乙方开发、生产塑胶产品模具，且由某物联公司提供相关图纸。盛某公司员工与赵某军等就相关产品进行沟通。盛某公司有因委托制造相关产品接触上述图纸的可能性。3. 郑某时提供的研发涉案发明创造的背景不足。虽然盛某公司、郑某时出具了《专利发明设计人郑某时的技术背景说明》称郑某时自 2004 年开设广东省广州市天河区某甲电子经营部从事散热风扇产品贸易开始，具有风机的技术背景和研发能力，并提交了 2015 年 7 月郑某时作为发明人以盛某公司名义申请了关联外观设计专利。但考虑到优某公司就该外观设计专利亦提起了专利权权属纠纷，且该外观设计专利申请时间为 2015 年，晚于某科技公司绘制相关图纸的时间，因此，该外观设计专利不能证明郑某时有研发涉案发明创造的能力。

综上，根据在案证据，郭某、赵某军二人均参与了研发整个过程。其中，郭某身为优某公司的法定代表人具有相关研发背景，且参与了整个研发的技术方案制定、修改流程，应当认定郭某为本案涉案发明创造的实际发明人之一，一审法院认定郭某为涉案专利唯一发明人不够严谨，本院予以纠正。

（三）关于涉案专利权是否应当归优某公司所有

专利法实施细则第十二条的规定："专利法第六条所称执行本单位的任务所完成的职务发明创造，是指：（一）在本职工作中作出的发明创造；（二）履行本单位交付的本职工作之外的任务所作出的发明创造；（三）退休、调离原单位后或者劳动、人事关系终止后 1 年内作出的，与其在原单位承担的本职工作或者原单位分配的任务有关的发明创造。专利法第六条所称本单位，包括临时工作单位；专利法第六条所称本单位的物质技术条件，是指本单位的资金、设备、零部件、原材料或者不对外公开的技术资料等。"

依据专利法第六条及专利法实施细则第十二条的规定，我国专利制度中的发明创造分为职务发明创造和非职务发明创造，前者专利申请权和专利权属于单位；后者专利申请权和专利权属于发明人或者设计人。本案盛某公司主张涉案发明系职务发明创造，因此，需要根据关于职务发明创造的法律规定予以审查。

我国专利制度中的职务发明创造分为"执行本单位的工作任务"所完成的发明创造和"主要是利用本单位的物质技术条件"所完成的发明创造

两类。

第一类“执行本单位的工作任务”所完成的发明创造，又可以区分为两种情形：1. 完成单位工作任务中完成的发明创造；2. 离职 1 年后完成的与原单位工作任务有关的发明创造。两种情形中的工作任务既包括单位的本职工作任务，也包括本单位交付的本职工作之外的工作任务，但是两种情形对于发明创造的完成时间要件和内容要件并不相同。第一种情形是针对履行本单位工作任务的过程中完成的发明创造，此类职务发明创造要求：完成时间要件是在发明人与单位工作关系的存续期间内，内容要件是发明创造的内容必须属于发明人在单位工作任务的内容；而第二种情形是针对“发明人在离开原单位 1 年内作出的”发明创造，此类职务发明创造要求：完成时间要件扩大到发明人与原单位脱离工作关系 1 年内；内容要件不限于发明创造属于发明人在原单位的工作任务，还包括了与原单位工作任务有关的发明创造，显然，法律规定第二种情形的立法目的就在于避免相关人员利用原单位、临时工作单位的职务便利，在掌握了原单位、临时工作单位的职务发明创造内容时突然离职跳槽到其他单位，以掌握的原单位的职务发明创造内容为基础，以自己或其他单位的名义申请专利，使原单位、临时工作单位的合法利益遭受损失的情形。

第二类“主要是利用本单位的物质技术条件”所完成的发明创造，是指主要是利用本单位的物质技术条件，包括：资金、设备、零部件、原材料或者不对外公开的技术资料等所完成的发明创造。此类职务发明创造虽然与发明人在本单位的工作任务无关，但是由于发明人在研发过程中，必须依赖单位的资金、设备、零部件等物质技术条件，为了保障单位的经济利益，法律规定此类职务发明创造申请专利的权利和专利权也归属于该单位，但是，由于主要利用单位的物质技术条件的情形，单位的经济利益是可以通过返还资金，支付设备使用费等方式予以保障的，因此，为了鼓励发明人在完成工作任务之外进行发明创造，法律规定，此类职务发明，单位与发明人可以通过合同约定的形式确定权利归属。

综上，判断一项发明创造是否属于职务发明创造，专利申请权或专利权是否属于单位所有，应当从以下五个方面进行审查：

第一，需要审查发明人与单位之间是否存在劳动关系或者临时工作关系，这是判断职务发明创造的前提。但是，需要说明的是，对于单位主张涉案发明创造为本单位在专利申请日之前已经完成的工作任务，专利申请人、专利申请文件或者专利文件中载明的发明人（以下简称登记发明人）只是基于与该单位有工作关系或者其他关系能够接触到该单位的上述发明创造的情形，如果该单位提交了具体工作任务的内容，并将具体工作任务内容与涉案发明创造进行了比较，那么就要首先审查该单位主张的已经完成的工作任务内容是否包含了涉案发明创造的所有技术特征，如果经过对比，可以认定该单位已经完成的工作任务包含了涉案发明创造的所有技术特征，那么接下来只需要审查专利申请人或者登记发明人是否因与该单位有工作关系或者其他关系能够接触到该单位的上述发明创造，如果可以认定能够接触到，那么就可以直接认定涉案发明创造属于第一类“执行本单位的工作任务”所完成的职务发明创造，专利申请权或者专利权应当归该单位所有。如果经过比对，不能认定该单位已经完成的工作任务包含了涉案发明创造的所有技术特征；或者虽然可以认定该单位已经完成的工作任务包含了涉案发明创造的所有技术特征，但不能认定专利申请人或者登记发明人因与该单位有工作关系或者其他关系能够接触到该单位的上述发明创造，那么，就需要根据职务发明创造的一般情形，审查专利申请书中载明的发明人与单位之间是否存在劳动关系或者临时工作关系。

第二，要根据单位主张具体职务发明创造的类型来分别确定审查内容：1. 如果单位主张属于第一类“执行本单位的工作任务”所完成的职务发明创造，那么就要审查发明人在本单位的工作任务及发明创造与工作任务之间的关联性；2. 如果单位主张属于第二类“主要是利用本单位的物质技术条件”所完成的职务发明创造，则不需要审查发明人的工作任务，而需要审查发明人完成发明创造是否利用了单位的物质技术条件；3. 如果单位对于同一项发明创造既主张属于“执行本单位的工作任务”，又主张属于“主要是利用本单位的物质技术条件”，那么需要先审查发明人的工作任务及发明创造与工作任务之间的关联性，如果可以据此认定属于“执行本单位的工作任务”所完成的发明创造，则无须继续审查发明创造的完成是否“主要是利用本单位的物质技术条件”，反之，则需要继续进行审查。

第三，对于是否属于第一类“执行本单位的工作任务”所完成的发明创造的审查：首先，是要审查发明人在本单位的工作任务，重点审查发明人在本单位与涉案发明创造内容相关的工作任务；然后，依据上述“1. 完成单位工作任务中完成的发明创造；2. 离职 1 年后完成的与原单位工作任务有关的发明创造”两种情形进行要件审查。第一种情形需要审查：1. 发明创造的完成时间是否在发明人与单位工作关系的存续期间内；2. 发明创造的内容是否属于发明人在单位中工作任务的内容。第二种情形需要审查：1. 发明创造的完成时间系发明人与原单位脱离工作关系 1 年内，即属于发明人退休、调离原单位后或者劳动、人事关系终止后 1 年内作出的发明创造；2. 发明创造的内容与发明人在原单位的工作任务有关，这里的“有关”是指发明人虽然已经与原单位不存在工作关系，但是只要证明发明创造的内容与其在原单位的工作任务具有内容上的延续性，也属于“有关”。

第四，对于是否属于第二类“主要是利用本单位的物质技术条件”所完成的发明创造的审查，主要审查发明人在完成发明创造的过程中利用本单位的资金、设备、零部件、原材料、不对外公开的技术材料等情形。这里需要强调的是，由于对于“本单位不对外公开的技术资料”等属于单位技术信息资料的使用，不受时间和空间的限制，发明人在离开本单位后，也可以利用原单位的不对外公开的资料完成或者参与完成发明创造，因此，对于“主要是利用本单位的物质技术条件”的判断，不应当受限于发明人与本单位存在工作关系期间。

第五，要根据单位与发明人之间有没有约定来判断职务发明创造专利申请权和专利权的归属，一般而言，“执行本单位的工作任务”所完成的发明创造，专利申请权和专利权当然归属于单位；而“主要是利用本单位的物质技术条件”所完成的发明创造，要审查单位与发明人之间对权利归属是否有约定，如果有约定，要根据双方的约定确定权利归属，没有约定的，专利申请权或者专利权均归单位所有。

本案中，优某公司主张涉案发明创造系该公司法定代表人郭某基于从国外带回来的管道风机样机进行改进研发完成，盛某公司系基于 2014 年与优某公司的合作取得了相关技术图纸，2016 年 8 月 20 日盛某公司以郑某时为发明人申请了涉案专利，侵害了优某公司的技术成果相关权利以及实际发明人郭某的署名权。显然，优某公司主张涉案发明创造系该公司在涉案专利申请日前已经完成的发明创造，同时也依据郭某系实际发明人主张涉案专利系职务发明创造。因此，本案可以首先审查优某公司提供的现有证据是否能够证明涉案发明创造系该公司在涉案专利申请日前已经完成的发明创造，本院具体分析如下：

首先，根据优某公司一审时提交的证据，2009 年 11 月，优某公司从美国进口了包含“离心式通风机”“可伸缩通风管/镀锡软管”的 5 件风扇样品，优某公司主张涉案发明创造系以上述离心式通风机为基础进行研发具有事实依据。

其次，根据某科技公司与优某公司的法定代表人郭某、员工赵某军的邮件往来记录，2011 年 6 月至 2014 年 6 月，根据优某公司提供的图纸以及加工要求，某科技公司为优某公司加工了大量管道风机产品，而这些产品图纸包括与涉案专利相关的管道风机扇叶的结构图纸（见本判决书附图 C），管道风机静叶的结构图纸（见本判决书附图 E），管道风机导风罩的结构图纸（见本判决书附图 B），其中，发送时间为 2014 年 6 月 9 日，主题为“某丁开案通知-AGZ140519096-ETL/cETL 报备”的邮件，内容为某科技公司向优某公司发送管道风机 ETL 报告，报告中显示了消音管道风机消音筒的内筒和外筒照片（见本判决书附图 K-M）。经比对，优某公司申请 ETL 认证的前述 HyperFan 静音风机内筒和外筒照片所示部件与涉案专利说明书附图显示的结构相同；优某公司举证的包括管道风机主视图以及导风罩、连接头、底座、风筒、M 型脚架、脚架底座、控制盒等部件的图纸与盛某公司举证的图纸图 a-图 i 一一对应，一审法院据此认定两者除存在细微差别之外，所涉图纸构成相同或者实质相同，并无不当；一审法院同时认定，优某公司邮件中的消音管道风机（静音风机）产品外观图片（见本判决附图 J、K、M）与盛某公司宣传册中的消音管道风机产品外观图片（见本判决附图 j、l、m）相同，亦具有事实依据。

再次，根据 2020 年 6 月 1 日某科技公司出具的《情况说明》，某科技公司与优某公司之间合作的管道风机所涉及的结构以及外观的知识产权全部归属于优某公司。

复次，根据 2014 年某物联公司（甲方）与盛某公司（乙方）签订的《新产品模具开发协议》情况，以及盛某公司员工凡某兴与优某公司郭某、赵某军等的邮件沟通情况，盛某公司在与优某公司的关联公司某物联公司合作期间，可以接触到优某公司与管道风机相关的技术图纸，且在加工过程中，得到了优某公司郭某、赵某军等的技术指导。

最后，盛某公司提交的其早期研发扇叶、导风罩、消音筒等证据不能形成涉案发明创造完整技术方案，且消音筒、涉案外观设计专利产品视图等形成时间也均晚于优某公司委托某科技公司加工产品相关图纸的形成时间。

综上所述，优某公司提交的在案证据能够证明涉案发明创造系该公司在涉案专利申请日前已经完成的发明创造，涉案发明创造应当归优某公司所有。

一审法院根据在案证据，结合优某公司于2008年申请“消音桶”实用新型专利，该专利发明人为郭某的情况，认定涉案发明创造为职务发明创造，专利权应当归优某公司所有，结论正确。二审审理期间，涉案专利权虽然被宣告无效，但根据在案证据，优某公司对涉案发明创造享有权益的审查判断结果不受影响，本院仅对一审裁判主文中相关表述予以相应修改。

综上，盛某公司及郑某时的上诉请求不能成立，应予驳回；一审判决认定事实清楚，裁判结果正确，但因涉案专利权被宣告无效，本院对一审裁判主文进行相应修改。依照2008年修正的《中华人民共和国专利法》第二条第一款、第三款、第六条、第二十二条第一款，《中华人民共和国专利法实施细则》第十二条、第十三条，《中华人民共和国民事诉讼法》第一百七十七条第二项之规定，判决如下：

一、维持广东省深圳市中级人民法院（2020）粤03民初912号民事判决第三项；

二、撤销广东省深圳市中级人民法院（2020）粤03民初912号民事判决第一项、第二项；

三、确认名称为“一种超静音管道风机”、专利号为201620905578.6的实用新型发明创造权益归深圳市优某机电科技发展有限公司享有；

四、确认第三人郭某系名称为“一种超静音管道风机”、专利号为201620905578.6的实用新型发明创造的发明人。

一审案件受理费1000元，二审案件受理费1000元，均由深圳市盛某电子有限公司、郑某时负担。

本判决为终审判决。

审　判　长　原晓爽
审　判　员　吴红权
审　判　员　马清华
二〇二三年十二月十三日
法官助理　郝小娟
书　记　员　汪　妮

附图：

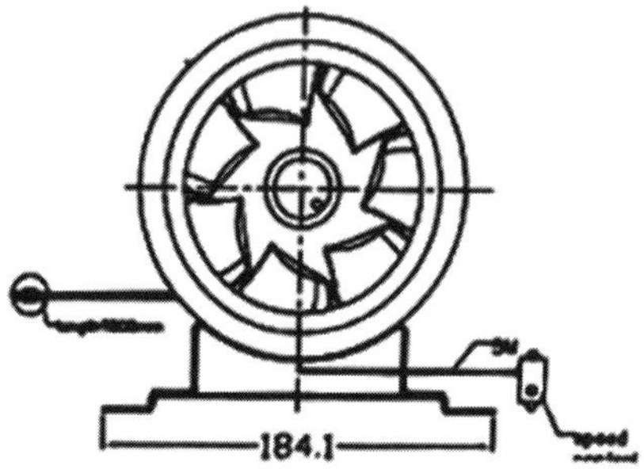

图 A

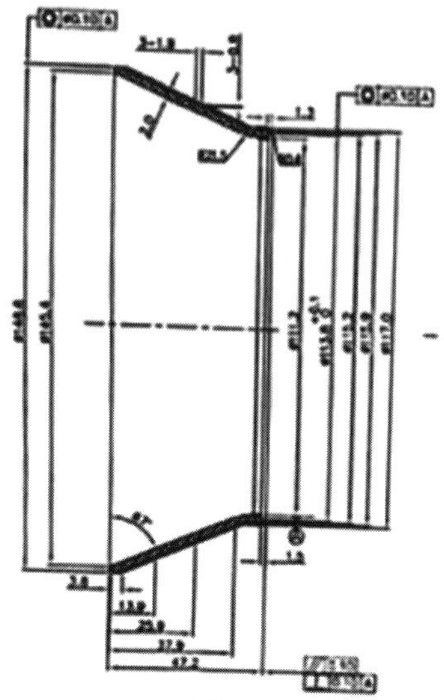

图 B

图 C

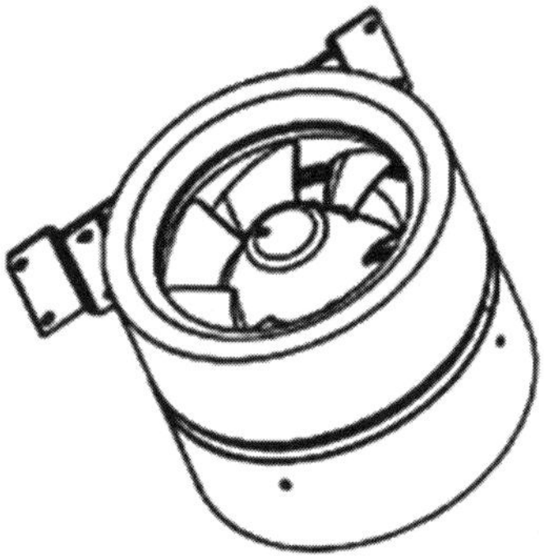

图 D

图 E

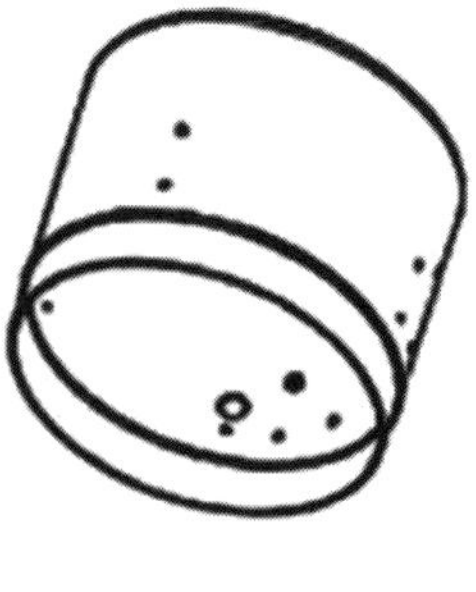

图 F

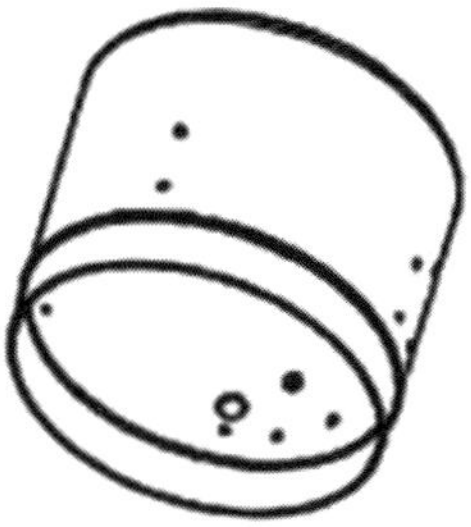

图 G

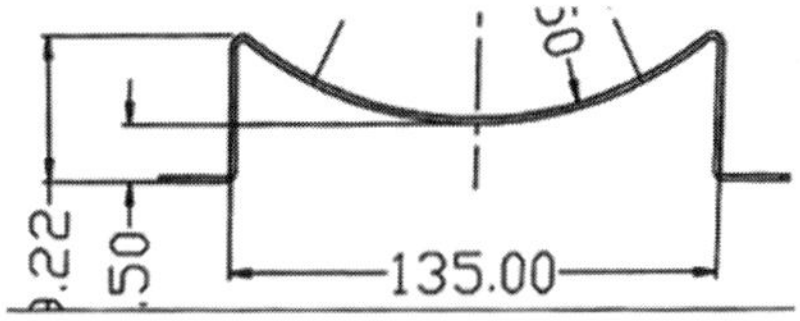
135.00
.50
.22

图 H

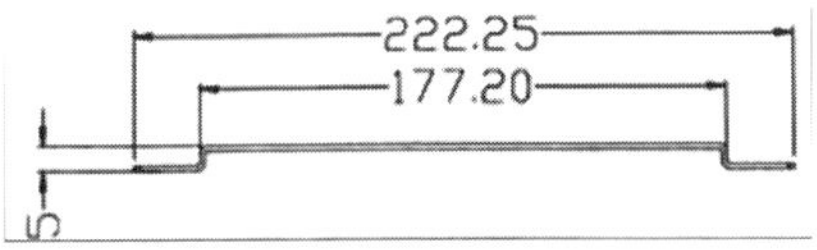
222.25
177.20
5

图 I

图 J

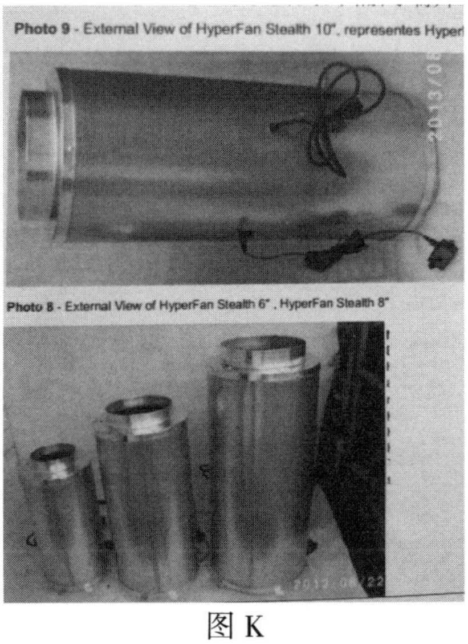
Photo 9 - External View of HyperFan Stealth 10", representes Hyper
Photo 8 - External View of HyperFan Stealth 6", HyperFan Stealth 8"

图 K

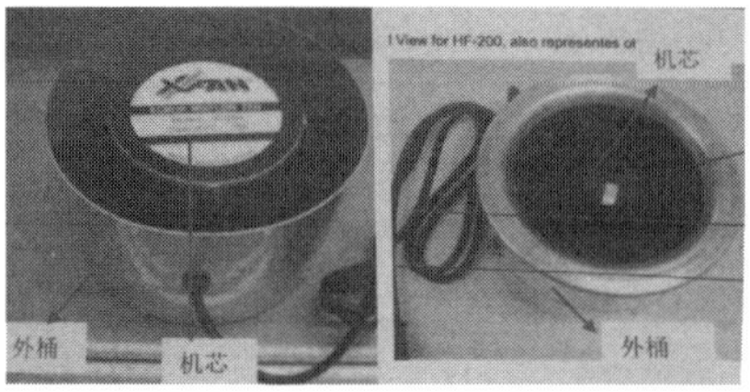

图 L

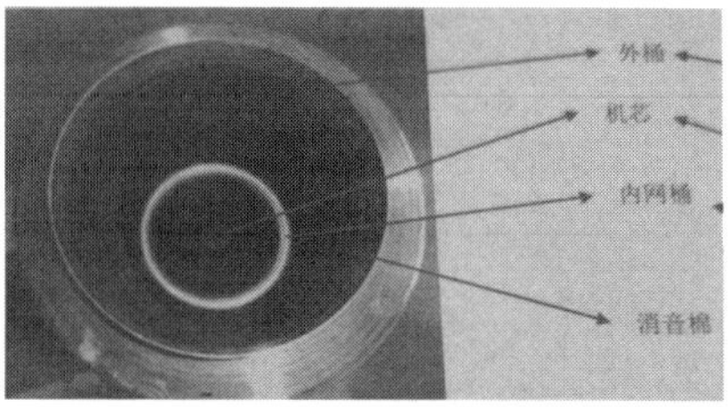

图 M

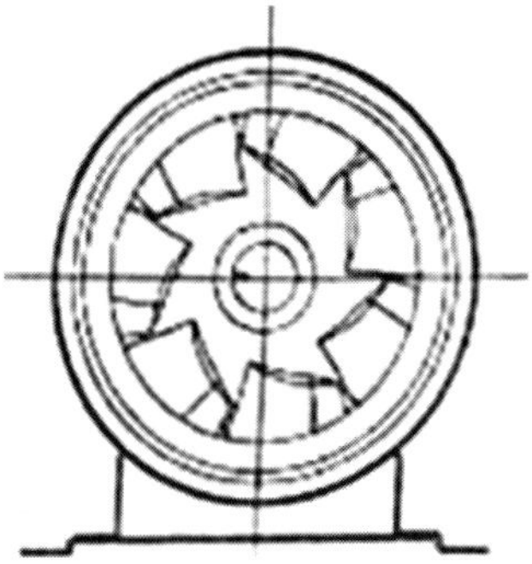

图 a

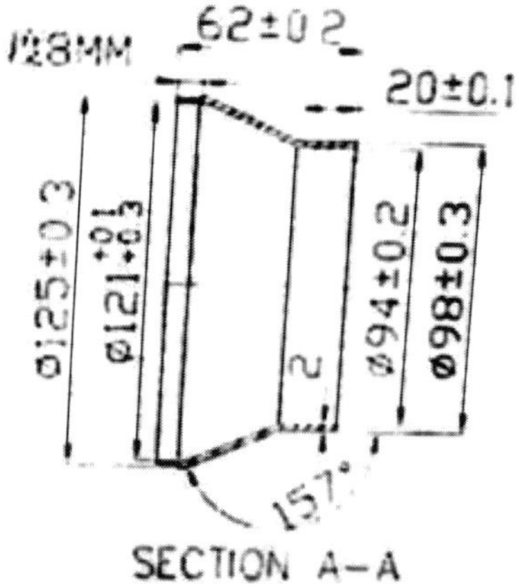

图 b

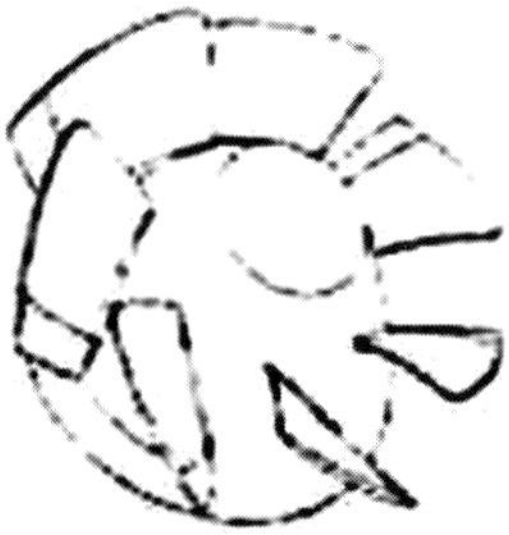

图 c

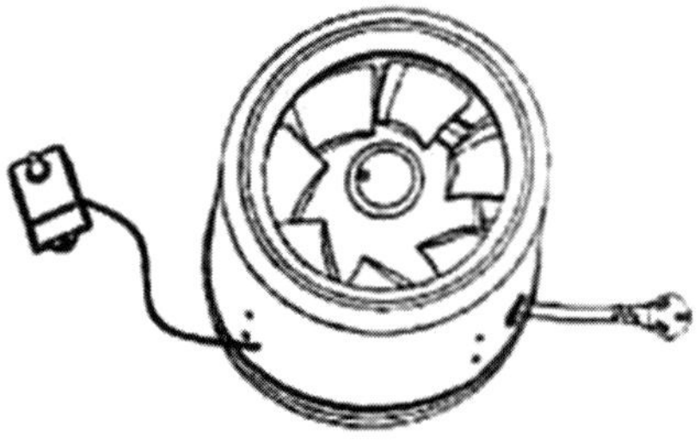

图 d

图 e

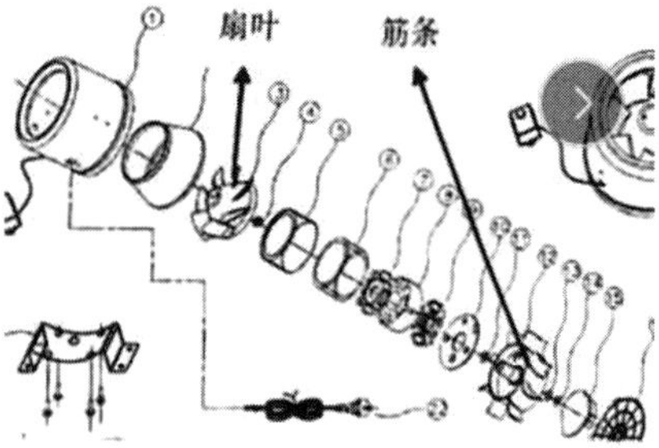

图 f

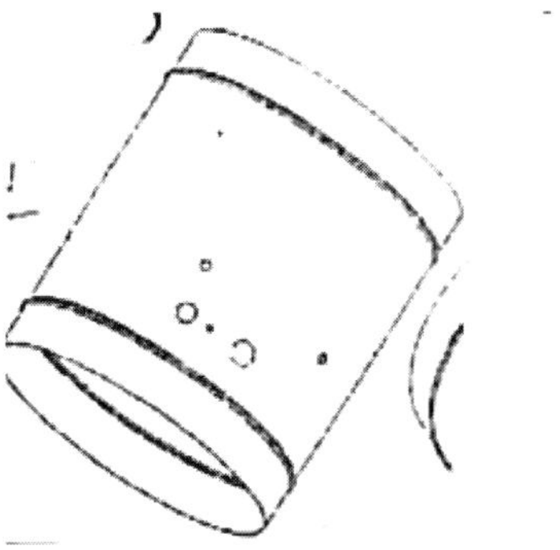

图 g

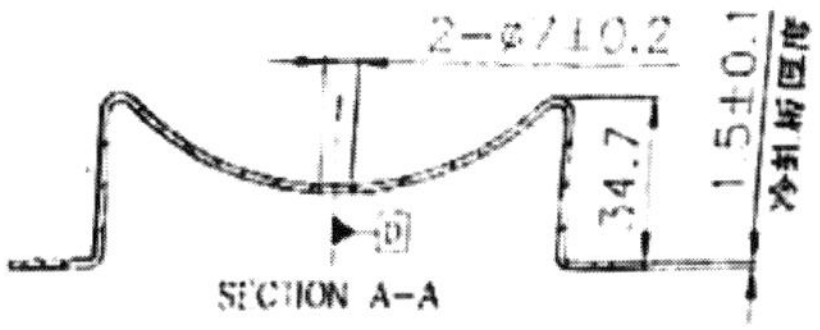

图 h

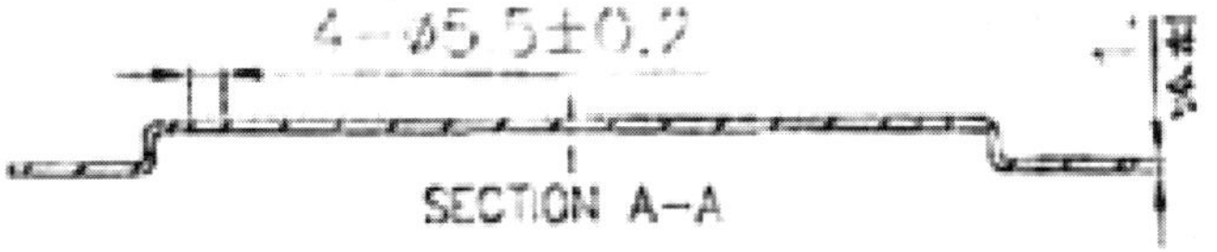

图 i

图 j

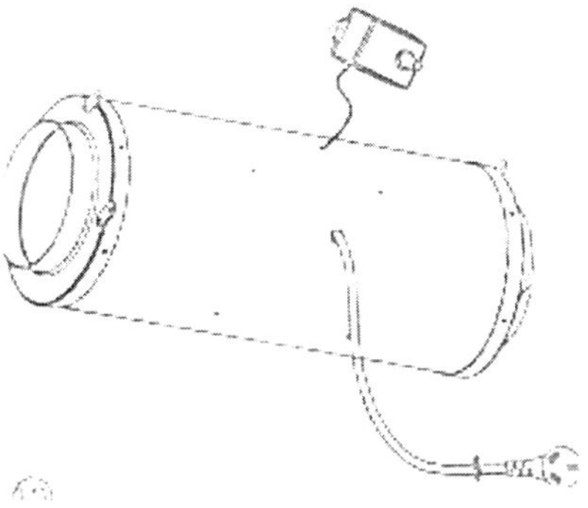

图 k

图 l

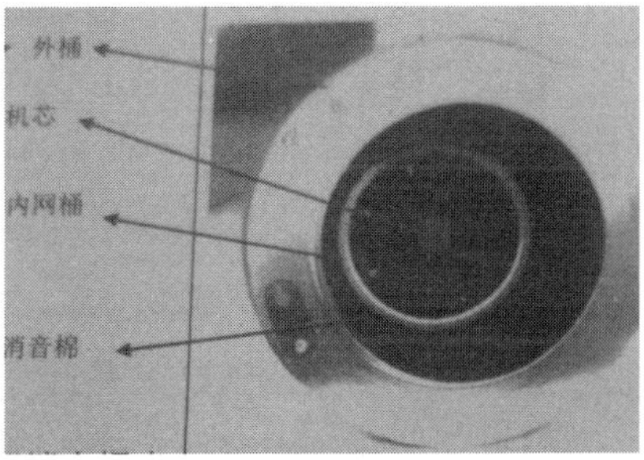

图 m

4. 侵权警告未明确具体产品时被警告侵权产品的确定

——上诉人北京博某信息技术有限公司与被上诉人东莞华某电子科技有限公司及一审第三人广州阔某电子科技有限公司确认不侵害知识产权纠纷案①

中华人民共和国最高人民法院民事裁定书（2022）最高法知民终1744号

上诉人（一审原告）：北京博某信息技术有限公司。

被上诉人（一审被告）：东莞华某电子科技有限公司。

一审第三人：广州阔某电子科技有限公司。

上诉人北京博某信息技术有限公司（以下简称博某公司）因与被上诉人东莞华某电子科技有限公司（以下简称华某公司）、原审第三人广州阔某电子科技有限公司（以下简称阔某公司）确认不侵害专利权纠纷一案，不服北京知识产权法院于2021年11月29日作出的（2019）京73民初213号民事判决，向本院提起上诉。本院于2022年8月23日立案后，依法组成合议庭，并于2023年2月16日询问当事人。本案现已审理终结。

博某公司上诉请求：1. 撤销原审判决；2. 改判确认博某公司生产的酷卫士电子产品检测门（型号：BYing-Ljw0088）、酷卫士电子产品及违禁品安检速通门（型号：KWS-D6）、广州阔源手机探测门（型号：XYD-II）及该三款产品中所安装的酷卫士手机探测系统V3.0不侵害华某公司拥有的以下两项发明专利权，即专利号为201610291906.2、名称为“一种金属分类的图像显示方法及装置”发明专利（以下简称涉案专利一）和专利号为201610182859.8、名称为“手机探测的标定方法、测试方法及其系统”发明专利（以下简称涉案专利二）；3. 华某公司承担一、二审诉讼费用。事实和理由：（一）华某公司侵权警告函未明确侵权产品具体型号。博某公司生产的手机检测门涉及三款产品，型号分别为BYing-Ljw0088、KWS-D6、XYD-II，华某公司侵权警

① 本案在年度报告中的位置为第10页。

告函指向博某公司生产、销售的手机检测门。（二）原审判决认定事实不清，未将博某公司提供的侵权产品进行比对，在不认可阔某公司补交的 XYD-II 产品后，亦未对该型号的其他产品进行勘验。1. 阔某公司提供 XYD-II 产品的时间在原审法庭辩论终结前。2. 广东省广州女子监狱以及宿州市公共资源交易管理局有 XYD-II 产品，原审法院没有查明该事实。3. 华某公司明确警告函对应产品的时间晚于阔某公司补交 XYD-II 产品的时间。4. 华某公司应当承担博某公司产品侵权的举证责任，原审法院适用法律错误。（三）XYD-II 产品的使用时间早于涉案专利申请日，博某公司享有先用权。

华某公司辩称：原审法院认定事实清楚、程序合法、适用法律正确，请求驳回上诉请求。1. 华某公司发出的侵权警告函对应的产品是 XYD-II 产品，该产品是受到警告的招投标项目的中标产品。阔某公司是 XYD-II 产品的生产者，该产品所载软件的著作权人为阔某公司。2. 不认可阔某公司第二次提交的 XYD-II 产品，该产品软硬件可能经过篡改或更新迭代，真实性不能确定，不能作为侵权比对对象。

阔某公司述称：1. 阔某公司与博某公司系合作伙伴关系。XYD-II 产品由博某公司代工生产，涉案三个项目博某公司均有投标，由于侵权警告，博某公司未中标。2. 博某公司生产的三种型号产品分别为 BYing-Ljw0088、KWS-D6、XYD-II，该三种产品均在侵权警告函的范围内。3. 阔某公司系在原审辩论终结前补充提交了 XYD-II 产品。

博某公司向原审法院提起诉讼，原审法院于 2019 年 2 月 26 日立案受理，博某公司提出诉讼请求：1. 确认博某公司生产、销售的手机检测门产品不侵害华某公司拥有的涉案专利权一和涉案专利权二。2. 请求华某公司消除侵权警告函所带来的影响。

华某公司原审辩称：1. 华某公司未起诉博某公司的原因在于涉案专利产品并非普通产品，而是用于机场、高铁、地铁、医院等场合的特殊安全检查用品，一般商业渠道无法取证。同时，涉案专利为金属分类标定方法专利、检测方法专利和基于所述方法的涉及计算机软硬件的产品专利，仅从产品外部特征，难以取得涉案专利权利要求中的部分方法技术特征的直接证据，根据方法专利举证责任倒置的法律规定，博某公司应举证证明其使用的方法与涉案专利方法不同。2. 作为专利权人，华某公司有决定是否起诉侵权人的自由，博某公司提出确认不侵权的诉讼请求在缺少基本证据且存在虚假证据的情况下，应当予以驳回。3. 博某公司和阔某公司生产制造、销售给宿州市公共资源交易管理局和广东省广州女子监狱的手机检测门产品侵害了华某公司的专利权。

阔某公司原审述称：同意博某公司的诉请，恳求支持博某公司的全部诉讼请求。

原审法院认定事实：

一、争议的发生过程

2018 年 10 月 16 日，华某公司向广东省广州女子监狱发送《侵权产品告知函》，主要内容为：华某公司是研发和生产手机探测门等安检设备的厂家，阔某公司所生产的手机探测门为仿制华某公司产品研发的，侵害华某公司多项专利权，后附华某公司相关专利。请广东省广州女子监狱知悉其网上竞价采购项目（项目编号：CX2018-03535），中标方广东某科技集团公司所提供的、由阔某公司生产的手机探测门产品为侵权产品。华某公司行使上述项目涉及侵权产品的告知义务，并将保留法律追究权利。2018 年 11 月 15 日，华某公司向宿州市公共资源交易管理局发出《侵权产品告知函》，主要内容为：华某公司是研发和生产手机探测门等安检设备的厂家，博某公司和阔某公司所生产的手机检测门为仿制华某公司产品研发的，侵害华某公司多项专利权，后附华某公司相关专利。请宿州市公共资源交易管理局知悉在其手机检测门采购项目（项目编号：SZZFCG-2018421A）中，请勿采购侵权产品。华某公司行使上述项目涉及侵权产品的告知义务，并将保留法律追究权利。

2018 年 11 月 25 日，阔某公司向博某公司发送《告知函》，主要内容为：阔某公司从博某公司采购的提供给广东省广州女子监狱的产品涉嫌侵害华某公司专利权，阔某公司从博某公司获得技术许可且博某公司承诺不会侵权，请博某公司知悉此事。

2018 年 12 月 24 日，博某公司向华某公司发出《关于警告函的回复》（编号：2018BRQJGH-01），主要内容为：博某公司知悉华某公司向广东省广州女子监狱、宿州市公共资源交易管理局发出《侵权产品告知函》事宜。华某公司的专利技术与博某公司相关技术及产品不同，华某公司的上述行为扰乱了博某公司的正常经营秩序，要求华某公司撤回告知函或向人民法院提起诉讼。

华某公司认可已于 2018 年 12 月 26 日收到了博某公司寄送的上述《关于警告函的回复》（编号：2018BRQJGH-01）。

2019 年 9 月 6 日，华某公司向青海省政务服务监督管理局、青海省政府采购中心发送《告知函》，主要内容为：青海省政府服务监督管理局手机探测门及配套翼闸门禁系统采购项目［采购文件编号：青政采询价（货物）2019-226号］，中标方的手机探测门供应商为阔某公司。首先，手机探测门要满足询价文件第五部分的技术参数要求，必定涉嫌侵害华某公司的专利权。其次，阔某公司不能进行生产。阔某公司的手机探测门是由博某公司生产的。关于博某公司：1. 博某公司及其最大股东（原法定代表人）为失信企业及失信被执行人。2. 华某公司近期即会对博某公司提起诉讼。

博某公司提交的2018年11月19日的《宿州市公共资源交易管理局手机检测采购项目成交公告》显示，项目名称为宿州市公共资源交易管理局手机检测采购项目，项目编号为SZZFCG-2018421A，成交供应商名称为合肥某商贸公司，该公告附件《货物服务报价表》中显示的货物服务名称为“手机检测门、阔源XYD-II”。

二、涉案专利的相关事实

涉案专利一的申请日为2016年5月3日，授权公告日为2018年8月21日，专利权人为华某公司。涉案专利二的申请日为2016年3月25日，授权公告日为2018年11月30日，专利权人为华某公司。

原审审理过程中，博某公司明确请求确认其生产的酷卫士电子产品检测门（型号：BYing-Ljw0088）、酷卫士电子产品及违禁品安检速通门（型号：KWS-D6）、广州阔源手机探测门（型号：XYD-II）及该三款产品中所安装的酷卫士手机探测系统V3.0未落入涉案专利一权利要求1和涉案专利二权利要求1的保护范围。华某公司明确表示其向宿州市公共资源交易管理局和广东省广州女子监狱发送的《侵权产品告知函》中指向的侵权产品为广州阔源手机探测门（型号：XYD-II）。

涉案专利一权利要求1：一种金属分类的图像显示方法，其特征在于，包括以下步骤：（A）将被测物通过金属探测器的接收线圈的感性区域；（B）获取被测物的相位特征值R；（C）根据被测物的相位特征值R和标定物相位特征值，若被测物的相位特征值R分别与标定物行为特征表中多个金属标定物的相位特征值的差值相同，显示所述多个金属标定物的合成的分类图像，其中，合成的分类图像为所述多个金属标定物的分类图像各截取部分进行组合，或将所述多个金属标定物的分类图像半透明化进行重叠，使得合成的图片最终应从视觉上能够识别出所述多个金属标定物的金属信息。

涉案专利二权利要求1：一种手机探测的标定方法，其特征在于，包括以下步骤：（1A）将手机标定物通过手机探测器的接收线圈的感应区域；（1B）获取手机标定物的相位特征值 T；（1C）将相位特征值 T、手机标定物的型号信息写入报警数据库中的标定物相位特征表；（1D）将基准点标定物通过所述手机探测器的接收线圈的感应区域，获取相应特征值 Z，将相位特征值 Z 设置为相位特征基准点 0；（1E）还包括第一接收线圈，将基准点标定物通过第一接收线圈的感应区域，获取基准点标定物对应于第一接收线圈的相位特征值 Y，计算第一接收线圈对应于所述接收线圈的修正值 Y-Z 并写入标定物相位特征表。

三、其他相关事实

2019 年 11 月 7 日，阔某公司的法定代表人景某向北京市东方公证处（以下简称东方公证处）申请对有关收集证据的过程进行保全公证。当日，该公证处公证人员和景某一同来到北京市海淀区大柳树富海中心 3 号富海国际港 A 座十二层标识有“博某公司”的场所。在公证人员监督下，景某接收了货物三箱，将该货物箱打开，并使用经公证人员检查清洁的照相设备对有关场景及取得的有关货物进行拍照。随后，公证人员将上述货物箱贴封后交阔某公司保存。针对上述公证过程，东方公证处于 2019 年 12 月 19 日出具了（2019）京东方内民证字第 16404 号公证书（以下简称第 16404 号公证书），该公证书附有 21 页照片。

2021 年 3 月 28 日，博某公司的法定代表人王某向北京市精诚公证处（以下简称精诚公证处）申请对在指定地点查看货品的过程和结果办理保全证据公证。当日，精诚公证处公证人员和王某一同来到北京市海淀区大柳树富海中心 3 号富海国际港 A 座 12 层标识有“博某公司”的场所。在公证人员监督下，王某打开包装箱查看了三箱货品。之后，公证人员将上述三箱货品用精诚公证处封条进行密封后加盖保全章并签名。公证人员使用经其检查清洁的拍照设备对有关货品进行了拍照并对封存后的外观进行了拍照。上述操作结束后，博某公司的法定代表人王某将密封后的三箱货品自行保管。返回公证处后，公证人员将拍照所得照片 63 张打印 1 式 4 份，其中 1 份留存于公证卷宗，另外 3 份用于装订公证书。针对上述公证过程，精诚公证处于 2021 年 4 月 12 日出具了（2021）京精诚内经证字第 01182 号公证书（以下简称第 01182 号公证书），该公证书附有 63 张照片。

2021 年 9 月 10 日，北京观韬中茂律师事务所委托中国信息通信研究院对第 01182 号公证书中的产品型号为 KWS-D6 的酷卫士电子产品及违禁品安检速通门与涉案专利一、二的相应技术特征是否相同或等同进行鉴定。2021年10月20日，中国信息通信研究院出具了中国信通院（2021）知鉴字第B2109001号和中国信通院（2021）知鉴字第B2109002号知识产权鉴定意见书。

2021年10月22日，原审法院组织双方当事人对上述第16404号公证书和第01182号公证书的公证封存进行现场勘验时，博某公司和阔某公司表示第16404号公证书中的型号为XYD-II的广州阔源手机探测门产品实物因保管不善而丢失。对此，华某公司表示博某公司和阔某公司有毁灭证据的嫌疑，且其向宿州市公共资源交易管理局和广东省广州女子监狱发送的《侵权产品告知函》仅是指博某公司和阔某公司生产销售的、型号为XYD-II的手机探测门，并不包含博某公司主张的其余两款产品。鉴于涉案产品实物丢失而导致缺乏侵权比对基础，应驳回博某公司的起诉。博某公司和阔某公司则主张，阔某公司是博某公司的产品经销商，阔某公司销售的型号为XYD-II的手机检测门均系由博某公司制造，该型号的手机检测门与型号为KWS-D6的酷卫士电子产品及违禁品安检速通门属于同一款产品，且华某公司在发送《侵权产品告知函》时不可能知晓博某公司和阔某公司制造、销售的手机检测门的具体型号，故应以博某公司主张的产品型号为准，且其可以另行提供一台型号为XYD-II的手机检测门产品实物。

为此，阔某公司的法定代表人景某于2021年10月29日再次向东方公证处申请对有关收集证据的过程进行保全公证。当日，该公证处公证人员和景某一同来到北京市海淀区大柳树富海中心3号标识有“1204”“博某公司”的场所。在公证人员监督下，景某接收了货物三箱，将该货物箱打开，并使用经公证人员检查清洁的照相设备对有关场景及取得的有关货物进行拍照。随后，公证人员将上述货物箱贴封后交阔某公司保存。针对上述公证过程，东方公证处于2021年11月1日出具了（2021）京东方内民证字第16318号公证书（以下简称第16318号公证书），该公证书附有16页照片。博某公司、阔某公司表示，由上述公证封存的产品说明书可以认定该产品与第16404号公证书中的产品为同一款产品。华某公司明确表示，不同意以第16318号公证书中的产品实物与涉案专利一权利要求1、涉案专利二权利要求1的技术特征进行比对。

上述事实，有各方当事人陈述、涉案专利授权公告文本、《侵权产品告知函》《关于警告函的回复》《宿州市公共资源交易管理局手机检测采购项目成交公告》、公证书、鉴定意见书等证据在案佐证。

原审法院归纳争议焦点如下：（一）博某公司针对涉案三款产品及所安装的酷卫士手机探测系统 V3.0 提起的确认不侵害专利权之诉是否属于涉案专利权纠纷处理请求的范围；（二）若属于涉案专利权纠纷处理请求的范围，则涉案产品是否落入涉案专利一权利要求 1 和涉案专利二权利要求 1 的保护范围。

（一）博某公司针对涉案三款产品及所安装的酷卫士手机探测系统 V3.0 提起的确认不侵害专利权之诉是否属于涉案专利权纠纷处理请求的范围

确认不侵害专利权之诉的目的在于当权利人警告相对方侵权但又怠于通过法定程序解决争议时，给予被警告人从法律关系不确定状态中解脱出来的救济途径。因此，根据确认不侵害专利权之诉的制度目的，专利权人的侵权警告是被警告人提起确认不侵害专利权之诉的基本前提，故被警告人请求确认的范围不应超出权利人侵权警告的范围，凡超出专利权人侵权警告范围的诉讼请求，均不应纳入确认不侵害专利权之诉的审理范围。具体到本案，博某公司起诉请求确认其生产的酷卫士电子产品检测门（型号：BYing-Ljw0088）、酷卫士电子产品及违禁品安检速通门（型号：KWS-D6）、广州阔源手机探测门（型号：XYD-II）及该三款产品中所安装的酷卫士手机探测系统 V3.0 未落入涉案专利一的权利要求 1 和涉案专利二的权利要求 1 的保护范围，但华某公司明确表示其向宿州市公共资源交易管理局和广东省广州女子监狱发送的《侵权产品告知函》中指控的侵权产品为广州阔源手机探测门（型号：XYD-II）。同时，华某公司在向宿州市公共资源交易管理局发出的《侵权产品告知函》中指控博某公司和阔某公司生产的手机检测门构成侵权，博某公司提供的《宿州市公共资源交易管理局手机检测采购项目成交公告》所附《货物服务报价表》中显示的货物服务名称为“手机检测门、阔源 XYD-II”。各方当事人均认可阔某公司向广东省广州女子监狱销售的手机检测门系型号为 XYD-II 的广州阔源手机探测门，故在案证据可以认定华某公司向宿州市公共资源交易管理局和广东省广州女子监狱发送的《侵权产品告知函》中侵权警告仅指向型号为 XYD-II 的广州阔源手机探测门，故本案的审理范围应为型号为 XYD-II 的广州阔源手机探测门是否落入涉案专利一权利要求 1 和涉案专利二权利要求 1 的保护范围，博某公司的其他诉讼请求不应在本案中予以处理。

（二）博某公司制造的型号为 XYD-II 的广州阔源手机探测门是否落入涉案专利一权利要求 1 和涉案专利二权利要求 1 的保护范围

鉴于阔某公司于 2019 年 11 月 7 日公证封存的型号为 XYD-II 的广州阔源手机探测门产品实物因其保管不善而丢失，虽博某公司主张阔某公司又于 2021 年 10 月 29 日再次公证封存了同一款产品，但鉴于该产品系博某公司在自行委托鉴定机构对型号为 KWS-D6 的酷卫士电子产品及违禁品安检速通门产品与涉案专利一、二的相关技术特征进行比对鉴定之后提交的，且现有证据无法确认该产品与第 16404 号公证书中的产品具有同一性，华某公司亦明确表示不同意以该产品与涉案专利一、二的相关技术特征进行侵权比对，因此在缺乏产品实物进行技术特征比对的情况下，现有证据无法认定博某公司制造的型号为 XYD-II 的广州阔源手机探测门产品是否落入涉案专利一权利要求 1 和涉案专利二权利要求 1 的保护范围，故博某公司请求确认该款产品不侵害涉案专利权的诉讼主张，缺乏证据，原审法院不予支持。

原审法院依照《最高人民法院关于审理侵犯专利权纠纷案件应用法律若干问题的解释》第十八条、《最高人民法院关于适用〈中华人民共和国民事诉讼法〉的解释》（2020 年修正）第九十条之规定，判决：驳回博某公司的诉讼请求。案件受理费 750 元，由博某公司负担。

本院认为：本案是确认不侵害专利权纠纷。《最高人民法院关于审理侵犯专利权纠纷案件应用法律若干问题的解释》第十八条规定，权利人向他人发出侵犯专利权的警告，被警告人或者利害关系人经书面催告权利人行使诉权，自权利人收到该书面催告之日起一个月内或者自书面催告发出之日起二个月内，权利人不撤回警告也不提起诉讼，被警告人或者利害关系人向人民法院提起请求确认其行为不侵犯专利权的诉讼的，人民法院应当受理。从上述规定可知，确认不侵害专利权之诉的目的在于，当被警告人或利害关系人受到侵权警告时，经书面催告，权利人怠于行使诉权或者不撤回警告可能致使被警告人或利害关系人处于一种不安的状态，为此需要为被警告人或利害关系人提供法律救济，使其有渠道摆脱所承受的不安状态，开展正常生产经营。人民法院在处理该类纠纷时，基于确认不侵害专利权之诉的法律目的，首先需要查明权利人的警告所涉及的行为和产品范围，以明确警告给被警告人可能带来负面影响的范围。在大部分情况下，权利人的警告对侵权产品会有明确具体的指向。如果权利人的侵害专利权警告未明确其所指向的具体被警告侵权产品，人民法院可以在被警告人因该警告而受到负面影响的产品范围内，结合被警告人的诉讼请求，合理确定确认不侵害专利权案件所应审理的具体被警告侵权产品。

本案中，华某公司在发出相关警告函时并未明确指向具体的某款侵权产品，但是该警告函所影响的范围在其发出时已经明确，即手机探测门产品。而且，根据现有证据，在华某公司发出警告函时，被警告的手机探测门产品的具体型号尚无法从公开渠道获知，在华某公司未提供证据证明其发出警告函时所针对的具体产品及型号的情况下，有理由认为华某公司侵权警告函针对的是博某公司生产的全部手机探测门产品。华某公司主张，涉案相关项目最终中标的产品系型号为 XYD-II 的广州阔源手机探测门产品，且其亦在原审庭审中明确其警告函所针对的对象就是上述 XYD-II 产品，但是上述理由与陈述并不足以构成对其先前警告函范围的修正与限缩。

鉴于华某公司发出的警告函明确将博某公司的手机检测门产品作为被警告的对象，博某公司向华某公司发出《关于警告函的回复》，要求华某公司撤回警告函或向人民法院提起诉讼。经法定期限华某公司既怠于行使诉权，又不撤回警告函，为消除自身因警告函所处的不安状态，博某公司有权就其手机探测门系列产品，包括酷卫士电子产品检测门（型号：BYing-Ljw0088）、酷卫士电子产品及违禁品安检速通门（型号：KWS-D6）、广州阔源手机探测门（型号：XYD-II）及该三款产品中所安装的酷卫士手机探测系统 V3.0，提起确认不侵害专利权之诉。原审法院将华某公司警告函中并未载明、在案件审理中才予以明确的 XYD-II 型号产品确定为本案的审理范围，适用法律有所不当；原审法院未将其他产品及其系统纳入本案的审理范围，对有关案件事实未予审查，导致本案基本事实认定不清。

此外，原审法院认为第一次公证的 XYD-II 产品丢失，第二次公证的 XYD-II 产品无法保证与丢失的 XYD-II 产品具有一致性，在缺乏产品实物的情况下，无法进行侵权比对，从而对博某公司的相关诉请不予支持。本院认为，这一处理亦有所不当。本案博某公司两次公证的产品型号均为 XYD-II，为消除涉案警告函对博某公司 XYD-II 产品产生的负面影响，原审法院应该就该产品是否落入涉案专利权的保护范围进行审理。因此，原审法院未将再次公证的 XYD-II 产品进行侵权比对，对有关案件事实未予审查，导致本案基本事实认定不清。

综上所述，原审法院适用法律有所不当，对有关基本事实未予审查，导致本案基本事实认定不清，应发回重审。依照《中华人民共和国民事诉讼法》第一百七十七条第一款第三项之规定，裁定如下：

一、撤销北京知识产权法院（2019）京 73 民初 213 号民事判决；

二、本案发回北京知识产权法院重审。

北京博某信息技术有限公司预交的二审案件受理费 750 元予以退回。

审 判 长 徐燕如
审 判 员 万 琦
审 判 员 单 立
二〇二三年九月十一日
法官助理 李 浩
书 记 员 翟雨晶
书 记 员 李 翠

5. 表征结晶结构的化合物专利以及包含该化合物的组合物专利是否属于可登记专利类型

——上诉人四川某制药公司与被上诉人瑞典某公司确认是否落入专利权保护范围纠纷案①

中华人民共和国最高人民法院民事裁定书（2023）最高法知民终7号

上诉人（一审被告）：四川某制药公司。住所地：中华人民共和国四川省眉山市眉山经济开发区新区。

法定代表人：郭某新，该公司执行董事。

委托诉讼代理人：王某，该公司员工。

委托诉讼代理人：王某昕，该公司员工。

被上诉人（一审原告）：瑞典某公司。住所地：瑞典王国南泰利耶。

代表人：彼某，该公司高级专利代理师。

委托诉讼代理人：郃红，北京市金杜律师事务所律师。

委托诉讼代理人：郭煜，北京市金杜律师事务所专利代理师。

上诉人四川某制药公司（以下简称某制药公司）因与被上诉人瑞典某公司确认是否落入专利权保护范围纠纷一案，不服中华人民共和国北京知识产权法院（以下简称原审法院）于2022年11月18日作出的（2022）京73民初586号民事判决，向本院提起上诉。本院于2023年1月13日立案后，依法组成合议庭，因案件涉及商业秘密，于2023年2月21日不公开开庭审理了本案。上诉人某制药公司的委托诉讼代理人王某、王某昕，被上诉人瑞典某公司的委托诉讼代理人郃红、郭煜到庭参加诉讼。本案现已审理终结。

某制药公司上诉请求：撤销原审判决，确认瑞典某公司享有的名称为“作为用于治疗糖尿病的SGLT2抑制剂的（1S）-1，5-脱水-L-C-（3-

① 本案在年度报告中的位置为第13页。

((苯基)甲基)苯基)-D-葡萄糖醇衍生物与氨基酸的结晶溶剂合物和络合物”、专利号为20078002××××.X的发明专利(以下简称涉案专利)权利要求9不属于药品专利链接案件审理的专利类型。事实和理由为:(一)涉案专利权利要求9不属于医药用途专利。根据《药品专利纠纷早期解决机制实施办法(试行)》(简称药品专利纠纷实施办法)第五条的规定,属于药品专利链接制度的专利类型为化学药品的药物活性成分化合物专利、含活性成分的药物组合物专利、医药用途专利。涉案专利权利要求9显然不属于化学药品的药物活性成分化合物专利、含活性成分的药物组合物专利。关于是否为医药用途专利,由于某制药公司二审提交的证据达格列净的化合物专利申请文件公开了达格列净(即药物活性成分)用于治疗II型糖尿病,故涉案专利权利要求9所限定的医药用途已不具有新颖性,因此不属于医药用途专利。(二)涉案专利权利要求9属于晶型专利。《〈药品专利纠纷早期解决机制实施办法(试行)〉政策解读》(以下简称实施办法政策解读)明确,药品专利纠纷早期解决机制涵盖的相关药品专利不包括中间体、代谢产物、晶型、制备方法、检测方法等专利类型。如上所述,涉案专利权利要求9并不属于药品专利纠纷实施办法第五条规定的三种药品专利类型。若一定要对其进行归类,涉案专利权利要求9应属于晶型专利,不是药品专利纠纷早期解决机制涵盖的专利类型。若按照原审法院的认定标准,只有当相关专利权利要求仅包括化合物的晶型特征时,该专利才可以被认定为晶型专利,则所有的晶型专利都可以撰写成为形式上的医药用途专利或者形式上的药物组合物专利,如此我国药品专利链接制度区分专利类型将失去意义。

瑞典某公司辩称:涉案专利权利要求9是医药用途权利要求,从而可以在中国上市药品专利信息登记平台(以下简称专利信息登记平台)上进行登记。某制药公司的上诉理由不能成立,应予以驳回。事实和理由为:(一)涉案专利权利要求9的主题在于用途,属于医药用途专利。(二)即使按照某制药公司所谓的“新颖性标准”,涉案专利权利要求9也属于医药用途专利。某制药公司混淆了专利权的有效性与专利权的保护范围,就本案纠纷而言,无须判断涉案专利权利要求9相对于现有技术的新颖性。而且,虽然涉案专利权利要求9和达格列净的化合物专利申请文件都公开了治疗糖尿病的用途,但两者的活性成分完全不同,根据《专利审查指南》第二部分第十章第5.4节的规定,涉案专利权利要求9相对于达格列净的化合物专利申请文件具有新颖性。(三)涉案专利权利要求9不属于晶型专利。关于晶型专利,《专利审查操作规程（实审分册）》第十章第1.9.1.1节规定，说明书中应当记载化合物的化学名称和/或结构式，以说明化合物的化学结构，并且一般还应当至少公开可以表征晶体的下述特征之一：晶体晶胞参数（a，b，c，α，β，γ）和空间群、晶体XRPD图（数据）或固相NMR图（数据）。据此可知，只有仅以“晶胞参数”“XRPD数据”或“固相NMR数据”为特征的产品专利才属于晶型专利。涉案专利的权利要求9并非产品专利，且除了晶型特征以外还具有用途特征，显然不属于晶型专利。某制药公司扩大解释了晶型专利的范围，于法无据。

瑞典某公司向原审法院提起诉讼，原审法院于2022年4月2日立案受理。瑞典某公司起诉请求：确认某制药公司申请上市的受理号为CYHS2102104国的达格列净片（10mg）化学4类仿制药（以下简称涉案仿制药）落入涉案专利权利要求9的保护范围。事实和理由为：瑞典某公司是涉案专利的专利权人，该专利权的有效期至2027年6月21日。涉案专利授权公告文本的权利要求9被登记在专利信息登记平台上，上述权利要求与瑞典某公司批准文号为H20170119和H20170120的达格列净片（10mg）（以下简称涉案原研药）相关联，上述信息已被登记于专利信息登记平台，且已被公开。某制药公司以涉案原研药为被仿制药，于2021年11月29日向中华人民共和国国家药品监督管理局（以下简称国家药品监督管理局）提交的涉案仿制药的上市许可申请已被受理。针对涉案专利，某制药公司提交了4.1类声明，即涉案专利权应当被宣告无效。经比对，涉案仿制药落入涉案专利权利要求9的保护范围。

某制药公司原审辩称：瑞典某公司的诉讼请求应予以驳回。事实和理由为：瑞典某公司主张保护的权利要求虽然包含用途特征，但这些技术特征并非涉案专利的发明点，涉案专利权利要求9实质上保护的是晶型专利，不属于《最高人民法院关于审理申请注册的药品相关的专利权纠纷民事案件适用法律若干问题的规定》（以下简称药品专利纠纷司法解释）第二条规定的专利类型，瑞典某公司无权依据《中华人民共和国专利法》（以下简称专利法）第七十六条提起本案诉讼。

原审法院认定如下事实：

涉案专利系专利号为20078002××××.X，名称为“作为用于治疗糖尿病的SGLT2抑制剂的（1S）-1，5-脱水-L-C-（3-（（苯基）甲基）苯基）-D-葡萄糖醇衍生物与氨基酸的结晶溶剂合物和络合物”的发明专利，其申请日为2007年6月21日，授权公告日为2013年3月27日，到期日为2027年6月21日，专利权人为瑞典某公司。涉案专利目前处于有效状态，其权利要求1和9内容如下：

“1. 具有式Ia的结晶结构

其特征在于粉末X-射线衍射图如图1所示。

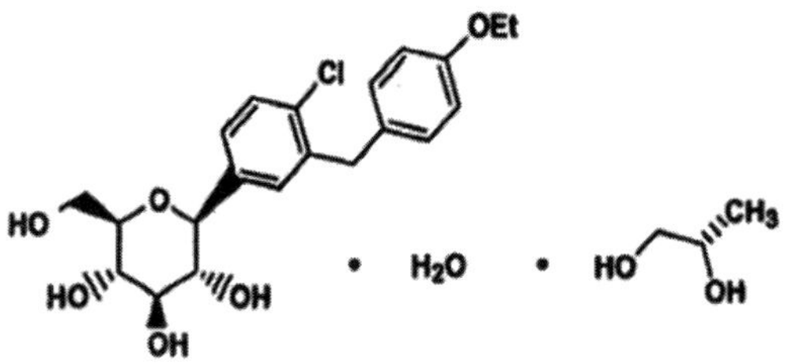

Ia

9. 权利要求1所述的结晶结构在制备用于治疗哺乳动物的糖尿病、胰岛素抵抗、高血糖、高胰岛素血症、脂肪酸或甘油的升高的血含量、高脂血、血脂障碍、肥胖或糖尿病并发症的药物方面的用途。”

针对涉案专利相关信息，瑞典某公司已在专利信息登记平台进行了登记。登记的相关专利权利要求为涉案专利权利要求9，专利类型为化学药品医药用途专利，上述登记信息已在专利信息登记平台公示。

涉案原研药的商品名为“安达唐”，通用名为达格列净片，剂型为片剂，规格为10mg，批准文号为H20170119、H20170120，化学药品注册分类为5.1类，上市许可持有人为瑞典某公司。瑞典某公司就涉案原研药上述信息已在专利信息登记平台进行了登记。

针对涉案仿制药，登记平台显示，国家药品监督管理局于2021年11月29日受理了某制药公司提出的涉案仿制药注册申请，其受理号为CYHS2102104国，被仿制药为涉案原研药，剂型为片剂，规格为10mg。针对涉案专利，某制药公司在专利信息登记平台作出4.1类声明。

原审法院认为：

瑞典某公司在本案中主张的权利要求为涉案专利权利要求9，某制药公司认为上述权利要求属于晶型专利，并非药品专利纠纷司法解释第二条规定的专利类型，故瑞典某公司无权依据专利法第七十六条提起本案诉讼。

专利法第七十六条第一款虽规定了相关当事人可依据“申请注册的药品相关的专利权”提起此类诉讼，但并未进一步规定可提起诉讼的专利的范围。药品专利纠纷司法解释第二条对这一问题作了如下规定，“专利法第七十六条所称相关的专利，是指适用国务院有关行政部门关于药品上市许可审批与药品上市许可申请阶段专利权纠纷解决的具体衔接办法的专利”。

该司法解释中所称具体衔接办法是指国家药品监督管理局、中华人民共和国国家知识产权局（以下简称国家知识产权局）共同制定的药品专利纠纷实施办法。针对本案所涉化学药品，该实施办法第五条对于专利范围作出如下规定，化学药上市许可持有人可在中国上市药品专利信息登记平台登记药物活性成分化合物专利、含活性成分的药物组合物专利、医药用途专利。

该条款从保护主题角度对可依据专利法第七十六条提起诉讼的专利范围进行了规定，而晶型专利并未被涵盖在上述规定中，因此，本案中，如果涉案专利权利要求 9 属于晶型专利，则其不属于专利法第七十六条所规定的与申请注册的药品相关的专利，瑞典某公司无法依据第七十六条提起本案诉讼。

因药品专利纠纷实施办法第五条是从保护主题角度进行的界定，故对于何为晶型专利，需要从权利要求保护范围的角度进行分析。对此，无论权利要求采用何种撰写方式，如果相关权利要求的保护范围内仅仅包括化合物的晶型特征，则应认定其属于晶型专利。但如果相关权利要求的保护范围内既包括晶型特征，亦包括其他技术特征，则不应被认定为晶型专利。例如，如果相关权利要求为用途权利要求，其保护范围中既包括晶型特征，亦包括用途特征，则该专利应被认定为前述条款中的用途专利，而非晶型专利。同理，如果相关权利要求为产品权利要求，其保护范围内既包括晶型特征，亦包括组分特征，则该专利应被认定为前述条款中的药物组合物专利。

某制药公司之所以认为涉案专利权利要求 9 为晶型专利，理由在于上述权利要求的发明点为晶型特征，但对于为何以发明点作为划分标准，某制药公司却未给出任何依据。实际上，发明点这一用语虽然在实践中经常会被提及，但并非规范用语，因此并无确定的内涵和外延，只是通常会被用于指向涉案专利的技术贡献。但即便从技术贡献的角度进行理解，其在具体案件中，既可能指向专利权人或专利申请人在说明书中声称的技术贡献，亦可能指向该技术方案相对于其他现有技术的技术贡献。这也意味着，同一权利要求相对不同现有技术所确定的发明点可能并不相同。因此，如果以发明点作为划分专利类型的依据，则同一权利要求的专利类型会处于随时可变的状态。这一结果不仅不合常理，亦将使得药品专利纠纷实施办法以及药品专利纠纷司法解释中有关专利类型的限定缺少固定标准，从而难以执行。据此，某制药公司有关应以发明点确定晶型专利的主张不能成立。

本案中，涉案专利权利要求 9 作为用途权利要求，其保护范围内不仅包含晶型特征，亦包括用途特征，故该权利要求不属于晶型专利，应被认定为前述条款中的用途专利。某制药公司有关涉案专利权利要求 9 属于晶型专利，瑞典某公司无权依据专利法第七十六条提起本案诉讼的主张不能成立。

在此基础上，因某制药公司对于涉案仿制药的技术方案落入涉案专利权利要求 9 的保护范围并无异议，故瑞典某公司的相关主张成立，应当予以支持。

原审法院依照专利法第七十六条、药品专利纠纷司法解释第二条之规定，判决："确认受理号为 CYHS2102104 国的'达格列净片'仿制药的技术方案落入 20078002××××. X 号发明专利权利要求 9 的保护范围。案件受理费 750 元，由被告四川某制药有限公司负担。"

本案二审期间，某制药公司提交了公开号为 CN101628905A 的发明专利申请公布说明书。该专利申请的公开日期为 2010 年 1 月 20 日。该证据拟证明涉案专利权利要求 9 所载内容已被公开，该专利系晶型专利。瑞典某公司对该证据的真实性、合法性无异议，但认为该专利文件的公开日在涉案专利的申请日之后，故对某制药公司的证明目的不予认可。

应本院要求，瑞典某公司提交了（2022）国知药裁 0002 号药品专利纠纷行政裁决请求不予受理通知书，某制药公司对该证据的真实性、合法性予以认可。

本院认证认为：1. 对某制药公司提交的发明专利申请公布说明书的真实性、合法性予以认可，但该专利申请文件公开日在涉案专利申请日之后，不构成涉案专利的现有技术，与本案争议事实不具有关联性。2. 对药品专利纠纷行政裁决请求不予受理通知书的真实性、合法性予以确认。

本院经审理查明，原审法院认定的事实属实，本院予以确认。

本院另查明：

瑞典某公司曾就涉案专利针对某制药公司向国家知识产权局提起专利行政裁决。2022 年 4 月 22 日，国家知识产权局发出药品专利纠纷行政裁决请求不予受理通知书，理由为："本案在中国上市药品专利信息登记平台上登记的唯一权利要求是权利要求 9，其涉及权利要求 1 所述的结晶结构在制备用于……药物方面的用途。表面上看，该权利要求属于产品的制药用途，但该产品本身为已知化合物的晶型。根据'《药品专利纠纷早期解决机制实施办法（试行）》政策解读'对于允许登记的专利类型的解读，可以登记的相关专利不包括晶型专利，权利要求 9 作为晶型的制药用途专利，属于晶型专利范畴。因此，不属于《药品专利纠纷早期解决机制实施办法（试行）》第五条可以登记的专利主题类型。”瑞典某公司不服该不予受理通知，提起行政诉讼，该案正在一审审理过程中。

本院认为：本案为确认是否落入药品专利权保护范围纠纷。根据当事人的诉辩主张，本案二审争议焦点问题为：涉案专利权利要求 9 是否属于药品专利纠纷实施办法规定的可登记专利类型及对本案的影响。

（一）关于人民法院在药品专利链接纠纷案件中对涉案专利是否属于可登记专利类型的审查

专利法第七十六条第一款规定：“药品上市审评审批过程中，药品上市许可申请人与有关专利权人或者利害关系人，因申请注册的药品相关的专利权产生纠纷的，相关当事人可以向人民法院起诉，请求就申请注册的药品相关技术方案是否落入他人药品专利权保护范围作出判决。国务院药品监督管理部门在规定的期限内，可以根据人民法院生效裁判作出是否暂停批准相关药品上市的决定。”可见，当事人依据专利法第七十六条第一款提起的诉讼应系因申请注册的药品相关的专利权产生的纠纷提起的诉讼，当事人据以主张权利的专利权应与申请注册的药品相关，否则不符合专利法第七十六条第一款的规定，故人民法院应对当事人的起诉是否符合该条件予以审查。

药品专利纠纷司法解释第二条第一款规定：“专利法第七十六条所称相关的专利，是指适用国务院有关行政部门关于药品上市许可审批与药品上市许可申请阶段专利权纠纷解决的具体衔接办法（以下简称衔接办法）的专利。”药品专利纠纷实施办法即该条规定所指之“具体衔接办法”。因此，根据该条规定，人民法院审查当事人据以主张权利的专利权是否为专利法第七十六条所称相关的专利权，应当判断该专利权是否属于药品专利纠纷实施办法规定的可登记专利类型。由于现行制度下药品上市许可持有人可以自行在专利信息登记平台进行登记，而登记的专利信息未经审查，故在当事人对于涉案专利是否属于可登记专利类型有争议时，人民法院应当在案件审理过程中对此进行审查；发现当事人据以主张权利的专利权利要求不属于可登记专利类型的，应当裁定驳回起诉。

（二）关于对药品专利纠纷实施办法第五条规定的可登记专利类型的理解

药品专利纠纷实施办法第五条规定：“化学药上市许可持有人可在中国

上市药品专利信息登记平台登记药物活性成分化合物专利、含活性成分的药物组合物专利、医药用途专利。”对于该条规定的三种可登记专利类型所涵盖的范围，应从文义解释、目的解释、历史解释等多角度进行综合认定。

首先，从文义解释的角度看，该条规定明确限定了可在专利登记信息平台上登记的专利类型。其中，将化合物专利明确限定为“药物活性成分化合物专利”，将组合物专利明确限定为“含活性成分的药物组合物专利”，表明并非所有化合物专利和组合物专利均可登记。对于该条规定中的“医药用途专利”而言，由于药品专利通常都有相应的医药用途（主要是针对适应症）专利，如果将“医药用途专利”简单理解为任何物质（包括组合物）的医药用途专利，则意味着任何物质的医药用途专利均可作为可在专利登记信息平台上登记的专利类型。这一理解与该条规定将化合物专利和组合物专利明确限定为“药物活性成分化合物专利”和“含活性成分的药物组合物专利”明显不相协调。换言之，在该条规定已对药品化合物专利、药品组合物专利作出限定的前提下，如果对医药用途专利不作任何限定，则会出现本不可登记的药品化合物、药品组合物对应的医药用途专利却可以登记的情形，这显然不符合对前两种类型专利限定的本意，亦不符合规范性文件的行文逻辑，更会不当扩大可登记的专利范围。在这个意义上，药品专利纠纷实施办法第五条规定中的“医药用途专利”应结合该规定的整体文义进行理解，将其解释为药物活性成分化合物的医药用途专利和含活性成分的药物组合物的医药用途专利。

其次，从目的解释的角度看，专利法第七十六条以及药品专利纠纷实施办法所建立的药品专利纠纷早期解决机制是一种兼顾原研药专利权人和仿制药申请人及社会公众利益的特殊机制。这一特殊机制的立法目的在于，在药品上市审评审批阶段提前解决仿制药获批后进入生产经营可能导致的专利纠纷，赋予原研药专利权人和仿制药申请人在仿制药上市审评审批阶段起诉的权利，在保护原研药专利权的同时，鼓励仿制药发展，提高药品可及性。药品专利纠纷早期解决机制并非解决药品专利纠纷的唯一途径，对适用于这一特殊机制的药品专利范围原则上不能随意作扩大解释。尤其是该机制目前尚处于试行阶段，应当首先解决作为药品研发和生产技术核心的发挥药理活性的药物成分相关的争议。对于在已有的以分子结构表达的化合物基础上进一步以晶体晶胞参数和空间群、晶体 XRPD 图（数据）、固相 NMR 图（数据）等特征表征结晶结构的化合物专利，其一般是在分子结构层面的化合物发挥药理活性的基础上通过限定分子的具体排列方式而进一步改进生物利用度等效果，综合考虑药品专利纠纷早期解决机制的特点和药品专利纠纷实施办法第五条对“药物活性成分化合物专利”的限定，尚不宜将该类专利纳入可登记专利范围。对“含活性成分的药物组合物专利”中的“活性成分”亦应作出类似的解释。

最后，从历史解释的角度看，制定药品专利纠纷实施办法的国家行政主管机关在发布药品专利纠纷实施办法的同时发布了实施办法政策解读，可以作为解释药品专利纠纷实施办法的重要参考。实施办法政策解读从反向强调“相关专利不包括中间体、代谢产物、晶型、制备方法、检测方法等的专利”。这也表明，有关行政主管机关在制定药品专利纠纷实施办法时已考虑过所谓的晶型专利，并有意将之排除在可登记专利范围之外。虽然“药物活性成分化合物”在文义上可能会有多种解释，但在有关行政主管机关已有明确解读的情况下，人民法院不宜再作不同解释。

基于上述分析，药品专利纠纷实施办法规定可登记的专利类型应为药物活性成分化合物专利、含活性成分的药物组合物专利及前两者的医药用途专利；而且，在已有的以分子结构表达的化合物基础上进一步以晶体晶胞参数和空间群、晶体 XRPD 图（数据）、固相 NMR 图（数据）等特征表征结晶结构的化合物专利以及包含该化合物的组合物专利不应包括在药品专利纠纷实施办法规定的药物活性成分化合物专利、含活性成分的药物组合物专利的范围内。

（三）关于涉案专利权利要求是否属于可登记专利类型

本案中，瑞典某公司就涉案专利权利要求 9 在登记平台进行了登记。某制药公司主张涉案专利权利要求 9 并非药物活性成分化合物专利、含活性成分的药物组合物专利，也不是医药用途专利，因此不属于药品上市许可持有人可以在专利信息登记平台上登记的专利类型，亦不属于人民法院审理药品专利链接案件所涉专利类型。瑞典某公司主张，其在专利信息登记平台登记公示的专利类型即为化学药品医药用途专利。因此，判断涉案专利权利要求 9 是否属于药品专利纠纷早期解决机制可登记的专利范围，需要对该权利要求 9 是否为医药用途专利作出认定。

对此，如上所述，在已有的以分子结构表达的化合物基础上进一步以晶体晶胞参数和空间群、晶体 XRPD 图（数据）、固相 NMR 图（数据）等特征表征结晶结构的化合物专利不应属于药品专利纠纷实施办法第五条规定的

“药物活性成分化合物专利”，其相应的医药用途权利要求也不应属于药品专利纠纷实施办法规定的医药用途专利。本案中，涉案专利权利要求1记载“1. 具有式Ia的结晶结构……其特征在于粉末X-射线衍射图如图1所示”，权利要求9记载“权利要求1所述的结晶结构在制备用于治疗哺乳动物的糖尿病、胰岛素抵抗……血脂障碍、肥胖或糖尿病并发症的药物方面的用途”。瑞典某公司在登记平台上登记的是涉案专利权利要求9，权利要求9引用权利要求1，应根据权利要求9的全部技术特征理解相关技术方案，并据此综合判断涉案专利所属类型。因权利要求1要求保护一种结晶结构，该结晶结构的具体技术特征由附图1所示的粉末X-射线衍射图进行了明确。在此基础上，权利要求9所载内容也是该结晶结构的具体用途，而非药物活性成分化合物专利和含活性成分的药物组合物专利的医药用途专利。因此，瑞典某公司登记的权利要求并非药品专利纠纷实施办法第五条规定的三种专利类型，瑞典某公司无权依据专利法第七十六条提起本案诉讼，其起诉应予驳回。

综上所述，某制药公司的上诉请求成立，应予支持。原审判决虽认定事实清楚，但适用法律错误，应予撤销。依照《中华人民共和国专利法》第七十六条第一款、《最高人民法院关于审理申请注册的药品相关的专利权纠纷民事案件适用法律若干问题的规定》第二条第一款、《最高人民法院关于适用〈中华人民共和国民事诉讼法〉的解释》第三百二十八条之规定，裁定如下：

一、撤销中华人民共和国北京知识产权法院（2022）京73民初586号民事判决；

二、驳回瑞典某公司的起诉。

一审案件受理费750元，退还瑞典某公司；四川某制药公司预交的二审案件受理费750元予以退还。

本裁定为终审裁定。

审 判 长 崔 宁
审 判 员 佘朝阳
审 判 员 柯胥宁
二〇二三年六月十四日
法官助理 赵如如
技术调查官 郑红蕾
书 记 员 谭秀娇

6. 滥用知识产权的认定和处理

——上诉人北京润某科技发展有限公司与被上诉人李某良侵害发明专利权纠纷案①

中华人民共和国最高人民法院民事判决书（2023）最高法知民终235号

上诉人（一审原告）：北京润某科技发展有限公司。住所地：北京市大兴区经济开发区。

法定代表人：刘某1，该公司执行董事。

委托诉讼代理人：李绍帅，山西德昭律师事务所律师。

被上诉人（一审被告）：李某良。系原太原市万柏林区忠某五金交电经销部（已注销）经营者。

上诉人北京润某科技发展有限公司（以下简称润某公司）因与被上诉人李某良侵害发明专利权纠纷一案，不服山西省太原市中级人民法院于2022年10月18日作出的（2022）晋01知民初126号民事判决，向本院提起上诉。本院于2023年2月21日立案后，依法组成合议庭进行了审理，并分别于2023年4月26日、2023年9月26日询问当事人，上诉人润某公司的委托诉讼代理人李绍帅，被上诉人李某良到庭参加询问。本案现已审理终结。

润某公司上诉请求：1. 撤销山西省太原市中级人民法院（2022）晋01知民初126号民事判决（以下简称原审判决），改判李某良赔偿润某公司1万元；2. 判令一、二审诉讼费用由李某良负担。事实和理由：（一）本案与山西省太原市中级人民法院（2021）晋01民初1424号案（以下简称第1424号案）完全不同，第1424号案和解并不影响李某良在本案承担赔偿责任。首先，两案案由不同，本案是侵害发明专利权纠纷，第1424号案是侵害商标权纠纷，第1424号案是涉案双方之间就侵害商标权纠纷进行的和解，李某良所承担的赔偿仅涉及侵害商标权给权利人造成的经济损失和合理开支。其次，

① 本案在年度报告中的位置为第15页。

润某公司并未重复获取赔偿。李某良销售被诉侵权的波纹下水管产品（以下简称被诉侵权产品），给润某公司造成了经济损失，而李某良从中获利，并且润某公司为制止侵权行为，两案均有律师出庭，均有合理开支发生。（二）原审判决违背同案同判的原则。此前的同类案件中，在同一个侵权店铺中购买多个产品，同时涉及侵害商标权和侵害专利权的，均是分开起诉、分别裁判。（三）严格、全面保护知识产权对经济社会持续健康发展意义重大，原审判决结果不利于严格、全面加强知识产权保护。

李某良辩称：（一）双方已就销售被诉侵权产品赔偿问题达成和解协议，李某良已赔偿润某公司 2000 元，其已为销售被诉侵权产品的行为承担了责任。现润某公司又以另一案由提起诉讼，属于故意重复起诉。二审期间，李某良主张其因润某公司重复诉讼行为导致其误工费损失及交通费开支合计 1000 元，应由润某公司承担。（二）李某良曾经营的太原市万柏林区忠某五金交电经销部（以下简称忠某经销部）仅是位于居民小区里的小店铺，并非被诉侵权产品的制造商，润某公司不起诉制造商只起诉小店铺的行为是出于恶意。

润某公司向原审法院提起诉讼，原审法院于 2022 年 6 月 13 日立案受理。润某公司起诉请求判令忠某经销部：1. 停止销售侵害润某公司专利号 20071006××××. 1、名称为“塑料伸缩管及其制造方法”发明专利权（以下简称涉案专利）的被诉侵权产品；2. 赔偿润某公司经济损失以及为制止侵权行为所支付的合理开支 1 万元；3. 负担本案诉讼费用。事实和理由：润某公司系涉案专利被许可人。2018 年 8 月 9 日，专利权人授权润某公司针对侵害涉案专利权的行为提起诉讼。忠某经销部未经润某公司或专利权人许可，以生产经营为目的，于 2019 年 8 月 7 日销售被诉侵权产品，被诉侵权产品落入涉案专利权利要求 1 的保护范围。

忠某经销部原审辩称：双方曾因侵害商标权纠纷于 2022 年 2 月 18 日达成和解协议，忠某经销部已赔偿润某公司 2000 元。在公证购买本案被诉侵权产品时，忠某经销部已转让，并非由李某良实际经营，只是尚未办理工商变更登记，且山西省太原市城北公证处出具的（2019）晋并北证民字第 19233 号公证书（以下简称第 19233 号公证书）所附收据上写的是“下水管”，未写“潜水艇”。被诉侵权产品具有合法来源，忠某经销部不应承担赔偿责任。

原审法院认定事实如下：

2007 年 4 月 10 日，林和平申请了涉案专利，国家知识产权局于 2009 年

8月5日对涉案专利授权公告。2016年9月10日，林和平与润某公司签订《专利实施许可合同》，将涉案专利许可润某公司，许可范围及方式为排他许可，并于2016年11月23日在国家知识产权局备案。2018年8月9日，林和平向润某公司出具《授权委托书》，授权润某公司可对侵害涉案专利权的行为提起诉讼。

润某公司主张以涉案专利权利要求1作为保护范围，涉案专利权利要求1记载："一种塑料伸缩管，其具有波纹管形管体，管体的两端均一体连接有接头，所述管体从其伸开状态的纵截面看，管壁由右侧壁、圆弧形波峰壁及左侧壁依次交替相连而呈连续的波浪形，波峰壁的圆弧的曲率半径为0.5-2mm，且所述的右侧壁与波峰壁的圆弧之间为平滑过渡，而左侧壁则与波峰壁的圆弧相交而形成有凸向管体内部的拐点，其特征在于所述右侧壁呈直线段形状或者呈向所述管体外凸出的弧形，且该弧形的曲率半径远大于所述波峰壁的圆弧的曲率半径，所述左侧壁呈向所述管体外凸出的弧形，且该弧形的曲率半径远大于所述波峰壁的圆弧的曲率半径。"

2019年8月7日，驰某知识产权代理有限公司（以下简称驰某公司）的委托代理人与山西省太原市城北公证处公证员、工作人员等来到店铺，店内展示有忠某经销部的营业执照，并在该店内购买了"下水管"二根（金额：30元），付款后取得收据一张。山西省太原市城北公证处于2019年9月6日出具了第19233号公证书。

原审法院于2022年9月23日当庭对公证封存的被诉侵权产品进行拆封查验，仅有封存"下水管"一根，无收据。经原审当庭比对，被诉侵权产品为一种塑料伸缩管，与第19233号公证书所附照片显示的封存实物一致，其具有波纹管形管体，管体的两端均为一体连接有接头，管体从其伸开状态的纵截面看，管壁由右侧壁、圆弧形波峰壁及左侧壁依次交替相连而呈连续的波浪形，波峰壁的圆弧的曲率半径为1.1mm，右侧壁与波峰壁的圆弧之间为平滑过渡，左侧壁则与波峰壁的圆弧相交而形成有凸向管体内部的拐点，右侧壁呈向管体外凸出的弧形，且该弧形的曲率半径远大于波峰壁的圆弧的曲率半径，左侧壁呈向所述管体外凸出的弧形，且该弧形的曲率半径远大于波峰壁的圆弧的曲率半径。

原审法院另查明：忠某经销部成立于2017年7月21日，类型为个体工商户，经营场所为山西省太原市万柏林区××，经营者李某良，经营范围为五金交电、电动工具、劳保用品、电脑耗材、消防器材的销售。

案外人柏某（北京）科技发展有限公司（以下简称柏某公司）曾于2021年以侵害“潜水艇”商标权起诉忠某经销部，即第1424号案，该案被诉侵权产品与本案相同，均为“下水管”，系同一次公证购买所得。第1424号案双方当事人于2022年2月18日达成和解协议，约定：忠某经销部一次性支付柏某公司2000元，双方再无其他争议。

润某公司主张因维权产生的合理费用包括：调查费1000元、公证费1000元、律师费1000元，购买被诉侵权产品30元，但前三项费用未提交证据。

原审法院认为，本案的争议焦点为：（一）润某公司诉讼主体资格是否适格；（二）忠某经销部是否实施了侵权行为；（三）润某公司主张赔偿经济损失及合理开支1万元是否能够得到支持。

（一）关于润某公司诉讼主体资格是否适格

润某公司是涉案专利的被许可人，许可方式为排他许可，当前处于许可期限内，其权利处于合法有效状态，应受法律保护。涉案专利权利人向润某公司出具授权委托书，授权润某公司以自己名义对侵害涉案专利权的行为提起诉讼，故润某公司有权就侵害涉案专利权的行为提起诉讼。

（二）关于忠某经销部是否实施了侵权行为

本案中，被诉侵权产品为一种塑料伸缩管，其具有波纹管形管体，管体的两端均为一体连接有接头，管体从其伸开状态的纵截面看，管壁由右侧壁、圆弧形波峰壁及左侧壁依次交替相连而呈连续的波浪形，波峰壁的圆弧的曲率半径为1.1mm，在0.5-2mm之间，右侧壁与波峰壁的圆弧之间为平滑过渡，左侧壁则与波峰壁的圆弧相交而形成有凸向管体内部的拐点，右侧壁呈向管体外凸出的弧形，且该弧形的曲率半径远大于波峰壁的圆弧的曲率半径，左侧壁呈向所述管体外凸出的弧形，且该弧形的曲率半径远大于波峰壁的圆弧的曲率半径。被诉侵权产品实施的技术方案包含与涉案专利权利要求1记载的全部技术特征相同的技术特征，应当认定其落入涉案专利权的保护范围。润某公司提供的公证书等证据证明，忠某经销部未经专利权人许可，销售了落入涉案专利权保护范围的被诉侵权产品，忠某经销部的行为构成对涉案专利权的侵害。而本案中，润某公司主张忠某经销部停止销售侵害涉案专利权的产品，但并未举证证明忠某经销部在第1424号案因同一销售行为构成商标侵权的纠纷处理之后，仍存在销售涉案被诉侵权产品的行为，故润某公司的上述主张缺乏事实依据，原审法院不予支持。

（三）关于润某公司主张赔偿经济损失及合理开支1万元是否能够得到支持

首先，从保护知识产权的目的看：一是净化消费市场，维护广大消费者的基本权益；二是优化营商环境，促进行业公平竞争，增强核心技术竞争力；三是教育惩戒侵权行为，维护权利人的合法权益。知识产权审判既应当平等保护权利人合法维护基本权益，也应当坚决规制权利人钻法律漏洞，通过将不同知识产权转让给有关联关系的不同公司持有，以看似合法的方式行“名为维权、实为牟利”的商业维权、碰瓷式维权之行为。其次，从公证取证过程看，本案与另案商标侵权公证的申请人均为驰某公司，驰某公司分别受润某公司、柏某公司委托，申请公证取证，山西省太原市城北公证处基于同一公证取证行为，出具了两份公证书，公证书显示购物款一并支付，开具了一张收据，特别是两公证书中均显示购买被诉侵权产品下水管二根，本公证书只封其中一根。结合近年来涉及柏某公司和润某公司的知识产权案件情况，柏某公司的商标权几乎均受让于润某公司。因此，不能排除两公司存在关联关系的可能性。而本案忠某经销部的同一次销售行为涉及商标侵权和发明专利权侵权两个侵权，应属于侵权行为的竞合。可见权利人明知知识产权侵权竞合而“合并取证、分开公证、分别诉讼”有意维权之目的非常明显。最后，从忠某经销部承担法律责任的最终结果看，本案忠某经销部涉及的专利侵权与其在第1424号案商标侵权系由同一销售行为引发，该行为作为侵权行为已在第1424号商标侵权诉讼中以双方和解的方式处理，忠某经销部赔偿柏某公司2000元。虽然不同的权利人享有不同的知识产权应当予以平等保护，但在保护权利人权益的同时，对同一被告同一行为的评价也不应超过必要的范围，特别是不能排除不同权利人之间存在关联关系的情况下，更应严格予以考量，防止权利人通过转让权利等方式，在知识产权侵权竞合的情形下获得重复赔偿。对于本案，润某公司并未举证证明忠某经销部在就同一次销售行为与柏某公司达成和解协议作出赔偿之后仍存在侵权行为，而忠某经销部支付赔偿金额也与其销售行为的侵权后果基本相当，且作为一般终端销售商的忠某经销部，其在商标侵权诉讼中协商赔偿时，达成和解的真实意思表示应为就其销售涉案被诉侵权产品的行为一次性予以解决，本案如判令忠某经销部就同一次销售行为再次进行赔偿，相当于支持和鼓励权利人对存在侵权竞合的同一侵权行为分开维权、重复获取赔偿，而对于忠某经销部相当于一次销售行为承担两次赔偿责任，显然有失公平。此不仅脱离了国家鼓励权利人合理维权、净化市场、教育惩戒侵权人之初衷，也不符合重点针对侵权源头的制造环节加大制裁力度的精神。综合考虑上述因素，原审法院认定忠某经销部销售被诉侵权产品的行为构成对涉案专利权的侵害，但不承担赔偿责任。

原审法院依照《中华人民共和国民事诉讼法》第六十七条第一款之规定，判决：驳回润某公司的诉讼请求。案件受理费 50 元，由润某公司负担。

本院二审期间，双方当事人均未提交新证据。

本院经审理查明：原审法院认定的基本事实属实，本院予以确认。

本院另查明：

（一）润某公司与柏某公司的相关情况

润某公司成立于 2004 年 8 月 23 日，注册资本为 100 万元，股东为李某 1（占股份 75%）、刘某 2（占股份 25%），法定代表人刘某 1，原住所地为北京市东城区××，2019 年 5 月 7 日润某公司住所变更为北京市大兴区经济开发区××，2023 年 3 月 24 日，润某公司股东变更为柏某公司，持股 100%。经营范围包括：建筑材料、建筑装饰材料销售，五金产品零售、批发，日用品批发、销售等。

柏某公司成立于 2016 年 3 月 10 日，注册资本 2000 万元，股东为李某 1、程某、李某 2、刘某 2，4 名股东各占 25%股份，法定代表人刘某 2，住所地为北京市大兴区经济开发区×××。

（二）润某公司与柏某公司提起相关诉讼情况

经本院初步检索统计，2017 年至 2023 年 9 月，全国法院受理润某公司、柏某公司为原告提起的侵害商标权、侵害发明专利权纠纷达 7000 余件。

同时，相关案件材料显示，近年来，润某公司、柏某公司在当地对经营小五金、日用杂货小微零售商采用了挨家挨户购买产品方式取证；有的商户本不销售侵权产品但被要求从别处调货。润某公司、柏某公司起诉前既未请求当地市场监督管理机关查处，也未通过发函等方式要求被诉侵权人停止侵权，而是统一委托专业知识产权代理机构、律师事务所集中取证。通常采取一次购买，制作两份公证文件，然后先后以两个公司名义对同一销售商的同一销售行为针对侵害“潜水艇”等商标权和侵害“塑料伸缩管及其制造方法”发明专利权分别提起诉讼的方式进行维权。

润某公司于 2022 年 6 月 8 日提起本案诉讼。

（三）在先侵害商标权案件及关联案件的相关情况

第1424号案中，润某公司的关联企业柏某公司以李某良的同一销售行为侵害其“潜水艇”商标权为由，向原审法院先提起诉讼。该案诉讼过程中，双方达成和解协议，主要内容如下：忠某经销部向柏某公司支付经济损失及合理费用共计2000元，忠某经销部承诺自本协议签署后不再销售被诉侵权产品，否则每卖一件被诉侵权产品，自愿赔偿柏某公司2万元；双方之间再无其他争议。

本院受理的（2023）最高法知民终228号、229号案件与本案情况近似，均涉及柏某公司、润某公司对同一销售商的同一销售行为先后分别以两个公司名义提起侵害商标权和侵害发明专利权两个诉讼的方式进行维权。

据国家知识产权局商标局中国商标网信息记载，2005年6月以来，柏某公司申请了“潜水艇”“SUBMARINE”等商标共计392件。

忠某经销部成立于2017年7月21日，经营者为李某良，该经营部已于2022年7月6日注销。李某良二审中请求润某公司赔偿其因本案“一事两诉”而形成的误工费、交通费等开支，因未能提供相应票据，其主张按照2022年度当地人均可支配收入计2.5天计算误工费、另加3次往返住所地与一审法院之间的交通费损失，请求法院支持其1000元应诉开支。

本院认为，本案为侵害发明专利权纠纷。因现有证据表明被诉侵权行为发生于2021年6月之前，且无证据证明被诉侵权行为一直持续，故本案对于被诉侵权行为及法律责任的认定应适用2008年修正的《中华人民共和国专利法》（以下简称2008年专利法）。因润某公司提起本案诉讼以及提起上诉均在《中华人民共和国民法典》（以下简称民法典）施行日2021年1月1日和2020年修正的《中华人民共和国专利法》（以下简称2020年专利法）施行日2021年6月1日后，故本案有关润某公司行使专利权的行为，应当适用民法典和2020年专利法。

综合本案案情，本案二审争议焦点问题为：润某公司行为是否违反诚实信用原则并构成滥用权利。对此，本院具体分析如下：

保护专利权人的合法权益，鼓励发明创造，推动发明创造的应用，提高创新能力，促进科学技术进步和经济社会发展，是我国专利法的立法目的。我国商标法也规定，商标法旨在加强商标管理，保护商标专用权，促使生产、经营者保证商品和服务质量，维护商标信誉，以保障消费者和生产、经营者的利益，促进社会主义市场经济的发展。专利权被公告授予、商标被核准注册后，应当受到法律保护；专利权、商标权被侵害，权利人有权依法提起诉讼。本案中，润某公司与柏某公司分别就涉案专利权和“潜水艇”等商标权享有权利，其遵循合法途径提起诉讼，以制止侵权行为，维护自身合法权益，人民法院应予尊重并依法支持。然而，权利的行使必须有一定边界，应当遵循诚实信用原则，且不得损害他人合法权益。民法典第七条规定，民事主体从事民事活动，应当遵循诚信原则，秉持诚实，恪守承诺。第一百三十二条规定，民事主体不得滥用民事权利损害国家利益、社会公共利益或者他人合法权益。2020 年专利法第二十条亦明确，申请专利和行使专利权应当遵循诚实信用原则；不得滥用专利权损害公共利益或者他人合法权益。《中华人民共和国民事诉讼法》第十三条第一款规定，民事诉讼应当遵循诚实信用原则。由此可见，诚实信用原则是我国民事主体从事民事活动、进行民事诉讼均应遵循的一项基本原则。当合法权益被侵害时，权利人可以依法行使诉权，但其诉讼行为应秉持善意、审慎行事，应当符合诚实信用原则。

各地法院审理的有关系列案件情况以及本院初步检索统计数据信息显示，从全国范围来看，润某公司及柏某公司已经提起数千件侵害涉案专利及相关商标的侵权诉讼且主要选择起诉小微零售商，并已经累计获取巨额赔偿。因此，作为有专业团队和充分维权经验的权利人，其更应采取有利于实现专利法、商标法立法目的诉讼方式与诉讼策略，更应遵循诚实信用原则以保护自身专利权与商标权，更应注重打击侵权源头，重点通过起诉制造者以有效维权并取得赔偿；而不宜仅选择经营小五金、日用杂货小微零售商为被告，更不应以“一事两诉”等非诚信方式滥用权利而损害公民、法人和其他组织的合法权益。本案中，润某公司在关联公司已经与小微零售商达成“一次性支付赔偿金”“双方再无其他争议”的和解协议后，又再行提起本案诉讼，难谓是正当行使权利。首先，润某公司与柏某公司系关联公司，两公司采取“合并取证、分开公证、分别诉讼”的维权方式说明，两公司对诉讼方式与诉讼策略选择明显存在共谋与合意。其次，涉案专利权与“潜水艇”等商标权形式上分别为润某公司与柏某公司所享有有关权利，但两公司作为具有维权共谋与合意的关联公司，且委托同一知识产权代理机构取证，显然明知涉案销售行为既侵害发明专利权也侵害商标权。为制止侵权行为并有效解决纠纷，柏某公司在在先侵害商标权诉讼调解过程中本应告知被告可就侵害专利权问题一并和解解决，但其并未予以告知，显然难言诚信。而润某公司在柏某公司签订的和解协议已经明确“一次性支付赔偿金”“双方之间再无其他争议”后，在同一被告并未实施新的侵权行为情况下，针对同一销售行为再次提出侵害专利权诉讼，其诉讼目的显然并非为制止侵权，而意在获取额外赔偿的非正当利益。最后，润某公司及柏某公司作为关联公司将本可一次解决的纠纷，先后拆分诉讼，既增加作为小微零售商的被告的诉累与经济负担，也造成司法诉讼案件的非正常增长和司法资源的不合理耗费。综上，润某公司提起本案诉讼应当认定为滥用权利。

人民法院在保障当事人正当行使专利权的同时，也必须对专利权的行使依法予以引导，以保障有限的司法资源能为专利权人提供必要且充分的司法救济。起诉有合法来源或虽无合法来源证据但明显没有侵权故意的小微零售商而不积极向侵害专利权的制造商主张权利，并非维护专利权的最优方式。对于权利人故意以“诱导侵权”“陷阱取证”“误导性和解”“一事两诉”等方式滥用权利行为，人民法院应依法采取有效措施予以规制。本案润某公司故意“一事两诉”，违反诚实信用原则，滥用权利，并因此致使作为个体工商户的李某良增加交通费等不必要的诉讼开支，应当承担相应的法律责任。依据《最高人民法院关于知识产权侵权诉讼中被告以原告滥用权利为由请求赔偿合理开支问题的批复》有关“在知识产权侵权诉讼中，被告提交证据证明原告的起诉构成法律规定的滥用权利损害其合法权益，依法请求原告赔偿其因该诉讼所支付的合理的律师费、交通费、食宿费等开支的，人民法院依法予以支持”之规定，李某良在本案中请求润某公司赔偿其交通费等合理开支 1000 元，具有法律依据，本院予以支持。

综上，润某公司关于第 1424 号案与本案不同、可以分开起诉、李某良应再次对其进行赔偿等上诉理由均不能成立，应予驳回；李某良在第 1424 号案中已经按照双方所达成的和解协议支付赔偿款且此后并未实施新的侵权行为，原审法院驳回润某公司的诉讼请求，认定事实清楚，适用法律正确，结果应予维持。依照《中华人民共和国民法典》第七条、第一百三十二条，2020 年修正的《中华人民共和国专利法》第二十条，《最高人民法院关于知识产权侵权诉讼中被告以原告滥用权利为由请求赔偿合理开支问题的批复》，《中华人民共和国民事诉讼法》第十三条第一款、第一百七十七条第一款第一项之规定，判决如下：

一、驳回上诉，维持原判；

二、北京润某科技发展有限公司于本判决生效之日起十日内赔偿李某良因本案诉讼所支付的合理开支 1000 元。

如果未按本判决指定的期间履行给付金钱义务，应当依照《中华人民共和国民事诉讼法》第二百六十条之规定，加倍支付迟延履行期间的债务利息。

二审案件受理费 50 元，由北京润某科技发展有限公司负担。

本判决为终审判决。

审　判　长　耿宝建
审　判　员　陈文全
审　判　员　刘清启
二〇二三年十月二十日
法 官 助 理　鹿伟玲
书　记　员　葛芳辰

（二）专利行政案件

7. 权利要求放弃式修改的认定

——上诉人柯某股份有限公司与被上诉人国家知识产权局发明专利申请驳回复审行政纠纷案①

中华人民共和国最高人民法院行政判决书（2021）最高法知行终 44 号

上诉人（一审原告、专利申请人）：柯某股份有限公司。住所地：瑞士联邦。

代表人：尼某，授权签字人。

代表人：简某，授权签字人。

委托诉讼代理人：彭飞，北京市中咨律师事务所律师。

委托诉讼代理人：唐秀玲，北京市中咨律师事务所专利代理师。

被上诉人（一审被告）：中华人民共和国国家知识产权局。住所地：中华人民共和国北京市海淀区蓟门桥西土城路 6 号。

法定代表人：申长雨，该局局长。

委托诉讼代理人：焦磊，该局审查员。

委托诉讼代理人：史晶，该局审查员。

上诉人柯某股份有限公司（以下简称柯某公司）与被上诉人中华人民共和国国家知识产权局（以下简称国家知识产权局）发明专利申请驳回复审行政纠纷一案，涉及专利申请人为柯某公司、名称为“生产由氧化锆制造的有色制品，特别是橙色制品的方法；和根据该方法得到的由氧化锆制造的有色装饰性制品”的发明专利申请（以下简称本申请）。原国家知识产权局专利复审委员会（以下简称专利复审委员会）作出第 172070 号复审请求审查决定（以下简称被诉决定），维持其 2017 年 9 月 6 日作出的驳回本申请的决定；

① 本案在年度报告中的位置为第 19 页。

柯某公司不服，向中华人民共和国北京知识产权法院（以下简称一审法院）提起诉讼，请求撤销被诉决定，国家知识产权局重新作出审查决定。一审法院于2020年8月26日作出（2019）京73行初7568号行政判决，判决驳回柯某公司的诉讼请求；柯某公司不服，向本院提起上诉。本院于2021年1月11日立案后，依法组成合议庭，并于2021年2月1日公开开庭审理了本案，上诉人柯某公司委托诉讼代理人彭飞、唐秀玲和被上诉人国家知识产权局委托诉讼代理人焦磊、史晶到庭参加诉讼。本案现已审理终结。

本案基本事实如下：本申请系名称为“生产由氧化锆制造的有色制品，特别是橙色制品的方法；和根据该方法得到的由氧化锆制造的有色装饰性制品”、申请号为201480035281.2的发明专利申请，申请人为柯某公司，申请日为2014年5月5日，优先权日为2013年5月3日。作为本案审查基础的权利要求为柯某公司于2017年12月18日修改的权利要求：

“1. 制造鲜橙色氧化锆基制品的方法，其特征在于它包括一系列步骤，在于：

产生包含以下组分的第一混合物：

●氧化锆粉末

●3-20重量%的至少一种稳定剂，所述稳定剂选自包含单独或组合的氧化钇、氧化镁和氧化钙的氧化物组，

●0.1%至5重量%的至少一种预期产生玻璃相且选自包含单独或组合的二氧化硅、氧化铝、氧化锂和氧化钇的组的元素，

●1%至6重量%的氧化铈粉末，

其中第一混合物不包含氧化铜粉末；

产生包含所述第一混合物和黏合剂的第二混合物，

通过将所述第二混合物造粒而产生粒状混合物；

通过赋予第二粒状混合物所需制品的形状而形成生坯；

在1250℃-1500℃的温度下空气烧结至少30分钟，和将所需制品在还原气氛中在700℃至1350℃的温度下退火30分钟至20小时，和将所述烧结生坯抛光。

2. 根据权利要求1的方法，其中第一混合物包含0.1%至1重量%的预期形成玻璃相的粉末。

3. 根据权利要求1或2的方法，其中预期形成玻璃相的粉末包含以重量计递减次序的量的二氧化硅、氧化铝、氧化锂和氧化钇。

4. 根据权利要求 3 的方法，其中二氧化硅、氧化铝和氧化锂的以重量计递减次序的量分别为 47%、40%和 13%。

5. 根据权利要求 1 或 2 的方法，其特征在于第一混合物包含 1%-6%，优选 4-5 重量%的氧化铈粉末。

6. 根据权利要求 1 或 2 的方法，其特征在于稳定剂为氧化钇。

7. 根据权利要求 1 或 2 的方法，其特征在于退火温度为 700℃-1350℃且还原气氛具有 10-6 至 10-1 大气压的氧分压。

8. 根据权利要求 1-7 中任一项所述方法得到的装饰性鲜橙色氧化锆基制品，其特征在于制品由烧结部件形成，所述烧结部件由模制部件制成，所述模制部件基本包含氧化锆基体，3-20 重量%的至少一种稳定剂，所述稳定剂选自包含氧化钇、氧化镁、氧化铈和氧化钙及其混合物的氧化物组，0. 1%至 5 重量%的玻璃相，所述玻璃相包含二氧化硅、氧化铝、氧化锂和氧化钇及其混合物和 1%至 6 重量%的氧化铈。”

修改前的权利要求 1 为：

“1. 制造鲜橙色氧化锆基制品的方法，其特征在于它包括一系列步骤，在于：

产生包含以下组分的第一混合物：

●氧化锆粉末

●3 至 20 重量%的至少一种稳定剂，所述稳定剂选自包含单独或组合的氧化钇、氧化镁和氧化钙的氧化物组，

●0. 1%至 5 重量%的至少一种预期产生玻璃相且选自包含单独或组合的二氧化硅、氧化铝、氧化锂和氧化钇的组的元素，

●1%至 6 重量%的氧化铈粉末；

产生包含所述第一混合物和黏合剂的第二混合物，

通过将所述第二混合物造粒而产生粒状混合物；

通过赋予第二粒状混合物所需制品的形状而形成生坯；

在 1250-1500℃的温度下空气烧结至少 30 分钟，和将所需制品在还原气氛中在 700℃至 1350℃的温度下退火 30 分钟至 20 小时，和将所述烧结生坯抛光。”

2017 年 9 月 6 日，国家知识产权局经其原审查部门审查，决定驳回本申请。主要理由包括：权利要求 1-8 不具备创造性。

国家知识产权局原审查部门引用了如下证据：对比文件 1：公开日为

2000年1月19日，授权公告号为CN1241551A的发明专利；其公开了一种橘/红色氧化锆制品的生产方法，包括以下连续步骤：形成包括氧化锆粉末、3-20重量%稳定剂（选自于氧化钇、氧化镁、氧化铈和氧化钙的氧化物）、0.1-5重量%用于形成玻璃相的粉末（包括氧化硅、氧化铝和氧化钇）、0.01-10重量%氧化铜粉末的第一混合物；形成包括所说的第一混合物和黏合剂的第二混合物；粉碎所说的第二混合物，从而形成颗粒化的混合物；使所说的粒化第二混合物具有所需制品的形状从而形成生坯；在大气气氛中，在1350℃-1500℃的温度下烧结至少30分钟；在氧分压为10-6-10-2大气压的惰性气氛或还原气氛中，在700℃至1350℃温度下对所需制品退火30分钟至20小时；抛光所说的烧结制品。也涉及一种特别是按上述方法获得的橘/红色氧化锆装饰制品，其由来自于成型体的烧结体形成。

针对柯某公司提出的复审请求，专利复审委员会引用了如下证据：公知常识性证据：《工业产品着色与配色技术》，张某某、徐某编著，中国轻工业出版社1999年9月出版，第514-521页；其公开了铈盐是一种常用的陶瓷颜料用原料，其三价盐无色，四价盐为橙色。

2019年2月21日，专利复审委员会作出被诉决定认为：本申请权利要求1与对比文件1相比，区别技术特征在于本申请权利要求1不含氧化铜粉末，但包含1%-6重量%的氧化铈粉末。本申请复审请求时修改了权利要求1，针对驳回决定引用的影响权利要求1创造性的对比文件1，进一步限定"其中第一混合物不包含氧化铜粉末"，属于放弃式修改。合议组经审查后认为，由于修改后的权利要求1相对于对比文件1仍不具备创造性，因此上述修改超范围。国家知识产权局据此认定：维持国家知识产权局于2017年9月6日对本申请作出的驳回决定。

柯某公司不服，于2019年6月25日向一审法院提起诉讼，请求：撤销被诉决定，判令国家知识产权局重新作出审查决定。事实和理由为：（一）权利要求1相对于对比文件1具备创造性。1.《工业产品着色与配色技术》仅公开了铈盐作为陶瓷颜料用原料，并没有公开氧化铈作为陶瓷颜料用原料。2. 该文献记载的是一些具体的盐类和氧化物，不能据此推断出同一种元素的氧化物和盐均可以作为陶瓷颜料用原料，并据此认定铈的氧化物必然可以用作陶瓷颜料用原料。3. 对比文件1的显色工艺和显色情况仅仅是描述Cu的，不能认定铈也一定能够应用这种同样或类似工艺并呈现同样或类似显色情况，对比文件1对于氧化铈的公开和教导是作为稳定剂，没有公开和教导可以使用氧化铈代替氧化铜，或氧化铈使用与氧化铜同样或类似的烧结和退火操作可以呈现与氧化铜同样或类似的显色情况。（二）在独立权利要求 1 具备创造性的前提下，其从属权利要求 2-8 也具备创造性。

国家知识产权局辩称：被诉决定认定事实清楚，适用法律正确，请求驳回柯某公司的诉讼请求。1. 陶瓷颜料用原料的物质来源通常即包括盐或氧化物的形式，本领域技术人员选择氧化铈作为橙色颜料是通过合乎逻辑的分析、推理后能够得到的。2. 本领域技术人员经过合乎逻辑的分析、推理后完全可以预期该退火工艺能够适用于以铈为陶瓷颜料的技术方案并可预期其技术效果。3. 权利要求 2 至 8 是否具备创造性不属于本案审理范围。

一审法院经审理基本认定了上述事实。

一审法院认为：本案的争议焦点在于本申请权利要求 1 是否具备创造性。

柯某公司认为，公知常识性证据仅公开了铈盐作为陶瓷颜料用原料，并没有公开氧化铈作为陶瓷颜料用原料，并且该文献记载的是一些具体的盐类和氧化物，不能据此推断出同一种元素的氧化物和盐均可以作为陶瓷颜料用原料；对比文件 1 对于氧化铈的公开和教导是作为稳定剂，没有公开和教导可以使用氧化铈代替氧化铜；本申请在烧结步骤之后得到的是象牙白色，由于三价盐为无色，四价盐为橙色，退火处理后由于将部分四价铈盐还原成三价铈盐，因此，制品的颜色将会变浅，而实际上退火之后制品由象牙白色变成鲜橙色。

对此，一审法院认为，首先，本申请说明书中记载，通过将氧化铈粉末结合到待烧结混合物中而降低烧结温度，且氧化铈还充当赋予制品所需的橙色的决定元素之一，而对比文件 1 说明书第 2 页第 5 段同样记载了“通过在待烧结的混合物中加入氧化铜粉末，本发明方法可降低烧结温度。氧化铜也用作决定制品所需的橘红色着色的元素之一”。在烧结温度方面，本申请限定的烧结温度 1250℃ 至 1500℃ 与对比文件 1 限定的烧结温度 1350℃ 至 1500℃重叠且最高温是一致的。此外，橙色又称橘色，是指可见光波长约为 590nm 至 610nm 的部分。因此，根据区别技术特征在本申请所达到的技术效果可以确定，本申请相对于对比文件 1 实际解决的技术问题是提供一种使氧化锆基制品显鲜橙色的替代的着色颜料。

其次，对于区别技术特征，对比文件 1 教导了在氧化锆基中添加稳定剂、玻璃相成分、氧化铜着色剂，经造粒、形成生坯、高温烧结、退火处理、抛光得到一种具有强烈的光泽或亮度并适合于制备装饰制品例如表壳的构成部件的橘/红色氧化锆制品。因此，在对比文件 1 公开的技术方案的基础上，本领域技术人员能够预期，每替换一种着色剂就能得到一种新的氧化锆制品，该制品最终的颜色是采用该方法带来的必然结果，这不需要付出任何创造性劳动。而氧化铈是本领域公知的用于陶瓷领域的颜料，根据本案公知常识性证据第 514-517 页的记载，目前大部分陶瓷颜料用原料都采用工业纯、化学纯的化工原料，这些色剂原料分为色基、载色体和矿化剂，色基即呈色原料，包括着色氧化物或氢氧化物、碳酸盐、硝酸盐与氯化物，有时也用磷酸盐、硫酸盐、铬酸盐、重铬酸盐等，并进一步公开了陶瓷颜料可以为铈。由于氧化物和盐均为常见的引入发色基团的载体，本领域技术人员经过简单的尝试能够想到采用铈的氧化物形式作为陶瓷颜料来替代对比文件 1 的氧化铜从而得到权利要求 1 的氧化锆制品，因此权利要求 1 不具备创造性。

最后，对于制品显现的鲜橙色，一方面是方法带来的必然结果，一旦本领域技术人员选择氧化铈作为陶瓷颜料替换氧化铜则必然得到本申请的鲜橙色；另一方面，对比文件 1 教导了通过退火处理可以将具有变价的+2 铜还原为多种价态的铜混合物从而得到不同颜色的制品。对比文件 1 说明书第 2 页第 6 段明确记载了，在 CuO 存在下烧结的制品颜色由于 CuO 以+2 氧化态聚集在颗粒边缘而呈绿色，随后，在退火步骤将所存在的 CuO（+2 氧化态）还原为 Cu_2O（+1 氧化态）或甚至将一部分 Cu_2O 还原为凝胶态铜金属（0 氧化态），由于在颗粒边缘存在一定数量的氧化态各自为+2、+1、0 的铜，其作用使得制品具有在橘黄色到红色或枣红色范围内的颜色。因此，对比文件 1 教导了通过退火处理而得到不同颜色制品的方法，而铈具有+3 价和+4 价，氧化铈（+4 价）为淡黄色，三氧化二铈（+3 价）为金黄色，是本领域技术人员公知的。因此，在对比文件 1 公开的方案中将着色剂替换为氧化铈并烧结得到象牙白色的制品，并进一步退火处理从而得到由多价态铈混合物呈现的鲜橙色制品是可以预期的。在对比文件 1 已经公开了这种控制颜料显色的工艺的情况下，本领域技术人员容易想到选择已知显橙色的陶瓷颜料用原料，并运用现有控制颜料显色工艺对其进行加工，从而得到权利要求 1 所要求保护的技术方案。

综上所述，在对比文件 1 的基础上结合本领域的公知常识从而得到权利要求 1 的技术方案是显而易见的，因而本申请权利要求 1 不具备《中华人民共和国专利法》（以下简称专利法）第二十二条第三款规定的创造性。

在此基础上，柯某公司对权利要求 1 的修改属于排除原始申请文件中没有公开的技术特征来限制权利要求的保护范围的情形，属于放弃式修改，不符合专利法第三十三条的规定，柯某公司在一审庭审中亦明确表示认可被诉决定中关于放弃式修改规则的论述。因此，被诉决定的相关论述并无不当。

此外，被诉决定以权利要求 1 修改超范围为由驳回本申请，因此权利要求 2-8 是否具备创造性不属于本案审理范围，一审法院不予赘述。

一审法院依照《中华人民共和国行政诉讼法》第六十九条之规定，判决：“驳回原告某股份有限公司的诉讼请求。案件受理费 100 元，由原告某股份有限公司负担。”

柯某公司不服一审判决，向本院提起上诉，请求：1. 撤销一审判决；2. 撤销被诉决定并责令国家知识产权局重新作出决定。事实和理由为：本申请权利要求 1 相对于对比文件 1 具备创造性，柯某公司于 2017 年 12 月 18 日对权利要求 1 的修改符合专利法第三十三条的规定。1. 被诉决定使用《工业产品着色与配色技术》作为公知常识性证据，程序错误，该文献不属于公知常识性证据。同时，被诉决定将引用的证据由对比文件 1 修改为对比文件 1 结合公知常识，从实质上改变了驳回决定的理由，不符合《专利审查指南》列举的可以维持驳回决定的情形。2. 本申请权利要求 1 实际解决的技术问题是提供一种制造鲜橙色氧化锆基制品的方法，而“提供一种使氧化锆基制品呈现鲜橙色的替代的着色原料”是本发明为解决所述技术问题所采用的技术手段的一部分。被诉决定和一审判决错误地将技术问题所采用的技术手段当成要解决的技术问题。3. 对比文件 1 中对于氧化铈的公开和教导是作为稳定剂，将氧化锆稳定为四方晶相。对比文件 1 中没有任何公开和教导可以使用氧化铈作为着色剂，也没有任何公开和教导氧化铈使用与氧化铜一样或类似的烧结和退火操作可以呈现与氧化铜一样或类似的显色情况。

国家知识产权局辩称：被诉决定认定事实清楚，适用法律正确，请求驳回柯某公司的上诉请求。1. 根据《专利审查指南》第四部分第二章第 4.1 条规定，被诉决定引用的《工业产品着色与配色技术》可作为公知常识性证据使用。2. 被诉决定认定本申请权利要求 1 实际解决的技术问题正确，柯某公司认为本申请权利要求 1 提供了一种制造鲜橙色氧化锆基制品的方法，意味着本申请提供了一种不同于对比文件 1 工艺路线的全新的制备鲜橙色氧化锆基制品的方法，其主张明显无依据。3. 本申请与对比文件 1 中颜料的发色机理均为发色离子着色，根据《工业产品着色与配色技术》的记载，以铈作为发色颜料时，发色物质为四价铈离子 Ce_4t，铈盐或氧化铈只是作为引入四价

铈离子 Ce_4t 的铈源。对比文件 1 作为最接近的现有技术以氧化铜作为着色元素，权利要求 1 相对于对比文件 1 解决的技术问题仅在于着色元素的替换，与对比文件 1 的着色剂铜相同，铈同样是一种在不同价态下呈现不同颜色的元素，因此本领域技术人员经过合乎逻辑的分析、推理后完全可以预期该退火工艺能够适用于以铈为陶瓷颜料的技术方案。

本院二审期间，柯某公司向本院提交了如下证据：新证 1 为 EP2991950B1 专利文本，新证 2 为 JP6195977B2 专利文本，新证 3 为 US9676671B2 专利文本，新证 1-3 拟共同证明本发明同族申请已在其他多个国家和地区获得授权。

国家知识产权局的质证意见为：对新证 1-3 真实性认可，证明目的不认可。

国家知识产权局向本院提交了两份新证据：反证 1 为《简明玻璃手册》，王某某编著，北京玻璃容器委员会、北京玻璃总厂科学技术协会 1981 年 8 月出版，第 147 页；反证 2 为《实用着色与配色技术》，张某某、徐某编著，化学工业出版社 2001 年 9 月出版，第 762~763 页。反证 1、2 拟共同证明使用氧化铈作为着色剂是本领域公知常识。

柯某公司的质证意见为：反证 1、2 在复审阶段及一审阶段均未提交，不应作为二审证据；反证 2 不是公知常识性证据，不能用来证明公知常识。

本院的认证意见为：柯某公司提交的三份新证据与本案无直接关联，本院不予认可。国家知识产权局提交的两份新证据的出版时间均在本申请优先权日之前，拟用于证明使用氧化铈作为陶瓷着色剂属于公知常识。被诉决定已经基于复审程序中援引的证据认定氧化铈是一种常用的陶瓷颜料用原料，国家知识产权局新提交的上述证据实际上系用于补强证明被诉决定已经认定的相同公知常识，故本院对于上述证据予以审查；至于其能否实现国家知识产权局的证明目的，本院将在判决理由部分予以分析。

本院经审理查明：一审法院认定的有关本申请、被诉决定的基本事实属实，本院予以确认。

本院另查明：1999 年 9 月出版的《工业产品着色与配色技术》“前言”记载：本书内容新颖、翔实、系统、全面，可以供与着色有关的行业中的工程技术人员、技术工人参考，也可以供相关大专院校师生阅读。第 514-517 页记载：色基包括着色氧化物或氢氧化物、碳酸盐、硝酸盐与氯化物，有时也用磷酸盐、硫酸盐、铬酸盐、重铬酸盐等；表 13-4 列举了一些氧化物和盐类，例如盐类有氯化锡、氯化亚锡、氯化钙、氯化钠等，氧化物有氧化铁、氧化亚钴、氧化钴、三氧化二铬等；铈（Ce），灰色金属，三价盐无色，四价盐橙色，用途为黄色、蓝电光水原料。

1981年8月出版的《简明玻璃手册》是技术手册，其第147页记载：常用的离子着色剂有锰化合物、铜化合物、稀土元素氧化物等。附表中记载氧化铈与氧化钛在氧化条件下及还原条件下着色均为黄色。

2001年9月出版的《实用着色与配色技术》第762～763页记载：含有3.56%氧化铈（CeO_2）的颜色玻璃用途为信号玻璃，颜色为橙色。

本院认为：本申请的申请日和优先权日均在2008年修正的专利法施行日（2009年10月1日）之后、2020年修正的专利法施行日（2021年6月1日）之前，本案应适用2008年修正的专利法。本案二审争议焦点问题是：（一）被诉决定是否违反法定程序；（二）本申请的修改是否属于放弃式修改；（三）被诉决定关于修改后本申请权利要求1不具备创造性的认定是否正确。

（一）被诉决定是否违反法定程序

柯某公司上诉主张，1999年9月出版的《工业产品着色与配色技术》不属于公知常识性证据；被诉决定使用1999年版《工业产品着色与配色技术》作为所谓的公知常识性证据，以对比文件1结合公知常识评价本申请的创造性，程序错误。对此，本院分析如下：

第一，关于公知常识以及公知常识性证据的认定。首先，对于相关技术知识是否属于公知常识，原则上可以通过技术词典、技术手册、教科书等所属技术领域中的公知常识性证据加以证明；在难以通过技术词典、技术手册、教科书等公知常识性证据予以证明的情况下，也可以通过所属领域的多份非公知常识性证据例如多篇专利文献、期刊等相互印证，以充分证明该技术知识属于公知常识，但这种证明方式应遵循更严格的证明标准。其次，公知常识性证据是指技术词典、技术手册、教科书等记载本领域基本技术知识的文献。如无相反证据，技术词典、技术手册、教科书记载的技术知识可以推定为公知常识。对于技术词典、技术手册、教科书之外的文献，判断其是否属于记载本领域基本技术知识的公知常识性证据，则需要结合该文献的载体形式、内容及其特点、受众、传播范围等具体认定。最后，1999年版《工业产品着色与配色技术》不属于公知常识性证据。从该书封面及“前言”所记载的内容来看，该书由中国轻工业出版社1999年出版，其中介绍了在不同基质材料上的着色与配色、着色剂的要求和选择、配色与配方等，书籍中“内容新颖、翔实”，受众主要是与着色有关的行业人员，该书并不属于教科书、技术词典、技术手册，结合其载体形式、内容及受众，亦无法认定为属于记载本领域基本技术知识的公知常识性证据。

第二，关于被诉决定以对比文件1结合公知常识评价本申请的创造性是否违反正当程序。首先，复审程序既是因申请人对驳回决定不服而启动的救济程序，又是专利审批程序的延续。基于专利复审程序的救济性，国家知识产权局复审部门在复审程序中一般仅针对驳回决定所依据的理由和证据进行审查。同时，基于专利复审程序系专利审批程序的延续，并基于审查效率及听证原则的要求，如果复审部门发现审查文本存在足以用在驳回决定作出前已告知过申请人的其他理由及其证据予以驳回的缺陷，亦可以对与之相关的理由及其证据进行审查，并不完全受限于驳回决定所依据的理由和证据。其次，在复审程序中，由于申请人修改专利申请等原因，国家知识产权局复审部门可能需要引入新理由或者证据作出复审决定。此时，根据听证原则和正当程序原则，国家知识产权局复审部门应当向申请人发出复审通知书，给予其陈述意见的机会。在符合上述条件和程序的情况下，即使复审决定引入新理由或者证据，亦不意味着该复审决定违反法定程序。最后，国家知识产权局复审部门引入公知常识评价本申请的创造性是否符合正当程序。本案中，柯某公司提出复审请求时修改了权利要求，国家知识产权局在2018年10月30日的复审通知书中引用1999年9月出版的《工业产品着色与配色技术》，以证明“氧化铈是一种常用的陶瓷颜料用原料，其三价盐无色，四价盐橙色”这一所谓公知常识，给予了柯某公司陈述意见的机会。上述处理符合正当程序。

柯某公司关于被诉决定违反法定程序的上诉理由不能成立，本院不予支持。

（二）本申请的修改是否属于放弃式修改

柯某公司上诉主张，其对权利要求1的修改符合专利法第三十三条的规定。由于被诉决定以柯某公司对权利要求的修改属于放弃式修改，而修改后的权利要求不具备创造性为由，认定柯某公司对权利要求的修改不符合专利法第三十三条规定，故柯某公司的本项上诉主张实际上系认为修改后的权利要求具备创造性。同时，柯某公司在一审程序中对放弃式修改的规则无异议。尽管如此，由于柯某公司的本项上诉主张以柯某公司对权利要求的修改属于放弃式修改为前提，本院无法回避对此基础问题的审查。对此，本院分析如下：

第一，关于专利申请文件修改的一般要求。专利法第三十三条规定："申请人可以对其专利申请文件进行修改，但是，对发明和实用新型专利申请文件的修改不得超出原说明书和权利要求书记载的范围，对外观设计专利申请文件的修改不得超出原图片或者照片表示的范围。"原说明书和权利要求书记载的范围应该包括如下内容：一是原说明书及其附图和权利要求书以文字或者图形等明确表达的内容；二是所属领域普通技术人员通过综合原说明书及其附图和权利要求书可以直接、明确确定的内容。与上述内容相比，如果修改后的专利申请文件引入新的技术内容，则应认定对该专利申请文件的修改超出原说明书和权利要求书记载的范围，这种修改是不允许的。

第二，关于放弃式修改的内涵与要求。所谓放弃式修改一般是指修改权利要求时引入否定性技术特征，将特定保护对象从原权利要求的保护范围中予以排除，以此限缩原专利权利要求的保护范围。放弃式修改所排除保护的内容可能在原说明书和权利要求书中并未直接公开或者隐含公开，因此该修改方式可能引入新的技术内容，与专利法第三十三条关于"对发明和实用新型专利申请文件的修改不得超出原说明书和权利要求书记载的范围"的规定不尽相符。但如果放弃式修改后保留的保护对象在原说明书和权利要求书中已经直接公开或者隐含公开，则基于公平保护专利权人利益的考虑得以允许。因此，对于放弃式修改应该严格审查，通常仅适用于有限的特定情形：例如专利申请因部分重合的抵触申请而丧失新颖性；因现有技术意外占先而丧失新颖性；或者基于非技术原因排除专利法不予保护的主题等。除满足上述形式要求和特定情形外，放弃式修改同样需要符合专利法第三十三条的规定。为此，还应综合考虑原说明书和权利要求书公开的内容、放弃保护的内容以及放弃式修改后保留的内容以及三者关系等确定是否应予准许。在满足上述形式要求和特定情形条件后，综合考虑上述因素，本领域技术人员能够确定修改后保留的内容在原说明书和权利要求书中已经直接公开或者隐含公开，则修改没有违反专利法第三十三条的规定，应予接受。

第三，被诉决定关于放弃式修改的审查逻辑值得商榷。被诉决定认为，"如果鉴于对比文件公开的内容影响发明的创造性，而采用具体'放弃'的方式，从原保护范围中排除对比文件所公开的特征，使得要求保护的技术方案的保护范围从整体上看来明显不包括该部分，由于这样的修改超出了原说明书和权利要求书记载的范围，因此如果不能够根据原始申请记载的内容证明该特征采取被‘放弃’后的范围时，本发明具备创造性，否则这样的修改不能被允许”。可见，被诉决定的审查逻辑是，先认定放弃式修改超出原说明书和权利要求书记载的范围，再根据该修改能否使得专利申请具备新颖性或者创造性决定应否予以接受；如果该修改使得专利申请具备新颖性或者创造性，则修改可以接受，反之则不予接受。这一逻辑似难以自洽，如果放弃式修改已被认定超出原说明书和权利要求书记载的范围，则不应予以接受，即便该修改使得专利申请具备新颖性或者创造性，亦无法挽救其修改超范围的缺陷。因此，被诉决定应先判断放弃式修改是否超范围以及应否予以接受，认定不超范围且应予接受后再审查修改后的权利要求是否具备新颖性和创造性，而不是相反。

第四，关于本案中柯某公司对权利要求 1 的修改是否属于放弃式修改以及应否接受。本案中，柯某公司在复审程序中修改权利要求 1，进一步限定“其中第一混合物不包含氧化铜粉末”，此种修改方式并非对权利要求 1 所涵盖的特定保护对象的排除，而是对于权利要求 1 整体技术方案的进一步限定，不符合放弃式修改的形式要求。同时，该修改亦非出于专利申请因部分重合的抵触申请或者因现有技术意外占先而恢复新颖性所需，更非基于非技术原因排除专利法不予保护的主题所需，不符合放弃式修改的特定情形要求。被诉决定不应接受并评述柯某公司所谓的“放弃式修改”请求，而应当针对驳回决定所依据的文本进行审查。

（三）被诉决定关于修改后本申请权利要求 1 不具备创造性的认定是否正确

柯某公司上诉主张本申请具备创造性，主要理由在于：本申请权利要求 1 实际解决的技术问题是提供一种制造鲜橙色氧化锆基制品的方法，被诉决定和一审判决对此认定错误；对比文件 1 没有任何公开和教导可以使用氧化铈作为着色剂，也没有任何公开和教导氧化铈使用与氧化铜同样或类似的烧结和退火操作可以呈现与氧化铜同样或类似的显色情况。对此，本院分析如下：

第一，本院针对被诉决定关于修改后本申请权利要求 1 创造性的评价予以审查。前已述及，柯某公司对本申请权利要求 1 的修改不符合放弃式修改的条件，被诉决定不应接受并评述柯某公司所谓的“放弃式修改”请求，而应当针对驳回决定所依据的文本进行审查。但是，鉴于被诉决定已对柯某公司修改后的权利要求的创造性进行了审查，本院在本案中亦在柯某公司修改后的本申请权利要求 1 的基础上对被诉决定予以审查。

第二，被诉决定关于 1999 年 9 月出版《工业产品着色与配色技术》公开内容的认定有失准确。首先，前已述及，1999 年 9 月出版的《工业产品着色与配色技术》并非公知常识性证据，仅凭该证据不能证明“铈，Ce，灰色金属，三价盐无色，四价盐橙色，黄色、蓝电光水原料”属于本领域公知常识。其次，该文献公开的上述内容仅仅是铈盐作为黄色、蓝电光水原料，并没有公开氧化铈作为黄色、蓝电光水原料，更没有公开氧化铈作为陶瓷颜料用原料。最后，该文献第 514 页该段仅仅公开了“色基包括着色氧化物或氢氧化物、碳酸盐、硝酸盐与氯化物，有时也用磷酸盐、硫酸盐、铬酸盐、重铬酸盐等”，并不能据此得出“对于陶瓷颜料用原料来说，氧化物与盐类均为其常见形式”的结论。其文献表 13-4 则进一步证明陶瓷颜料用原料的氧化物和盐类并不对应。该文献表 13-4 列举了一些氧化物和盐类，例如盐类有氯化锡、氯化亚锡、氯化钙、氯化钠等，氧化物有氧化铁、氧化亚钴、氧化钴、三氧化二铬等。可见，1999 年 9 月出版的《工业产品着色与配色技术》公开的仅是一些具体的盐类和氧化物，不能据此推断出“对于陶瓷颜料用原料来说，氧化物与盐类均为其常见形式”。

第三，国家知识产权局新提交的证据亦不足以支持被诉决定关于“铈，Ce，灰色金属，三价盐无色，四价盐橙色，黄色、蓝电光水原料”属于本领域公知常识的认定。首先，1981 年 8 月出版的《简明玻璃手册》虽属于公知常识性证据，但是其公开的是氧化铈作为玻璃着色剂，并非陶瓷用着色剂，更非用于高温下氧化锆烧结制品用的着色剂。其次，2001 年 9 月出版的《实用着色与配色技术》并非公知常识性证据，其第 762~763 页公开的同样是氧化铈作为玻璃着色剂，并非陶瓷用着色剂，更非用于高温下氧化锆烧结制品用着色剂。

第四，被诉决定关于“在现有技术已知四价 Ce 为橙色的情况下，本领域技术人员容易想到采用氧化铈 CeO_2 作为陶瓷颜料用原料”技术启示的认定缺乏事实依据。首先，1999 年 9 月出版的《工业产品着色与配色技术》并没有公开四价 Ce 为橙色，该文献中公开的是四价 Ce 盐为橙色，并未公开四价 Ce 的氧化物的颜色。而根据本申请说明书的记载，在 CeO_2 存在下的烧结操作以后（未经退火）得到的制品颜色是象牙白，并非橙色。其次，国家知识产权局二审提交的两份新证据亦不足以证明现有技术中存在上述技术启示。该两份新证据仅仅能够证明氧化铈作为玻璃着色剂，并非陶瓷用着色剂，更非用于高温下氧化锆烧结制品用的着色剂。即便其已经公开氧化铈在氧化条件下着色为黄色，其并未公开本申请退火条件下四价铈变为三价铈的颜色变化。最后，更为重要的是，对比文件 1 使用氧化铜作为氧化锆基制品显现鲜橙色的着色原料，对于氧化铈的公开和教导则是用作稳定剂，将氧化锆稳定为四方晶相。对比文件 1 中没有任何公开和教导可以使用氧化铈作为着色剂，也没有任何公开和教导氧化铈经历与该文件所记载的氧化铜所经历的相同或类似的烧结和退火操作可以呈现与氧化铜相同或类似的显色情况。在此情况下，本领域技术人员基于对比文件 1 和现有技术想到用氧化铈代替氧化铜作为着色颜料存在较大困难。

基于上述理由，被诉决定和一审判决关于《工业产品着色与配色技术》公开内容的认定有所偏差，关于在对比文件 1 的基础上结合本领域公知常识或者常规技术手段得到本申请权利要求 1 的技术方案是显而易见的认定结论有误。柯某公司的本项上诉主张成立，本院予以支持。

综上所述，柯某公司的上诉请求成立，应予支持。一审判决和被诉决定认定事实部分有误，适用法律有失准确。依照《中华人民共和国行政诉讼法》第七十条，第八十九条第一款第二项、第三款之规定，判决如下：

一、撤销中华人民共和国北京知识产权法院（2019）京 73 行初 7568 号行政判决；

二、撤销中华人民共和国国家知识产权局第 172070 号复审请求审查决定；

三、中华人民共和国国家知识产权局就柯某股份有限公司针对申请号为 201480035281. 2、名称为“生产由氧化锆制造的有色制品，特别是橙色制品的方法和根据该方法得到的由氧化锆制造的有色装饰性制品”的发明专利申请提出的复审请求重新作出审查决定。

一、二审案件受理费各 100 元，均由中华人民共和国国家知识产权局负担。

本判决为终审判决。

审 判 长 朱 理
审 判 员 魏 磊
审 判 员 邓 卓
二〇二三年十一月二十九日
法官助理 游美玲
书 记 员 王 怡

8. 已知化学产品用途发明专利的新颖性判断

——上诉人徐某军与被上诉人国家知识产权局发明专利申请驳回复审行政纠纷案①

中华人民共和国最高人民法院行政判决书（2022）最高法知行终788号

上诉人（一审原告、专利申请人）：徐某军。

委托诉讼代理人：李朝虎，成都行之专利代理事务所专利代理师。

委托诉讼代理人：谭新民，四川瀛领禾石律师事务所律师。

被上诉人（一审被告）：国家知识产权局。住所地：北京市海淀区蓟门桥西土城路6号。

法定代表人：申长雨，该局局长。

委托诉讼代理人：田瑞增，该局审查员。

委托诉讼代理人：宋泳，该局审查员。

上诉人徐某军与被上诉人国家知识产权局发明专利申请驳回复审行政纠纷一案，涉及专利申请人为徐某军、名称为“缩短残留农药半衰期和/或完全降解时间的降残方法”的发明专利申请（以下简称本申请）。国家知识产权局作出第221525号复审请求审查决定（以下简称被诉决定），维持其于2018年11月8日作出的驳回本申请的决定；徐某军不服，向北京知识产权法院（以下简称一审法院）提起诉讼，请求撤销被诉决定。一审法院于2022年8月29日作出（2020）京73行初13452号行政判决，判决驳回徐某军的诉讼请求；徐某军不服，向本院提起上诉。本院于2022年11月16日立案后，依法组成合议庭，并于2023年4月12日询问当事人，上诉人徐某军及其委托诉讼代理人李朝虎、谭新民，被上诉人国家知识产权局的委托诉讼代理人田瑞增、宋泳到庭参加询问。本案现已审理终结。

本案基本事实如下：本申请系名称为“缩短残留农药半衰期和/或完全降解

① 本案在年度报告中的位置为第21页。

时间的降残方法”的发明专利申请，申请人为徐某军，申请号为201611021737.7，申请日为2016年11月15日，公开日为2017年5月10日。作为本案审查基础的权利要求为：

“1. 增效助剂在缩短作物体内残留农药半衰期和/或完全降解时间方面的应用，其特征是在农作物全生育期内或播种前，按常规方式至少施用一次由常规用量45%~100%的农药制剂与增效助剂组成的可施用形式的混合物，所述混合物中的农药制剂/增效助剂的比例为每公顷15~45000克或毫升/60~6000毫升，所述的增效助剂为96117683.0号中国专利记载的由吐温类表面活性剂和N-R-2-吡咯烷酮组成的混合物。

2. 如权利要求1所述的应用，其特征是所施用混合物中农药制剂的用量为其常规用量的50%~80%。

3. 如权利要求1或2所述的应用，其特征是施用于一年生作物、地表或土壤中所述混合物中的农药制剂/增效助剂的比例为每公顷15~6000克或毫升/60~3000毫升，优选为15~6000克或毫升/150~750毫升/公顷。

4. 如权利要求1或2所述的应用，其特征是施用于多年生作物时所述混合物中的农药制剂/增效助剂的比例为每公顷30~45000克或毫升/120~6000毫升，优选为30~45000克或毫升/750~2250毫升/公顷。

5. 如权利要求1或2所述的应用，其特征是所述混合物中增效助剂的体积组成为：

吐温类表面活性剂	15%~95%，
N-R-2-吡咯烷酮	5%~85%，
农药常用溶剂	0%~50%。

6. 如权利要求5所述的应用，其特征是所述混合物中增效助剂的体积组成为：

吐温类表面活性剂	30%~85%，
N-R-2-吡咯烷酮	8%~60%，
农药常用溶剂	0%~50%。

7. 如权利要求6所述的应用，其特征是所述混合物中增效助剂的体积组成为：

吐温类表面活性剂	45%~70%，
N-R-2-吡咯烷酮	10%~40%，
农药常用溶剂	0%~50%。

8. 如权利要求 5 所述的应用，其特征是所述混合物中增效助剂中的 N-R-2-吡咯烷酮为 N-H-2-吡咯烷酮、N-甲基-2-吡咯烷酮、N-乙基-2-吡咯烷酮、N-辛基-2-吡咯烷酮、N-十二烷基-2-吡咯烷酮中的任一种。

9. 如权利要求 5 所述的应用，其特征所述混合物中的增效助剂中的吐温类表面活性剂为吐温-20、吐温-40、吐温-60、吐温-65、吐温-80、吐温-85 中的至少一种。

10. 如权利要求 5 所述的应用，其特征所述混合物中的增效助剂中的溶剂可以为甲醇、乙醇、甲苯、二甲苯、丙酮等溶剂中的至少其中一种。”

2018 年 11 月 8 日，国家知识产权局经其原审查部门审查，决定驳回本申请。主要理由为本申请原权利要求 1-3 不具备 2008 年修正的《中华人民共和国专利法》（以下简称专利法）第二十二条第二款规定的新颖性，原权利要求 4-10 不具备专利法第二十二条第三款规定的创造性。国家知识产权局原审查部门引用了如下证据：

对比文件 1：申请公布日为 2010 年 8 月 25 日、申请公布号为 CN101810192A 的发明专利申请公开文本。其公开了一种降低农产品中农药残留量的农药混配方法，并公开了农药 48%毒死蜱乳油由美国陶氏益农公司生产；由 N-R-2-吡咯烷酮与吐温类表面活性剂组成的农药增效助剂（以下简称增效助剂 A），由四川某化工有限公司生产，常规用量为农药制剂施用总量的 3%～30%（v）。由表 1 可知，序号为 1.1 施药方式为 48%毒死蜱乳油（常规用量 80ml/亩），施药后 14 天残留量（mg/kg）为 0.72，序号为 1.12 为 48%毒死蜱乳油（50%常规用量）+增效助剂 A（12ml/亩），施药后 14 天残留量（mg/kg）为 0.23，并指出防治效果和农产品残留的对比试验为在四川省成都市双流区用于防治水稻二化螟。实施例 6 施用于葡萄，即多年生作物，其 6.1 使用 25%嘧菌酯悬浮剂（常规用量 1000 倍），施药后 14 天残留量 1.5mg/kg，6.15 中 25%嘧菌酯悬浮剂（常规用量 2000 倍 50%用量）+增效助剂 A（6666 倍），施药后 14 天残留量 0.05mg/kg。

对比文件 2：公开日为 1997 年 6 月 4 日、公开号为 CN1150888A 的发明专利申请公开说明书。其公开了农药增效剂，其实施例 2 公开含有 70%吐温-40，18%N-甲基-2-吡咯烷酮，12%N，N-二甲基甲胺。目前各类农药中通常使用的多种溶剂，如甲醇、乙醇、甲苯、二甲苯、丙酮，吐温类表面活性剂可以为目前常用的吐温-20、吐温-40、吐温-60、吐温-65、吐温-80 或吐温-85 中的至少一种。组成中的 N-R-2-吡咯烷酮化合物，取代基 R 可以在 H 及

C1-12 烷基中选择，如 2-吡咯烷酮、N-甲基-2-吡咯烷酮、N-乙基-2-吡咯烷酮、N-辛基-2-吡咯烷酮、N-十二烷基-2-吡咯烷酮等均可使用。

2018 年 12 月 3 日，徐某军不服上述驳回决定，向国家知识产权局提出复审请求。

针对徐某军提出的复审请求，国家知识产权局除引用与驳回决定相同的证据之外，还引用了如下证据：

附件 1（证据 3）：《激健对吡虫啉在甘蓝上残留的影响》，落款为西南大学植物保护学院，落款日期为 2016 年 9 月 15 日，复印件。

2020 年 7 月 27 日，国家知识产权局作出被诉决定认为：本申请权利要求 1-3 相对于对比文件 1 不具备专利法第二十二条第二款规定的新颖性，权利要求 4-10 不具备专利法第二十二条第三款规定的创造性。国家知识产权局据此决定：维持于 2018 年 11 月 8 日对本申请作出的驳回决定。

徐某军不服，于 2020 年 10 月 10 日向一审法院提起诉讼，请求撤销被诉决定。事实和理由为：（一）国家知识产权局未再次发出复审通知书即径行作出被诉决定，违反法定程序。（二）被诉决定未严格认定证据 3 的真实性，属于认定事实错误。（三）被诉决定基于本申请说明书内容存疑而认为其不能作为新颖性、创造性、实用性评判基础，属于适用法律错误。

国家知识产权局一审辩称：（一）国家知识产权局作出被诉决定的程序符合听证原则。（二）证据 3-5 无法说明本申请实验数据的真实性。（三）本申请实验数据的真实性不能被认可，根据本申请的记载以及本领域普通技术知识，均无法确认本申请的增效助剂是否能够缩短作物体内残留农药半衰期和/或完全降解时间。综上，被诉决定认定事实清楚，适用法律法规正确，程序合法，结论正确，徐某军的诉讼请求不能成立，应当依法予以驳回。

一审法院经审理基本认定了上述事实。

一审开庭审理过程中，徐某军还提交了以下证据（编号续前）：

证据 4：西南大学植物保护学院于 2020 年 9 月 11 日出具的《关于〈激健对吡虫啉在甘蓝上残留的影响〉试验报告的补充说明》。

证据 5：四川省成都市成都公证处于 2020 年 9 月 23 日出具的（2020）川成证经字第 28101 号公证书。

证据 6：《表面活性剂激健对杀虫（螨）剂的增效作用研究》，张某、郑某等，载于《中国果树》，2016（1）第 39~41、46 页。

证据 7：《激健在茶尺蠖及茶小绿叶蝉防治中的减量化作用研究》，谢某、方某等，载于《现代农业科技》，2014年第15期，第135页。

证据10：申请号为961176830、名称为“农药增效助剂”的专利权变更信息。

证据11：四川某某作物科学有限公司信息查询页。

证据12：第9492004号“激健”商标注册信息。

证据13：《中华人民共和国农业行业标准农药残留试验准则》，载《农业质量标准》2004年第4期。

证据14：《吡虫啉在甘蓝上的残留动态》，楼某、程某等，载《农药》2004年1月第43卷第1期，第40-42页。

证据15：授权公告号为CN105432607B、授权公告日为2018年8月14日的中国发明专利文件。

证据16：名称为“联苯·噻虫嗪”的农药登记信息。

证据17：《中华人民共和国国家标准40%乐果乳油GB15583—1995》。

一审审理过程中，国家知识产权局还提交了徐某军于2020年4月11日答复复审意见通知书时提交的意见陈述书。

一审法院认为：

（一）关于被诉决定是否违反法定程序

徐某军主张本案具有《专利审查指南》第四部分第二章第4.3节规定的情形，即在复审程序中需要复审请求人进一步提供证据或者对有关问题予以说明，或需要引入驳回决定未提出的理由或者证据，而应当发出复审通知书或者进行口头审理。国家知识产权局在认定证据3真实性存疑后，未给徐某军进一步举证的机会，程序违法。

对此，国家知识产权局在受理复审请求后，于2020年3月12日向徐某军发出复审通知书，指出本申请实验数据真实性存疑问题，徐某军遂提交证据3以证明其真实性。可见，证据3系徐某军提交的用于证明本申请数据真实性的证据，国家知识产权局也赋予徐某军机会和时间提供证据证明或说明复审通知书指出的问题，且被诉决定的事实、理由、证据未超出复审通知书的范围，并未引入新的理由或证据。故而，徐某军关于国家知识产权局作出的被诉决定违反法定程序的主张依据不足，对此不予支持。

（二）关于本申请说明书实施例1-7数据的真实性

第一，关于徐某军提交的证据能否说明本申请数据的真实性。

本案中，被诉决定指出了说明书实施例记载的实验数据真实性存疑的理由，徐某军提交了证据3-5以证明其实验数据的真实性。关于证据3-5的证明作用，徐某军认为其相关内容为本申请实施例1的原始实验数据，并能够证明实施例1实验数据的真实性。

对此，本申请实施例1与证据3的田间处理方法明显不相同：（1）本申请实施例1中混合物是按照“60公斤/公顷”进行喷雾处理，而证据3中是按照“60公斤/亩”进行喷雾处理，即两个施药剂量明显不同。（2）比较本申请实施例表1和证据3第1页第1.2节题为“试验处理设计”的表格，首先，根据本申请表1中吡虫啉的使用量和增效助剂使用量计算可知，其“吡虫啉药液量：激健量”明显不等于证据3中记载的“300∶1、1000∶1、2000∶1和7500∶1”；其次，本申请表1中“吡虫啉25%常量+增效助剂”和“吡虫啉常量+增效助剂”两组实验中增效助剂的使用量分别为3000、1500、750和28，而“吡虫啉50%常量+增效助剂”这组实验中增效助剂的使用量与前两者并不完全相同，分别为3000、1500、225和28，但是证据3中三组实验的“激健”添加量是完全相同的；最后，计算可知，本申请表1的同一组实验的四个方案中激健的比例为40∶20∶10∶0.37或者40∶20∶3∶0.37，然而证据3的同一组实验的四个方案中激健的比例为75∶20∶10∶3，与本申请表1明显不同。

由上述分析可知，本申请实施例1和证据3的田间处理方法是明显不相同的，然而两者后续的所有测试结果的实验数据却是完全相同的，这显然是矛盾的；并且，徐某军提交的证据并不能直接证明本申请实施例1的组合物与证据3测试的组合物是相同的，即使两者相同，证据3也存在上述问题；此外，证据3的时间也存在问题。因此，综合本案情况，在案证据不能证明本申请实施例1实验数据的真实性。

第二，关于被诉决定对本申请真实性提出的质疑理由。

首先，本申请说明书第［0043］段记载“依据《中华人民共和国农业行业标准NY/T788—2004农药残留试验准则》”对相关药物进行测试，即按照该标准进行测试是徐某军自己的主张，然而后续记载的田间设计却与上述准则的规定不符。

其次，实施例1最小检出量和最低检测浓度文字叙述部分与表3不对应，且证据3也存在同样的问题，虽然徐某军提交的证据4中声称文字部分为笔误、相关数值应为表3的数值，但是未提供任何证据（如所用仪器的说明书）进行证明。

再次，防效方法是否公开与本申请实验数据是否真实无必然联系，防效也不是本申请所要解决的技术问题。并且，色谱是本领域的常规检测方法，如何对实施例 2-7 的农药成分进行色谱检测也是本领域技术人员所熟知的，因此，上述瑕疵与本申请实验数据的真实性之间没有必然联系。但由于实施例 2-7 按照实施例 1 的实验及检测分析方法进行实验，故实施例 2-7 亦存在与实施例 1 类似的问题。并且，由于本申请说明书实施例 1 数据的真实性存疑，故对于实施例 2-7 的真实性应当采用更高的证明标准，然而在此基础上，徐某军并没有进一步提供关于实施例 2-7 的原始数据以证明实施例 2-7 实验数据的真实性。

最后，对于样本量过大、明显超出一般实验规律的问题，徐某军认为这与实验数据的真实性之间没有关联。对此，根据前述分析可知，被诉决定并非仅因这一点而质疑实验数据的真实性，而是作为合理怀疑的一部分理由，且本申请实施例中的样本量的确过大、不合常理。对此，徐某军提交了其称为原始实验数据的证据 3，然而该证据却存在与本申请实施例 1 样品的田间处理方法不同、但实验结果却完全相同的问题，导致本领域技术人员怀疑相关实验数据的真实性，由此，徐某军仅仅将其解释为“可以承担”是不具有说服力的。

综上，本申请说明书数据存疑，本领域技术人员根据说明书的记载以及其掌握的普通技术知识，均无法确认本申请所述的增效助剂是否能够缩短作物体内残留农药半衰期和/或完全降解时间，故该技术效果在新颖性和创造性判断中不予考虑。

（三）关于权利要求 1 是否具备新颖性

对比文件 1 公开了一种降低农产品中农药残留量的农药混配方法，并在其说明书第［0016］［0017］段发明内容部分记载了该发明的农药混配方法能使农药的半衰期比常规施用单剂农药时可明显缩短，促进农药残留量迅速降低。其实施例 1 进一步记载，农药 48%毒死蜱乳油由美国陶氏益农公司生产；由 N-R-2-吡咯烷酮与吐温类表面活性剂组成的农药增效助剂（增效助剂 A 具体可参见公告号 CN1069165C 中国专利文献），常规用量为农药制剂施用总量的 3%~30%（v），防治效果和农产品残留的对比试验为在四川省成都市双流区用于防治水稻二化螟。且由表 1 可知，序号为 1.1 施药方式为 48%毒死蜱乳油（常规用量 80ml/亩），施药后 14 天残留量（mg/kg）为 0.72，序号为 1.12 为 48%毒死蜱乳油（50%常规用量）+增效助剂 A（12ml/亩），施药后14天残留量（mg/kg）为0.23。

对于上述对比文件1公开的内容，对比文件1实施例1将农药用于水稻，即隐含公开了在水稻的全生育期内或播种前施用；对比文件1已经公开了将50%常规用量的农药制剂与增效助剂组成可施用形式的混合物；对比文件1也明确记载了其农药混配方法可缩短农药的半衰期、降低残留量；对比文件1公开的CN1069165C号中国专利文献的增效助剂即权利要求1中96117683.0号专利中的增效助剂；且经换算，表1序号1.12中48%毒死蜱乳油的用量为600ml/公顷，增效助剂为180ml/公顷，落在权利要求1的数值范围内。由此可见，对比文件1已经公开了本申请权利要求的全部技术特征，且对比文件1所公开的技术方案与该权利要求所要求保护的技术方案属于同一技术领域，并能产生相同的技术效果。综上，本申请权利要求1不具备新颖性。

对于权利要求2-10的新颖性或创造性。权利要求2、3的附加技术特征已被对比文件1公开，故权利要求2、3也不具备新颖性。且徐某军明确表示权利要求2-10的创造性来自权利要求1，而权利要求4-10的附加技术特征已被对比文件公开，故在权利要求1不具备新颖性的基础上，被诉决定关于本申请权利要求1-3不具备新颖性、权利要求4-10不具备创造性的结论并无不当。

综上，被诉决定程序合法，结论正确，徐某军关于本申请具备新颖性或创造性的理由不能成立。

一审法院依照专利法第二十二条第二款、第三款，《中华人民共和国行政诉讼法》第六十九条之规定，判决："驳回原告徐某军的诉讼请求。案件受理费一百元，由原告徐某军负担（已交纳）。"

徐某军不服一审判决，向本院提起上诉，请求：1. 撤销一审判决；2. 撤销被诉决定。事实和理由为：（一）一审判决认定本申请权利要求1不具备新颖性缺乏事实和法律依据。首先，对比文件1公开的农药混配方法并不包含"50%常规用量的农药制剂+增效助剂组成可施用形式的混合物"这一实施方式。对比文件1表1中序号为1.12施药方式为对比实验，并不是对比文件1的实施例，也不能得出序号为1.12施药方式具有缩短农药的半衰期的应用效果。根据对比文件1的说明书第［0008］［0010］［0016］段的记载，其给出的技术启示为：(1) 至少两种农药组合施用的混配方法可以实现半衰期缩短、提高防治功效。(2) 至少两种农药组合施用的混配方法+增效助剂可以实现提高防治功效。对比文件1没有给出单组分的农药+增效助剂可以实现半衰期缩短的技术启示，反而给出了增效助剂不具有缩短半衰期的反向启示。其次，依据表1无法得出半衰期缩短的结论。要研究农药的半衰期，需要进行动态数据监测，获得1d、3d、5d、7d、9d、14d、21d的残留值，然后基于消解方程计算而确定，而对比文件1仅公开了14d残留量这一点值信息，仅依赖该点值数据，无法基于消解方程计算出半衰期，更无法观测得出半衰期缩短的效果。（二）关于本申请数据量大及数据存在错误的说明。1. 关于数据量大。徐某军长期从事增效助剂的研究和使用普及工作；徐某军担任法定代表人的四川某作物科学有限公司（原四川某化工有限公司）具有固定的研发场所、具有实验并获得实验数据的基础；徐某军所在的公司与多家农业研究单位存在长期友好的合作，公司生产的“激健”牌农药增效助剂及其农药施减技术被多个农业研究单位、农业大学选为研究对象，并在多份论文中引用；产品获得权威专家推荐并得到普及推广。2. 关于数据错误。96117683.0号专利记载的增效助剂在半衰期的应用这一构想是由徐某军和山东农业大学王开运教授共同讨论提出，并向西南大学植物保护学院提出了该构想的研究委托，故本申请中的实施例1证据3主要是论证实施例1的半衰期数据的出处，由于该研究报告中的实验例是以“吡虫啉药液量：激健量”进行表述的，此处的吡虫啉药液量是兑水后的量，难以体现农药和增效助剂的关系，因此，徐某军进行了变换表述，在这一变换过程中，徐某军的确存在失误，导致数据填写存在部分笔误。但证据3和本申请实施例1的其他部分，比如实验分析、结论部分，均为一致的，可以印证本申请实施例具有真实的实验出处。同时，本申请为一种定性结论申请，在最终的实验数据结论与证据3保持一致的情况下，部分笔误不应作为否定最终定性结论的主要依据。

国家知识产权局辩称：坚持被诉决定中的意见，一审判决认定事实清楚，适用法律法规正确，审理程序合法，请求驳回上诉，维持原判。事实和理由为：（一）关于权利要求1不具备新颖性的认定是否缺乏事实和法律依据。徐某军的上诉主张意欲说明对比文件1未公开或教导增效助剂能够缩短农药半衰期。但需要说明的是，由于本申请说明书数据真实性存疑，本领域技术人员根据说明书的记载以及其掌握的普通技术知识，均无法确认本申请所述的增效助剂是否能够缩短作物体内残留农药半衰期和/或完全降解时间，故该技术效果在新颖性和创造性判断中不应予以考虑。被诉决定已详细指出本申请实验数据不具备真实性的四个方面。对比文件中所记载的、包括对比例在内的所有内容，均为该现有技术公开的内容。在此基础上，对比文件1已经公开了权利要求 1 的其他全部技术特征，因此权利要求 1 不具备新颖性。（二）关于本申请样本数据量大和数据错误的问题。本申请样本量过大，成本过高，工作量巨大，不符合一般实验规律。本申请实施例 1 包括 14 个处理，每个处理 3 次重复，总计却使用了 294 个小区；每个小区药后要于 2h、1d、3d、5d、7d、9d 和 14d 的 7 个时间段分别采样，每次 2 株。总计样品 294 * 7 = 2058 份，共涉及 294 * 7 * 2 = 4116 株。之后每份样品经过前处理后进行柱色谱检测。同时间段待检测样本量为 294 份。实施例 5-7 更是涉及多种不同的农药对于不同靶标的作用，虽涉及不同年份，但操作难度、成本、工作量均较高。另外，徐某军基于对“激健”的研究合作和普及推广来证明本申请数据量大的合理性。但是，目前证据并不能证明所谓“激健”牌农药增效助剂即为本案所用助剂，二者不存在明显的关联性。关于本申请的数据错误问题，第一，证据 4 拟证明的笔误日期与实验起始时间及报告完成时间均无关系，在此基础上无从得知这一日期究竟是真的笔误还是其他原因；此外，证据 4 关于实验起始时间的说明与徐某军在答复复审通知书时的主张相矛盾，后者明确说明证据 3 于 2013 年至 2016 年历时三年完成。第二，本申请在喷雾量、增效助剂用量等方面均与证据 3 明显不同，不能归属于笔误范畴，而且二者在处理方法上明显不相同，但后续的所有测试结果的实验数据却完全相同，这显然是矛盾的。因此证据 3 无法印证本申请实施例的真实性。

本院二审期间，徐某军向本院提交了成都激健生物科技有限公司出具的说明作为证据 17（编号续前），用于对本申请中的增效助剂的应用情况进行说明。并附两份附件：1. 信件；2. 产品中标通知书。拟证明本申请的产品已得到应用，具备新颖性、创造性。

国家知识产权局质证意见为：徐某军二审提交的证据与本案无关。

本院认证意见为：徐某军二审提交的证据系徐某军担任法定代表人的公司出具的意见，不能作为证明客观事实的证据采纳。两份附件均不能体现与本案争议问题相关的事实，对其不予采信。

本院经审理查明：一审法院认定的事实基本属实，本院予以确认。

另查明：本申请说明书第［0006］段记载：“本发明提出了一种能有效缩短作物体内和/或农产品中残留农药半衰期和/或完全降解时间的降残方法，可适用于缩短包括如粮食、蔬菜、茶叶、烟草、中草药、水果等的作物体内和/或农产品中残留农药半衰期和/或完全降解的时间，并通过大量试验证明了其所具有的有效性和广泛适用性，以达到有效降低和消除农产品中农药的残留。”

对比文件1说明书第［0001］段记载：“本发明涉及的是一种能有效降低水稻、小麦、蔬菜、果树、烟草、中草药、花卉等农作物及存储的农产品中农药残留量的混配方法。”表1显示，序号为1.12的施用方式为48%毒死蜱乳油40毫升/亩（50%常规量）+增效助剂A（12毫升/亩），药后14天或末次防治效果90.5%，施药后14天残留量毒死蜱为0.23毫克/公斤。

二审询问时，徐某军表示，如权利要求1不具备新颖性，则不再坚持其他权利要求的新颖性或创造性。

本院认为：本案为发明专利申请驳回复审行政纠纷。本申请的申请日在2008年修正的专利法施行日（2009年10月1日）之后、2020年修正的专利法施行日（2021年6月1日）之前，本案应适用2008年修正的专利法。本案二审争议焦点问题是：本申请权利要求1是否具备新颖性。

专利法第二十二条第二款规定：“新颖性，是指该发明或者实用新型不属于现有技术；也没有任何单位或者个人就同样的发明或者实用新型在申请日以前向国务院专利行政部门提出过申请，并记载在申请日以后公布的专利申请文件或者公告的专利文件中。”判断发明或者实用新型专利的新颖性适用单独对比的原则。被审查的发明或者实用新型专利与现有技术或者申请日前由任何单位或者个人向专利局提出申请并在申请日后（含申请日）公布或公告的发明或者实用新型的相关内容相比，如果其技术领域、所解决的技术问题、技术方案和预期效果实质上相同，则认为两者为同样的发明或者实用新型。

本案中，本申请权利要求1的主题名称为增效助剂在缩短作物体内残留农药半衰期和/或完全降解时间方面的应用，其要求保护一种产品的应用，而非产品本身。权利要求1具体限定了农药制剂与增效助剂组成的混合物的施用时机是在农作物全生育期内或播种前，施用方式和频率是以常规方式至少施用一次，施用的产品为常规用量45%~100%的农药制剂与增效助剂组成的可施用形式的混合物，其中农药制剂/增效助剂的比例为每公顷15~45000克或毫升/60~6000毫升，增效助剂为96117683.0号专利要求保护的由吐温类表面活性剂和N-R-2-吡咯烷酮组成的混合物。对比文件1表1中序号为1.12的施药方式公开了48%毒死蜱乳油（50%常规用量）+增效助剂A（12m/亩），经换算，1.12中48%毒死蜱乳油的用量为600ml/公顷，增效助剂为180ml/公顷，落在本申请权利要求1的数值范围内。此外，对比文件1

将农药施用于水稻，必然是在农作物的全生育期内或播种前至少施用一次，且施用方式并无特殊之处。可见，对比文件 1 已经公开了本专利权利要求中限定的施用时机、施用方式和频率、施用对象的全部技术特征。本案仅涉及新颖性评价，尽管对比文件 1 表 1 中序号为 1.12 的施药方式为对比例，但不影响其客观公开了上述技术特征，亦不影响确认本申请所涉及的产品为已知产品。

对于已知化学产品的用途发明而言，如果一项已知产品的新用途本身是一项发明，则已知产品不能破坏该新用途的新颖性。这样的用途发明属于使用方法发明，因为发明的实质不在于产品本身，而在于如何去使用它。相反，如果要求保护的所谓的已知产品的新用途仅是描述了产品在申请日前未明确公开但本领域技术人员已经能够确定的技术效果，或者仅从不同角度描述或以不同的验证方法验证了申请日前已经能够确定的技术效果，则其本身不构成一项发明，相对于现有技术不具备新颖性。

本案中，本申请说明书明确记载了本申请是为有效降低和消除农产品中农药的残留，这与对比文件 1 的用途并无差别。本申请所称的“作物体内残留农药半衰期和/或完全降解时间”与对比文件 1 公开的施药后 14 天在农作物中的残留量相比，二者存在直接的正相关关系，仅仅是从不同角度、以不同的方法和参数验证了相同产品去除农药残留的效果。在产品组成完全相同的情况下，即便本申请验证了作物体内残留农药半衰期和/或完全降解时间，也不因此限定而具有新的用途。并且，尽管对比文件 1 表 1 中序号为 1.12 的施药方式为对比例，但并不意味着本申请以农药半衰期和/或完全降解时间表征的降低农药残留的技术效果相对于该对比例降低农药残留的技术效果有所改进。此外，在混合物的成分、比例、用途、效果均已公开的情况下，发现和验证其中的增效助剂所起到的具体作用，也不属于产生新的用途，故亦不会对新颖性的判断产生影响。因此，本申请权利要求 1 的技术方案不具备新颖性。徐某军关于本申请因构成已知化学产品的用途发明而具备新颖性的理由不能成立，本院不予支持。

被诉决定适用专利法第二十二条第二款认为本申请权利要求 1 不具备新颖性，基于上述分析，已可以确认该结论，无须再分析本申请实验数据的真实性，故本院对该具体问题不再予以评述。

二审询问过程中，徐某军明确表示若本申请权利要求 1 不具备新颖性，则其不再坚持其他从属权利要求的新颖性或创造性，经审查，被诉决定对权利要求 2–10 新颖性或创造性认定结论并无不当，本院予以确认。

综上所述，徐某军的上诉请求不能成立，应予驳回。一审判决裁判结果正确。依照《中华人民共和国行政诉讼法》第八十九条第一款第一项之规定，判决如下：

驳回上诉，维持原判。

二审案件受理费 100 元，由徐某军负担。

本判决为终审判决。

审 判 长 崔 宁

审 判 员 顾正义

审 判 员 柯胥宁

二〇二三年十二月七日

法官助理 马光祥

法官助理 杨 莹

书 记 员 陈 琦

9. 包含方法特征的实用新型专利新颖性、创造性判断

——上诉人佛山市南海区德某机械制造有限公司与被上诉人保定市满某纸业有限公司及一审被告国家知识产权局实用新型专利权无效行政纠纷案①

中华人民共和国最高人民法院行政判决书（2021）最高法知行终422号

上诉人（一审第三人、专利权人）：佛山市南海区德某机械制造有限公司。

法定代表人：陆某某，该公司总经理。

委托诉讼代理人：罗晓聪，广州市南锋专利事务所有限公司专利代理师。

被上诉人（一审原告、无效宣告请求人）：保定市满某纸业有限公司。

法定代表人：韩某某，该公司总经理。

委托诉讼代理人：冯靖，广东都汇律师事务所律师。

委托诉讼代理人：齐宏涛，北京华朗律师事务所律师。

一审被告：国家知识产权局。住所地：北京市海淀区蓟门桥西土城路6号。

法定代表人：申长雨，该局局长。

委托诉讼代理人：祁轶军，该局审查员。

委托诉讼代理人：隋璐，该局审查员。

上诉人佛山市南海区德某机械制造有限公司（以下简称德某公司）与被上诉人保定市满某纸业有限公司（以下简称满某公司）及一审被告国家知识产权局实用新型专利权无效行政纠纷一案，涉及专利权人为德某公司、名称为“一种无胶环保封卷的卷筒”的实用新型专利（以下简称本专利）。针对满某公司就本专利提出的无效宣告请求，国家知识产权局作出第41627号无效宣告请求审查决定（以下简称被诉决定），宣告本专利权部分无效，在权利要求1技术方案B及权利要求2中引用技术方案B的技术方案的基础上继

① 本案在年度报告中的位置为第23页。

续维持本专利权有效；满某公司不服，向北京知识产权法院提起诉讼。北京知识产权法院于2020年12月2日作出（2019）京73行初12602号行政判决，判决撤销被诉决定，国家知识产权局针对满某公司就本专利提出的无效宣告请求重新作出审查决定；德某公司不服，向本院提起上诉。本院于2021年4月19日立案后，依法组成合议庭，并于2021年8月5日询问当事人，上诉人德某公司的法定代表人陆某某及委托诉讼代理人罗晓聪，被上诉人满某公司的委托诉讼代理人冯靖、齐宏涛，一审被告国家知识产权局的委托诉讼代理人祁轶军、隋璐到庭参加询问。本案现已审理终结。

本案基本事实如下：本专利系名称为“一种无胶环保封卷的卷筒”的实用新型专利，专利权人为德某公司，专利号为201520898029.6，申请日为2015年11月12日，授权公告日为2016年3月30日。作为本案审查基础的权利要求共2项：

“1. 一种无胶环保封卷的卷筒，包括处于卷筒最外层的卷筒末圈，其特征在于：在靠近该卷筒末圈尾端处沿卷筒轴向方向形成一相对圆周表面突出的压合部，该压合部由卷筒上的一圈或几圈卷纸与该卷筒末圈通过机械层间压合方式共同夹出或挤出形成。

2. 根据权利要求1所述的无胶环保封卷的卷筒，其特征在于：处于压合部外的卷筒末圈的尾端长度为10~30mm。”

2019年2月26日，满某公司请求国家知识产权局宣告本专利权全部无效，理由包括：本专利权利要求1、2不属于实用新型专利权保护的客体，不符合《中华人民共和国专利法》（2008年修订，以下简称专利法）第二条第三款的规定；本专利权利要求1不具备新颖性，不符合专利法第二十二条第二款的规定；本专利权利要求1、2不具备创造性，不符合专利法第二十二条第三款的规定。

满某公司提交的证据包括：证据1：CN101674993A发明专利文件。

2019年9月4日，国家知识产权局作出被诉决定认为：

（一）关于本专利是否属于实用新型专利权的保护客体

本专利要求保护的产品是一种无胶环保封卷的卷筒，根据权利要求1的记载，该卷筒是经过产业方法制造的，具有确定的形状、构造并占据一定空间的实体。虽然权利要求1中出现了“通过机械层间压合方式共同夹出或挤出形成”，但该技术特征系用已知方法的名称对该压合部所包含的一圈或几圈卷纸与该卷筒末圈之间的连接关系作出的限定，不属于对方法本身提出的改进。故本专利权利要求 1 所要求保护的无胶环保封卷的卷筒属于实用新型专利权的保护客体，符合专利法第二条第三款的规定。

（二）关于本专利是否具备新颖性和创造性

1. 关于本专利权利要求 1

本专利权利要求 1 要求保护一种无胶环保封卷的卷筒，其实质上包含了两个技术方案：

技术方案 A：一种无胶环保封卷的卷筒，包括处于卷筒最外层的卷筒末圈，其特征在于：在靠近该卷筒末圈尾端处沿卷筒轴向方向形成一相对圆周表面突出的压合部，该压合部由卷筒上的一圈卷纸与该卷筒末圈通过机械层间压合方式共同夹出或挤出形成。

技术方案 B：一种无胶环保封卷的卷筒，包括处于卷筒最外层的卷筒末圈，其特征在于：在靠近该卷筒末圈尾端处沿卷筒轴向方向形成一相对圆周表面突出的压合部，该压合部由卷筒上的几圈卷纸与该卷筒末圈通过机械层间压合方式共同夹出或挤出形成。

对于本专利权利要求 1 中出现的“夹出”或“挤出”，首先，“夹”和“挤”本身具有特定的技术含义，“夹”是指从两个相对的方向施加压力，使物体固定不动；“挤”是指物体紧紧靠拢在一起。其次，根据本专利说明书实施例 1 的记载：“该压合部 5 参见图 2、图 3、图 4、图 5 所示，由卷筒上的一圈或几圈卷纸 4 与该卷筒末圈 2 通过机械层间压合方式共同夹出或挤出形成”“卷筒继续转动，当卷筒末圈 2 的尾端 2a 到达机械层间压合机构便于操作的位置时，机械层间压合机构的模头 3 向卷筒圆周表面伸出，并将处于卷筒上的一圈或几圈卷纸 4 与该卷筒末圈尾端 2a 附近的卷纸一起夹挤住，使这几圈卷纸共同向相对于卷筒圆周表面突出，形成突出的机械压合部 5，从而完成封卷”，本领域技术人员能够确定本专利中出现的“夹出”“挤出”“夹挤”并无实质性差别，均是指从两个相对的方向对卷筒上的一圈或几圈卷纸与该卷筒末圈尾端附近的卷纸施加压力，使其机械层间压合在一起。

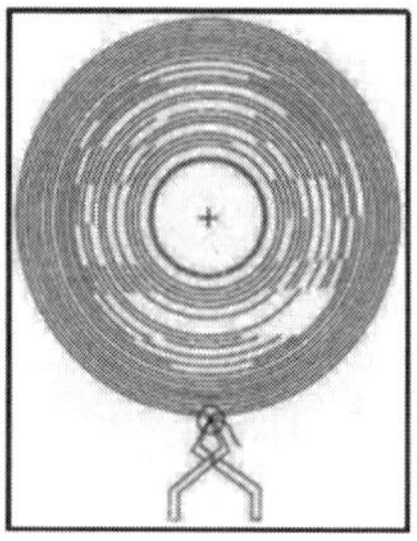

图 2

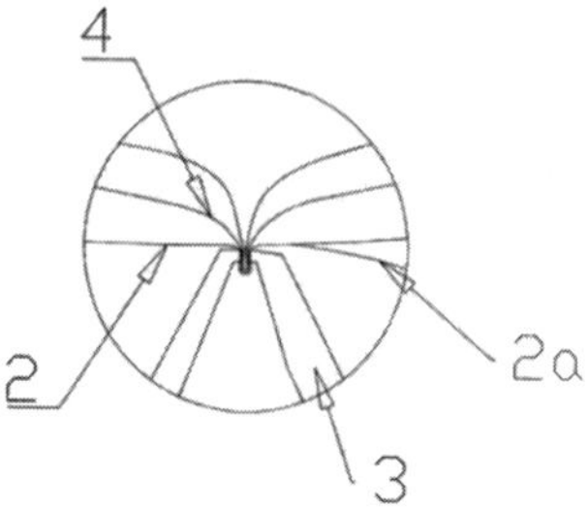

图 3

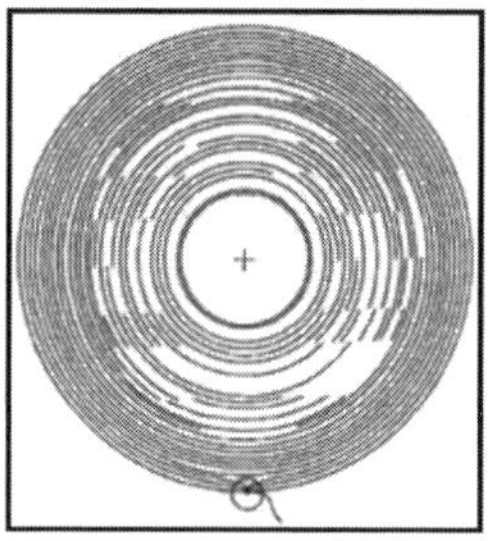

图 4

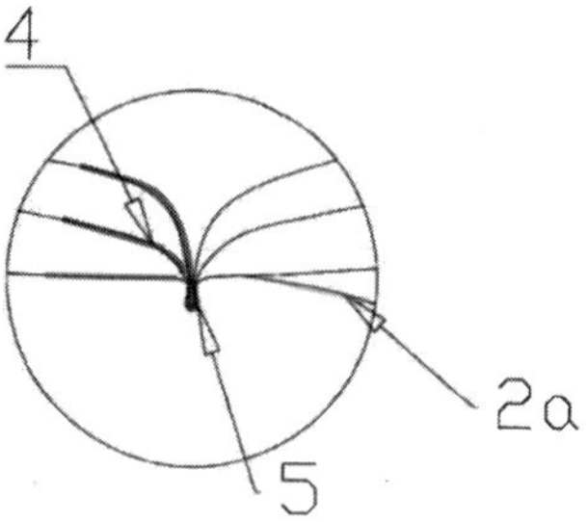

图 5

证据 1 公开了一种封闭幅状材料的卷筒的尾端的方法和装置及得到的卷筒，与本专利涉及相同的技术领域，其中：证据 1 中的“卷筒 R”对应于本专利的“卷筒”，证据 1 中的“尾端 L”对应于本专利的“卷筒末圈尾端”，证据 1 中通过机械层间结合或紧固而将尾端 L 和折叠部 F 压合在一起形成的具有三层结构的“接头”对应于本专利的“压合部”。

将本专利权利要求 1 所要求保护的技术方案 A 与证据 1 公开的技术内容进行比对，二者的区别实质上在于压合部的机械层间压合方式有所不同：在本专利中，压合部由卷筒上的一圈与末圈共同夹出或挤出形成；而在证据 1 中，接头则是通过压力件 91 或 103 对横杆 83 限定的反面施加的高压使尾端 L 机械层间结合到折叠部 F 上。换言之，本专利的压合部是通过从两个相对的方向同时施加压力而形成，而证据 1 中的接头则是通过从一个方向施加压力而形成。由于该区别特征的存在，使得本专利权利要求 1 技术方案 A 与证据 1 公开的技术内容实质上不同，故本专利权利要求 1 技术方案 A 具备新颖性，符合专利法第二十二条第二款的规定。

对于该区别特征而言，鉴于证据 1 已明确公开通过层间结合轮或压力件对横杆 83 限定的反面施加高压使尾端 L 机械层间结合在折叠部 F 上，本领域技术人员基于证据 1 公开的技术内容容易想到可以采用从两个相对的方向对卷筒上的一圈卷纸与该卷筒末圈尾端附近的卷纸施加压力，将其层压在一起，无须付出创造性劳动，而且该区别特征也未为本专利带来预料不到的技术效果，故本专利权利要求 1 技术方案 A 相对于证据 1 不具有实质性特点和进步，不具备创造性，不符合专利法第二十二条第三款的规定。

本专利权利要求 1 技术方案 B 与证据 1 的区别实质上在于：1. 压合部的卷纸层数不同：在本专利中，该压合部由卷筒上的几圈卷纸与该卷筒末圈通过机械层间压合方式共同夹出或挤出形成，即该压合部由四层以上卷纸形成；而在证据 1 中，接头则是由三层卷纸形成：形成折叠部 F 的两个连续横向窄条和机械连接到该折叠部 F 上的尾端 L。2. 压合部的机械层间压合方式不同：本专利的压合部是通过从两个相对的方向同时施加压力而形成，而证据 1 中的接头则是通过从一个方向施加压力而形成。本专利权利要求 1 技术方案 B 具备新颖性。根据上述区别特征，本专利权利要求 1 技术方案 B 实际解决的技术问题是如何进一步提高压合部的稳固性。

本专利通过采用夹出或挤出的机械层间压合方式可以方便地将卷筒上的几圈卷纸与卷筒末圈尾端附近的卷纸一起夹挤住，从而将四层以上的卷纸压合在一起形成结构更加稳固的压合部，而证据 1 虽然也公开了一种用于加工幅状材料的方法和装置，尤其是一种采用单方向施加高压力的机械层间结合将卷筒的尾端紧固到幅状材料最外圈上的方法和装置，但利用证据 1 公开的方法和装置仅能形成由三层卷纸形成的接头，其并未公开压合部可由四层以上卷纸构成的技术内容，也未公开可以采用夹出或挤出的机械层间压合方式将卷筒上的几圈卷纸与卷筒末圈尾端附近的卷纸一起夹挤住形成由四层以上卷纸构成压合部的技术方案。同时，根据证据 1 说明书记载的“尾端用机械方式紧固到幅状材料的一部分最外圈上，所述部分预先已折叠，形成幅状材料相对于成品卷筒伸出的区域。这使尾端能可靠地紧固到卷绕末圈的幅状材料的中间部分上，且不损坏卷筒内圈的材料”，这种三层卷纸的接头已经“避免了在拆下用常规系统胶粘的尾端时经常遇到的困难”，解决了其所要解决的技术问题，本领域技术人员并没有充分的理由和动机将接头卷纸的层数增加至四层以上，因此，证据 1 也未给出压合部由四层以上卷纸构成以及采用夹出或挤出来替代单方向施加高压力的机械层间压合方式形成由四层以上卷纸构成的压合部以进一步提高压合部的稳固性的启示。

因此，由于上述区别特征 1、2 的存在，使得本专利能够通过较为简单的工序和设备解决上述技术问题，进一步提高了压合部的稳固性，为本专利带来了有益的技术效果。故本专利权利要求1技术方案B相对于证据1具有实质性特点和进步，具备创造性。本专利权利要求1所要求保护的技术方案B相对于证据2、3、4亦具备新颖性和创造性。

2. 关于本专利权利要求2

本专利权利要求2引用权利要求1技术方案A的技术方案不具备创造性，引用权利要求1技术方案B的技术方案具备创造性。

国家知识产权局据此决定：宣告本专利权部分无效，在权利要求1技术方案B及权利要求2中引用技术方案B的技术方案的基础上继续维持本专利权有效。维持有效的权利要求如下：

“1. 一种无胶环保封卷的卷筒，包括处于卷筒最外层的卷筒末圈，其特征在于：在靠近该卷筒末圈尾端处沿卷筒轴向方向形成一相对圆周表面突出的压合部，该压合部由卷筒上的几圈卷纸与该卷筒末圈通过机械层间压合方式共同夹出或挤出形成。

2. 根据权利要求1所述的无胶环保封卷的卷筒，其特征在于：处于压合部外的卷筒末圈的尾端长度为10mm～30mm。”

满某公司不服，向一审法院提起诉讼，一审法院于2019年10月17日立案受理。满某公司诉讼请求：撤销被诉决定，判令国家知识产权局重新作出审查决定。事实和理由为：（一）被诉决定错误认为本专利出现的“夹出”“挤出”“夹挤”具有特定的技术含义。本专利不存在“压合部的机械层间压合方式不同”的实质区别，本专利权利要求1技术方案A不具备新颖性。（二）本专利权利要求1技术方案B与证据1的区别仅在于卷筒上的几圈卷纸与末圈形成压合部，而几圈卷纸形成的压合部比一圈卷纸形成的压合部更稳固可靠是公知常识，本专利权利要求1技术方案B不具备创造性。（三）本专利权利要求2的附加技术特征被证据1公开，本专利权利要求2也不具备创造性。

国家知识产权局辩称：坚持被诉决定的意见。

德某公司述称：被诉决定认定事实清楚，适用法律正确，审查结论正确，请求法院判决驳回满某公司的诉讼请求。

一审法院经审理认定了上述事实。

一审法院认为：根据各方当事人的诉辩主张，本案争议焦点为：（一）本专利权利要求1技术方案A是否符合专利法第二十二条第二款关于新颖性的规定；（二）本专利权利要求1技术方案B是否符合专利法第二十二条第三款关于创造性的规定。

（一）关于本专利权利要求 1 技术方案 A 是否符合专利法第二十二条第二款关于新颖性的规定

首先，结合本专利说明书和附图的记载可以看出，本专利说明书只公开了“使用机械层间压合机构的模头 3 将处于卷筒上的一圈或几圈卷纸 4 与该卷筒末圈尾端 2a 附近的卷纸一起夹挤住”这一种夹挤实施例，即，就本专利而言，“夹出”与“挤出”实际对应的是同一实施例。本专利的“夹出”“挤出”“夹挤”限定了其使用特定的模头 3 的具体夹挤方式，具有特定的技术含义。

其次，本专利说明书第［0018］段记载：“机械层间压合机构的模头 3 向卷筒圆周表面伸出，并将处于卷筒上的一圈或几圈卷纸 4 与该卷筒末圈尾端 2a 附近的卷纸一起夹挤住，使这几圈卷纸共同相对于卷筒圆周表面突出，形成突出的机械压合部 5，从而完成封卷。”对应本专利权利要求 1 技术方案 A，本专利的压合部是由卷筒上的一圈卷纸与该卷筒末圈通过机械层间压合方式共同夹出或挤出形成。而证据 1 的接头是通过压力件 91 或 103 对横杆 83 限定的反面施加的高压使尾端 L 机械层间结合到折叠部 F 上。即本专利的压合部是从两个方向相对夹挤形成的，而证据 1 是从一个方向施加压力而形成的，压合部的形成过程和方式存在区别。

因此，本专利权利要求 1 技术方案 A 与证据 1 属于实质不同的技术方案，国家知识产权局认定本专利权利要求 1 技术方案 A 相对于证据 1 具备新颖性，结论正确，依法应予支持。

（二）关于本专利权利要求 1 技术方案 B 是否符合专利法第二十二条第三款关于创造性的规定

一审法院认可被诉决定关于本专利权利要求 1 技术方案 B 与证据 1 的区别特征的认定，即二者区别在于：1. 压合部的卷纸层数不同；2. 压合部的机械层间压合方式不同。

对于上述区别特征 2，一审法院认为，压合部的机械层间压合方式属于方法特征，应属本领域已知的方法。并且，如被诉决定所述，“鉴于证据 1 已明确公开通过层间结合轮或压力件对横杆 83 限定的反面施加高压使尾端 L 机械层间结合在折叠部 F 上的技术内容，本领域技术人员基于证据 1 公开的技术内容容易想到可以采用从两个相对的方向对卷筒上的一圈卷纸与该卷筒末圈尾端附近的卷纸施加压力，将其层压在一起，无须付出创造性的劳动”。

因此，上述区别特征 2 对本领域技术人员而言是显而易见的。

对于上述区别特征 1，一审法院认为，虽然证据 1 的接头由三层卷纸形成，且其形成方法与本专利权利要求 1 所述压合部形成方法不同，但是，本专利权利要求 1 所述压合部形成方法应属于本领域已知的方法，因此，在证据 1 已经公开卷纸层数为多层的情况下，本领域技术人员也很容易想到将压合部的卷纸层数设置为多层（即本专利权利要求 1 所述的“几圈”），以使得压合部更为牢固，该压合效果也是可以预期的。因此，上述区别特征 1 对本领域技术人员而言是显而易见的。

综上，一审法院认为，被诉决定关于本专利权利要求 1 技术方案 B 相对于证据 1 具备专利法第二十二条第三款规定的创造性的认定，结论错误，依法应予纠正。基于基本相同的理由，被诉决定关于本专利权利要求 1 技术方案 B 相对于证据 2、证据 3、证据 4 等证据组合方式具备创造性的认定，结论亦有误，依法应予纠正。在此基础上，被诉决定以本专利权利要求 1 技术方案 B 具备创造性而认定权利要求 2 引用技术方案 B 时具备创造性，缺乏事实和法律依据，依法应予纠正。

一审法院依照《中华人民共和国专利法》第二十二条第二款、第三款，《中华人民共和国行政诉讼法》第六十九条之规定，判决：“一、撤销国家知识产权局作出的第 41627 号无效宣告请求审查决定；二、国家知识产权局针对保定市满某公司就第 201520898029. 6 号实用新型专利提出的无效宣告请求重新作出审查决定。案件受理费 100 元，由国家知识产权局负担。”

德某公司不服一审判决，向本院提起上诉，请求：撤销一审判决，改判维持被诉决定。事实和理由为：本专利权利要求 1 技术方案 B 与证据 1 的区别在于：1. 压合部的卷纸层数不同。本专利权利要求 1 技术方案 B 最终形成四层、六层或以上偶数层数的压合部；而证据 1 的压合部只能是三层。本领域技术人员无法根据证据 1 实现压合部卷纸层数的增加，现有技术也不存在技术启示。2. 压合部的机械层间压合方式不同。证据 1 首先在距离卷纸尾端大约一圈的位置形成一个折叠部，然后末圈继续环绕后，令卷纸尾端与该折叠部重合，接着对重合位置进行压合，形成凸起部，其压合的方式是直接对凸起部的表面形成前后压紧；而本专利权利要求 1 是直接将卷筒的末圈卷纸与几圈卷纸的表面压合，在压合的过程中，通过咬合形成一个凸起部，而不是已经形成凸起部后再压合。这一点现有技术没有公开，也没有给出任何技术启示。因此，本专利权利要求 1 技术方案 B 具备创造性。一审判决对此认定错误，应予纠正。

满某公司辩称：(一) 德某公司所主张的本专利权利要求 1 技术方案 B 区别于证据 1 的有关机械层间压合方式的技术特征并未记载在本专利权利要求 1 中，且属于对封卷方法的改进，不是实用新型专利权的保护客体。(二) 被诉决定关于新颖性、创造性的认定缺乏事实与法律依据。被诉决定在关于本专利是否符合实用新型专利权保护客体的问题中，已经认定本专利“通过机械间压合方式夹出或挤出”属于用已知方法的名称对压合部所包含的一圈或几圈卷纸与末圈卷纸之间的连接关系作出的限定，不属于对已知方法的改进，基于此，该已知方法也不会使本专利具备创造性。(三) 本专利权利要求 1 技术方案 B 与技术方案 A 的压合方式相同，一圈或几圈卷纸与末圈卷纸的连接关系也相同，区别仅在于与末圈连接的是一圈卷纸还是几圈卷纸。被诉决定认定本专利权利要求 1 技术方案 A 不具备创造性，技术方案 B 基于同样理由也应认定不具备创造性。综上，请求法院驳回上诉，维持原判。

国家知识产权局述称：坚持被诉决定意见。本领域技术人员没有动机也不可能将证据 1 的技术方案改进成几圈卷纸与末圈卷纸压合，故无法形成本专利权利要求 1 技术方案 B 的卷筒产品。

本案二审期间，当事人均未提交新证据。

本院经审理查明：一审法院认定的事实属实，本院予以确认。

本院另查明：

(一) 本专利说明书记载的内容

“[0002] ……现有的卷筒尾端使用胶水黏合，以保持卷筒的稳定性，但是在用户使用时，由于胶水黏合为不可逆结合，用户需要将尾端从卷筒上撕开，在撕开过程中会破坏与尾端相黏合的卷筒外圈，使尾端的一部分不能正常使用，而且由于胶水有一定的渗透性，一些情况下往往会黏住内层的纸，造成用户需要撕去多层才能使用，不仅浪费材料，而且操作不方便。

……

[0004] 为了解决上述技术问题，本实用新型提供一种既无须采用胶水黏合，又具有稳固的结合力的无胶环保封卷的卷筒。

……

[0008] 由于采用了上述方案，本实用新型在封卷过程中不使用胶水黏合，整个封卷过程只需一次机械层间压合即实现了卷筒的封卷，生产更加便利、省去了使用胶水的成本、使产品更加健康环保。

……

［0015］参见图 4 及图 5 所示，包括处于卷筒最外层的卷筒末圈 2，在靠近该卷筒末圈尾端 2a 处沿卷筒轴向方向形成一相对圆周表面突出的压合部 5，该压合部 5 由卷筒上的一圈或几圈卷纸 4 与该卷筒末圈 2 通过机械层间压合方式共同压出或挤出形成。

……

［0017］S1、自动上料机构承接卷筒生产设备末端供应的卷筒，通过转动将卷筒放置在传送带组件之间，到达预定位置以后，卷筒转动的同时，吹气装置 1 吹气，使卷筒末圈 2 的尾端 2a 脱离卷筒圆周表面，该步骤的目的是找到卷筒末圈 2 的尾端 2a，为下一步骤做好准备；当然，在寻找卷筒末圈的尾端时，也可采用无须使卷筒末圈的尾端脱离卷筒圆周表面，直接通过电子检测装置通过扫描的方式找到该尾端。但是检测装置相对成本较高。

［0018］S2、卷筒继续转动，当卷筒末圈 2 的尾端 2a 到达机械层间压合机构便于操作的位置时，机械层间压合机构的模头 3 向卷筒圆周表面伸出，并将处于卷筒上的一圈或几圈卷纸 4 与该卷筒末圈尾端 2a 附近的卷纸一起夹挤住，使这几圈卷纸共同向相对于卷筒圆周表面突出，形成突出的机械压合部 5，从而完成封卷。”

（二）证据 1 公开的内容

证据 1 公开了一种封闭幅状材料的卷筒的尾端的方法和装置及得到的卷筒。

说明书“背景技术”中记载：在纸加工工业中，需要将卷筒的尾端稳定地紧固到卷筒上，以防止幅状材料意外退卷，并列举了用胶紧固幅状材料的现有技术。

说明书“发明内容”中记载：

“本发明建议一种方法和装置，该方法和装置使在不用胶的情况下能封闭卷好的幅状材料，通常和优选地但不是唯一的薄页纸的卷筒的尾端。

本质上，在一个实施例中，本发明提供一种封闭幅状材料的卷筒的尾端的方法，其中，尾端通过机械层间结合固定到卷筒上。在一实施例中，尾端用机械的方法固定到卷筒的最外圈的一部分幅状材料上。

机械紧固是作为普遍通过机械部件得到的紧固使用。

纸的多层、多张或多片的机械层间结合众所周知。这种技术基于下述事实，即通过将两片或两层尤其是纤维材料制的幅状材料，比如薄页纸或其他类似物叠加，再通过这两层经受高的局部压力，用一种纤维将它们局部结合连接起来……

然而，迄今为止机械层间结合技术仅用来将连续地通过机器，例如通过复卷机或通过压印装置进给的两片幅状材料相互连接。本质上，机械层间结合已用于形成连续的多层制品。

本专利的革新思想是基于采用机械层间结合将卷筒的尾端紧固到卷绕在所述卷筒上的一部分材料上，以便使所述尾端在随后的加工工序中，优选地在成品包装之前都不退卷。”

本院认为：本专利申请日为2015年11月12日，在2008年修正的专利法施行日（2009年10月1日）之后、2020年修正的专利法施行日（2021年6月1日）之前，本案应适用2008年修正的专利法。

本案二审争议焦点问题是：本专利权利要求1要求保护的技术方案B即“一种无胶环保封卷的卷筒，包括处于卷筒最外层的卷筒末圈，其特征在于：在靠近该卷筒末圈尾端处沿卷筒轴向方向形成一相对圆周表面突出的压合部，该压合部由卷筒上的几圈卷纸与该卷筒末圈通过机械层间压合方式共同夹出或挤出形成”是否具备专利法第二十二条第三款规定的创造性。对此，本院认为：

（一）关于含方法特征的实用新型专利新颖性、创造性的判断

本专利为实用新型专利。专利法第二条第三款规定：“实用新型，是指对产品的形状、构造或者其结合所提出的适于实用的新的技术方案。”可见，实用新型专利权的保护客体仅限于对产品的形状、构造或者其结合所提出新的技术方案，不包括对产品的制造方法、使用方法、处理方法以及将产品用于特定用途等提出的新的技术方案。鉴于本专利系卷筒产品的实用新型专利，本专利权的保护客体应当是卷筒本身的形状、构造或其结合，而非生产该卷筒的方法，除非该方法本身导致产品产生特定的形状、构造。

从本专利权利要求1的记载来看，本专利权利要求1所要求保护的技术方案“一种无胶环保封卷的卷筒，包括处于卷筒最外层的卷筒末圈，其特征在于：在靠近该卷筒末圈尾端处沿卷筒轴向方向形成一相对圆周表面突出的压合部，该压合部由卷筒上的一圈或几圈卷纸与该卷筒末圈通过机械层间压合方式共同夹出或挤出形成”既包含产品的形状、构造也包含产品的制造方法。对于此类既包含产品形状、构造，也包含产品制造方法的实用新型专利，在判断其新颖性、创造性时，如果其方法特征能够使产品具有某种特定形状、

构造，则该方法特征对实用新型专利权保护范围具有限定作用。但在进行新颖性、创造性判断时，应当将该方法导致的特定形状、构造与现有技术的形状、构造进行比对，判断其是否被现有技术公开、对本领域技术人员是否显而易见，而非就该方法本身与现有技术的方法进行比对。在考量改进动机时，应立足于现有技术的产品本身，而非制造该产品的方法。只有产品本身的形状、构造或其结合相对于现有技术并非显而易见，才对创造性有贡献；原则上不能仅因其权利要求中包含的方法非显而易见而认定其具备创造性。如果实用新型专利权利要求中的方法特征不会对产品的形状、构造产生影响，则该方法特征对实用新型专利权保护范围原则上不具有限定作用。在进行新颖性、创造性判断时，应当仅就除该方法特征外的有关产品形状、构造的技术特征与现有技术的相关形状、构造进行比对。

本专利权利要求 1 中的“压合部通过机械层间压合方式共同夹出或挤出形成”系对压合部形成方式的限定，其中“机械层间压合”区别于胶水黏合等方式，能够对卷筒的形状、构造产生影响，应认定其对本实用新型专利权的保护范围具有限定作用。关于“夹出或挤出”，由于夹出、挤出、压出、夹挤出等都是机械压合的具体方式，不会对产品的形状、构造产生影响，故其对本实用新型专利权的保护范围不具有限定作用，在判断其新颖性、创造性时不应予以考虑。

（二）关于本专利权利要求 1 技术方案 B 相对于证据 1 的区别特征

基于上述分析，本院认为，本专利权利要求 1 技术方案 B 与证据 1 的区别仅在于压合部的卷纸层数不同：本专利的压合部由卷筒上的几圈卷纸与末圈压合形成；而证据 1 的压合部则是由卷筒上的一圈卷纸与末圈压合形成。

就压合部层数的区别，德某公司主张，除上述具体区别外，还有以下区别：本专利压合部的卷纸层数为四层、六层或以上偶数层；而证据 1 的压合部只能是三层。满某公司则认为，本专利压合部的层数并不必然是偶数层，故不存在该区别。对此，本院认为，实用新型专利权的保护范围以其权利要求的内容为准，说明书及附图用于解释权利要求，原则上不能将仅在说明书及附图中记载的、未载入权利要求的技术特征纳入专利权的保护范围。本案中，首先，本专利权利要求 1 仅限定了靠近卷筒末圈尾端处的压合部由一圈或几圈卷纸与末圈卷纸共同夹出或挤出，并未限定通过什么装置夹挤，更未限定夹挤装置的大小及夹挤的具体位置。即使将本专利说明书记载的内容考虑在内，其也仅记载了通过模头进行夹挤，未记载模头开合的大小及夹挤的具体位置。在这种情况下，会产生两种可能的压合部：1. 当夹头的两端位于卷筒末圈尾端的同侧时，夹挤时末圈卷纸本身形成弯折，其与卷筒的一圈卷纸压合最终形成四层卷纸的压合部，与卷筒的两圈卷纸压合最终形成六层卷纸的压合部，以此类推。2. 当夹头的两端分别位于卷筒末圈尾端的两侧时，夹挤时末圈卷纸本身不形成弯折，其与卷筒的一圈卷纸压合最终形成三层卷纸的压合部，与卷筒的两圈卷纸压合最终形成五层卷纸的压合部，以此类推。可见，本专利权利要求1技术方案B并不必然产生德某公司所主张的四层、六层及以上偶数层数的压合部。

德某公司、被诉决定及一审判决还将压合部机械压合方式的不同作为本专利权利要求1与证据1的区别特征，即本专利的压合部是从两个相对的方向同时施加压力形成，而证据1的压合部则是从一个方向施加压力形成。对此，本院认为，首先，本专利权利要求1中并未记载从两个方向施力进行夹挤。即使说明书中有“机械层间压合机构的模头向卷筒圆周表面伸出，并将处于卷筒上的一圈或几圈卷纸与该卷筒末圈尾端附近的卷纸一起夹挤住，使这几圈卷纸共同向相对于卷筒圆周表面突出，形成突出的机械压合部”的记载，也仅是一个实施例，且说明书明确记载“以上所述仅为本实用新型的优选实施例，并非因此限制本实用新型的专利权范围”。其次，即使本专利权利要求1限定了从两个方向向中间施加压力，其也仅仅是对压合部形成方式的限定，无论是从一个方向施力还是从两个方向施力，均不会对最终形成的压合部以及卷筒的形状、构造产生影响，基于前述对实用新型专利权保护范围的阐述，其对本实用新型专利权的保护范围不具有限定作用。故对德某公司的上述主张及被诉决定、一审判决关于该区别特征的认定，本院不予认可。

德某公司还主张，压合部机械层间压合的方式不同还体现在证据1首先在距离卷纸尾端大约一圈的位置形成一个折叠部，然后末圈继续环绕后，令卷纸尾端与该折叠部重合，接着对重合位置进行压合，形成凸起部，其压合的方式是直接对凸起部的表面形成前后压紧；而本专利权利要求1是直接将卷筒的末圈与几圈卷纸的表面压合，在压合的过程中，通过咬合形成一个凸起部，而不是已经形成凸起部后，再压合。被诉决定也认定，在本专利中，压合部由卷筒上的几圈卷纸与末圈卷纸共同夹出或挤出形成；而在证据1中，压合部则是通过压力件91或103对横杆83限定的反面施加的高压使尾端L机械层间结合到折叠部F上。对此，本院认为，首先，本专利权利要求 1 仅限定压合部由卷筒上的一圈或几圈卷纸与末圈卷纸通过机械层间压合方式形成，并未限定是在压合前先形成折叠部还是在压合过程中形成。最后，德某公司所主张的内容限定的均是压合部的形成方式，该形成方式对产品的形状、构造不会产生影响。即使本专利权利要求 1 对此进行了限定，基于前文所述理由，其对本实用新型专利权的保护范围也不具有限定作用，不应在评价新颖性、创造性时予以考虑。故对德某公司的上述意见，本院亦不予认可。

综上，本专利权利要求 1 技术方案 B 与证据 1 的区别仅在于：本专利的压合部由卷筒上的几圈卷纸与末圈压合形成；而证据 1 的压合部则是由卷筒上的一圈卷纸与末圈压合形成。

（三）关于本专利权利要求 1 技术方案 B 对本领域技术人员是否显而易见

基于上述区别特征，本专利权利要求 1 技术方案 B 相较于证据 1 实际解决的技术问题是，如何进一步提高压合部的稳固性。关于该区别特征对本领域技术人员来说是否显而易见，本院认为，无论是证据 1 还是本专利，设置压合部的目的均在于将卷纸尾端固定，避免卷纸散开。本领域技术人员为了将卷纸尾端更好地固定，有动机改善压合部，提高其稳固性。而在一定厚度内，压合部的层数越多，进行机械层间压合时力的作用空间越大，压合部的结构也越稳固，这是本领域的公知常识。证据 1 也已明确记载，纸的多层、多张或多片的机械层间结合众所周知；机械层间结合已用于形成连续的多层制品。本领域技术人员为了提高压合部的稳固性，取得更好的封卷效果，有动机、也容易想到增加与末圈卷纸压合的圈数，将一圈卷纸与末圈卷纸压合的压合部改进为几圈与末圈压合的压合部，从而得到本专利权利要求 1 技术方案 B 所要求保护的卷筒产品。故本专利权利要求 1 技术方案 B 相对于证据 1 不具有实质性特点和进步，不具备专利法第二十二条第三款所规定的创造性。被诉决定对此认定有误，一审判决判令国家知识产权局重新作出被诉决定并无不当，本院予以确认。

德某公司及被诉决定认为，采用证据 1 的方法和装置仅能形成三层卷纸的压合部，且三层卷纸的压合部已经能够解决胶水黏合的问题，本领域技术人员没有理由和动机将卷纸层数增加至四层以上，证据 1 也未给出压合部由四层以上卷纸构成以及采用夹出或挤出的方式替代单方向施加高压力的机械层间压合方式形成由四层以上卷纸构成的压合部以进一步提高压合部的稳固性的启示。对此，本院认可使用证据 1 所公开的卷纸生产装置及方法无法制造出几圈卷纸与末圈卷纸压合的卷筒，本领域技术人员也没有动机将证据 1 的装置及方法改进为制造几圈卷纸与末圈卷纸压合的装置及方法。但前文已述，本专利为卷筒产品的实用新型专利，在评价本专利的改进动机时，应立足于现有技术的产品本身，而非制造该产品的方法或装置。对于本案来说，应当考虑的是，本领域技术人员为了进一步提高压合部的稳固性，有无动机改进采用证据 1 的装置及方法制造出来的卷筒产品，将一圈卷纸与末圈卷纸压合的卷筒改进为几圈与末圈压合的卷筒；而不是有无动机将证据 1 的制造一圈卷纸与末圈卷纸压合的卷筒的装置或方法改进为制造几圈与末圈压合的卷筒的装置或方法。被诉决定关于“由于区别特征 1 和 2 的存在，使得本专利能够通过较为简单的工序和设备解决了所要解决的技术问题，进一步提高了压合部的稳固性，为本专利带来了有益的技术效果，故本专利权利要求 1 技术方案 B 相对于证据 1 具备创造性”的认定，实际上是将制造本专利产品的方法作为本专利的发明点，认为现有技术未给出该制造方法的技术启示，并据此认定本专利具备创造性。该认定偏离了实用新型专利权保护客体的范围，缺乏事实与法律依据，本院不予认可。

满某公司主张，被诉决定关于本专利是否符合专利法第二条第三款的规定中已经认定“通过机械层间压合方式共同夹出或挤出形成”系用已知方法的名称对该压合部作出的限定，不属于对方法本身提出的改进，在创造性认定中，该方法特征也不能使本专利具备创造性。对此，本院认为，不能因方法本身是已知方法就当然认定具有该方法特征的产品技术方案不具备新颖性和创造性。如果该产品技术方案本身具有区别于现有技术的非显而易见的形状、构造或其组合，则该产品权利要求仍可能具备新颖性、创造性。

基于本院前述关于本专利权利要求 1 与证据 1 不存在压合方式不同的区别特征的认定，本专利权利要求 1 技术方案 A 相对于证据 1 不具备新颖性。虽然当事人未对此提出上诉，但因该认定与二审所争议的本专利权利要求 1 技术方案 B 是否具备创造性的认定密切关联，故本院一并予以纠正。

综上所述，德某公司的上诉请求不能成立，应予驳回；一审判决关于本专利权利要求 1 相对于证据 1 的区别特征的认定及本专利权利要求 1 技术方案 A 具备新颖性的认定虽然有误，但裁判结果正确，应予维持。依照《中华人民共和国行政诉讼法》第八十九条第一款第一项之规定，判决如下：

驳回上诉，维持原判。

二审案件受理费100元，由上诉人佛山市南海区德某机械制造有限公司负担。

本判决为终审判决。

审 判 长 邓 卓

审 判 员 徐 飞

审 判 员 张新锋

二〇二三年六月二十八日

法官助理 胡振芳

书 记 员 张远思

10. 权利要求撰写明显错误对保护范围是否清楚的影响

——上诉人张某与被上诉人国家知识产权局及一审第三人东莞市精某包装机械有限公司实用新型专利权无效行政纠纷案①

中华人民共和国最高人民法院行政判决书（2022）最高法知行终858号

上诉人（一审原告、专利权人）：张某。

委托诉讼代理人：罗江锋，广东三环汇华律师事务所律师。

委托诉讼代理人：钟嘉威，广东三环汇华律师事务所律师。

被上诉人（一审被告）：国家知识产权局。住所地：北京市海淀区蓟门桥西土城路6号。

法定代表人：申长雨，该局局长。

委托诉讼代理人：李华，该局审查员。

委托诉讼代理人：范明瑞，该局审查员。

一审第三人（无效宣告请求人）：东莞市精某包装机械有限公司。住所地：广东省东莞市万江区。

法定代表人：朱某，该公司执行董事兼总经理。

委托诉讼代理人：宋林清，北京星港律师事务所律师。

上诉人张某与被上诉人国家知识产权局、一审第三人东莞市精某包装机械有限公司（以下简称精某公司）实用新型专利权无效行政纠纷一案，涉及专利权人为张某、名称为“全自动拼板式制盒机”的实用新型专利（以下简称本专利）。针对精某公司就本专利提出的无效宣告请求，国家知识产权局作出第49013号无效宣告请求审查决定（以下简称被诉决定），宣告本专利权全部无效；张某不服，向北京知识产权法院提起诉讼。北京知识产权法院于2022年3月24日作出（2021）京73行初10961号行政判决，判决驳回张某的诉讼请求；张某不服，向本院提起上诉，本院于2022年12月7日立案

① 本案在年度报告中的位置为第26页。

后，依法组成合议庭，并于2023年2月14日询问了当事人，上诉人张某的委托诉讼代理人罗江锋、钟嘉威，被上诉人国家知识产权局的委托诉讼代理人李华、范明瑞，一审第三人精某公司的委托诉讼代理人宋林清参加询问。本案现已审理终结。

本案基本事实如下：本专利系名称为“全自动拼板式制盒机”的实用新型专利，专利权人为张某，专利号为201320862896.5，专利申请日为2013年6月26日，授权公告日为2014年7月30日。作为本案审查基础的权利要求为：

“1. 一种全自动拼板式制盒机，包括底板输送喷胶工位（1），该工位的输出端连接着产品成型工位（2）的底板输入端，所述产品成型工位（2）具有左、右两侧板输入端，其分别与左侧板输送立板工位（3）和右侧板输送立板工位（5）的输出端相连接，其特征在于，所述左侧板输送立板工位（3）设置有左立板机构（16），所述右侧板输送立板工位（5）设置有右立板机构（31），左立板机构（16）配置有左立板组件和左托条组件，右立板机构（31）配置有右立板组件和右托条组件。

2. 如权利要求1所述的全自动拼板式制盒机，其特征在于，右侧板输送立板工位（5）设置有右侧板支撑件（29）。

3. 如权利要求2所述的全自动拼板式制盒机，其特征在于，右侧板支撑件（29）上装有右侧板靠板（30）。

4. 如权利要求3所述的全自动拼板式制盒机，其特征在于，右侧板支撑件（29）在内侧或外侧任意一侧或两侧设置有右侧板输送装置。

5. 如权利要求4所述的全自动拼板式制盒机，其特征在于，所述右侧板输送装置设置有导轨副。

6. 如权利要求5所述的全自动拼板式制盒机，其特征在于，所述导轨副为开式直线导轨。

7. 如权利要求6所述的全自动拼板式制盒机，其特征在于，所述导轨副为闭式直线导轨。

8. 如权利要求7所述的全自动拼板式制盒机，其特征在于，所述直线导轨的滑块（47）上设置有底板输送推头组件。

9. 如权利要求8所述的全自动拼板式制盒机，其特征在于，所述直线导轨的滑块（47）上设置有左侧板输送推头组件。

10. 如权利要求9所述的全自动拼板式制盒机，其特征在于，所述直线导轨的滑块（47）上设置有右侧板输送推头组件。

11. 如权利要求 10 所述的全自动拼板式制盒机，其特征在于，所述输送推头组件包括推头（43）即底板输送推头（7）、左侧板输送推头（19）和右侧板输送推头（32）。

12. 如权利要求 11 所述的全自动拼板式制盒机，其特征在于，推头（43）固定安装在推杆（44）上。

13. 如权利要求 12 所述的全自动拼板式制盒机，其特征在于，推杆（44）固定安装在推杆固定座（50）上。

14. 如权利要求 13 所述的全自动拼板式制盒机，其特征在于，推杆固定座（50）固定安装在滑块座（49）上。

15. 如权利要求 14 所述的全自动拼板式制盒机，其特征在于，滑块座（49）底面与滑块（47）相连接。

16. 如权利要求 15 所述的全自动拼板式制盒机，其特征在于，滑块座（49）在任意一侧或两侧设置有皮带夹板（48）。

17. 如权利要求 16 所述的全自动拼板式制盒机，其特征在于，滑块（47）与所述直线导轨的承导件相连接。

18. 如权利要求 17 所述的全自动拼板式制盒机，其特征在于，所述各板件输送装置还包括安装在该装置两端的带传动组件。

19. 如权利要求 18 所述的全自动拼板式制盒机，其特征在于，所述带传动组件包括主动轮（41）、从动轮（45）及环形带（42）。

20. 如权利要求 19 所述的全自动拼板式制盒机，其特征在于，环形带（42）为同步带。

21. 如权利要求 20 所述的全自动拼板式制盒机，其特征在于，所述同步带为单面齿带。

22. 如权利要求 21 所述的全自动拼板式制盒机，其特征在于，所述同步带为双面齿带。

23. 如权利要求 22 所述的全自动拼板式制盒机，其特征在于，环形带（42）为圆形带。

24. 如权利要求 23 所述的全自动拼板式制盒机，其特征在于，环形带（42）为 V 型带。

25. 如权利要求 24 所述的全自动拼板式制盒机，其特征在于，环形带（42）为平型带。

26. 如权利要求 25 所述的全自动拼板式制盒机，其特征在于，皮带夹板（48）固定安装在环形带（42）上。

27. 如权利要求 26 所述的全自动拼板式制盒机，其特征在于，所述带传动组件的动力源为控制电机（40）。

28. 如权利要求 27 所述的全自动拼板式制盒机，其特征在于，控制电机（40）为伺服电机。

29. 如权利要求 28 所述的全自动拼板式制盒机，其特征在于，控制电机（40）为步进电机。

30. 如权利要求 29 所述的全自动拼板式制盒机，其特征在于，所述直线导轨的承导件为滑动摩擦导轨。

31. 如权利要求 30 所述的全自动拼板式制盒机，其特征在于，所述滑动摩擦导轨为圆柱面导轨。

32. 如权利要求 31 所述的全自动拼板式制盒机，其特征在于，所述圆柱面导轨为凸形导轨。

33. 如权利要求 32 所述的全自动拼板式制盒机，其特征在于，所述圆柱面导轨为凹形导轨。

34. 如权利要求 33 所述的全自动拼板式制盒机，其特征在于，所述圆柱面导轨设置有防转结构。

35. 如权利要求 34 所述的全自动拼板式制盒机，其特征在于，所述防转结构为在所述运动件和所述承导件的接触表面上设置平面。

36. 如权利要求 35 所述的全自动拼板式制盒机，其特征在于，所述防转结构为在所述运动件和所述承导件的接触表面上设置凸台。

37. 如权利要求 36 所述的全自动拼板式制盒机，其特征在于，所述防转结构为在所述运动件和所述承导件的接触表面上设置凹槽。

38. 如权利要求 37 所述的全自动拼板式制盒机，其特征在于，所述防转结构为在基本导向面的基础上设置有辅助导向面。

39. 如权利要求 38 所述的全自动拼板式制盒机，其特征在于，所述滑动摩擦导轨为棱柱面导轨。

40. 如权利要求 39 所述的全自动拼板式制盒机，其特征在于，所述棱柱面导轨为三角形导轨。

41. 如权利要求 40 所述的全自动拼板式制盒机，其特征在于，所述三角形导轨为凸形导轨。

42. 如权利要求 41 所述的全自动拼板式制盒机，其特征在于，所述三角形导轨为凹形导轨。

43. 如权利要求 42 所述的全自动拼板式制盒机，其特征在于，所述三角形导轨为对称三角形导轨。

44. 如权利要求 43 所述的全自动拼板式制盒机，其特征在于，所述三角形导轨为不对称三角形导轨。

45. 如权利要求 44 所述的全自动拼板式制盒机，其特征在于，所述棱柱面导轨为矩形导轨。

46. 如权利要求 45 所述的全自动拼板式制盒机，其特征在于，所述矩形导轨为凸形导轨。

47. 如权利要求 46 所述的全自动拼板式制盒机，其特征在于，所述矩形导轨为凹形导轨。

48. 如权利要求 47 所述的全自动拼板式制盒机，其特征在于，所述棱柱面导轨为燕尾形导轨。

49. 如权利要求 48 所述的全自动拼板式制盒机，其特征在于，所述燕尾形导轨为凸形导轨。

50. 如权利要求 49 所述的全自动拼板式制盒机，其特征在于，所述燕尾形导轨为凹形导轨。

51. 如权利要求 50 所述的全自动拼板式制盒机，其特征在于，所述棱柱面导轨为组合式导轨。

52. 如权利要求 51 所述的全自动拼板式制盒机，其特征在于，所述组合式导轨为双三角形导轨。

53. 如权利要求 52 所述的全自动拼板式制盒机，其特征在于，所述组合式导轨为双矩形导轨。

54. 如权利要求 53 所述的全自动拼板式制盒机，其特征在于，所述组合式导轨为三角形和矩形组合导轨。

55. 如权利要求 54 所述的全自动拼板式制盒机，其特征在于，所述组合式导轨为燕尾形和三角形组合导轨。

56. 如权利要求 55 所述的全自动拼板式制盒机，其特征在于，所述组合式导轨为燕尾形和矩形组合导轨。

57. 如权利要求 56 所述的全自动拼板式制盒机，其特征在于，所述直线导轨的承导件为滚动导轨。

58. 如权利要求57所述的全自动拼板式制盒机，其特征在于，所述滚动导轨为滚珠导轨。

59. 如权利要求58所述的全自动拼板式制盒机，其特征在于，所述滚动导轨为滚柱导轨。

60. 如权利要求59所述的全自动拼板式制盒机，其特征在于，所述滚动导轨为滚针导轨。

61. 如权利要求60所述的全自动拼板式制盒机，其特征在于，所述导轨副为磁垫悬浮导轨。

62. 如权利要求61所述的全自动拼板式制盒机，其特征在于，所述磁垫悬浮导轨下部配置有直线电机。

63. 如权利要求62所述的全自动拼板式制盒机，其特征在于，底板输送喷胶工位（1）在导向槽前端设置有调节螺杆（6）。

64. 如权利要求63所述的全自动拼板式制盒机，其特征在于，底板输送喷胶工位（1）在导向槽后端设置有胶枪（13）。

65. 如权利要求64所述的全自动拼板式制盒机，其特征在于，左侧板输送立板工位（3）在左侧板支撑件（21）前端设置有调节螺杆（6）。

66. 如权利要求65所述的全自动拼板式制盒机，其特征在于，右侧板输送立板工位（5）在右侧板支撑件（29）前端设置有调节螺杆（6）。

67. 如权利要求66所述的全自动拼板式制盒机，其特征在于，所述立板组件包括驱动翻转装置。

68. 如权利要求67所述的全自动拼板式制盒机，其特征在于，所述驱动翻转装置包括立板驱动元件（22）。

69. 如权利要求68所述的全自动拼板式制盒机，其特征在于，所述托条组件包括托条驱动元件（23）。

70. 如权利要求69所述的全自动拼板式制盒机，其特征在于，立板驱动元件（22）前端装有立板推杆（33）。

71. 如权利要求70所述的全自动拼板式制盒机，其特征在于，托条驱动元件（23）前端装有托条推杆（34）。

72. 如权利要求71所述的全自动拼板式制盒机，其特征在于，立板推杆（33）与立板摇臂杆（35）之间为铰链连接。

73. 如权利要求72所述的全自动拼板式制盒机，其特征在于，立板摇臂杆（35）另一端与立板主轴（36）之间为过盈配合。

74. 如权利要求 73 所述的全自动拼板式制盒机，其特征在于，立板主轴（36）上开有键槽。

75. 如权利要求 74 所述的全自动拼板式制盒机，其特征在于，立板主轴（36）上装有立板支承件。

76. 如权利要求 75 所述的全自动拼板式制盒机，其特征在于，立板主轴（36）与立板支承件之间为键连接。

77. 如权利要求 76 所述的全自动拼板式制盒机，其特征在于，所述立板支承件上装有立板导向件和导向托条（24）。

78. 如权利要求 77 所述的全自动拼板式制盒机，其特征在于，所述键连接为平键连接。

79. 如权利要求 78 所述的全自动拼板式制盒机，其特征在于，所述平键连接为普通平键连接。

80. 如权利要求 79 所述的全自动拼板式制盒机，其特征在于，所述普通平键为 A 型普通平键。

81. 如权利要求 80 所述的全自动拼板式制盒机，其特征在于，所述普通平键为 B 型普通平键。

82. 如权利要求 81 所述的全自动拼板式制盒机，其特征在于，所述普通平键为 C 型普通平键。

83. 如权利要求 82 所述的全自动拼板式制盒机，其特征在于，所述键连接为半圆键连接。

84. 如权利要求 83 所述的全自动拼板式制盒机，其特征在于，所述键连接为楔键连接。

85. 如权利要求 84 所述的全自动拼板式制盒机，其特征在于，所述键连接为切向键连接。

86. 如权利要求 85 所述的全自动拼板式制盒机，其特征在于，所述键连接为花键连接。

87. 如权利要求 86 所述的全自动拼板式制盒机，其特征在于，所述花键为矩形花键。

88. 如权利要求 87 所述的全自动拼板式制盒机，其特征在于，所述花键为渐开线花键。

89. 如权利要求 88 所述的全自动拼板式制盒机，其特征在于，所述驱动元件为气动执行器。

90. 如权利要求 89 所述的全自动拼板式制盒机，其特征在于，所述气动执行器包括执行机构和调节阀。

91. 如权利要求 90 所述的全自动拼板式制盒机，其特征在于，所述执行机构为活塞式执行机构。

92. 如权利要求 91 所述的全自动拼板式制盒机，其特征在于，所述执行机构为拨叉式执行机构。

93. 如权利要求 92 所述的全自动拼板式制盒机，其特征在于，所述执行机构为齿轮齿条式执行机构。

94. 如权利要求 93 所述的全自动拼板式制盒机，其特征在于，所述驱动元件为电动推杆。

95. 如权利要求 94 所述的全自动拼板式制盒机，其特征在于，所述电动推杆为梯形丝杆式电动推杆。

96. 如权利要求 95 所述的全自动拼板式制盒机，其特征在于，所述电动推杆为滚珠丝杆式电动推杆。

97. 如权利要求 96 所述的全自动拼板式制盒机，其特征在于，所述电动推杆为行星滚珠丝杆式电动推杆。

98. 如权利要求 97 所述的全自动拼板式制盒机，其特征在于，所述电动推杆为直流电机式电动推杆。

99. 如权利要求 98 所述的全自动拼板式制盒机，其特征在于，所述电动推杆为交流电机式电动推杆。

100. 如权利要求 99 所述的全自动拼板式制盒机，其特征在于，所述电动推杆为步进电机式电动推杆。

101. 如权利要求 100 所述的全自动拼板式制盒机，其特征在于，所述电动推杆为伺服电机式电动推杆。

102. 如权利要求 101 所述的全自动拼板式制盒机，其特征在于，所述驱动元件为电液推杆。

103. 如权利要求 102 所述的全自动拼板式制盒机，其特征在于，托条推杆（34）与托条摇臂杆（38）之间为铰链连接。

104. 如权利要求 103 所述的全自动拼板式制盒机，其特征在于，托条摇臂杆（38）上开有轴承孔并装有轴承（39）。

105. 如权利要求 104 所述的全自动拼板式制盒机，其特征在于，托条摇臂杆（38）通过所述轴承（39）与立板主轴（36）相连接。

106. 如权利要求105所述的全自动拼板式制盒机，其特征在于，所述轴承（39）外圈与托条摇臂杆（38）之间为间隙配合。

107. 如权利要求106所述的全自动拼板式制盒机，其特征在于，所述轴承（39）内圈与立板主轴（36）之间为过盈配合。

108. 如权利要求107所述的全自动拼板式制盒机，其特征在于，所述轴承（39）为滚动轴承。

109. 如权利要求108所述的全自动拼板式制盒机，其特征在于，所述滚动轴承为球轴承。

110. 如权利要求109所述的全自动拼板式制盒机，其特征在于，所述滚动轴承为滚子轴承。

111. 如权利要求110所述的全自动拼板式制盒机，其特征在于，所述轴承（39）为滑动轴承。

112. 如权利要求111所述的全自动拼板式制盒机，其特征在于，所述滑动轴承为整体式轴承。

113. 如权利要求112所述的全自动拼板式制盒机，其特征在于，所述滑动轴承为剖分式轴承。

114. 如权利要求113所述的全自动拼板式制盒机，其特征在于，所述滑动轴承为自动调心式轴承。

115. 如权利要求114所述的全自动拼板式制盒机，其特征在于，所述托条摇臂杆（38）另一端装有导向托条（24）。

116. 如权利要求115所述的全自动拼板式制盒机，其特征在于，产品成型工位（2）包括成型机构（14）和组合型腔（4）。

117. 如权利要求116所述的全自动拼板式制盒机，其特征在于，成型机构（14）包括模具（15）。

118. 如权利要求117所述的全自动拼板式制盒机，其特征在于，模具（15）上部设置有直线往复运动机构。

119. 如权利要求118所述的全自动拼板式制盒机，其特征在于，所述直线往复运动机构为曲柄滑块机构。

120. 如权利要求119所述的全自动拼板式制盒机，其特征在于，所述直线往复运动机构为齿轮齿条机构。

121. 如权利要求120所述的全自动拼板式制盒机，其特征在于，所述直线往复运动机构为凸轮机构。

122. 如权利要求 121 所述的全自动拼板式制盒机，其特征在于，所述直线往复运动机构为偏心轮机构。

123. 如权利要求 122 所述的全自动拼板式制盒机，其特征在于，所述直线往复运动机构为槽轮机构。

124. 如权利要求 123 所述的全自动拼板式制盒机，其特征在于，所述直线往复运动机构为液压缸。

125. 如权利要求 124 所述的全自动拼板式制盒机，其特征在于，所述直线往复运动机构为气动缸。

126. 如权利要求 1-125 中任一项所述的全自动拼板式制盒机，其特征在于，所述全自动拼板式制盒机设置有 PLC 即可编程逻辑控制器。

127. 如权利要求 1-125 中任一项所述的全自动拼板式制盒机，其特征在于，所述全自动拼板式制盒机还设置有触摸屏。”

2020 年 9 月 14 日，精某公司请求国家知识产权局宣告本专利权全部无效。口头审理过程中，精某公司明确其主要理由包括：本专利不符合 2008 年修正的《中华人民共和国专利法》（以下简称专利法）第二十六条第三款的规定；本专利权利要求 65-66 保护范围不清楚，不符合专利法第二十六条第四款的规定；本专利权利要求 1-127 不具备创造性，不符合专利法第二十二条第三款的规定。合议组口头审理过程中，告知张某和精某公司，本专利权利要求 7 的附加技术特征与权利要求 6 的附加技术特征矛盾，导致权利要求 7 保护范围不清楚，因此本专利权利要求 7-125，以及权利要求 126-127 中引用权利要求 7-125 的技术方案不清楚，合议组依职权引入该无效理由。

精某公司提交的证据包括：

证据 1：公开日为 1972 年 7 月 4 日、公开号为 US3673928 的美国专利文献的复印件及其中文译文。证据 1 公开了一种用于将单独的零件放在一起以形成容器的机器，图 3-6 和 7-10 示出了将主板 20 和侧板 30 形成为容器 35 的步骤。主板 20 具有底板 21、壁板 22 和顶板 23，底板 21 具有凸缘 24，壁板 22 具有凸缘 25，顶板 23 具有凸缘 26，凸缘 24 和 25 通过机器弯曲并粘接到侧板 30 的表面上。如图 3 所示，主板通过胶合站 50 的驱动辊 40 和 41 移动到成型站 60 中。这些辊由马达 42 通过驱动链 43 和 44 驱动。驱动辊 40 和 41 推动主板 20 通过胶合部分，其中胶水头 51 将胶珠 52 放置在凸缘 24、25 和 26 上。胶水显示为从胶辊 54 以绳索 53 的形式供应到胶头 51 的热熔胶。然而，也可以使用颗粒、块或液体黏合剂。当主板 20 离开驱动辊 40 和 41

时，它被惯性辊 55 向前推，直到它接触开关 56。通过向下偏置的棘爪 57 防止主板 20 从开关 56 弹回并继续惯性辊 55 的正向旋转。这将板 20 保持在心轴 61 和模腔 90 之间的适当位置。心轴 61 具有成形头 62，成形头 62 具有形成容器内部的外形。它具有由外板 64、中心板 65 和侧板 66 连接的面 63，面 63 和外板 64 的边缘 67 以及板 66 的边缘 68 限定了容器的壁的内部尺寸。侧板 30 通过侧板输送机构 70 承载在边缘 67 和边缘 68 上。该机构如图 1 和图 2 所示，侧板在轨道 71 上以直立位置放置，制动器 72 靠在最外的侧板 30 的外表面上，制动器 72 通过砝码 73 向内拉向心轴，砝码 73 连接到心轴上，通过绳索和滑轮机构 74 制动，该机构将确保侧板 30 始终抵靠心轴就位以形成容器。成形头 62 通过杆 80（例如缸 81 中的活塞）移动到模腔 90 中，杆 80 通过一些线性机构朝向和远离模腔移动。杆 80 连接到成形头的中心板 65 上，外引导缸 82 围绕缸 81，缸 81 的外端通过横梁 83 连接到框架 45，空气软管 84 和 85 分别使空气进入和离开缸 81 的外端和内端。通过板 20 对开关 56 的绊动调节阀 86，使得空气通过管线 85 进入气缸 81 的外端，并通过管线 84 从气缸 81 的内端排出。成形头 62 朝向模具移动空腔 90 承载主板 20 和两个侧板 30，保持抵靠边缘 68，进入模腔 90。模腔 90 由内端犁 91，与内端犁 91 对准的外端犁 92 和侧杆 93 组成。成形头 62 移动到模腔 90 中使得主板的壁板 22 接触侧杆 93 并围绕成形头的面 63 向上折叠；挡板 24 与内端犁 91 接触并围绕侧板 30 的下边缘向内折叠；并且翼片 25 与外端犁 92 接触并也向内折叠。在内端犁 91 和成形头之间存在空间，使得襟翼不会折叠成与端板接触。成形头 62 的继续移动使得壁板 22 与成形头的面 63 接触，使得当翼片进入压缩部分时，翼片 26 将与内端犁 91 和外端犁 92 之间的空间对齐。因此，在成形循环期间，翼片 26 不向内折叠。当成形头 62 将容器预制件放置在压缩部分 100 中的位置时，心轴上的臂（未示出）使开关 101（图 11）跳闸，使空气进入压缩单元 103 的气缸 102。气缸 102 是双驱动的，空气以两股气流进入汽缸。第一气流以与心轴移动相同的顺序使活塞 102a 在气缸内移动，使得连接到活塞的压缩构件 104 朝向成形头移动足够大的距离，以使凸缘 24 和 25 保持在壁上形成的一定角度。在一些修改中，压缩构件通常处于该位置，并且不需要移动到该位置。进入气缸 102 的第二气流将压力施加在活塞 102a 和压缩构件 104 上，以将凸缘 24 和 25 压缩并粘附到侧板 30 上。压缩的时间长度由计时器 105 确定（图 11）。侧凸缘 106 将壁板 22 保持在抵靠成形头 62 的位置。

2021 年 3 月 29 日，国家知识产权局作出被诉决定认为：本专利权利要求 7、直接或间接引用权利要求 7 的权利要求 8-125 以及权利要求 126-127 中引用权利要求 7-125 的技术方案保护范围不清楚，不符合专利法第二十六条第四款的规定。本专利权利要求 1-6 以及本专利权利要求 126-127 中引用权利要求 1-6 的技术方案不具备创造性，不符合专利法第二十二条第三款的规定。国家知识产权局据此决定：宣告 201320862896.5 号实用新型专利权全部无效。

张某不服，于法定期限内向一审法院提起诉讼，请求：撤销被诉决定，并责令国家知识产权局重新作出决定。事实和理由为：（一）被诉决定有关本专利权利要求 7-125、权利要求 126-127 中引用权利要求 7-125 的技术方案保护范围不清楚、不符合专利法第二十六条第四款规定的认定错误。（二）被诉决定对本专利权利要求 1 不符合专利法第二十二条第三款规定的认定错误。

国家知识产权局辩称：被诉决定认定事实清楚，适用法律法规正确，程序合法，结论正确，张某的诉讼理由不能成立，应当予以驳回。

精某公司述称：同意国家知识产权局的意见。

一审法院经审理认定了上述事实。

一审法院认为：

本案中，本专利权利要求 6 的附加技术特征是"所述导轨副为开式直线导轨"，权利要求 7 的附加技术特征是"所述导轨副为闭式直线导轨"。而权利要求 7 引用权利要求 6，可见在权利要求 7 中导轨副的形式为开式还是闭式直线导轨并不清楚，导致权利要求 7 的保护范围不清楚。并且，如被诉决定所述，权利要求 21-22 的附加技术特征、权利要求 23-25 的附加技术特征、权利要求 28-29 的附加技术特征、权利要求 32-33 的附加技术特征、权利要求 35-38 的附加技术特征等，均存在类似于权利要求 6-7 的限定方式，从权利要求书的整体来看，上述权利要求存在的问题并不属于能够确定唯一正确的修改方式的明显错误。因此，本专利权利要求 7 以及直接或间接引用权利要求 7 的权利要求 8-125、权利要求 126-127 中引用权利要求 7-125 的技术方案保护范围不清楚，不符合专利法第二十六条第四款的规定。

本案中，本专利权利要求 1 保护一种全自动拼板式制盒机。由证据 1 公开的技术内容可知，证据 1 同样通过全自动拼板方式形成盒机，证据 1 中的主板对应于本专利的底板，证据 1 中具有驱动辊 40 和 41 的胶合站 50 对应于本专利的底板输送上胶工位，但证据 1 中未公开喷胶的上胶方式；证据 1 中的成型站 60 对应于本专利的产品成型工位；证据 1 中对应左、右两侧板 30 的侧板输送机构 70 能够将侧板 30 持续推至成形头 62 的边缘 67 和边缘 68 上并保持直立状态，对应于本专利的左、右侧板输送立板工位；证据 1 中的制动器 72、砝码 73、绳索和滑轮机构 74 能够使侧板保持直立，对应于本专利的左、右立板组件；权利要求 1 中并未对左、右托条组件所承托的对象进行限定，由证据 1 的附图 1-2 可以明显看出，侧板轨道 71 的底部能够对侧板 30 的底部起到承托作用，对应于本专利的左、右托条组件；由证据 1 的工作过程及附图 1-10 可知，证据 1 中的胶合站 50 的输出端连接成型站 60 的主板输入端，成型站 60 具有左、右两侧板输入端，并分别与左、右侧板输送机构 70 的输出端相连接。

关于张某提出的证据 1 是通过边缘 68 来保持左右侧板直立，也就是通过成形模具来保持侧板直立，而非本专利左右侧板输送立板工位的结构，因此证据 1 没有公开左立板机构和右立板机构的主张，一审法院认为，权利要求 1 中的有关“左立板机构”“右立板机构”的特征限定属于以功能或者效果定义的技术特征，其应当理解为包括了本领域技术人员基于现有技术所能够想到的能够实现该功能的所有实施方式。即判断证据 1 是否公开前述特征，主要是看证据 1 所公开的技术方案中所采用的技术手段是否能同样产生权利要求 1 所限定的保持侧板直立的技术效果。对此，证据 1 中记载的“侧板输送机构 70 能够将侧板 30 持续推至成形头 62 的边缘 67 和边缘 68 上”“制动器 72、砝码 73、绳索和滑轮机构 74”“侧板轨道 71 的底部对应侧板 30 的底部”等结构，同样可以起到保持侧板直立的技术效果。因此，张某关于证据 1 没有公开左右立板机构的主张不能成立。

由此，本专利权利要求 1 与证据 1 之间的区别仅在于上胶方式有所不同：本专利权利要求 1 中的上胶方式为喷胶，而证据 1 则以绳索 53 的形式将胶供应到胶头 51 并放置在凸缘 24、25 和 26 上，使用热熔胶，也可以使用颗粒、块或液体黏合剂。对于上述区别，喷胶是本领域常用的上胶方式，用喷胶方式在底板边缘上胶是本领域技术人员容易想到的常规技术手段，也没有取得预料不到的技术效果。本领域技术人员在证据 1 的基础上结合本领域公知常识能够显而易见地获得权利要求 1 的技术方案，本专利权利要求 1 不具有实质性特点和进步，不具备创造性。

就本专利权利要求 2、3 而言，由证据 1 的附图 1-2 可以明显看出，右侧板轨道71的底部能够对侧板30的底部起到承托作用，对应于本专利的右侧板支撑件，轨道71的侧面能够对侧板30两侧起到对齐定位的作用，对应于本专利的右侧板靠板，将轨道71的底部和侧面改造成侧面装在底部上是本领域的常规技术手段，也没有取得预料不到的技术效果。另外，为了将侧板对齐定位，在其侧面设置装在底部支撑件上的靠板也是本领域技术人员常用的技术手段。因此，在其引用的权利要求不具备创造性的情况下，本专利权利要求2-3也不具备创造性。

就本专利权利要求4、5而言，证据1中的右侧板也需要依次向前输送，并在输送时准确定位，在轨道71内侧或外侧任意一侧或两侧设置具有导轨副的右侧板输送装置是本领域技术人员容易想到的常规输送方式，也没有取得预料不到的技术效果。因此，在其引用的权利要求不具备创造性的情况下，本专利权利要求4-5也不具备创造性。

就本专利权利要求6而言，开式直线导轨是本领域常用的直线导轨种类，将导轨副选择为开式直线导轨是本领域技术人员容易想到的，也没有取得预料不到的技术效果。因此，在其引用的权利要求不具备创造性的情况下，本专利权利要求6也不具备创造性。

本专利权利要求126-127引用了权利要求1-125中的任一项。为了实现制盒过程的自动控制并便于指令的输入，采用PLC可编程逻辑控制器和触摸屏是本领域常用的技术手段。因此，在其引用的权利要求1-6不具备创造性的情况下，本专利权利要求126-127中引用权利要求1-6的技术方案也不具备创造性。

由于张某对被诉决定中所涉及的其他内容不持异议，故一审法院对此不再予以评述。

一审法院依据《中华人民共和国行政诉讼法》第六十九条之规定，判决："驳回原告张某的诉讼请求。案件受理费一百元，由张某负担（已交纳）。"

张某不服一审判决，向本院提起上诉，请求：撤销被诉决定及一审判决，责令国家知识产权局重新作出决定并承担诉讼费用。事实和理由为：（一）一审判决关于本专利权利要求7-125、权利要求126-127中引用权利要求7-125的技术方案保护范围不清楚的认定存在错误。本专利权利要求7中的"如权利要求6所述"系撰写申请文件时出现的笔误。（二）证据1未公开本专利权利要求1的左、右立板组件和左、右托条组件，被诉决定关于本专利权利要求1相对于证据1的区别特征认定错误。左、右立板组件和左、右托条组件具有三个功能：一是将侧板立起的机构或组件；二是使侧板保持直立的机构或组件；三是将侧板立起且保持侧板直立的机构或组件，但是证据1中的制动器72、砝码73、绳索和滑轮机构74相互配合仅具有上述功能中的一种功能。（三）一审判决关于本专利权利要求1与证据1上胶方式的不同属于公知常识的认定错误。

国家知识产权局辩称：被诉决定认定事实清楚、适用法律正确、程序合法，请求依法驳回张某的上诉请求，维持一审判决。

精某公司述称：一审判决及被诉决定认定事实清楚、适用法律正确、程序合法，请求维持一审判决。

本案二审期间，当事人均未提交新证据，并均对一审判决关于涉案证据真实性、合法性和关联性的认定不持异议。

经审理查明：一审法院认定的事实属实，本院予以确认。

本院认为：本专利申请日在2008年修正的专利法施行日（2009年10月1日）之后、2020年修正的专利法施行日（2021年6月1日）之前，本案应适用2008年修正的专利法。本案二审争议焦点问题是：（一）本专利权利要求7-127及权利要求126-127中引用权利要求7-125的技术方案的保护范围是否清楚。（二）本专利权利要求1-6和本专利权利要求126-127中引用权利要求1-6的技术方案是否具备创造性。

（一）本专利权利要求7-127及权利要求126-127中引用权利要求7-125的技术方案的保护范围是否清楚

张某上诉主张，一审判决关于本专利权利要求7-125、权利要求126-127中引用权利要求7-125的技术方案保护范围不清楚的认定存在错误。对此，本院认为，专利法第二十六条第四款规定，权利要求书应当以说明书为依据，清楚、简要地限定要求专利保护的范围。权利要求书用文字记载的方式表达技术方案，由于文字记载与技术方案之间天然的差异，因此权利要求的语义是否清楚、是否存在明显错误及内容的具体含义均需从本领域技术人员的角度出发进行确定，从而界定专利权的保护范围。如果本领域技术人员通过阅读本专利权利要求书和说明书能够对权利要求得出确定的解释，包括确定权利要求的撰写存在错误及得出确定的正确内容，则应认为对本领域技术人员来说，专利权的保护范围仍是清楚的。为避免权利保护范围的不当扩大或限缩，确保权利的稳定性，对撰写错误的解释仅能针对明显错误。所谓明显错误是指，对于本领域技术人员来说，如果其根据所具有的普通技术知识在阅读权利要求后能够立即发现某一技术特征存在错误，同时结合其具有的普通技术知识，阅读说明书及说明书附图的相关内容后能够立即确定其唯一的正确答案的错误。具体到本案中，本专利权利要求 5 记载“如权利要求 4 所述的全自动拼板式制盒机，其特征在于，所述右侧板输送装置设置有导轨副”；权利要求 6 记载“如权利要求 5 所述的全自动拼板式制盒机，其特征在于，所述导轨副为开式直线导轨”；权利要求 7 记载“如权利要求 6 所述的全自动拼板式制盒机，其特征在于，所述导轨副为闭式直线导轨。”仅从本专利权利要求 6 和 7 这二者的关系来看，本专利权利要求 6 记载导轨副为“开式直线导轨”，而权利要求 7 引用权利要求 6，但其记载导轨副为“闭式直线导轨”，故本专利权利要求 7 中导轨副的形式到底是开式直线导轨还是闭式直线导轨，可能存在不清楚的问题。但是结合本专利说明书及附图的记载来看，本专利说明书第［0160］段记载，实施例 1 中“所述底板输送装置设置有导轨副，所述导轨副为开式直线导轨”；说明书第［0162］段记载，实施例 2“同实施例 1，所不同的是，所述导轨副为闭式直线导轨”，因此针对本专利权利要求 5 的记载即“右侧板输送装置设置有导轨副”，权利要求 6 和 7 进一步限定了“导轨副”的结构，而根据本专利说明书的记载，导轨副仅有“开式直线导轨”和“闭式直线导轨”两种结构，故在本专利权利要求 6 已经明确限定权利要求 5 中的导轨副为“开式直线导轨”的情况下，本领域技术人员在阅读本专利说明书及附图后，根据本领域普通技术知识，能够确认本专利权利要求 7 的“闭式直线导轨”实质是对权利要求 5 中“导轨副”的具体限定。本专利权利要求 7 中“如权利要求 6 所述”的撰写属于明显错误，权利要求 7 的保护范围对本领域技术人员而言是清楚的。至于本专利权利要求 21-22 的附加技术特征，权利要求 23-25 的附加技术特征，权利要求 28-29 的附加技术特征，权利要求 32-33 的附加技术特征等，均与本专利权利要求 6-7 的引用方式类似，但如前所述，本领域技术人员在阅读本专利权利要求书、说明书及附图后，根据本领域普通技术知识，亦能够确定其保护范围，其保护范围对本领域技术人员而言亦是清楚的。据此，一审判决及被诉决定认为本专利权利要求 7 及直接或间接引用权利要求 7 的权利要求 8-125、权利要求 126-127 中引用权利要求 7-125 的技术方案保护范围不清楚，不符合专利法第二十六条第四款的规定，属于适用法律错误，本院予以纠正。

（2）本专利权利要求 1-6 和本专利权利要求 126-127 中引用权利要求 1

-6 的技术方案是否具备创造性

专利法第二十二条第三款规定：“创造性，是指与现有技术相比，该发明具有突出的实质性特点和显著的进步，该实用新型具有实质性特点和进步。”在判断一项实用新型是否具有实质性特点和进步时，通常第一步应确定最接近的现有技术，即现有技术中与请求保护的实用新型最密切相关的一项技术方案；第二步应确定请求保护的实用新型相对于现有技术的区别特征，并由此确定该实用新型实际解决的技术问题；第三步应从最接近的现有技术和实用新型实际解决的技术问题出发，判断请求保护的实用新型对本领域技术人员来说是否显而易见。

第一，关于与本专利权利要求 1 最接近的现有技术。

本专利权利要求 1 请求保护一种全自动拼板式制盒机，证据 1 公开了一种用于将单独的零件放在一起以形成容器的机器，且公开时间早于本专利的申请日，可以作为本专利权利要求 1 最接近的现有技术，张某对此并未提出异议，本院经审查予以确认。

第二，关于本专利权利要求 1 相对于证据 1 的区别特征和实际解决的技术问题。

被诉决定认定，本专利权利要求 1 相对于证据 1 的区别特征仅在于上胶方式有所不同：本专利权利要求 1 中的上胶方式为喷胶，而证据 1 则以绳索 53 的形式将胶供应到胶头 51 并放置在凸缘 24、25 和 26 上，使用热熔胶，也可以使用颗粒、块或液体黏合剂。

张某上诉主张，证据 1 未公开本专利权利要求 1 的左、右立板组件和左、右托条组件，被诉决定关于本专利权利要求 1 相对于证据 1 的区别特征认定错误。对此，本院认为，专利法第五十九条第一款规定，发明或者实用新型专利权的保护范围以其权利要求的内容为准，说明书及附图可以用于解释权利要求的内容。专利权的保护范围应当以权利要求的内容为根本依据，未写入权利要求的技术特征，在确定权利保护范围时原则上不应予以考虑。虽然专利说明书和附图等可以用来解释权利要求，但是一般不得将仅在说明书中记载而在权利要求中没有记载的内容以解释的名义引入权利要求以限定保护范围。本案中，本专利权利要求 1 记载“左立板机构（16）配置有左立板组件和左托条组件，右立板机构（31）配置有右立板组件和右托条组件”。上述记载并未描述左、右立板组件以及左、右托条组件的具体结构和位置。本专利说明书第［0160］段记载“所述立板组件包括驱动翻转装置，其包括立板驱动元件，所述托条组件包括托条驱动元件，其前端装有立板推杆，所述托条驱动元件前端装有托条推杆，所述立板推杆与立板摇臂杆之间为铰链连接，所述立板摇臂杆另一端与立板主轴之间为过盈配合”，本专利说明书的上述描述仅进一步限定了左、右立板组件和左、右托条组件的组成方式及其和相关组件配合的实施方式，亦没有明确界定左、右立板组件和左、右托条组件的含义。至于张某主张左、右立板组件和左、右托条组件分别能够实现三种功能，但上述功能并未记载于本专利权利要求 1 和说明书中，故其不能用于限定本专利权利要求 1 的保护范围。由于本专利权利要求 1 及说明书并未对左、右立板组件和左、右托条组件的结构和位置进行明确界定，因此被诉决定认为根据本领域技术人员的通常理解，证据 1 的制动器 72、砝码 73、绳索和滑轮机构 74 能够使侧板保持直立，与左、右立板组件所实现的保持侧板直立的技术效果一致，能够对应于本专利的左、右立板组件，侧板轨道 71 的底部能够对侧板 30 的底部起到承托作用，能够对应于本专利的左、右托条组件，并无不当。据此，被诉决定关于本专利权利要求 1 相对于证据 1 的区别特征的认定，并无不当，本院予以支持。鉴于张某上诉未对本专利权利要求 1 实际解决的技术问题提出异议，本院不再予以评述。

第三，关于本专利权利要求 1 要求保护的技术方案对于本领域技术人员而言是否显然易见。

张某上诉主张，本专利权利要求 1 和证据 1 上胶方式的不同不属于公知常识。对此，本院认为，喷胶是本领域常用的上胶方式，用喷胶方式在底板边缘上胶是本领域技术人员容易想到的常规技术手段，也没有取得预料不到的技术效果，故对于张某的该项上诉主张，本院不予支持。

由此，被诉决定及一审判决关于本专利权利要求 1 相对于证据 1 结合本领域公知常识不具备创造性的认定并不无当。至于本专利权利要求 2-6 及本专利权利要求 126-127 中引用权利要求 1-6 的技术方案，鉴于张某对其创造性的认定未提出具体的上诉意见，被诉决定的认定亦无明显不当，故本院不再予以评述。

虽然被诉决定对于本专利权利要求 1-6 和本专利权利要求 126-127 中引用权利要求 1-6 的技术方案不具备创造性的认定正确，但由于被诉决定对于本专利权利要求 7-125 及权利要求 126-127 中引用权利要求 7-125 的技术方案保护范围不清楚的认定错误，故国家知识产权局应当就本专利权利要求 7-125 及权利要求 126-127 中引用权利要求 7-125 的技术方案是否具备创造性重新予以审查。

综上所述，张某的上诉请求部分成立，应予支持。被诉决定及一审判决认定事实清楚，但适用法律错误，应予撤销。根据《中华人民共和国行政诉讼法》第七十条第二项，第八十九条第一款第二项、第三款之规定，判决如下：

一、撤销北京知识产权法院（2021）京73行初10961号行政判决；

二、撤销国家知识产权局第49013号无效宣告请求审查决定；

三、国家知识产权局就东莞市精某包装机械有限公司针对专利号为201320862896.5、名称为“全自动拼板式制盒机”的实用新型专利提出的无效宣告请求重新作出审查决定。

一审案件受理费100元，由国家知识产权局负担。二审案件受理费100元，由国家知识产权局负担。

本判决为终审判决。

审 判 长 岑宏宇
审 判 员 周 觅
审 判 员 孔立明
二〇二三年六月二十日
法官助理 谢 蓉
书 记 员 鞠 雯

附图：

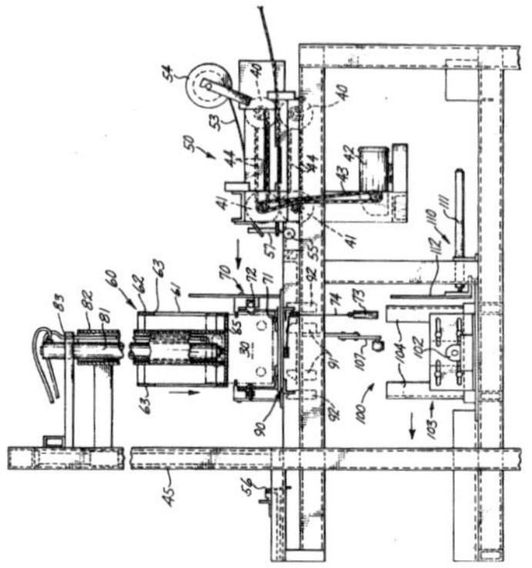

图1

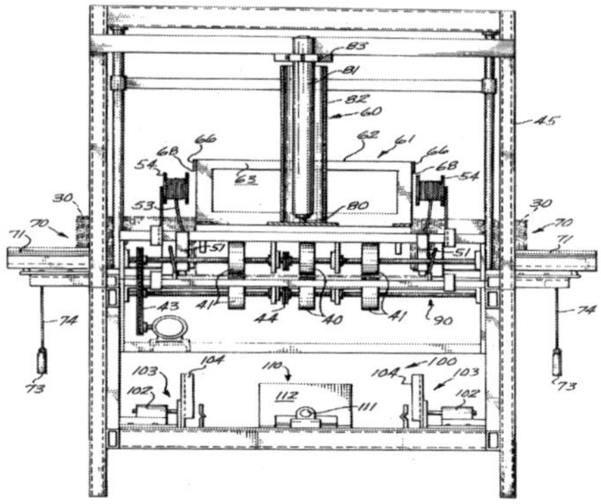

图2

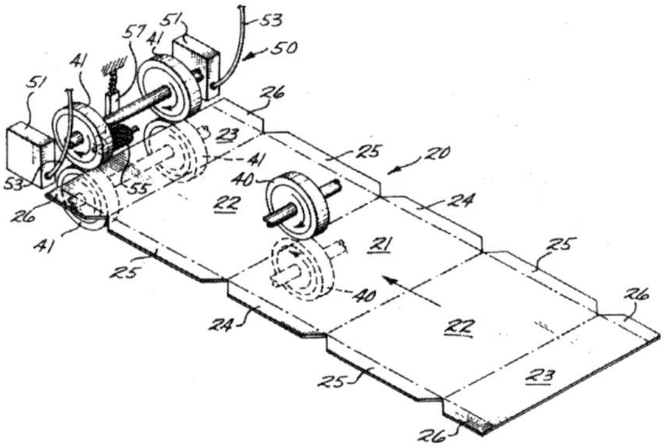
53
50
51
41
57
51
26
23
41
20
25
40
53
55
22
26
24
41
21
25
40
25
26
24
22
25
23
26

图3

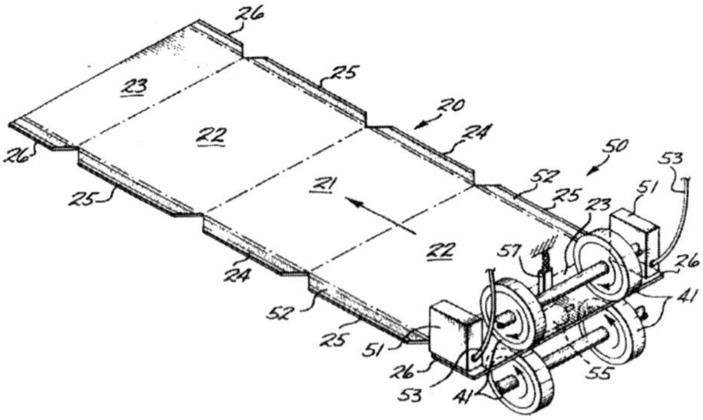
26
25
23
20
22
24
26
50
53
52
25
21
51
25
23
22
57
26
24
41
52
55
25
51
26
53
41

图4

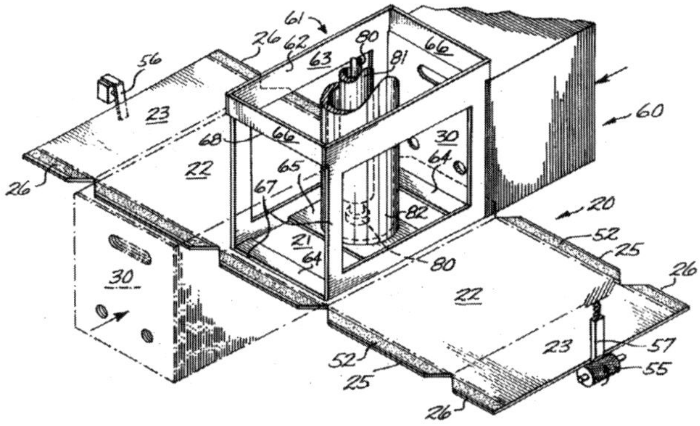
61
26
62
80
66
56
63
81
23
60
68
66
30
22
65
64
26
67
82
20
21
64
80
52
25
26
30
22
57
23
52
55
25
26

图5

23
57
55

图6

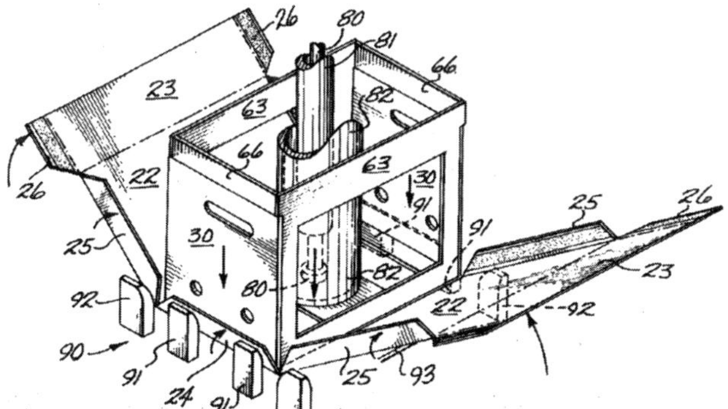
26
80
81
66
23
63
82
26
66
63
22
30
91
25
26
25
30
91
23
92
80
82
22
92
90
91
24
91
25
93

图7

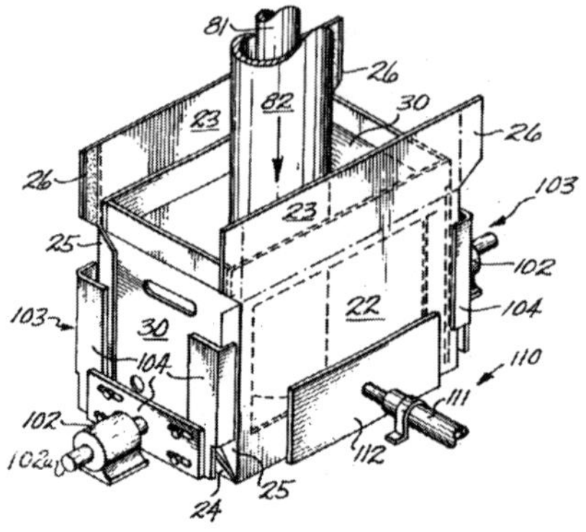
81
26
82
23
30
26
103
26
23
102
25
22
104
103
30
104
110
111
102
112
102a
24
25

图8

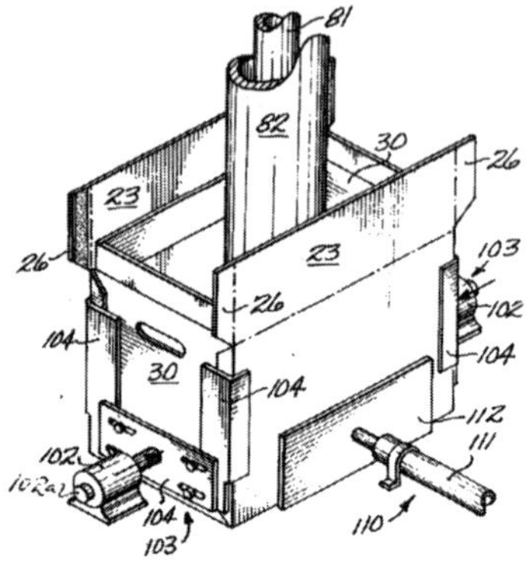
81
82
30
26
23
26
23
103
26
102
104
30
104
104
112
102
111
102a
104
103
110

图9

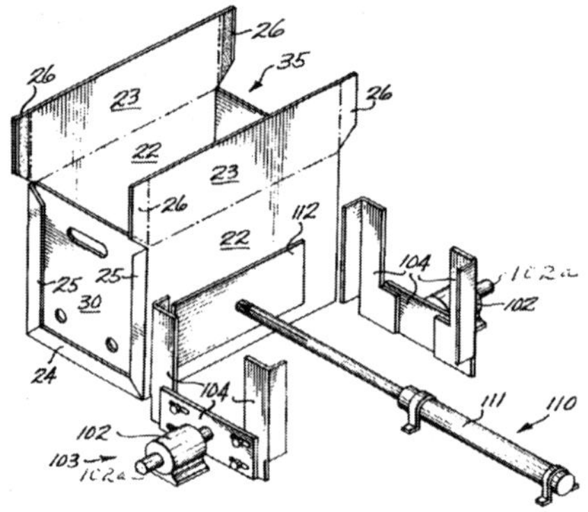
26
35
26
23
26
22
23
26
112
22
104
102a
25
25
102
30
24
104
110
102
111
103
102a

图10

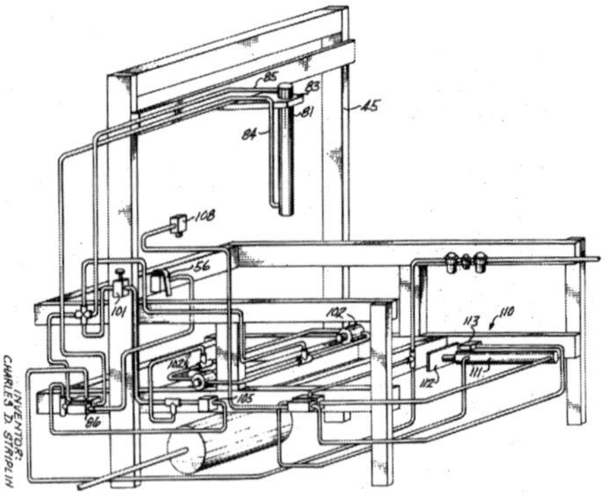
85
83
81
45
84
108
56
101
102
110
113
102
111
112
105
86
INVENTOR:
CHARLES D. STRIPLIN

图11

11. 专利代理机构、专利代理师借用他人名义请求宣告专利权无效的法律后果

——上诉人西安艾某物联网技术服务有限责任公司与被上诉人国家知识产权局及一审第三人张某培实用新型专利权无效行政纠纷案[①]

中华人民共和国最高人民法院行政判决书（2022）最高法知行终716号

上诉人（一审原告、专利权人）：西安艾某物联网技术服务有限责任公司。住所地：陕西省西安市高新技术产业开发区。

法定代表人：王某，该公司执行董事兼总经理。

委托诉讼代理人：赵某，该公司员工。

委托诉讼代理人：孙卫增，陕西增瑞律师事务所律师。

被上诉人（一审被告）：国家知识产权局。住所地：北京市海淀区蓟门桥西土城路6号。

法定代表人：申长雨，该局局长。

委托诉讼代理人：王萌，该局审查员。

委托诉讼代理人：杨静，该局审查员。

一审第三人（无效宣告请求人）：张某培。

上诉人西安艾某物联网技术服务有限责任公司（以下简称艾某公司）与被上诉人国家知识产权局、一审第三人张某培实用新型专利权无效行政纠纷一案，涉及专利权人为艾某公司、名称为“用于停车场控制系统的摄像机及停车场控制系统”的实用新型专利（以下简称本专利）。针对张某培就本专利提出的无效宣告请求，国家知识产权局作出第49746号无效宣告请求审查决定（以下简称被诉决定），宣告本专利权全部无效；艾某公司不服，向北京知识产权法院（以下简称一审法院）提起诉讼。一审法院于2022年7月

---

① 本案在年度报告中的位置为第28页。

28 日作出（2021）京 73 行初 12976 号行政判决：驳回艾某公司的诉讼请求；艾某公司不服，向本院提起上诉。本院于 2022 年 10 月 19 日立案后，依法组成合议庭，并于 2023 年 3 月 23 日进行了询问。艾某公司的法定代表人王某及委托诉讼代理人赵某、孙卫增，国家知识产权局的委托诉讼代理人王萌、杨静到庭参加询问。张某培经本院传票传唤，无正当理由拒不到庭参加询问，依法不影响本案审理。本案现已审理终结。

本案基本事实如下：本专利系名称为“用于停车场控制系统的摄像机及停车场控制系统”的实用新型专利，专利权人为艾某公司，专利号为 201620383079. 5，专利申请日为 2016 年 4 月 28 日，授权公告日为 2016 年 11 月 30 日。作为本案审查基础的权利要求为 2021 年 1 月 20 日修改的文本，内容为：

“1. 一种用于停车场控制系统的摄像机，其特征在于，包括摄像模块及与所述摄像模块连接的通信模块，所述通信模块用于与服务器、道闸、语音提示装置和显示装置连接；其中：所述摄像模块采集进出停车场车辆的图像信息并对车辆图像进行识别，并将所述车牌识别结果和图像信息发送至所述服务器，所述服务器对车牌信息进行权限识别后产生道闸控制信号，将所述控制信号发送至所述通信模块，所述通信模块将所述控制信号转换为开关量信号发送至停车场进出道闸，以控制所述道闸的开/关，并发出相应通讯信号至语音提示装置和显示装置；

所述通信模块包括与服务器连接的通信单元及与道闸、语音提示装置和显示装置连接的信号转换单元；

所述通信单元接收所述服务器发送的控制信号，所述信号转换单元对所述控制信号进行转换，并将转换后的控制信号发送至道闸、语音提示装置和显示装置；

所述信号转换单元为 RS485 转换器和/或 TCP/IP 转换器。

2. 一种停车场控制系统，其特征在于，包括服务器、道闸及如权利要求 1 任一项所述的摄像机，所述服务器和道闸均与所述摄像机的通信模块连接。

3. 如权利要求 2 所述的停车场控制系统，其特征在于，所述停车场控制系统还包括：与所述服务器连接的收费装置；其中：

当车辆驶出停车场时，所述服务器将控制信号发送至所述收费装置，所述收费装置接收所述控制信号结算停车费用，根据结算结果产生结算信号，并将结算信号上传至所述服务器，所述服务器根据结算信号控制所述道闸的开/关。

4. 如权利要求3所述的停车场控制系统，其特征在于，所述停车场控制系统还包括：与所述摄像机连接的语音提示装置；其中：

所述摄像机将接收到的控制信号发送至所述语音提示装置，所述语音提示装置接收所述控制信号，播报车辆停车信息和/或停车场信息和/或警示信息。

5. 如权利要求4所述的停车场控制系统，其特征在于，所述停车场控制系统还包括：与所述服务器连接的云端服务器；其中：

所述服务器将所述图像信息发送所述云端服务器，所述云端服务器从所述图像信息中识别车辆的车牌号码。

6. 如权利要求2至5中任一项所述的停车场控制系统，其特征在于，所述停车场控制系统还包括：与所述摄像机连接的显示装置；其中：

所述摄像机将接收到的控制信号发送至所述显示装置，所述显示装置接收所述控制信号，显示车辆停车信息和/或停车场信息。

7. 如权利要求6所述的停车场控制系统，其特征在于，所述停车场控制系统还包括：与所述摄像机连接的检测装置；其中：

所述检测装置检测到有车辆进出停车场时，向所述摄像机发送图像获取信号。

8. 如权利要求7所述的停车场控制系统，其特征在于，所述显示装置为LED显示屏，所述检测装置为地感线圈。"

2020年10月16日，张某培请求国家知识产权局宣告本专利权利要求全部无效。主要理由包括：本专利原权利要求1不符合2008年修正的《中华人民共和国专利法》（以下简称专利法）第二十六条第四款的规定；原权利要求1-10不符合专利法第二十二条第三款的规定。张某培的委托代理人包括北京某某知识产权代理有限公司（以下简称恒某公司）专利代理师范某详。

张某培提交了如下证据：

证据1：申请公布日为2015年9月23日、申请公布号为CN104933889A的中国发明专利申请文件。其公开了一种应用二维码识别的停车系统（参见证据1说明书第［0003］-［0039］段，附图1-3），由高清摄像头、开关闸控制装置、显示模块、后台数据库服务器组成；高清摄像头内置有通信模块，高清摄像头通过通信模块远程连接后台数据库服务器，高清摄像头输出端连接开关闸控制装置和显示模块；在车辆上加载二维码，车辆到达开关闸时，高清摄像头捕捉到二维码并对二维码进行扫描，高清摄像头通过互联网与后台数据库服务器实现通信数据交换，后台数据库服务器对二维码进行处理识别、记录车辆信息，后台数据库服务器对信息匹配核对一致时，由高清摄像头输出端驱动开关闸控制装置实现开关门闸；所述显示模块包括文字信息以及语音信息。

证据3：申请公布日为2014年5月14日、申请公布号为CN103793969A的中国发明专利申请文件。其公开了一种停车场实时管理系统（参见证据3说明书第［0005］-［0012］段，附图1-2），包括高清相机、图像分析模块、牌号识别模块、网络传输模块和嵌入式主机等，图像分析模块用以对高清相机采集的图像信息进行分析获得驾驶员图像信息和车辆图像信息，牌号识别模块用以根据车辆图像信息获得车辆牌号信息，网络传输模块用以将车辆牌号信息、驾驶员图像信息、车辆图像信息发送至嵌入式主机。

证据5：申请公布日为2014年4月23日、申请公布号为CN103745596A的中国发明专利申请文件。其公开了一种车辆异常通行检测系统和检测方法（参见证据5说明书第［0033］-［0039］段），包括停车场控制器3、管理计算机4、自动道闸5、拍摄模块6等部件，其中明确记载了停车场控制器3和自动道闸5可以并且优选通过开关量方式传递数据，还记载了停车场控制器3和管理计算机4可通过RS-485或TCP/IP方式进行通讯以实时交换数据。

2021年1月20日，艾某公司提交了权利要求书的修改替换页，将原权利要求2、3的附加特征均补入原权利要求1中，并对其他权利要求的引用关系和编号作适应性修改，修改后的权利要求书共包括8项权利要求，形成了上述作为本案审查基础的权利要求。

2021年4月9日，国家知识产权局举行视频远程口头审理，双方当事人均委托代理人出席了本次口头审理。其中，恒某公司专利代理师韩某、张某芳作为张某培的委托代理人参加了本次口头审理。

2021年4月13日，张某培提交了一份具有其签名的书面声明，声明本无效宣告请求的提出是张某培本人的真实意思表示。合议组于2021年4月30日将该声明转送给艾某公司。

2021年4月29日，艾某公司提交了意见陈述书和权利要求书修改对照页，以存在明显笔误为由重新修改了权利要求书，将权利要求1中的“所述车牌识别结果”修改为“识别得到的车牌识别结果”；同时，艾某公司再次对张某身份提出质疑，还认为张某培的三位代理人违反了竞业禁止规定，并提交了相关工作经历说明。

2021 年 5 月 11 日，国家知识产权局作出被诉决定，认为：张某培提出的无效宣告请求符合专利法及《中华人民共和国专利法实施细则》（以下简称专利法实施细则）的规定，应予受理和审查；经审查，张某培代理人的代理资格符合《专利审查指南》（以下简称审查指南）的相关规定。关于创造性，在证据 1 的基础上结合证据 3、证据 5 和本领域的常规技术手段得到本专利权利要求 1 的技术方案，对于本领域技术人员来说是显而易见的，权利要求 1 不具备专利法第二十二条第三款规定的创造性。在直接或间接引用的权利要求 1 不具备创造性的情况下，从属权利要求 2-8 亦不具备创造性。国家知识产权局据此决定：宣告本专利权全部无效。

2021 年 8 月 4 日，艾某公司不服，向一审法院提起诉讼，请求：撤销被诉决定，责令国家知识产权局重新作出无效宣告请求审查决定。事实和理由为：（一）被诉决定程序违法。1. 张某培与其委托代理人范某详为母子关系，故张某培提出本案无效宣告请求并非其真实意思表示，其主体资格不适格。2. 出席无效宣告口头审理程序的张某培委托代理人韩某、张某芳违反从业禁止规定，其代理行为无效，且张某培在无效宣告程序中委托三名代理人，其人数不符合法律规定。3. 作出被诉决定的合议组成员田某、王某与张某培委托代理人范某详曾为同事关系，二人未依法履行回避义务。（二）被诉决定认定错误，应予撤销。1. 被诉决定引用三项现有技术及本领域常规技术手段的结合来评价本专利创造性不符合审查指南规定。2. 被诉决定未根据区别特征确定本专利实际解决的技术问题，直接将现有技术进行拼凑，属于“事后诸葛亮”。3. 本专利相对于现有技术具有实质性特点和进步，具备专利法规定的创造性。

国家知识产权局一审辩称：被诉决定认定事实清楚，适用法律法规正确，审查程序合法，审查结论正确。艾某公司的诉讼理由不能成立，请求驳回艾某公司的诉讼请求。

张某培一审未作陈述。

一审法院经审理基本认定了上述事实。

在一审审理过程中，艾某公司向一审法院提交了以下主要证据：

1. 国家知识产权局发出的无效宣告请求口头审理通知书；

2. 以“范某详知识产权”为关键词的网络检索材料；

3. 以“田某”“王某”为检索词的检索材料；

4. 张某培的授权委托书及书面声明；

5. 关于恒某公司前员工的电话录音及对应文字材料；

6. 关于恒某公司专利代理师韩某、张某芳的个人简介；

7. 国家知识产权局于2021年5月10日发布并施行的《国家知识产权局规范干部配偶、子女及其配偶在专利商标代理机构从业行为的规定》（以下简称规范从业行为规定）；

8. 其他相关材料等。

一审庭审中，艾某公司明确表示对被诉决定认定的权利要求1相对于证据1存在的区别特征并无异议。

一审法院另查明，张某培与其委托代理人范某详为母子关系。范某详于2007年至2012年11月期间曾就职于原国家知识产权局专利复审委员会（以下简称专利复审委员会），并于2014年4月30日从国家知识产权局离职。韩某于2010年7月至2020年12月曾就职于国家知识产权局专利局专利审查协作北京中心。张某芳于2011年3月至2018年12月曾就职于国家知识产权局专利局专利审查协作北京中心。

2021年5月13日，国家知识产权局印发《关于规范辞去公职、退休人员到专利或者商标代理机构任职的规定》（以下简称规范任职规定），其中第二条规定："……专利审查协作中心、商标审查协作机构（简称专利、商标审查协作机构）从事专利、商标初步审查、实质审查、复审和无效宣告审理及其业务管理等工作的人员辞职后，拟到专利或者商标代理机构任职的，应当按照本规定进行规范管理。"第十一条规定："专利、商标审查协作机构应当结合实际情况，履行职工代表大会讨论等法定程序，在与相关人员签订的聘任合同中约定，从事专利、商标初步审查、实质审查、复审和无效宣告审理及其业务管理等工作的人员，在解除劳动关系（含合同期满未续约）两年内，不得作为专利或者商标代理机构的合伙人、股东或者法定代表人，不得在专利或者商标代理机构中从业……"

一审法院认为：

（一）被诉决定是否存在程序违法

首先，关于张某培的请求人资格是否适格的问题。根据专利法第四十五条规定，任何单位或个人均可提出无效宣告请求。张某培在提出无效宣告请求时，向国家知识产权局提交了其身份证复印件和授权委托书，并提交了书面声明，确认提出无效宣告请求系其真实意思表示，故在并无证据表明其不具备民事诉讼主体资格或者提出无效宣告请求违背了其个人意愿的情况下，国家知识产权局受理该无效宣告请求并无不当。此外，法律法规亦并未禁止由近亲属担任无效宣告请求人的委托代理人，因此艾某公司据此主张代理行为违法，于法无据。艾某公司在本案中提交的张某培签名文件、电话录音材料等证据，亦不足以证明张某培提出本案无效宣告请求并非其本人真实意思表示。

其次，关于无效宣告程序中张某培的委托代理人代理行为是否有效的问题。根据查明的事实，虽然无效宣告程序中张某培的委托代理人韩某和张某芳曾先后就职于国家知识产权局专利局专利审查协作北京中心，但国家知识产权局规范任职规定系于 2021 年 5 月 13 日印发，在上述两位委托代理人出席本案口头审理时的 2021 年 4 月 9 日，乃至被诉决定作出时的 2021 年 5 月 11 日，上述规定尚未印发，在案亦无证据表明存在其他针对专利审查协作中心离职人员的从业禁止规定。因此，依据法不溯及既往精神，韩某和张某芳已经进行的代理行为应为有效。此外，参照审查指南第四部分第四章第 3 节规定，参加口头审理的每方当事人及其代理人的数量不得超过四人。由此可见，张某培在无效宣告程序中委托三名代理人并无不当。

最后，关于合议组审查人员是否存在应当回避而未予回避的情形。根据专利法实施细则第三十七条规定，本案张某培的委托代理人之一范某详虽然曾经在专利复审委员会就职，但其在 2014 年即已离职，在案亦无证据表明其与合议组组长田某、主审王某存在可能影响公正审查审理的其他关系；在口审程序中艾某公司亦未针对上述合议组审查人员提出回避请求，故其上述理由不能成立，不予支持。

（二）权利要求 1 是否具备创造性

被诉决定认为权利要求 1 与证据 1 相比，区别特征在于：（1）摄像模块采集车辆的图像信息并对车辆图像进行识别，并将车牌识别结果和图像信息发送至服务器；（2）通信模块将控制信号转换为开关量信号发送至道闸，信号转换单元为 RS485 转换器和/或 TCP/IP 转换器。艾某公司对此并无异议，对此予以确认。

针对区别特征（1），证据 3 公开了一种停车场实时管理系统，包括高清相机、图像分析模块、牌号识别模块、网络传输模块和嵌入式主机等。图像分析模块用以对高清相机采集的图像信息进行分析获得驾驶员图像信息和车辆图像信息，牌号识别模块用以根据车辆图像信息获得车辆牌号信息，网络传输模块用以将车辆牌号信息、驾驶员图像信息、车辆图像信息发送至嵌入式主机。证据3中的高清相机、图像分析模块、牌号识别模块共同相当于本专利中的摄像模块，嵌入式主机相当于本专利中的服务器，公开了由摄像机来识别车牌信息、将车牌信息与图像信息一起发送到服务器，即区别特征(1)，并同样用于车牌识别和车辆情况分析，从而给出了将其应用于证据1以解决相应技术问题的技术启示。

针对区别特征（2），证据5公开了一种车辆异常通行检测系统和检测方法，包括停车场控制器3、管理计算机4、自动道闸5、拍摄模块6等部件。其中明确记载了停车场控制器3和自动道闸5可以并且优选通过开关量方式传递数据，还记载了停车场控制器3和管理计算机4可通过RS-485或TCP/IP方式进行通讯以实时交换数据。此外开关量信号也是简便易行、低成本的控制信号，采用开关量信号作为门闸的控制信号是本领域的常规技术手段，RS485和TCP/IP是标准通信协议、相应的信号转换器也是本领域常规的电路器件。因此，在证据1公开内容的基础上选择开关量信号来开关门闸并选择RS485转换器和TCP/IP转换器作为信号转换单元对于本领域技术人员来说不需要付出创造性劳动。

综上，在证据1的基础上结合证据3、证据5和本领域的常规技术手段得到本专利权利要求1的技术方案，对于本领域技术人员来说是显而易见的，权利要求1不具备专利法第二十二条第三款规定的创造性。

艾某公司主张本专利大大简化了停车管理系统的接线方式和施工运维成本，具有有益的技术效果。对此，根据本专利说明书记载可知，本专利实质上主要体现在将通讯功能加入摄像机，再通过摄像机来控制道闸、语音提示装置和显示装置等装置，而证据1已经公开了这样的系统架构并具有相同的功能和技术效果。艾某公司所认为的有益的技术效果并不会使得本专利因此而具备创造性，亦未产生任何预料不到的技术效果，故对其主张不予支持。

艾某公司主张被诉决定引用三项现有技术及本领域常规技术手段的结合来评价本专利创造性，不符合审查指南的相关规定。参照审查指南第四部分第六章规定，对实用新型专利而言，一般情况下可以引用一项或者两项现有技术评价其创造性，对于由现有技术通过“简单的叠加”而成的实用新型专利，可以根据情况引用多项现有技术评价其创造性。故对于实用新型专利的创造性评价，一般是引用一项或两项现有技术，但如其属于“简单的叠加”情况，则可以视情况引用两项以上的现有技术。本案中，权利要求1相对于证据 1 的两个区别特征，系证据 3 与证据 5 公开的技术特征的叠加，本领域技术人员无须考虑上述技术特征之间的配合关系，而该技术特征的叠加也并未产生预料不到的技术效果，因此，被诉决定将证据 1 与证据 3、证据 5 以及本领域公知常识结合评价权利要求 1 的创造性并无不当。艾某公司的主张不能成立，不予支持。

艾某公司还主张被诉决定未根据区别特征确定本专利实际解决的技术问题，违背创造性评价“三步法”的判断方法。对此，“三步法”是判断权利要求是否显而易见的一种手段和方法，故对于“三步法”的适用，包括“三步法”中每一个步骤的适用，都应当立足并服务于认定发明创造是否显而易见，是否具备创造性这个根本目标。因此，在正确认定区别特征的基础上，即使被诉决定未对“第二步”中的实际解决的技术问题作出认定，亦不必然影响创造性的认定结论，而是应视具体情形进行考量。本案中，艾某公司对被诉决定中认定的区别特征并无异议，且根据上述分析可见，其所取得的亦是相应技术手段的通常效果。在此基础上，即便被诉决定未对发明实际解决的技术问题作出明确记载，但并未对权利要求 1 是否具备创造性的认定结论产生实质性影响。故艾某公司据此请求撤销被诉决定的主张不能成立，不予支持。

鉴于艾某公司并未对被诉决定中有关从属权利要求 2-8 的创造性认定提出具体异议，经审理，被诉决定的相关认定并无明显不当，对此予以确认，不再赘述。

一审法院依据专利法第二十二条第三款、《中华人民共和国行政诉讼法》第六十九条之规定，判决：“驳回原告西安艾某物联网技术服务有限责任公司的诉讼请求。案件受理费一百元，由原告西安艾某物联网技术服务有限责任公司负担（已交纳）。”

艾某公司不服一审判决，向本院提起上诉，请求：1. 撤销一审判决，改判国家知识产权局重新作出无效宣告请求审查决定或将本案发回重审；2. 一、二审案件受理费由国家知识产权局负担。事实和理由为：（一）国家知识产权局作出被诉决定的程序违法。1. 关于张某培的请求人资格是否适格的问题。张某培出生于 1955 年，艾某公司未在网络公开渠道检索到张某培与智慧停车技术相关的信息，故其不可能对智慧停车技术有深刻认识进而提出无效申请。因此，张某培无法真正成为对艾某公司提起专利权无效的适格请求人。2018 年修正的《专利代理条例》第十八条规定：“专利代理机构和专利代理师不得以自己的名义申请专利或者请求宣告专利权无效。”范某详作为专利代理师不能自行请求宣告专利权无效，其变相利用其母亲身份及曾在国家知识产权局工作过的经历优势请求宣告多个专利权无效，达到二十五次以上，这不是《专利代理条例》的应有之义。一审法院没有对上述违法行为进行评价，转而以法律法规并未禁止由近亲属担任无效宣告请求人的委托代理人为由回避问题，从而错误得出艾某公司关于代理行为违法的主张于法无据的结论。2. 关于无效宣告程序中张某培的委托代理人代理行为是否有效的问题。张某培的委托代理人张某芳于 2019 年 8 月从国家知识产权运营公共服务平台离职，韩某于 2020 年 12 月从国家知识产权局专利局专利审查协作北京中心离职。根据审查指南第四部分第一章第 5 节的规定，“专利复审委员会主任或者副主任委员离职后三年内，其他人员离职后两年内，不得代理复审或者无效宣告案件”，同时结合国家知识产权局发布的规范从业行为规定和规范任职规定，各专利审查（协作）中心工作人员皆在这两个规范规定之列。因此，上述两位代理人作为审查指南规定的“其他人员”，均处于两年的从业禁止期，不能作为代理人代理无效宣告案件。一审法院无视该违反竞业限制的行为和该行为可能导致无效宣告请求审核结果的不公正，而以规范任职规定系 2021 年 5 月 13 日印发、法不溯及既往认为该代理行为有效，故意对审查指南的规定不予适用，属于适用法律错误。3. 合议组审查人员存在应当回避而未回避的情形。张某培的代理人范某详在 2007 年至 2012 年期间在专利复审委员会工作，专职从事专利复审和无效的审查工作，2012 年调入国家知识产权局审查业务管理部。范某详和原复审合议组组长田某及主审员王某都曾在专利复审委员会光电学部工作过，艾某公司在复审口审结束时曾经询问过王某审查员，其也承认曾与范某详共事过，根据审查指南的回避制度与从业禁止细则的规定，“复审或者无效宣告案件合议组成员有专利法实施细则第三十七条规定情形之一的，应当自行回避；合议组成员应当自行回避而没有回避的，当事人有权请求其回避”。根据专利法实施细则第三十七条规定，主审员王某与代理人范某详曾经是同事关系，艾某公司有理由怀疑在无效宣告请求审查程序中基于审查员与范某详的同事关系可能会影响案件的公正审查，故复审口审时，合议组成员应当自行回避而没有回避，属于程序违法。而一审法院却以艾某公司在口审程序中未对上述合议组审查人员提出回避请求为由否定艾某公司的主张。艾某公司在口审程序中未对上述合议组审查人员提出回避请求，是因为在此之前艾某公司不清楚主审员王某与代理人范某详的同事关系，艾某公司知道后已第一时间在复审口审程序中提出，且亦向审查员提交了补充意见书，而合议组审查人员明知自身有主动回避的义务，却故意隐瞒，不主动履行回避义务，存在主观过错和审查程序违法。专利法规定的回避条款是为了在审查前防止影响审查结果公正性的情况出现，一审法院却以无证据证明错误结果倒推认定程序正确，是对专利法规定的回避条款的错误解读，故一审法院认定事实、适用法律错误。（二）本专利具备创造性。被诉决定在未确定本专利同最接近的现有技术的区别特征实际解决的问题的情况下，作出了本专利全部权利要求无效的结论，违反审查指南第二部分第四章第 3. 2. 1. 1 节中有关创造性审查的“三步法”规定，而一审法院以结果倒推的方式反驳艾某公司，得出即使被诉决定未对实际解决的技术问题作出认定亦不必然影响创造性认定的结论，是不恰当的。如认可错误的审查方法可得到正确的结果，则审查指南的规定将失去意义，对审查员也会失去约束力。综上，请求依法支持艾某公司的上诉请求。

国家知识产权局辩称：一审判决认定事实清楚，适用法律法规正确，审理程序合法，请求在查明事实的基础上，判决驳回上诉，维持原判。事实与理由为：（一）关于无效宣告程序中张某培的身份问题。当事人在无效案件的立案和审理阶段提交了身份证复印件、委托书、书面声明等材料，在本案提出的无效宣告请求符合专利法及专利法实施细则的规定。审查指南第四部分关于从业禁止的规定仅针对专利复审委员会，本案无效宣告程序中张某培的两位代理人代理行为有效，合议组成员不属于专利法实施细则第三十七条规定的应当自行回避的情形。（二）关于本专利的创造性问题。本专利声称的发明点已经被最接近现有技术公开，区别特征的表述本身就是其所要解决的技术问题，故坚持被诉决定中的意见。

张某培未作陈述。

本院二审期间，艾某公司在二审询问中向本院提交了两份证据：证据 1. 张某培作为无效宣告请求人的专利无效案件信息汇总表；证据 2. 艾某公司被无效的专利统计表。拟证明张某培无效他人专利权的成功率高，与正常的比例不符。

国家知识产权局发表质证意见认为：两份证据均是艾某公司当庭提交的，不是新证据，且与本案无关联，不应予以采信。

张某培发表书面质证意见认为：上述证据与本案无关联，不应予以采信。

本院认证意见如下：艾某公司当庭提交的证据，未在举证期限内提交，应予训诫。两份证据虽系艾某公司自行制作的表格，但其中记载的无效宣告案件信息均系国家知识产权局及专利代理师在相关系统中可查询确认的信息，经查核，相关信息均属实，故本院对上述证据的真实性、合法性予以确认。对其内容与本案的关联性，在裁判理由部分予以分析。

本院经审理查明：一审法院认定的事实基本属实，本院予以确认。

另查明：规范任职规定于2021年5月13日印发，其第十四条规定："本规定自发布之日起施行。原有规定与本规定不一致的，以本规定为准。"

艾某公司提交的专利无效案件信息汇总表所涉无效宣告案件信息显示，2015年12月至2021年2月期间，国家知识产权局受理了以张某培为请求人的25件无效宣告请求，涉及玩具、天线装置、电动汽车、电路、家用电器、按摩器械等，无效宣告请求人的代理机构均为恒某公司，其中部分案件的代理人为范某详。

经询，范某详确认张某培与其系母子关系。

本院认为：本案为实用新型专利权无效行政纠纷。本专利申请日及涉案无效宣告程序的审查期间均在2008年修正的专利法施行日（2009年10月1日）之后、2020年修正的专利法施行日（2021年6月1日）之前，本案应适用2008年修正的专利法。本案二审争议焦点问题是：（一）被诉决定的作出是否违反法定程序；（二）本专利是否具备创造性。

（一）关于被诉决定的作出是否违反法定程序的问题

1. 关于张某培是否有权提起无效宣告请求的问题

《专利代理条例》第十八条规定："专利代理机构和专利代理师不得以自己的名义申请专利或者请求宣告专利权无效。"第二十六条第一款规定："专利代理师有下列行为之一的，由省、自治区、直辖市人民政府管理专利工作的部门责令限期改正，予以警告，可以处5万元以下的罚款；情节严重或者逾期未改正的，由国务院专利行政部门责令停止承办新的专利代理业务6个月至12个月，直至吊销专利代理师资格证：……（五）……以自己的名义申请专利或请求宣告专利权无效。"艾某公司认为张某培无智慧停车的相关技术背景，实际是由专利代理师范某详提起本专利的无效宣告请求，违反了《专利代理条例》第十八条关于专利代理师不得以自己名义请求宣告专利权无效的规定。根据本院查明的事实，张某培与范某详系母子关系，2015年12月至2021年2月期间，国家知识产权局至少受理了以张某培为请求人的25件无效宣告请求，无效宣告请求人的代理机构均为范某详所在的恒某公司，其中部分案件的代理人为范某详。该25件无效宣告请求涉及机械、电学等多个领域中的玩具、天线、电动汽车、家用电器、按摩器等多类装置，并无证据表明张某培具有如此广泛的多领域专业知识和能力，或者其与无效宣告的结果存在利害关系。虽然依法任何人都可以请求宣告专利权无效，并不以具有利害关系为条件，但在审查判断无效宣告请求行为是否违反《专利代理条例》第十八条的规定时，是否具有利害关系等合理理由可以作为重要考量因素。基于现有证据，在张某培对此不能作出合理说明的情况下，可以初步认定上述无效宣告请求系范某详及其所在的专利代理机构恒某公司为规避《专利代理条例》第十八条的规定，以范某详母亲张某培的名义提起的无效宣告请求，该行为涉嫌实质违反《专利代理条例》第十八条的规定。对于实质违反《专利代理条例》第十八条规定的行为，系以合法形式掩盖其规避法律的目的，扰乱专利代理秩序，并可能具有滥用专利权无效宣告程序牟取不当利益的可能，与专利权无效宣告程序发挥社会公众纠错作用的立法目的不符，依法应予规制。但《专利代理条例》第十八条系规范专利代理行为的管理性规定，从该条例第二十六条规定来看，违反第十八条应承担限期改正、警告、罚款乃至吊销专利代理师资格证等行政法律责任，并不当然导致提出无效宣告请求的行为和代理行为溯及既往失去效力。因此，尽管本案存在涉嫌实质违反《专利代理条例》第十八条规定的行为，但无效宣告请求审查程序并不因此构成程序违法。该相关行为可由国务院专利行政部门依法予以查处，本院将有关涉案违法行为线索同步予以移送。

2. 关于无效宣告程序中张某芳、韩某作为代理人的代理行为是否合法的问题

艾某公司主张应参照规范任职规定第二条规定，将无效宣告程序中张某培的委托代理人张某芳和韩某认定为审查指南第四部分第一章第5节规定的其他人员，从而要遵守两年的从业禁止期规定。对此，审查指南第四部分第一章第5节的规定系针对专利复审委员会的工作人员离职后代理复审和无效宣告案件的限制，而本案中张某培在无效宣告程序中的委托代理人未曾在专利复审委员会工作。规范任职规定于2021年5月13日印发施行，而被诉决定的口审时间是2021年4月9日，被诉决定作出时间是2021年5月11日，均在规范任职规定印发公布之前，故不可适用规范任职规定对“其他人员”进行解释，艾某公司的该上诉理由不能成立，不予支持。

3. 关于作出被诉决定的审查员是否应当回避而未回避的问题

艾某公司主张根据专利法实施细则第三十七条第三项规定，审查员王某与张某培的委托代理人范某详曾系同事关系，属可能影响公正审查和审理的审查人员，应当自行回避。对此，范某详在 2012 年 11 月前曾任职于专利复审委员会，2014 年从国家知识产权局离职，不属于审查指南规定的处于从业禁止期的人员，亦无证据证明审查员王某与其有其他利害关系。国家知识产权局认为该种情形不属于应当回避的情形，不违反法律、行政法规和部门规章的规定。艾某公司提交的张某培对他人专利权提起无效宣告请求的审查结果，并不足以说明本案审查人员存在应当回避的情形。因此，艾某公司的该上诉理由不能成立，不予支持。

（二）关于本专利是否具备创造性的问题

专利法第二十二条第三款规定："创造性，是指与现有技术相比，该发明具有突出的实质性特点和显著的进步，该实用新型具有实质性特点和进步。"如果一项权利要求所要求保护的技术方案与最接近的现有技术公开的技术方案相比，虽然存在区别特征，但是区别特征或者被其他现有技术公开并给出应用到最接近的现有技术以解决其存在的技术问题的启示，或者属于本领域解决相应技术问题所采用的常规技术手段，则该权利要求所要求保护的技术方案对本领域技术人员而言是显而易见的，不具有实质性特点，从而不具备创造性。

1. 关于权利要求 1 的创造性问题

被诉决定认定的权利要求 1 与证据 1 之间的区别特征为：（1）摄像模块采集车辆的图像信息并对车辆图像进行识别，并将车牌识别结果和图像信息发送至服务器；（2）通信模块将控制信号转换为开关量信号发送至道闸，信号转换单元为 RS485 转换器和/或 TCP/IP 转换器。艾某公司对此不持异议，本院予以确认。

关于区别特征（1），证据 3 已公开了高清相机、图像分析模块、牌号识别模块和嵌入式主机的基础上，故可认定其公开了本专利中的摄像模块和服务器。证据 3 还进一步公开了由摄像机来识别车牌信息、将车辆信息与图像信息一起发送到服务器，因证据 3 公开的相应技术特征所起到的作用和区别特征（1）在本专利中所起到的作用均是用于车牌识别和车辆情况分析，故证据 3 给出了区别特征（1）的技术启示。

关于区别特征（2），证据 5 公开了一种车辆异常通行检测系统和检测方法，并具体公开了停车场控制器和自动道闸可以并且优选通过开关量方式传递数据，以及停车场控制器和管理计算机可通过 RS485 或 TCP/IP 方式进行通讯以实时交换数据。因开关量信号是一种接通或断开的信号，属于简便易行、低成本的控制信号，故采用开关量信号作为门闸的控制信号是本领域的常规技术手段，而 RS485 或 TCP/IP 是标准通信协议、相应的信号转换器也是本领域常规的电路器件，因此，区别特征（2）对于本领域技术人员而言是显而易见的。

艾某公司主张被诉决定未认定权利要求 1 实际解决的技术问题，系未采用“三步法”对权利要求 1 的创造性予以评述，违反了审查指南的规定，而被诉决定引用证据 1、证据 3 和证据 5 三项对比文件对权利要求 1 的创造性予以评述亦违反了审查指南的规定。对此，首先，《最高人民法院关于审理专利授权确权行政案件适用法律若干问题的规定（一）》第十三条第二款规定：“被诉决定对权利要求实际解决的技术问题未认定或者认定错误的，不影响人民法院对权利要求的创造性依法作出认定。”故被诉决定未认定权利要求 1 实际解决的技术问题不影响本院对其创造性依法作出认定。事实上，被诉决定、一审判决及本院的上述评述也已经考虑区别特征所能达到的技术效果，即区别特征（1）用于车牌识别和车辆情况分析，区别特征（2）为选择具体的控制信号及信号转换器。其次，参照审查指南第四部分第六章第 4 节的规定，在无效宣告程序中，对于实用新型专利而言，一般情况下可以引用一项或者两项现有技术评价其创造性，对于由现有技术通过“简单的叠加”而成的实用新型专利，可以根据情况引用多项现有技术评价其创造性。即在无效宣告程序中，法律、行政法规及部门规章并未禁止引用多项现有技术评价实用新型专利的创造性。在判断实用新型专利创造性时应考虑现有技术之间结合的难度，避免本领域技术人员不需要付出创造性劳动即可叠加多个区别特征的技术方案获得授权。本专利将现有技术中的高清相机、相应模块、控制装置及服务器等现有技术简单叠加，结合常规技术手段得到本专利要求保护的技术方案，并不需要付出创造性劳动，被诉决定引用多项现有技术结合评价本专利请求保护的技术方案，认定本专利不具备创造性，并无不当。因此，艾某公司的相关上诉理由不能成立，本院不予支持。

因此，本专利权利要求 1 相对于证据 1、证据 3、证据 5 和本领域常规技术手段的结合不具备实质性特点，亦未带来足以构成进步的有益技术效果，故不具备创造性。

2. 关于权利要求 2-8 的创造性问题

权利要求 2-8 直接或间接引用权利要求 1，其附加技术特征或已被相应的证据公开或属于本领域常规技术手段，被诉决定已作详细评述，且艾某公司未提出具体的上诉理由，经审查，本院确认在权利要求 1 不具备创造性的情况下，权利要求 2-8 均不具备创造性。

综上所述，艾某公司的上诉请求不能成立，应予驳回。一审判决认定事实清楚，适用法律正确，应予维持。依照《中华人民共和国行政诉讼法》第八十九条第一款第一项之规定，判决如下：

驳回上诉，维持原判。

二审案件受理费 100 元，由西安艾某物联网技术服务有限责任公司负担。

本判决为终审判决。

审 判 长 崔 宁

审 判 员 佘朝阳

审 判 员 柯胥宁

二〇二三年八月三十一日

法官助理 马光祥

书 记 员 陈 琦

12. 专利权属纠纷当事人在专利确权行政纠纷案件中的原告资格

——上诉人浙江春某股份有限公司与被上诉人国家知识产权局、一审第三人赛某科技有限公司实用新型专利权无效行政纠纷案①

中华人民共和国最高人民法院行政裁定书（2022）最高法知行终836号

上诉人（一审原告）：浙江春某股份有限公司。

被上诉人（一审被告）：国家知识产权局。

一审第三人（专利权人）：赛某科技有限公司。

上诉人浙江春某股份有限公司（以下简称春某公司）与被上诉人国家知识产权局及一审第三人赛某科技有限公司（以下简称赛某公司）实用新型专利权无效行政纠纷一案，涉及专利权人为赛某公司、名称为“行驶设备”的实用新型专利（以下简称本专利）。针对案外人叶某清就本专利提出的无效宣告请求，国家知识产权局作出第51851号无效宣告请求审查决定（以下简称被诉决定），宣告本专利权全部无效；春某公司不服，向北京知识产权法院提起诉讼。北京知识产权法院于2022年7月27日作出（2021）京73行初19401号行政裁定，驳回春某公司的起诉；春某公司不服，向本院提起上诉。本院于2022年12月1日立案后，依法组成合议庭，并于2023年8月8日询问当事人。本案现已审理终结。

春某公司向一审法院提起诉讼，一审法院于2021年12月17日立案受理，春某公司起诉请求：1. 撤销被诉决定；2. 判令国家知识产权局针对叶某就本专利权所提出的无效宣告请求重新作出决定。事实和理由：1. 本专利存在权属纠纷，极大可能归春某公司所有，赛某公司认可被诉决定相关认定，变相放弃本专利权，极有可能损害真正权利人的合法权益，春某公司应被认

① 本案在年度报告中的位置为第30页。

定为被诉决定的利害关系人。2. 被诉决定认定本专利权利要求不具备新颖性、创造性，在事实和法律上没有依据，应予撤销。

一审法院认定事实：本专利系专利号为 201920062017.8、名称为“行驶设备”的实用新型专利权（以下简称本专利权），申请日为 2019 年 1 月 14 日，授权公告日为 2019 年 11 月 19 日，专利权人为赛某公司，发明人为徐某、李某某。

2021 年 3 月 10 日，案外人叶某清就本专利权向国家知识产权局提起无效宣告请求，理由为本专利不符合《中华人民共和国专利法》第二十二条第二款及第三款的规定。国家知识产权局受理其无效宣告请求，将无效理由及相关证据转送给了专利权人赛某公司，赛某公司参与了后续口头审理等程序并发表了意见，认为本专利具备新颖性及创造性，应予维持。

2021 年 9 月 8 日，国家知识产权局作出被诉决定，认定本专利权利要求 1-10 不具有新颖性或创造性，宣告本专利权全部无效。

2021 年 9 月 23 日，春某公司以赛某公司、徐某、李某某侵害其商业秘密为由诉至江苏省苏州市中级人民法院，主张徐某、李某某在离职后将其知晓的技术秘密泄露给赛某公司，并申请了本专利权，该案案号为（2021）苏 05 民初 66 号。该案审理过程中，赛某公司的代理人明确表示不准备就被诉决定提起行政诉讼。

春某公司称，其已于 2021 年 10 月 26 日就本专利权在浙江省杭州市中级人民法院另行提起专利权权属纠纷诉讼，并就本专利权申请财产保全，该院已立案并向国家知识产权局发出了《财产保全通知书》。

一审法院认为：《中华人民共和国行政诉讼法》第二十五条第一款规定：“行政行为的相对人以及其他与行政行为有利害关系的公民、法人或者其他组织，有权提起诉讼”。《中华人民共和国行政诉讼法》第四十九条第一项规定，原告是“符合本法第二十五条规定的公民、法人或者其他组织”。据此，原告应当是行政行为的相对人或利害关系人。

被诉行政行为系国家知识产权局针对叶某就赛某公司所有的本专利权所提出的无效宣告请求作出被诉决定的行为，这一行政行为的相对人是叶某及赛某公司，而非春某公司。春某公司不能作为行政行为的相对人提起诉讼，一审法院将进一步分析其是否为行政行为的利害关系人。

一审法院认为，行政行为中的利害关系应当是法律上的利害关系，是行政机关依法作出行政行为时应予考虑保护或不得损害的情形。对利害关系的认定，如一审法院2021年1月26日作出的（2019）京73行初14995号行政裁定之认定，应分为两步走：第一步是查找行政机关在作出被诉决定时所依据的法律规范；第二步是寻找所依据的法律规范中要求行政机关在作出行政行为时考虑、尊重和保护的合法权益，并判断原告诉请的合法权益是否在其中。而在此之前，原告需要证明其确有该合法权益。本案中，春某公司主张的合法权益系本专利权，理由为本专利系赛某公司、徐某某、李某某在侵害春某公司技术秘密的基础上所申请。然而，从春某公司目前所提交的证据来看，赛某公司、徐某某、李某某侵害春某公司技术秘密这一情况并未得到认定，其是否就本专利享有权利仍待另案判决确认，而另案诉讼结果本身具有不确定性。据此，在案证据不足以证明春某公司与被诉决定具有法律上的利害关系，其不能作为利害关系人提起诉讼。

综上，一审法院认为春某公司既非被诉行政行为的相对人，亦非利害关系人，无权就被诉行政行为提起诉讼，其并非本案适格的原告，应当裁定驳回起诉。

一审法院依照《中华人民共和国行政诉讼法》第二十五条第一款、第四十九条第一项，《最高人民法院关于适用〈中华人民共和国行政诉讼法〉的解释》第六十九条第一款第一项之规定，裁定："驳回春某公司的起诉。"

春某公司不服一审裁定，向本院提起上诉。春某公司上诉请求：1. 撤销一审裁定；2. 本案指令一审法院继续审理。主要事实和理由：（一）虽然春某公司是否就本专利权享有权利尚未有生效判决确定，但本专利权本来就存在专利权权属纠纷，极大可能归属于春某公司。春某公司是被诉决定的利害关系人，为维护自身的合法权益，应当有权提起诉讼。（二）目前专利权权属纠纷已经被人民法院裁定驳回起诉，如本案再被驳回起诉，将使春某公司彻底失去救济途径。

国家知识产权局辩称：一审裁定认定事实清楚，适用法律正确，春某公司不具有原告主体资格，一审裁定驳回其起诉应当予以维持。

赛某公司述称：春某公司不具有原告主体资格，一审裁定驳回其起诉应当予以维持。

二审中，当事人均未向本院提交新证据。

一审法院查明的事实基本属实，本院予以确认。

二审法院另查明：生效的最高人民法院（2022）最高法知民终2505号民事裁定载明，春某公司以赛某公司、徐某某、李某某为被告就本专利权提起的专利权权属纠纷一案，江苏省苏州市中级人民法院于2022年6月29日作出（2022）苏05民初496号民事裁定，其认为在诉争专利权被宣告无效的情况下，当事人对争议标的不再具有利害关系，所提起的权属纠纷诉讼不符合民事诉讼受理条件，应当驳回起诉。尽管春某公司已经就该无效宣告决定向北京知识产权法院提起行政诉讼，但参照《最高人民法院关于审理侵犯专利权纠纷案件应用法律若干问题的解释（二）》第二条的相关规定及其立法精神，该案也可先行驳回起诉。后续有证据证明宣告本专利权无效的决定被生效行政判决撤销的，春某公司可以另行起诉。遂裁定驳回春某公司的起诉。春某公司不服，向本院提起上诉。二审裁定认为春某公司对本案诉讼标的具有可争议的受法律保护的利益，即与本案具有直接利害关系。春某公司起诉有明确的被告，有具体的诉讼请求和事实、理由，属于人民法院受理民事诉讼的范围和受诉人民法院管辖。春某公司依法提起本案诉讼，符合法律规定，人民法院应当就其诉讼请求进行实体审理，依法作出实体判决。一审法院认定春某公司与本专利权不具有利害关系，所提起的专利权属诉讼不符合《中华人民共和国民事诉讼法》第一百二十二条规定的起诉条件为由裁定驳回起诉，适用法律存在错误。遂裁定：“一、撤销江苏省苏州市中级人民法院（2022）苏05民初496号民事裁定；二、本案指令江苏省苏州市中级人民法院审理。”

本院认为，综合各方当事人的诉辩意见，本案二审阶段的争议焦点问题是：专利权无效行政纠纷案中的原告主体资格的判断需要以专利权权属纠纷案的裁判结果为依据时，人民法院应当如何处理。

《中华人民共和国行政诉讼法》第六十一条第二款规定：“在行政诉讼中，人民法院认为行政案件的审理需以民事诉讼的裁判为依据的，可以裁定中止行政诉讼。”本案涉及专利确权行政争议与专利权权属民事争议交叉问题，专利权行政确权纠纷案中的原告主体资格的判断，需要以专利权权属纠纷案的裁判结果为依据。春某公司提起本案诉讼时，本专利权的权属纠纷案正在审理过程中，春某公司是否系被诉行政行为的利害关系人，取决于本专利权权属纠纷案的审理结果，因此，春某公司系被诉行政行为潜在的利害关系人。在此情况下，一审法院以春某公司不具有原告主体资格为由，径行裁定驳回其起诉，适用法律有误。而且，本案一旦裁定驳回春某公司的起诉，专利权行政确权程序可能会就此终结，被诉决定将确定发生法律效力。即便专利权属纠纷案件最终认定春某公司系本专利的权利人，其可能亦难以另行通过法律渠道获得充分救济。因此，一审法院应继续审理，并可中止诉讼，等待专利权属纠纷案件的诉讼结果。

综上所述，春某公司的上诉请求成立，应予支持。一审裁定适用法律有误，应予纠正。根据《中华人民共和国行政诉讼法》第八十九条第一款第二项、《最高人民法院关于适用〈中华人民共和国行政诉讼法〉的解释》第一百零九条之规定，裁定如下：

一、撤销北京知识产权法院（2021）京73行初19401号行政裁定；

二、本案指令北京知识产权法院审理。

本裁定为终审裁定。

审 判 长 徐卓斌

审 判 员 徐 飞

审 判 员 颜 峰

二〇二三年十二月五日

法官助理 李秀丽

书 记 员 尹明琦

二、商标案件审判

（一）商标民事案件审判

13. 微信公众号、官方网站商标侵权行为主体的认定

——上诉人新某衡体育运动公司、新某伦贸易（中国）有限公司与上诉人江西新某伦领跑体育用品有限公司、广州新某伦领跑鞋业有限公司、一审被告曾某红侵害商标权及不正当竞争纠纷案①

中华人民共和国最高人民法院民事判决书（2022）最高法民终146号

上诉人（一审原告）：新某衡体育运动公司。住所地：美利坚合众国马萨诸塞州。

代表人：丹某，该公司知识产权及全球品牌保护顾问。

委托诉讼代理人：任艳飞，北京市万慧达（深圳）律师事务所律师。

委托诉讼代理人：赵鑫，北京市万慧达（深圳）律师事务所律师。

上诉人（一审原告）：新某伦贸易（中国）有限公司。住所地：中华人民共和国上海市长宁区。

法定代表人：某某，该公司董事长。

委托诉讼代理人：任艳飞，北京市万慧达（深圳）律师事务所律师。

委托诉讼代理人：赵鑫，北京市万慧达（深圳）律师事务所律师。

上诉人（原审被告）：江西新某伦领跑体育用品有限公司。住所地：中

① 本案在年度报告中的位置为第32页、第34页、第60页。

华人民共和国江西省赣州市。

法定代表人：罗某兰，该公司总经理。

委托诉讼代理人：张倩，辽宁卓政律师事务所律师。

委托诉讼代理人：高充，北京市两高律师事务所律师。

上诉人（原审被告）：广州新某伦领跑鞋业有限公司。住所地：中华人民共和国广东省广州市。

法定代表人：赖某华，该公司经理。

委托诉讼代理人：张倩，辽宁卓政律师事务所律师。

委托诉讼代理人：高充，北京市两高律师事务所律师。

原审被告：曾某红。

上诉人新某衡体育运动公司（以下简称新某衡公司）、新某伦贸易（中国）有限公司（以下简称新某伦公司）因与上诉人江西新某伦领跑体育用品有限公司（以下简称江西新某伦领跑公司）、广州新某伦领跑鞋业有限公司（以下简称广州新某伦领跑公司）、原审被告曾某红侵害商标权及不正当竞争纠纷一案，不服辽宁省高级人民法院（2018）辽民初 121 号民事判决，分别向本院提起上诉。本院于 2022 年 3 月 30 日立案后，依法组成合议庭，并于 2023 年 2 月 16 日公开开庭审理了本案。上诉人新某衡公司、新某伦公司的共同委托诉讼代理人任艳飞、赵鑫，上诉人江西新某伦领跑公司、广州新某伦领跑公司的共同委托诉讼代理人张倩、高充到庭参加诉讼。原审被告曾某红经传票传唤无正当理由拒不到庭参加诉讼，本院依法缺席审理。本案现已审理终结。

新某衡公司与新某伦公司上诉请求：撤销一审判决第三项，改判江西新某伦领跑公司和广州新某伦领跑公司共同赔偿新某衡公司和新某伦公司经济损失 1 亿元。事实与理由：（一）新某衡公司、新某伦公司已经积极、充分举证，其主张的侵权赔偿金额具有充分的事实和法律依据，一审法院认定无法以权利人因侵权受到的损失或侵权人的侵权获利来确定赔偿数额而适用法定赔偿，存在四项错误：1. 一审法院认定江西新某伦领跑公司、广州新某伦领跑公司个别店铺的销售数量不具有普遍性而不予参考，但是多份证据相互印证，可以证明单个店铺被诉侵权产品的月销售量。2. 一审法院认定江西新某伦领跑公司和广州新某伦领跑公司在招商大会上对其全国店铺数量、销售额等情况的宣传缺乏客观性、准确性而不予采信，但是多份证据相互印证，可以证明新百伦领跑品牌的全国店铺数量。3. 一审法院认为同行业平均利润率不单是鞋类利润率，还包括服装等品类，不予采信，但是同行业鞋类企业的平均利润率已经被多份在先判决采信。4. 一审法院未采信新某衡公司与新某伦公司关于江西新某伦领跑公司和广州新某伦领跑公司的侵权行为对权利人造成的损失，属于事实认定和法律适用错误。（二）江西新某伦领跑公司和广州新某伦领跑公司存在故意妨碍举证的行为，一审法院没有正确适用举证妨碍规则和优势证据规则来认定侵权人的侵权获利及应承担的赔偿责任。（三）一审法院认定损害赔偿未充分考虑江西新某伦领跑公司和广州新某伦领跑公司的侵权恶意。1. 江西新某伦领跑公司、广州新某伦领跑公司的销售网络遍布全国各地，侵权范围广，侵权规模大，侵权持续时间长。2. 江西新某伦领跑公司、广州新某伦领跑公司自成立以来不断囤积和申请注册与新某衡公司、新某伦公司具有极高知名度的“N”字母商标和企业字号高度近似的商标。3. 在以新百伦领跑集团董事长曾某强为核心的一系列关联主体运营新百伦领跑品牌时，旧的主体被起诉后，又会迅速成立新的主体转移其商标和品牌运营以逃避法律责任；在生效判决已经认定江西新某伦领跑公司、广州新某伦领跑公司构成侵权的情况下，侵权人至今仍未停止侵权。4. 广州新某伦领跑公司恶意拒绝送达，故意拖延诉讼，导致本案不得不多次进行公告送达，极大拖延了本案诉讼进程，具有明显恶意。

江西新某伦领跑公司与广州新某伦领跑公司辩称：（一）关于商标侵权行为。新某衡公司、新某伦公司主张的商标侵权不能得到支持，本案与北京知识产权法院（2020）京 73 民终 722 号案件（以下简称北京东城案）构成不正当竞争和商标侵权的请求权竞合，在北京东城案请求权获得满足的前提下，本案应驳回新某衡公司与新某伦公司的商标侵权诉讼请求。（二）关于不正当竞争行为。新某伦公司简化、突出使用的新百伦标识，已被生效裁判认定属于识别商品来源的商标性使用，不具备识别市场主体的字号属性；且该行为已经被生效判决认定为商标侵权，故其在本案主张维护的针对新百伦标识的所有权益，均是因其违法行为所获得的非法权益。江西新某伦领跑公司、广州新某伦领跑公司系合法使用被许可的商标，不构成不正当竞争。（三）关于损害赔偿数额。新某衡公司、新某伦公司二审上诉要求赔偿 1 亿元经济损失的请求无事实和法律依据。1. 新某衡公司、新某伦公司主张的销售量、销售额、店铺规模均为估算、推算，不具有客观性及参考性。2. 北京东城案二审判决也否认了新某衡公司、新某伦公司的损害赔偿计算方式。3. 由于各企业的实际经营情况不同，同行业鞋类企业的销售额数据、利润率数据不具有参考性。4. 新某衡公司、新某伦公司销售业绩下滑与江西新某伦领跑公司、广州新某伦领跑公司无直接因果关系。

江西新某伦领跑公司与广州新某伦领跑公司上诉请求：撤销一审判决，发回重审或依法改判驳回新某衡公司、新某伦公司的诉讼请求；由新某衡公司、新某伦公司承担本案一审、二审诉讼费。事实与理由：（一）关于商标侵权行为。1. 一审法院程序违法。本案在辽宁省高级人民法院受理的唯一连结点是新某衡公司、新某伦公司在辽宁省沈阳市内三处店铺采取的证据保全行为，辽宁省以外的被诉侵权行为不应在本案中审理。如果要合并审理，应当追加本案所涉辽宁省以外的销售者参加诉讼，否则无法查清所售涉案侵权产品的进货来源，导致事实认定不清。2. 新某伦公司此前已在北京东城案中针对江西新某伦领跑公司、广州新某伦领跑公司等生产、销售、宣传与 New Balance 运动鞋相似装潢的运动鞋提起不正当竞争诉讼，并经实体裁判获得支持，现新某伦公司又以商标侵权为由在本案提起诉讼，属于重复起诉。3. 江西新某伦领跑公司、广州新某伦领跑公司使用经合法授权的第 18503485 号“”、第 21742286 号“”、第 22430634 号“”、第 22430671 号“”和第 21987482 号“”等注册商标，在上述商标权未被最终宣告无效的情况下，应当驳回新某衡公司、新某伦公司的诉讼请求。4. 江西新某伦领跑公司、广州新某伦领跑公司生产的产品只在有“新百伦领跑”标识的专卖店出售，从未在有“NB”标识的店铺出售，不会引起消费者的混淆误认。5. 新百伦领跑微信公众号的运营主体是广州蓝某鞋业有限公司，一审法院认定新百伦领跑微信公众号的宣传者实际是江西新某伦领跑公司、广州新某伦领跑公司缺乏事实依据。6. 没有证据证明广州新某伦领跑公司也参与了被诉侵权产品的生产、销售与宣传行为。7. 广东省高级人民法院（2020）粤民再 404 号民事判决书已经确认广州新某伦领跑公司不侵犯新某衡公司第 175151 号“”注册商标专用权。（二）关于不正当竞争行为。1. 最高人民法院（2016）最高法民申 2421 号民事裁定书已经认定新某伦公司使用“新百伦”构成商标侵权并判令其停止侵权。2. 新某伦公司字号不具有一定影响力。无证据表明新某伦公司在企业名称规范使用的情况下，该字号经过广泛宣传并具有一定影响力。并且北京东城案二审判决已经认定新某伦公司的“新百伦”字号不具有一定影响力。3. 江西新某伦领跑公司、广州新某伦领跑公司系“新百伦”和“新百伦领跑”注册商标的合法使用人，使用“新百伦”和“新百伦领跑”作为企业字号并标识、宣传商品，未侵犯新某伦公司的企业名称。（三）一审法院确定的损害赔偿数额及合理开支过高。1. 北京东城案与本案构成重复诉讼、属于“一事两罚”。2. 新某衡公司、新某伦公司业绩下滑存在诸多市场因素，包括2018年制鞋行业销售收入整体降幅较大、其他企业挤占和侵权等原因，并非江西新某伦领跑公司、广州新某伦领跑公司侵权所致。3. 一审扩大了新某衡公司、新某伦公司证据所对应的侵权规模，导致损害赔偿数额认定错误。

新某衡公司、新某伦公司辩称：（一）关于本案管辖问题。一审法院具有管辖权。江西新某伦领跑公司、广州新某伦领跑公司曾向一审法院提出管辖权异议，历经两级法院终审裁定确认一审法院具有管辖权。（二）关于商标侵权行为。1. 北京东城案与本案所涉的侵权行为、诉讼标的、法律关系、当事人均不同，不属于重复起诉。2. 江西新某伦领跑公司、广州新某伦领跑公司在实际使用中改变了其主张的注册商标的显著特征，不属于对其注册商标的使用。3. 在案证据足以证明江西新某伦领跑公司、广州新某伦领跑公司共同生产、宣传、销售了被诉侵权产品，实施了被诉侵权行为。（1）本案所有被诉侵权产品的商品条码的查询结果均显示“广州新某伦领跑公司”。（2）本案所有被诉侵权产品的鞋舌二维码的查询结果均显示“江西新某伦领跑公司”。（3）被诉侵权产品的鞋盒上直接显示了生产商为江西新某伦领跑公司和/或广州新某伦领跑公司。（4）江西新某伦领跑公司、广州新某伦领跑公司通过新百伦领跑官方网站和微信公众号宣传被诉侵权产品，并且其也是广告宣传内容的实际受益者。（三）关于不正当竞争行为。“新百伦”字号已经与新某衡公司、新某伦公司New Balance运动鞋建立稳定的联系，在运动鞋领域具有很高知名度和影响力，江西新某伦领跑公司、广州新某伦领跑公司主张“新百伦”字号不具有很高知名度和影响力没有事实和法律依据。江西新某伦领跑公司、广州新某伦领跑公司注册及使用包含“新百伦”字号的企业名称，引人误认为是新某伦公司或与其存在特定联系，侵害了新某伦公司的企业名称，构成不正当竞争。（四）关于本案侵权赔偿数额。江西新某伦领跑公司、广州新某伦领跑公司侵权行为持续时间长、侵权规模大、侵权获利高，并且具有明显的恶意，给新某衡公司、新某伦公司造成了巨大损失。

新某衡公司、新某伦公司向辽宁省高级人民法院提起诉讼，该院于2018年9月12日立案受理，新某衡公司、新某伦公司一审起诉请求：1. 判令江西新某伦领跑公司、广州新某伦领跑公司立即停止在生产、销售和广告宣传活动中侵犯新某衡公司、新某伦公司第 175151 号“”商标和第 5942394 号“”字母商标注册商标专用权的行为；2. 判令江西新某伦领跑公司、广州新某伦领跑公司立即停止使用带有“新百伦”字样企业名称的不正当竞争行为；3. 判令江西新某伦领跑公司、广州新某伦领跑公司共同赔偿新某衡公司、新某伦公司经济损失（包括新某衡公司、新某伦公司为制止侵权行为所支付的合理开支）人民币 1 亿元；4. 判令曾某红赔偿新某衡公司、新某伦公司经济损失人民币 30 万元；5. 判令江西新某伦领跑公司、广州新某伦领跑公司、曾某红在《中国知识产权报》上刊登声明，就其侵权行为消除影响；6. 判令江西新某伦领跑公司、广州新某伦领跑公司、曾某红承担本案诉讼费用。

一审法院认定如下事实：

一、新某衡公司、新某伦公司及涉案商标、字号情况

新某衡公司于 1970 年 1 月 1 日在美利坚合众国马萨诸塞州成立。1983 年 4 月 15 日，经原国家工商行政管理总局商标局核准，新某衡公司在第 25 类商品上注册了第 175151 号“”商标，核定使用商品为“鞋”，经过多次续展，有效期至 2023 年 4 月 14 日。2007 年 3 月 14 日，新某衡公司申请注册第 5942394 号“”商标，初审公告日期为 2010 年 8 月 6 日，并于 2016 年 9 月 14 日核准注册，核定使用商品为第 25 类“运动鞋”，经续展有效期至 2030 年 11 月 6 日。

2003 年 11 月 14 日，“世某运动用品（深圳）公司”更名为“新某伦运动用品（深圳）有限公司”。2006 年 12 月 27 日，新某伦公司成立，注册资本 650 万美元，经营范围为从事各类鞋、服装、包及其它运动相关产品及休闲衣着产品、钟表、电子产品的进出口、批发、零售和佣金代理（拍卖除外）及售后服务等相关配套业务；餐饮服务（限分支机构经营）。

2016 年 5 月 30 日，新某衡公司出具《授权书》，确认与新某伦公司于 2007 年 11 月 1 日签订《许可协议》和《经销协议》，授权新某伦公司在中华人民共和国境内非独占使用“New Balance”“NB”和“N”商标、商品名称和标志（被许可标识）来生产、包装或者安排生产和包装鞋子、衣服和配件，以及拥有在中华人民共和国境内进口、出售和分销带有被许可标识的鞋子、衣服和配件的权利，并根据法律及司法解释的规定，授权新某伦公司对

任何侵犯新某衡公司就被许可标识享有的权利和权益——包括但不限于注册商标专用权、知名商品特有名称、包装、装潢等权利和权益——的自然人、法人或其他组织单独或与新某衡公司共同提起诉讼。2016 年 7 月 8 日，新某伦公司出具《关于商业标识许可使用的情况说明》，确认新某伦公司与新某衡公司于 2007 年 11 月 1 日签订了《许可协议》和《经销协议》，并确认使用在 New Balance 运动鞋上的“New Balance”“NB”和“N”等商标，以及与 New Balance 运动鞋上使用的“N”字母标识装潢有关的权利归属于新某衡公司所有。

2017 年 10 月 19 日，新某衡公司发表《声明》，内容为：2003 年，新某衡公司授权世某运动用品（深圳）公司使用“New Balance”的中文翻译“新百伦”为字号；2007 年，新某衡公司授权其子公司新某伦公司作为“New Balance”品牌在中国新的独家经销商。作为“新百伦”的设计者，新某衡公司拥有该名称的著作权，新百伦字号的所有权利归新某衡公司所有。

二、新某衡公司、新某伦公司的涉案商标、字号的情况

（一）新某衡公司、新某伦公司“N”商标知名度

2014 年，《第一财经周刊》登载的《New Balance 重生记》文章显示：“New Balance”运动鞋从 20 世纪 90 年代末开始在中国进行生产销售。2010 年，New Balance 于上海开设店铺。截至 2013 年年底，仅专卖店的数量已达到 800 多家，截至 2014 年 12 月 8 日，专卖店数量达 1600 家。New Balance 运动鞋通过中国官方商城、天猫旗舰店、京东旗舰店于线上渠道宣传与销售，所销售的运动鞋在鞋两侧靠近鞋带处使用了粗体的“N”标识。

根据新某伦公司的审计报告，自 2007 年至 2018 年，新某伦公司在中国境内对带有“N”商标的 New Balance 运动鞋进行了大量销售，并且投入了大量广告经费进行宣传。其中，2014 年的广告投入约为 2.1 亿元，商品销售收入约为 28 亿元；2015 年广告投入约为 2.9 亿元，商品销售收入约为 47 亿元；2016 年广告投入约为 2.4 亿元，商品销售收入约为 37 亿元；2017 年广告投入约为 1.8 亿元，商品销售收入约为 32 亿元；2018 年广告投入约为 2 亿元，商品销售收入约为 27 亿元。

自 2008 年以来，新某衡公司和新某伦公司陆续在《SIZE 尺码》《大周末》《男人风尚》《生活报》《新京报》等知名报刊，以及腾讯、搜狐、新浪、网易、虎扑网、优酷等主流门户网站发布广告和宣传视频，与先行资讯（上海）有限公司、《风尚志》杂志社等公司合作，赞助多场跑步活动，并且

通过投放户外广告等多种形式对使用“N”标识的New Balance运动鞋品牌进行了广泛的宣传和报道。同时，还通过New Balance官方微博平台、官方微信平台、百度百科、百度贴吧等对带有“N”商标的New Balance运动鞋进行了大量的宣传和报道。以上宣传报道和广告均突出了“New Balance”运动鞋两侧使用的“N”标识。

（二）新某伦公司“新百伦”字号知名度

2005年至2013年，《周末画报》《中国贸易报》《中智视野》《安25ans》等报纸期刊在宣传“New Balance”产品时，将“新百伦”作为“New Balance”品牌所有人的中文翻译、“New Balance”品牌中国经销商的企业名称字号进行宣传。2006年至2014年，搜狐、新浪、网易、中国时尚品牌网、YOKA男士网等各大网络媒体将“新百伦”作为“New Balance”品牌所有人的中文翻译、“New Balance”品牌中国经销商的企业名称字号进行报道、宣传。

2008年至2015年，新某伦公司先后获得了“2008—2009风尚权力榜事件大奖”“2010 Shooting Award 3rd平面专案—服装及饰品奖”“2012年度触动营销奖最受关注视频奖”“2013‘梅赛德斯—奔驰杯’中国网球大赛奖最佳合作伙伴”“2014年张江6km企业竞跑赛最佳合作伙伴”“2015年度内容营销盛典金成奖特别大奖”等荣誉。

新某伦公司还获得了包括2011年中国扶贫基金会颁发的荣誉证书、2014年上海市慈善基金会颁发的捐赠证书、2015年中国社会福利基金会颁发的捐赠证书、2015年中国青少年发展基金会颁发的荣誉证书。

三、与被控商标侵权、不正当竞争行为相关的事实

（一）江西新某伦领跑公司、广州新某伦领跑公司、曾某红的主体情况

江西新某伦领跑公司成立于2015年8月21日，经营范围包括“生产、销售服装鞋帽”等，注册地址为“江西省赣州市”。曾某强和其妻子伍某琴曾共同担任该公司股东，并由曾某强担任法定代表人、董事和经理。

广州新某伦领跑公司成立于2014年8月21日，经营范围包括“服装批发、鞋批发、服装零售”等。曾某强曾担任该公司唯一股东、法定代表人、董事和经理。其注册地址曾为“广州市白云区某地1”，后于2021年3月25日变更为“广州市白云区某地2”。

曾某红系原沈阳市沈河区曾某红新百伦领跑专卖店和沈阳市沈河区鑫某专卖店的经营者。其中，沈阳市沈河区曾某红新百伦领跑专卖店成立于2015

年8月3日，经营范围为“鞋零售”，注册地址为“沈阳市沈河区”，已于2017年12月4日注销。沈阳市沈河区鑫某专卖店成立于2016年7月18日，经营范围为“服装、鞋帽、体育用品零售”，注册地址为“沈阳市沈河区”，已于2017年6月21日注销。曾某红同时是新百伦领跑辽吉蒙/华中运营中心、新百伦江浙运营中心董事长，与江西新某伦领跑公司曾经的控股股东、董事、法定代表人、经理和广州新某伦领跑公司曾经唯一股东、董事、法定代表人、经理的曾某强系兄弟。

（二）江西新某伦领跑公司、广州新某伦领跑公司等关联主体情况

广州蓝某鞋业有限公司成立于2009年9月2日，经营范围包括“服装批发、鞋批发”等，曾某强和伍某琴曾共同担任该公司股东，曾某强曾担任公司的法定代表人、董事和经理。

领某鱼（厦门）电子商务有限公司成立于2015年3月30日，经营范围包括“互联网销售、服装零售、鞋帽零售”等。广州蓝某鞋业有限公司和伍某琴共同担任该公司股东，并由伍某琴担任法定代表人、董事和经理，领某鱼（厦门）电子商务有限公司是新百伦领跑京东旗舰店的经营主体。

赣州市强某体育用品有限公司成立于2019年8月7日，经营范围包括“鞋制造，服装制造”等，曾某芬（曾某强亲属）担任该公司控股股东和监事。

（三）江西新某伦领跑公司、广州新某伦领跑公司相关商标情况

第4100879号“新百伦”商标：由案外人周某伦于2004年6月4日申请，并于2008年1月7日核准注册，核定使用的商品包括“鞋（脚上的穿着物）”等，有效期至2028年1月6日。2017年6月27日，广州新某伦企业管理有限公司受让该商标，2017年8月3日，广州新某伦企业管理有限公司许可江西新某伦领跑公司使用该商标。该商标目前为有效状态。

第4897840号“”商标：由案外人申请并于2010年1月14日核准注册，核定使用的商品为第25类，包括“运动鞋”等，有效期至2030年1月13日。2015年4月20日，广州新某伦领跑公司受让该商标，2016年11月27日，广州新某伦领跑公司将该商标转让给江西新某伦领跑公司。

第14389718号“”商标：2015年4月20日广州新某伦领跑公司于案外人新某伦（保定）鞋业有限公司上海分公司处受让，2016年11月14日核准注册，核定使用的商品为第25类，包括“运动鞋”等，有效期至2025

年5月27日。2016年11月27日，广州新某伦领跑公司将该商标转让给江西新某伦领跑公司；2020年1月13日，江西新某伦领跑公司将该商标转让给赣州市强某体育用品有限公司。2018年9月12日，该商标被国家知识产权局裁定无效宣告［案号：商评字〔2018〕第0000163239号］，并于2020年6月22日被北京知识产权法院维持［案号：（2018）京73行初11205号］；2021年8月2日，该裁定和一审判决均被北京市高级人民法院维持［案号：（2020）京行终7500号］，法院认为该商标与第175151号“”、第5942394号“”等引证商标构成在同一种或类似商品上的近似商标。该商标现已处于无效状态。

第18503485号“”商标：2017年5月6日，江西新某伦领跑公司于案外人斯某某奇体育用品有限公司处受让，2019年4月21日核准注册，核定使用的商品为第25类，包括“运动鞋”等，有效期至2027年11月27日。2020年1月13日，江西新某伦领跑公司将该商标转让给赣州市强某体育用品有限公司。2020年11月24日，该商标被国家知识产权局裁定无效宣告［案号：商评字〔2020〕第0000301224号］，国家知识产权局认为该商标与第175151号“”、第5942394号“”等引证商标并存于同一种或类似商品上易导致相关消费者的混淆误认，已构成使用在同一种或类似商品上的近似商标。赣州市强某体育用品有限公司不服该裁定提起行政诉讼，北京知识产权法院于2021年1月20日受理，现正在审理中。

第21742286号“”商标：江西新某伦领跑公司申请注册，2019年4月21日核准注册，核定使用的商品为第25类，包括“鞋（脚上的穿着物）”等，有效期至2027年12月13日。2020年1月13日，江西新某伦领跑公司将该商标转让给赣州市强某体育用品有限公司。2020年11月24日，该商标被国家知识产权局裁定无效宣告［案号：商评字〔2020〕第0000301226号］，国家知识产权局认为该商标与第175151号“”、第5942394号“”等引证商标并存于同一种或类似商品上易导致相关消费者的混淆误认，已构成使用在同一种或类似商品上的近似商标。

第22430634号“”商标：江西新某伦领跑公司申请注册，2019年6月28日核准注册，核定使用的商品为第25类，包括“运动鞋”等，有效期至2028年2月6日。2020年1月13日，江西新某伦领跑公司将该商标转让给赣州市强某体育用品有限公司。2020年12月23日，该商标被国家知识产权局裁定无效宣告［案号：商评字〔2020〕第0000339335号］，国家知识产权局认为该商标与第175151号“”、第5942394号“”等引证商标已构成使用于同一种或类似商品上的近似商标。

第22430671号“”商标：江西新某伦领跑公司申请注册，2019年6月28日核准注册，核定使用的商品为第25类，包括“运动鞋”等，有效期至2028年2月6日。2020年1月13日，江西新某伦领跑公司将该商标转让给赣州市强某体育用品有限公司。2020年11月23日，该商标被国家知识产权局裁定无效宣告［案号：商评字〔2020〕第0000301446号］，国家知识产权局认为该商标与第175151号“”、第5942394号“”等引证商标已构成使用于同一种或类似商品上的近似商标。

第14206628号“”商标：广州新某伦领跑公司于案外人新某伦（保定）鞋业有限公司上海分公司处受让，2016年12月8日，原国家工商行政管理总局商标局决定该商标在“足球鞋、鞋”类商品上不予注册［案号：〔2016〕商标异字第44204号］，该决定于2018年4月23日被维持［案号：商评字〔2018〕第68194号］；2020年11月10日，北京市高级人民法院维持该决定［案号：（2020）京行终1020号］，即该商标在“足球鞋、鞋”类商品上未注册，法院认为该商标与第5942394号“”商标同时使用在相同或类似商品上时，相关公众容易将其误认为是同一商品提供者提供的系列商标或者其提供者之间存在某种关联关系，进而产生商品来源的混淆误认。2016年11月27日，广州新某伦领跑公司将该商标转让给江西新某伦领跑公司；2020年1月13日，江西新某伦领跑公司将该商标转让给赣州市强某体育用品有限公司。

第21987482号“”商标：江西新某伦领跑公司申请注册，2019年4月21日核准注册，核定使用的商品为第25类，包括“运动鞋”等，有效期至2028年1月6日。2020年1月13日，江西新某伦领跑公司将该商标转让给赣州市强某体育用品有限公司。2020年11月24日，该商标被国家知识产权局裁定无效宣告［案号：商评字〔2020〕第0000301228号］，国家知识产权局认为该商标与第175151号“”、第5942394号“”等引证商标并存于同一种或类似商品上易导致相关消费者的混淆误认，已构成使用在同一种或类似商品上的近似商标。

第 36340272 号“”商标：江西新某伦领跑公司申请注册，2021 年 3 月 15 日，该商标被国家知识产权局决定不予注册［案号：〔2021〕商标异字第 0000034435 号］，国家知识产权局认为该商标与第 175151 号“”、第 5942394 号“”等引证商标并存使用易导致相关公众对商品来源产生混淆误认，已构成使用于类似商品上的近似商标。其间，2020 年 1 月 13 日，江西新某伦领跑公司将该商标转让给赣州市强某体育用品有限公司。

第 16790307 号“”商标：广州新某伦领跑公司申请注册，2017 年 11 月 14 日核准注册，核定使用的商品为第 25 类，包括“鞋”等，有效期至 2026 年 8 月 6 日。2016 年 11 月 27 日，广州新某伦领跑公司将该商标转让给江西新某伦领跑公司；2020 年 1 月 13 日，江西新某伦领跑公司将该商标转让给赣州市强某体育用品有限公司。2020 年 11 月 24 日，该商标被国家知识产权局裁定无效宣告［案号：商评字〔2020〕第 0000301220 号］，国家知识产权局认为该商标与第 175151 号“”、第 5942394 号“”等引证商标并存于同一种或类似商品上易导致相关消费者的混淆误认，已构成使用在同一种或类似商品上的近似商标。

第 16908226 号“”商标：广州新某伦领跑公司申请注册，2017 年 11 月 14 日核准注册，核定使用的商品为第 25 类，包括“运动鞋”等，有效期至 2026 年 8 月 6 日。2016 年 11 月 27 日，广州新某伦领跑公司将该商标转让给江西新某伦领跑公司；2020 年 1 月 13 日，江西新某伦领跑公司将该商标转让给赣州市强某体育用品有限公司。2020 年 11 月 24 日，该商标被国家知识产权局裁定无效宣告［案号：商评字〔2020〕第 0000301218 号］，国家知识产权局认为该商标与第 175151 号“”、第 5942394 号“”等引证商标并存于同一种或类似商品上易导致相关消费者的混淆误认，已构成使用在同一种或类似商品上的近似商标。

（四）线下店铺公证购买以及被控侵权规模

新某衡公司、新某伦公司提交在辽宁省沈阳市、黑龙江省哈尔滨市、吉林省长春市、广东省深圳市、天津市和平区、北京市朝阳区、广东省广州市等地的“新百伦领跑 NEWBAILUNLP”“新百伦领跑 XIN BAI LUN LING PAO”等店铺购买被诉侵权产品的 42 份公证书，根据公证书记载，店铺内有大量两侧带有粗体“N”字母及淡化的五角星标识的运动鞋在宣传、销售。经一审法院拆封比对，大部分被诉侵权产品鞋盒或产品吊牌上直接显示生产商为广州新某伦领跑公司和/或江西新某伦领跑公司。经一审法院当庭查验，通过中国物品编码中心官网查询被诉侵权产品的商品条码，结果显示“发布厂家：广州新某伦领跑公司”或“企业名称：广州新某伦领跑公司”；通过微信扫描部分被诉侵权产品防伪二维码，结果显示“江西新某伦领跑公司”；通过微信扫描部分被诉侵权产品微信公众号二维码，结果显示公众号名称为“新百伦领跑”。

（2018）粤广南粤第4919号公证书载明，2018年7月19日公证员随新某衡公司、新某伦公司代理人前往福建省泉州市标识为“新百伦领跑控制中心”的场所。经对方相关人员接待，该代理人和公证员进入标识为“新百伦领跑服装事业部”的展厅进行参观和洽谈，展厅内摆放大量鞋两侧带有粗体“N”字母及淡化的五角星标识的运动鞋。其间，该代理人使用公证处提供的录音器材对交谈内容进行了录音，并领取《2017新百伦领跑春夏新品画册》一份以及名片两张。画册中印有大量鞋两侧带有粗体“N”字母及淡化的五角星标识的运动鞋图片，画册背面印有“江西新某伦领跑公司”“新百伦领跑（中国）运营中心”“福建省晋江市”“×××. com”以及中间镶嵌“N”标识的微信二维码等内容；大区经理“郑某光”和市场总监“蚁某文”的名片均印有“新百伦领跑集团”“福建省晋江市双龙路亚兰商务大厦”等字样。公证录音中新百伦领跑晋江运营中心市场总监刘某提到“新百伦领跑全国加盟店有5000多家”“2018年销售额接近10亿元”“全国所有省份都有新百伦领跑运营中心”“毛利率最低是40%，最高能到72%”“新百伦领跑品牌于2009年成立，14年开始大力发展”“老板叫曾某强”等内容。

（2018）粤广南粤第4917号公证书载明，2018年8月1日公证员随新某衡公司、新某伦公司代理人前往位于江西省赣州市石城县××工业园标识为“新百伦令牌集团”的工厂，工厂门前立有“江西新某伦领跑公司”的石碑。经工厂内相关人员接待，公证员随该代理人进入工厂并与新百伦领跑集团董事长曾某强、新百伦领跑湖南地区运营中心负责人曾某兵进行了洽谈，其间该代理人使用公证处的录音器材对交谈内容进行了录音，且公证员对上述工厂周边环境进行了拍摄。经当庭播放，公证录音中提到“有6000多家新百伦领跑店铺……年销售额超过10亿元”“从2014年开始使用新百伦领跑品牌”等内容。

（2018）沪徐证经字第10275号公证书载明，2018年8月22日公证员随新某衡公司、新某伦公司代理人前往贵州省贵州群升毫升大酒店的会议厅参加“2018新百伦领跑贵州招商大会”，该代理人对现场相关情况进行了拍照、录音。会议厅内摆放了大量鞋两侧带有粗体“N”字母及淡化的五角星标识的运动鞋，会议厅大屏幕显示“万州新世纪店：月销售额40万元、单日销售突破5万元、年销售预计300万元”“万州太白路店：月销售额35万元、单日销售突破4万元、年销售预计260万元”“万州万达店：月销售额60万元、单日销售突破11万元、年销售预计450万元”“沙坪坝步行街店：月销售额80万元、单日销售突破13万元、年销售预计700万元”“解放碑店：月销售额100万元、单日销售突破22万元、年销售预计1000万元”“南坪步行街店：月销售额50万元、单日销售突破7万元、年销售预计260万元”等内容。公证录音中提到“新百伦领跑目前在全国可以说是摧枯拉朽之势，我们全国几千家门店目前正在蒸蒸日上、蓬勃发展之中”“新百伦领跑董事长曾某强：从2016年4月到去年短短的一年多时间，在重庆33个区县全部铺满我们的店铺……新百伦领跑产品品牌最稳，货源最充足，市场表现最好……石城工业投资接近五个亿、现在已经3千多平方米……我们要保证爆款的鞋子七天时间生产出来到我们的终端店”“新百伦领跑集团领跑事业部副总经理韩某：我们全国目前有近6000家门店，全国有2862个县城区的市场，我们目前覆盖率是达到60%……今年的5月我们江西石城新品发布会上，我们当时的市场占有率是在51%，过去了将近三个月的时间已经提升九个百分点……现在全国我们已经有接近20家的年销售流水可以突破1000万元的店，其中咱们重庆市场就有一家，解放碑店，年销售流水可以突破1000万元……在2015年、2016年刚开业的时候，很多的消费者会认为‘这个和NB很像，买错了’……我们在全国很多市场NB大量关店，这是我们最直接核心的目标、对象，也是我们最直接的目标竞争对手。大家的观念导致这些商场包括购物中心没办法，要找替代品牌进来。NB关店后商场第一个联想到的替代者就是我们新百伦领跑，在我们很多广东的地区、黑龙江的地区，非常有代表性的这两个系统，一个北方一个南方，很多的NB撤店之后商场找到我们，第一个就是你们不用选别的位置，就在NB撤掉这个位置，以前不让我们进，因为有NB不让你进。现在NB出来就直接是顶NB的位置，进去之后左边就是阿迪，右边耐克，非常正常，具体就是最好的位置，而且是部分国内、国际品牌这些都没有，但是现在商场购物中心踊跃地让我们去进驻，包括购物中心的体系。我们进入之后销售业绩是远远超过 NB 之前的业绩……云南普洱的一家店铺已经销售超过 15 万元，平均一天就卖 3 万块钱”“新百伦领跑集团儿童事业部副总经理刘某：新百伦领跑很低，利润空间非常大……领跑一双鞋赚两三百……N 字血统的产品”“新百伦领跑重庆分公司总经理胡松：观音桥店开业的当天的业绩是做到 7 万元……余总的店铺差不多一年的时间，业绩过千万元，开业当天的销售额也是突破 22 万元……新百伦领跑品牌已经成功地覆盖了重庆 38 个区县中的 34 个……沙坪坝区旗舰店过年的那一个月销售额是突破 80 万元……解放碑店业绩一年时间业绩已经突破千万元，最好的一个月的销售额是破 100 万元，单日卖得最好的达到 22 万元之多，年销售额以 1000 万元来算，50%的毛利肯定是有的，整个算起来我的营运成本应该是 300 万元出头，所以说这个店随便赚 200 万元……2018 年我们计划新开店铺的数量不低于 110 个，在重庆整个区县达到全覆盖……2019 年我们还会继续增开 50 个店让全重庆的 38 个区县市场保有量达到 160 个……从 16 年的不到 2000 万元，18 年销售额我们要做到 1 亿元，到 19 年我们的业绩要突破 1.5 亿元”等内容。

（五）新百伦领跑官网、微信公众号对被诉侵权产品的宣传以及实际混淆情况

（2017）京海诚内民证字第 16034 号公证书载明，2017 年 10 月 23 日新某衡公司、新某伦公司代理人在公证员的监督下，使用公证处电脑登录“京东商城”，并在搜索栏输入“新百伦领跑”并搜索，结果显示大量鞋两侧带有粗体“N”字母及淡化的五角星标识的运动鞋在宣传、销售。点击其中名称为“新百伦领跑 运动休闲跑步鞋女款男士情侣 2017 新款鞋子”的图片，页面显示该运动鞋两侧带有粗体“N”字母及淡化的五角星标识，售价为 288 元/双，店铺名称为“新百伦领跑旗舰店”，并附有大量两侧带有粗体“N”字母及淡化的五角星标识运动鞋的宣传照片。点击上述“新百伦领跑旗舰店”链接，页面正上方显示“NEW BAILUNLP”“新百伦领跑”等字样，并同样有大量鞋两侧带有粗体“N”字母及淡化的五角星标识的运动鞋的宣传、销售，价格在 228 元至 328 元/双不等。将鼠标置于页面上方的“新百伦领跑”上，点击“证照信息”下的图片并进入相关页面，输入验证码后显示经营主体为“领某鱼（厦门）电子商务有限公司”，其法定代表人为“曾某强”。退出上述网页，在百度搜索栏输入“万达广场！新百伦与新百伦领跑！大家要看清楚”并搜索，点击搜索结果中名称为“万达广场！新百伦与新百

伦领跑！大家要睇清楚—网友爆料 新三水网站”的链接，页面显示一篇2016年11月22日发表的关于新百伦领跑运动鞋购买体验的帖子，其中提及“想买一双NEW BALANCE的鞋，结果差点错买成了‘新百伦领跑’”等内容，帖子下方还有大量其他消费者发生实际混淆的评论。

(2017)京海诚内民证字第16035号公证书载明，2017年10月23日新某衡公司、新某伦公司代理人在公证员的监督下，使用公证处电脑登录“www.miitbeian.gov.cn”网站，页面顶部显示“工业和信息化部”“ICP/IP地址/域名信息备案管理系统”等字样。点击页面中“公共查询”，进入新页面后再点击“备案信息查询”，在新页面中选择“网站域名”并在空白栏中输入“×××lp.com”和验证码，点击提交。进入新页面后，显示主办企业名称为“江西新某伦领跑公司”、网站首页网址为“×××.com”、审核时间为“2016—04—27”等信息。点击上述页面中的“详细”并输入验证码，新页面显示“主办单位名称：江西新某伦领跑公司”“审核通过时间：2016—04—27”“网站负责人姓名：曾某强”“网站首页网址：×××.com”“网站域名：×××lp.com”等信息。点击该页面中的“×××.com”链接，页面显示“新百伦领跑”“新百伦领跑大中华地区运营中心”“NEWBAILUNLP”等字样，以及大量鞋两侧带有粗体“N”字母及淡化的五角星标识运动鞋的宣传照片，价格在459—599元/双不等。点击页面中名称为“品牌使命”的链接，页面再次显示鞋两侧带有粗体“N”字母及淡化的五角星标识运动鞋的宣传照片；先后点击页面中名称为“新闻报道”和“媒体投放”的链接，页面均显示大量有关新百伦领跑运动鞋的宣传报道，点击其中名称为“新百伦领跑NewBaiLunLP以‘特色’突围市场”的文章，页面显示“被誉为慢跑鞋之王的休闲运动鞋品牌的新百伦领跑……利润超过一般品牌45%……这就是新百伦领跑，源自美国的休闲运动鞋品牌”等内容，页面底端显示中间镶嵌“N”标识的微信二维码。新某衡公司、新某伦公司代理人使用公证处提供的手机登录微信并扫描该二维码，进入微信程序相关页面后点击“关注”并进入新页面，显示账号主体为“广州蓝某鞋业有限公司”。点击“查看历史消息”，页面显示2014年至2017年关于涉案新百伦领跑运动鞋在全国各地宣传的文章。依次点击其中名称为《纵享时尚新生活，新百伦领跑沈阳店隆重开业!》《新百伦领跑哈尔滨区域2015春夏发布会圆满落幕》《新百伦领跑2015—黑龙江区域秋冬订货会圆满成功》《领跑创奇迹，1年内开店1838家》《新百伦领跑盈利店屡创奇迹，日销售突破40万》等文章，相应页面均出现大量鞋两侧带有粗体“N”字母及淡化的五角星标识运动鞋的宣传照片。其中《新百伦领跑盈利店屡创奇迹，日销售突破40万》一文提到“沈阳中街旗舰店2016年9月10日开业，日销量突破40多万元”等内容。

（2018）深证字第89999号公证书载明，2018年6月4日，在公证员的监督下，新某衡公司、新某伦公司代理人使用公证处电脑登录“搜狗微信”网站，然后在搜索框中输入“新百伦领跑”并点击搜索框后的“搜公众号”。点击页面上“新百伦领跑”的选项，结果显示该微信公众号的名称为“新百伦领跑”、微信号为“×××lp”、账号主体为“广州蓝某鞋业有限公司”。点击页面上2018年6月1日发布的名为“分享图片”的文章，结果显示“新百伦领跑”“NEWBAILUNLP”等字样以及鞋两侧带有粗体“N”字母及淡化的五角星标识的宣传图片，图片下方显示“NEWBALANCELEDTHEWAY”等标语以及中间镶嵌“N”标识的微信二维码。

（2018）粤广南粤第6137号公证书载明，2018年8月15日，在公证员的监督下，新某衡公司、新某伦公司代理人使用公证处手机登录个人微信号，并搜索名称为“新百伦领跑曾某红”的联系人，结果显示该联系人微信号为“×××21”、昵称为“曾某红”。点击进入其“个人相册”，显示大量宣传新百伦领跑运动鞋的推送文章。点击其中名称为“2018新百伦领跑贵州新品发布会”的图片，页面显示“2018年1月全国一级二级网店突破6000余家”等内容。

（2018）深证字第170745、170746号公证书载明，2018年11月28日，在公证员的监督下，新某衡公司、新某伦公司代理人使用个人手机登录微信程序，并在“添加朋友”功能中的“公众号”选项下输入“×××lp”并搜索，点击结果中名称为“新百伦领跑”的公众号。进入该公众号后点击“更多资料”，页面显示账号主体为“广州蓝某鞋业有限公司”。点击该“账号主体”，页面显示统一社会信用代码为“9144010169358647XR”、经营范围包括“鞋批发”等。在该公众号“全部消息”中查看2018年11月22日发布的名称为“新百伦领跑丨决战时刻，再攀高峰”的文章，页面显示“决战70天拿下6000万元”“新百伦领跑集团广东直营店长动员大会胜利召开”等内容，页面底部有中间镶嵌“N”标识的微信二维码。

（2021）深证字第83896号公证书载明，2021年7月29日，新某衡公司、新某伦公司代理人在公证员的监督下，使用公证处电脑登录百度贴吧、知乎、虎扑、小红书论坛的相关页面，页面均显示了2015年至今发表的大量消费者对 New Balance 与新百伦领跑运动鞋产生实际混淆的帖子，其中包括百度贴吧中“想买新百伦结果买了双新百伦领跑（2015 年 3 月发布）”“本来想买 NEW Balance，回来发现是新百伦领跑！（2016 年 3 月发布）”“拿回去才发现是什么新百伦领跑（2017 年 9 月发布）”“前两天买了几双新百伦鞋子，突然发现是 New bailunlp（2018 年 8 月发布）”“今天被坑了，我以为是 NB 结果居然不是（2019 年 8 月发布）”；知乎中“‘新百伦领跑’，国产这不明摆着碰瓷 NewBalance（2020 年 7 月发布）”；小红书中“付款后我刷小红书才知道新百伦领跑和 New balance 是两个不同的牌子（2021 年 2 月）”等。

2018 年 5 月 25 日，名为“广州新百伦领跑”的账号主体在百度发布了《新百伦领跑 2018Q4 订货会暨新品发布会庆功晚宴圆满成功!》的文章，其中提到“曾某强董事长及哥哥曾某红一起为所有来宾及领跑人敬酒”等内容以及落款均为“广州新百伦领跑”的宣传图片；2018 年 7 月 30 日，名为“新百伦领跑”的账号主体在搜狐网发布了《新百伦领跑辽/吉/蒙 2017 年度感恩表彰年会成功举办》的文章，其中提到“新百伦领跑集团董事长曾某强先生、新百伦领跑辽吉蒙/华中运营中心、新百伦江浙运营中心董事长曾某红先生……来自全国各地的优秀经销商们出席了盛会”等内容；2019 年 1 月 4 日，名为“新百伦领跑”的账号主体在搜狐网发布了《新百伦领跑丨 2019 开创新纪元 筑梦新征程》的文章，其中提到“新百伦领跑集团华中大区董事长曾某红先生……领导嘉宾及员工代表一同见证了乔迁仪式”等内容。

四、相关案件审理情况

1. 广州越秀案。2015 年，广州市越秀区人民法院受理“新某衡公司与广州新某伦领跑公司、广州蓝某鞋业有限公司侵害商标权及不正当竞争纠纷案”，于 2016 年 9 月 23 日作出（2015）穗越法知民初字第 316 号一审判决，认定：广州新某伦领跑公司、广州蓝某鞋业有限公司生产、销售两侧带有“N”标识的新百伦领跑运动鞋构成对 NewBalance 运动鞋特有 N 装潢的不正当竞争，以及在官网“×××lp. com”使用“新百伦领跑总统慢跑鞋”“新百伦领跑是 1979 年创立于美国波士顿的品牌”“newbalan”等字样的行为构成虚假宣传。广州知识产权法院于 2018 年 2 月 8 日作出（2017）粤 73 民终 1 号二审判决，认定二被告不构成擅自使用知名商品特有装潢，但维持了原审虚假宣传行为的认定。2020 年 2 月 11 日，广东省高级人民法院（2020）粤民再 404 号对该案再审，再审判决认为，广州蓝某鞋业有限公司主办经营的网站名称为“广州新某伦领跑公司官网—新百伦领跑总统慢跑鞋”，网站中还宣称新百伦领跑源自新某衡公司的注册地美国马拉松之城—波士顿，自1979年品牌创立。这些内容增加了被诉侵权标识与涉案知名商品特有装潢构成混淆可能性，具有不正当性。再审判决：二被告构成擅自使用知名商品特有装潢，判决二被告赔偿给新某衡公司包括合理开支在内共600000元。

2. 北京东城案。2017年，北京市东城区人民法院受理“新某伦公司与周某伦、广州新某伦企业管理有限公司、江西新某伦领跑公司、广州新某伦领跑公司不正当竞争纠纷案”，于2019年12月19日作出（2017）京0101民初22687号一审判决，认定：江西新某伦领跑公司、广州新某伦领跑公司生产、销售的“NEW BOLUNE”系列运动鞋产品构成擅自使用New Balance运动鞋知名商品N装潢的不正当竞争。北京知识产权法院于2021年6月9日作出（2020）京73民终722号二审判决，认定“涉案产品和涉案微信公众号展示的鞋商品上使用的N标识与New Balance运动鞋两侧使用的大写粗体N字母在文字构成、倾斜方向、使用位置及整体外观上基本相同，足以造成相关公众对商品来源产生混淆误认，已构成擅自使用知名商品特有装潢的不正当竞争行为，因此维持原判”。

五、本案的其他事实

（2020）粤广南粤第26613号公证书载明，2020年9月23日，新某衡公司、新某伦公司代理人使用公证处“公证云”系统“手机拍照”功能对相关内容进行取证操作。保全照片显示位于某某路某号大楼内的10层（广州新某伦领跑公司的注册地址），该地址张贴带有“新百伦领跑 NEWBAILUNLP”字样的宣传海报以及名为“新百伦领跑集团直营中心西部战区”的地图，楼层中有招牌为“新百伦领跑 NEWBAILUNLP”“新百伦领跑集团广东运营中心”的办公场所，该场所内有工作人员正常办公。

新某伦公司2015年至2018年的审计报告显示：2015年至2016年，商品销售收入下降9.56亿元；2016年至2017年，商品销售收入下降4.99亿元；2017年至2018年，商品销售收入下降4.87亿元。自2015年至2018年，新某伦公司的商品销售收入已累计下降19.42亿元。

新某伦公司正品鞋价格信息显示，天猫官方旗舰店售卖的带有“N”标识的New Balance正品运动鞋价格区间为429—559元。

新某衡公司、新某伦公司为制止本案被诉侵权行为支出公证费262953元、样品费13789元、检索费12581元、法律服务费（截至2021年6月）

1760000 元。

一审法院认为：新某衡公司系涉案第 175151 号“N”注册商标和第 5942394 号“N”注册商标的专用权人，现上述商标均在有效期内，其合法权益应受法律保护。

一、关于原告主体资格问题

新某伦公司经新某衡公司授权，拥有在中华人民共和国境内非独占使用“New Balance”“NB”和“N”商标、商品名称和标志（被许可标识）来生产、包装或者安排生产和包装鞋子、衣服和配件，以及在中华人民共和国境内进口、出售和分销带有被许可标识的鞋子、衣服和配件的权利，并对任何侵犯新某衡公司就被许可标识享有的权利和权益——包括但不限于注册商标专用权、知名商品特有名称、包装、装潢等权利和权益——的自然人、法人或其他组织单独或与新某衡公司共同提起诉讼的权利。现新某衡公司与新某伦公司共同提起商标侵权之诉，亦是以行为表明关于新某伦公司相关权利的认可，故两公司均系商标侵权之诉的适格原告。“新百伦”为新某伦公司的企业字号，新某衡公司发表《声明》称，授权新某伦公司作为“New Balance”品牌在中国新的独家经销商，作为“新百伦”的设计者，新百伦字号的所有权利归新某衡公司所有。新某伦公司关于被授权使用“新百伦”字号的事实认可，故两公司亦系不正当竞争之诉的适格原告。

二、关于本案与广州越秀案以及北京东城案构成重复诉讼的问题

本案与广州越秀案相比较，1. 当事人不尽相同，广州越秀案的被告为广州蓝某鞋业有限公司和广州新某伦领跑公司；本案的被告为江西新某伦领跑公司、广州新某伦领跑公司和曾某红。2. 虽然同为侵害商标权及不正当竞争纠纷，但广州越秀案的被诉侵权产品，系由广州蓝某鞋业有限公司和广州新某伦领跑公司共同生产销售，而本案的被诉侵权产品，系由江西新某伦领跑公司和广州新某伦领跑公司共同生产销售；本案还涉及请求停止使用带有“新百伦”字号的企业名称的不正当竞争行为，广州越秀案中并无此项诉请。故本案与广州越秀案不构成重复起诉。

本案与北京东城案相比较，1. 当事人不尽相同，北京东城案的被告为周某伦、广州新某伦企业管理有限公司、江西新某伦领跑公司和广州新某伦领跑公司；本案的被告为江西新某伦领跑公司、广州新某伦领跑公司和曾某红。2. 虽然同为不正当竞争纠纷，但本案涉及请求停止使用带有“新百伦”字号

的企业名称的不正当竞争行为，北京东城案中并无此项诉请。故本案与北京东城案不构成重复起诉。

三、关于江西新某伦领跑公司和广州新某伦领跑公司是否构成商标侵权的问题

（一）江西新某伦领跑公司和广州新某伦领跑公司共同生产、销售了被诉侵权产品

根据本案已查明的事实，被诉侵权产品的商品条码查询结果均显示为广州新某伦领跑公司，鞋舌二维码查询结果均显示为江西新某伦领跑公司，被诉侵权产品鞋盒或产品吊牌上直接显示生产商为广州新某伦领跑公司和/或江西新某伦领跑公司，故被诉侵权产品系由江西新某伦领跑公司和广州新某伦领跑公司共同生产、销售。

（二）江西新某伦领跑公司和广州新某伦领跑公司实施了宣传被诉侵权产品的行为

1. 江西新某伦领跑公司和广州新某伦领跑公司通过新百伦领跑官方网站宣传被诉侵权产品。新百伦领跑官方网站×××. com 的 ICP 备案商为江西新某伦领跑公司，在该网站中大量使用被控侵权标识，用于宣传被诉侵权产品。

2. 江西新某伦领跑公司和广州新某伦领跑公司通过新百伦领跑微信公众号宣传被诉侵权产品。虽然新百伦领跑微信公众号的运营主体是江西新某伦领跑公司和广州新某伦领跑公司的关联公司广州蓝某鞋业有限公司，但由于其使用的标识、宣传的产品和内容均指向江西新某伦领跑公司和广州新某伦领跑公司运营的“新百伦领跑”品牌，故新百伦领跑微信公众号的宣传者实际是江西新某伦领跑公司和广州新某伦领跑公司。

（三）江西新某伦领跑公司和广州新某伦领跑公司构成商标侵权

经过长期、持续、广泛的销售和广告宣传，新某衡公司与新某伦公司的 New Balance 运动鞋在中国境内的相关市场上已经具有极高的市场知名度，而在 New Balance 运动鞋两侧中央位置靠近鞋带处实际使用的第 175151 号“”、第 5942394 号“”注册商标，作为 New Balance 运动鞋上最突出、最具识别性的部分，已成为消费者识别 New Balance 运动鞋的最主要标志。上述两个注册商标核定使用商品类别为鞋或运动鞋，与本案被诉侵权产品运动鞋属于相同或类似的商品。江西新某伦领跑公司和广州新某伦领跑公司生产销售及宣传的被诉侵权产品在鞋两侧使用了“N”字母和五角星背景图案，

但五角星背景图案明显被淡化，醒目的仍然是粗体的“N”标识，以相关公众的一般注意力，很容易将其误认为新某衡公司与新某伦公司的 New Balance 运动鞋，故江西新某伦领跑公司和广州新某伦领跑公司的行为构成对新某衡公司与新某伦公司第 175151 号“”、第 5942394 号“”注册商标专用权的侵犯。

四、关于江西新某伦领跑公司和广州新某伦领跑公司是否构成不正当竞争的问题

新某伦公司于 2006 年 12 月成立，经过长期、持续、广泛的使用和媒体宣传，“新百伦”作为新某伦公司企业名称中最显著、最具有识别性的字号，已经与“New Balance”运动鞋和新某伦公司建立了长期稳定的对应关系，在鞋类产品同行业内享有极高的知名度和影响力。江西新某伦领跑公司成立于 2015 年 8 月 21 日，广州新某伦领跑公司成立于 2014 年 8 月 21 日，均晚于新某伦公司的成立时间。江西新某伦领跑公司和广州新某伦领跑公司作为同行业竞争者，应知“新百伦”字号具有极高的知名度，仍然注册登记完整包含“新百伦”字号的企业名称，具有攀附新某伦公司商誉的主观故意，引人误认其与新某伦公司存在特定联系，构成不正当竞争。

五、关于曾某红是否构成商标侵权的问题

曾某红系原沈阳市沈河区曾某红新百伦领跑专卖店、沈阳市沈河区鑫某专卖店的经营者，上述二店铺内有大量两侧带有粗体“N”字母及淡化的五角星标识的运动鞋在宣传、销售，经比对，两店销售的运动鞋系侵犯涉案第 175151 号“”、第 5942394 号“”注册商标专用权的商品，构成销售侵权。上述二店铺的经营性质为个体工商户，其注销后，相关法律责任应由原经营者曾某红承担。

六、关于本案的赔偿数额问题

（一）关于江西新某伦领跑公司和广州新某伦领跑公司的赔偿数额

本案中，新某衡公司与新某伦公司主张侵权损害赔偿的计算期间为 2016 年 9 月 6 日—2018 年 9 月 6 日（两年），并主张根据被告的侵权获利或者原告的损失计算赔偿数额。一审法院认为，新某衡公司与新某伦公司主张的计算数额不准确，个别店铺侵权产品的销售数量不具有普遍性，不代表其他店铺的销售数量，新百伦领跑集团相关人员在招商大会上对其全国店铺数量、销售额等情况的宣传、介绍，出于洽谈的目的，缺乏客观性、准确性，同行

业的平均利润率不单是鞋类利润率，还包括服装等品类，新某衡公司与新某伦公司主张销售收入的下降可能存在多种因素等，故本案无法以原告的侵权损失或者被告的侵权获利来确定赔偿数额。本案将以法定赔偿方式确定赔偿数额。综合考虑涉案权利商标专用权取得的时间、知名度和影响力，江西新某伦领跑公司和广州新某伦领跑公司的侵权主观故意明显，销售网络遍布全国多地，侵权范围广，侵权规模大，侵权持续时间长，特别是广州新某伦领跑公司在正常经营情况下，却屡次拒收法院邮寄的诉讼文书，故意拖延本案诉讼进程，具有明显的恶意，以及权利人为制止侵权行为所支出的费用中的合理部分等因素，以法定最高限额确定江西新某伦领跑公司和广州新某伦领跑公司的赔偿数额。

（二）关于曾某红的赔偿数额

曾某红在经营沈阳新百伦领跑专卖店的同时，还担任新百伦领跑辽吉蒙/华中运营中心、新百伦江浙运营中心董事长，深度参与新百伦领跑的运营，同时其与江西新某伦领跑公司和广州新某伦领跑公司原法定代表人曾某强系兄弟关系，曾某红应当知晓具有极高知名度和影响力的“New Balance”运动鞋和运动鞋两侧所使用的标志性标识，应当知晓所出售的运动鞋产品是仿冒“New Balance”运动鞋的侵权产品。综合考虑曾某红侵权行为性质、情节、持续时间等因素，对新某衡公司与新某伦公司请求判令曾某红赔偿其经济损失30万元予以支持。

七、关于其他民事责任的承担

被诉侵权产品已经实际造成了消费者的误认，致使新某衡公司与新某伦公司商誉遭受损害，故对于新某衡公司与新某伦公司提出的判令江西新某伦领跑公司、广州新某伦领跑公司和曾某红在《中国知识产权报》上刊登声明，就侵权行为消除影响的诉讼请求予以支持。

一审法院判决：（一）江西新某伦领跑公司、广州新某伦领跑公司立即停止在生产、销售和广告宣传活动中侵犯新某衡公司、新某伦公司第175151号“N”和第5942394号“N”注册商标专用权的行为；（二）江西新某伦领跑公司、广州新某伦领跑公司立即停止使用带有“新百伦”字样企业名称的不正当竞争行为；（三）江西新某伦领跑公司、广州新某伦领跑公司于本判决发生法律效力之日起十日内赔偿新某衡公司、新某伦公司经济损失（包括原告为制止侵权行为所支付的合理开支）人民币500万元；（四）曾某红于本判决发生法律效力之日起十日内赔偿新某衡公司、新某伦公司经济损失人民币30万元；（五）江西新某伦领跑公司、广州新某伦领跑公司和曾某红于本判决发生法律效力之日起三十日内在《中国知识产权报》上刊登声明，就其侵权行为消除影响（声明内容须经法院审定）；（六）驳回新某衡公司、新某伦公司的其他诉讼请求。一审案件受理费543300元，由新某衡公司、新某伦公司负担516135元，由江西新某伦领跑公司、广州新某伦领跑公司负担27165元。

本院二审审理期间，新某衡公司、新某伦公司向本院提交了如下证据：

证据1：广东省深圳市深圳公证处（2021）深证字第122903、122993号公证书。

证据2：赣南日报2021年12月1日发表的关于新百伦领跑集团董事长曾某强的报道。

证据1、2拟证明江西新某伦领跑公司、广州新某伦领跑公司大量生产、销售被诉侵权产品，侵权规模巨大，侵权获利极高。

证据3：2018年7月至2022年5月重庆市万州区电报路万达广场“新百伦领跑”店的销售额明细，拟证明新百伦领跑线下店铺的销售额。

证据4：广东省高级人民法院（2020）粤民再404号民事判决书，拟证明：1. 江西新某伦领跑公司、广州新某伦领跑公司的关联主体宣传被诉侵权产品时恶意攀附新某衡公司、新某伦公司的商誉，已被法院认定为虚假宣传行为，江西新某伦领跑公司、广州新某伦领跑公司仍在进行虚假宣传，侵权恶意明显。2. 江西新某伦领跑公司、广州新某伦领跑公司及其关联主体生产的被诉侵权产品已被法院认定构成不正当竞争。

证据5：北京市高级人民法院（2022）京行申409号行政裁定书。

证据6：北京知识产权法院（2021）京73行初1340号行政判决书。

证据7：北京知识产权法院（2021）京73行初1336号行政判决书。

证据8：北京知识产权法院（2021）京73行初1343号行政判决书。

证据9：北京知识产权法院（2021）京73行初1344号行政判决书。

证据10：北京知识产权法院（2021）京73行初274号行政判决书。

证据11：北京知识产权法院（2021）京73行初271号行政判决书。

证据5—11拟证明国家知识产权局和法院已认定江西新某伦领跑公司、广州新某伦领跑公司及关联主体申请注册的多个商标与新某衡公司、新某伦公司涉案商标构成近似并宣告无效；江西新某伦领跑公司、广州新某伦领跑公司明知上述标识被宣告无效仍继续实施被诉侵权行为，侵权恶意明显。

证据 12：国家知识产权局商评字〔2022〕第 0000136507 号决定书，拟证明江西新某伦领跑公司、广州新某伦领跑公司持续通过关联主体申请模仿“New Balance”等商标标识，具有明显的侵权恶意。

证据 13：浙江省高级人民法院（2021）浙民终 1580 号民事判决书。

证据 14：浙江省高级人民法院（2021）浙民终 1682 号民事判决书。

证据 15：广东省深圳市中级人民法院（2020）粤 03 民初 3351 号民事判决书。

证据 13—15 拟证明新某伦公司的“新百伦”字号经过持续宣传推广和商品销售，具有一定的影响力。

证据 16：北京市东方公证处（2021）京东方内民证字第 07557 号公证书，拟证明江西新某伦领跑公司、广州新某伦领跑公司大量生产、销售被诉侵权产品，侵权规模大，侵权获利高。

江西新某伦领跑公司、广州新某伦领跑公司对上述证据的质证意见为：对证据 1、证据 2 的真实性、合法性认可，关联性及证明目的均不认可。对证据 3 的销售额明细的真实性、合法性、关联性均不认可。具体而言，证据 1 至证据 3 与本案的事实和待证事实均无关，不能证明存在侵权行为；证据 1 至证据 3 均发生在本案主张的侵权期间之外，证据 3 的销售额明细只能体现经销商的销售情况，不能证明生产商及生产商的获利情况。对证据 4 至证据 12 的真实性认可，对证明目的不认可。关于证据 4，该证据确认广州新某伦领跑公司不侵犯新某衡公司第 175151 号“”注册商标专用权，达不到新某衡公司、新某伦公司的证明目的。关于证据 5 至证据 11，证据所示的一审判决尚未生效，江西新某伦领跑公司、广州新某伦领跑公司使用的注册商标尚未被确定无效，已经向北京市高级人民法院提起了上诉，前述商标仍处于有效状态。关于证据 12，关联性不认可，该证据显示的申请人为赣州市强某体育用品有限公司，并不是本案的当事人，与本案无关，无法证明江西新某伦领跑公司、广州新某伦领跑公司具有侵权恶意。对证据 13 至证据 15 的真实性认可，合法性、关联性及证明目的均不认可。这些判决不在本案被诉侵权期间，而是在 2018 年之后，而且新某伦公司突出使用新百伦标识宣传其商品是侵权性使用，以上判决书不能证明新某伦公司的“新百伦”字号具有较高知名度，并在消费者中建立了稳定的对应联系。对证据 16 的真实性、合法性认可，关联性不认可。具体而言，第一，该公证行为发生在2021年5月，公证内容与本案被诉侵权期间无关。第二，该份公证采取的公证方式为视频录制，但新某衡公司却未客观反映录制内容。第三，即便按新某衡公司断章取义提交的截图也可以看出，年会PPT所展示的新百伦领跑品牌除新百伦领跑运动鞋外还包含服装、箱包、领跑儿童等板块，销售流水页无法对此作出区分。第四，关于企业在招商大会活动中所宣传的数据真实性的问题，夸大性宣传是各类企业在推广过程中都会使用的方法。第五，根据公证书中的截图，无法得出新某衡公司所称公证书“显示在2018年的时候开招商大会说自己销售了10个亿”。

二审审理期间，江西新某伦领跑公司、广州新某伦领跑公司向本院提交了如下证据：

第一组证据为证据1：广东省高级人民法院（2020）粤民再404号民事判决书，拟证明生效判决确认广州新某伦领跑公司不侵犯新某衡公司第175151号“”注册商标专用权，本案一审判决与该生效判决认定事实不一致。

第二组证据包括证据2至证据23，包括在第25类商品上注册的第4100879号“新百伦”商标、第16600985号“新百伦”商标、第4897840号“”商标、第4817498号“新百伦领跑 XINBAILUNLINGPAO”商标、第16790307号“N 新百伦领跑”商标、第16908226号“N 新百伦领跑”商标、第14389718号“”商标、第18503485号“”商标、第21742286号“”商标、第21987482号“”商标、第22430634号“”商标、第22430671号“”商标、第21744447号“”商标共13个商标的注册证、初审公告、商标授权书、使用许可备案公告、无效宣告行政起诉状等文件，拟证明在本案被诉侵权期间，江西新某伦领跑公司在第25类商品上合法规范使用其尚且有效的注册商标。

第三组证据包括证据24至证据55，其中证据24至证据43为江西新某伦领跑公司的宣传推广证据，证据44至证据55为江西新某伦领跑公司获得的相关荣誉奖励，拟证明江西新某伦领跑公司的知名度。

第四组证据包括证据56至证据84，其中证据56至证据80、证据83和证据84为江西新某伦领跑公司针对新百伦领跑运动鞋的维权刑事判决书1

份、民事判决书 24 份、民事裁定书 1 份、民事调解书 1 份，拟证明新百伦领跑运动鞋具有较高市场知名度，在全国范围内存在大量被第三方盗用、仿冒商标的情况。证据 81 为网络截图，证据 82 为辽宁省公证处（2022）辽省证民字第 52 号公证书，经过公证，在搜狗搜索网站上搜索百科回答“商品条码查询真伪”，结果显示为无法通过条码单一查询真伪。证据 81、证据 82 拟证明条形码并无查明真伪功能。

第五组证据包括证据 85 至证据 105，证据 85：广东省高级人民法院（2015）粤高法民三终字第 444 号民事判决书，证据 86：最高人民法院（2016）最高法民申 2421 号民事裁定书，证据 85、证据 86 拟证明法院已判令新某伦公司不能突出使用“新百伦”标识。证据 87：原国家工商行政管理总局商标局（2011）商标异字第 25006 号新百伦商标异议裁定书；证据 88：北京知识产权法院（2017）京 73 行初 1129 号行政判决书；证据 89：北京市高级人民法院（2020）京行终 6686 号行政判决书；证据 87-89 拟证明新某衡公司的关联公司对第 4100879 号“新百伦”商标注册提出异议，并经两审行政诉讼均被驳回，并且被认定异议人提供的证据不足以证明其引证商标为驰名商标。证据 90：江西省石城县（2022）赣虔石证内字第 9 号公证书；证据 91：辽宁省公证处（2022）辽省证民字第 2601 号公证书；证据 92：辽宁省公证处（2022）辽省证民字第 2602 号公证书；证据 93：京东商城输入“新百伦男鞋”搜索录屏文件及时间戳证书；证据 94：京东商城输入“新百伦女鞋”搜索录屏文件及时间戳证书；证据 95：360 浏览器推送广告“新百伦价格”录屏及截图；证据 96：百度地图搜索关键字“新百伦”显示结果的时间戳证书；证据 97：“百度地图商户标注常见问题指南”时间戳证书；证据 98：百度搜索“新百伦客服电话”时间戳证书；证据 99：百度贴吧搜索关键字“新百伦”时间戳证书；证据 100：江苏省高级人民法院（2020）苏民终 29 号民事判决书；证据 101：浙江省金华市中级人民法院（2020）浙 07 民初 256 号民事判决书；证据 102：浙江省杭州市中级人民法院（2020）浙 01 民初 2726 号民事判决书；证据 103：广东省深圳市中级人民法院（2020）粤 03 民初 3351 号民事判决书；证据 104：江西省南昌高新技术产业开发区人民法院（2022）赣 0191 民初 1287 号案件起诉状、案件受理通知书；证据 105：上海市徐汇区人民法院（2022）沪 0104 民初 16796 号案件起诉状、受理通知书。证据 90-105 拟证明在生效判决已判令新某伦公司“新百伦”字号不能突出使用、标识宣传商品的情况下，新某伦公司以侵害他人商标专用权获得的利益，形成的所谓“商誉”和知名度不应得到认定和保护，其“新百伦”字号也不具有影响力，江西新某伦领跑公司、广州新某伦领跑公司的企业名称不构成不正当竞争。

第六组证据包括证据106至证据112，证据106：同花顺财经文章《2018年鞋履制造行业市场现状及发展趋势 仅星期六业绩增长》，拟证明2018年我国制鞋行业销售收入整体降幅较大，市场低迷，上市公司关店止损；证据107：企查查APP查询的新某伦公司分支机构，证据106至107拟证明新某衡公司、新某伦公司关撤实体门店，与我国制鞋行业整体趋势一致。另外，其经营商品除了鞋类还有服装配饰，其业绩下降或者市场占有率降低包括了其他商品，不应全部作为鞋类商品的数据。证据108至112包括5份另案民事判决书，拟证明其他企业侵权和挤占市场是新某衡公司、新某伦公司市场占有率下降、业绩下降的因素之一。

第七组证据包括证据113至证据115，证据113：新某伦公司官网的“品牌介绍”；证据114：英文百科全书网关于New Balance历史的介绍及翻译；证据115：商业历史英文网站关于鞋业发展的截图及对New Balance介绍的翻译。证据113至115拟证明新某衡公司起诉状中称New Balance品牌具有一百多年历史，属于虚假宣传。

第八组证据为证据116：第14206628号“N”商标注册申请受理通知书、初步审定公告通知书、商标转让证明、商标注册证，拟证明被诉侵权产品使用的是该商标。

二审庭审结束后，江西新某伦领跑公司、广州新某伦领跑公司向本院补充提交了七份证据：

证据117：（1）2014年7月10日，广州蓝某鞋业有限公司与新某伦（保定）鞋业有限公司上海分公司签署的关于第4817498号“新百伦领跑 XINBAILUNLINGPAO”商标等的商标许可使用协议；（2）第4817498号“新百伦领跑 XINBAILUNLINGPAO”商标注册证及权利变更证明，2015年4月20日，广州新某伦领跑公司受让第4817498号“新百伦领跑 XINBAILUNLINGPAO”商标。以上证据拟证明江西新某伦领跑公司、广州新某伦领跑公司的企业名称来自经合法授权使用的注册商标，不是攀附新某伦公司的字号。

证据118：（1）2016年至2018年江西新某伦领跑公司、广州新某伦领跑公司生产的部分非“N”图案鞋类产品的委托加工合同；（2）2016年至2018

年江西新某伦领跑公司、广州新某伦领跑公司生产的部分新百伦领跑服饰、箱包类产品图片。以上证据拟证明新百伦领跑品牌不仅有鞋类产品，还包括服装、配饰等其他品类产品，鞋类产品除 N 标运动鞋外还有大量其他鞋款（非 N 标鞋）。

证据 119：安踏、匹克官网资料，拟证明安踏、匹克的企业经营规模、经营种类、经营能力远强于本案双方当事人，这些企业的数据不具有可参考性。

证据 120：（1）北京市高级人民法院（2020）京行终 6686 号行政判决书；（2）北京市人民检察院京检行监〔2022〕11000000135 号不支持监督申请决定书。以上证据拟证明新某衡公司、新某伦公司针对“新百伦”注册商标申请宣告无效提起的行政诉讼及抗诉全部被驳回，新某伦公司的企业名称不具有知名度和影响力，江西新某伦领跑公司、广州新某伦领跑公司使用“新百伦”“新百伦领跑”商标的行为合法，注册企业名称的行为不构成不正当竞争。

证据 121：江西新某伦领跑公司、广州新某伦领跑公司主张案外人仿冒其产品的投诉材料，拟证明江西新某伦领跑公司一直打击侵权仿冒商家，鉴于新百伦领跑品牌的知名度较高，在案证据不足以证明被诉侵权产品的来源，需追加销售商参加诉讼以便查明案件事实。

证据 122：权利卫士公证录屏，拟证明新某伦公司在淘宝、京东等平台通过购买关键字的方式侵权使用“新百伦”标识，并非字号性使用而是商标性使用。

二审中，江西新某伦领跑公司、广州新某伦领跑公司应本院要求提交了生产、销售被诉侵权产品的财务账册，包括：证据 123：（1）2016 年 10 月—2018 年 9 月“新百伦领跑运动鞋”财务账簿中的运动鞋详细信息；（2）2016 年 9 月—12 月公司经营情况表；（3）2017 年公司经营情况表；（4）2018 年 1 月—9 月公司经营情况表；（5）2016 年 10 月—2018 年 9 月有关“新百伦领跑运动鞋”的发票、销售出库单。以上证据拟证明新百伦领跑运动鞋只占新百伦领跑品牌鞋类产品很小一部分，销售金额、销售数量、利润率远远低于新某衡公司、新某伦公司的主张，其所举证据均为推算，不具有客观性。

新某衡公司、新某伦公司对上述证据的质证意见为：对证据 1 的真实性、合法性予以认可，关联性不予认可。该判决可以证明广州新某伦领跑公司至少在 2015 年开始实施侵权行为。对证据 2 至证据 23 的真实性、合法性予以认可，关联性不予认可。江西新某伦领跑公司、广州新某伦领跑公司在一审中主张在侵权产品上使用的是第18503458号商标，其他商标与本案无关，该商标注册时间为2019年，并已被宣告无效，其在使用中也存在改变商标显著特征的情形。关于证据24至证据43，真实性、合法性、关联性均不予认可。证据24至证据43形成于本案一审开庭前，不属于新证据，无正当理由未在一审举证期限内提交，并且均未经公证和提供原件。另外，证据24至证据43还证明江西新某伦领跑公司、广州新某伦领跑公司的侵权情节严重和侵权规模巨大。对证据44至证据55的真实性、合法性、关联性均不予认可。具体而言，证据44至证据50、证据52至证据55形成于本案一审开庭前，且无正当理由未在一审举证期限内提交，证据44至证据55均未经公证或提供相应原件，对其真实性、合法性不予认可。因侵权行为产生的所谓知名度不受法律保护，相关扶贫活动、领导视察等亦与本案无关，对其关联性不予认可。关于证据56至证据80，证据56已被江西省赣州市中级人民法院撤销，证据57、证据58与本案无关，证据59至证据80的判决书所涉时间均为2021年，与本案侵权期间、当事人、被诉侵权行为均缺乏关联。对证据81的真实性、合法性、关联性不予认可。证据81为网络打印件且未经公证。对证据82至证据86的真实性、合法性予以认可，关联性不予认可。（2015）粤高法民三终字第444号民事判决书和（2016）最高法民申2421号民事裁定书与本案所涉的权利基础和纠纷性质不同，并未否定新某伦公司使用企业字号的正当性和合法性。对证据87至证据89的真实性、合法性予以认可，关联性不予认可。本案涉及的是江西新某伦领跑公司、广州新某伦领跑公司擅自使用新某伦公司有一定影响的“新百伦”字号，第4100879号“新百伦”商标状态与本案无关。对证据90的真实性、合法性、关联性均不予认可。录音文件不完整，不能证明该证据的真实性和合法性，并且该证据的取证时间在2022年，不在本案所涉侵权期间。对证据91和证据92的真实性、合法性予以认可，关联性不予认可。该证据的取证时间在2022年，不在本案所涉侵权期间。对证据93至证据99的真实性、合法性、关联性均不予认可。该证据的取证时间在2022年，不在本案所涉侵权期间，且未提供完整的公证过程文件。对证据100至证据103的真实性、合法性予以认可，关联性不予认可。这些判决反而可以证明已有多个生效判决认定“新百伦”字号与新某伦公司的“N”“NB”及“New Balance”运动鞋产品在消费者心中建立特定联系，并具有一定影响力。对证据104和证据105的真实性、合法性予以认可，关联性不予认可。该证据的取证时间为2022年，不在本案所涉侵权期间。对证据106和证据108的真实性、合法性、关联性均不予认可。该份财经文章仅是截图，并未进行公证，可以任意修改。对证据107的真实性、合法性、关联性均不予认可。该份证据仅是网页截图，并未进行公证。新某衡公司、新某伦公司关撤实体门店与本案认定的侵权行为无关。对证据108至证据112的真实性、合法性予以认可，关联性不予认可，前述证据均是新某伦公司与案外人的侵权纠纷案件。对证据113至证据115的真实性、合法性、关联性均不予认可。三份证据均为网页截图，并未进行公证，真实性、合法性不予认可，与本案认定的侵权行为无关。关于证据116，第14206628号商标在鞋类商品上是无效的，是改变商标显著特征的不当使用行为。关于证据117，对第4817498号商标权利变更证明的真实性认可，关联性、合法性不予认可；对商标许可使用协议的真实性、关联性、合法性均不予认可，商标许可使用协议未约定第4817498号商标权人许可江西新某伦领跑公司或者广州新某伦领跑公司在其企业名称中使用"新百伦领跑"标识。对证据118的真实性、关联性、合法性均不予认可。委托加工合同并不完整，加工产品的标识不明确，印章存在和合同当事人不对应的地方，缺乏实际履行证明。对证据119的真实性予以认可，关联性、合法性不予认可，安踏品牌关于其鞋类产品的分类与本案无关。对证据120的真实性、合法性予以认可，关联性不予认可。新百伦商标的状态与本案是否构成不正当竞争没有关联。对证据121、122的关联性、合法性不予认可。该证据获取时间在2023年，在本案所涉侵权期间之外。对证据123的真实性、合法性与关联性均不予认可。江西新某伦领跑公司、广州新某伦领跑公司在一审、二审阶段均未提供任何证据证明其生产过其他不侵权产品，应当承担举证不力的后果。《公司经营情况表》系其单方提供，会计记账、财务数据明显不完整，营业成本没有任何证据可以证明；产品划分为运动鞋、椰子鞋、网鞋、童鞋、帆布鞋、皮鞋、拖鞋、凉鞋缺乏依据和证据支持，相应的销售比例与2020年年会PPT上展示的其旗下各类品牌的销售额比例完全不同。江西新某伦领跑公司在其掌握的全部生产销售记录中选取对其有利的极少部分证据，试图以偏概全，蒙混过关，有违诚信诉讼原则。

针对各方二审提交的证据材料，本院的认证意见如下：

（一）关于新某衡公司、新某伦公司二审提交的证据

关于证据1和证据2，系对赣南日报的相关报道进行公证，并且新百伦

领跑微信公众号进行转载，对其真实性、关联性和合法性予以认可。本报道时间为 2021 年 12 月 1 日，是关于新百伦领跑集团董事长曾某强的报道，该报道中关于 2015 年至 2019 年生产规模和产值的描述，可结合其他证据确定江西新某伦领跑公司、广州新某伦领跑公司的生产规模。关于证据 3，系重庆市万州区万达广场商业管理有限公司出具的重庆市万州区万达广场“新百伦领跑”店的销售明细，对其真实性、合法性予以认可。该“新百伦领跑”店的销售明细为 2018 年 7 月至 2022 年 5 月，与本案损害赔偿时间存在部分重合，2018 年 8 月该单店销售额为 13. 83 万元，2018 年 9 月该单店销售额为 17. 09 万元，可结合其他证据确定江西新某伦领跑公司、广州新某伦领跑公司的经营规模。关于证据 4 至证据 15，系法院、国家知识产权局出具的判决书、裁定书和决定书，对其真实性、合法性予以认可，本院将结合本案事实综合评述。关于证据 16，对其真实性、合法性予以认可。公证书中新百伦领跑集团自述其在 2020 年度大会、2021 新品订货会宣传销售产品的情况，能够部分反映“新百伦领跑”品牌 2020 年的生产、销售规模及销售获利，本院将结合其他证据综合认定。

（二）关于江西新某伦领跑公司、广州新某伦领跑公司二审提交的证据

对证据 1 的真实性、合法性予以认可。该判决为关联民事案件判决，判决认定新某衡公司的“N”标识为知名商品的特有装潢，并认定广州新某伦领跑公司和广州蓝某鞋业有限公司构成侵犯新某衡公司“N”标识装潢权益的侵权行为。关于第二组证据 2 至证据 23，是江西新某伦领跑公司在第 25 类商品上有权使用的注册商标，对其真实性、合法性予以认可。关于第三组证据 24 至证据 55，是江西新某伦领跑公司的宣传推广、荣誉奖励，与本案侵权行为认定并无直接关联，不予采信。关于第四组证据 56 至证据 84，其中证据 56 至证据 80、证据 83 至证据 84 是判决书、裁定书、调解书，对其真实性、合法性予以认可，但这些裁判文书均为江西新某伦领跑公司针对“新百伦领跑”运动鞋提起的维权诉讼，与本案侵权行为并无直接关联。证据 81、证据 82 关于条形码能否验证真伪的搜狗搜索结果不具有权威性，对其真实性不予认可。关于第五组证据 85 至证据 105，证据 85 和证据 86 为法院的裁判文书，对其真实性、合法性予以认可，但该证据涉及新某伦公司对“新百伦”商标的使用行为，与本案无关。证据 87 至证据 89 是涉及第 4100879 号“新百伦”商标的裁定书、判决书，对其真实性、合法性予以认可，但该证据仅能证明案外人周某伦持有的第 4100879 号“新百伦”商标处于有效状

态，与本案“新百伦”不正当竞争行为无直接关联。对证据90至证据105的真实性确认，该证据与本案的关联性将结合本案事实综合认定。关于第六组证据，对证据106和证据107的真实性、合法性、关联性均不予认可。证据108至证据112系新某伦公司与案外人的侵权纠纷裁判文书，对其真实性、合法性予以认可，该证据与本案的关联性将结合本案事实综合认定。关于第七组证据113至证据115，三份证据均为网页截图，并未公证也未进行翻译，对其真实性、合法性不予认可。关于第八组证据116，对其真实性予以认可，但第14206628号商标核定使用的商品不包括鞋类商品。关于证据117，对其真实性、合法性予以认可，广州新某伦领跑公司于2015年4月20日受让第4817498号商标。关于证据118，委托加工合同缺乏实际履行票据支持，对其真实性、关联性不予认可。关于证据119，对该证据的真实性、合法性予以认可。证据120为法院、检察院出具的判决书、决定书，对其真实性、合法性予以确认。但本案不正当竞争的争议焦点仅涉及对“新百伦”的字号性使用，不涉及“新百伦”商标的使用，该份证据与本案无关。关于证据121，江西新某伦领跑公司、广州新某伦领跑公司打击侵权仿冒与其在本案中是否侵犯他人商标权及不正当竞争并无直接关联。关于证据122，新某伦公司是否存在商标性使用“新百伦”标识的行为，并非本案审理范围，对其关联性不予认可。

关于证据123，系江西新某伦领跑公司、广州新某伦领跑公司应本院要求提交的生产、销售被诉侵权产品的财务资料，但是，经本院审查，两公司提交的财务资料均存在数据不全、不真实等问题，表现在：一是只提交了江西新某伦领跑公司的财务资料，未提交广州新某伦领跑公司的财务资料。二是财务账册中运动鞋数量、营业收入与现有证据存在明显矛盾。经统计，证据123公司经营情况表中2016年9月至2018年9月新百伦运动鞋销售数量为73832双，营业收入为7371714.27元，利润总额为51097.3元。按照该份证据计算，江西新某伦领跑公司平均每年度营业收入为3685857.14元，平均每年度仅销售36916双运动鞋，这与（2018）粤广南粤第4917号公证书中新百伦领跑集团董事长曾某强、新百伦领跑湖南地区运营中心负责人曾某兵表述的“有6000多家新百伦领跑店铺……年销售额超过10亿”差距甚远，也与赣南日报2021年报道记载“2015至2017年曾某强共计投资28亿元建设产业园和制造基地，2019年当年投产，产值达30亿元，截至2021年销售成品鞋1500万双以上”的内容相差巨大。且该报道现仍被新百伦领跑官方网站转载。三是财务账册中的营业成本等支出、利润总额真实性存疑。证据 123 公司经营情况表中营业成本缺乏相应的证据佐证，且 2016 年 9 月至 2018 年 9 月期间新百伦运动鞋利润额仅为 51097.3 元，显然与（2017）京海诚内民证字第 16035 号公证书中新百伦官网相关文章所描述的公司利润率“被誉为慢跑鞋之王的休闲运动鞋品牌的新百伦领跑……利润超过一般品牌 45%”，（2018）沪徐证经字第 10275 号公证书中新百伦领跑集团儿童事业部副总经理刘某关于“新百伦领跑很低，利润空间非常大……领跑一双鞋赚两三百”等描述严重不符。四是公司经营情况表中的产品分类及数量缺乏相应的证据佐证。因此，本院对两公司提交的财务资料不予采信。

原审查明的事实基本属实，本院予以确认。

本院另查明：

（一）江西新某伦领跑公司、广州新某伦领跑公司主张其所使用的注册商标的诉讼情况

1. 关于第 21987482 号“”商标，该商标被商评字〔2020〕第 301228 号裁定书宣告无效，该裁定和一审判决均被北京市高级人民法院维持［案号：（2023）京行终 3816 号］。

2. 关于第 18503485 号“”商标，该商标被商评字〔2020〕第 301224 号裁定书宣告无效，该裁定和一审判决均被北京市高级人民法院维持［案号：（2023）京行终 3814 号］。

3. 关于第 21742286 号“”商标，该商标被商评字〔2020〕第 301226 号裁定书宣告无效，该裁定和一审判决均被北京市高级人民法院维持［案号：（2023）京行终 3818 号］。

4. 关于第 22430671 号“”商标，该商标被商评字〔2020〕第 301446 号裁定书宣告无效，该裁定和一审判决均被北京市高级人民法院维持［案号：（2023）京行终 3817 号］。

5. 第 22430634 号“”商标，该商标被商评字〔2020〕第 339335 号裁定书宣告无效，该裁定被北京知识产权法院维持［案号：（2021）京 73 行初 2778 号］。

（二）新百伦领跑集团的生产、销售情况

根据（2021）京东方内民证字第 07557 号公证书文字及图片，新百伦领跑集团 2020 年度大会的 PPT 显示，新百伦领跑集团“新百伦领跑”品牌销

售流水为22亿元，集团总销售流水为28亿元。集团旗下拥有新百伦领跑、新百伦、爱威亚、熊出没等6个品牌。

赣南日报2021年12月1日发表的关于新百伦领跑集团董事长曾某强的报道中载明，2015年，曾某强创办新百伦领跑集团，投资5亿元建设占地245亩的一期产业园，2017年投资23亿元兴建制造基地，2019年投资8亿元建设占地228亩的二期工业园，项目当年投产，年产值超过30亿元。截至报道时间，集团在28个省建立品牌分公司，拥有6000多家直营店，年销售成品鞋1500万双以上，年销售额超20亿元。

（三）新某伦公司年度审计报告的利润率

江苏省高级人民法院（2020）苏民终561号案中事实认定部分载明："根据新某伦公司2016年及2017年的审计报告显示，其在该两年度内营业收入分别为375547万元以及324763万元，营业利润分别为39740万元及25745万元，平均营业利润率为9.24%"。

（四）新百伦领跑专卖店销售产品的情况

新某伦公司、新某衡公司一审提交的40余份公证书显示，其中部分新百伦领跑专卖店除销售被诉侵权产品外，还销售其他商品，如（2017）京东方内民证字第17967号公证书的图片中的服饰；（2018）沪徐证经字第4059号公证书中的箱包；（2018）沪徐证经字第7170号公证书中的网鞋；（2018）京海诚内民证字第10714号中的凉鞋、皮鞋；（2018）京海诚内民证字第10727号公证书中的凉鞋、板鞋；（2018）粤广南方第038441号公证书中的板鞋、网鞋；（2018）粤广南方第038442号公证书中的凉鞋、板鞋、网鞋；（2018）粤广南粤第2383号公证书中的板鞋、凉鞋、网鞋。

本案为侵害商标权及不正当竞争纠纷，因新某伦公司、新某衡公司明确主张本案损害赔偿计算期间为2016年9月6日至2018年9月6日，并未包括2018年9月6日以后的损失，故本案应适用2013年修正的《中华人民共和国商标法》（以下简称商标法）和2017年修订的《中华人民共和国反不正当竞争法》（以下简称反不正当竞争法）。一审法院适用2019年修正的商标法和2019年修正的反不正当竞争法审理本案，适用法律错误，本院予以纠正。

本院认为，根据各方当事人的诉讼主张，结合已经查明的案件事实，本案二审的争议焦点是：（一）一审法院是否程序违法；（二）本案与北京东城案是否构成重复起诉；（三）江西新某伦领跑公司、广州新某伦领跑公司是否构成商标侵权；（四）江西新某伦领跑公司、广州新某伦领跑公司是否构成不正当竞争；（五）一审判决确定的赔偿数额是否适当。

（一）关于一审法院是否程序违法

江西新某伦领跑公司、广州新某伦领跑公司主张，一审法院程序违法，本案由一审法院管辖的唯一连结点是新某衡公司、新某伦公司在辽宁省沈阳市内三处店铺采取的证据保全行为，因此辽宁省以外的被诉侵权行为不应在本案中进行审理。如果要合并审理，应当追加本案所涉辽宁省外的销售者参加诉讼，否则无法查清其商品来源，导致认定事实不清。对此，本院认为，江西新某伦领跑公司、广州新某伦领跑公司曾就一审法院是否具有管辖权提出了管辖权异议，并经一审法院及本院审查确认一审法院具有管辖权。因此，本案就新某衡公司、新某伦公司主张的侵权行为予以审理符合法律规定，不存在程序违法及遗漏相关当事人的情况。江西新某伦领跑公司、广州新某伦领跑公司的相关主张缺乏事实和法律依据，本院不予支持。

（二）关于本案与北京东城案是否构成重复起诉

《最高人民法院关于适用〈中华人民共和国民事诉讼法〉的解释》（以下简称民事诉讼法司法解释）第二百四十七条规定："当事人就已经提起诉讼的事项在诉讼过程中或者裁判生效后再次起诉，同时符合下列条件的，构成重复起诉：（一）后诉与前诉的当事人相同；（二）后诉与前诉的诉讼标的相同；（三）后诉与前诉的诉讼请求相同，或者后诉的诉讼请求实质上否定前诉裁判结果。当事人重复起诉的，裁定不予受理；已经受理的，裁定驳回起诉，但法律、司法解释另有规定的除外。"

本案中，江西新某伦领跑公司、广州新某伦领跑公司上诉主张，本案与北京东城案构成重复起诉，属于"一事二罚"。对此，本院认为，关于本案与北京东城案是否构成重复起诉，应当根据民事诉讼法司法解释的前述规定予以判断。

第一，从两案的当事人来看，北京东城案的被告为周某伦、广州新某伦企业管理有限公司、江西新某伦领跑公司和广州新某伦领跑公司，本案的被告为江西新某伦领跑公司、广州新某伦领跑公司和曾某红，后诉与前诉的当事人不同。

第二，从两案的诉讼标的和诉讼请求来看，北京东城案为不正当竞争纠纷案。该案中，新某伦公司主张江西新某伦领跑公司、广州新某伦领跑公司等四被告侵害其"新百伦"企业名称、知名商品特有名称和"N"字母的知名商品特有装潢，要求四被告停止不正当竞争行为、赔偿损失。而本案系侵害商标权及不正当竞争纠纷案，本案中，新某衡公司、新某伦公司主张江西新某伦领跑公司和广州新某伦领跑公司等三被告实施了侵害其“新百伦”企业名称和第 175151 号“”注册商标、第 5942394 号“”注册商标的侵权行为，要求三被告停止不正当竞争行为和商标侵权行为，并赔偿损失。因此，两案的诉讼标的和诉讼请求均不相同。

第三，关于本案与前案是否构成“一事二罚”的问题。江西新某伦领跑公司、广州新某伦领跑公司主张，在北京东城案已就相关侵权行为判决赔偿的情况下，本案再对此予以判罚，违反了《最高人民法院关于适用〈中华人民共和国反不正当竞争法〉若干问题的解释》（以下简称反不正当竞争法司法解释）第二十四条的规定。对此，本院认为，北京东城案与本案的侵权行为并非同一侵权行为。北京东城案的被诉侵权产品使用的是“新百伦”“NEW BOLUNE”标识，而本案的被诉侵权产品使用的是“新百伦领跑”“NewBailunLP”标识，在案证据不能证明两案的侵权行为是同一主体在同一时间和地域实施的同一侵权行为，故本案不适用反不正当竞争法司法解释第二十四条的规定，本案和北京东城案不构成“一事二罚”。

综上，本案和北京东城案不构成重复起诉。江西新某伦领跑公司、广州新某伦领跑公司的相关主张缺乏事实和法律依据，本院不予支持。

（三）关于江西新某伦领跑公司、广州新某伦领跑公司是否构成商标侵权

2013 年修正的商标法第五十七条规定：“有下列行为之一的，均属侵犯注册商标专用权：（一）未经商标注册人的许可，在同一种商品上使用与其注册商标相同的商标的；（二）未经商标注册人的许可，在同一种商品上使用与其注册商标近似的商标，或者在类似商品上使用与其注册商标相同或者近似的商标，容易导致混淆的；（三）销售侵犯注册商标专用权的商品的；（四）伪造、擅自制造他人注册商标标识或者销售伪造、擅自制造的注册商标标识的；（五）未经商标注册人同意，更换其注册商标并将该更换商标的商品又投入市场的；（六）故意为侵犯他人商标专用权行为提供便利条件，帮助他人实施侵犯商标专用权行为的；（七）给他人的注册商标专用权造成其他损害的。”

本案中，认定江西新某伦领跑公司、广州新某伦领跑公司是否实施了侵

害新某衡公司、新某伦公司第175151号“”商标和第5942394号“”商标注册商标专用权的行为，具体涉及以下四个问题：一是江西新某伦领跑公司、广州新某伦领跑公司是否存在制造、销售被诉侵权产品的行为；二是江西新某伦领跑公司、广州新某伦领跑公司是否存在宣传推广被诉侵权产品的行为；三是被诉侵权标识是否与权利人主张的商标构成近似；四是江西新某伦领跑公司、广州新某伦领跑公司是否系规范使用其所主张的商标。本院对此具体分析如下：

第一，关于江西新某伦领跑公司、广州新某伦领跑公司是否存在制造、销售被诉侵权产品的行为。根据一审查明的事实，被诉侵权产品的商品条码的查询结果均显示“广州新某伦领跑公司”，并且鞋舌二维码的查询结果均显示“江西新某伦领跑公司”，鞋盒、吊牌也指向生产商为江西新某伦领跑公司和/或广州新某伦领跑公司。结合被诉侵权产品的吊牌、鞋盒、鞋舌二维码、商品条码，已经能够形成证据链，证明案涉被诉侵权产品系由江西新某伦领跑公司、广州新某伦领跑公司制造、销售。关于两公司辩称不能确定被诉侵权产品是否由其生产，并主张条形码单一无法查询真伪，且此前存在其他主体仿冒新百伦领跑产品的情形，本院认为，被诉侵权产品均系在“新百伦领跑 NEWBAILUNLP”“新百伦领跑 XINBAILUNLINGPAO”的店铺购买，且江西新某伦领跑公司、广州新某伦领跑公司并未提交证据证明被诉侵权产品确系由其他主体生产，故对其相关辩称，本院不予采纳。因此，结合一审查明的事实和在案证据，可以认定案涉被诉侵权产品系由江西新某伦领跑公司、广州新某伦领跑公司制造、销售。

第二，关于江西新某伦领跑公司、广州新某伦领跑公司是否存在宣传、推广被诉侵权产品的行为。首先，根据一审查明的事实，新百伦领跑官方网站的×××.com 的 ICP 备案商为江西新某伦领跑公司，该网站使用大量被诉侵权标识，用于宣传被诉侵权产品。其次，关于江西新某伦领跑公司、广州新某伦领跑公司所称新百伦领跑微信公众号运营商为案外人广州蓝某鞋业有限公司的主张，由于本案公证购买的被诉侵权产品的鞋盒上均标注了“新百伦领跑官方微信”二维码，扫描后均跳转至微信公众号“新百伦领跑”，该公众号宣传的标识、产品和内容均指向了江西新某伦领跑公司、广州新某伦领跑公司运营的“新百伦领跑”品牌，并介绍“新百伦领跑是江西新某伦领跑公司的主导品牌”，相关宣传内容与新百伦领跑官方网站的宣传内容高度一致，因此，江西新某伦领跑公司、广州新某伦领跑公司属于新百伦领跑微信公众号宣传、推广的实际获益者，可以认定两公司通过官方网站、微信公众号长期实施了大量宣传、推广被诉侵权产品的行为。

第三，关于被诉侵权标识是否与第175151号“”商标、第5942394号“”商标构成近似商标。根据《最高人民法院关于审理商标民事纠纷案件适用法律若干问题的解释》第十条的规定，认定商标相同或者近似按照以下原则进行：（一）以相关公众的一般注意力为标准；（二）既要进行对商标的整体比对，又要进行对商标主要部分的比对，比对应当在比对对象隔离的状态下分别进行；（三）判断商标是否近似，应当考虑请求保护注册商标的显著性和知名度。本案中，首先，第175151号“”商标和第5942394号“”商标核定使用在鞋、运动鞋商品上，被诉侵权产品亦为运动鞋，两者构成相同商品。其次，经过长期、持续、广泛的销售和广告宣传，新某衡公司、新某伦公司的New Balance运动鞋在中国境内的相关市场上已经具有极高的市场知名度，而在New Balance运动鞋两侧中央位置靠近鞋带处使用第175151号“”、第5942394号“”注册商标，作为New Balance运动鞋上最突出、最具识别性的部分，已成为消费者识别New Balance运动鞋的最主要标志。被诉侵权运动鞋两侧在中间位置突出使用倾斜的、大写的、粗体的英文字母“N”，并在字母“N”周围有一圈淡化的五角星图案，五角星图案大多与鞋两侧的底色为同一色系，在整体标识中被弱化，远观较难察觉，反之英文字母“N”颜色突出、亮化，在整体标识中较为醒目。因此，被诉侵权标识与新某衡公司、新某伦公司第175151号“”商标、第5942394号“”商标构成相同商品上的近似商标，相关公众施以一般注意力，极易导致混淆。而且，本案中（2017）京海诚内民证字第16034号公证书中部分消费者的评论、（2018）沪徐证经字第10275号公证书中新百伦领跑集团领跑事业部副总经理韩某关于“在2015年、2016年刚开业的时候，很多的消费者会认为‘这个和NB很像，买错了’”表述等证据也进一步证明被诉侵权产品引起了消费者的实际混淆。

第四，关于江西新某伦领跑公司、广州新某伦领跑公司是否系规范使用其所主张的商标的问题。江西新某伦领跑公司、广州新某伦领跑公司主张，其在被诉侵权产品上使用的是第18503485号“”商标、第21742286

号“”商标、第 22430634 号“”商标、第 22430671 号“”商标和第 21987482 号“”商标等合法注册的商标。

对此，本院认为，首先，江西新某伦领跑公司、广州新某伦领跑公司主张的相关注册商标均由数个边缘五角星和中心为“N”标识组成，但其在被诉侵权产品上突出使用“N”标识，边缘的五角星图案颜色大多与鞋两侧的底色为同一色系，使得五角星的标识呈现弱化、淡化，因此，江西新某伦领跑公司、广州新某伦领跑公司在实际使用中改变了商标的显著特征，不属于对其所主张的注册商标专用权的规范使用。其次，江西新某伦领跑公司、广州新某伦领跑公司主张的注册商标在无效行政程序中均被宣告无效。无效的理由为前述商标与新某衡公司的涉案商标构成近似商标。其中，第 18503485 号“”商标、第 21742286 号“”商标、第 22430671 号“”商标和第 21987482 号“”商标已被北京市高级人民法院二审判决维持无效，第 22430634 号“”商标已被北京知识产权法院一审判决维持无效。

此外，江西新某伦领跑公司、广州新某伦领跑公司还主张广东省高级人民法院（2020）粤民再 404 号民事判决书已经确认两公司不侵犯新某衡公司第 175151 号“”注册商标专用权。经审查，该再审判决认为商标侵权不属于再审审查的范围因而未对商标侵权部分进行实质性评述，因此，江西新某伦领跑公司、广州新某伦领跑公司的相关上诉主张没有事实依据，本院不予支持。

综上，江西新某伦领跑公司、广州新某伦领跑公司生产、销售、宣传被诉侵权产品的行为侵犯了新某衡公司、新某伦公司第 175151 号“”注册商标和第 5942394 号“”注册商标专用权，一审法院的相关认定正确，本院予以维持。江西新某伦领跑公司、广州新某伦领跑公司关于两公司不构成商标侵权的上诉主张缺乏事实和法律依据，本院不予支持。

（四）关于江西新某伦领跑公司、广州新某伦领跑公司是否构成不正当竞争

2017 年修订的反不正当竞争法第六条规定：“经营者不得实施下列混淆行为，引人误认为是他人商品或者与他人存在特定联系……（二）擅自使用他人有一定影响的企业名称（包括简称、字号等）、社会组织名称（包括简称等）、姓名（包括笔名、艺名、译名等）……”反不正当竞争法司法解释

第四条规定："具有一定的市场知名度并具有区别商品来源的显著特征的标识，人民法院可以认定为反不正当竞争法第六条规定的'有一定影响的'标识。人民法院认定反不正当竞争法第六条规定的标识是否具有一定的市场知名度，应当综合考虑中国境内相关公众的知悉程度，商品销售的时间、区域、数额和对象，宣传的持续时间、程度和地域范围，标识受保护的情况等因素。"第十一条规定："经营者擅自使用与他人有一定影响的企业名称（包括简称、字号等）、社会组织名称（包括简称等）、姓名（包括笔名、艺名、译名等）、域名主体部分、网站名称、网页等近似的标识，引人误认为是他人商品或者与他人存在特定联系，当事人主张属于反不正当竞争法第六条第二项、第三项规定的情形的，人民法院应予支持。"

本案中，判断经营者是否违反了2017年修订的反不正当竞争法第六条第二项规定，需要考虑以下四点：一是被诉侵权方成立时原字号权利人的字号能否认定为"有一定影响"的标识；二是被诉侵权方注册登记时主观上是否具有明显攀附原字号权利人商誉的意图；三是被诉侵权方的字号使用行为在客观上是否造成市场混淆；四是被诉侵权方使用相关字号是否存在合法权利基础。对此，本院具体分析如下：

第一，关于江西新某伦领跑公司、广州新某伦领跑公司成立时，新某伦公司的"新百伦"字号是否属于"有一定影响"的企业名称。

首先，认定新某伦公司的"新百伦"字号是否属于"有一定影响"的企业名称应以江西新某伦领跑公司、广州新某伦领跑公司成立的时间为准。即以江西新某伦领跑公司的成立时间2015年8月，广州新某伦领跑公司的成立时间2014年8月，对新某伦公司"新百伦"字号的知名度证据予以审查。

其次，根据本案一审相关证据，新某伦公司于2006年12月27日成立，从2006年至2015年，新某伦公司一直在其运动鞋产品包装上以及各种商业活动中以运动鞋销售商的方式标注其企业名称"新某伦公司"，并在各大报纸期刊、门户网站、视频网站，以及其门店发布的宣传材料中，一直以"新百伦"作为产品销售商的中文字号。新某伦公司在中国境内获得了大量的社会荣誉和奖项，受到了行业内外的肯定，享有较高的声誉。并且，已有在先多个生效判决对"新百伦"字号的影响力予以认定。因此，"新百伦"字号经过新某伦公司的持续使用和广泛宣传，在江西新某伦领跑公司、广州新某伦领跑公司成立时，已在运动鞋产品领域具有很高的市场知名度、为相关公众所知悉，系有一定影响的企业名称。

再次，关于江西新某伦领跑公司、广州新某伦领跑公司主张，新某伦公司简化、突出使用的“新百伦”标识，已被生效判决认定为商标侵权，其后形成的知名度权益均为非法权益的问题。经审查，（2016）最高法民申2421号民事裁定书、（2015）粤高法民三终字第444号民事判决书主要涉及的是案外人周某伦和新某伦公司之间的商标侵权纠纷，并不涉及关于新某伦公司“新百伦”字号使用的评判，因此，新某伦公司对“新百伦”字号使用所形成的权益应受到法律保护，可以作为“新百伦”字号的知名度证据。

最后，关于江西新某伦领跑公司、广州新某伦领跑公司主张北京东城案已经认定新某伦公司的“新百伦”字号不具有一定影响力的问题。经审查，北京东城案中的相关认定涉及案外人周某伦2004年申请“新百伦”商标是否侵犯新某伦公司“新百伦”字号的评判，认定新某伦公司“新百伦”字号是否具有知名度的时间节点远早于本案，不足以否定新某伦公司“新百伦”字号在本案所涉的2015年的知名度。

第二，关于江西新某伦领跑公司、广州新某伦领跑公司注册登记企业名称时在主观上是否具有明显攀附新某伦公司商誉的意图。如前所述，新某伦公司成立于2006年，通过该公司的持续使用和广泛宣传，到2014年、2015年时，“新百伦”字号在中国运动鞋产品领域已经具有较高的知名度。江西新某伦领跑公司、广州新某伦领跑公司作为运动鞋类行业的同业经营者，理应知晓“新百伦”字号的知名度，仍然申请注册以“新百伦”字号为主要识别部分的企业名称，具有攀附新某伦公司字号知名度的意图。

第三，关于江西新某伦领跑公司、广州新某伦领跑公司使用含有“新百伦”的企业名称在客观上是否会造成市场混淆。江西新某伦领跑公司、广州新某伦领跑公司在被诉侵权产品的鞋舌、鞋盒，新百伦领跑微信公众号、官方网站使用以“新百伦”字号为主要部分的企业名称，并且在官方网站宣传时具有明显攀附新某衡公司的故意，在运动鞋两侧中央位置靠近鞋带处位置突出使用新某衡公司、新某伦公司New Balance运动鞋最具识别性的“N”字母标识，相关行为容易导致相关消费者误认为与新某伦公司存在特定联系，从而导致市场混淆。

第四，关于江西新某伦领跑公司、广州新某伦领跑公司使用含有“新百伦”的企业名称是否存在合法权利基础。江西新某伦领跑公司、广州新某伦领跑公司二审主张其系第4100879号“新百伦”和第4817498号“新百伦领跑”注册商标的合法使用人，使用“新百伦”和“新百伦领跑”作为企业名称并标识、宣传商品，不侵犯新某伦公司的企业名称。对此，本院认为，一方面，商标和企业名称属于不同的商业标识，在权利取得、权利性质等方面存在区别。商标的功能在于区别不同商品或服务的来源，企业名称的功能在于区别不同市场主体，二者注册取得途径和管理制度均有所不同。对某一标志享有商标专用权，不代表其当然有权将该标志作为企业名称使用，反之亦然。当不同主体使用同一标志作为商业标识开展经营时，容易导致相关公众对其主体身份、商品或服务的来源产生混淆或混淆可能性。另一方面，本案中第4100879号“新百伦”商标、第4817498号“新百伦领跑”注册商标的许可时间、转让时间均在江西新某伦领跑公司、广州新某伦领跑公司成立之后。第4817498号“新百伦领跑”商标于2015年4月20日转让给广州新某伦领跑公司，于2016年11月27日转让给江西新某伦领跑公司。第4100879号“新百伦”商标的授权许可时间为2016年9月1日，均在江西新某伦领跑公司、广州新某伦领跑公司成立之后。因此，在新某伦公司的“新百伦”字号已具有较强知名度的情况下，即便江西新某伦领跑公司、广州新某伦领跑公司后续受让或者取得与“新百伦”相关的商标，也无法基于在后的商标许可和受让行为取得在前的以“新百伦”为主要部分登记注册企业名称的权利基础。

综上所述，在“新百伦”字号已经具有一定影响的情况下，江西新某伦领跑公司、广州新某伦领跑公司作为运动鞋类行业的同业经营者，理应知晓新某伦公司在先“新百伦”字号的知名度，仍将“新百伦”作为主要部分申请注册企业名称，并将之与“N”标识商标结合使用，容易导致相关消费者混淆误认，构成不正当竞争行为，一审法院的认定并无不当，本院予以维持。

（五）关于一审判决确定的赔偿数额是否适当

本案中，一审法院以法定赔偿判定江西新某伦领跑公司和广州新某伦领跑公司的赔偿数额为500万元。二审中，新某衡公司和新某伦公司上诉主张一审判决确定的赔偿数额过低，应以其主张的权利人的损失或者侵权人的侵权获利确定赔偿数额，并提出了相应的赔偿数额计算方式。江西新某伦领跑公司和广州新某伦领跑公司亦对一审判决确定的赔偿数额提起上诉，主张一审判决确定的损害赔偿数额及合理开支过高。对此，本院具体分析如下：

1. 关于新某衡公司、新某伦公司提供的计算方式

本案中，新某衡公司、新某伦公司主张侵权损害赔偿的计算期间为2016年9月6日—2018年9月6日，1亿元的赔偿为商标侵权行为及不正当竞争行为的赔偿，具体以权利人的损失或者侵权人的侵权获利计算。关于侵权人的侵权获利，新某衡公司、新某伦公司主张江西新某伦领跑公司和广州新某伦领跑公司的侵权获利有两种计算公式。第一种计算方式为：单个店铺侵权产品月销售数量（双）×全国店铺数量（家）×侵权产品单价（元）×利润率×（2年×12月）。具体计算结果为：按照平均数值计算：1979（双）×5000（家）×288（元）×19.5%×12（月）×2＝13368766800（元）；按照最低数值计算：260（双）×5000（家）×99（元）×19.5%×12（月）×2＝602316000（元）。第二种计算方式为：全国店铺的年销售额×利润率×2年。其中，全国店铺的年销售额为新百伦领跑集团自述的年销售总额，利润率根据同行业公布的企业年报计算的行业平均利润率。具体计算结果为：10亿×19.5%×2＝3.9亿元。关于权利人的损失。新某衡公司、新某伦公司主张根据其审计报告的数据，该公司2015年至2018年销售收入已累计下降19.42亿元。

本院认为，新某衡公司、新某伦公司主张的计算方式不足以准确计算侵权人的侵权获利或者权利人的损失。表现在：个别店铺的销售数量不具有普遍性，不能以此推算其他店铺的销售数量；被诉侵权产品的单价不能明确；江西新某伦领跑公司和广州新某伦领跑公司相关人员在招商大会、业务洽谈中描述的是新百伦领跑集团的整体销售数额及店铺数量，而并非“新百伦领跑”品牌的销售情况；同行业企业的销售产品类别、经营模式与本案侵权企业不完全相同；权利人销售收入下降可能存在多种因素，而且其他生效判决也证明存在其他侵权主体，故本案无法以新某衡公司、新某伦公司主张的其因侵权所受到的损失或者侵权人的侵权获利来确定赔偿数额。

2. 关于江西新某伦领跑公司提交的财务资料

如前所述，江西新某伦领跑公司、广州新某伦领跑公司提交的生产、销售被诉侵权产品的财务资料存在数据不全、不真实等问题，不能作为本案确定赔偿数额的依据。

2013年修正的商标法第六十三条第二款规定：“人民法院为确定赔偿数额，在权利人已经尽力举证，而与侵权行为相关的账簿、资料主要由侵权人掌握的情况下，可以责令侵权人提供与侵权行为相关的账簿、资料；侵权人不提供或者提供虚假的账簿、资料的，人民法院可以参考权利人的主张和提

供的证据判定赔偿数额。”本案中，新某衡公司、新某伦公司为证明其因侵权所受到的损失或者侵权人的侵权获利已尽力举证，在本院已经明确释明拒不提供、虚假提供账簿、资料应承担的法律后果的情况下，江西新某伦领跑公司、广州新某伦领跑公司仍然向本院提供数据不全、缺乏真实性的财务资料，故根据2013年修正的商标法第六十三条第二款之规定，可以参考新某衡公司、新某伦公司的主张和提供的证据判定本案赔偿数额。

3. 关于本案赔偿数额的确定

本院认为，在确定损害赔偿时应依法运用证据规则，全面、客观地审核计算赔偿数额的证据，对有关证据的真实性、合法性和证明力进行综合审查判断。对于难以证明侵权受损或侵权获利的具体数额，但有证据证明前述数额明显超过法定赔偿最高限额的，应当综合全案的证据情况合理确定赔偿额，而不应简单适用法定赔偿。

本院认为，根据全案证据、优势证据规则和侵权人的侵权情形，本案可以参考“新百伦领跑”品牌年销售额×利润率×侵权时间×侵权产品占比确定赔偿数额。具体分析如下：

首先，关于新百伦领跑品牌的年销售额。本院考虑下列在案证据：一是（2018）粤广南粤第4919号公证书中新百伦领跑晋江运营中心市场总监刘总自述“新百伦领跑全国加盟店有5000多家”“2018年销售额接近10亿元”。二是（2018）粤广南粤第4917号公证书中新百伦领跑集团董事长曾某强自述2018年“有6000多家新百伦领跑店铺……年销售额超过10亿元”。三是赣南日报对新百伦领跑集团产业规模的描述，2015年，曾某强创办新百伦领跑集团，投资5亿元建设占地245亩的一期产业园，2017年投资23亿元兴建制造基地，2019年投资8亿元建设占地228亩的二期工业园，项目（2019年）当年投产，产值超过30亿元。综上，结合新百伦领跑集团高管的自述、该集团的产业发展规模，及在案证据显示的新百伦领跑集团的侵权规模、侵权范围，可以将10亿元酌定作为新百伦领跑集团的年销售额。关于“新百伦领跑”品牌的销售额。（2021）京东方内民证字第07557号公证书中新百伦领跑集团2020年度大会显示“新百伦领跑”品牌产品销售额达22亿元，新百伦领跑集团总销售额达28亿元。尽管该证据取证时间在被诉侵权期间外，但是关于品牌产品的占比仍可作为本案确定“新百伦领跑”品牌销售额的参考。参考年度大会“新百伦领跑”品牌销售额在整个集团销售额的占比，即22亿/28亿，可以据此推算出“新百伦领跑”品牌的年销售额约为：10亿元

×22 亿/28 亿=7.857 亿元。在江西新某伦领跑公司、广州新某伦领跑公司没有提交相反证据足以推翻上述事实的情况下，本院综合全案有关证据确定2016 年至 2018 年“新百伦领跑”品牌的年销售额为 7.857 亿元。

其次，关于利润率。新某衡公司、新某伦公司虽然主张以安踏、特步、匹克三家企业的平均营业利润率 19.5%作为侵权利润率，但该三家企业的销售产品类别、经营模式与本案侵权企业仍有一定区别。鉴于本案无法具体查清江西新某伦领跑公司、广州新某伦领跑公司的利润率，根据《最高人民法院关于审理商标民事纠纷案件适用法律若干问题的解释》第十四条的规定，可以按照注册商标商品的单位利润计算侵权所获得的利益。根据新某伦公司一审提交的该公司年度审计报告，2016 年、2017 年新某伦公司的平均营业利润率为 9.24%，故本院以 9.24%作为“新百伦领跑”品牌的利润率。

最后，关于被诉侵权产品占比。新某衡公司、新某伦公司一审中提交了40 余份在“新百伦领跑”店铺购买被诉侵权产品的公证书，本院经审查认为，一方面，根据公证书中所拍摄图片，（2017）京东方内民证字第 17967号、（2018）沪徐证经字第 4059 号、（2018）沪徐证经字第 7170 号、（2018）京海诚内民证字第 10714 号、（2018）京海诚内民证字第 10727 号、（2018）粤广南方第 038441 号、（2018）粤广南方第 038442 号、（2018）粤广南粤第2383 号公证书中“新百伦领跑”店铺中，除销售被诉侵权产品外还销售板鞋、网鞋、凉鞋、皮鞋、箱包、服饰等并非本案被诉侵权的产品。另一方面，新某衡公司、新某伦公司提供的公证证据仍为个别店铺的产品销售情况，不具有普遍性和代表性。因此，在案证据不能证明“新百伦领跑”专卖店销售的产品均为突出使用“N”字母的被诉侵权产品，综合考虑在案证据，本院酌定被诉侵权产品在“新百伦领跑”品牌的销售占比为 20%。

综上，本院参考“新百伦领跑”品牌年销售额 7.857 亿元×利润率9.24%×侵权时间 2 年×侵权产品占比 20%，确定江西新某伦领跑公司、广州新某伦领跑公司的赔偿数额为：785700000 元×9.24%×2×20%＝2904 万元。本院认为，一审法院按照法定赔偿方式确定两公司的赔偿数额，但是根据前述计算方式确定的赔偿数额明显超过法定赔偿最高限额，故应当参照以上计算方式确定本案的赔偿数额。

关于合理开支，新某衡公司、新某伦公司在本案一、二审主张律师费、公证费、样品费、检索费等合理支出共计 2049323 元。其中，公证费及样品费、检索费提供了相应票据，虽然律师服务费未提供相应票据、合同佐证，但考虑到该公司一、二审均聘请了律师，并通过报刊检索、公证取证、购买被诉侵权产品等多种方式积极举证，故本院对新某衡公司、新某伦公司主张的此部分开支中的合理部分予以支持，酌情确定为100万元。

综上，新某衡公司与新某伦公司关于一审判决确定的赔偿数额过低的上诉请求成立，应予支持；江西新某伦领跑公司与广州新某伦领跑公司的上诉请求均不能成立，应予驳回。依照2013年修正的《中华人民共和国商标法》第五十七条、第六十三条，2017年修订的《中华人民共和国反不正当竞争法》第六条，《最高人民法院关于审理商标民事纠纷案件适用法律若干问题的解释》第十条、第十四条，《最高人民法院关于适用〈中华人民共和国反不正当竞争法〉若干问题的解释》第四条、第十一条、第二十四条，《中华人民共和国民事诉讼法》第一百七十七条第一款第二项，《最高人民法院关于适用〈中华人民共和国民事诉讼法〉的解释》第二百四十七条之规定，判决如下：

一、维持辽宁省高级人民法院（2018）辽民初121号民事判决第一、二、四、五项；

二、撤销辽宁省高级人民法院（2018）辽民初121号民事判决第六项；

三、变更辽宁省高级人民法院（2018）辽民初121号民事判决第三项为：江西新某伦领跑体育用品有限公司、广州新某伦领跑鞋业有限公司于本判决发生法律效力之日起十日内赔偿新某衡体育运动公司、新某伦贸易（中国）有限公司经济损失及合理开支3004万元；

四、驳回新某衡体育运动公司、新某伦贸易（中国）有限公司的其他诉讼请求；

五、驳回江西新某伦领跑体育用品有限公司、广州新某伦领跑鞋业有限公司的上诉请求。

如果未按本判决指定的期间履行给付金钱义务，应当依照《中华人民共和国民事诉讼法》第二百六十条之规定，加倍支付迟延履行期间的债务利息。

一审案件受理费543300元，由新某衡体育运动公司、新某伦贸易（中国）有限公司负担351500元，由江西新某伦领跑体育用品有限公司、广州新某伦领跑鞋业有限公司负担191800元。新某衡体育运动公司、新某伦贸易（中国）有限公司上诉部分的二审案件受理费516800元，由新某衡体育运动公司、新某伦贸易（中国）有限公司负担350000元，由江西新某伦领跑体育用品有限公司、广州新某伦领跑鞋业有限公司负担 166800 元。江西新某伦领跑体育用品有限公司、广州新某伦领跑鞋业有限公司上诉部分的二审案件受理费 46800 元，由江西新某伦领跑体育用品有限公司、广州新某伦领跑鞋业有限公司负担。

本判决为终审判决。

审　判　长　白雅丽
审　判　员　傅　蕾
审　判　员　许常海
二〇二三年九月二十六日
法官助理　陈泽宇
书　记　员　芦　菲

15. 惩罚性赔偿倍数的考量因素

——上诉人四川鑫某某门业有限公司、成都市新都区顾某金属门厂、周某贵与被上诉人盼某安居门业有限责任公司、一审被告方某萍侵害商标专用权及不正当竞争纠纷案①

中华人民共和国最高人民法院民事判决书（2022）最高法民终209号

上诉人（一审被告）：四川鑫某某门业有限公司。住所地：四川省遂宁市蓬溪县。

法定代表人：杨某，该公司执行董事。

委托诉讼代理人：张好，北京市天同律师事务所律师。

委托诉讼代理人：李静，北京市天同律师事务所律师。

上诉人（一审被告）：成都市新都区顾某金属门厂。住所地：四川省成都市新都区。

经营者：周某贵。

委托诉讼代理人：张好，北京市天同律师事务所律师。

委托诉讼代理人：陈彦蓉，北京市天同律师事务所实习律师。

上诉人（一审被告）：周某贵。

委托诉讼代理人：张好，北京市天同律师事务所律师。

委托诉讼代理人：李静，北京市天同律师事务所律师。

被上诉人（一审原告）：盼某安居门业有限责任公司。住所地：辽宁省营口市大石桥市水源镇。

法定代表人：某某，该公司总经理。

委托诉讼代理人：赵克峰，北京己任（上海）律师事务所律师。

委托诉讼代理人：吕沛，北京己任（深圳）律师事务所律师。

一审被告：方某萍。

---

① 本案在年度报告中的位置为第35页。

上诉人四川鑫某某门业有限公司（以下简称鑫某某公司）、成都市新都区顾某金属门厂（以下简称顾某门厂）、周某贵因与被上诉人盼某安居门业有限责任公司（以下简称盼某公司）、一审被告方某萍侵害商标权及不正当竞争纠纷一案，不服江苏省高级人民法院（以下简称原审法院）于2021年10月13日作出的（2018）苏民初38号民事判决，向本院提起上诉。本院于2022年5月6日受理后依法组成合议庭，分别于2022年10月27日、2023年7月3日公开开庭进行了审理。上诉人鑫某某公司、周某贵的委托诉讼代理人张好、李静，上诉人顾某门厂的委托诉讼代理人张好、陈彦蓉，被上诉人盼某公司的委托诉讼代理人赵克峰、吕沛到庭参加诉讼。一审被告方某萍经本院合法传唤未到庭，本院依法缺席审理。本案现已审理终结。

鑫某某公司、顾某门厂、周某贵上诉请求：1. 撤销原审判决；2. 驳回盼某公司的全部诉讼请求；3. 本案一、二审全部诉讼费用由盼某公司负担；4. 盼某公司赔偿鑫某某公司、顾某门厂、周某贵经济损失及合理支出。其理由如下：（一）鑫某某公司、顾某门厂、周某贵无攀附盼某公司涉案系列商标知名度和影响力的恶意，生产和销售鑫盼盼产品不构成侵害商标权，原审法院认定事实及法律适用均有错误，应予纠正。盼某公司主张的被诉侵权行为发生在北京市高级人民法院作出二审行政判决之前，鑫某某公司、顾某门厂、周某贵拥有或者被授权使用的第10071538号“鑫盼盼”商标尚属合法有效的注册商标，其规范使用注册商标的行为不构成侵害盼某公司涉案系列商标专用权。周某贵在2016年7月15日与案外人张某甲签订商标转让协议，受让“鑫盼盼”商标。2016年9月13日，周某贵与鑫某某公司签订商标许可使用合同，许可鑫某某公司使用该商标，使用期限至2022年12月13日。2017年11月17日，原国家工商行政管理总局商标评审委员会（以下简称商标评审委员会）作出无效宣告请求裁定，对鑫某某公司第10071538号“鑫盼盼”商标在“可移动金属建筑物；金属门；金属大门；金属窗”商品上予以无效宣告，在其余商品上予以维持。周某贵不服该裁定起诉至北京知识产权法院，该院作出一审行政判决撤销了上述裁定。盼某公司不服上述判决，上诉至北京市高级人民法院，该院作出二审行政判决撤销了一审判决，驳回周某贵的诉讼请求。周某贵的“鑫盼盼”商标虽然被宣告无效，但不能基于在后的无效宣告而对之前的合法、正常使用行为一概予以否定性评价。“鑫盼盼”商标与盼某公司的第647663号“
”商标、第10794738号

“PANPAN”商标，在外形设计、文字组成、呼叫上存在明显的区别，对一般普通民众而言，难以构成近似商标。盼某公司的商标是“PANPAN 盼盼”的组合整体，与“鑫盼盼”商标读音不同，不会导致混淆。“鑫盼盼”商标中的“鑫”字笔画繁多，从视觉效果来看单个汉字占有整个商标大部分空间，该商标突出的是“鑫”字，而非“盼盼”。盼某公司“PANPAN 盼盼”商标及图案更加凸显的是前半部分字母。两者容易予以区分。“盼盼”二字应当属于社会公共资源。1990 年北京亚运会吉祥物熊猫曾使用“盼盼”作为名字，并进行广泛宣传。“盼盼”二字广为人知，对中国境内的消费者具有很高的识别度。盼某公司通过“蹭热度”的方式注册取得了包含“盼盼”二字的注册商标，但“盼盼”二字并不属于盼某公司专有，不能垄断“盼盼”二字的使用权。盼某公司有权利限制他人使用第 647663 号“PAN PAN 盼盼”商标、第 10794738 号“PANPAN”商标，但没有权利限制他人使用“盼盼”二字。因此，鑫某某公司、顾某门厂、周某贵使用包含“盼盼”二字的“鑫盼盼”商标或者使用包含“盼盼”二字的“四川鑫盼盼门业有限公司”企业名称均不构成对盼某公司涉案系列商标或商誉的攀附，未侵害其商标权。鑫某某公司、顾某门厂、周某贵在“鑫盼盼”商标被宣告无效前的使用行为不具有主观过错。“鑫盼盼”商标由案外人申请注册，其申请注册该商标不存在攀附盼某公司在先商标声誉的主观恶意。周某贵受让“鑫盼盼”商标，鑫某某公司被许可使用“鑫盼盼”商标时亦无恶意。在取得商标权后，其使用行为也只是基于对商标行政主管机关授权的信赖。在“鑫盼盼”商标被宣告无效后，周某贵解除了对鑫某某公司的商标授权，鑫某某公司也解除了与顾某门厂的委托加工关系。鑫某某公司也多次要求经销商不能继续使用“鑫盼盼”商标。（二）鑫某某公司、顾某门厂、周某贵的行为不构成不正当竞争。鑫某某公司、顾某门厂在经营中使用“鑫盼盼”商标、企业名称的行为，不构成对盼某公司“盼盼”字号的攀附。鑫某某公司、顾某门厂主观上系使用获得许可的“鑫盼盼”商标，是对注册商标的合法使用，并无攀附“盼盼”字号的主观故意。鑫某某公司、顾某门厂使用的熊猫形象系自行委托第三方设计公司设计完成，与盼某公司的熊猫图形并不相似，不会使得消费者产生混淆误认。鑫某某公司、顾某门厂的宣传行为不构成虚假宣传和商业诋毁。经销商的宣传行为即使真实存在，也系经销商个人行为。（三）原审判决对于法律责任承担主体的界定存在错误，周某贵、顾某门厂不应承担责任或连带责任。即使要承担责任，也仅需要针对部分行为承担连带责任。在侵害商标权纠纷中，周某贵的身份是“鑫盼盼”商标受让人，不存在明知该商标构成侵权而受让的情况，且不应对所有不正当竞争行为的赔偿额承担责任或连带责任。顾某门厂接受鑫某某公司的委托加工钢制门系列产品，不构成侵害商标权的行为，且顾某门厂并非被诉不正当竞争行为的主体，故顾某门厂不应当承担责任或连带责任。（四）原审判决关于本案赔偿责任确定存在明显错误，应当予以纠正。原审判决对鑫某某公司、顾某门厂、周某贵构成故意侵权、情节严重以及赔偿基数的认定均存在错误，本案对被诉商标侵权行为不应适用惩罚性赔偿。“鑫盼盼”商标与盼某公司的第647663号“PAN PAN 盼盼”商标虽然均含有“盼盼”两个汉字，但两个商标在读音、整体构成、视觉效果均有较为明显的差异，相似程度并不高。虽然“鑫盼盼”商标最终被宣告无效，但也应当注意到，该案历经无效、一审、二审和再审，不同程序中的认定结论并不一致。北京知识产权法院以两个商标不构成在相同或类似商品上的近似商标为由撤销了行政裁定。周某贵只是普通的社会公众，而非商标专业人士，难以判断两个商标是否构成近似。因此，不能由“鑫盼盼”商标最终被宣告无效的结果来倒推周某贵在购买、使用“鑫盼盼”商标时知晓其侵害盼某公司商标权，具有明显的故意。被诉商标侵权行为不属于“情节严重”的情形。鑫某某公司、顾某门厂、周某贵对“鑫盼盼”商标的使用规范，未超出核定商品的范围，也未改变显著特征或者对商标进行拆分、组合，不构成适用惩罚性赔偿“情节严重”的情形。鑫某某公司、顾某门厂经营规模、实际经营区域较小，经营获利较少，并非原审判决所认定的“规模巨大、区域广泛”。其对外宣传、代理合同中的预期目标约定不能直接作为认定获利的根据。“鑫盼盼”商标被生效判决认定无效后，鑫某某公司、顾某门厂、周某贵已停止对该商标的使用。即使适用惩罚性赔偿，原审判决关于商标惩罚性赔偿计算基数的确定也有误，缺乏事实基础。其计算方式是主观臆断的结果，缺乏事实依据。盼某公司用以证明相关事实的证据真实性存疑。上述证据中提及的每年提货目标至少增长50%仅为合同中的预期目标，并无证据证明该合同已按约履行。鑫某某公司从使用“鑫盼盼”商标以来，尚处于前期投入准备阶段，经营状况不理想，加之“鑫盼盼”商标后来被宣告无效，经销商纷纷要求解约、赔偿，鑫某某公司很快就陷入瘫痪状态，无实际获利，故原审判决确定赔偿基数为3427.12万元缺乏事实依据。综上，本案不存在适用惩罚性赔偿的基础，原审法院对于惩罚性赔偿的适用明显存在错误。原审法院所认定的不正当竞争的损害赔偿额明显过高。原审判决所支持的合理开支费用并非盼某公司启动本次诉讼所必须支出的费用且明显过高。

盼某公司辩称，“鑫盼盼”商标的原注册人与本案被诉商标侵权行为及不正当竞争行为毫无关联，盼某公司无意追究该商标原注册人的责任。原审判决认定鑫某某公司、顾某门厂、周某贵被诉商标侵权行为的事实清楚，应予维持。“鑫盼盼”商标已被宣告无效，应产生自始无效的效力。鑫某某公司、顾某门厂、周某贵使用多种形态的“鑫盼盼”标识，包括大量突出“盼盼”部分的变形使用形式，与盼某公司的涉案系列商标构成混淆性近似。鑫某某公司、顾某门厂、周某贵使用“鑫盼盼”商标具有明显攀附盼某公司享有极高知名度的在先涉案系列商标的恶意，其在“鑫盼盼”商标无效宣告前的使用行为构成侵害商标权。鑫某某公司、顾某门厂、周某贵使用“鑫盼盼”企业名称、简称、字号及熊猫吉祥物形象的行为导致相关公众的混淆误认，且存在多种虚假宣传行为，以及通过××号文字、朋友圈、微信群诋毁盼某公司品牌的商业诋毁行为，原审法院认定其行为构成不正当竞争具有事实依据。此外，关于赔偿数额的确定。鑫某某公司、顾某门厂、周某贵具有重大侵权故意，侵权情节极其严重，且怠于举证，应承担不利后果。原审法院充分考虑盼某公司已尽力举证，只能基于鑫某某公司、顾某门厂、周某贵提交的部分产品销售合同及其自述的产品销售规模，合理推算其侵权获利以确定惩罚性赔偿的计算基数，最终适用五倍惩罚性赔偿确定侵害商标权的赔偿数额科学合理。因鑫某某公司、顾某门厂、周某贵的不正当竞争行为规模巨大、恶意极其明显、行为种类多样，原审法院确定其赔偿500万元具有法律依据。盼某公司维权产生了必要支出，原审法院确定65万元合理费用具有事实依据。综上，请求维持原审判决，驳回鑫某某公司、顾某门厂、周某贵的上诉请求。

盼某公司向原审法院提起诉讼，其诉讼请求为：1. 鑫某某公司、顾某门厂、周某贵立即停止侵害盼某公司涉案系列商标（包括驰名商标）的被诉侵权行为，并将侵权域名注销或转让给盼某公司。2. 鑫某某公司立即停止使用与盼某公司字号近似的“鑫盼盼”企业字号，并办理名称变更登记；鑫某某公司立即停止在经营宣传活动中使用熊猫吉祥物形象，以及攀附盼某公司“盼盼”品牌商誉的不正当竞争行为；停止涉案虚假宣传行为；周某贵立即停止涉案商业诋毁行为。3. 鑫某某公司、顾某门厂、周某贵在《中国市场监管报》上发表声明，消除影响。4. 方某萍立即停止销售和宣传鑫某某公司、顾某门厂、周某贵生产的侵权产品，停止在店铺装潢及宣传材料中、在店铺门头和名片上使用“鑫盼盼超烁”“盼盼超烁”等侵权标识，并停止为鑫某某公司、顾某门厂、周某贵的侵权行为提供其他帮助。5. 鑫某某公司、顾某门厂、周某贵连带赔偿盼某公司人民币 1 亿元，方某萍在人民币 300 万元内与鑫某某公司、顾某门厂、周某贵承担连带责任。鑫某某公司、顾某门厂、周某贵连带赔偿盼某公司为制止侵权行为而支出的合理费用人民币 898212.52 元，方某萍在 10 万元范围内与鑫某某公司、顾某门厂、周某贵就前述合理费用承担连带责任。庭审中，在方某萍致歉后，盼某公司仅要求其承担赔偿合理开支 5.1 万元。6. 鑫某某公司、顾某门厂、周某贵、方某萍连带承担本案的诉讼费用。

原审法院认定如下事实：

（一）盼某公司登记、经营状况及涉案系列商标注册情况、知名程度、受保护记录

盼某公司前身辽宁某某集团有限公司，成立于 1996 年 9 月 13 日，经营范围包括防盗门窗、文件柜等。2002 年 1 月 15 日，该集团公司经股份制改革为某某安居股份有限公司，2009 年 9 月 30 日变更为现名，并持续经营至今。经营范围包括生产、研发、销售和安装防盗门窗、安全门窗、防火门窗、进户门、室内门、车库门、木制门、金属门窗、门窗锁具及各类产品的配套产品和五金制品等。自 2009 年起，盼某公司经营规模巨大，2009 年营业收入近 12 亿元，2014 年达 18 亿元，且持续增长。

1992 年 7 月 10 日，辽宁省营口市长某金属制品厂在第 6 类“保险柜；防盗门”等商品上申请注册第 647663 号“PAN PAN 盼盼”商标，于 1993 年 6 月 28 日被核准注册。1999 年 9 月 7 日，经核准转让予辽宁某某集团有限公司。经续展，该商标有效期至 2023 年 6 月 27 日。

1998 年 1 月 20 日，盼某公司在第 6 类“金属门；金属窗；金属柜；保险箱柜；金属锁；金属合金门”等商品上申请注册第 1301742 号“ ”商标，于 1999 年 8 月 7 日被核准注册。经续展，该商标有效期至 2029 年 8 月 6 日。

1999 年 1 月 7 日，盼某公司在第 6 类“金属门；金属窗；金属窗框；门用铁制品；金属锁（非电）”等商品上申请注册第 1403347 号“ ”商

标，于2000年5月28日被核准注册。经续展，该商标有效期至2030年5月27日。

2012年4月19日，盼某公司在第6类“金属门；金属窗；金属窗框；门用铁制品；金属锁（非电）”等商品上申请注册第10794738号“”商标，于2013年6月28日被核准注册。该商标专用权有效期至2023年6月27日。

1999年12月29日，原国家工商行政管理总局商标局（以下简称商标局）认定第647663号“”商标和第1301742号“”（PANPAN及熊猫图形商标）商标为第6类防盗门商品上的驰名商标。

鉴于盼某公司第647663号“”、第10794738号“”商标的在先知名度，市场上存在大量模仿“盼盼”的抢注商标以及攀附盼某公司及其“盼盼”品牌商誉的情形，盼某公司持续监测并积极提起商标异议、对三年不使用商标申请撤销、民事诉讼、行政查处、刑事查处等程序，采取维权措施，并获得国家知识产权局、山东省高级人民法院、河北省石家庄市中级人民法院、湖南省常德市武陵区人民法院和湖北省红安县市场监督管理局等裁决支持和认可。

2019年8月13日，国家知识产权局分别在××号××号无效宣告请求裁定书中，认定第10794738号“”（盼盼PANPAN及图）在金属门、防盗门具有驰名状态，并宣告周某贵的第23966874号、第23974348号“鑫盼盼”商标无效。

国家知识产权局于2019年7月4日在10份对周某贵申请的“鑫盼盼”文字商标不予注册决定中认定了盼某公司的第10794738号“”（盼盼PANPAN及图）商标在“防盗门”商品上的驰名状态，并认为周某贵担任法定代表人的成都顾某金属门厂公司在2007年即与盼某公司具有业务上的往来，却于2016年成立了鑫某某公司，并在多个商品和服务类别上大量申请注册“鑫盼盼”商标，其行为明显具有攀附盼某公司声誉和影响力的主观恶意。

自2017年以来，国家知识产权局、北京知识产权法院至少在32个异议决定、无效宣告裁定和行政判决中认定第647663号“”、第10794738号“”商标（盼盼PANPAN及图）的驰名商标状态，并据此不予注册在后申请注册的“盼盼启越”“平安盼盼”“盼盼金太阳”“宜居盼盼”“清林盼盼一品”“华夏盼盼”等商标。

（二）盼某公司对企业、涉案系列商标等宣传、产品市场占有率及其所获荣誉等情况

1992年至今，盼某公司及其关联公司每年投入巨资对“盼盼”企业及其涉案系列商标通过电视广告、报刊、户外广告、销售的产品等多种途径进行持续、广泛地宣传和推广，覆盖全国各地和多样化受众群体。自2009年起，盼某公司及子公司的宣传推广年投入资金均超过1000万元人民币，2014年超过2000万元，2015年超过1800万元。其中，包括在《人民日报》《经济日报》《光明日报》《参考消息》《科技日报》《中国建材报》《中国质量报》《中国消费者报》等国家、行业重量级纸媒平台，《北京晚报》《羊城晚报》等深入各个地区的纸媒平台，中央电视台《朝闻天下》、天津电视台《婚姻保卫战》等电视栏目，“亚萨合莱盼盼号”动车、高速公路巨型广告牌上对盼某公司及其涉案系列商标进行持续、深入、广泛地宣传报道。

1996年至2012年，国家统计局、中国技术进步信息发布中心、中国行业企业信息发布中心等机构颁发荣誉证书，公安部安全技术防范管理办公室、中国安全防范产品行业协会出具证明，明确盼盼品牌防盗门产品在全国市场同类产品销量中位列第一。同时，1995年至2015年，原国家工商行政管理总局、国家建设部、国家统计局等国家机构以及中国消费者协会、中国质量检验协会等行业协会对盼某公司及其产品、品牌等颁发“走向世界的100家中国名牌之一”“国家小康住宅建设推荐产品”等至少157项荣誉及奖项。

（三）鑫某某公司、顾某门厂、周某贵、方某萍之间的关系及被诉侵权行为

1. 鑫某某公司、顾某门厂、周某贵、方某萍的登记状况及相互关系

鑫某某公司成立于2016年9月13日，注册资本300万元，周某贵持有80%股份，并担任法定代表人。诉讼中，于2019年7月1日，该公司法定代表人变更为周某乙，但周某贵仍持有99%股份。鑫某某公司经营范围为生产、销售金属门窗、可移动金属建筑物、金属套管、钢板、金属绳、金属栓、金属钥匙链、金属滑轮（非机器用）、木制品、铝木门窗、钢制品、防火门（钢质、木质、钢木质）、防盗门、特种门、卫浴门、吊顶、整体家居；销售建材、五金、智能家居；室内外装饰装修；房屋租赁；物业管理。

顾某门厂系个体工商户，经营者为周某贵，成立于2006年5月15日，

经营范围为金属门窗、铝塑门窗制造、安装；建筑材料（不含危险化学品）销售。

铸某商行于 2014 年 11 月设立，经营者方某萍，性质为个体工商户，2019 年 5 月 20 日经核准注销。

经商标局核准，2012 年 12 月 14 日，案外人张某甲注册了“鑫盼盼”商标，注册证号 10071538，核定使用于第 6 类钢板、可移动金属建筑物、金属门、金属大门、金属窗等商品上。2016 年 7 月 15 日，周某贵与张某甲签订商标转让协议，周某贵受让该商标，并于 2017 年 2 月 13 日经商标局核准。2016 年 9 月 13 日，周某贵与鑫某某公司签订商标使用许可合同，将“鑫盼盼”商标许可鑫某某公司使用，使用期限至 2022 年 12 月 13 日。同日，鑫某某公司与顾某门厂签订产品委托加工协议，约定前者委托后者加工钢质门系列产品。2018 年 4 月 1 日，鑫某某公司授权铸某商行使用“鑫盼盼”商标，并授权方某萍为苏州地区总经销商。

2016 年 10 月 31 日至 2017 年 9 月 30 日，鑫某某公司申请门框、门、防火门、防撬门、防盗门锁等产品外观设计专利，并获得授权、领取相应奖励。自 2017 年 4 月起，鑫某某公司通过与他人签订协议，订购生产设备、委托设计网站、品牌形象及专卖店环境、开设工厂直营体验馆、专卖店、租赁与布设展位、设置户外广告、拍摄和播出电视节目与纪录片、捐赠资金等方式对鑫某某公司及“鑫盼盼”产品、品牌等进行线下线上宣传，开展经营活动，区域覆盖四川、贵州、云南、重庆、北京、陕西、山东、福建、湖南、江西、河南、浙江等省市县。有的专卖店经销合同、直营店承包协议自 2019 年 4 月、10 月开始签订，有的合同期覆盖 2018 年、2019 年、2020 年、2021 年。鑫某某公司提供的与经销商的代理合同中，绝大部分约定的每年从鑫某某公司的提货目标增长率至少超过 50%，相当一部分约定的提货目标年增长 100%。在此期间，鑫某某公司于 2016 年 12 月，获得中国房地产 2017 年度采购峰会组委会颁发“网络票选知名企业”；2017 年 1 月、3 月其产品被四川省质量技术监督信息中心、四川省质量技术监督 12365 保名防伪网评为“质量检测合格．安全达标产品”“消费者喜爱产品”。2017 年 1 月、5 月、7 月，其品牌获得中国建筑装饰装修材料协会、中国国际名牌发展促进委员会、全国优质品牌战略推广联合会、中国产品质量技术监督中心、中国国际门业展览会“中国门业（钢质门）金奖”“中国门窗行业推荐品牌”“中国门业行业十大品牌”荣誉称号。

2. 被诉侵权行为的相关事实

2018年6月21日，经公证，盼某公司的代理人员在铸某商行经营的招牌为“鑫盼盼超烁高端安全门”的店铺中以13970元的价格购买了“鑫盼盼”防盗门产品。铸某商行店主方某萍的名片、员工服装上标有“盼盼超烁”字样。2018年7月2日，经公证，盼某公司代理人员在上海安装地签收了从铸某商行公证购买的防盗门。防盗门外包装显示，该产品是由鑫某某公司发货给铸某商行店主方某萍的高端“鑫盼盼”牌防盗门及配件。产品的托运受理单显示托运人为“新盼盼”。产品包装标注，该产品由鑫某某公司监制，委托生产商为顾某门厂，以及“鑫盼盼”“XPP”“中国门业金奖”“门业十大品牌”字样。在防盗门及其保护膜上还标注有“鑫盼盼®”“XPP”“鑫某某公司”“中国门业十大功勋人物”“”等标识。通过微信扫描产品包装及贴附在防盗门产品上的二维码，可以跳转至鑫某某公司的××号。随货发送的宣传册上显示，“鑫盼盼工匠门定位为中国门窗工匠，总投资20亿元，拥有全资、参股、控股、共享门业公司六家，木门公司十二家……总规划占地面积100万平方米，现有防盗门……300万樘，木门有配套200万套……拥有……三大基地”“与中国门业设备商大公司新世纪联合研制的全自动全开槽元帅框生产线，日产精品系列10000樘/天，中国第一，木门公司联合引进全自动化生产线，日产实木门4000樘/天，实木门单厂产能全国第一。门窗引进德国威格某全自动生产线、装配线，门业、窗业自动化管理系列，为中国工业4.0门窗企业典范”“全国有近百家实体店”，并标有“鑫盼盼®木门”及“”标识。2018年7月4日，经公证，盼某公司的转委托代理人使用号码为189××××0613手机拨打号码“028-83911111”的客服电话，鑫某某公司客服人员承认盼某公司代理人从铸某商行公证处购买的“鑫盼盼”防盗门产品系由鑫某某公司监制、顾某门厂生产、周某贵商标授权。

2018年7月13日，盼某公司代理人从鑫某某公司的盐城市阜宁县的经销商处公证购买的防盗门产品上也标注“中国门业十大金奖”，产品包装显示该产品由鑫某某公司监制，授权方为顾某门厂。该经销商负责人以及北京集美家居鑫盼盼防盗门售卖商铺销售人员称鑫某某公司的产品是专利产品，比盼某公司产品还要高档，是盼盼产品的升级版，比盼盼产品贵。

鑫某某公司开设官网（http：//www.xppdoors.com）、官方××号、微信小程序、APP，并经营多个线下专卖店、安全智能体验中心等。鑫某某公司在其官网上或域名中、××号、微信小程序、APP、线下店铺标识及装潢中、产品及其包装上、宣传册、展会、户外广告等宣传中大量使用了“”“”“”“”“”“”“”“”“”“”“”“”“”等商业标识以及“XINPANPAN”“鑫盼盼高端门”“鑫盼盼高端防盗门”“鑫某某集团”“鑫某某公司”等标识（以下简称被诉侵权标识），宣传、推广“鑫盼盼”防盗门、木门、金属门窗、铝合金门窗、智能家居、阳光房等产品或企业本身。2019年3月6日、6月18日、7月8日、7月16日、7月22日、11月，鑫某某公司在××号，在红星美某某等门店装潢、展示的产品上以及相关宣传中仍使用上述部分商业标识或企业名称简称，宣传防盗门、木门、铝合金门窗、阳光房、智能家居、指纹锁等产品或服务。鑫某某公司“鑫盼盼高端防盗门”××号于2017年6月26日注册，2019年5月6日短暂更名为“鑫盼铭品精品防盗门”，但在3个月后的8月19日，又更名为“四川鑫某某公司有限公司”。

鑫某某公司的京东经销店铺、贵州省瓮安县线下产品经销店等将“鑫盼盼”中的“鑫”字省略，使用“盼盼防盗门”字样介绍、说明或宣传商品，或者在“盼盼防盗门”的左上角以非常小的“鑫”字变形使用，突出“盼盼”，并直接使用了盼某公司的1301742号注册商标“”做店面装饰。鑫某某公司在一些加盟协议中，直接将其销售的防盗门系列名称称为：“盼盼防盗门”。

鑫某某公司2018年4月27日至28日在成都召开“抢．全门全窗．铸．千万大商鑫盼盼集团2018年新品年会暨新零售高峰论坛”“鑫盼盼门业公司招商会”。公证显示，该公司四川、重庆、北京、天津、河北、陕西、山西、湖南、云南、甘肃、贵州等地经销商参加了会议。周某贵称其“计划在三年之内我们开一千家企业馆”，并计划第一个五年“产值十个亿”，第二个五年

"产值五十个亿""计划今天邀请120位经销商，结果我们实际要到位的是180位，而且很多都在路上"。鑫某某公司"西北五省总代理"张某乙称，消费者还是认"盼盼"这个品牌，鑫某某公司可以通过"盼盼""提高进店率"。湖南长沙总经销商称"鑫盼盼这个牌子主要依靠盼盼活着""消费者没办法区分鑫盼盼与盼盼"。鑫某某公司木门事业部产品负责人邱某某称，鑫某某公司与盼某公司，是老盼盼与新盼盼的关系，周某贵与盼某公司老总以前一起做业务，后来分开，一个变成亚萨合莱盼盼，一个变成鑫盼盼了，周某贵和盼某公司老总分了钱，"一个卖给国外了，一个在国内，分了两块"。长沙总经销商称："说实话，很多客户就是冲着鑫盼盼里这盼盼两个字。"

在2018年北京国际建材展览会上，鑫某某公司"共享云装集团"行政总监敬某某称，鑫某某公司与盼某公司以前是一家公司，现在不是，盼某公司卖给"亚萨合莱"这一瑞典公司，鑫某某公司是盼盼的高端产品，"鑫盼盼的门"全国一年销售两个亿。2018年长沙（中部）新品招商会上，鑫某某公司"共享云装集团"的于某某称，经销商之所以加盟，看的就是"盼盼"两字，鑫某某公司2017年成都展会上曾被投诉后临时把"鑫盼盼"广告全部撤换。

鑫某某公司、顾某门厂在防盗门产品上、线上、线下经营活动中多次使用了""""""""等熊猫吉祥物形象。

北京某某市场调查有限公司受盼某公司委托，于2018年11月22日至27日出具调查报告，调查结果显示41.9%的受访者购买防盗门时，首选盼盼品牌，48.1%受访者认为鑫某某公司的防盗门与盼某公司的防盗门之间有关联关系。

2017年5月至2019年9月17日，周某贵先后在第6类、第9类、第19类等商品上申请注册36个"鑫盼盼"或与之近似的商标。2018年，周某贵以及鑫某某公司员工周某丙对盼某公司在先获准注册的商标提起多项恶意无效宣告及连续三年不使用撤销申请。其中，针对周某贵2018年1月29日对盼某公司第10794738号"PANPAN盼盼"商标的无效宣告请求，国家知识产权局于2019年2月19日认定申请无效宣告理由不成立，并予以驳回。

2019年1月15日，北京市高级人民法院作出（2018）京行终5983号判决，认定周某贵在可移动金属建筑物、金属门、金属大门、金属窗等核定使用的商品上注册的第 10071538 号“鑫盼盼”商标，与盼某公司注册的第 647663 号“PAN PAN 盼盼”商标共存容易造成相关消费者混淆与误认，遂确认国家知识产权局 2017 年 11 月 17 日关于宣告周某贵第 10071538 号“鑫盼盼”商标无效的决定。2019 年 9 月 5 日，国家知识产权局以无正当理由连续三年未在第 6 类“钢板”等全部核定使用商品上使用为由撤销周某贵第 10071538 号“鑫盼盼”商标的注册。

鑫某某公司 2017 年 5 月 10 日在××号及官网上发布“鑫盼盼®商标正式维权公告”，称目前市场上出现了“盼盼”或以之与图案、字母组合的标识，“模仿本鑫盼盼中国民族品牌、门业知名品牌的事件，误导中国消费者，公然宣传‘盼盼’注册商标，恶意篡改为盼盼安全门、盼盼防盗门，根据商标法规范使用注册商标原则，严重违法”，并将盼某公司的“ASSA ABLOY”、熊猫盼盼等商标列为对“鑫盼盼”商标侵权、模仿、近似、违法的商标类。其官网显示其门店装潢中标有“中国民族第一品牌”“国家专利门业金奖”。

2018 年 6 月 14 日，周某贵在“四川门窗协会老板俱乐部”微信群中发送其向盼某公司第 18707211 号“盼盼上品”商标、第 15796026 号“盼盼一品”、第 10794738 号“盼盼”商标提起无效宣告的商标流程信息，同时，其在“四川省门窗行业协会”微信群和朋友圈里评论道“热烈祝贺鑫盼盼商标北京全面胜诉，大家必须分享宣传，大家都抬头挺胸堂堂正正地卖鑫盼盼防盗门，中国民族品牌高端系列一线品牌，热烈祝贺鑫盼盼在国家商标局撤三案全面胜利……中国人自己的民族品牌鑫盼盼必胜必胜必胜”“真金不怕火炼”等内容。

国家统计局网站显示，2017 年中国家具制造业大中型工业企业平均利润率为 7.5%。周某贵在第 10071538 号“鑫盼盼”商标无效宣告行政案件中提交的鑫某某公司 2017 年年初以来的经销合同及部分产品发票等证据显示，鑫某某公司 2017 年年初以来持续在福建省、北京市、湖南省、四川省、陕西省、贵州省招商，签订加盟、经销合同、扩大经营规模。福建省的经销合同显示自 2017 年起三年的经营目标分别为 360 万元、600 万元、800 万元；北京市经销合同中载明的三年经营目标分别为 400 万元、800 万元、1200 万元；湖南省经营合同中载明自 2017 年 6 月起每月最低提货额为 30 万元。此外，鑫某某公司在 2017 年 7 月至 9 月直接向四川某某建筑工程有限公司、四川遂宁东辰某某教育投资有限公司、四川某某空间装饰工程有限公司、中国水利水电某某工程局有限公司、四川某某建设有限公司等单位的工程项目销售被诉侵权产品，发票总金额 1034720 元。

盼某公司主张为制止侵权行为而支出的调查费、律师费、打印费等多项费用，包括律师费 300000 元、调查费 324577 元、打印费 27723.30 元、公证费 172528.28 元、图书检索费 4136 元和差旅费 69247.94 元，总计 898212.52 元。

本案的争议焦点为：1. 周某贵是否为本案适格被告；2. 被诉行为是否构成对盼某公司涉案系列商标的侵害及不正当竞争；3. 如果构成，鑫某某公司、顾某门厂、周某贵、方某萍是否以及将如何承担法律责任。

原审法院认为，本案被诉侵权行为在 2019 年仍在持续，故应当适用 2019 年修订的《中华人民共和国商标法》（以下简称商标法）《中华人民共和国反不正当竞争法》（以下简称反不正当竞争法）对相关行为的性质及法律责任作出认定。

（一）周某贵系本案适格被告

尽管周某贵系从第三人处受让“鑫盼盼”商标，但盼某公司起诉周某贵系认为周某贵存在恶意受让商标、恶意许可鑫某某公司使用商标，违反法律规定实施商业诋毁，且作为鑫某某公司曾经的法定代表人和实际控制人以及顾某门厂负责人应当对两公司恶意使用被诉侵权标识承担法律责任，即主张周某贵不仅有独立的商业诋毁行为，而且具有意图利用其控制的企业实施侵害商标权及不正当竞争的主观目的，并与鑫某某公司、顾某门厂共同实施侵权行为，从而要求其与鑫某某公司、顾某门厂、方某萍承担连带赔偿责任。因此，周某贵系本案适格被告。

（二）盼某公司诉称的侵害商标权行为成立

鑫某某公司、顾某门厂在生产、销售的商品及其包装上、店内装潢、域名中，以及涉案宣传媒介中使用与盼某公司涉案系列商标相关联的“盼盼”文字、拼音及其简称、熊猫图形等商业标识，铸某商行销售被诉侵权产品均构成对盼某公司涉案系列商标专用权的侵害。

1. 盼某公司涉案系列商标具有相当高的知名度，达到驰名程度。（1）盼某公司以“盼盼”字号持续生产、销售防盗门等产品 20 余年，经营规模巨大，产品覆盖全国，防盗门产品销量和市场占有率连续二十余年蝉联行业第一名，在消费者中具有极高的知名度。（2）涉案系列商标在中国注册及使用超过 20 余年。早在 1999 年 12 月 29 日，第 647663 号“PAN PAN 盼盼”商标和第

1301742号“ ”（PANPAN及熊猫图形）商标在第6类防盗门商品上即被商标局认定为驰名商标。自2017年以来直至本案诉讼期间，在相关行政争议裁决以及司法判决中，在金属门、防盗门上使用的第647663号“ ”、10794738号“ ”商标多次被认定为驰名商标或具有驰名商标状态。（3）盼某公司及其关联公司自1992年起，投入巨资通过高铁、电视、报刊、户外广告等多种途径，在全国范围内对盼某公司及其产品、涉案系列商标进行广泛宣传。（4）多年来，盼某公司及其产品、涉案系列商标，获得至少157项奖项和荣誉。（5）盼某公司针对鑫某某公司等商标抢注、使用等持续提出异议、宣告无效和维权，并获得行政裁决和司法裁决支持和保护。因此，通过盼某公司持续使用、大量广泛宣传和积极维权，涉案系列商标在“防盗门、金属门、金属窗”商品上具有极高的知名度、美誉度和影响力，达到驰名状态。对此，盼某公司提供的市场认知度调查报告结论也予以印证。

2. 鑫某某公司、顾某门厂、铸某商行在生产、销售的商品及其包装上、店内装潢、域名中，以及其他经营领域或宣传媒介中突出使用与涉案系列商标中“盼盼”汉字、“PANPAN”拼音及其简称、熊猫图形等近似标识。盼某公司在本案中主张保护的四个涉案系列商标以“盼盼”汉字、“PANPAN”拼音以及相关联的熊猫图形作为显著识别要素，形成了“盼盼”文字、“PANPAN”拼音的呼叫习惯。涉及熊猫图形的两个注册商标中，熊猫左手也手持“盼盼”文字、“PANPAN”拼音以及重叠在一起的两个拼音简称“P”图形。鑫某某公司、顾某门厂在生产、销售的商品及其包装上，在其官网、××号、微信小程序、APP中，或者作为××号的名称以及以拼音简称方式作为官网域名的主体部分，在顾某门厂厂区以及鑫某某公司经营的多个线下专卖店、安全智能体验中心等实体店的门头或店内装潢中，在宣传册、展会、户外广告中等经营和宣传活动中大量使用被诉侵权标识，宣传、推广“鑫盼盼”防盗门、木门、金属门窗、铝合金门窗、智能家居、阳光房、智能锁等产品或企业本身，开展经营活动。这些文字、字母及简称、商业标识等突出使用了盼某公司涉案系列商标中“盼盼”汉字、“PANPAN”拼音以及相关联的熊猫图形等显著特征要素。有的在使用中将“鑫盼盼”中的“鑫”字变形或缩小使用，突出使用了“盼盼”字样或者直接使用“盼盼防盗门”字样。同时，鑫某某公司将盼某公司商标主要识别因素“盼盼”汉字作为字号主要组成部分，并突出使用企业名称简称或字号，或者将盼某公司涉案系列商标主要识别部分“PANPAN”拼音简称作为其官网域名的主体部分，并通过互联网对企业、经营的商品进行宣传和推广。以上这些使用方式均为商标性使用，与盼某公司涉案系列商标在文字或拼音构成、图形及呼叫相近，属于近似标识。

3. 鑫某某公司、顾某门厂、铸某商行生产销售的商品与盼某公司涉案系列商标核定使用的商品相同、类似或者相关联。盼某公司涉案系列商标主要核定使用于第6类金属门、防盗门、金属窗、金属锁等商品上。鑫某某公司、顾某门厂、周某贵、铸某商行使用被诉侵权文字、拼音、熊猫图形等商业标识经营的防盗门、木门、金属门窗、铝合金门窗、智能锁与盼某公司涉案系列商标相同或类似，与智能家居、阳光房等均用于建筑装饰行业，在生产部门、销售渠道、销售场所、消费对象、功能用途等方面高度关联。鑫某某公司、顾某门厂在智能家居、阳光房等商品或服务上的使用与宣传，尽管商品或服务类别不相同或不相类似，但系对盼某公司驰名商标或其主要部分的复制或模仿。

4. 鑫某某公司、顾某门厂、铸某商行使用上述文字、标识造成相关公众的混淆与误认。长期以来，涉案系列商标具有很高的知名度，为相关消费者周知。鑫某某公司、顾某门厂、铸某商行使用相关汉字、拼音及其简称、熊猫图形等很可能造成相关公众对产品来源产生混淆，或者误认为鑫某某公司、顾某门厂与盼某公司之间存在投资、经营上的合作或关联。盼某公司提供的公众认知度的市场调查报告证明48.1%的相关消费者认为两公司生产销售的防盗门之间具有关联关系。

5. 鑫某某公司、顾某门厂、周某贵攀附盼某公司字号及涉案系列商标知名度和影响力的故意相当明显。主要表现在：（1）盼某公司设立及注册涉案系列商标已二十余年，早于鑫某某公司设立二十年，盼某公司的涉案系列商标持续闻名。“鑫”谐音为“新”。鑫某某公司注册“鑫盼盼”字号，使用“鑫盼盼”文字、拼音或其简称、相关熊猫图形以及将自己的防盗门产品宣称为“盼盼”品牌的高端产品、升级产品等，意图攀附盼某公司及其注册商标的商业信誉，造成市场混淆的目的相当明显。（2）证据显示，周某贵从事防盗门窗等产品经营多年，其担任法定代表人的顾某金属门厂在2007年即与盼某公司产生业务往来，可以认定周某贵明知盼某公司“盼盼”字号及涉案系列商标的驰名程度和影响力，却于2016年9月成立鑫某某公司。成立的当天，周某贵即授权鑫某某公司使用其受让的“鑫盼盼”商标，鑫某某公司即委托顾某门厂生产防盗门等金属门窗系列产品，开展与盼某公司相同的业务。（3）周某贵多次与“鑫盼盼”商标原注册人张某甲联系，并于2016年7月15日受让该商标，并许可给自己控股和担任法定代表人的鑫某某公司使用，鑫某某公司又委托顾某门厂生产“鑫盼盼”防盗门等产品。同时，其在多个商品和服务类别上大量申请注册“鑫盼盼”商标。（4）周某贵在2017年1月19日即知道盼某公司对其受让的第10071538号“鑫盼盼”商标提出无效宣告申请，其仍然指令其控股、控制和担任法定代表人的鑫某某公司继续使用涉案系列商标中的汉字、拼音或其简称、熊猫图形、企业名称的简称或字号、其他相关标识。即便在商标评审委员会2017年11月17日作出无效宣告裁定，宣告“鑫盼盼”商标无效，以及2019年1月15日北京市高级人民法院作出终审判决，确认商标评审委员会的无效宣告裁定之后，鑫某某公司、顾某门厂、周某贵仍在继续使用被诉侵权标识。（5）2017年6月26日，鑫某某公司注册××号“鑫盼盼高端防盗门”。该公众号于2019年5月6日短暂更名为“鑫盼铭品精品防盗门”，但在3个月后的8月19日，又更名为“四川鑫某某公司有限公司”。（6）鑫某某公司的多个经销商明确其之所以加盟，显然看重的是盼某公司及其涉案系列商标的知名度。

综上所述，鑫某某公司、顾某门厂在生产、销售的商品及其包装上、店内装潢、域名中，其他经营活动以及涉案宣传媒介中使用与涉案系列商标显著识别之“盼盼”文字、拼音及其简称、熊猫图形等商业标识，系对盼某公司涉案系列商标的恶意攀附及模仿使用，客观上造成了盼某公司利益受到巨大损害。铸某商行明知盼某公司的驰名商标，未尽审查义务，仍然销售被诉侵权产品，并在门头、名片中使用“盼盼”字样，均构成对盼某公司涉案系列商标专用权的侵害。

鑫某某公司、顾某门厂、周某贵辩称其合法受让“鑫盼盼”商标，此后一直对“鑫盼盼”品牌进行使用和宣传推广，其产品也获得了一定荣誉，故属于商标正当使用行为。原审法院认为，前已述及，周某贵受让“鑫盼盼”商标，鑫某某公司、顾某门厂使用相关标识存在明显攀附盼某公司及其商标商业信誉的故意。而且，其获得荣誉、使用“鑫盼盼”商标的行为也仅是在2016年受让商标和设立鑫某某公司之后的2016年、2017年，而盼某公司涉案系列商标早在二十多年前即注册，并持续具有极高知名度。故其抗辩缺乏事实和法律依据，原审法院不予支持。

（三）盼某公司起诉的不正当竞争行为成立

1. 受周某贵控制和授意，鑫某某公司注册、鑫某某公司及顾某门厂在经营中使用盼某公司“盼盼”字号构成不正当竞争。盼某公司于 1996 年注册“盼盼”字号，并持续生产、销售“盼盼”品牌的防盗门等产品至今，经营规模巨大，产品覆盖全国，防盗门产品销量和市场占有率连续近二十年蝉联行业第一名，在消费者中具有极高的知名度。盼某公司的涉案系列商标在中国注册及使用超过 20 余年，并持续享有极高的知名度。盼某公司的“盼盼”字号、涉案系列商标在使用、宣传中相互作用、相互影响，不断提升知名度和影响力。周某贵早在 2007 年即与盼某公司产生业务往来，其明知盼某公司“盼盼”字号及涉案系列商标的驰名程度和影响力，却于 2016 年 7 月受让他人的“鑫盼盼”商标，于 2016 年 9 月注册成立鑫某某公司。成立的当天，周某贵即授权鑫某某公司使用其受让的“鑫盼盼”商标，鑫某某公司即委托顾某门厂生产防盗门等金属门窗系列产品。周某贵控制的鑫某某公司及顾某门厂在产品上或其他经营活动中故意使用“鑫盼盼”企业名称及其简称、字号，开展与盼某公司相同的业务，明显具有攀附盼某公司具有极高知名度和影响力的“盼盼”企业字号和涉案系列商标的主观故意，并客观上造成了相关公众的混淆与误认，违反了上述法律规定，构成不正当竞争。

2. 鑫某某公司、顾某门厂在经营、宣传活动中大量使用熊猫吉祥物形象构成不正当竞争。经过盼某公司二十余年的持续宣传和使用，盼某公司的“PANPAN”及熊猫图形商标达到驰名状态，与盼某公司及其防盗门等产品紧密关联，其中的熊猫图形或形象成为其商标的显著特征与主要识别因素。相关公众在防盗门、金属门、金属窗商品上看到熊猫图形，自然会联想到盼某公司及其“盼盼”品牌。如上所述，鑫某某公司、顾某门厂明知该图形商标的知名度、影响力及与盼某公司的紧密关联关系，仍在产品上，在线上、线下经营、宣传中大量使用熊猫吉祥物形象，宣传推广防盗门、金属门窗等与盼某公司相同的产品。该等熊猫吉祥物形象无论从体态、表情甚至头微微倾斜的方向、角度均十分接近盼某公司的“PANPAN”及熊猫图形商标。鑫某某公司、顾某门厂的使用明显系攀附盼某公司涉案系列商标及企业商业信誉，诱使消费者产生混淆误认，违反反不正当竞争法第六条第四项规定的混淆行为，构成不正当竞争。

3. 鑫某某公司、顾某门厂涉案宣传构成虚假宣传的不正当竞争行为。鑫某某公司的虚假宣传行为表现在：（1）鑫某某公司自 2016 年 9 月 13 日成立，

2017年使用“鑫盼盼”商标生产销售防盗门等相关产品。但其却在官网、××号等显著位置使用“SINCE1998”，欺骗、误导消费者认为其“鑫盼盼”品牌在防盗门、金属门产品上已经具有20多年的历史。（2）鑫某某公司与盼某公司系两个独立的经营主体，从未曾合作投资、经营。但鑫某某公司的“共享云装集团”行政总监以及多名经销商在经营推广过程中，一直宣传鑫某某公司与盼某公司曾经为一家主体，后来分开经营，以及鑫某某公司经营的是盼盼品牌的高档产品、升级产品等内容，对盼某公司与鑫某某公司之间的关系以及鑫某某公司的经营及品牌历史作虚假陈述。（3）鑫某某公司的第10071538号“鑫盼盼”商标在“金属门、金属大门、金属窗、可移动金属建筑物”上的注册已于2019年2月27日被公告无效，该注册商标专用权视为自始不存在，鑫某某公司、顾某门厂之后仍在金属门、防盗门、金属窗等商品上以“鑫盼盼®”的形式将“鑫盼盼”标注为注册商标。同时，其在第9类、第19类、第37类商品或服务上并未获得商标注册，却在木门、智能家居、智能锁、阳光房商品和相关服务上以“鑫盼盼®”形式将未注册商标标注为注册商标。鑫某某公司、顾某门厂的上述虚假表述，具有明显攀附盼某公司及其涉案系列商标知名度、影响力和商业信誉主观故意，有意使相关公众对鑫某某公司与盼某公司及其品牌之间具有历史渊源，产生关联，造成混淆与误认为双方具有业务往来或投资、经营上的合作等后果，从而不正当地提升自己的竞争优势。因此，上述行为违反了反不正当竞争法第八条规定，构成虚假宣传的不正当竞争行为。

4. 鑫某某公司、周某贵存在对盼某公司的商业诋毁行为。鑫某某公司在官网、××号上刊登了“鑫盼盼®商标正式维权公告”，称目前市场上出现了“盼盼”或以之与图案、字母组合的标识，“模仿本鑫盼盼中国民族品牌、门业知名品牌的事件，误导中国消费者，公然宣传‘盼盼’注册商标，恶意篡改为盼盼安全门、盼盼防盗门，根据商标法规范使用注册商标原则，严重违法”，并将盼某公司的“ ”、熊猫盼盼等商标列为对“鑫盼盼”商标侵权、模仿、近似、违法的商标类。周某贵在“四川门窗协会老板俱乐部”微信群中发送其向盼某公司第18707211号“盼盼上品”商标、第15796026号“盼盼一品”、第10794738号“盼盼”商标提起无效宣告的商标流程信息，并评论道“帝国主义永远只有失败，永远只是纸老虎”。同时，其在“四川省门窗行业协会”微信群和朋友圈里评论道“热烈祝贺鑫盼盼商标北京全面胜诉，大家必须分享宣传，大家都抬头挺胸堂堂正正地卖鑫盼盼防盗门，中国民族品牌高端系列一线品牌，热烈祝贺鑫盼盼在国家商标局撤三案全面胜利……中国人自己的民族品牌鑫盼盼必胜必胜必胜”“真金不怕火炼”等内容。上述行为直接针对盼某公司正当使用、宣传涉案系列商标，以及依法申请宣告“鑫盼盼”商标无效的行为，向消费者传播虚假信息，严重诋毁盼某公司商业信誉、“盼盼”品牌形象和“盼盼”防盗门商品声誉，构成商业诋毁的不正当竞争行为。

（四）周某贵与鑫某某公司、顾某门厂共同侵权

《中华人民共和国侵权责任法》第八条规定，二人以上共同实施侵权行为，造成他人损害的，应当承担连带责任。周某贵故意攀附盼某公司字号及涉案系列商标的驰名度和影响力，从第三人处受让商标、开办并控股鑫某某公司、担任该公司法定代表人并授权该公司使用“鑫盼盼”商标，鑫某某公司委托顾某门厂生产侵权产品。周某贵系顾某门厂的私营业主，周某贵直接控制鑫某某公司、顾某门厂从事经营活动，使用被诉侵权标识，从事相关不正当竞争行为，鑫某某公司、顾某门厂、周某贵实施侵权的意思和行为是共同的，三者构成共同侵权。

（五）鑫某某公司、顾某门厂、周某贵、铸某商行应当依法承担相应法律责任

鑫某某公司、顾某门厂、周某贵、铸某商行依法应对侵害涉案系列商标权和不正当竞争的行为承担停止侵害、消除影响、赔偿损失等民事责任。

1. 关于停止侵权、消除影响

鑫某某公司、顾某门厂在生产、销售的商品及其包装上、店内装潢、域名中，以及其他经营活动、宣传媒介中停止使用与涉案系列商标相关联之“盼盼”汉字、拼音及其简称、熊猫图形等商业标识，铸某商行停止销售带有上述文字、标识的防盗门等商品，并在其经营门店装潢中停止使用上述文字或标识。鑫某某公司将盼某公司驰名商标中主要部分“PANPAN”拼音的简称作为其网站域名的主体部分，造成市场混淆，依法应当注销该域名。

受周某贵控制与授意，鑫某某公司注册企业名称，并与顾某门厂在生产销售的产品上及其他经营、宣传中使用盼某公司“盼盼”字号、熊猫吉祥物形象，从事虚假宣传，鑫某某公司、周某贵对盼某公司实施商业诋毁等不正当竞争行为，依法应当停止前述侵权行为。但盼某公司诉讼请求仅要求鑫某某公司停止使用带“盼盼”字号的企业名称和熊猫吉祥物形象、停止虚假宣

传，要求周某贵停止商业诋毁。原审法院对此予以准许。鑫某某公司依法还应当变更企业字号，变更后的企业字号中不得含有“盼盼”字样。

鑫某某公司、顾某门厂、周某贵故意攀附盼某公司及其涉案系列注册商标的知名度、影响力和商业信誉，从事侵害商标权和不正当竞争行为，造成相关公众混淆和误认，严重损害了盼某公司基于其知名字号及驰名商标享有的权益，应当承担消除影响的民事责任。盼某公司要求其在《中国市场监管报》上发表声明和消除影响具有事实和法律依据。

2. 关于损害赔偿

①侵害商标专用权损害赔偿数额的确定

本案中，盼某公司请求按照鑫某某公司、顾某门厂、周某贵、方某萍侵权获利裁量赔偿数额，并依法适用惩罚性赔偿。

原审法院认为，本案依法应当适用惩罚性赔偿。首先，周某贵、鑫某某公司、顾某门厂存在明显的侵权故意。前已述及，周某贵很早即从事防盗门等生产经营活动，2007 年即与盼某公司发生业务往来，也早已明知盼某公司涉案系列商标持续处于驰名状态。其却于 2016 年 7 月受让“鑫盼盼”商标，2016 年 9 月投资设立并控股鑫某某公司。成立的当天，周某贵即授权鑫某某公司使用其受让的“鑫盼盼”商标，鑫某某公司又委托顾某门厂生产防盗门等金属门窗系列产品。在周某贵的直接控制和授意下，鑫某某公司、顾某门厂使用被诉侵权标识，开展经营与盼某公司相同的业务。鑫某某公司、顾某门厂在生产、销售的产品及其包装上，在其他经营领域以及宣传媒介中使用与“盼盼”相关文字、拼音及其简称、熊猫图形等商业标识、企业名称及其简称、字号以及熊猫吉祥物形象等，其意图攀附盼某公司字号及其商标知名度、影响力和商业信誉，有意造成市场混淆与误认的故意相当明显。而且，在被盼某公司多次申请商标争议、无效宣告，并被行政裁决、行政处罚、法院判决之后，以及在本案诉讼中，周某贵、鑫某某公司、顾某门厂的侵权行为一直持续，相关加盟合同约定的经营期间持续跨越 2019 年、2020 年、2021 年。周某贵受让商标、鑫某某公司设立、鑫某某公司委托顾某门厂生产的目的就是意图攀附盼某公司商号、商标的驰名度和影响力来获取巨额收益，并自始至终从侵权经营中牟取了巨额非法利益。因此，可以认定，周某贵、鑫某某公司、顾某门厂以侵权为业，对此应当以其全部销售利润确定侵权获利和赔偿额。

其次，鑫某某公司、顾某门厂、周某贵、方某萍侵权情节相当严重。

(1) 鑫某某公司、顾某门厂经营规模巨大、区域广泛。其设立后在全国开设加盟店、直营店，线上线下经营和宣传。其自己提供的合同就显示在全国十二个省市县发展加盟商，且经营规模和日产量相当大。其宣传册及官网显示，“鑫盼盼工匠门定位为中国门窗工匠，总投资 20 亿元，拥有全资、参股、控股、共享门业公司六家，木门公司十二家……总规划占地面积 100 万平方米，现有防盗门……300 万樘，木门有配套 200 万套……拥有……三大基地”“与中国门业设备商大公司新世纪联合研制的全自动全开槽元帅框生产线，日产精品系列 10000 樘/天，中国第一，木门公司联合引进全自动化生产线，日产实木门 4000 樘/天，实木门单厂产能全国第一。门窗引进德国威格某全自动生产线、装配线，门业、窗业自动化管理系列，为中国工业 4.0 门窗企业典范”“全国有近百家实体店”等。(2) 其经营获利巨大。在鑫某某公司 2018 年 4 月“鑫盼盼集团 2018 年新品年会暨新零售高峰论坛”上，鑫某某公司 180 余位加盟商代表参会。周某贵称鑫某某公司计划三年内开一千家企业馆，第一个五年产值十个亿，第二个五年产值五十个亿，并提出要高价位定价产品。其宣称的内容与鑫某某公司“共享云装集团”行政总监敬某某在 2018 年北京国际建材展览会上称“鑫盼盼的门”全国一年销售两个亿的经营业绩大体相当。鑫某某公司、顾某门厂、周某贵提供的证据显示，仅福建省、北京市、湖南省 2017 年至 2019 年的经销代理合同金额就达到 5060 万元。鑫某某公司提供的与经销商的代理合同中，绝大部分约定每年提货目标增长率至少超过 50%，相当一部分约定的提货目标每年增长 100%。结合上述经营规模和区域情况，这说明周某贵提出的经营计划是建立在鑫某某公司设立以来现有巨大生产规模和巨额经营业绩基础之上的。由于人民法院可以依据第三方商业平台及侵权人网站、宣传资料或者依法披露文件的相关数据以及行业平均利润率等，依法确定侵权获利情况。因此，周某贵、鑫某某公司等关于第一个五年产值十个亿、第二个五年产值五十个亿等上述对外宣传内容在计算确定赔偿额时具有一定参考性。(3) 周某贵、鑫某某公司、顾某门厂以侵权为业。(4) 周某贵在 2017 年 1 月 19 日知道盼某公司对其受让的第 10071538 号“鑫盼盼”商标提出无效宣告申请，其仍然指令其控股和担任法定代表人、负责人的鑫某某公司、顾某门厂继续使用涉案系列商标中的汉字、拼音或其简称、熊猫图形以及其他相关标识。即便在商标评审委员会于 2017 年 11 月 17 日作出无效宣告裁定，宣告“鑫盼盼”商标无效，2019 年 1 月 15 日北京市高级人民法院作出终审判决，确认商标评审委员会的无效宣告裁定之后，以及在本案诉讼中，鑫某某公司、顾某门厂、周某贵仍然继续使用涉案系列商标。(5) 周某贵明知盼某公司在先涉案系列商标的驰名程度，自2017年5月至2019年9月17日，周某贵仍然先后在第6类、第9类、第19类等商品上申请注册36个“鑫盼盼”或与之近似的商标。2018年，周某贵以及鑫某某公司员工周某丙又对盼某公司在先获准注册的商标多次提起恶意无效宣告及撤销连续三年不使用申请。(6) 本案涉及鑫某某公司、顾某门厂、周某贵从事侵害商标权及多项不正当竞争行为，且对盼某公司“盼盼”多个驰名商标或其主要部分复制、模仿。因此，鑫某某公司、顾某门厂、周某贵、方某萍侵权获利巨大，盼某公司遭受的损害更大。

综上，根据盼某公司的请求并结合本案侵权事实，依法对鑫某某公司、顾某门厂、周某贵等适用惩罚性赔偿确定赔偿数额。关于惩罚性赔偿额的计算基数，盼某公司主张根据周某贵、鑫某某公司对外宣传资料、经销合同等证据，确定2017年销售额2亿元，以此作为计算的基础数额，再按照每年经销商提货目标至少增长50%为标准确定2017年至2019年的销售额，乘以2017年全国家具制造业大中型工业企业平均利润率7.5%，乘以公众认知度市场调查报告明确的48.1%混淆度的调查结论，计算所得惩罚性赔偿的计算基数为3427.12万元，即（2+2×1.5+2×1.5×1.5）亿元×7.5%×48.1%＝3427.12万元。原审法院在前述部分内容中，已经详细分析认定周某贵、鑫某某公司、顾某门厂明显的侵权故意和严重的侵权情节，并综合全案证据后认为，周某贵、鑫某某公司等关于年产值2亿元的宣传内容在计算确定赔偿额时具有一定参考性。原审法院还考虑到，在攀附盼某公司具有极高知名度的字号及驰名商标的商业信誉、造成市场混淆的同时，周某贵、鑫某某公司明确鑫某某公司及其经销商高价定位其防盗门等产品，有意抬高产品价格，其经营利润比全国大中型工业企业平均利润率自然要高。而且，7.5%的利润率系扣除各种耗费和成本后的净利润率。如针对其以侵权为业的严重情形，按照销售利润来计算赔偿额，利润率远比7.5%还要高许多。经销商50%增长率的提货目标也是保守指标。因此，该计算方法具有一定的理论、事实基础，符合法律规定，较为科学、合理，可以采纳。因此，确定周某贵、鑫某某公司、顾某门厂等适用惩罚性赔偿的计算基数确定为3427.12万元。

关于惩罚性倍数。原审法院认为，鑫某某公司、顾某门厂、周某贵的侵权故意十分明显，侵权情节相当严重。同时，鑫某某公司、顾某门厂、周某贵以侵权为业，并实际通过攀附行为实施混淆获取了巨额收益。因此，原审法院确定适用 4 倍的惩罚性倍数。据此，应当按照计算基数的 5 倍计算确定最终赔偿数额，即鑫某某公司、顾某门厂、周某贵侵害盼某公司商标专用权，应当赔偿盼某公司 3427. 12×5＝17135. 6 万元。事实上，对于鑫某某公司、顾某门厂、周某贵故意侵权，侵权情节相当严重，以侵权为业的情形，以其销售利润额来确定赔偿数额比该数额更高。盼某公司主张周某贵、鑫某某公司、顾某门厂等赔偿其因侵害商标专用权而造成的损失人民币 9500 万元，原审法院予以准许。

②实施不正当竞争行为损害赔偿额的确定

盼某公司主张鑫某某公司等赔偿因不正当竞争行为造成的损失 500 万元。原审法院认为，虽然鑫某某公司、周某贵、顾某门厂实施的虚假宣传和商业诋毁不正当竞争行为具有相对独立性，但实施虚假宣传和商业诋毁也是为了攀附使用盼某公司“盼盼”字号和涉案系列商标。在实际经营中，周某贵、鑫某某公司、顾某门厂使用“鑫盼盼”字号、企业名称及其简称与使用“鑫盼盼”相关之商业标识具有重叠性，其使用的熊猫吉祥物形象与盼某公司驰名商标中的熊猫形象具有对应性。其使用涉案系列商标中的汉字、拼音及其简称、相关标识等从事侵害商标权，与使用企业名称及其简称、字号、熊猫形象等从事不正当竞争行为开展经营所获得的收益以及造成的后果具有同一性与混同性，客观上无法将之区别与剥离开来。因此，根据鑫某某公司、顾某门厂、周某贵的主观故意程度以及侵权情节严重程度，对盼某公司要求鑫某某公司、顾某门厂、周某贵等赔偿其因不正当竞争行为造成的损失人民币 500 万元的请求予以支持。

③鑫某某公司、顾某门厂、周某贵应当承担连带赔偿责任

鑫某某公司、顾某门厂、周某贵共同实施本案侵害商标权及不正当竞争行为，应当连带赔偿盼某公司损失人民币 1 亿元。盼某公司诉讼中已经放弃要求铸某商行承担赔偿责任，原审法院予以准许。

④合理开支数额的确定

盼某公司主张鑫某某公司、顾某门厂、周某贵、铸某商行还应承担其为制止侵权行为所支付的律师费、调查费、打印费、公证费、差旅费等合理开支人民币 898212. 52 元。经审查，盼某公司提供的支出票据存在如下情形：(1) 针对标明“服装服饰”用途的公证费 1190 元、北京至首尔往返机票 2429 元、汉口到北京西站高铁票 835 元，盼某公司已经明确同意扣除。北京潮某餐饮有限公司第二分公司 2019 年 2 月 19 日出具的金额为 1491 元的餐

费，2019 年 5 月 6 日开票的打印费 3242.7 元，2019 年 3 月 7 日开票的公证费 7000 元，盼某公司重复主张。（2）相当一部分调查费、公证费的单笔费用较大，盼某公司仅提供了发票，无法看出其实际支出明细和用途。仅凭发票显示的金额来看，公证费用显然过高。（3）盐城、长沙等地一些公证行为并非由当地公证机关实施，而是由北京的公证处实施。盼某公司主张的公证费中包含了公证人员的差旅费等费用。如果由当地的公证处实施公证，这些费用可能就会大幅度减少。因此，在依法认定和采信相关公证证据的同时，如认定这些费用由鑫某某公司、顾某门厂、周某贵、方某萍负担，将不必要地增加其的负担，故应当以当地公证机关实施公证行为将会发生的合理费用作为确定公证费用的标准。（4）打印费 27723 元，北京某某嘉华酒店管理有限公司银河嘉华酒店 2018 年 8 月 15 日开具的 1830.91 元的餐费、北京潮某餐饮有限公司第二分公司 2019 年 2 月 19 日开具的 1491 元餐费，以及 2019 年 3 月 7 日、2019 年 4 月 22 日发生的 1241.79 元及 564.02 元出租车费用等发生的必要性、合理性，盼某公司未作说明。

原审法院注意到上述情形的同时，考虑到：（1）盼某公司为制止侵权及诉讼维权必须发生的、合理的公证费、调查费、差旅费、打印费等相关费用，以及部分公证费用中包含的购买防盗门等侵权商品费用理应得到支持。（2）本案历经管辖权异议、财产保全及当事人举证、质证和开庭审理，盼某公司的诉讼代理人为本案诉讼投入了大量精力，开展了相当多的调查取证活动，提供了 11 卷共 8000 余页证据材料，绝大部分为公证保全证据，并撰写了 80 余页代理词，付出了诸多智力劳动，为案件审理提供了有益的智力支持。人民法院鼓励并肯定律师对于知识产权案件的审理发挥其积极、有益的推动作用，在确定律师费时也将充分考虑这一因素。盼某公司所主张的律师代理费用 30 万元，有相应票据证明，所发生的费用金额与案件的复杂程度、律师的专业素养、付出的劳动相适应，代理费用数额并无不当，应当全额予以支持。综合考虑上述情形及因素，原审法院对盼某公司主张的合理开支中 65 万元予以支持，并根据鑫某某公司、顾某门厂、周某贵、铸某商行的侵权情节及其在侵权行为中的作用，确定鑫某某公司、顾某门厂、周某贵连带赔偿盼某公司为制止侵权行为而支出的合理费用 65 万元，铸某商行店主方某萍在 5 万元内与鑫某某公司、顾某门厂、周某贵就前述合理费用承担连带责任。

综上所述，鑫某某公司、顾某门厂、周某贵、铸某商行的被诉侵权行为及不正当竞争行为成立，应当承担相应法律责任。依照商标法第十三条，第十四条，第四十八条，第五十七条第二、三、七项，第五十八条，第六十三条第一款；反不正当竞争法第六条第二、四项，第八条第一款，第十一条，第十七条；《中华人民共和国侵权责任法》第八条；《中华人民共和国民事诉讼法》第六十四条，第一百一十九条，第一百四十二条；《最高人民法院关于审理商标民事纠纷案件适用法律若干问题的解释》第一条；《最高人民法院关于审理侵害知识产权民事案件适用惩罚性赔偿的解释》第二条，第三条，第四条，第五条，第六条之规定，判决如下：1. 判决生效之日起，鑫某某公司、顾某门厂在生产、销售的商品及其包装上、店内装潢、域名中，以及其他一切经营活动和宣传中，立即停止使用与盼某公司“盼盼”系列商标、企业字号相关联之“盼盼”文字、拼音及其简称、熊猫图形、熊猫吉祥物形象等标识，方某萍立即停止销售带有上述文字、标识的被诉侵权产品，并在其门店装潢中停止使用上述文字和标识；2. 鑫某某公司于判决生效之日起十五日内立即注销网站域名 http：//www. xppdoors. com/；3. 鑫某某公司于判决生效之日起十五日内立即变更企业字号，变更后的企业字号中不得含有“盼盼”字样；4. 鑫某某公司、周某贵于判决生效之日起立即停止实施针对盼某公司的虚假宣传和商业诋毁行为；5. 鑫某某公司、顾某门厂、周某贵于判决生效之日起十五日内在《中国市场监管报》上刊登声明，消除影响（内容须经原审法院审核，如逾期不履行，原审法院将刊登本判决主要内容，所需费用由鑫某某公司、顾某门厂、周某贵负担）；6. 鑫某某公司、顾某门厂、周某贵于判决生效之日起十五日内连带赔偿盼某公司损失人民币 1 亿元及合理开支人民币 65 万元。方某萍对前述合理开支在 5 万元范围内承担连带赔偿责任；7. 驳回盼某公司的其他诉讼请求。如果未按判决指定的期间履行给付金钱义务，应当依照《中华人民共和国民事诉讼法》第二百五十三条之规定，加倍支付迟延履行期间的债务利息。一审案件受理费 546291. 06 元，保全费 5000 元，合计人民币 551291. 06 元，由鑫某某公司、顾某门厂、周某贵负担 501291. 06 元，方某萍负担 50000 元。

二审期间，鑫某某公司向本院提交如下证据：

第一组：北京知识产权法院（2018）京 73 行初 188 号民事判决、“鑫盼盼”商标宣告无效公告、第 6 类商品上含有“盼盼”文字商标列表及商标信息页、晒衣架商品上“盼盼”商标百度页面、广东某某盼盼智能科技有限公司等申请注册含有“盼”字和熊猫图样商标详情页等证据，拟证明鑫某某公司商标使用行为是对其注册商标的规范使用，不具有攀附盼某公司知名度的恶意。

第二组：1990年北京亚运会百度百科页面、《亚运故事会——熊猫盼盼，海内外最有人缘；亚洲雄风，不是会歌却火遍全国》、查字典网的“盼盼”词条、国航飞机的熊猫吉祥物“胖安达”的百度百科页面等证据，拟证明“盼盼”、熊猫标识及盼盼与熊猫标识的组合源自亚运会，属于公有领域，并非盼某公司独创。

第三组：鑫某某公司工作人员通知经销商和专卖店更换门头及标牌的微信聊天记录、鑫某某公司经销商门头照片、鑫盼铭品专卖店补贴申请表、收款收据、鑫盼盼门更名为鑫盼铭品的微信朋友圈截图等证据，拟证明鑫某某公司在“鑫盼盼”商标无效后已立即采取措施停止使用该商标。

第四组：敬某某关于其在2018年北京国际建材展览会上的表述是对“鑫盼盼”门的销量及产量存在误解的情况说明、顾某门厂代工其他品牌门的产品手册、微信朋友圈截图、产品照片、转让协议等证据，拟证明原审判决对鑫某某公司的经营规模、经营获利的认定存在错误。

第五组：周某贵发布“鑫盼铭品”门的朋友圈截图、居委会出具的情况说明、红星美某某家居商场展位租赁及管理服务合同、鑫盼盼形象升级合同书等证据，拟证明鑫某某公司在“鑫盼盼”商标宣告无效后已立即采取措施停止使用该商标。

第六组：产品委托加工协议、钢质门奖状、方某萍销售情况及银行流水、退款申请、合同解除协议、杨某甲情况证明、赵某甲说明、鑫某某公司2017年至2019年的银行流水、顾某门厂银行账号、顾某门厂银行流水（张丙、谭志某银行账号）、鑫某某公司2017年3月、9月对账单等证据，拟证明鑫某某公司的经销商或代理商实际销售量小，原审判决对鑫某某公司的销售额、经营规模及获利的认定错误。

第七组：美心贝斯某公司、安徽扬某安防股份有限公司、王某安防公司、盼某公司官网等证据，拟证明顾某门厂的生产规模不及防盗门行业大型企业，原审法院对该厂的经营规模、销售情况的认定错误。

盼某公司对鑫某某公司提交的上述证据发表如下质证意见：

鑫某某公司二审期间提交的所有证据均属于一审庭审前已产生可获得的证据，不属于新证据，不应予以采信。第一组证据中认可“鑫盼盼”商标一审行政判决、商标无效公告的真实性、合法性，但商标权自始无效，鑫某某公司明知“鑫盼盼”商标存在侵权风险，仍求购使用该商标，不能证明其构成善意使用；认可其他商标注册信息的真实性、合法性，但与本案不具有关联性。对第二组证据的真实性、合法性予以认可，但不具有关联性，不能实现证明目的，盼某公司首次将“盼盼”商标及熊猫形象使用在防盗门窗商品上经过30年的经营和宣传，已经成为行业标杆企业，鑫某某公司在防盗门窗及相关商品上使用“鑫盼盼”和熊猫形象是为了摹仿、攀附盼某公司的品牌声誉。第三组证据微信聊天记录、朋友圈截图未经公证，对该组证据的真实性、合法性、关联性及证据目的均不予认可。鑫某某公司即使曾短暂更改过部分门头，后续迅速变回“鑫盼盼”，其使用行为一直持续从未停止。第四组证据中敬某某情况说明无原件且未出庭接受询问；顾某门厂代工其他品牌门的产品手册、微信朋友圈截图等证据均系自制证据，对上述证据的真实性、合法性、关联性及证据目的均不予认可。第五组证据中“鑫盼铭品”门朋友圈截图系周某贵自制证据；居委会系单方陈述且有利害关系；红星美某某合同需进一步核实；对鑫盼盼形象升级合同的真实性、合法性、关联性及证明目的不予认可。第六组证据中产品委托加工协议没有公司签章，无法确定是否履行，且与本案不具有关联性；钢质门也是金属门，与防盗门属于相同商品；认可方某萍销售情况及银行流水的真实性、合法性，但仅为单个获利情况不能证明整体的获利情况；退款申请、合同解除协议、杨某甲情况证明、赵某甲说明、是自制证据，不能证明整体经营情况和真实的获利情况；对鑫某某公司2017年至2019年的银行流水的真实性、合法性、关联性不予认可，仅能反映账户情况，不能证明鑫某某公司真实完整的营收情况；对顾某门厂银行账号形式的真实性予以认可，仅能反映账户情况，不能体现顾某门厂真实完整的营收情况；对顾某门厂银行流水（张丙、谭志某银行账号）的真实性、合法性、关联性不予认可，仅能反映部分账户情况，不能反映顾某门厂完整收款情况，且不能体现哪些是与鑫盼盼相关的收款记录；鑫某某公司2017年3月、9月对账单是自制对账单，不能证明鑫某某公司真实营收获利情况。第七组证据系其他公司的经营状况，与本案不具有关联性。

盼某公司二审期间向本院提交了如下证据：

1. 2019年至2021年认定盼某公司涉案系列商标驰名状态的异议和无效宣告裁定；

2. 2019年至2020年盼某公司获得的荣誉；

3. 2014年至今盼某公司获得的奖项；

4. 2019年至2022年第三方媒体对盼某公司及其关联方、盼某公司盼盼品牌的报道。

以上证据1—4拟证明盼某公司涉案系列商标在相关公众中具有极高知名度，在防盗门商品上达到驰名状态。

5. 鑫某某公司企业信息打印页显示：2018年12月5日，鑫某某公司注册资本从1亿元减至300万元；周某贵于2019年7月1日卸任法定代表人并退出高级管理人员备案；2021年7月26日，周某贵退出，不再是鑫某某公司股东。拟证明鑫某某公司、周某贵在盼某公司提起本案一审诉讼后，采取各种方式逃避承担侵权责任，且鑫某某公司更名为鑫某某公司后，仍在公司介绍中自称"鑫盼盼"。

6. 多家"鑫盼盼"线下门店走访图及视频公证书：（2023）渝北证字第9167、9170、9171、9172、9174、9176、9178、8764号公证书，拟证明直至2023年，鑫某某公司仍有多家线下店铺在使用"鑫盼盼"标识并销售被诉侵权产品，其侵权行为持续至今，并未停止。

鑫某某公司对盼某公司二审期间提交的上述证据质证如下：

对证据1—4的关联性及证明目的不予认可，大部分裁定未指明具体商标信息，且仅享有个案效力，对本案无参考价值；企业荣誉及奖项与盼某公司涉案系列商标无关；报道来源于第三方，报道内容与本案无关。证据5是变更登记是企业正常经营行为，不能证明鑫某某公司、周某贵逃避侵权责任，该证据与本案不具有关联性。证据6是已经生产出的库存，大部分已经更改完毕，还有部分没来得及更改。

本院对于鑫某某公司与盼某公司提交的上述证据中具有真实性、合法性、关联性的证据，将在后文中结合相关事实予以审查认定。

本院在原审查明事实的基础上补充查明：

鑫某某公司于2021年11月2日更名为鑫某某公司。

盼某公司由亚萨某某（中国）投资有限公司100%控股，后者由亚萨某某亚洲控股有限公司ASSAABLOYASIAHOLDINGAB100%控股。

盼某公司二审庭审中明确表示其一审诉讼请求主张商标权保护的期间是从2017年开始至2019年止共三年时间；主张构成不正当竞争的行为则从鑫某某公司成立的2016年9月开始至2021年11月该公司更名为止。

经续展，盼某公司的第647663号"PAN PAN 盼盼"商标、第10794738号"PANPAN 盼盼"商标的续展注册有效期至2033年6月27日。

盼某公司一审期间两次提交要求鑫某某公司、顾某门厂、周某贵披露财务数据的申请。一审庭审中，鑫某某公司、顾某门厂、周某贵明确表示未能提交财报是因为其本身财务管理很混乱，无规范的财务年报，没有办法准确提供。

2018 年 7 月 12 日，北京知识产权法院作出（2018）京 73 行初 188 号行政判决，认定周某贵的第 10071538 号“鑫盼盼”诉争商标与第 647663 号引证商标不构成使用在相同或类似商品上的近似商标。判决：撤销商标评审委员会于 2017 年 11 月 17 日作出的商评字〔2017〕第 0000142006 号关于第 10071538 号“鑫盼盼”商标无效宣告请求裁定；商标评审委员会于判决生效后就盼某公司针对周某贵申请注册的第 10071538 号“鑫盼盼”商标提起的无效宣告请求重新作出裁定。2019 年 1 月 15 日，北京市高级人民法院作出（2018）京行终 5983 号行政判决，认定第 10071538 号诉争商标与第 647663 号引证商标构成近似商标，判决撤销北京知识产权法院作出的（2018）京 73 行初 188 号行政判决；驳回周某贵的诉讼请求。周某贵不服，向本院申请再审，本院于 2019 年 12 月 2 日作出（2019）最高法行申 10762 号行政裁定：驳回周某贵的再审申请。

本院认为，各方当事人二审期间的争议焦点为：鑫某某公司、顾某门厂、周某贵的被诉行为是否构成侵害盼某公司涉案系列商标专用权及不正当竞争；如果构成，原审法院确定的赔偿数额是否适当。

一、关于鑫某某公司、顾某门厂、周某贵的被诉行为是否构成侵害盼某公司涉案系列商标专用权的问题

商标法第五十七条第二、三、七项规定：“未经商标注册人的许可，在同一种商品上使用与其注册商标近似的商标，或者在类似商品上使用与其注册商标相同或者近似的商标，容易导致混淆的；销售侵犯注册商标专用权的商品的……给他人的注册商标专用权造成其他损害的……均属侵犯注册商标专用权的行为。”《最高人民法院关于审理商标民事纠纷案件适用法律若干问题的解释》第一条第一项规定：“将与他人注册商标相同或者相近似的文字作为企业的字号在相同或者类似商品上突出使用，容易使相关公众产生误认的，属于商标法第五十七条第七项规定的给他人注册商标专用权造成其他损害的行为。”我国商标法的立法目的是加强商标管理，保护商标专用权，促使生产、经营者保证商品和服务质量，维护商标信誉，以保障消费者和生产、经营者的利益，促进社会主义市场经济的发展。申请注册和使用商标，应当

遵循诚实信用原则。生产、经营者应通过诚信经营创建和强化自己的品牌，建立与其自身商业信誉相符的知名度，不断提升商标的品牌价值和企业竞争力，促进企业的长远发展。

首先，关于盼某公司涉案系列商标的知名度情况。盼某公司在防盗门或金属门等商品上享有第 647663 号“PAN PAN 盼盼”商标、第 1301742 号“”商标、第 1403347 号“”商标、第 10794738 号“PANPAN 盼盼”商标的商标专用权。根据原审查明的事实，盼某公司涉案系列商标在中国注册及使用 20 余年，经营规模巨大，产品覆盖全国，防盗门产品销量和市场占有率连续二十余年蝉联行业第一，获得了至少 157 项奖项和荣誉。虽然其中两枚商标图样为自然界的动物熊猫图案，且熊猫“盼盼”为 1990 年亚运会的吉祥物，但经过盼某公司持续宣传和使用，其涉案系列商标在“防盗门、金属门、金属窗”等商品上具有很高的知名度、美誉度和影响力，已经取得商标的显著特征，具有很强的商标识别功能。盼某公司的上述四个系列商标目前均处于合法有效的状态，其中第 647663 号、第 1301742 号、第 10794738 号商标已多次被国家知识产权局、北京知识产权法院认定为驰名商标。因此，原审法院认定盼某公司的涉案系列商标已达到驰名程度，应作为驰名商标受我国商标法的保护，并无不当。

其次，关于被诉侵权标识与涉案系列商标的近似性判断。盼某公司涉案系列商标中含有“盼盼”汉字、“PANPAN”拼音及熊猫图案等标识，呼叫为“盼盼”。鑫某某公司、顾某门厂、方某萍在生产、销售的商品及其包装、实体店的门头或店内装潢、域名、宣传册、展会、户外广告或者其他领域中突出并大量使用被诉侵权标识，生产销售并宣传推广“鑫盼盼”防盗门、金属门窗等商品开展经营活动。被诉侵权标识呼叫为“鑫盼盼”，完整包含了涉案系列商标的呼叫“盼盼”，故被诉侵权标识与盼某公司涉案系列商标的呼叫构成近似。被诉侵权标识本身或其主要突出部分为“鑫盼盼”汉字，与涉案系列商标的主要突出部分“盼盼”汉字构成近似。有的被诉侵权标识还使用了“鑫盼盼”与熊猫图案的组合，除其“鑫盼盼”汉字与涉案系列商标的主要识别部分“盼盼”汉字构成近似外，其熊猫图案与盼某公司涉案系列商标中的熊猫图案也构成近似。同时，鑫某某公司还将包含盼某公司涉案系列商标中的主要识别部分“盼盼”汉字作为字号中的主要组成部分，并突出使用该企业名称简称或字号，构成商标性使用。因此，原审法院认定鑫某某公司使用的被诉侵权标识与盼某公司涉案系列商标构成近似标识，亦无不当。

再次，关于涉案系列商标核定使用的商品与被诉侵权标识使用商品的类似性判断。盼某公司涉案系列商标主要核定使用在第 6 类防盗门、金属门等商品上。鑫某某公司、顾某门厂、周某贵、方某萍在防盗门、金属门窗、铝合金门窗、智能锁等商品上使用被诉侵权标识，两者使用的商品构成相同或者类似。此外，鑫某某公司、顾某门厂、周某贵、方某萍还在智能家居、阳光房等商品或者服务上使用被诉侵权标识，与涉案系列商标核定使用的商品同属于建筑装饰行业，在生产部门、销售渠道、销售场所、消费对象、功能用途等方面具有较强的关联性。即便两者在上述商品或者服务上不构成类似，在涉案系列商标已经达到驰名程度的情况下，可以实现跨类保护。

最后，被诉侵权标识的使用导致相关公众混淆误认。如前所述，涉案系列商标具有很高的知名度和影响力，鑫某某公司、顾某门厂、周某贵、方某萍在相同、类似或者关联性很强的商品上使用被诉侵权标识，可能导致相关公众对商品或服务的来源产生混淆，或者误认为鑫某某公司、顾某门厂、周某贵、方某萍与盼某公司之间存在某种特定的联系。参考盼某公司提供的市场调查报告看，已有 48.1%的相关公众认为被诉侵权产品与盼某公司生产销售的防盗门之间具有关联关系，在相关公众中已实际产生了混淆误认。因此，原审法院认定鑫某某公司、顾某门厂、周某贵、方某萍在相同、类似及关联性较强的商品或者服务上使用被诉侵权标识可能导致相关公众混淆误认，并无不当。

此外，鑫某某公司、顾某门厂、周某贵主张其在 2016 年 7 月受让“鑫盼盼”商标，在该商标于 2019 年 1 月 15 日被生效判决认定无效前，其合法享有“鑫盼盼”注册商标权，故其使用行为不构成侵害盼某公司涉案系列商标专用权。对此，本院认为，从鑫某某公司、顾某门厂、周某贵、方某萍对被诉侵权标识具体使用方式看，其并未规范使用“鑫盼盼”标识。在鑫某某公司京东经销店铺、贵州省瓮安县线下产品经销店等将“鑫盼盼”中“鑫”字省略，直接使用“盼盼防盗门”，或者在“盼盼防盗门”的左上角以非常小的“鑫”字变形使用，突出使用“盼盼”；鑫某某公司在一些加盟协议中，直接将其销售的防盗门系列名称称为“盼盼防盗门”；鑫某某公司还将“盼盼三期（鑫盼盼成都基地）”作为其商业标识使用。该标识中“鑫盼盼成都基地”在括号内，“三期”缺乏显著特征，“盼盼”应为该标识的显著识别部分；在鑫某某公司不享有熊猫图案商标的情况下，将熊猫图案与“鑫盼盼”组合使用。综上，鑫某某公司使用被诉侵权标识的行为，具有明显攀附盼某公司涉案系列商标知名度的恶意，故其关于使用其注册商标不侵害盼某公司商标权的上诉主张缺乏事实依据，本院不予支持。原审法院认定鑫某某公司、顾某门厂、周某贵、方某萍在相同、类似及关联性较强的商品或者服务上使用被诉侵权标识，构成侵害盼某公司涉案系列商标专用权，并无不当。

二、关于鑫某某公司、顾某门厂、周某贵的被诉行为是否构成不正当竞争的问题

反不正当竞争法第六条第二、四项规定，经营者不得实施擅自使用他人有一定影响的企业名称（包括简称、字号等）、社会组织名称（包括简称等）、姓名（包括笔名、艺名、译名等）的混淆行为；不得实施其他足以引人误认为是他人商品或者与他人存在特定联系的混淆行为。第八条第一款规定：“经营者不得对其商品的性能、功能、质量、销售状况、用户评价、曾获荣誉等作虚假或者引人误解的商业宣传，欺骗、误导消费者。”第十一条规定：“经营者不得编造、传播虚假信息或者误导性信息，损害竞争对手的商业信誉、商品声誉。”商标法第五十八条规定：“将他人注册商标、未注册的驰名商标作为企业名称中的字号使用，误导公众，构成不正当竞争行为的，依照《中华人民共和国反不正当竞争法》处理。”

首先，关于“盼盼”字号的使用行为。如前所述，盼某公司涉案系列商标在防盗门、金属门上享有很高的知名度。周某贵早在2007年即与盼某公司有业务往来，其明知盼某公司“盼盼”字号及涉案系列商标的知名度和影响力，于2016年7月受让他人的“鑫盼盼”商标，于2016年9月注册成立鑫某某公司，当日即授权鑫某某公司使用“鑫盼盼”商标，鑫某某公司即委托顾某门厂生产防盗门等金属门窗系列产品。鑫某某公司及顾某门厂作为盼某公司的同业竞争者，在经营活动中使用“鑫盼盼”企业名称及其简称、字号，与盼某公司从事相同的业务，明显具有攀附盼某公司知名度和影响力的恶意，属于搭便车的行为，客观上造成了相关公众的混淆与误认，构成不正当竞争。

其次，关于熊猫吉祥物形象的使用行为。鑫某某公司、顾某门厂、周某贵明知盼某公司熊猫吉祥物形象在防盗门上的知名度和影响力，仍在宣传活

动中使用近似的熊猫吉祥物形象，宣传推广防盗门、金属门窗等与盼某公司相同的产品，足以导致消费者产生混淆误认或者误认为其与盼某公司存在特定联系，明显具有攀附盼某公司知名度和影响力的恶意，构成反不正当竞争法规定的其他足以引人误认为是他人商品或者与他人存在特定联系的混淆行为，构成不正当竞争。

再次，关于虚假宣传行为。鑫某某公司于 2016 年 9 月 13 日成立，2017 年使用“鑫盼盼”商标生产销售防盗门等相关产品，却在官网、××号等显著位置使用“SINCE1998”，欺骗、误导消费者以为“鑫盼盼”品牌从 1998 年开始已经在防盗门、金属门产品上使用。鑫某某公司还在经营推广过程中宣传周某贵与盼某公司老总以前一起做业务，后来分开，一个卖给国外，变成亚萨合莱盼盼；一个在国内，变成鑫盼盼，分了两块，周某贵与盼某公司老总分了钱，还称鑫某某公司是盼盼品牌的高档产品、升级产品等，对盼某公司与鑫某某公司之间的关系以及鑫某某公司的经营及品牌历史作虚假或者引人误解的商业宣传。“鑫盼盼”商标在金属门窗等商品上的注册被无效后，鑫某某公司仍在防盗门、金属门窗及其他未注册的商品上将“鑫盼盼”标注为注册商标，明显具有欺骗、误导消费者的恶意，目的是故意造成混淆以提升其竞争优势，构成虚假宣传的不正当竞争行为。

最后，关于商业诋毁行为。鑫某某公司在官网、××号上称目前市场上出现“模仿本鑫盼盼中国民族品牌、门业知名品牌的事件，误导中国消费者，公然宣传‘盼盼’注册商标，恶意篡改为盼盼安全门、盼盼防盗门，根据商标法规范使用注册商标原则，严重违法”，并将盼某公司的商标列为对“鑫盼盼”商标侵权、模仿、近似、违法的商标类。周某贵在“四川门窗协会老板俱乐部”微信群或其朋友圈发送其向盼某公司商标提起无效宣告的流程信息，并评论“帝国主义永远只有失败，永远只是纸老虎”“热烈祝贺鑫盼盼商标北京全面胜诉，大家必须分享宣传，大家都抬头挺胸堂堂正正地卖鑫盼盼防盗门，中国民族品牌高端系列一线品牌，热烈祝贺鑫盼盼在国家商标局撤三案全面胜利……中国人自己的民族品牌鑫盼盼必胜必胜必胜”等。鑫某某公司的上述行为属于传播虚假信息或者误导性信息、损害竞争对手盼某公司商业信誉、商品声誉，构成商业诋毁的不正当竞争行为。

三、关于原审法院确定的赔偿数额是否适当的问题

（一）关于原审法院对侵害商标权赔偿数额的确定是否适当的问题

商标法第六十三条第一、二款规定：“侵犯商标专用权的赔偿数额，按

照权利人因被侵权所受到的实际损失确定；实际损失难以确定的，可以按照侵权人因侵权所获得的利益确定；权利人的损失或者侵权人获得的利益难以确定的，参照该商标许可使用费的倍数合理确定。对恶意侵犯商标专用权，情节严重的，可以在按照上述方法确定数额的一倍以上五倍以下确定赔偿数额。赔偿数额应当包括权利人为制止侵权行为所支付的合理开支。人民法院为确定赔偿数额，在权利人已经尽力举证，而与侵权行为相关的账簿、资料主要由侵权人掌握的情况下，可以责令侵权人提供与侵权行为相关的账簿、资料；侵权人不提供或者提供虚假的账簿、资料的，人民法院可以参考权利人的主张和提供的证据判定赔偿数额。"《最高人民法院关于审理侵害知识产权民事案件适用惩罚性赔偿的解释》第二条第一款规定："原告请求惩罚性赔偿的，应当在起诉时明确赔偿数额、计算方式以及所依据的事实和理由。"第五条第一款规定："人民法院确定惩罚性赔偿数额时，应当分别依照相关法律，以原告实际损失数额、被告违法所得数额或者因侵权所获得的利益作为计算基数。该基数不包括原告为制止侵权所支付的合理开支；法律另有规定的，依照其规定。"第五条第三款规定："人民法院依法责令被告提供其掌握的与侵权行为相关的账簿、资料，被告无正当理由拒不提供或者提供虚假账簿、资料的，人民法院可以参考原告的主张和证据确定惩罚性赔偿数额的计算基数。构成民事诉讼法第一百一十一条规定情形的，依法追究法律责任。"本案中，盼某公司一审请求按照鑫某某公司、顾某门厂、周某贵的侵权获利确定赔偿数额、明确提出适用惩罚性赔偿的主张，并明确了计算方式以及所依据的事实和理由。

1. 关于侵害商标权赔偿数额中计算基数的确定

首先，为确定本案的赔偿数额，盼某公司已经尽力举证，而与被诉侵权行为相关的账簿、资料主要由鑫某某公司、顾某门厂、周某贵掌握。鑫某某公司、顾某门厂、周某贵一审庭审中明确表示其财务管理很混乱，无规范的财务年报，没有办法准确提供，应当承担举证不能的法律后果。二审期间，鑫某某公司虽然提交了鑫某某公司 2017 年至 2019 年的银行流水、顾某门厂银行账号、顾某门厂银行流水（张丙、谭志某银行账号）、鑫某某公司 2017 年 3 月、9 月对账单等证据，但上述证据中作为顾某门厂银行流水提交的仅为张丙、谭志某的个人银行账号，上述证据仍不足以证明鑫某某公司、顾某门厂、周某贵生产销售被诉侵权产品的全部数量及销售金额。在此情形下，可以参考盼某公司主张的侵权获利和提供的证据确定赔偿数额的计算基数。

其次，根据盼某公司原审提交的证据，原审法院确定赔偿数额中的计算基数参考了以下三个因素：一是周某贵在 2018 年 4 月“鑫盼盼集团 2018 年新品年会暨新零售高峰论坛”上发表鑫某某公司计划实现第一个五年产值十个亿、第二个五年产值五十个亿的对外宣传内容；二是鑫某某公司“共享云装集团”行政总监敬某某在 2018 年北京国际建材展览会上称“鑫盼盼的门”全国一年销售两个亿的经营业绩；三是鑫某某公司提供其与经销商代理合同中，绝大部分约定每年提货目标增长率至少超过 50%。综合以上三个因素，原审法院将第一年的产值确定为 2 亿元，计算出鑫某某公司、顾某门厂、周某贵 2017 年至 2019 年前三年的产值为 2+2×1.5+2×1.5×1.5=9.5 亿元。如果按照上述计算方式，第四年的产值将达 2×1.5×1.5×1.5=6.75 亿元，第五年的产值达 2×1.5×1.5×1.5×1.5=10.125 亿元，则第一个五年产值共计 26.375 亿元。上述计算方式得出的结果与周某贵对外宣传的第一个五年产值十个亿之间存在较大差距。一方面，原审法院确定赔偿数额的计算基数时参考了周某贵所称的第一个五年十个亿；另一方面，原审法院按照其计算方式计算出的第一个五年的产值达 26.375 亿元，故原审法院的上述计算方式存在逻辑错误。此外，原审法院在确定赔偿数额中的计算基数时，将盼某公司委托北京某某市场调查有限公司出具的调查报告中关于 48.1%的受访者认为鑫某某公司与盼某公司的防盗门之间有关联关系从而据此确定公众的混淆度缺乏法律依据。综上，对于原审法院确定赔偿数额计算基数的计算方式，本院予以纠正。

再次，参考周某贵在高峰论坛称鑫某某公司计划实现第一个五年产值十个亿及经销商代理合同中约定每年增长率为 50%的两个因素，本院计算出鑫某某公司、顾某门厂、周某贵 2017 年产值为 0.76 亿元，2018 年产值为 0.76×1.5=1.14 亿元，2019 年产值为 0.76×1.5×1.5=1.71 亿元，以上三年合计 3.61 亿元。按照上述计算方式，第四年的产值为 0.76×1.5×1.5×1.5=2.565 亿元，第五年的产值为 0.76×1.5×1.5×1.5×1.5=3.8475 亿元，则第一个五年产值共计为 10.0225 亿元。上述计算方式得出的结论与周某贵对外宣传的第一个五年产值十个亿基本相符。鑫某某公司、顾某门厂、周某贵主张第一个五年产值十个亿及经销商代理合同中约定每年增长率为 50%均系其计划实现的目标，不能据此作为确定其 2017 年至 2019 年产值的依据。对此，本院认为，鑫某某公司“共享云装集团”行政总监敬某某在 2018 年北京国际建材展览会上称“鑫盼盼的门”全国一年销售两个亿的经营业绩，并非计划实现的目标，而是已经实现的经营业绩，且专指实际已经完成的鑫盼盼品牌门一年的销售业绩，既不包括鑫盼盼品牌的阳光房、智能家居等其他产品的销售业绩，也不包括鑫某某公司、顾某门厂、周某贵生产其他品牌门的销售业绩。如果按敬某某对外宣称实际已经完成每年两个亿的业绩计算，即便不考虑年增长率，2017 年至 2019 年鑫盼盼门的产值之和也达到 6 亿元。然而，前述将第一年产值确定为 0. 76 计算出来的 2017 年至 2019 年三年的产值分别为 0. 76、1. 14、1. 71 亿元，每一年都没有达到敬某某所称的实际已经完成的一年的产值两亿元，三年之和也仅为 3. 61 亿元。该计算方式更符合周某贵对外宣传的第一个五年十个亿产值，亦没有高于鑫某某公司敬某某对外宣称的一年已经完成鑫盼盼门的产值水平，相对更为合理。鑫某某公司二审期间提交的敬某某关于其对“鑫盼盼”门的销量及产量存在误解的情况说明，不足以推翻其在北京国际建材展览会上对外公开发布的业绩说明，本院对该证据不予采信。

最后，从周某贵在“四川门窗协会老板俱乐部”微信群和朋友圈发布的信息来看，鑫盼盼防盗门定位是高端系列一线品牌。鑫某某公司、顾某门厂、周某贵明确鑫某某公司及其经销商高价定位其防盗门、金属门等产品，以抬高其产品价格。在 2018 年北京国际建材展览会上，鑫某某公司“共享云装集团”行政总监敬某某称鑫某某公司是盼盼的高端产品，且鑫某某公司、顾某门厂、周某贵使用的被诉侵权标识包括“鑫盼盼高端门”“鑫盼盼高端防盗门”。由此可以看出鑫盼盼品牌的经营利润不会低于全国大中型工业企业平均利润率。原审法院按照 2017 年全国家具制造业大中型工业企业平均利润率 7. 5%计算鑫盼盼品牌产品的利润，不会高于其实际利润。因此，本院确定本案侵害商标权赔偿数额中的计算基数为（0. 76+0. 76×1. 5+0. 76×1. 5×1. 5）亿元×7. 5%＝2707. 5 万元。

2. 关于侵害商标权惩罚性赔偿倍数的确定

《最高人民法院关于商标法修改决定施行后商标案件管辖和法律适用问题的解释》第九条规定：“除本解释另行规定外，商标法修改决定施行后人民法院受理的商标民事案件，涉及该决定施行前发生的行为的，适用修改前商标法的规定；涉及该决定施行前发生，持续到该决定施行后的行为的，适用修改后商标法的规定。”《最高人民法院关于审理侵害知识产权民事案件适用惩罚性赔偿的解释》第六条第一款规定：“人民法院依法确定惩罚性赔偿的倍数时，应当综合考虑被告主观过错程度、侵权行为的情节严重程度等因素。”第三条第二款第一、四项规定：“被告经原告或者利害关系人通知、警告后，仍继续实施侵权行为的；被告与原告或者利害关系人之间有业务往来或者为达成合同等进行过磋商，且接触过被侵害的知识产权的，人民法院可以初步认定被告具有侵害知识产权的故意。”第四条第一款规定：“对于侵害知识产权情节严重的认定，人民法院应当综合考虑侵权手段、次数，侵权行为的持续时间、地域范围、规模、后果，侵权人在诉讼中的行为等因素。”第二款第五项规定：“侵权获利或者权利人受损巨大的，人民法院可以认定为情节严重。”本案中，根据盼某公司一审的请求并结合本案的侵权事实，应对鑫某某公司、顾某门厂、周某贵适用惩罚性赔偿确定其侵害商标权的赔偿数额。鉴于本案被诉侵权行为至 2019 年仍在持续，原审法院适用修改后的 2019 年商标法第六十三条第一款及《最高人民法院关于审理侵害知识产权民事案件适用惩罚性赔偿的解释》作为确定本案惩罚性赔偿倍数的依据，并无不当。

关于侵权故意的认定。首先，周某贵担任法定代表人的顾某金属门厂早在 2007 年即与盼某公司产生业务往来，可以认定周某贵明知盼某公司“盼盼”字号及涉案系列商标的知名度和影响力，仍然于 2016 年 9 月成立鑫某某公司，积极寻求受让“鑫盼盼”商标，并将其受让来的“鑫盼盼”商标授权鑫某某公司使用，然后由鑫某某公司委托顾某门厂生产防盗门等金属门窗系列产品，开展与盼某公司相同的业务。其次，“鑫盼盼”谐音为“新盼盼”，鑫某某公司注册“鑫盼盼”字号，使用“鑫盼盼”文字、拼音或其简称及相关熊猫图案，宣称鑫某某公司与盼某公司是新盼盼与老盼盼的关系，“鑫盼盼”防盗门产品为“盼盼”品牌的高端产品、升级产品等。鑫某某公司在一些加盟协议中，直接将其销售的防盗门系列称为“盼盼防盗门”。鑫某某公司发送防盗门及配件给铸某商行店主方某萍的托运单显示托运人为“新盼盼”。鑫某某公司上述行为明显具有攀附盼某公司及其涉案系列商标知名度的故意。再次，周某贵明知盼某公司于 2017 年 1 月 19 日已对“鑫盼盼”商标提出无效宣告申请，仍然指令鑫某某公司继续使用被诉侵权标识。在商标行政部门于 2017 年 11 月 17 日作出无效宣告裁定，宣告“鑫盼盼”商标无效，以及 2019 年 1 月 15 日生效判决维持无效宣告裁定后，鑫某某公司、顾某门厂、周某贵仍在继续使用被诉侵权标识。最后，在生效判决认定“鑫盼盼”商标应予无效后，鑫某某公司于 2019 年 5 月 6 日将其此前注册的××号“鑫盼盼高端防盗门”短暂更名为“鑫盼铭品精品防盗门”，但在 3 个月后又更名为“四川鑫某某公司有限公司”，故鑫某某公司二审期间提交的第三组、第五组证据，不足以证明鑫某某公司在“鑫盼盼”商标宣告无效后已停止使用该商标。综上，鑫某某公司、顾某门厂、周某贵明显具有侵害盼某公司涉案系列商标权的故意。

关于情节严重的认定。周某贵在 2018 年 4 月“鑫盼盼集团 2018 年新品年会暨新零售高峰论坛”上称“计划在三年之内我们开一千家企业馆”“计划今天邀请 120 位经销商，结果我们实际要到位的是 180 位，而且很多都在路上”。从周某贵宣称的上述内容看，不包括在路上即将到来的经销商，实际已经到位的经销商达 180 位，包括鑫某某公司四川、重庆、北京、天津、河北、陕西、山西、湖南、云南、甘肃、贵州等地的经销商。鑫某某公司在全国开设加盟店、直营店，进行线上线下经营和宣传。从其提供的合同看，鑫某某公司在全国十二个省市县发展加盟商，经营规模和日产量很大。鑫某某公司宣传册及官网称鑫盼盼工匠门定位为中国门窗工匠，总投资 20 亿元，拥有全资、参股、控股、共享门业公司六家，木门公司十二家……总规划占地面积 100 万平方米，现有防盗门……300 万樘，木门有配套 200 万套……拥有……三大基地等；称其与中国门业设备商大公司新世纪联合研制的全自动全开槽元帅框生产线，日产精品系列 10000 樘/天，中国第一，木门公司联合引进全自动化生产线，日产实木门 4000 樘/天，实木门单厂产能全国第一。门窗引进德国威格某全自动生产线、装配线，门业、窗业自动化管理系列，为中国工业 4.0 门窗企业典范，在全国有近百家实体店等。从上述事实看，鑫某某公司、顾某门厂、周某贵侵权规模大、涉及区域广、侵权获利巨大，应认定其侵权行为情节严重。

因此，综合考虑鑫某某公司、顾某门厂、周某贵的主观过错程度、侵权行为的情节严重程度等因素，原审法院依法确定 4 倍的惩罚性赔偿倍数，并无不当。即按照计算基数 2707.5 万元的 5 倍计算确定最终侵害商标权的赔偿数额：2707.5×5＝13537.5 万元。盼某公司在原审诉讼请求中主张鑫某某公司、顾某门厂、周某贵赔偿其因侵害商标专用权而造成的损失人民币 9500 万元，未超出本院最终确定的赔偿数额 13537.5 万元，应予全额支持。原审法院虽然确定惩罚性赔偿的计算基数为 3427.12 万元存在不当，导致其确定鑫某某公司、顾某门厂、周某贵应当赔偿盼某公司 17135.6 万元失当，但全额支持盼某公司原审关于侵害商标权的诉讼请求 9500 万元的结论并无不当，本院予以维持。

（二）关于原审法院对本案不正当竞争行为赔偿数额的确定是否适当的问题

反不正当竞争法第十七条规定："经营者违反本法规定，给他人造成损害的，应当依法承担民事责任。经营者的合法权益受到不正当竞争行为损害的，可以向人民法院提起诉讼。因不正当竞争行为受到损害的经营者的赔偿数额，按照其因被侵权所受到的实际损失确定；实际损失难以计算的，按照侵权人因侵权所获得的利益确定。经营者恶意实施侵犯商业秘密行为，情节严重的，可以在按照上述方法确定数额的一倍以上五倍以下确定赔偿数额。赔偿数额还应当包括经营者为制止侵权行为所支付的合理开支。经营者违反本法第六条、第九条规定，权利人因被侵权所受到的实际损失、侵权人因侵权所获得的利益难以确定的，由人民法院根据侵权行为的情节判决给予权利人五百万元以下的赔偿。"

本案中，如前所述，鑫某某公司实施了使用盼某公司的字号、熊猫吉祥物形象以及虚假宣传和商业诋毁的不正当竞争行为，依法应当承担民事责任。在实际经营中，鑫某某公司、顾某门厂、周某贵共同使用"鑫盼盼"字号、企业名称及其简称进行宣传推广，且共同使用了与盼某公司涉案系列商标中的熊猫图案高度近似的熊猫吉祥物形象。实施虚假宣传和商业诋毁也是为了攀附使用盼某公司"盼盼"字号和涉案系列商标，以达到欺骗、误导消费者、故意造成混淆以提升其竞争优势、损害竞争对手的目的。因此，原审法院根据鑫某某公司、顾某门厂、周某贵的主观故意程度以及侵权情节严重程度，对盼某公司要求鑫某某公司、顾某门厂、周某贵共同赔偿其因不正当竞争行为造成的损失人民币 500 万元的请求予以支持，并无不当。

鉴于鑫某某公司、顾某门厂、周某贵共同实施侵害商标权及不正当竞争行为，原审法院判令其连带赔偿盼某公司损失人民币 1 亿元，并无不当。盼某公司起诉主张鑫某某公司、顾某门厂、周某贵、方某萍承担其为制止侵权行为所支付的合理费用并提交了相应的证据，原审法院确定鑫某某公司、顾某门厂、周某贵连带赔偿盼某公司合理费用 65 万元，方某萍在 5 万元的范围内承担赔偿责任，亦无不当。

综上，鑫某某公司、顾某门厂、周某贵上诉理由均不成立，本院予以驳回。原审判决确定惩罚性赔偿的计算基数失当，但裁判结果并无不当，本院予以维持。依照《中华人民共和国商标法》第四十八条，第五十七条第二、三、七项，第五十八条，第六十三条第一、二款；《中华人民共和国反不正当竞争法》第六条第二、四项，第八条第一款，第十一条，第十七条；《中华人民共和国侵权责任法》第八条；《最高人民法院关于审理商标民事纠纷案件适用法律若干问题的解释》第一条；《最高人民法院关于审理侵害知识产权民事案件适用惩罚性赔偿的解释》第二条，第三条，第四条，第五条，第六条；《中华人民共和国民事诉讼法》第一百七十七条第一款第一项之规定，判决如下：

驳回上诉，维持原判。

一审案件受理费 546291.06 元、保全费 5000 元；二审案件受理费 546291.06 元，合计人民币 1097582.12 元，由四川鑫某某门业有限公司、成都市新都区顾某金属门厂、周某贵负担 1047582.12 元，方某萍负担 50000 元。

本判决为终审判决。

审 判 长 李 嵘
审 判 员 傅 蕾
审 判 员 许常海
二〇二三年八月三十一日
法官助理 刘海珠
书 记 员 吕姝君

16. 驰名商标的按需认定原则

——再审申请人上海飞某电器股份有限公司与被申请人慈溪市三某电器有限公司、合肥市经济技术开发区彭某百货店侵害商标权纠纷案[①]

中华人民共和国最高人民法院民事判决书（2023）最高法民再29号

再审申请人（一审原告、二审上诉人）：上海飞某电器股份有限公司。住所地：上海市松江区。

法定代表人：李某腾，该公司董事长。

委托诉讼代理人：廖宏露，江苏路漫律师事务所律师。

被申请人（一审被告、二审被上诉人）：慈溪市三某电器有限公司。住所地：浙江省慈溪市。

法定代表人：叶某德，该公司总经理。

委托诉讼代理人：孟某，该公司员工。

委托诉讼代理人：孙华柏，北京翰辰律师事务所律师。

被申请人（一审被告、二审被上诉人）：合肥市经济技术开发区彭某百货店。住所地：安徽省合肥市经济技术开发区。

经营者：彭某红。

再审申请人上海飞某电器股份有限公司（以下简称飞某公司）因与被申请人慈溪市三某电器有限公司（以下简称三某公司）、合肥市经济技术开发区彭某百货店（以下简称彭某百货店）侵害商标权纠纷一案，不服安徽省高级人民法院（以下简称二审法院）（2019）皖民终286号民事判决，向本院申请再审。本院于2022年12月2日作出（2020）最高法民申4325号民事裁定，本案由本院提审。本院依法组成合议庭审理了本案。本案现已审理终结。

飞某公司申请再审称，（一）安徽省合肥市中级人民法院（以下简称一

① 本案在年度报告中的位置为第37页。

审法院）及二审法院未认定飞某公司申请注册的第4193798号“FLYCO飞科”商标（以下简称涉案商标）为驰名商标，属于认定事实不清。飞某公司提交了涉案商标经大量使用、广泛宣传并为相关公众所熟知的证据，能够证明该商标已驰名。飞某公司提供了近五年的审计报告、财务报表及纳税证明，可以证明飞某公司在2013年至2017年的主营业务电动剃须刀每年营业收入达15亿元以上，且逐年增长，占总营业收入的70%左右。飞某公司营业收入前五名的客户包括北京京某世纪贸易有限公司、芜湖创某网络科技有限公司、义乌市鼎某电器有限公司、芜湖凡某电子商务有限公司、武汉黑某电子商务有限公司，其中北京京某世纪贸易有限公司经营的“京东网”为知名电子商务平台，每年经营飞某公司的产品营业收入达4.5亿元，均通过电子商务平台将产品销售至全国各地。飞某公司提供的经销商合同及发票因包含产品多、数量大，统称为“飞科产品”，符合交易习惯。飞某公司提交了2009年至2014年“FLYCO飞科”剃须刀市场占有率第一、市场销量第一的证据以及“FLYCO飞科”剃须刀获得行业标志性品牌、品牌成长大奖、最受欢迎品牌、上海市名牌产品、上海市著名商标、艾普兰奖产品奖等荣誉的证据，能够证明“FLYCO飞科”剃须刀市场占有率高、销售范围广泛、销售量巨大，为相关公众所熟知。飞某公司提交的广告合同及发票能够证明该公司在2013年至2017年通过中央电视台、湖南卫视、东方卫视、深圳卫视、中国好声音、世界杯、天下足球等主流媒体及知名节目投放广告，宣传飞科电器产品，每年投入的广告宣传费用达1亿元以上。根据广告合同的签订习惯，合同中虽以“飞科电器”描述其品牌，但广告实际播放的产品均为飞某公司主营产品“FLYCO飞科”剃须刀。二审法院认为飞某公司共有297个注册商标，且未考虑到飞某公司的实际经营情况，认定上述证据不能证明系对涉案商标的广告宣传，属于认定事实错误。（二）三某公司不具有合法的在先使用权，侵权恶意十分明显，一、二审法院对此未予认定错误。虽然三某公司曾经获得许可使用第1×××××4号“飞科”商标，但该商标因连续三年停止使用已于2012年被撤销，且三某公司使用带有“飞科”字样的标志已被慈溪市市场监督管理局认定为侵权，故三某公司的被诉侵权行为不具有合法的在先权利基础，其抗辩理由不成立。（三）三某公司对带有“飞科”字样标志的使用极易导致相关公众对商品的来源产生混淆误认，一、二审法院对此未予认定错误。涉案商标经过飞某公司长达十几年的持续使用和广泛宣传，“FLYCO飞科”剃须刀连续多年市场占有率第一，使得涉案商标具有极高的知名度和影响力，为相关公众所熟知，构成驰名商标。三某公司将带有“飞科”字样的标志使用在电插座、烧水器上与涉案商标核定使用在剃须刀等商品上同属于家用电器类小家电产品，在商品的销售渠道、消费对象、消费场所等方面具有较高程度的重合，为相关公众同时接触的概率较高，可能导致相关公众误认为该商品是由飞某公司生产或与飞某公司之间存在特定联系，从而对商品的来源产生混淆、误认，属于2013年修正的《中华人民共和国商标法》（以下简称商标法）第十三条规定的情形，构成侵害涉案商标权。一、二审法院适用商标法第五十七条的规定认定三某公司的被诉侵权行为不构成侵权属于认定事实不清，适用法律错误。综上，依据《中华人民共和国民事诉讼法》第二百条第二项及第六项之规定，请求再审本案并判令：1. 撤销一、二审判决；2. 认定飞某公司的涉案商标为驰名商标；3. 三某公司、彭某百货店立即停止侵害涉案商标权的行为并赔偿飞某公司经济损失及合理费用50万元；4. 本案全部诉讼费用由三某公司、彭某百货店负担。

三某公司辩称，（一）三某公司在电插座等商品上使用“飞科”标志，不构成侵害飞某公司涉案商标权。（二）在后的商标使用者具有正当的使用意图，且在先商标在相关商品上未经过商标性使用的情况下，即使在后商标与在先商标构成近似，也不构成侵权，无须对在先商标权利人予以救济。（三）涉案商标核定使用的第8类商品与三某公司使用的第9类“插头、插座和其他接触器（电连接）、电池开关（电）”商品不构成类似商品。（四）三某公司在第9类“电池开关（电气）”商品上拥有“飞科”商标的先用权。（五）对飞某公司的涉案商标不应予以驰名商标保护。综上，请求驳回飞某公司的再审申请。

彭某百货店未作答辩。

飞某公司向一审法院提出诉讼请求：1. 认定飞某公司的涉案商标为驰名商标；2. 判令三某公司及彭某百货店立即停止侵害涉案商标权的行为（三某公司立即停止生产、销售，彭某百货店立即停止销售）；3. 三某公司及彭某百货店停止在相关产品、产品包装、交易文书以及网站等宣传和文件中使用与涉案商标相同或者近似的标志，销毁侵权产品、销毁印有侵权标志的包装物和宣传材料等；4. 判令三某公司赔偿飞某公司经济损失及合理费用47万元，彭某百货店赔偿飞某公司经济损失及合理费用3万元；本案诉讼费由三某公司及彭某百货店负担。

一审法院审理查明，2006年，涉案商标经国家工商行政管理总局商标局核准注册，核定使用第 8 类商品：剃须刀；剃须盒；修指甲工具；个人用理发推子（电动和非电动）；电动或非电动刮胡刀；剪刀；餐具（刀、叉和匙）；手工操作的手工具；刮胡刀片；电力和非电力脱毛器。注册人为浙江飞某电器有限公司，注册有效期限自 2006 年 6 月 28 日至 2016 年 6 月 27 日。2013 年 5 月，该商标注册人变更为飞某公司。后经续展，商标有效期限至 2026 年 6 月 27 日。2013 年至 2017 年，使用涉案商标的商品给飞某公司带来很好的经济利益。使用涉案商标的“FLYCO 飞科电动剃须刀”于 2015 年被上海市名牌推荐委员会推荐为 2015 年度“上海名牌”，有效期至 2017 年 12 月 31 日；2016 年“FLYCO 飞科剃须刀”被上海市工商行政管理局认定为“上海市著名商标”，证书有效期：2016 年 1 月 1 日至 2018 年 12 月 31 日；2017 年“飞科智能剃须刀 FS375”被中国家电及消费电子博览会组委会认定为“AWE2017 艾普兰奖产品奖”。

2016 年 5 月 25 日，浙江省慈溪市市场监管局对三某公司作出慈市监处（2016）196 号行政处罚决定书，查明：“FLYCO 飞科”商标系飞某公司注册的商标，注册号第 1×××××0 号，核定使用商品（第 9 类）：电线、电开关、插头、插座和其他接触器等；注册有效期限自 2015 年 4 月 7 日至 2025 年 4 月 6 日。三某公司自 2015 年 6 月开始，在未经“飞科”商标注册人飞某公司的许可下，擅自在其所生产加工的转换器及电饭煲线上标注“飞科”商标，共计违法经营额 29751.2 元，违法所得 1463 元。慈市监处（2016）196 号行政处罚决定书，处罚：“1. 责令当事人立即停止侵权行为；2. 没收标有‘飞科’商标的转换器 1058 只、电饭煲线 1848 只；3. 没收违法所得 1463 元，罚款 50000 元，共计 51463 元”。

2017 年 10 月 20 日，飞某公司的委托人员在公证人员的监督下，在网上店名为“南宁市鼎某贸易有限公司”店铺处购买“飞科热得快家用烧水器”五件和“飞科排插”一件并付款。2017 年 10 月 23 日，公证员签收网上购买物品。2017 年 10 月 26 日，飞某公司的委托人员在公证员的监督下拆封购买商品，后公证员拍照后，进行封存。当庭查封公证物品显示，内有一个“排插和 5 个热得快”，“排插”上显示“FIGO 飞科”“飞科安全转换器”，生产基地“浙江慈溪市三某电器有限公司”，基地地址“浙江．慈溪．古窑工业区”；“热得快”上显示“FIGO 飞科”“飞科安全热得快”，生产基地“慈溪三某电器有限公司”，基地地址“宁波市镇海麦某电器有限公司”。

2017 年 11 月 30 日，飞某公司的委托人员与江苏省南京市石城公证处的工作人员来到位于安徽省合肥市蜀山区××路××小区楼下，门头名称为“世纪华某”的店铺内（国某大药房莲花路店旁，店内放有“合肥市经济技术开发区彭某百货店”证照），以普通消费者的身份在店内购买“FIGO 飞科”“飞科安全转换器”的插座一只（32 元），公证员拍照后进行了封存。庭审时，拆封封存实物后显示：“FIGO 飞科”“飞科安全转换器”一只，生产基地：慈溪市三某电器有限公司，基地地址：慈溪市古窑工业区。

2018 年 6 月 7 日，飞某公司发现三某公司通过阿里巴巴网对其生产的“飞科”产品进行宣传。

另查明，1999 年 9 月 7 日，“飞科”被国家工商行政管理局商标局注册为第 1×××××4 号商标，注册人北京市威某经贸有限责任公司，核定使用第 9 类商品：蓄电池、电池、电池充电器电池开关（电气）、计算机、电池箱、电子行业用电子元器件、日用电器一般元器件。注册有效期限自 1999 年 9 月 7 日至 2009 年 9 月 6 日，经续展至 2019 年 9 月 6 日。2010 年 1 月 10 日，北京市威某经贸有限责任公司与三某公司签订《注册商标使用许可合同》一份，约定：北京市威某经贸有限责任公司许可三某公司自 2009 年 12 月 5 日至 2029 年 12 月 4 日在三某公司生产的插座产品中使用“飞科”商标；三某公司对“飞科”（仅限于插座项目）商标在合同期限内享有独占使用权；合同对双方的权利义务等进行了约定，并对商标许可合同在国家工商行政管理局商标局进行了备案。自 2009 年起三某公司即将“FIGO 飞科”用于其生产的插座产品上，并大量销售。浙江飞某电器有限公司以“飞科”商标连续三年停止使用为由，向商标局申请撤销“飞科”商标，第 1×××××4 号“飞科”商标于 2012 年被撤销。

一审法院认为，本案的争议焦点为：1. 飞某公司要求认定涉案商标为驰名商标的主张是否成立。2. 飞某公司称三某公司的生产、销售行为侵害了涉案商标权并要求三某公司及彭某百货店承担侵权责任的主张是否成立。

涉案商标经国家工商行政管理总局商标局核准注册，且在有效期限内，飞某公司系涉案商标的注册人，故涉案商标合法有效，飞某公司享有涉案商标的专有使用权。

（一）关于飞某公司要求认定涉案商标为驰名商标的主张是否成立的问题

飞某公司举证的其公司近三年的审计报告及财务报表仅能证明该商标使用的持续时间、销售情况；“上海市著名商标”（2016 年上海市工商行政管理局)、“上海名牌”(2015年上海市名牌推荐委员会)、“产品奖”(2017年中国家电及消费电子博览会组委会中国家用电器协会)仅能证明该商标在上海获得的奖项。飞某公司举证的销售合同及发票均系复印件，对真实性无法核实，无法确认该商标的商品的销售范围。关于相关公众对涉案商标的知晓程度，商标宣传工作的持续时间、程度和地理范围，该商标作为驰名商标受保护的记录及该商标驰名的其他因素等，飞某公司均未举证证明，故飞某公司要求认定涉案商标为驰名商标的证据不足，一审法院不予支持。

(二)关于飞某公司称三某公司的生产、销售行为侵害了涉案商标权并要求三某公司及彭某百货店承担侵权责任的主张是否成立的问题

飞某公司的涉案商标核定使用第8类商品：剃须刀；剃须盒；修指甲工具；个人用理发推子(电动和非电动)；电动或非电动刮胡刀；剪刀；餐具(刀、叉和匙)；手工操作的手工具；刮胡刀片；电力和非电力脱毛器。三某公司将涉案商标用于第9类商品：电池、电池开关(电气)等上。根据法律规定，同一种或者类似商品或者服务的认定，以相关公众对商品或者服务的认识作为判断基础，《商标注册用商品和服务国际分类》《类似商品和服务区分表》作为参考。被诉侵权商品与注册商标的商品以一般公众的认识，不属于同一种或者类似商品，且分属于《商标注册用商品和服务国际分类》《类似商品和服务区分表》中的不同种类的商品中，飞某公司对此亦予认可。故，被诉侵权商品与飞某公司注册商标的商品既不相同亦不类似。根据法律规定，商标相同和近似的判定，首先应认定指定使用的商品或者服务是否属于同一种或者类似商品或者服务。因飞某公司的注册商标的商品与三某公司的商品不属于同一种商品，亦不属于类似商品，故飞某公司的起诉不符合商标法第五十七条的构成要件。因飞某公司举证的证据不能证明其商标为驰名商标，故其主张也不符合商标法中驰名商标保护的构成要件。又因三某公司举证证明了其商标在先使用的事实。故，飞某公司认为三某公司的生产、销售行为侵害了涉案商标权，并要求三某公司承担赔偿责任的主张，不能成立，一审法院不予支持。因彭某百货店销售的商品系由三某公司生产、销售，故飞某公司认为彭某百货店的销售行为侵害涉案商标权的理由亦不能成立，其要求彭某百货店赔偿侵权责任的主张，一审法院不予支持。

飞某公司举证的2016年5月25日浙江省慈溪市市场监管局对三某公司作出慈市监处(2016)196号行政处罚决定书中认定三某公司侵害的系飞某公司的第13132610号“FLYCO飞科”注册商标，与本案飞某公司主张的涉

案商标无关。

彭某百货店经一审法院合法传唤，无正当理由未到庭参加诉讼，视为其放弃相应的权利。

综上，依据商标法第三条第一款、第十三条、第十四条第一款、第四款、第四十八条、第五十七条、第五十九条第三款，《中华人民共和国民事诉讼法》第一百四十二条、第一百四十四条、第二百五十三条之规定，判决如下：驳回飞某公司的诉讼请求。

飞某公司不服一审判决，向二审法院提起上诉，飞某公司上诉请求：撤销一审判决；改判认定飞某公司的涉案商标为驰名商标；改判三某公司及彭某百货店立即停止侵权，三某公司赔偿飞某公司经济损失及合理费用 47 万元，彭某百货店赔偿飞某公司经济损失及合理费用 3 万元；判令一、二审诉讼费由三某公司、彭某百货店负担。事实和理由：（一）一审法院认定事实不清，适用法律错误。1. 涉案商标为相关公众所熟知，具有极高的知名度，应当认定为驰名商标。涉案商标是飞某公司的核心商标，其中显著识别文字“飞科”是飞某公司的企业字号，涉案商标经过飞某公司长达十几年的持续使用，具有极高的知名度和美誉度，为相关公众所熟知。飞某公司提供的 2013 年至 2017 年审计报告及财务报表能够证明涉案商标近五年的持续使用情况，包括“FLYCO 飞科”剃须刀的销售收入、涉案商标的宣传程度。此外，飞某公司提供的“FLYCO 飞科”产品销售合同及销售发票，与飞某公司的审计报告和财务报表相印证，能够证明飞某公司的“FLYCO 飞科”剃须刀在全国大多数地区均有大量销售。飞某公司提供的涉案商标所获部分荣誉，其中上海市著名商标能够证明涉案商标在相关公众中具有较高的知名度，使用该商标的商品连续三年的销售额、利润、税金等主要经济指标在同行业中居于领先地位，具有较高的市场占有率；上海名牌证书能够证明“FLYCO 飞科”剃须刀达到同行业先进水平，并具有一定知名度和美誉度。艾普兰奖发起于 2012 年中国家电博览会，是国内最具影响力的家电产品评选活动。飞科剃须刀获得 2017 艾普兰奖，是由中国家电及电子消费博览组委会、中国家用电器协会在全国范围内评选产生的，能够证明“FLYCO 飞科”剃须刀具有良好的市场声誉和较高的美誉度。一审法院认为飞某公司提交的上述荣誉仅能证明涉案商标在上海获得的奖项，且在认定该商标是否驰名时未予考虑上述因素，系认定事实不清、适用法律错误。飞某公司的“FLYCO 飞科”剃须刀连续五年每年销售额达 15 亿元至 20 亿元，且持续增长，“FLYCO 飞科”剃须刀销售量巨大、销售地域广泛；飞某公司连续五年每年均投入1亿多元广告费用宣传涉案商标，极大地提升了涉案商标的知名度；涉案商标获得了良好的市场声誉，为相关公众广泛知晓，应当认定为驰名商标。2. 依据《最高人民法院关于审理涉及驰名商标保护的民事纠纷案件应用法律若干问题的解释》相关规定，应当认定涉案商标为驰名商标。首先，飞某公司的涉案商标属臆造词汇，本身具有极强的显著性，飞某公司亦提供了该商标驰名的基本证据，能够证明该商标具有较高的知名度。其次，该驰名商标使用的剃须刀与“FIGO飞科”“飞科”标志使用的电插座、烧水器同属于家用电器类产品，在商品功能、用途、商品的销售渠道、消费对象等方面具有较高程度的重合，为相关公众同时接触的概率较高，“FIGO飞科”“飞科”标志的使用极易使相关公众误认为其与飞某公司具有较高知名度的涉案商标存在特定联系，从而不正当利用飞某公司涉案商标的市场声誉，损害飞某公司的利益。再次，飞某公司与三某公司同属于家用电器行业生产商，两公司的经营范围和主营业务都包括家用电器的生产和销售，在经营的产品种类和消费群体等方面具有较高程度的重合，相关公众看到使用在电插座、烧水器产品上的“FIGO飞科”“飞科”标志时会基于其已有的消费体验和广告印象误认为该产品是由飞某公司生产或与飞某公司之间存在特定联系，从而对商品的来源产生误认。最后，三某公司具有较强的侵权主观故意，飞某公司提交的（2016）196号行政处罚决定书证明，2016年5月三某公司因在其生产、销售的插座和电饭煲线上使用“飞科”商标，侵害了飞某公司的涉案商标权，慈溪市市场监督管理局对其作出行政处罚，责令其立即停止侵权行为并没收违法所得、罚款5万元。三某公司受到该行政处罚后仍然继续实施被诉侵权行为，具有较强的主观故意，其目的在于攀附飞某公司涉案商标的市场声誉和知名度。（二）一审法院认定三某公司、彭某百货店不构成侵权错误。1. 三某公司具有较强的主观侵权故意，其在生产、销售的电插座和烧水器产品上使用涉案商标的行为，极易导致相关公众的混淆、误认，侵害了飞某公司的涉案商标权，应当承担停止侵权、赔偿损失的责任。2. 彭某百货店销售了“FIGO飞科”移动插座，侵害了飞某公司的涉案商标权。（三）三某公司、彭某百货店应承担相应的法律责任。三某公司作为专业的电器产品生产商，与飞某公司同属于电器行业，其明知涉案商标享有较高的知名度，仍然生产、销售涉案侵权产品，并以“飞科”品牌进行宣传，侵害了飞某公司的注册商标专用权，且经工商行政处罚后仍继续实施侵权行为，其侵权的主观故意明显，应承担停止侵权、赔偿损失的民事责任。

三某公司辩称，（一）三某公司在电插座等商品上对“FIGO 飞科”“飞科”标志的使用，不构成侵害涉案商标权。飞某公司涉案商标核定使用的商品与三某公司使用“FIGO 飞科”“飞科”标志的电插座等商品完全不同。涉案商标指定使用在第 8 类“剃须刀；剃须盒；修指甲工具；个人用理发推子（电动和非电动）；电动或非电动刮胡刀；剪刀；餐具（刀、叉和匙）；手工操作的手工具；刮胡刀片；电力和非电力脱毛器”商品上。而三某公司使用“FIGO 飞科”“飞科”标志的电插座等商品，属于第 9 类 0913 群组第（四）部分的“插头、插座和其他接触器（电连接）090166、电池开关（标志电）090168”等商品。涉案商标的核定使用商品与三某公司使用“FIGO 飞科”“飞科”标志的电插座等商品在功能、用途、生产部门、销售渠道、消费对象等方面区分明显。（二）三某公司使用涉案商标，是经过了合法授权，不具有恶意，与涉案商标在商品上不具有关联性，同时在“插头、插座和其他接触器（电连接）、电池开关（电）”等商品上，飞某公司没有对涉案商标进行实际使用，三某公司不构成侵权。（三）涉案商标核定使用的第 8 类商品与“插头、插座和其他接触器（电连接）、电池开关（电）”等第 9 类商品之间的近似性一旦被认定，将与该商标被授权的事实相矛盾。（四）三某公司拥有“飞科”商标使用在第 9 类“电池开关（电气）”等商品上的先用权。三某公司自 2009 年 12 月获得“飞科”商标的许可使用权，至该商标销亡，三某公司拥有“飞科”商标的合法使用权。飞某公司明知三某公司“飞科”商标的存在，仍在相同或近似的商品上提出商标申请，并对“飞科”商标提出撤销，具有明显的恶意。（五）对飞某公司的涉案商标不应进行驰名认定保护。三某公司在“电池、电池开关（电气）”等商品上对“FIGO 飞科”“飞科”标志的使用，不构成对飞某公司涉案商标权的侵害，进行驰名保护的法律要件并不成立。飞某公司已经在第 9 类相关商品上取得了第 9×××××4 号“飞科”商标权，应该以该商标为权利基础主张商标权利，而不应该以不具有商品关联性的涉案商标为权利基础进行跨类别侵权认定，这种行为具有明显的为了认定驰名商标而起诉的目的。

彭某百货店未作答辩。

二审中，飞某公司补充提交了纳税证明、所获荣誉、近五年销售合同及发票、宣传合同及发票的原件。三某公司对纳税证明的真实性、合法性予以认可，对关联性不予认可；对落款为中国品牌研究院证书真实性予以认可，合法性、关联性不予认可；对落款为商业联合会、中华全国商业信息中心颁发的《品牌成长大奖》真实性予以认可，但对合法性、关联性不予认可；对上海市著名商标证书的真实性认可，但认为只能证明该商标2013年至2015年在上海地域范围内具有一定的知名度，目前该证书已经失效，不具有合法性；对飞某公司提交的近五年的销售协议书及发票的真实性、合法性予以认可，但认为上述协议没有显示销售的产品为剃须刀产品，发票也未显示是销售剃须刀产品的销售额，销售地域也仅限在江苏苏州、浙江宁波两地，不能证明销售范围广泛，销售量巨大，不能实现证明目的；对于近五年宣传合同，对真实性、合法性予以认可，但广告合同及发票都没有体现是对涉案商标及所涉及产品的广告宣传，且飞某公司现有297个注册商标，该证据不能证明是对涉案商标及产品的广告宣传，不能达到其证明目的。

二审法院经审查认为，因飞某公司均提交了原件，对上述证据的真实性予以认定，能否实现证明目的将在后文进行综合分析认定。

二审法院对一审法院认定的事实予以确认。

二审法院认为，本案二审的争议焦点为：1. 飞某公司要求认定涉案商标为驰名商标的主张能否成立；2. 三某公司、彭某百货店的被诉侵权行为是否侵害了飞某公司的注册商标专用权，如构成侵权，侵权责任应如何承担。

关于争议焦点一。飞某公司为证明其“FLYCO飞科”商标驰名，提交了其企业的基本情况及所获荣誉、近五年的销售及宣传合同等证据。首先，飞某公司提交了其与宁波升某贸易有限公司、苏州博世某商贸有限公司、深圳市佳某贸易有限公司的三年销售协议及发票，但从协议内容来看，所销售的产品均为飞某公司的系列产品，并未明确所销售产品即为飞某公司的剃须刀产品，且从地域上看也仅局限于宁波、苏州、深圳三地，不能证明其在全国范围的销售情况。其次，飞某公司提交的广告宣传合同、发票虽然数额较大，但从合同及发票内容来看，产品广告的内容均为飞科电器，并未明确所投放的广告内容为飞某公司的剃须刀产品。最后，飞某公司未提交其作为驰名商标受保护的记录，其所提交的荣誉证书大部分为其在上海地区所获得的荣誉，且“上海名牌”“上海市著名商标”等证书均有一定的有效期。据此，飞某公司所提交的证据尚不能证明其涉案商标在全国范围内达到了驰名状态，二审法院对其关于认定涉案商标为驰名商标的主张不予支持。

关于争议焦点二。飞某公司的涉案商标核定使用第8类剃须刀等商品上，三某公司将“FIGO飞科”“飞科”标志用于第9类电池开关（电气）及第

11 类电热得快等商品上，不属于同类商品。剃须刀属于个人护理商品，而电池开关及热得快属于小电器商品，在功能、用途、消费渠道及消费对象方面均不相同，不属于类似商品。故，三某公司虽在电池开关及热得快商品上使用涉案商标，但并未侵害飞某公司涉案商标权，因飞某公司所举证据不能证明涉案商标属驰名商标，其要求对涉案商标跨类保护的上诉主张亦不能成立。

综上，飞某公司的上诉理由不能成立，对其上诉请求不予支持。一审判决认定事实清楚，适用法律正确，应予维持。依照《中华人民共和国民事诉讼法》第一百四十四条、第一百七十条第一款第一项规定，判决如下：驳回上诉，维持一审判决。

再审期间，飞某公司提交了江苏省高级人民法院作出的（2020）苏民终524 号民事判决及飞某京东旗舰店店铺详情页、飞科剃须刀商品列表、淘宝网“飞科”商品搜索结果、飞科剃须刀在天猫旗舰店销售情况等网页材料。（2020）苏民终 524 号民事判决认定飞某公司的涉案商标至少自 2014 年即深圳市飞某生活电器有限公司设立（2014 年 4 月 15 日）并开展相关生产经营时起已经构成驰名商标。该案认定驰名商标的证据与本案基本相同。

飞某公司再审期间还提交了多份证明涉案商标知名度的证据。三某公司质证认为飞某公司提交的证据不能证明应对涉案商标给予驰名商标的保护。本院对飞某公司提交的证明涉案商标知名度证据的真实性予以确认。

本院再审查明，浙江飞某电器有限公司的“飞科”牌电动剃须刀于 2008 年 6 月被中国品牌研究院评为中国电动剃须刀行业标志性品牌，有效期两年。2010 年 3 月，“飞科”品牌荣获中国商业联合会及中华全国商业信息中心颁发的 2009 年度推动中国消费经济增长品牌成长大奖。飞某公司曾获得以下由上海市企业联合会、上海市企业家协会等单位颁发的荣誉：2011 年上海民营制造企业 50 强（第 38 位）、上海民营企业 100 强（第 80 位）、2013 年上海民营制造企业 50 强（第 22 名）、2013 年上海民营企业 100 强（第 57 名）、2015 年上海制造企业 50 强（第 49 名）、2015 上海民营制造企业 50 强（第 18 名）、2015 年上海民营企业 100 强（第 46 名）、2016 年上海民营 100 强（第 50 名）、2016 年上海民营制造业企业 50 强（第 15 名）、2016 年上海制造业企业 100 强（第 48 名）。

“飞科”牌电动剃须刀还获得中国商业联合会及中华全国商业信息中心颁发的如下荣誉：2009 年度同类产品（国产品牌）全国市场综合占有率及市

场销量第一位；2010 年及 2011 年度同类产品市场综合占有率及市场销量第一位；2012 年及 2013 年度同类产品市场综合占有率第一位。2014 年度同类产品市场销量第一位。2013 年 1 月，涉案商标被上海市工商行政管理局认定为上海市著名商标。2014 年 8 月，“飞科”剃须刀被中国电子信息产业发展研究院、中国电子报社、家电选购网评为 2014 年上半年中国家电网购最受欢迎品牌。“FLYCO 飞科”电动剃须刀于 2015 年 12 月 31 日被上海市名牌推荐委员会推荐为 2015 年度“上海名牌”，有效期至 2017 年 12 月 31 日。2016 年 1 月，使用在剃须刀上的涉案商标被上海市工商行政管理局认定为上海市著名商标。2017 年 3 月，飞某公司“飞科智能剃须刀 FS375”被中国家用电器协会认定为 AWE2017 艾普兰奖产品奖。

2013 年 11 月 30 日，飞某公司与昌某传媒有限公司签订广告委托代理合同，约定发布产品名称为“飞科电器”，发布时间为 2014 年 6 月 13 日至 7 月 14 日，发布时段为 2014 年世界杯赛事直播赛中第二段倒三指定位置。2013 年 12 月 25 日，飞某公司与浙江广播电视集团签订的电视广告承揽合同，约定广告内容为飞科电器 2014 年浙江卫视硬广投放及好声音硬广等投放，广告发布期限自 2014 年 1 月 1 日至 12 月 31 日。2014 年 12 月，飞某公司与北京华某视界广告传媒有限公司签订电视广告发布合同，约定在中央电视台 2015 年体育频道（CCTV-5）《天下足球》独家播出“飞科”专案广告。2014 年 12 月，飞某公司与湖南广播电视广告总公司签订 2015 湖南卫视广告合同，约定飞某公司在湖南卫视《我是歌手》《快乐大本营》《天天向上》等节目上插播广告，广告发布品牌为“飞科电器”，广告发布时间为 2015 年 1 月 1 日至 12 月 31 日。2016 年 2 月 1 日，飞某公司与杭州众某企业品牌调研服务有限公司（以下简称众某公司）签订广告投放合同，约定在东方卫视发布飞科广告，广告发布时间为 2016 年 2 月 1 日至 12 月 31 日。2016 年 1 月，飞某公司与北京未某广告有限公司签订广告协议书，约定在中央电视台体育频道 2016 年《天下足球》独家冠名项目飞科专案广告，项目执行期为 2016 年 1 月 1 日至 12 月 31 日（奥运会期间除外）。飞某公司与众某公司签订广告投放合同，约定飞某公司委托众某公司在深圳卫视发布飞科广告，广告发布时间为 2017 年 1 月 1 日至 12 月 31 日。飞某公司与众某公司签订广告投放合同，约定飞某公司委托众某公司在东方卫视发布飞科广告，广告发布时间为 2017 年 2 月 1 日至 12 月 31 日。飞某公司提交了广告费用发票。

飞某公司提交了其与部分经销商签订的 2013 年度、2015 年度、2016 年度、2017 年度“FLYCO 飞科”经销商协议书、2013 年度至 2017 年度部分销售发票。

根据税务机关出具的纳税证明，飞某公司纳税金额分别为 102228701. 35 元（2011 年度）、164514171. 55 元（2012 年度）、166232086. 2 元（2013 年度）、260394868. 69 元（2014 年度）、312264450. 1 元（2015 年度）、421295720. 01 元（2016 年度）、500424367. 02 元（2017 年度）。

立某会计师事务所对飞某公司的财务报表进行审计，并分别于 2016 年 1 月 15 日、2017 年 3 月 28 日、2018 年 4 月 9 日出具信会师报字（2016）第 110185 号《审计报告》、信会师报字（2017）第 ZA11359 号《审计报告》、信会师报字（2018）第 ZA11449 号《审计报告》。上述《审计报告》记载：飞某公司投入的广告费用分别为 166600313. 84 元（2013 年度）、166981274. 98 元（2014 年度）、119065545. 38 元（2015 年度）、160164158. 75 元（2016 年度）、113029032. 48 元（2017 年度）；飞某公司的主营业务包括电动剃须刀、电吹风、毛球修剪器、电熨斗、电动理发器、烫发器、鼻毛器、电热水壶、其他产品、零配件及其他，其中营业收入最多的商品为电动剃须刀，营业收入分别为 1590687193. 85 元（2013 年度）、1721644462. 74 元（2014 年度）、1885383847. 06 元（2015 年度）、2260286024. 08 元（2016 年度）、2614596640. 19 元（2017 年度）。

飞某公司一审期间提供的证据显示，2015 年 9 月 7 日中国质量新闻网发布的《成都工商局公布 2015 年第二季度开关、插座、转换器商品质量抽查结果》显示，三某公司 2014 年 1 月生产的 RS-885B-110A250V 及 2014 年 4 月生产的 RS-888-110A250V 飞科牌安全转换器为质量抽查检验不合格商品。

本院认为，本案再审期间的争议焦点为：1. 飞某公司要求认定涉案商标为驰名商标的主张是否成立；2. 三某公司、彭某百货店的被诉侵权行为是否构成侵害飞某公司涉案注册商标专用权；3. 本案民事责任应如何承担的问题。

（一）关于飞某公司要求认定涉案商标为驰名商标的主张是否成立的问题

首先，关于本案是否具有认定涉案商标为驰名商标的必要性。《最高人民法院关于审理涉及驰名商标保护的民事纠纷案件应用法律若干问题的解释》第二条第一项规定：“以违反商标法第十三条的规定为由，提起的侵犯商标权诉讼，当事人以商标驰名作为事实依据，人民法院根据案件具体情况，认为确有必要的，对所涉商标是否驰名作出认定。”第十三条规定：“在涉及驰名商标保护的民事纠纷案件中，人民法院对于商标驰名的认定，仅作为案件事实和判决理由，不写入判决主文……”由此可见，认定驰名商标是对商标驰名的客观事实在个案中的法律确认，只有在商标驰名是构成被诉侵害商标权或者不正当竞争行为的法律要件事实时，才确有必要认定驰名商标。即驰名商标的司法认定遵循按需认定原则，只有在审理涉及驰名的注册商标跨类保护、请求停止侵害驰名的未注册商标以及有关企业名称与驰名商标冲突的侵害商标权和不正当竞争等民事纠纷案件中，才有必要认定驰名商标。本案中，涉案商标核定使用的剃须刀、剃须盒、修指甲工具等商品与三某公司被诉侵权的热得快、排插商品在功能、用途、销售渠道、消费群体等方面差别较大，不属于类似商品。本案涉及驰名的注册商标跨类保护问题，故本案具有认定飞某公司涉案商标是否为驰名商标的必要性。

其次，涉案商标是否应被认定为驰名商标。商标法第十三条第一款规定：“为相关公众所熟知的商标，持有人认为其权利受到侵害时，可以依照本法规定请求驰名商标保护。”第十四条规定：“驰名商标应当根据当事人的请求，作为处理涉及商标案件需要认定的事实进行认定。认定驰名商标应当考虑下列因素：（一）相关公众对该商标的知晓程度；（二）该商标使用的持续时间；（三）该商标的任何宣传工作的持续时间、程度和地理范围；（四）该商标作为驰名商标受保护的记录；（五）该商标驰名的其他因素。”《最高人民法院关于审理涉及驰名商标保护的民事纠纷案件应用法律若干问题的解释》第四条规定：“人民法院认定商标是否驰名，应当以证明其驰名的事实为依据，综合考虑商标法第十四条第一款规定的各项因素，但是根据案件具体情况无需考虑该条规定的全部因素即足以认定商标驰名的情形除外。”本案中，根据飞某公司提交的证据，涉案商标于 2006 年获准注册，该商标一直主要使用在剃须刀商品上，并在线上和线下等进行销售，覆盖面大。飞某公司自 2011 年起，对飞科品牌进行了多种形式持续的宣传推广，投入了巨大的广告费。飞某公司的剃须刀商品获得了可观的营业收入，该公司缴纳了大量的税款。在本案被诉侵权行为发生前五年，飞某公司的营业收入、广告投入及缴纳税款逐年递增，其中营业收入最多的商品为电动剃须刀。“FLYCO 飞科”剃须刀等系列商品具有较高的市场知名度，曾占据 2009 年度同类产品（国产品牌）全国市场综合占有率第一位，2009 年度同类产品（国产品牌）全国市场销量第一位。获得 2009 年度推动中国消费经济增长品牌成长大奖等。“飞科”品牌电动剃须刀商品自2010年度至2014年度陆续获得同类产品市场综合占有率第一位、同类产品市场销量第一位等荣誉。涉案商标曾两次获得上海市著名商标称号。飞某公司亦已获得了诸多荣誉，如2011年、2013年、2015年及2016年入选上海民营制造业企业50强和上海民营企业100强。综上，飞某公司使用涉案商标的剃须刀商品销售区域广、规模大、广告投入金额大，在全国同类产品市场中占有率领先，“FLYCO飞科”剃须刀商品已经具备较高的市场知名度和影响力，可以认定使用在剃须刀上的涉案商标在被诉侵权行为发生时已经构成驰名商标。一、二审法院未认定涉案商标为驰名商标存在不当，本院予以纠正。

（二）关于三某公司、彭某百货店的被诉侵权行为是否构成侵害飞某公司涉案商标权的问题

商标法第十三条第三款规定：“就不相同或者不相类似商品申请注册的商标是复制、摹仿或者翻译他人已经在中国注册的驰名商标，误导公众，致使该驰名商标注册人的利益可能受到损害的，不予注册并禁止使用。”第五十七条第七项规定：“未经商标注册人的许可，给他人注册商标专用权造成其他损害的行为，属于侵犯注册商标专用权。”《最高人民法院关于审理商标民事纠纷案件适用法律若干问题的解释》第一条第二项规定：“复制、摹仿、翻译他人注册的驰名商标或其主要部分在不相同或者不相类似商品上作为商标使用，误导公众，致使该驰名商标注册人的利益可能受到损害的，属于商标法第五十二条第五项（2013年修正的商标法第五十七条第七项）规定的给他人注册商标专用权造成其他损害的行为。”本案中，被诉侵权商品“FIGO飞科 飞科安全转换器（插座）”及“FIGO飞科 飞科安全热得快”显示生产基地为三某公司，并标注有生产基地的地址，可以认定三某公司为上述被诉侵权商品的生产者及销售者。根据公证购买被诉侵权商品的证据，彭某百货店销售了被诉侵权商品。三某公司、彭某百货店在上述被诉侵权商品上使用的“FIGO飞科”“飞科”标志与飞某公司的涉案商标“FLYCO飞科”相比，构成对飞某公司涉案商标的复制、摹仿。三某公司生产、销售被诉侵权商品的行为容易误导相关公众，使相关公众认为被诉侵权商品来源于飞某公司或者其来源与飞某公司具有密切的联系，从而损害飞某公司的利益。因此，三某公司的被诉侵权行为属于商标法第五十七条第七项规定的给他人注册商标专用权造成其他损害的行为，侵害了飞某公司涉案商标权，应当承担侵权责任。彭某百货店一、二审期间均未出庭参加诉讼，亦未提交答辩意见，且未

提交证据证明其销售的被诉侵权商品具有合法来源，故其应当承担销售被诉侵权商品的民事责任。一、二审法院未认定三某公司、彭某百货店的被诉侵权行为构成侵害涉案商标权存在不当，本院予以纠正。

（三）关于本案民事责任的承担问题

商标法第六十三条第一款规定："侵犯商标专用权的赔偿数额，按照权利人因被侵权所受到的实际损失确定；实际损失难以确定的，可以按照侵权人因侵权所获得的利益确定；权利人的损失或者侵权人获得的利益难以确定的，参照该商标许可使用费的倍数合理确定。对恶意侵犯商标专用权，情节严重的，可以在按照上述方法确定数额的一倍以上五倍以下确定赔偿数额。赔偿数额应当包括权利人为制止侵权行为所支付的合理开支。"本案中，鉴于飞某公司难以证明其涉案商标因被侵权所受到的实际损失，又难以确定三某公司、彭某百货店因侵权所获得的利益。本院确定三某公司赔偿飞某公司经济损失及合理费用 47 万元，彭某百货店赔偿飞某公司经济损失及合理费用 3 万元。

综上，飞某公司的再审理由成立，本院予以支持。一、二审判决认定事实、适用法律失当，本院予以纠正。依照《中华人民共和国商标法》第十三条第一、三款、第十四条、第五十七条第七项、第六十三条第一款，《最高人民法院关于审理涉及驰名商标保护的民事纠纷案件应用法律若干问题的解释》第二条第一项、第四条、第十三条，《最高人民法院关于审理商标民事纠纷案件适用法律若干问题的解释》第一条第二项，《中华人民共和国民事诉讼法》第一百七十七条第一款第二项之规定，判决如下：

一、撤销安徽省高级人民法院（2019）皖民终 286 号民事判决；

二、撤销安徽省合肥市中级人民法院（2018）皖 01 民初 1283 号民事判决；

三、慈溪市三某电器有限公司、合肥市经济技术开发区彭某百货店立即停止侵害上海飞某电器股份有限公司第 4193798 号"FLYCO 飞科"注册商标专用权的行为；

四、慈溪市三某电器有限公司赔偿上海飞某电器股份有限公司经济损失及合理费用 47 万元；合肥市经济技术开发区彭某百货店赔偿上海飞某电器股份有限公司经济损失及合理费用 3 万元；

五、驳回上海飞某电器股份有限公司的其他诉讼请求。

一、二审案件受理费各 8800 元，合计 17600 元，由慈溪市三某电器有限公司负担 17000 元，合肥市经济技术开发区彭某百货店负担 600 元。

本判决为终审判决。

审 判 长 李 嵘
审 判 员 傅 蕾
审 判 员 许常海
二〇二三年十一月十六日
法官助理 孙冠华
书 记 员 吕姝君

17. 非善意的被诉侵权行为人不具有可保护的信赖利益

——上诉人南京金某希望酒业有限公司、南京拉某庄园酒业有限公司、南京华某葡萄酿酒有限公司、深圳市骏某酒业有限公司与被上诉人拉某罗斯柴尔德酒庄及一审被告杭州佩某贸易有限公司等侵害商标权及不正当竞争纠纷案[①]

中华人民共和国最高人民法院民事判决书（2022）最高法民终313号

上诉人（一审被告）：南京金某希某酒业有限公司。住所地：中华人民共和国江苏省南京市玄武区。

法定代表人：周某建，该公司执行董事。

委托诉讼代理人：刘东海，北京市长安律师事务所律师。

委托诉讼代理人：崔健，北京市长安律师事务所实习律师。

上诉人（一审被告）：南京拉某庄园酒业有限公司。住所地：中华人民共和国江苏省南京市玄武区。

法定代表人：王某，该公司执行董事兼总经理。

委托诉讼代理人：文萁，北京恒都（深圳）律师事务所律师。

委托诉讼代理人：薛颖琦，北京恒都律师事务所律师。

上诉人（一审被告）：南京华某葡萄酿酒有限公司。住所地：中华人民共和国江苏省南京市江宁区。

法定代表人：刘某萍，该公司执行董事。

委托诉讼代理人：裘红萍，浙江金道律师事务所律师。

上诉人（一审被告）：深圳市骏某酒业有限公司。住所地：中华人民共和国广东省深圳市龙华区。

法定代表人：刘某跃，该公司销售经理。

委托诉讼代理人：周深根，广东坤龙律师事务所律师。

---

① 本案在年度报告中的位置为第39页、第41页、第42页。

被上诉人（一审原告）：拉某罗斯柴尔德酒庄（CHATEAULAFITEROTHSCHILD）。住所地：法兰西共和国××大道40-50。

法定代表人：萨斯基亚·德·罗斯柴尔德（SASKIA DE ROTHSCHILD），该公司经理。

委托诉讼代理人：侯玉静，北京市集佳律师事务所律师。

委托诉讼代理人：张亚洲，北京市集佳律师事务所律师。

一审被告：杭州佩某贸易有限公司。住所地：中华人民共和国浙江省杭州市滨江区。

法定代表人：俞某芬，该公司执行董事兼总经理。

一审被告：北京醉某酒业有限公司。住所地：中华人民共和国北京市朝阳区。

法定代表人：王某凯。

一审被告：上海久某酒类有限公司。住所地：中华人民共和国上海市金山区。

法定代表人：潘某。

上诉人南京金某希某酒业有限公司（以下简称金某公司）、南京拉某庄园酒业有限公司（以下简称拉某公司）、南京华某葡萄酿酒有限公司（以下简称华某公司）、深圳市骏某酒业有限公司（以下简称深圳某公司）因与被上诉人拉某罗斯柴尔德酒庄（以下简称拉某酒庄）及一审被告杭州佩某贸易有限公司（以下简称杭州某公司）、北京醉某酒业有限公司（以下简称北京某公司）、上海久某酒类有限公司（以下简称上海某公司）侵害商标权及不正当竞争纠纷一案，不服江苏省高级人民法院（2017）苏民初5号民事判决，向本院提起上诉。本院于2022年7月26日立案后，依法组成合议庭，于2022年11月3日公开开庭进行了审理。上诉人金某公司的委托诉讼代理人刘东海，拉某公司的委托诉讼代理人文萁、薛颖琦，华某公司的委托诉讼代理人裘红萍，深圳某公司的委托诉讼代理人周深根，被上诉人拉某酒庄的委托诉讼代理人侯玉静、张亚洲到庭参加诉讼，一审被告杭州某公司、北京某公司、上海某公司经本院合法传唤未到庭参加诉讼，依法对其进行缺席审理。本案现已审理终结。

金某公司上诉请求：撤销一审判决，驳回拉某酒庄的全部诉讼请求。事实和理由：（一）一审判决认定被诉侵权行为构成商标侵权属于事实认定和法律适用错误。1. 被诉侵权标识“拉菲庄园”原系注册商标，该商标经审判监督程序才被撤销。在此之前，本院（2014）知行字第32号行政裁定及（2014）知行字第33号行政裁定（以下统称32、33号裁定）均认定“拉菲”与“LAFITE”未形成对应关系。金某公司基于对上述行政行为及司法裁判的信赖，生产销售被诉侵权产品，具有信赖利益，其已经尽到了经营者的注意义务，不具有可责性，一审判决认定商标侵权成立，扩张了诚实信用原则的适用范围，适用法律错误。2.“拉菲庄园”商标被撤销后的“自始无效”状态是事后确认的，不能改变该商标被撤销之前是有效商标的事实状态。金某公司在“拉菲庄园”商标被撤销之前的使用具有合法性。3.一审判决关于被诉侵权行为引起混淆的认定错误，其认定引起实际混淆的网络报道不客观，不能证明被诉侵权行为引起了混淆误认。被诉侵权标识“LAFEI MANOR”与“拉菲庄园”商标完全对应，并且共同使用，使用“LAFEI MANOR”标识的被诉侵权行为不会引起混淆误认。4.“拉菲庄园”标识的使用主体是金某公司，拉某公司、深圳某公司销售被诉侵权产品的行为不属于商标使用行为，华某公司也仅是被诉侵权产品的受托加工方。（二）一审判决关于民事责任承担的认定错误。1.金某公司与拉某公司、华某公司各自独立经营，无共同实施侵权行为的主观故意，没有证据证明三个公司之间存在人员混同、业务混同、财务混同，一审判决认定金某公司与拉某公司、华某公司分工合作、共同实施侵权行为缺乏事实依据。2.一审判决认定的损害赔偿数额计算期间错误。基于法不溯及既往原则，以及《最高人民法院关于适用〈中华人民共和国民法总则〉诉讼时效制度若干问题的解释》的规定，即使认定商标侵权成立，也不应将2014年的利润计算在内。3.一审判决认定金某公司等以侵权为业并以销售利润作为赔偿依据错误；一审判决重复计算了华某公司利润，且错误计算了华某公司的单瓶成本以及拉某公司的单瓶售价；金某公司不应承担连带赔偿责任，一审判决判令金某公司对深圳某公司、杭州某公司承担连带责任超出了拉某酒庄的诉讼请求。4.一审判决适用惩罚性赔偿错误。一审判决认定被诉侵权产品为不合格食品、严重危害人民群众的身体健康没有证据支持，且未考虑司法信赖利益的保护。5.一审判决判令金某公司等赔偿82万元律师费缺乏证据支持。（三）拉某酒庄提起本案诉讼之日前，涉案商标“LAFITE”未实际使用，“CHATEAU LAFITE ROTHSCHILD”商标的使用证据较少，拉某酒庄获得的赔偿应与其实际损失相适应。一审判决认定的赔偿额过高，与2013年修正的《中华人民共和国商标法》（以下简称2013年商标法）第六十四条的规定相悖。（四）拉某公司、深圳某公司不构成不正当竞争。拉某公司使用“拉菲庄园”字号不构成不正当竞争，一审判决认定上述行为构成商标侵权超出拉某酒庄的诉讼请求。拉某公司使用《专卖店招商手册》进行宣传不构成不正当竞争，拉某酒庄就此提起诉讼超出诉讼时效。深圳某公司也未实施虚假宣传。金某公司不应针对不正当竞争行为承担连带赔偿责任。

拉某公司上诉请求：撤销一审判决的第一项至第五项，改判驳回拉某酒庄的诉讼请求。事实和理由：（一）一审判决对“拉菲庄园”商标被撤销后的溯及力认定有误。拉某公司作为经销商，对“拉菲庄园”商标权利状况已尽到合理注意义务，被诉侵权行为发生在“拉菲庄园”商标有效期间，其基于有效注册商标的合理信赖进行经销并无过错。（二）一审判决认定商标侵权成立错误。1. 被诉侵权标识“LAFEI MANOR”与拉某酒庄的“LAFITE”商标和“CHATEAU LAFITE ROTHSCHILD”商标（以下统称涉案商标）不构成相同或近似商标，不会造成混淆误认，使用“LAFEI MANOR”商标的行为不构成商标侵权。2. 在“拉菲庄园”商标获准注册及拉某公司成立之前，拉某酒庄未主动在中国将“拉菲”与“LAFITE”对应使用，形成稳定对应关系。“拉菲庄园”与“LAFITE”商标标识本身不相同或相近。拉某公司使用“拉菲庄园”标识并将其登记为企业字号的行为，不构成商标侵权行为。（三）一审判决认定拉某公司实施了虚假宣传错误。拉某公司基于金某公司的授权进行宣传，并无误导消费者的意图和效果，不构成引人误解的虚假宣传，且拉某酒庄主张拉某公司虚假宣传已超过诉讼时效。（四）一审判决认定拉某公司承担损害赔偿责任错误。1. 拉某公司基于对商标注册程序及生效判决的信赖而使用被诉侵权标识并无过错。本案应当适用2002年施行的《最高人民法院关于审理商标民事纠纷案件适用法律若干问题的解释》（以下简称商标民事司法解释），以2015年至2016年作为侵权获利的计算期间。在此期间“拉菲庄园”商标未被撤销，即使此后该商标被撤销，拉某公司因使用而产生的收益是合理信赖利益，不应当承担赔偿责任。2. 拉某酒庄于2011年提出商标争议申请时已知晓或者应当知晓被诉侵权行为，但却一直未提起民事侵权诉讼，放任被诉侵权行为的持续，本案不应当适用惩罚性赔偿，且本案亦缺乏惩罚性赔偿的计算基础。3. 拉某酒庄未主动使用涉案商标，拉某公司不应承担赔偿责任。一审判决认定的合理开支过高。（五）一审判决认定拉某公司承担连带责任错误。拉某公司与金某公司、华某公司为各自独立经营的主体，不存在共同侵权行为，不应承担连带责任。拉某公司与深圳某公司、杭州某公司均是一级经销商，并无共同侵权行为，不应承担连带责任，而且一审法院判决深圳某公司、杭州某公司承担赔偿责任超出了拉某酒庄的诉讼请求。

华某公司上诉请求：撤销一审判决第一项、第四项，改判驳回拉某酒庄的全部诉讼请求。事实和理由：（一）一审判决认定华某公司承担民事侵权责任错误。华某公司和金某公司之间是承揽关系，华某公司不是商标使用主体，其已尽到合理注意义务，主观并无过错，不应承担侵权责任。（二）一审判决认定华某公司承担民事责任的方式错误。1. 华某公司与金某公司、拉某公司是各自独立的民事主体，彼此独立实施民事行为，独立承担法律责任，不构成共同侵权。2. 华某公司与深圳某公司、杭州某公司是各自独立的民事主体，华某公司未参与深圳某公司、杭州某公司实施的虚假宣传等不正当竞争行为，一审判决认定华某公司对深圳某公司、杭州某公司承担连带责任依据不足，且超出了拉某酒庄的诉讼请求。（三）一审判决确定的赔偿数额不合理。1. 华某公司除受托生产"拉菲庄园"葡萄酒外，还经营自己的品牌，并非以生产、销售被诉侵权产品为主业，不应以销售利润计算侵权获利。2. 单瓶葡萄酒的成本包括运输费、关税及其他税费、材料费等，仅以葡萄酒原液的价格计算华某公司的单瓶成本不合理。3. 损害赔偿数额的计算期间应是二年，而非三年。4. 华某公司给金某公司的一级销售商开具发票，一级经销商再对外销售，故一审判决认定的拉某公司、深圳某公司以及杭州某公司的销售额已经包含了华某公司的销售额，单独计算华某公司的利润属于重复计算。5. 华某公司及其他各上诉人均无过错，不应适用惩罚性赔偿。

深圳某公司上诉请求：撤销一审判决第三项、第四项，改判深圳某公司不承担赔偿责任。事实和理由：（一）一审判决认定（2016）京中信内经证字61452号公证书（以下简称61452号公证）记载的广告视频系由深圳某公司投放是错误的。（二）一审判决推定深圳某公司未尽到合理审查义务是错误的。深圳某公司符合2013年商标法第六十四条第二款的规定，合法来源抗辩成立，不应承担赔偿责任。（三）一审判决判令深圳某公司承担赔偿责任，金某公司、拉某公司以及华某公司承担连带责任超出了拉某酒庄的诉讼请求。

拉某酒庄针对上述各上诉人的上诉意见，分别辩称：

（一）金某公司的上诉理由不能成立。理由如下：1. "拉菲庄园"商标已被宣告无效，该商标权视为自始即不存在，被宣告无效之前的使用不构成合法使用，不属于2013年商标法第四十七条规定的不予追溯的情形。2. 金某公司作为“拉菲庄园”商标注册人，组织、协调实施了被诉侵权行为，应当承担连带责任。深圳某公司和杭州某公司能够清楚计算出各自的侵权获利，具有独立承担侵权赔偿责任的事实基础。3. 一审判决的损害赔偿数额计算正确。一级销售商的侵权获利计算中已经将进货价进行抵扣，华某公司的侵权获利并未重复计算。拉某公司销售的原瓶进口高端红酒销量较大，故其单瓶销售价格较高符合实际情况。一审判决以被诉侵权产品销售利润计算赔偿数额并适用惩罚性赔偿正确。4. 2011 年拉某酒庄已就“拉菲庄园”商标提出争议申请，诉讼时效中断，其提起本案诉讼时未超过诉讼时效，损害赔偿数额计算期间应自 2011 年开始计算。

（二）拉某公司的上诉理由不能成立。理由如下：1. 被宣告无效的注册商标，其注册人及被许可使用人在商标注册期间的所有使用行为均不受法律保护，对其使用行为所造成的损失和后果均应承担相应的法律责任。2. 拉某公司将“拉菲庄园”登记为企业字号的行为构成不正当竞争。3. 拉某公司深度参与被诉侵权行为，并非简单的销售商，具有主观过错，其合法来源抗辩不能成立。

（三）华某公司的上诉理由不能成立。理由如下：金某公司与华某公司之间签订的《委托生产框架合同》并未约定加工费，华某公司实际以自己的名义进口散装葡萄酒并给经销商开具发票，其获利模式是赚取销售差价，而非加工费，故华某公司不是受托加工方。即便华某公司属于受托加工方，其受托加工行为也属于商标法意义上的使用行为。华某公司与金某公司关于侵权责任承担的约定，不能对抗第三人。华某公司在承担责任之后，可以依约向金某公司追偿。

（四）深圳某公司的上诉理由不能成立。主要理由为：61452 号公证记载的广告视频中出现“骏腾酒业”字样。深圳某公司作为被诉侵权产品的进口商及销售商，其开展宣传推广符合常理。从广告内容和宣传效果上看，深圳某公司直接受益，应推定其为广告主。

金某公司、拉某公司、华某公司、深圳某公司陈述意见称：对其他各方上诉人的上诉理由及请求无异议，其中华某公司因拉某公司与深圳某公司关于不正当竞争的上诉请求与其无关，未对此陈述意见。

杭州某公司、北京某公司、上海某公司未陈述意见。

拉某酒庄向一审法院起诉请求：1. 判令金某公司、拉某公司、华某公司停止在商品及包装上使用被诉侵权标识“LAFEI MANOR”“拉菲庄园”，金某公司、拉某公司、华某公司、深圳某公司、杭州某公司停止在广告宣传中使用被诉侵权标识“LAFEI MANOR”“拉菲庄园”，北京某公司、上海某公司停止销售带有“LAFEI MANOR”“拉菲庄园”标识的被诉侵权产品；2. 判令拉某公司变更企业名称，变更后的企业名称不得再含有“拉菲”标识；3. 判令金某公司、拉某公司停止伪造产地的不正当竞争行为；4. 判令金某公司、拉某公司、华某公司、深圳某公司、杭州某公司、北京某公司、上海某公司停止虚假宣传的不正当竞争行为；5. 判令拉某公司、华某公司赔偿拉某酒庄经济损失及为制止侵权行为支付的合理开支共计 1 亿元，其中拉某公司赔偿 6500 万元，华某公司赔偿 3500 万元，金某公司对两公司的赔偿责任承担连带责任；深圳某公司在其获利 269 万元范围内、杭州某公司在其获利 28 万元范围内，与金某公司、拉某公司、华某公司承担连带责任，上海某公司在无法提供合法来源证据的情况下，在其获利范围内与金某公司、拉某公司、华某公司承担连带责任；6. 判令金某公司、拉某公司在《中华工商时报》、搜狐网上刊登声明，消除影响。

一审法院认定事实：

（一）拉某酒庄的主体变更情况及涉案商标

尚杜·拉某特罗兹施德民用公司（SOCIETE CIVILE DE CHATEAU LAFITE ROTHSCHILD，以下简称拉某特民用公司）成立于 1963 年 4 月 23 日，于 2002 年 10 月 25 日重新登记。2009 年 10 月 8 日，拉某特民用公司变更名称为拉某酒庄。

1997 年 10 月 28 日，拉某特民用公司经核准注册第 11229XX 号“LAFITE”商标、第 112291X 号“CHATEAU LAFITE ROTHSCHILD”商标，核定使用商品类别均为第 33 类“含酒精饮料（啤酒除外）”，该两枚商标经续展，有效期至 2027 年 10 月 27 日。2011 年 12 月 19 日，该两枚商标变更注册人为拉某酒庄。

2001 年 7 月 23 日，拉某特民用公司经核准，在第 33 类“以原产地取名的酒”商品上注册了 G76427X 号五箭头图文组合商标，该商标的注册人现为拉某酒庄。

（二）涉案商标实际使用及知名度等情况

1. 涉案商标的实际使用情况

2008 年 1 月 1 日，拉某特民用公司与美某国际贸易（上海）有限公司（以下简称美某公司）签订《商标使用许可合同》，约定拉某特民用公司许可美某公司自2008年1月1日至2010年12月31日，在中国非独占使用前述三枚商标。美某公司签订《产品经销协议》分别向上海爱某亭实业有限公司（以下简称爱某亭公司）、温州市逸某副食品有限公司（以下简称逸某公司）销售“Chateau Lafite Rothschild”中文译为“拉菲古堡”以及“拉菲传说波尔多红”等葡萄酒产品。依美某公司申请或委托，国家质量监督检验检疫总局、上海商检认证服务有限公司分别出具《进出口食品标签审核证书》及《进口食品标签咨询报告》，载明标签品牌/品名为“拉菲传奇波尔多红葡萄酒”“拉菲珍藏波尔多红葡萄酒”等。

拉某酒庄通过圣某尔精品酒业（上海）有限公司（以下简称圣某尔公司）向中国出口一定数量的“Chateau Lafite Rothschild”“Carruades de Lafite”等葡萄酒产品。对此，圣某尔公司出具声明称：圣皮尔酒业于1996年由圣皮尔家族创建，2008年9月重组建立圣某尔公司。圣皮尔酒业最晚在2000年时已经开始进口拉某酒庄红葡萄酒。2003年2月的《优惠价格单》显示，当时圣皮尔酒业已有不同年份的“CHATEAU LAFITE R0THSCHILD”红葡萄酒在售。根据当时葡萄酒行业通常对“CHATEAU LAFITE R0THSCHILD”的翻译惯例，圣皮尔酒业将其翻译为“莎都拉菲”或“莎都拉菲城堡”。2016年5月9日，长沙海关法规室出具证明称其调取了美某公司、圣某尔公司等自2005年以来从上海海关进口“拉菲”或“LAFITE”葡萄酒的相关报关单记录。

法国酒商吉某斯酒庄、汇某酒业简化股份公司、红某商公司也出具声明称，其分别自2000年、2003年、2005年至今，一直作为拉某酒庄及其相关的罗某柴某德拉某男爵集团的“拉菲”（LAFITE）系列红酒，如拉菲古堡红葡萄酒（Chateau Lafite Rothschild）、拉菲珍宝红葡萄酒（Carruades de Lafite），向中国大陆销售的经销商，其亦一并提交其销售“LAFITE”系列葡萄酒的发票。罗某柴某德拉某男爵集团亦出具声明称，其一直以来作为“拉菲”（LAFITE）红酒的总经销商，直接将上述红酒分销给中国大陆的红酒经销商，其亦一并提交自1999年至2005年销售多批拉菲系列葡萄酒的发票。

2. 涉案商标的知名度情况

自20世纪80年代开始，多种报刊、书籍、影视均记载有“拉菲”“LAFITE”的历史、品质及在葡萄酒行业的地位等情况。例如，1983年第2期《酿酒科技》中刊登的《葡萄女王拉斐堡及纽约评酒会》（上）一文，提到拉斐堡（Chateau Lafite）葡萄园，并记载“1855年法国官方评定波尔多美多克的葡萄美酒，拉斐堡居四魁之首，以此奠定了在酒史上的崇高地位”。2004年第7期《红酒生活》中刊登的《值得猎奇的专业酒庄》一文，提到“法国排名第一的拉菲（Chateau Lafite Rothschild）……”2004年4月26日《新快报》刊登的《葡萄美酒夜光杯》一文，提及“拉菲酒有葡萄王国中的‘王后’之称”。山西出版集团、北岳文艺出版社2009年12月出版的《波尔多1855年列级酒庄》一书中，提及“拉斐酒庄（或拉菲酒庄），系1855年列级庄排行榜的头名酒庄，归属于罗斯柴尔德家族”。化学工业出版社2011年6月出版的《爱上葡萄酒》一书中，提及“很多葡萄酒爱好者称拉菲为葡萄王国中的‘皇后’”。在广告监测平台“梅花网”输入广告发布日期范围为“2003年1月1日至2014年10月28日”、品牌名为“拉菲”时监测的广告发布情况，显示最早的广告系2007年12月27日的“上海日报—英文”第A9版，最近的广告系2014年10月19日的“新闻晨报”第A16版。

2010年1月28日，法国波尔多葡萄酒行业协会出具一份声明，称：“LAFITE”这个词的首次使用可以追溯到1234年，CHATEAU LAFITE ROTHSCHILD（“罗斯柴尔德拉菲庄园”，又译为“罗斯柴尔德拉斐庄园”）在1868年成为罗斯柴尔德（ROTHSCHILD）家族的产业，从那时起LAFITE葡萄酒一直被认为是最好的葡萄酒之一。

3. 涉案商标受保护的记录

2011年2月28日、2012年9月5日、2015年7月3日，湖南省长沙市中级人民法院、四川省成都市中级人民法院、山东省济南市中级人民法院分别作出民事判决，认定“拉菲”与“LAFITE”葡萄酒商品之间已经形成事实上唯一对应的法律关系。2017年12月27日，上海知识产权法院作出民事判决，认定“拉菲”已经与拉某酒庄的“LAFITE”商标之间形成稳定的对应关系，“拉菲”可以被认定为未注册驰名商标。

2017年5月25日、2018年1月29日，北京知识产权法院作出行政判决，分别认定在2012年12月24日、2010年2月11日之前，拉某酒庄的“LAFITE”商标构成驰名商标，并且“拉菲”已经与“LAFITE”商标之间形成了稳定的对应关系。2017年12月18日，北京市高级人民法院（以下简称北京高院）作出行政判决，认定在2013年1月14日之前“LAFITE”商标构成驰名商标。

原国家工商行政管理总局商标评审委员会（以下简称商标评审委员会）在多份裁定中认定“LAFITE”商标为驰名商标。

拉某酒庄委托北京零点市场调查有限公司（以下简称零点公司）进行品牌标识认知调查。据零点公司出具的《某葡萄酒品牌市场调查报告》显示，在651名受访者中，84.8%的受访者认为“拉菲”代表“LAFITE，法国××庄出品的葡萄酒”，70.7%的受访者表示如果一种葡萄酒的标签上有“拉菲庄园”商标，其来源于法国××庄。

（三）拉某酒庄主张的被诉侵权行为

2015年11月23日，北京市集佳律师事务所（以下简称集佳所）代理人申克爽向北京市中信公证处（以下简称中信公证处）申请保全证据公证，申克爽登录拉某公司、深圳某公司的官方网站。拉某公司的网站“行业资讯”中登载有《波尔多葡萄酒：高品质与做市场并行》一文，介绍“波尔多作为法国的中高端红葡萄酒集中产区”以及“以拉菲为代表的波尔多名庄酒”；深圳某公司的网站显示有“拉菲庄园 LAFEI MANOR”标识，网站“红酒文化”中介绍“法国的葡萄酒历史及法国波尔多五大顶级酒庄”等，中信公证处为此分别出具（2015）京中信内经证字69321号公证书与（2015）京中信内经证字69322号公证书。

2016年7月31日，集佳所代理人张静元向中信公证处申请保全证据公证。张静元登录“百度视频”后输入“拉菲庄园”，点击“拉菲庄园30秒——CCTV-7”，广告中出现被诉侵权标识“拉菲庄园 LAFEI MANOR”以及“12世纪的历史沉淀”“21世纪的先进工艺”“拉菲庄园 拉菲庄园古堡干红葡萄酒 骏腾酒业”字样，中信公证处为此出具61452号公证。

2016年8月1日，集佳所代理人张静元向中信公证处申请保全证据公证，公证显示播放的视频影片系“拉菲庄园”葡萄酒的广告宣传，影片中多次出现“拉菲庄园 LAFEI MANOR”等标识，中信公证处为此出具（2016）京中信内经证字61508号公证书（以下简称61508号公证）。

2016年8月1日，集佳所代理人张静元向中信公证处申请保全证据公证，公证显示拉某公司的官方网站登载有《每年1000万瓶梅多克葡萄酒进入中国》一文，记载“梅多克是波尔多最著名的产区之一，名庄拉菲来自梅多克的波亚克产区，中国一年进口梅多克葡萄酒总量约为1000万瓶”，该文章一并附有“CHATEAU LAFITE ROTHSCHILD”的葡萄酒照片；“中国经济网”及“南京晨报”分别登载有《质检总局公布六款进口“拉菲”葡萄酒质量不合格》《南京拉某庄园酒业有限公司六款进口“拉菲”不合格》一文，记载“国家质检总局公布六款洋拉菲酒质量不合格，让‘拉菲迷’们大跌眼镜”

“六款不合格产品来自南京拉某庄园酒业有限公司”“制造商系 DOMAINE DE LA GRANGETTE”等；“中国财经网”登载有《质检总局：237 批次进口食品和化妆品上“黑榜”》一文，记载不合格食品包括“SAS Les Domaines Montariol Degroote”制造的葡萄酒，不合格原因为“铁超标”；“搜狐网”登载有《“拉菲庄园”隆重登录糖酒会 消费者不知其为山寨》一文，记载“‘拉菲庄园’并非人们心中所熟知的那个‘拉菲’”等，中信公证处为此出具（2016）京中信内经证字 62023 号公证书（以下简称 62023 号公证）。

2016 年 9 月 5 日，集佳所代理人张静元向中信公证处申请保全证据公证。张静元与公证员及工作人员购买了三瓶“拉菲庄园干红葡萄酒”。该三瓶酒的正面、背面分别标有“LAFEI MANOR”“拉菲庄园”标识，其中两瓶酒背标显示“原酒进口”“南京灌装”，由“拉菲庄园”商标持有人授权，生产厂商为华某公司，全国运营商为拉某公司，另一瓶酒背标显示“法国原瓶进口”，原产国为法国，生产厂商为法国 SBE 酒庄集团，代理商为拉某公司。付款后取得名片一张、《收据》一张、《POS 签购单》一张，其中名片正面显示“凯某名酒商城王某凯”及联系方式等，名片背面显示“拉某庄园北京总代理 法国原瓶进口”字样并附有拉某罗斯柴尔德集团生产的“Carruades de Lafite”酒图片。中信公证处为此出具（2016）京中信内经证字 81948 号公证书。

2016 年 9 月 8 日，集佳所代理人张静元向中信公证处申请保全证据公证。张静元与公证员及工作人员购买了“拉菲庄园干红葡萄酒”一瓶，价格为 148 元/瓶。该瓶酒的正面、背面分别标有“LAFEI MANOR”及“拉菲庄园”标识，该酒背标还显示“法国原瓶进口”，原产国为法国，产区为“法国波尔多法定产区 AOP”，生产厂商为法国 S 酒庄集团，代理商为杭州某公司，付款后取得名片、单据、《收据》及《上海增值税普通发票》各一张。中信公证处为此出具（2016）京中信内经证字 83732 号公证书。

2016 年 12 月 9 日，集佳所代理人张静元向北京市方圆公证处（以下简称方圆公证处）申请保全证据公证，张静元登录杭州某公司的官方网站与好酒招商网。其中，杭州某公司在官方网站中销售和推广带有“LAFEI MANOR”“拉菲庄园”标识的被诉侵权产品；登录好酒招商网 http：//www.9989.tv 后，输入“南京拉某庄园酒业有限公司”，显示“拉菲庄园”葡萄酒产品及门店招牌等。方圆公证处为此分别出具（2016）京方圆内经证字第 29842 号公证书与（2016）京方圆内经证字第 29843 号公证书（以下简称 29843 号公证）。

2017 年 6 月 30 日，集佳所代理人吴玉良向中信公证处申请保全证据公证，吴玉良分别在淘宝网“1 号酒铺”及“老兵酒行”商铺中搜索“拉菲庄园”并分别购买“拉菲庄园男爵古堡干红葡萄酒”两瓶及“拉菲庄园金伯爵珍藏干红葡萄酒”两瓶，其中“拉菲庄园男爵古堡干红葡萄酒”的生产厂商为华某公司，品牌运营商为杭州某公司，“拉菲庄园金伯爵珍藏干红葡萄酒”由华某公司灌装，全国运营商为上海昊建实业有限公司（以下简称昊某公司）。中信公证处为此分别出具（2017）京中信内经证字 64537 号公证书（以下简称 64537 号公证）及（2017）京中信内经证字 64538 号公证书。

拉某公司在《专卖店招商手册》中宣传介绍其“拉菲庄园”葡萄酒，多次出现被诉侵权标识“拉菲庄园”“LAFEI MANOR”，并在“品牌介绍”“公司介绍”“专卖店介绍”时使用“拉菲庄园——世界关注的焦点，上帝偏爱的葡萄酒终于来到了中国”“作为拉菲庄园法国原瓶进口葡萄酒的中国运营商，公司于 2007 年成功注册拉菲庄园商标，是中国区唯一一家合法持有商标的酒业公司”“公司诚邀中国地区广大的葡萄酒爱好者、投资者以及优质的经销商加盟合作”“公司拥有拉菲庄园专卖店的品牌、商标、店号以及相关产品授权”“拉菲庄园专卖店是以国内注册品牌拉菲庄园葡萄酒为依托，拉菲庄园全国运营商——拉某公司全力支持为根本，由总部及经销商共同开发维护而形成”等。

拉某酒庄提供的 29843 号公证中还记载昊某公司在宣传推广被诉侵权产品时使用与“拉菲”相关标识及广告宣传的情况。一审法院认为其与本案无关，对上述证据不予采信。

（四）“拉菲庄园”商标注册情况及金某公司、拉某公司、华某公司、深圳某公司经营“拉菲庄园”葡萄酒的相关情况

1. 主体情况

金某公司成立于 1999 年 6 月 1 日，注册资本为 50 万元，法定代表人为龚某京，住所地为江苏省南京市玄武区××路××号××栋××室。拉某公司成立于 2006 年 8 月 11 日，注册资本为 500 万元，住所地为江苏省南京市玄武区××路××号××栋××室。华某公司成立于 2005 年 6 月 15 日，注册资本为 1200 万元，法定代表人为龚某京。深圳某公司成立于 2011 年 4 月 27 日，注册资本为 150 万元。杭州某公司、北京某公司、上海某公司成立于 2010 年至 2013 年之间。

2.“拉菲庄园”等商标的注册及无效情况

金某公司于2005年4月1日申请注册“拉菲庄园”商标。2007年11月14日，该商标被核准注册，注册号为第457834X号，核定使用于第33类葡萄酒、酒（饮料）等。

2011年8月24日，拉某酒庄针对“拉菲庄园”商标向商标评审委员会提出争议申请，以“拉菲庄园”商标是对其驰名的“LAFITE”商标的翻译，并侵犯其对“LAFITE”“拉菲”享有的在先企业名称权等为由，请求撤销“拉菲庄园”商标的注册。2013年9月2日，商标评审委员会作出商评字〔2013〕第55856号《关于第457834X号“拉菲庄园”商标争议裁定书》（以下简称55856号裁定），该裁定认为“拉菲庄园”商标已经与“LAFITE”商标构成类似商品上的近似商标，其注册使用易使消费者认为其所标示的产品来自拉某酒庄或与其存在某种关联的企业，裁定撤销“拉菲庄园”商标。

金某公司不服55856号裁定，向北京市第一中级人民法院（以下简称北京一中院）提起诉讼，该院作出（2013）一中知行初字第3731号行政判决（以下简称3731号判决），维持了商标评审委员会的上述争议裁定。金某公司不服，又向北京高院提起上诉。北京高院于2015年3月18日作出（2014）高行（知）终字第3129号行政判决（以下简称3129号判决），判决撤销一审判决及商标评审委员会55856号裁定。此后，商标评审委员会于2015年4月22日重新作出裁定，裁定维持“拉菲庄园”商标。拉某酒庄不服北京高院作出的3129号判决，向本院申请再审。本院提审该案后于2016年12月23日作出（2016）最高法行再34号判决（以下简称34号判决），该判决认定：该案现有证据足以证明“LAFITE”在“拉菲庄园”商标申请日前在我国具有较高的知名度、为相关公众所知悉，我国相关公众通常以“拉菲”指代拉某酒庄的“LAFITE”商标，并且“拉菲”已经与拉某酒庄的“LAFITE”商标之间形成了稳定的对应关系，由于拉菲已经成为“LAFITE”的音译并形成了稳固的联系，争议商标“拉菲庄园”与引证商标“LAFITE”构成近似商标。因此，判决撤销北京高院3129号判决，维持北京一中院3731号判决。

金某公司还于2011年2月28日申请注册“拉菲庄园 LAFEI MANOR”商标，后原国家工商行政管理总局商标局以该商标与拉某酒庄“LAFITE”商标构成使用在类似商品上的近似商标为由，决定不予注册。金某公司还申请注册了“LAFEI MANOR”“LAFEI ZHUANGYUAN”“拉菲酒堡”“拉菲酒庄”五箭头图文组合等商标，均显示未注册。

3. 金某公司与拉某公司、华某公司、深圳某公司、杭州某公司及昊某公司签订合同的相关情况

2011 年 2 月 23 日，金某公司与深圳某公司签订《拉菲庄园古堡系列中国品牌运营商商标许可使用合同》，约定金某公司是“拉菲庄园”商标持有人，深圳某公司是本合同有效期内拉菲庄园古堡系列中国品牌运营商，金某公司许可深圳某公司非独占使用“拉菲庄园”商标。该合同第三条、第四条、第六条约定，深圳某公司的产品设计、产品宣传、广告宣传方案需经金某公司的同意；深圳某公司销售含有许可商标的产品，不得低于最低限价（进货价+20%）；金某公司收取深圳某公司每批（指含有许可商标的酒）进货金额 15%作为许可商标使用费。

2011 年 10 月 16 日，金某公司与杭州某公司签订《拉菲庄园堡字系列中国品牌运营商商标许可使用合同》，约定金某公司是“拉菲庄园”商标持有人，杭州某公司是本合同有效期内拉菲庄园堡字系列中国品牌运营商，金某公司许可杭州某公司非独占使用“拉菲庄园”商标。并约定杭州某公司的产品设计、产品宣传、广告宣传方案需经金某公司的同意，并对杭州某公司销售价格及进货金额及许可费进行了约定。

2015 年 3 月 28 日，金某公司与华某公司签订《委托生产框架合同》，约定金某公司是“拉菲庄园”商标的注册人，华某公司具有葡萄酒生产资质，金某公司委托华某公司生产拉菲庄园品牌葡萄酒，华某公司只能为金某公司指定的经销商生产。同日，金某公司向华某公司出具《保证书》，保证“拉菲庄园”商标的使用不侵犯任何人的合法权益，金某公司独立设计、印刷葡萄酒瓶贴、包装，华某公司在生产的产品上使用上述瓶贴、包装。金某公司保证上述瓶贴、包装的设计、使用不侵犯任何人的合法权益，如金某公司使用上述商标等构成侵权，或者具有其他违法结果，所有责任由其承担。

2015 年 3 月 28 日，金某公司分别与拉某公司、深圳某公司签订《拉菲庄园中国品牌运营商全国运营合同》，合同期限为 2015 年 3 月 28 日至 2017 年 11 月 13 日，约定金某公司是“拉菲庄园”注册商标持有人，拉某公司、深圳某公司是合同有效期内拉菲庄园中国品牌运营商之一，由金某公司或金某公司指定产品进口代理公司安排进口产品，金某公司指定华某公司进行国内生产，拉某公司、深圳某公司不得自行进口、生产、委托生产含有“拉菲庄园”商标的产品；拉某公司、深圳某公司不得自行印刷或委托他人印刷含有“拉菲庄园”商标的标签、包装。同日，金某公司向拉某公司、深圳某公

司出具《授权书》，授权拉某公司、深圳某公司作为“拉菲庄园”葡萄酒全国运营商，负责全国范围内的招商业务。

2017 年 2 月 3 日，金某公司与华某公司签订《解除委托生产关系确认书》，并分别与拉某公司、深圳某公司、杭州某公司、昊某公司签订《解除经销关系确认书》，约定鉴于 34 号判决实际撤销了“拉菲庄园”商标，确认本协议签订后，金某公司不再委托华某公司生产“拉菲庄园”葡萄酒，华某公司也不得接受任何公司、个人的委托生产“拉菲庄园”葡萄酒，包括金某公司的全国运营商；金某公司不再为拉某公司、深圳某公司、杭州某公司、昊某公司供应“拉菲庄园”葡萄酒，拉某公司、深圳某公司、杭州某公司、昊某公司也不得通过任何渠道委托生产、销售拉菲庄园葡萄酒；金某公司为拉某公司、深圳某公司、杭州某公司、昊某公司出具的授权书作废。

（五）拉某酒庄关于赔偿额计算依据的主张

拉某酒庄依据其提交的 2014 年之前及 2014 年至 2016 年“拉菲庄园”葡萄酒部分销售发票、2014 年至 2016 年被诉侵权葡萄酒（散装）及（瓶装）海关专用缴款书等证据，主张以“被告获利 = 销售额×利润率”作为赔偿依据，并适用惩罚性赔偿。其中，拉某酒庄在其于 2021 年 6 月 10 日最终提交的《关于原告方索赔额计算的补充意见》中，对“销售额”“利润率”等具体主张如下：

1. 关于销售额。拉某酒庄主张各上诉人销售被诉侵权产品的销售额为：2011 年至 2016 年，拉某公司、华某公司、深圳某公司的销售额分别为 55567339. 89 元、27224021. 32 元、14864373. 49 元；2014 年至 2016 年，杭州某公司的销售额为 3661236 元。

2. 关于单瓶销售价。拉某酒庄主张，其提供的发票中，被诉侵权产品的数量单位包括“箱、组、件、批、套、盒、瓶”等，但由于双方当事人对“组、件、批、套、盒”等与“瓶”的具体数量对应关系未能达成一致，故其在计算单瓶销售价时仅统计了数量单位为“瓶”的发票，并在此基础上统计了具体的瓶数与相对应的销售额。

依据该计算方法，2011 年至 2013 年，拉某公司销售被诉侵权产品 34924 瓶，销售额为 1282895. 7 元，平均每瓶单价为 36. 73 元，2014 年至 2016 年，拉某公司销售被诉侵权产品 1622 瓶，销售额为 283708. 23 元，平均每瓶单价为 174. 91 元，故计算拉某公司的平均每瓶单价为（36. 73 + 174. 91）/2 = 105. 82 元；2011 年至 2013 年，华某公司销售被诉侵权产品 195211 瓶，销售额为 3163286.34 元，平均每瓶单价为 16.2 元；2011 年至 2013 年，深圳某公司销售被诉侵权产品 24 瓶，销售额为 846 元，平均每瓶单价为 35.25 元，2014 年至 2016 年，深圳某公司销售被诉侵权产品 262 瓶，销售额为 19375 元，平均每瓶单价为 73.95 元，故计算深圳某公司平均每瓶单价为（35.25+73.95）/2=54.6 元；2014 年至 2016 年，杭州某公司销售被诉侵权产品 20877 瓶，销售额为 438706 元，平均每瓶单价为 21.01 元。

3. 关于单瓶成本价。拉某酒庄主张，考虑到被诉侵权产品存在出厂批发价、一级经销商销售价、二级经销商销售价及消费者最终价格等不同情况，故采用平均方式计算单瓶成本价。依据 2014 年至 2016 年被诉侵权葡萄酒（散装）海关专用缴款书统计，2014 年至 2016 年每升葡萄酒的进口含税价格为 5.22 元，由于每瓶葡萄酒规格为 750 毫升，故每瓶“原酒”进口的被诉侵权葡萄酒的含税价格为 3.91 元；依据 2014 年至 2016 年被诉侵权葡萄酒（瓶装）海关专用缴款书统计，2014 年至 2016 年每升葡萄酒的进口含税价格为 22.45 元，由于每瓶葡萄酒规格为 750 毫升，故每瓶“原瓶”进口的被诉侵权葡萄酒的含税价格为 16.84 元；将两种计算出的含税价格进行平均，计算出被诉侵权产品的单瓶成本价为 10.38 元。

4. 关于利润率。拉某酒庄主张利润率为：（单瓶销售价-单瓶成本价）/单瓶销售价。其中单瓶销售价，计算拉某公司、华某公司、深圳某公司、杭州某公司的平均销售价为（105.82+16.2+54.6+21.01）/4=49.41 元，单瓶成本价如前计算为 10.38 元，故利润率为（49.41-10.38）/49.41=78.99%。

5. 关于侵权获利。依据“被告获利=销售额×利润率”，拉某酒庄计算拉某公司的获利为 55567339.89×78.99% = 43892641.78 元，华某公司的获利为 27224021.32×78.99%=21504254.44 元，深圳某公司的获利为 14864373.49×78.99%=11741368.62 元，杭州某公司的获利为 3661236×78.99%=2892010.32 元。同时，拉某酒庄主张对拉某公司及华某公司适用双倍惩罚性赔偿，故计算拉某公司的获利为 8778.53 万元，华某公司的获利为 4300.85 万元。

一审法院认为：本案的争议焦点问题为：1. 拉某酒庄是否有权提起本案诉讼；2. 被诉侵权行为是否构成商标侵权；3. 被诉侵权行为是否构成不正当竞争；4. 民事责任应如何承担。

关于上述争议焦点 1，一审法院认为在案证据能够证明拉某酒庄系由拉某特民用公司更名而来，是涉案商标的专用权人，有权提起本案诉讼。

关于上述其他争议焦点，一审法院认为：

（一）金某公司等七方实施的被诉侵权行为构成商标侵权

1. 拉某酒庄使用了“LAFITE”等商标

判断“LAFITE”等商标是否在核定使用的商品范围内进行符合商标法规定的实际使用，关键在于审查拉某酒庄等是否将“LAFITE”等商标用于商品、商品包装、商品交易文书、广告宣传等商业活动中，并是否在市场环境中发挥了区分商品来源的作用。首先，拉某酒庄在葡萄酒商品上标注了“Chateau lafite Rothschild”“Carruades de lafite”等标识。拉某酒庄在商品、商品包装上实际使用“LAFITE”等商标。其次，拉某酒庄及其经销商在《商标使用许可合同》经销协议、报关单、发票等商品交易文书上实际使用“LAFITE”等商标。再次，拉某酒庄的经销商、相关媒体在广告宣传等商业活动中实际使用“LAFITE”等商标。最后，法兰西共和国最高法院的相关判决系域外形成证据，在金某公司未进一步提交证明手续的情况下，一审法院无法确认该判决的真实性。即使该判决真实，也不影响基于我国法律判断“LAFITE”商标在我国境内是否进行商业使用。

2. “拉菲”与“LAFITE”商标之间已经形成稳定的对应关系，可以作为“LAFITE”商标的中文译名获得保护

拉某酒庄提供的证据可以证明“LAFITE”商标已经具有一定的知名度，且已实际使用或宣传“LAFITE”品牌及产品的过程中，“LAFITE”商标常与中文“拉菲”同时使用，两者之间已经形成了稳定的对应关系，故“拉菲”可以作为“LAFITE”商标的中文译名获得保护。

首先，“LAFITE”商标具有较高的知名度。法国波尔多葡萄酒行业协会出具声明称：“LAFITE”这个词的首次使用可以追溯到1234年，CHATEAU LAFITE ROTHSCHILD在1868年成为罗斯柴尔德家族的产业，从那时起“LAFITE”葡萄酒一直被认为是最好的葡萄酒之一；相关媒体所载文章亦对“LAFITE”葡萄酒给予了极高评价，且多份法院判决及商标评审委员会的裁定也认定“LAFITE”商标在我国具有较高的知名度，为相关公众所知悉。

其次，拉某酒庄及其经销商在商业活动或商业宣传中长期固定地使用“拉菲”，具有将“拉菲”指代“LAFITE”商标以及葡萄酒产品的主观意图和实际行为。第一，拉某酒庄及其经销商主动在销售中将中文名称“拉菲”作为“LAFITE”对应的音译词使用。圣某尔公司提供的《优惠价格单》显示，其至少在2003年起就已经在相关销售宣传单上以“拉菲”指代“LAFITE”；美某公司与爱某亭公司签订的《产品经销协议》中将“Chateau

Lafite Rothschild”译为“拉菲古堡”，美某公司与逸某公司签订的《产品经销协议》约定美某公司向逸某公司销售“拉菲传说波尔多红”等葡萄酒产品；依美某公司申请或委托，国家质量监督检验检疫总局、上海商检认证服务有限公司出具的《进出口食品标签审核证书》《进口食品标签咨询报告》亦记载葡萄酒品牌为“拉菲传奇”“拉菲珍藏”等。一审法院对金某公司关于外文商标在进口时申报的中文名称只是代理商的个人行为的主张不予支持。第二，拉某酒庄及其经销商主动在宣传活动中将“拉菲”作为“LAFITE”对应的音译词使用。根据广告监测平台“梅花网”监测的广告发布情况，拉某酒庄早在2007年12月27日就在“上海日报—英文”上宣传“拉菲”品牌，此后，拉某酒庄及罗某柴某德拉某男爵集团等一直在众多媒体上投放广告，使用“Lafite…excellence，fitness&elegance 拉菲：卓越、精美、优雅”等广告语宣传“拉菲”品牌。

最后，国内的相关刊物在介绍或报道“LAFITE”葡萄酒时，常与中文“拉菲”同时使用。尽管在实际的介绍或报道中，亦存在相关刊物将“LAFITE”音译为“拉斐”的情况，但基于不同的翻译技巧和语言习惯，一个英文名称有若干种中文音译实属正常，故“拉菲”“拉斐”等均是“LAFITE”的音译，部分国内媒体在报道拉某酒庄及其产品时使用了“拉斐”，并不能据此否定“拉菲”与“LAFITE”之间存在对应关系的事实。

综上，“拉菲”系“LAFITE”音译的直接呼叫，“拉菲”名称的使用亦具有一定的持续性和广泛性，零点公司出具的《某葡萄酒品牌市场调查报告》即显示84.8%的受访者认为“拉菲”代表“LAFITE，法国××庄出品的葡萄酒”，故经过长期的商业使用，“拉菲”已经与“LAFITE”商标及拉某酒庄的产品之间形成稳定的对应关系，具有区别商品来源的显著特征，“拉菲”可以作为“LAFITE”商标的中文译名获得保护。

3. 被诉侵权标识“拉菲庄园”“LAFEI MANOR”及两者组合的标识侵害了拉某酒庄涉案商标专用权

金某公司等生产、销售及宣传的被诉侵权葡萄酒与涉案商标核定使用的商品范围相同。比对被诉侵权标识“拉菲庄园”与涉案商标，可以认定被诉侵权标识“拉菲庄园”与涉案商标构成近似，侵害涉案商标专用权。比对被诉侵权标识“LAFEI MANOR”与涉案商标，可以认定被诉侵权标识“LAFEI MANOR”与涉案商标构成近似，侵害涉案商标专用权。比对“拉菲庄园LAFEI MANOR”两者组合的被诉侵权标识与涉案商标，如前所述，亦可以认定上述被诉侵权标识与涉案商标构成近似，侵害涉案商标专用权。

拉某酒庄提供的62023号公证亦显示，“中国经济网”“搜狐网”登载的文章记载的“国家质检总局公布六款洋拉菲酒质量不合格，让‘拉菲迷’们大跌眼镜”“‘拉菲庄园’并非人们心中所熟知的那个‘拉菲’”等，说明消费者已经对“拉菲庄园”葡萄酒与拉某酒庄生产的“LAFITE”系列葡萄酒产生混淆或误认。

拉某酒庄还主张“拉菲庄园”“LAFEI MANOR”及两者组合标识侵害其G76427X号五箭头图文组合商标的商标专用权，考虑该图形的整体构图与设计，被诉侵权“拉菲庄园”“LAFEI MANOR”及两者组合标识与其并不构成近似，故一审法院对拉某酒庄的上述主张，不予支持。

金某公司等主张，“拉菲庄园”系金某公司的注册商标，在本院作出生效判决确认该商标应被撤销之前，其基于金某公司的授权对“拉菲庄园”商标的使用均属于有权使用，不构成商标侵权。对此一审法院认为，诚实信用原则是一切市场活动参与者所应遵循的基本准则，民事诉讼活动同样应当遵循诚实信用原则。任何违背法律目的和精神，以损害他人正当权益为目的，恶意取得并行使商标权的行为均属于权利滥用，相关主张不能得到法律的保护和支持。金某公司在注册“拉菲庄园”商标时，违反了商标注册的相关法律要求，故该商标应视为自始即不存在。与此同时，金某公司还申请注册与拉某酒庄“LAFITE”、G76427X号五箭头图文组合商标等商标近似的“拉菲酒堡”“拉菲酒庄”“LAFEI MANOR”、五箭头图文组合商标等商标，该行为亦难谓正当，故金某公司等关于其有权使用“拉菲庄园”商标的主张缺乏事实与法律依据，一审法院不予支持。

华某公司在被诉侵权葡萄酒产品上贴附商标，具有识别商品来源的作用，属于“商标使用”，华某公司的相关主张缺乏事实与法律依据，一审法院不予支持。

综上，金某公司等生产、销售及宣传带有“拉菲庄园”“LAFEI MANOR”及两者组合标识的葡萄酒，侵害了涉案商标专用权。

4. 拉某公司将“拉菲庄园”登记为企业字号的行为侵害了拉某酒庄涉案“LAFITE”商标专用权

首先，现有证据可以证明，在拉某公司登记成立前，“LAFITE”商标及拉某酒庄经过多年来在中国长期的实际使用、持续的品牌投入和宣传，已经在我国境内享有较高的知名度，为相关公众所知晓。

其次，拉某公司主观上具有攀附“LAFITE”商标及拉某酒庄的恶意。作为同行业竞争者，拉某公司理应知晓涉案“LAFITE”商标的市场知名度，也理应知晓拉某酒庄对“LAFITE”商标的使用情况以及其一直将“LAFITE”与“拉菲”共同使用于葡萄酒产品这一客观实际，但其仍然将“拉菲庄园”登记为企业字号，并通过官方网站等宣传渠道，突出使用“进入拉菲庄园”“拉菲庄园 · 新闻”等标识，主观上具有攀附“LAFITE”商标及拉某酒庄的恶意，在案证据也能证明已构成实际混淆等一系列事实，足以认定拉某公司通过登记注册“拉菲庄园”实施商标侵权，侵犯了拉某酒庄的合法权益。不论是否突出使用“拉菲庄园”字号均难以避免产生市场混淆，故应判令拉某公司变更其企业名称，其变更后的企业名称不得含有“拉菲”字样。

（二）拉某公司、深圳某公司、杭州某公司、北京某公司实施的被诉侵权行为构成不正当竞争

拉某公司、深圳某公司、杭州某公司、北京某公司等实施的被诉侵权行为构成引人误解的虚假宣传，应认定构成不正当竞争行为。理由如下：

首先，拉某公司在《专卖店招商手册》中宣传介绍其“拉菲庄园”葡萄酒时使用“拉菲庄园——世界关注的焦点，上帝偏爱的葡萄酒终于来到了中国”等广告语；杭州某公司在好酒招商网宣传“拉菲庄园”葡萄酒产品时，称“法国拉菲酒庄位于法国波尔多梅多克产区，有着数百年悠久历史。法国拉菲是世界顶级的葡萄酒，拉菲葡萄酒是拉菲庄园出产的享誉世界的法国波尔多葡萄酒之一”；北京某公司在其名片的背面显示“拉菲庄园 北京总代理 法国原瓶进口”字样并附有拉某酒庄生产的“Carruades de Lafite”酒图片，上述宣传及标注方式均使得消费者误认为“拉菲庄园”葡萄酒即法国知名的“拉菲”葡萄酒，属于引人误解的虚假宣传。拉某酒庄主张，北京某公司名片中的图片系由拉某公司提供，故拉某公司应当与北京某公司共同承担上述不正当竞争行为的责任，但拉某酒庄对此并未提供证据予以证明，故一审法院对其主张不予支持。

其次，拉某酒庄提供的61452号公证显示，标有“骏腾酒业”字样的“拉菲庄园”葡萄酒的广告宣传中出现“12世纪的历史沉淀”“21世纪的先进工艺”“拉菲庄园古堡干红葡萄酒”等广告语，而“拉菲庄园”商标系金某公司于2005年4月1日申请注册并于2007年11月14日核准，故深圳某公司的上述宣传足以导致消费者误认为“拉菲庄园”葡萄酒历史悠久，对其商品特点及品质特征产生误解，构成引人误解的虚假宣传。

拉某酒庄主张，结合其提供的证据《中央电视台广告预播单》，拉某公司系上述广告宣传片的客户，故其应当与深圳某公司共同承担侵权责任，但61452号公证显示的视频广告时长为30秒，而《中央电视台广告预播单》中记载的广告时长为5秒，在拉某酒庄未能提供补充证据的情况下，一审法院难以认定《中央电视台广告预播单》中记载的广告系61452号公证中所显示的广告，因此一审法院对拉某酒庄的上述主张不予支持。拉某酒庄还主张，61508号公证与61452号公证系同一个视频，其中61508号公证系拉某公司拍摄及投放，61452号公证系深圳某公司投放，但经一审法院核实，两段视频并非同一视频，且61508号公证中显示“上海昊建实业有限公司法国原瓶进口”，整段视频亦未出现拉某公司，故一审法院对其上述主张亦不予支持。

再次，拉某酒庄主张，61508号公证记载金某公司等在葡萄酒产品或宣传中标注、宣称其产品产地为法国波尔多系伪造产地的不正当竞争行为。在拉某酒庄未能提供其他证据的情况下，其关于金某公司等构成伪造产地的主张依据不足，一审法院不予支持。但61508号公证的广告宣传亦构成引人误解的虚假宣传。

最后，拉某公司的官方网站中登载的《每年1000万瓶梅多克葡萄酒进入中国》及“行业资讯”中登载的《波尔多葡萄酒：高品质与做市场并行》一文系行业资讯类信息，内容真实，亦不存在使用模糊性或歧义性的语言、对商品进行不准确或不全面宣传的情形，故难以认定该宣传系引人误解的虚假宣传。

（三）关于本案民事责任应如何承担的问题

本案中，金某公司等实施了商标侵权及不正当竞争行为，不正当利用他人的竞争优势和机会，严重损害了拉某酒庄的利益，损害了公平的市场竞争秩序，应当承担停止侵权、赔偿损失等民事责任。

1. 金某公司、拉某公司、华某公司构成共同侵权，应当承担连带赔偿责任

拉某酒庄主张金某公司、拉某公司、华某公司构成共同侵权，应当承担连带赔偿责任，金某公司等则辩称，其均系独立主体，不应承担连带责任。对此一审法院认为，二人以上共同实施侵权行为，造成他人损害的，应当承担连带责任。本案中，综合考虑以下因素，一审法院认为金某公司、拉某公司、华某公司构成共同侵权，应当承担连带赔偿责任。

首先，金某公司、拉某公司、华某公司分工合作，并建立了长期的稳定

合作关系，共同实施侵权行为。其中，金某公司注册“拉菲庄园”商标后，与华某公司、拉某公司等签订《委托生产框架合同》《拉菲庄园中国品牌运营商全国运营合同》等，由华某公司负责在国内灌装、拉某公司从国外进口瓶装葡萄酒。在建立被诉侵权产品的批量供应系统后，金某公司又与深圳某公司、杭州某公司等“品牌运营商”签订运营合同，在全国范围内大规模宣传推广、招商加盟，建立被诉侵权产品的销售系统；华某公司不仅受托负责加工酿造、灌装部分葡萄酒，还以自己的名义将其加工生产的葡萄酒销售至拉某公司、深圳某公司等金某公司的经销商，金某公司的经销商直接向华某公司付款，再由华某公司开具发票；拉某公司成立时即以“拉菲庄园”作为字号，其不仅直接以自己的名义从国外进口瓶装酒，还负责整体运营“拉菲庄园”葡萄酒品牌，深度参与品牌的宣传与策划，介绍其拥有拉菲庄园专卖店的品牌、商标、店号以及相关产品授权，并诚邀中国地区广大的葡萄酒爱好者、投资者以及优质的经销商加盟合作。故金某公司、拉某公司与华某公司间分工合作，共同实施侵权行为。

其次，金某公司、拉某公司、华某公司实施共同侵权的主观故意明显。作为经营葡萄酒商品的同行业竞争者，金某公司理应知晓拉某酒庄及“LAFITE”系列商标的知名度与使用情况，并应合理避让，但其却仍在葡萄酒等类似商品上注册了与“LAFITE”商标对应中文相近的“拉菲庄园”商标，具有攀附拉某酒庄涉案商标的主观故意，拉某公司、华某公司对涉案商标的知名度亦应明知，但却接受金某公司的许可与授权，从事“拉菲庄园”葡萄酒的进口、生产、灌装、推广及品牌的运营工作，应认定金某公司、拉某公司与华某公司共同具有攀附涉案商标商誉、实施侵权行为的主观故意。

最后，金某公司与华某公司、拉某公司在实际控制人、经营地址等方面存在一致的情形，并结合拉某公司将“拉菲庄园”注册登记为字号等相关情形，可以认定华某公司与拉某公司成立的目的系配合金某公司建立被诉侵权产品的供应和销售体系，金某公司与拉某公司、华某公司构成共同侵权。

综上，金某公司与拉某公司、华某公司紧密合作，主观上有共同侵权的意思联络，客观上对侵权产品的制造、销售和宣传进行了具体的分工和合作，构成共同侵权，应当承担连带赔偿责任。

2. 关于赔偿数额的确定

本案中，拉某酒庄主张以被诉侵权产品的侵权获利额作为赔偿依据，并适用惩罚性赔偿，主张拉某公司、华某公司赔偿拉某酒庄经济损失及合理开支共计 1 亿元，其中拉某公司赔偿拉某酒庄经济损失 6500 万元，华某公司赔偿拉某酒庄经济损失 3500 万元，金某公司对两公司的赔偿责任承担连带责任；深圳某公司在其获利 269 万元范围内、杭州某公司在其获利 28 万元范围内、上海某公司在无法提供合法来源证据情况下的获利范围内，与金某公司、拉某公司、华某公司承担连带责任。对此一审法院认为：

首先，拉某酒庄在本案中主张的赔偿期间为 2011 年至 2016 年，但商标民事司法解释第十八条规定，侵犯注册商标专用权的诉讼时效为三年，自商标注册人或者利害权利人知道或者应当知道权利受到损害以及义务人之日起计算。商标注册人或者利害关系人超过三年起诉的，如果侵权行为在起诉时仍在持续，在该注册商标专用权有效期限内，人民法院应当判决被告停止侵权行为，侵权损害赔偿数额应当自权利人向人民法院起诉之日起向前推算三年计算。本案中，拉某酒庄于 2017 年 1 月 4 日提起本案诉讼，但拉某酒庄早在 2011 年 8 月 24 日，即针对金某公司注册的“拉菲庄园”商标向商标评审委员会提出争议申请，因此一审法院认为，拉某酒庄至少在 2011 年就知道或者应当知道金某公司对“拉菲庄园”商标的使用情况，其于 2017 年 1 月 4 日提起诉讼时，已经超过三年诉讼时效。但在拉某酒庄起诉后，金某公司于 2017 年 2 月 3 日才分别与华某公司、拉某公司等解除委托生产或经销关系，且拉某酒庄于 2017 年 6 月 30 日仍可以购买到被诉侵权产品，因此，被诉侵权行为在拉某酒庄起诉时仍在持续，故本案对侵权损害赔偿数额的认定应当自拉某酒庄向法院起诉之日起向前推算三年计算，即赔偿期间应为 2014 年至 2016 年，一审法院将对拉某酒庄主张的拉某公司、华某公司、深圳某公司及杭州某公司 2014 年至 2016 年的销售情况予以核对与计算。

其次，拉某酒庄主张以“被告销售额×利润率”计算侵权获利，该主张符合法律规定，一审法院予以支持。拉某酒庄以销售利润作为赔偿依据，金某公司等主张，该计算方式并未扣除产品销售税金、附加销售费用、管理费用、财务费用等，不具有合理性，应依据营业利润予以计算，但一审法院认为，金某公司等以生产、销售被诉侵权产品为主业，相比正常从事葡萄酒经营的企业来说，成本较低，故拉某酒庄以销售利润计算侵权获利并无不当，一审法院予以支持。

最后，关于被诉侵权产品的销售额与利润率。

被诉侵权产品的销售额。一审法院核对拉某酒庄提供的证据及其自行制作的统计表，发现拉某酒庄的统计存在将部分未明确显示为“拉菲庄园”品牌的葡萄酒统计在内的问题。故，经一审法院重新核对与统计，剔除未明显显示为“拉菲庄园”葡萄酒及数据模糊、难以辨认的发票，并对杭州某公司显示为负数的发票予以核销后，计算拉某公司 2014 年至 2016 年的销售额为 37695831. 66 元，华某公司 2014 年至 2016 年的销售额为 18263838 元，深圳某公司 2014 年至 2016 年的销售额为 12430299 元，杭州某公司 2014 年至 2016 年的销售额为 3280389 元。

被诉侵权产品的单瓶销售价。拉某酒庄选择以销售单位为“瓶”的发票来统计单瓶销售价，但一审法院注意到，第一，显示为“瓶”的发票总量并不多，故以此统计计算的结果可能与实际情形存在一定的差异。第二，各方当事人虽对于“组、件、批、套、盒”与瓶数的对应关系意见不一，但均认可一箱红酒内含六瓶红酒。尽管拉某酒庄主张有大小箱之分，但其并未提供证据予以证明，故一审法院将重新统计销售单位为“瓶、箱”的被诉侵权产品，并以此为依据计算单瓶销售价。第三，部分发票显示，金某公司等除了销售“拉菲庄园”系列葡萄酒以外，还包括其他红酒，且部分发票同时包括以“瓶”销售及以“件”“组”等销售的商品，故一审法院在计算单瓶销售价时，逐一剔除发票中显示为“组、件、批、套、盒”、未明显显示为“拉菲庄园”葡萄酒及数据模糊、难以辨认的发票等情形。

关于华某公司、深圳某公司、杭州某公司的单瓶销售价。一审法院分别核对华某公司、深圳某公司、杭州某公司对外以“箱、瓶”为销售单位开具的发票。经统计，华某公司于 2014 年至 2016 年共销售 236166 瓶葡萄酒，销售额为 2940069 元，单瓶销售价计算为 12. 45 元；深圳某公司于 2014 年至 2016 年共销售 458303 瓶葡萄酒，销售额为 9972773 元，单瓶销售价计算为 21. 76 元；杭州某公司于 2014 年至 2016 年共销售 21417 瓶葡萄酒，销售额为 451506 元，单瓶销售价计算为 21. 09 元。

关于拉某公司的单瓶销售价。一审法院核对拉某酒庄提供的证据及其自行制作的统计表，发现拉某酒庄存在重复统计的情形，故经一审法院重新核对拉某公司对外以“箱、瓶”为销售单位开具的发票，统计拉某公司于 2014 年至 2016 年共销售 880 瓶葡萄酒，销售额为 175886. 2 元，单瓶销售价计算为 199. 87 元。一审法院注意到该单价远高于深圳某公司与杭州某公司，主要原因系 2014 年至 2016 年，未显示有拉某公司以“箱”作为销售单位的发票，显示拉某公司以“瓶”作为销售单位的仅有十余张发票，且部分产品的单价较高。为此，一审法院又对拉某公司于 2011 年至 2013 年以“箱、瓶”为销售单位开具的发票进行统计，计算其共销售93656瓶葡萄酒，销售额为3556529.2元，销售单价为37.98元，故一审法院参考拉某公司于2011年至2013年的销售情况，酌定拉某公司2014年至2016年的单瓶销售价为50元。

被诉侵权产品的单瓶成本价。拉某酒庄主张，考虑到被诉侵权产品存在出厂批发价、一级经销商销售价、二级经销商销售价及消费者最终价格等不同情况，故采用平均计算方式计算单瓶成本价。但一审法院认为，金某公司等均各自独立经营，其中华某公司进口散装葡萄酒、完成灌装后销售给拉某公司、深圳某公司等一级经销商，拉某公司、深圳某公司等负责将华某公司加工生产的葡萄酒或原瓶进口的葡萄酒再销售给二级经销商等，故拉某酒庄采用平均计算的方式欠妥，一审法院将依据拉某公司、华某公司、深圳某公司、杭州某公司的不同进货情形等分别计算单瓶成本价。

为了计算被诉侵权产品的单瓶成本价，拉某酒庄提供了华某公司、拉某公司、深圳某公司、杭州某公司等进口散装或瓶装葡萄酒的海关专用缴款书及其自行制作的统计表。一审法院在核对的过程中，发现部分缴款书数据模糊、难以辨认，且拉某酒庄的统计亦存在写错数字等情形，故一审法院予以重新统计与计算。

关于华某公司的单瓶成本价。一审法院重新统计后，查明华某公司共进口8521169升散装葡萄酒，含税价总计为46034373.4元，计算含税均价为5.41元/升，由于每瓶葡萄酒规格为750毫升，故华某公司每瓶“原酒”进口的被诉侵权葡萄酒的成本价为4.06元。

关于深圳某公司的单瓶成本价。一审法院重新统计以深圳某公司作为缴款单位开具的缴款书，显示深圳某公司共进口507285升葡萄酒，含税价总计为11347011.54元，计算含税均价为22.37元/升，故深圳某公司每瓶“原酒”进口的被诉侵权葡萄酒的成本价为16.78元；同时，深圳某公司除了直接进口瓶装葡萄酒之外，还从华某公司处购进由华某公司灌装加工的葡萄酒，一审法院依据拉某酒庄提供的证据，统计华某公司销售至深圳某公司，并以“箱”为销售单位的发票，计算出深圳某公司从华某公司处进货的平均单瓶价格为13.34元，而该价格亦应作为深圳某公司的进货成本予以考虑。因此，一审法院将深圳某公司通过从国外进口及通过在国内购买两种渠道的支付价予以平均，计算深圳某公司的单瓶成本价为15.06元。

关于杭州某公司的单瓶成本价。一审法院采取与深圳某公司同样的计算方法，其中以杭州某公司作为缴款单位开具的缴款书，显示杭州某公司共进口 79798.5 升葡萄酒，含税价总计为 1748765.92 元，计算含税均价为 21.92 元/升，故杭州某公司每瓶“原酒”进口的被诉侵权葡萄酒的成本价为 16.44 元；统计华某公司销售至杭州某公司，并以“箱”为销售单位的发票后，计算出杭州某公司从华某公司处进货的平均单瓶价格为 12.85 元。一审法院将上述两种支付价予以平均，计算杭州某公司的单瓶成本价为 14.65 元。

关于拉某公司的单瓶成本价。一审法院重新统计以拉某公司作为缴款单位开具的缴款书，显示拉某公司共进口 1071859.5 升葡萄酒，含税价总计为 24172898.11 元，计算含税均价为 22.56 元/升，故拉某公司每瓶“原酒”进口的被诉侵权葡萄酒的成本价为 16.92 元。但拉某酒庄提供的证据中并无华某公司销售至拉某公司，并以“箱”为销售单位的发票，拉某公司亦未提供相关证据，故一审法院无法统计拉某公司从华某公司处进货的价格，一审法院以 16.92 元作为拉某公司的单瓶成本价予以计算。

关于利润率。由于一审法院已重新统计与确认拉某公司、华某公司、深圳某公司与杭州某公司的单瓶销售价与单瓶成本价，故经采用（单瓶销售价-单瓶成本价）/单瓶销售价的计算方式，分别计算拉某公司的利润率为 67%，华某公司的利润率为 68%，深圳某公司的利润率为 31%，杭州某公司的利润率为 31%。

关于侵权获利。由于一审法院已重新核对并统计拉某公司、华某公司、深圳某公司与杭州某公司的销售额和利润率，故经采用“被告获利=销售额×利润率”的计算方式，分别计算拉某公司的获利为 25256207.22 元，华某公司的获利为 12419409.84 元，深圳某公司的获利为 3853392.69 元，杭州某公司的获利为 1016920.59 元。

关于惩罚性赔偿的适用问题。一审法院主要考虑如下因素：第一，如前所述，金某公司在葡萄酒等商品上注册与“LAFITE”商标对应中文相近的“拉菲庄园”商标，具有攀附涉案商标的主观故意，拉某公司、华某公司接受金某公司的授权，从事“拉菲庄园”葡萄酒的生产、销售及宣传工作，故金某公司、拉某公司、华某公司攀附涉案商标商誉、实施侵权行为的主观故意明显；第二，自金某公司于 2007 年核准注册“拉菲庄园”商标后，金某公司、拉某公司、华某公司即开始实施被诉侵权行为，拉某酒庄提供的证据显示 2014 年至 2016 年度，“拉菲庄园”葡萄酒的代理商、经销商遍布全国 31 个省市自治区，共有 757 家代理商、经销商，并已进驻“苏果超市”“世纪联华”“华润万家”“大润发”等众多超市，即金某公司、拉某公司、华某公司实施侵权行为的时间长、范围广、规模巨大；第三，经一审法院核实与统计，拉某公司、华某公司 2014 年至 2016 年的销售额与侵权获利巨大，且上述数据仅依据拉某酒庄提供的 2014 年至 2016 年的发票统计而成，未能全部反映拉某公司、华某公司生产销售被诉侵权产品的获利情况；第四，拉某酒庄提供的证据显示，消费者已经对“拉菲庄园”葡萄酒与拉某酒庄生产的“LAFITE”系列葡萄酒产生混淆或误认，且相关葡萄酒被认定为不合格食品，严重危害人民群众的身体健康，也使得消费者对拉某酒庄的商品质量产生怀疑，进而使涉案“LAFITE”系列商标及拉某酒庄的商誉受到严重损害。

因此，金某公司、拉某公司、华某公司实施的侵权行为规模巨大，侵权情节严重，侵权人主观故意明显，对拉某酒庄的损害极大，应当适用惩罚性赔偿，一审法院确定以拉某公司、华某公司因侵权所获得的利益作为计算惩罚性赔偿数额的基数，并按照两倍确定损害赔偿额。

关于深圳某公司主张的合法来源抗辩问题。深圳某公司作为经销酒类产品的企业，理应知晓涉案商标“LAFITE”的知名度，但其未能尽到合理审查注意义务，仍对外经销与涉案商标对应中文相近的“拉菲庄园”葡萄酒并参与品牌运营，故一审法院认为深圳某公司未能提供证据证明其“不知道是侵权商品”，对其主张的合法来源抗辩不予支持。

关于深圳某公司、杭州某公司、上海某公司的赔偿责任问题。第一，如前所述，一审法院计算深圳某公司、杭州某公司的获利分别为 3853392.69 元、1016920.59 元，但拉某酒庄在本案中仅主张深圳某公司在其获利 269 万元范围内，杭州某公司在其获利 28 万元范围内，与金某公司、拉某公司、华某公司承担连带责任，故超出拉某酒庄主张部分的侵权获利系拉某酒庄对其权利的放弃，一审法院予以确认；第二，拉某酒庄未能提供上海某公司的获利情况，故一审法院难以确认上海某公司的赔偿责任，在拉某酒庄未能进一步提供证据的情况下，一审法院对其主张不予支持。

关于合理开支的问题。拉某酒庄请求法院支持其为本案支付的合理开支，尽管其并未提供相应票据，但一审法院注意到，为证明拉某酒庄的诉讼主体资格、被诉侵权行为等，其在本案中提供了大量的公证书，相应支付的公证费、翻译费、购买侵权物品费用等均属于调查取证必然支出的费用。需特别强调的是，本案历经五次质证、两次开庭，拉某酒庄委托的诉讼代理人为本案诉讼投入了很大的精力，付出了诸多智力劳动，撰写了多份代理词，并对赔偿金额进行了详细计算，为本案的处理提供了有益的智力支持，法院鼓励并肯定律师对于知识产权案件的处理发挥其积极、有益的推动作用。故，一审法院将在考虑上述因素的基础上，对拉某酒庄为本案支付的合理开支予以适当考虑。

综上所述，一审法院依侵权人的获利予以计算，并在考虑金某公司、拉某公司、华某公司共同建立被诉侵权产品的供应和销售体系，应对拉某酒庄主张的被诉侵权行为承担连带赔偿责任；本案属恶意侵权且情节严重应适用加倍赔偿等因素的情形下，判决拉某公司赔偿拉某酒庄经济损失及为制止侵权行为支付的合理开支 5100 万元，华某公司赔偿拉某酒庄经济损失及为制止侵权行为支付的合理开支 2520 万元，金某公司对两公司的赔偿责任承担连带责任；深圳某公司赔偿拉某酒庄经济损失及为制止侵权行为支付的合理开支 269 万元，杭州某公司赔偿拉某酒庄经济损失及为制止侵权行为支付的合理开支 28 万元，金某公司、拉某公司、华某公司对深圳某公司、杭州某公司的赔偿责任承担连带责任。

3. 金某公司等应当承担消除影响的责任

被诉侵权产品不合格引发网络宣传，且金某公司等在实际宣传推广被诉侵权产品的过程中致使消费者产生混淆误认，影响了“LAFITE”系列商标、商品的声誉，严重损害了拉某酒庄的商誉，故判决金某公司、拉某公司在《中国工商时报》、搜狐网上刊登声明以消除因被诉商标侵权及不正当竞争行为给拉某酒庄造成的影响。

综上所述，依照《中华人民共和国涉外民事关系法律适用法》第五十条，2013 年商标法第四十八条，第五十七条第二项、第三项，第五十八条，第六十三条；1993 年施行的《中华人民共和国反不正当竞争法》（以下简称 1993 年反不正当竞争法）第九条第一款，第二十条第一款；《中华人民共和国侵权责任法》第八条，第十五条；商标民事司法解释第一条第一项，第九条，第十条，第十三条，第十七条，第十八条，第二十一条第一款；《最高人民法院关于审理不正当竞争民事案件应用法律若干问题的解释》第八条，第十七条第一款；《最高人民法院关于审理注册商标、企业名称与在先权利冲突的民事纠纷案件若干问题的规定》第四条；《中华人民共和国民事诉讼法》第一百四十二条，第一百四十四条之规定，判决如下：一、金某公司、拉某公司、华某公司、深圳某公司、杭州某公司、北京某公司、上海某公司立即停止生产、销售及宣传带有“拉菲庄园”“LAFEI MANOR”及两者组合标识的葡萄酒产品；二、拉某公司于本判决生效之日起三十日内办理企业名称变更手续，变更后的企业名称不得含有“拉菲”文字；三、拉某公司、深圳某公司、杭州某公司、北京某公司立即停止实施涉案不正当竞争行为；四、拉某公司于本判决生效之日起三十日内赔偿拉某酒庄经济损失及为制止侵权行为支付的合理开支5100万元，华某公司于本判决生效之日起三十日内赔偿拉某酒庄经济损失及为制止侵权行为支付的合理开支2520万元，金某公司对上述两公司的赔偿责任承担连带责任；深圳某公司于本判决生效之日起三十日内赔偿拉某酒庄经济损失及为制止侵权行为支付的合理开支269万元，杭州某公司于本判决生效之日起三十日内赔偿拉某酒庄经济损失及为制止侵权行为支付的合理开支28万元，金某公司、拉某公司、华某公司对深圳某公司、杭州某公司的赔偿责任承担连带责任；五、金某公司、拉某公司于本判决生效之日起三十日内在《中华工商时报》、搜狐网上刊登声明，消除影响（内容须经一审法院审核，如逾期不履行，一审法院将刊登本判决主要内容，所需费用由金某公司、拉某公司负担）；六、驳回拉某酒庄的其他诉讼请求。

一审案件受理费541800元，由拉某酒庄负担41800元，金某公司、拉某公司、华某公司负担500000元。

本院二审期间，当事人围绕上诉请求提交了证据。

金某公司向本院提交如下证据：

1. 第3278162号“拉斐尔”商标信息网页打印件、第6782837号“拉菲”商标信息网页打印件及北京市第一中级人民法院（2012）一中知行初字第479号行政判决书。上述证据显示“拉斐尔”商标的注册人为案外人法国拉某尔葡萄酒有限公司。该公司还申请注册了“拉菲”商标，已被驳回。

2. 发票、装箱单、原产地证明、报关单、通关单以及拉某公司进口葡萄酒包装破损情况统计表。

上述证据1用以证明搜狐网刊登的《“拉菲庄园”隆重登录糖酒会 消费者不知其为山寨》一文中提及的“拉斐尔”商标的权利人是案外人法国拉某尔葡萄酒有限公司，与拉某酒庄无关；证据2用以证明《质检总局公布六款进口“拉菲”葡萄酒质量不合格》一文所载检验检疫未通过的原因是运输过程中部分酒瓶破裂污染了包装，并非质量问题。

华某公司向本院提交了如下证据：

1. 佩拉、纳度、欧格兰瑞、斯洛美、蕾沙佩尔、卡农、玛泽尔、特拉蒙多、布兰迪尔等17份商标注册证，上述商标均由华某公司在第33类葡萄酒等商品上申请注册；

2. 华某公司自有品牌的产品检验报告及23张销售发票，上述发票涉及2012年至2015年自营品牌的销售，销售金额共计1359144.66元；

3. 华某公司代工品牌的产品检验报告及11张销售发票，上述发票系其在2012年至2014年销售“德万利”葡萄酒形成的单据，销售金额共计84771.82元。

4. 2014年至2016年华某公司的财务审计报告。该审计报告由华某公司于2022年委托江苏天宁会计师事务所审计形成。上述审计报告显示华某公司的销售成本包含酒浆、木塞、磨砂瓶、商标、瓶帽、纸箱、人工费用和制造费用。其中，2014年的审计报告显示葡萄酒销售数量为935678瓶，销售收入为14533112.97元，销售成本为10950973.37元，毛利率为24.65%。2015年的审计报告显示华某公司的葡萄酒销售数量是1313298瓶，销售收入是15663314.08元，销售成本为10435307.36元，毛利率为33.38%。2016年的销售数量为1384212瓶，销售收入为18014600.23元，销售成本为12832222.01元，毛利率为28.77%。

上述证据1、2、3用以证明华某公司拥有自己的品牌，主营业务是经营自营品牌的葡萄酒，“拉菲庄园”葡萄酒不是华某公司的主营业务；证据4用以证明一审判决认定的利润率过高。

拉某公司向本院提交了如下证据：

1. 淘宝、京东等线上购物平台商品详情的网页截图，用以证明在酒类行业中，一件六瓶装的规格是通用包装规格，属于行业惯例。

2. 海关内部报关平台页面截图，用以证明其不是被诉侵权产品的进口商。

3. 房屋租赁合同及缴费发票，用以证明其实际经营地址与金某公司不同。

深圳某公司向本院提交了进口检疫证、海关报关单、深圳某公司注册信息的网页打印件、四张“蒙博纳红酒”的销售发票，用以证明其合法来源抗辩成立。

拉某酒庄向本院提交了如下证据：

1. 2023年9月1日查询的金某公司、拉某公司、华某公司的工商信息网页打印件。上述工商信息显示，金某公司与拉某公司的注册地址均为南京市玄武区××路××号××栋××室，龚某京持有华某公司98.75%股份，持有金某公司95%股份。

2. 2023年8月31日在拉某公司注册地址“南京市玄武区××路××号××栋××室”拍摄的照片及时间戳证明。

上述证据用以证明金某公司与华某公司、拉某公司存在人格混同。

本院组织当事人进行了证据交换和质证，各方当事人对上述证据的真实性、合法性及关联性提出不同程度的异议，本院对上述证据的真实性、合法性除有证据足以推翻外均予以确认。对于上述证据的关联性，本院将结合本案的相关事实在下文中一并评述。

本院经审理查明，一审审理查明的事实基本属实，本院予以确认。对当事人二审争议的事实，本院另查明：

（一）关于涉案商标的使用情况

2016年长沙海关法规室出具《证明》，表明根据长沙市中级人民法院的证据调取公函，调取了上海名特国际贸易有限公司等3家公司，自2005年以来从上海海关进口“拉菲”或“LAFITE”葡萄酒的记录3391条，报关单编码自221820051185××××至221820161186××××。

（2014）京中信内经证字第41605号公证书显示拉某酒庄的代理人在梅花网广告监测栏目下以“LAFITE/拉菲”进行检索，显示2014年8月至10月《新闻晨报》《参考消息》《新民晚报》等媒体刊登了25次整版广告，广告主显示为“拉某酒庄”“拉菲罗斯柴尔德集团”。

2014年1月15日的《21世纪经济报道》刊登《张裕为什么酿不出中国的拉菲?》记载，“拉菲、玛歌五大顶级酒庄在金字塔的最顶端才能发出诱惑的光芒……张裕肯定想酿造出那种顶级的葡萄酒……张裕肯定能酿造出中国的拉菲，但这需要时间”。2014年4月15日的《华夏酒报》刊登某文记载，“相信在大多数中国人眼中，最好的葡萄酒莫过于拉菲了”。

2011年上映的电影《单身男女》以及2015年上映的电影《澳门风云Ⅱ》均有对白“开了瓶八二年的拉菲”。

（二）关于被诉侵权行为

拉某公司提交的《专卖店招商手册》中部分葡萄酒瓶贴、包装盒上显示有单独的“LAFEI MANOR”标识。该手册还载明，“在多元化的市场上，拉菲庄园保证经销商们有着广阔的市场空间……拉菲庄园低门槛的启动资金——不会加大自身销售资金回转压力……拉菲庄园杜绝各级经销商铺货混乱，最后形成无法控制的窜货现象”。

搜狐网刊登的《“拉菲庄园”隆重登录糖酒会 消费者不知其为山寨》载

明："拉菲庄园"占据展会最好的展位，而且"由于展位多，加上含拉菲二字，现场一眼看去似乎成了拉菲专场。搜狐酒评网在现场采访了一位来看热闹的大爷，那位大爷表示他并非经销商，他只是看到拉菲的牌子来看热闹的，说想见见世界名酒的样子"。

（三）关于金某公司与拉某公司、华某公司的关系

金某公司由龚某京与郭某龙、彭某贞出资设立，经股权变更，目前仅有龚某京与陈某生两位股东，其中龚某京持股 95%。华某公司有龚某京与郭某龙两名股东，龚某京持股 98.75%。金某公司与拉某公司的注册地址相同。

（四）关于与"LAFITE"商标相关的在先案件

本院于 2018 年 6 月 28 日作出（2018）最高法行申 835 号行政裁定（以下简称 835 号裁定），该案系涉案"LAFITE"商标撤销复审行政纠纷案，本院经审查，裁定驳回了金某公司的再审申请，维持了"LAFITE"商标的注册。该裁定认定，"拉某酒庄提交的《中国经济周刊》《上海壹周》刊登的广告是对'LAFITE'商标的使用。拉某酒庄实际使用的'Carruades de Lafite''CHATEAU LAFITE ROTHSCHILD'均完整包含了 LAFITE 商标的文字组合，并未改变该商标的显著特征。""对于金某公司所称应当考虑法国最高法院相关判决对该案的影响问题，上述域外证据欠缺必要的形式要件，即使不考虑上述证据存在的形式缺陷，有关标识的使用是否符合特定国家商标法律的要求，对判断'LAFITE'商标是否在我国境内进行了实际的商业使用并不产生实质性影响。"

本院于 2014 年 8 月 13 日作出 32、33 号裁定，该两案系"拉斐尔"系列商标争议行政纠纷案。两案裁定均认为，"在案证据不足以证明'LAFITE''CHATEAU LAFITE ROTHSCHILD'与中文'拉菲''拉斐''拉斐堡'进行了对应性使用"，遂认定"拉斐尔"系列商标与涉案"LAFITE"商标不构成近似商标，驳回了拉某特民用公司的再审申请。

（五）关于损害赔偿数额及责任承担

一审审理过程中，拉某酒庄 2019 年 7 月 19 日的起诉状记载，被诉侵权行为损害其"LAFITE"驰名商标权，请求拉某公司停止在企业名称中使用"拉菲庄园"字号。2019 年 8 月 29 日的庭审审理过程中，拉某酒庄明确，"拉菲庄园的企业字号侵害了原告在先注册商标 LAFITE"。针对一审法院询问是否基于 2013 年商标法第五十八条的指引，依据反不正当竞争法的相关规定主张金某公司与拉某公司侵权时，拉某酒庄明确"没有根据反法来，没有明

确法律依据”。在前述庭审审理过程中，拉某酒庄就赔偿责任明确为“……主张拉菲庄园赔偿 6500 万元，华夏赔偿 3500 万元，被告一（金某公司）对以上赔偿承担连带责任。深圳某公司合计 269 万元，佩伦合计 28 万元”，并明确上述数额系针对被诉商标侵权行为及不正当竞争行为一并计算，且主张根据商标侵权涉及的被诉侵权产品销售证据计算赔偿数额。

二审审理过程中，拉某酒庄明确表示不再主张金某公司、拉某公司、华某公司对深圳某公司、杭州某公司承担连带责任。

上述事实有各方当事人提交的证据以及当事人陈述等在案佐证。

本院认为：根据各方当事人的诉辩意见，本案二审的争议焦点为：1. 金某公司、拉某公司、华某公司以及深圳某公司实施的被诉侵权行为是否构成商标侵权；2. 拉某公司、深圳某公司实施的被诉侵权行为是否构成不正当竞争；3. 一审判决关于民事责任的认定是否正确；4. 一审判决关于损害赔偿数额的认定是否适当。

（一）关于金某公司、拉某公司、华某公司以及深圳某公司实施的被诉侵权行为是否构成商标侵权的问题

一审判决认定金某公司等四上诉人在生产、销售及宣传被诉侵权产品过程中使用“拉菲庄园”“LAFEI MANOR”及二者组合标识的行为，以及拉某公司将“拉菲庄园”作为字号登记使用的行为分别构成商标侵权行为，各上诉人主张上述被诉侵权行为均不构成商标侵权。对此，本院分述如下：

1. 各上诉人使用“拉菲庄园”的行为是否构成商标侵权

根据 2013 年商标法第五十七条规定，有下列行为之一的，均属侵犯注册商标专用权……（二）未经商标注册人的许可，在同一种商品上使用与其注册商标近似的商标，或者在类似商品上使用与其注册商标相同或者近似的商标，容易导致混淆的；（三）销售侵犯注册商标专用权的商品的。

本案中，被诉侵权标识为“拉菲庄园”，其中“庄园”表示地点或者组织形式，使用在葡萄酒等商品上显著特征较弱，故“拉菲”是该标识的主要识别部分。涉案商标为“LAFITE”及“CHATEAU LAFITE ROTHSCHILD”，“LAFITE”是显著识别部分。关于“拉菲”能否与“LAFITE”形成稳定的对应关系。本院已经生效的 34 号判决认定，2005 年 4 月 1 日，在“拉菲庄园”商标申请日之前，拉某酒庄已经在中国的相关销售宣传单上以“拉菲”指代“LAFITE”，与“LAFITE”有关的宣传报道中也出现了“拉菲”。拉某酒庄通过多年的商业经营活动，客观上在“拉菲”与“LAFITE”之间建立了稳固

的联系。金某公司等未提出足以推翻上述认定的证据，本院对于生效判决的上述认定予以确认。因此，被诉侵权标识“拉菲庄园”的显著识别部分与涉案商标或涉案商标显著识别部分的中文译名相同，二者构成近似商标。

金某公司、拉某公司、华某公司以及深圳某公司在其生产或销售的被诉侵权产品及交易文件上使用与涉案商标近似的“拉菲庄园”标识，构成商标使用行为。拉某公司等还在其网站刊登文章，介绍以“拉菲”为代表的波尔多酒庄，并在广告宣传中介绍其葡萄酒产自波尔多，具有历史沉淀，意图攀附“LAFITE”葡萄酒的知名度。考虑到被诉侵权行为发生时涉案商标经持续使用已具有较高知名度的事实，以及拉某公司等上诉人的实际使用情况，可以认定被诉侵权行为容易引起相关公众的混淆误认。事实上，根据搜狐网刊登的《“拉菲庄园”隆重登录糖酒会 消费者不知其为山寨》一文的记载已有相关公众将“拉菲庄园”葡萄酒当作知名度较高的“拉菲”（“LAFITE”）葡萄酒。金某公司在二审审理过程中提交的商标注册证等证据仅能证明该文中提及的“拉斐尔”商标由案外人注册，但并不能用以推翻相关公众对“拉菲庄园”与“拉菲”（“LAFITE”）产生实际混淆的事实，该份证据与本案缺乏关联性，本院不予采纳。综上，被诉侵权行为是在与涉案商标核定使用商品类似的葡萄酒商品上使用与涉案商标近似的标识，容易引起相关公众的混淆误认，符合2013年商标法第五十七条的规定，构成商标侵权。金某公司等上诉人的相关上诉理由不能成立。

金某公司等上诉人主张，被诉侵权行为发生时“拉菲庄园”是已获准注册的商标，其在“拉菲庄园”商标被撤销前的使用行为具有合法性，其信赖利益应予保护。根据一审查明的事实，商标评审委员会于2013年9月依据2001年商标法第十三条、第四十一条规定，裁定撤销“拉菲庄园”商标，后经行政诉讼，本院作出34号判决，维持商标评审委员会的撤销裁定。根据2002年施行的《中华人民共和国商标法实施条例》（以下简称2002年商标法实施条例）第三十六条规定，依照2001年商标法第四十一条的规定撤销的注册商标，其商标专用权视为自始即不存在。故诉争商标被撤销后，其商标权自始无效。因此，各上诉人即使在撤销裁定生效前的使用行为也缺乏正当的权利基础，其以被诉侵权行为发生时“拉菲庄园”商标仍属有效为由主张不构成侵权，本院不予支持。

拉某公司等上诉人还主张，根据2013年商标法第四十七条之规定，商标无效宣告后一般不具有溯及力，因此，“拉菲庄园”商标被撤销不应溯及既往。对此，本院认为，2013 年商标法第四十七条第二款规定，宣告注册商标无效的决定或者裁定，对宣告无效前人民法院做出并已执行的商标侵权案件的判决、裁定、调解书和工商行政管理部门做出并已执行的商标侵权案件的处理决定以及已经履行的商标转让或者使用许可合同不具有追溯力。但是，因商标注册人的恶意给他人造成的损失，应当给予赔偿。根据上述法律规定，宣告注册商标无效的决定或者裁定仅对上述四类事项不具有效力，已经执行的，不得以注册商标已经被宣告无效为由，要求恢复到原来的状况。但本案不属于上述四种情形，拉某公司等上诉人的该上诉理由不能成立。

至于金某公司等上诉人主张，“拉菲庄园”商标获准注册的事实以及 32、33 号裁定关于该商标与“LAFITE”商标不近似的认定，使其产生的信赖利益应受保护。本院对其相关主张不予支持，理由如下：信赖利益获得保护通常需要具备三个要件：一是存在信赖的基础，行政机关的行政行为或合法成立的合同关系均可能成为信赖的基础；二是产生了信赖行为，即行为人基于信赖基础实施了信赖行为；三是信赖利益应受保护。信赖利益应否受到保护通常取决于行为人的主观状态，一般而言，善意的信赖利益才能够受到保护。如果行为人明知信赖基础不合法或者明显违法仍实施相应行为，其主观态度难谓善意，其所谓的信赖利益不应给予保护。根据 34 号判决查明的事实，金某公司在推广宣传中，使用拉某酒庄的法文“Chateau Lafite Rothschild”或中文名称“罗斯柴尔德拉菲堡”等，具有混淆其与拉某酒庄葡萄酒的明显恶意；该判决进一步认定，“金某公司与拉某酒庄为同行业经营者，理应知晓拉某酒庄的引证商标及其音译情况，其在申请争议商标注册时应当合理避让，但仍然在葡萄酒等相同或类似商品上申请注册了与引证商标相近似的争议商标，其行为难谓正当”。可见，金某公司实施被诉侵权行为并不具有善意，亦不存在应予保护的信赖利益。32、33 号裁定所涉两案同样不能作为各上诉人信赖利益应受保护的依据。首先，该两案与本案所涉商标不同，当事人也不同，金某公司亦未证明 32、33 号裁定认定事实所依据的证据与本案相同；其次，32、33 号裁定明确两案系因证据不足以认定“拉菲”与“LAFITE”存在对应关系，因而最终认定“拉菲”与“LAFITE”未进行对应性使用。因此，32、33 号裁定不足以否定金某公司在申请注册及使用“拉菲庄园”商标过程中对涉案商标的攀附恶意，更不能佐证金某公司具有善意信赖利益。华某公司、拉某公司与金某公司在出资设立人、注册地址以及经营管理等方面高度关联，在生产、销售“拉菲庄园”葡萄酒的过程中分工合作，共同建立了完整的产销体系。鉴于上述事实，可以认定华某公司、拉某公司亦具有明显的攀附意图，不具有善意信赖利益。

综上，金某公司等四上诉人使用“拉菲庄园”的被诉侵权行为构成商标侵权，其关于“拉菲庄园”商标被撤销前的使用行为具有合法性的上诉理由不能成立。

2. 各上诉人使用“LAFEI MANOR”的行为是否构成商标侵权

金某公司等上诉人主张使用“LAFEI MANOR”的行为不构成商标侵权。本院认为，被诉侵权标识“LAFEI MANOR”中的“MANOR”为法语词汇，其中文含义为“庄园”，将其使用在葡萄酒等商品上显著特征较弱，因此，“LAFEI”是该标识的显著识别部分。将被诉侵权标识的显著识别部分“LAFEI”与“LAFITE”相比，二者首字母相同，且在字母构成、排列顺序、发音等方面均相近，因此，被诉侵权标识“LAFEI MANOR”与涉案商标“LAFITE”“CHATEAU LAFITE ROTHSCHILD”构成近似商标。金某公司等上诉人将“LAFEI MANOR”使用在葡萄酒商品上，与拉某酒庄的涉案商标构成使用在同一种或类似商品上的近似商标，容易引起相关公众的混淆误认。关于金某公司、拉某公司主张其未单独使用“LAFEI MANOR”标识，均与“拉菲庄园”共同使用，不会引起混淆误认的问题，经查，《专卖店招商手册》等在案证据显示，部分葡萄酒的瓶贴、包装盒上存在单独使用“LAFEI MANOR”标识的情形，故其上述主张缺乏事实依据。一审判决认定使用“LAFEI MANOR”的被诉侵权行为构成商标侵权并无不当。同理，金某公司等四上诉人将“拉菲庄园”与“LAFEI MANOR”标识进行组合使用的被诉侵权行为亦构成商标侵权，一审判决的相关认定并无不当。

3. 拉某公司使用“拉菲庄园”作为字号是否构成商标侵权

商标民事司法解释第一条第一项规定，将与他人注册商标相同或者相近似的文字作为企业的字号在相同或者类似商品上突出使用，容易使相关公众产生误认的，构成商标侵权行为。根据上述司法解释规定，只有将与他人注册商标相同或近似的文字作为企业字号注册，并突出使用的行为才构成商标侵权。本案中，拉某公司于 2006 年 8 月 11 日登记注册，将“拉菲庄园”作为企业字号。此后，拉某公司的官方网站及其《专卖店招商手册》中均有单独使用“拉菲庄园”指代拉某公司的情形。由此可见，拉某公司在经营活动中突出使用其“拉菲庄园”字号。如前所述，“拉菲庄园”与“LAFITE”近似，且“LAFITE”葡萄酒早在拉某公司成立前就已经进入中国，并为相关公众知悉。因此，拉某公司将“拉菲庄园”注册为字号并突出使用在与“LAFITE”商标核定使用商品相同或类似的商品上，容易使相关公众产生混淆误认，一审判决认定该行为构成商标侵权并无不当，拉某公司的相关上诉理由均不能成立。

在二审审理过程中，金某公司主张拉某酒庄起诉称拉某公司在字号中使用“拉菲庄园”的行为构成不正当竞争，故一审判决认定上述行为构成商标侵权超出了拉某酒庄的诉讼请求。经查，拉某酒庄在一审审理过程中仅以被诉侵权行为损害其“LAFITE”商标权为由请求判令拉某公司停止在企业字号中使用“拉菲庄园”，并未就不正当竞争提出明确的诉讼请求，故金某公司的相关上诉理由不能成立。

4. 华某公司受托生产“拉菲庄园”葡萄酒是否构成商标侵权

华某公司上诉称，其系受托生产“拉菲庄园”葡萄酒，仅实施了商标标志贴附行为，并非商标法意义上的使用，不构成商标侵权。根据2013年商标法第四十八条规定，本法所称商标的使用，是指将商标用于商品、商品包装或者容器以及商品交易文书上，或者将商标用于广告宣传、展览以及其他商业活动中，用于识别商品来源的行为。由此可知，商标使用行为的目的在于发挥商标识别商品来源的功能，在商品上贴附商标标志并使其进入市场流通，是让相关公众识别商品来源的主要手段。判断受托加工过程中商标贴附行为是否构成商标使用，不能割裂商品的生产与流通环节，如果受托加工商品已经进入流通领域，相关公众从贴附的标志中识别到受托加工人的，其贴附行为可以认定为商标使用行为，该受托人即为商标使用人。本案中，华某公司生产的部分被诉侵权产品明确标示生产厂商为华某公司，华某公司亦直接向拉某公司、深圳某公司等主体提供被诉侵权产品并收取货款、开具发票，其受托加工行为应当认定为商标使用行为，一审判决认定其实施商标侵权行为并无不当。

（二）拉某公司、深圳某公司实施的涉案宣传行为是否构成不正当竞争

拉某公司及深圳某公司上诉称，其实施的涉案宣传行为不构成虚假宣传，不应认定为不正当竞争行为。本院认为，拉某公司及深圳某公司的相关上诉理由不能成立。理由如下：

1993年反不正当竞争法第九条第一款规定，经营者不得利用广告或者其他方法，对商品的质量、制作成分、性能、用途、生产者、有效期限、产地等作引人误解的虚假宣传。

关于拉某公司的宣传行为。本案中，拉某公司在其《专卖店招商手册》中使用“拉菲庄园——世界关注的焦点，上帝偏爱的葡萄酒终于来到了中国”等广告语，用于宣传介绍其“拉菲庄园”葡萄酒。上述广告语语义模糊，夸大了“拉菲庄园”葡萄酒的历史传承与知名度，基于拉某酒庄和“LAFITE”葡萄酒的知名度，以及“拉菲”与“LAFITE”标识之间形成的对应关系，易使相关公众误认为“拉菲庄园”葡萄酒是世界知名酒庄的葡萄酒，进而对该商品的质量、美誉度产生误解，构成引人误解的虚假宣传，同时损害了拉某酒庄的利益，拉某公司的相关上诉理由不能成立。此外，由于上述《专卖店招商手册》未标明使用年度，且拉某公司持续参与“拉菲庄园”葡萄酒的全国运营，并持续招募加盟商，故其关于拉某酒庄请求认定虚假宣传超过诉讼时效的上诉理由不能成立。

关于深圳某公司的宣传行为。经查，61452 号公证保全的被诉侵权视频包含“12 世纪的历史沉淀”“21 世纪的先进工艺”“拉菲庄园古堡干红葡萄酒”等广告语，视频结尾处显示的主体仅有“骏腾酒业”，同时标示了“拉菲庄园”商标等被诉侵权标识以及“CCTV7”“酷 6”“优酷视频”等字样。深圳某公司对 61452 号公证的真实性不持异议，但认为该视频并非由其发布，不应视为深圳某公司的宣传行为，侵权行为人应为酷 6 网。对此，本院认为，该视频并非仅显示酷 6 网，还含有其他多个播放平台的标记。而深圳某公司是“拉菲庄园”葡萄酒的一级经销商，且视频结尾处有“骏腾酒业”的署名，该视频由深圳某公司制作发布的盖然性较大。在拉某酒庄提供初步证据的情况下，深圳某公司主张其并非视频的实际发布者，应当提交证据证明该视频由他人上传至视频发布平台或由平台经营者自行发布，深圳某公司未提交相应证据，应当承担举证不能的不利后果，一审判决认定该视频系深圳某公司发布并无不当。由于视频中“历史沉淀”“先进工艺”等描述所针对的主体不明确，存在歧义，加之“LAFITE”葡萄酒具有较高知名度以及“拉菲”与“LAFITE”存在对应关系，该视频易使相关公众对“拉菲庄园”葡萄酒的美誉度及历史传承产生误解，构成引人误解的虚假宣传，深圳某公司等上诉人的相关上诉理由均不能成立。

（三）一审判决关于民事责任的认定是否正确

根据本案查明事实，被诉侵权行为构成商标侵权及不正当竞争，一审判决根据各被诉侵权主体所实施的行为，认定各自承担相应责任并无不妥。金某公司等四上诉人对一审判决的责任认定及划分均不服，分别以拉某酒庄三年未使用涉案商标、被诉侵权销售行为具有合法来源等为由进行抗辩，认为其不应承担赔偿责任或不应承担连带责任。对此，本院分述如下：

1. 关于金某公司等上诉人的三年未使用抗辩是否成立

金某公司等上诉人主张拉某酒庄未提交此前三年使用涉案商标的证据，其不应当承担赔偿责任。2013 年商标法第六十四条第一款规定，注册商标专用权人请求赔偿，被诉侵权人以注册商标专用权人未使用注册商标提出抗辩的，人民法院可以要求注册商标专用权人提供此前三年内实际使用该注册商标的证据。注册商标专用权人不能证明此前三年内实际使用过该注册商标，也不能证明因侵权行为受到其他损失的，被诉侵权人不承担赔偿责任。上述法律规定旨在督促商标使用，合理平衡权利人与侵权行为人之间的利益。权利人对于其起诉之日起前三年使用涉案商标的事实负有证明责任。针对被诉侵权人的该项抗辩，权利人仅需举证证明其针对涉案商标实施了商标使用行为即可。涉案商标的使用程度影响其受保护的范围，但不是决定侵权人是否承担赔偿责任的因素。结合本案，拉某酒庄应提供证据证明其在 2014 年至 2016（以下简称涉案三年期间）使用了涉案商标。

根据本案查明事实，长沙海关法规室出具的证明及从上海海关调取的报关单记录显示涉案三年期间拉某酒庄进口了“Carruades de Lafite”“CHATEAU LAFITE ROTHSCHILD”葡萄酒；梅花网广告监测的检索内容显示，涉案三年期间拉某酒庄在《新闻晨报》《参考消息》《广州日报》等多家媒体上对“LAFITE”“拉菲”进行了大量宣传；此外，2014 年的《21 世纪经济报道》《华夏酒报》等报刊以及 2015 年上映的《澳门风云》等影视作品均能反映涉案三年期间“拉菲”葡萄酒在中国具有一定知名度。因此，在案证据能够证明，拉某酒庄在涉案三年期间在中国使用了涉案商标。

金某公司主张，拉某酒庄进口葡萄酒瓶贴上并无涉案“LAFITE”商标，即使标示了“LAFITE”，也是使用罗某柴某德男爵拉某集团字号的行为，而非对涉案商标的使用。本院认为，拉某酒庄进口的葡萄酒瓶贴上使用了“Carruades de Lafite”“CHATEAU LAFITE ROTHSCHILD”标识，该标识完整包含了“LAFITE”，上述使用行为并未改变涉案商标的显著特征，本院 835 号裁定亦认定上述标识的使用行为可视为对“LAFITE”商标的使用；此外，拉某酒庄在部分葡萄酒的瓶贴上使用了“DOMAINES BARONS DE ROTHSCHILD（LAFITE）”，虽然该标识指向罗某柴某德男爵拉某集团，但根据罗某柴某德男爵拉某集团与拉某酒庄的公司章程，两者之间具有商标与字号的许可使用关系，故该使用方式能够使相关公众借以识别商品来源，可以视为拉某酒庄对涉案“LAFITE”商标的使用行为。金某公司的相关上诉理由不能成立。

金某公司还主张，拉某酒庄在法兰西共和国注册的“LAFITE”商标已被该国最高法院撤销，故拉某酒庄无法在涉案三年期间使用“LAFITE”商标。本院认为，知识产权的保护具有地域性，拉某酒庄在法兰西共和国注册的“LAFITE”商标被撤销，并不影响其在中国注册的涉案“LAFITE”商标的有效性，该撤销判决并非涉案“LAFITE”商标在中国不予保护的当然理由。

综上，金某公司等上诉人关于拉某酒庄三年未使用涉案商标，其因此不承担赔偿责任的上诉理由不能成立。

2. 关于拉某公司与深圳某公司的合法来源抗辩是否成立

拉某公司及深圳某公司均上诉称，其仅实施了销售行为，据此主张合法来源抗辩。2013 年商标法第六十四条第二款规定，销售不知道是侵犯注册商标专用权的商品，能证明该商品是自己合法取得并说明提供者的，不承担赔偿责任。该条规定要求销售者对其销售的商品负有合理审查义务，除非销售者能够证明其已尽审查义务，不知道或不应当知道所售商品构成侵权，否则其合法来源抗辩不能成立。本案中，拉某公司、深圳某公司均系葡萄酒的经销企业，理应清楚“LAFITE”葡萄酒的知名度及其历史传承，亦应知被诉侵权产品构成侵权，但仍作为被诉侵权产品的品牌运营商宣传“拉菲庄园”葡萄酒，并在全国范围内招商或销售被诉侵权产品，其行为难谓正当，一审判决认定其合法来源抗辩不能成立并无不当。

3. 金某公司应否对华某公司、拉某公司的赔偿责任承担连带责任

根据本案查明事实，龚某京既是金某公司的出资设立人，又是华某公司的控股股东。金某公司申请注册“拉菲庄园”商标后，主导了被诉侵权产品的制造与销售，先后与华某公司及拉某公司签订委托生产合同及运营合同，授权拉某公司在全国范围内招募加盟商，三方由此建立由金某公司或指定的代理公司负责进口，华某公司负责国内生产，拉某公司进行销售的完整产销体系。经销过程中，金某公司不仅通过合同或者股权关系实际控制被诉侵权产品的生产与销售，还对产品的包装与宣传进行管控，金某公司与上述二者具有共同的侵权故意，共同实施了侵权行为，其应对华某公司、拉某公司的损害赔偿责任承担连带责任。金某公司还主张其不应针对不正当竞争行为承担连带责任，经查，一审审理过程中拉某酒庄主张依据被诉商标侵权商品的

销售额计算损害赔偿数额，并未就各上诉人的不正当竞争行为提出损害赔偿数额的计算方法，应视为不再主张就被诉不正当竞争行为获得单独的损害赔偿救济，故金某公司关于其不应对不正当竞争行为承担连带责任的上诉理由缺乏事实依据。

4. 金某公司、拉某公司以及华某公司应否对深圳某公司、杭州某公司的损害赔偿责任承担连带责任

一审判决认定深圳某公司、杭州某公司在其侵权获利的基础上承担损害赔偿责任，金某公司、拉某公司以及华某公司对上述赔偿责任承担连带责任。深圳某公司等四上诉人主张，一审判决认定深圳某公司承担损害赔偿责任，并由金某公司、拉某公司及华某公司承担连带责任超出了拉某酒庄的诉讼请求。

根据本院查明的事实，在一审审理过程中，拉某酒庄明确主张深圳某公司赔偿 269 万元，杭州某公司赔偿 28 万元，故一审判决判令深圳某公司、杭州某公司承担赔偿责任并未超出拉某酒庄的诉讼请求。关于金某公司等三上诉人应否对深圳某公司、杭州某公司的赔偿责任承担连带责任的问题，金某公司等上诉人均主张不应承担连带责任，在本案二审审理过程中，拉某酒庄亦表示不再主张金某公司、拉某公司、华某公司对深圳某公司、杭州某公司的赔偿责任承担连带责任，基于各方当事人对上述责任划分已无争议，一审判决的相关认定及判决内容已与实际不符，应予撤销。

（四）一审判决认定的损害赔偿数额是否适当

1. 一审判决认定的赔偿期间是否适当

金某公司、拉某公司、华某公司上诉称，本案应当适用 2002 年商标民事司法解释第十八条，而非适用 2020 年修正后的商标民事司法解释，即损害赔偿期间应自起诉之日起向前推算二年，而非三年。

根据 2002 年商标民事司法解释第十八条规定，商标注册人或者利害关系人超过二年起诉的，如果侵权行为在起诉时仍在持续，在该注册商标专用权有效期限内，人民法院应当判决被告停止侵权行为，侵权损害赔偿数额应当自权利人向人民法院起诉之日起向前推算二年计算。本案一审审理过程中，上述规定修改为自起诉之日起向前推算三年计算损害赔偿数额。前述法律规定中向前推算的期间仅为计算损害赔偿数额的期间，并非对商标权人胜诉权的限制，不属诉讼时效计算期间。根据一审审理查明的事实，在本案一审审理期间被诉侵权行为仍有发生。综合考虑上述司法解释中三年期间的性质、

拉某酒庄的维权状况以及被诉侵权行为的持续情况等因素，一审法院适用审理过程中修正的2020年商标民事司法解释第十八条，以2014年至2016年作为计算损害赔偿数额的期间并无不当。金某公司、拉某公司及华某公司关于该三年期间系对诉讼时效的规定，应当适用旧法的上诉理由不能成立。

2. 一审判决认定的侵权获利数额是否适当

金某公司等上诉人称一审判决关于单瓶销售价格、单瓶成本价的认定不当，并存在以销售利润认定侵权获利及重复计算赔偿数额的错误。对此，本院分述如下：

关于单瓶销售价格，拉某公司主张一审判决未将以“件”为单位的销售票据纳入单瓶售价的计算错误，并提交了淘宝、京东等购物平台的商品展示页面截图，用以证明“一件为六瓶”。由于拉某公司在二审审理过程中提交的网页截图数量较少，仅能反映部分电子商务平台中少数几宗商品将“一件”描述为六瓶，尚不足以证明“一件为六瓶”是行业惯例。因无法确定以“件”为单位的发票具体指向的销售数量，一审判决未将此类发票计入单瓶价格的统计并无明显不当。一审判决认定的单瓶销售价格本院予以确认。

关于单瓶成本价，华某公司主张一审判决仅以散装葡萄酒的进口价格计算单瓶成本价错误，并提交了审计报告加以证明。经查，该审计报告系华某公司单方委托制作，在缺乏原始财务凭证加以佐证的情况下，其证明力较弱，且华某公司主张其经营多种品牌的葡萄酒，故该审计报告不能准确反映“拉菲庄园”葡萄酒的成本与收益，本院对该证据不予采信。本案中，华某公司进口散装葡萄酒后灌装成瓶装酒进行销售，散装葡萄酒是华某公司生产销售的主要成本，华某公司虽提出还有其他成本应当一并扣除，但未提交相关证据加以证明，华某公司理应承担举证不能的不利后果。一审判决关于华某公司单瓶成本价的计算并无不当。

关于一审判决以销售利润作为侵权获利依据是否正确的问题。华某公司等上诉人称其在二审审理过程中提交的商标注册信息、产品检验报告、发票以及审计报告能够证明“拉菲庄园”葡萄酒不是华某公司的主营业务，一审判决以销售利润作为侵权获利的计算依据错误。本院认为，华某公司在二审审理过程中提交的发票总额与一审审理查明的销售额相比，占比较小，即使结合商标注册信息、产品检验报告也不足以证明“拉菲庄园”之外的其他品牌葡萄酒系其主营业务。如上文所述，华某公司提供的审计报告证明力较弱，且该份审计报告显示2014年至2016年华某公司生产销售的葡萄酒数量与一审审理查明的该期间进口散装葡萄酒的数量相差巨大，华某公司未给出合理解释，该审计报告的准确性难以确认，本院不予采信。华某公司等上诉人的此项上诉理由缺乏事实依据，一审判决以销售利润计算侵权获利并无不当。

关于一审判决是否重复计算赔偿数额的问题。华某公司等上诉人主张，一审判决认定的赔偿数额重复计算了华某公司生产销售的部分。对此，本院认为，一审判决按照拉某公司、华某公司、深圳某公司以及杭州某公司的销售总额及数量，分别计算了单瓶价格，并将华某公司销售给拉某公司、深圳某公司以及杭州某公司的单瓶售价作为拉某公司、深圳某公司以及杭州某公司的成本，据此计算利润率，最终依据该利润率计算拉某公司、深圳某公司以及杭州某公司的销售利润，该计算方式已经扣除了华某公司就被诉侵权产品获得的利润，不存在重复计算赔偿数额的情形，华某公司等上诉人的相关上诉理由缺乏事实依据。

二审审理过程中，各上诉人表示对一审判决认定的 2014 年至 2016 年的销售额不持异议，仅拉某公司主张品牌被遮挡或模糊不清的 105 张发票不应计入其销售额计算。对此，本院认为，涉案发票均为金某公司在另案中向人民法院提交用以证明“拉菲庄园”商标实际使用的证据。一审判决已经剔除未明确显示“拉菲庄园”品牌的发票，而拉某公司未提交证据证明上述 105 张发票系其他品牌葡萄酒的销售票据，在此情况下，可以认定该 105 张发票均为“拉菲庄园”葡萄酒的销售证据。一审法院据此将其纳入拉某公司被诉侵权产品销售额的计算并无不当。

综上，一审判决关于单瓶售价、成本以及销售总额的认定均无不当，并以此为基础计算各上诉人的利润率亦无不当。故，一审判决以该销售额与上述利润率计算的侵权获利数额亦属正确。

3. 一审判决适用惩罚性赔偿是否适当

根据 2013 年商标法第六十三条第一款规定，侵犯商标专用权的赔偿数额，按照权利人因被侵权所受到的实际损失确定；实际损失难以确定的，可以按照侵权人因侵权所获得的利益确定；权利人的损失或者侵权人获得的利益难以确定的，参照该商标许可使用费的倍数合理确定。对恶意侵犯商标专用权，情节严重的，可以在按照上述方法确定数额的一倍以上三倍以下确定赔偿数额。赔偿数额应当包括权利人为制止侵权行为所支付的合理开支。

本院认为，认定“恶意侵犯商标权”，应结合商标的知名度、被告与原告或者利害关系人之间的关系等因素认定；认定“情节严重”可以结合侵权手段、次数，侵权行为的持续时间、地域范围、规模、后果，侵权人在诉讼中的行为等因素认定。首先，关于本案被诉侵权行为是否具有侵权恶意。经查，“LAFITE”葡萄酒在法国历史悠久，涉案“LAFITE”葡萄酒可追溯至1234年，1868年就已成为罗斯柴尔德家族的产业，知名度极高，“LAFITE”酒庄也是《波尔多1855年列级酒庄》，具有较高知名度。金某公司等四上诉人作为葡萄酒行业的从业者，理应知晓涉案“LAFITE”及“CHATEAU LAFITE ROTHSCHILD”商标的知名度，在与罗斯柴尔德家族无任何关联关系的情况下，金某公司仍申请注册“拉菲庄园”商标，且在拉某酒庄提出商标争议后继续使用该商标，并与拉某公司、华某公司、深圳某公司等联合经营，不断扩大生产销售规模，在宣传活动中持续攀附法国“LAFITE”葡萄酒的知名度。可见，金某公司等四上诉人侵权恶意明显。其次，关于本案被诉侵权行为是否情节严重。金某公司等四上诉人自2007年“拉菲庄园”商标核准注册后就开始使用该被诉侵权标识，侵权时间较长；金某公司、拉某公司、华某公司、深圳某公司建立了进口、生产以及销售被诉侵权产品的完整经销体系，侵权获利较高，影响范围较广；被诉侵权产品属于与人民群众身体健康相关的食品，亦有产品包装不合格的负面报道，损害了拉某酒庄的商誉。可见，被诉侵权行为情节严重。一审判决据此适用惩罚性赔偿并无不当。

拉某公司主张拉某酒庄自2011年知晓被诉侵权行为后怠于行使权利，放任损害扩大，适用惩罚性赔偿有违公平。本院认为，拉某酒庄于2011年8月24日即提出商标争议申请，符合《最高人民法院关于审理注册商标、企业名称与在先权利冲突的民事纠纷案件若干问题的规定》的指引。2016年12月“拉菲庄园”商标被本院34号判决确认撤销，2017年1月拉某酒庄即提出本案诉讼，可见拉某酒庄一直在积极寻求救济。相反，金某公司等上诉人在“拉菲庄园”商标处于权利状态不稳定的较长时间内仍持续使用被诉侵权标识“拉菲庄园”，不断扩大经营规模。因此，损害扩大的不利后果不应归咎于拉某酒庄。此外，能否适用惩罚性赔偿与权利人是否穷尽救济手段并无必然关联，拉某公司关于拉某酒庄未及时提起民事侵权诉讼、未穷尽救济手段，以及一审判决适用惩罚性赔偿有违公平等上诉理由均不能成立。拉某公司还主张，本案不存在客观或相对准确的计算基础，不应当适用惩罚性赔偿。经查，一审判决系根据拉某酒庄的请求，以被诉侵权人的侵权获利作为损害赔偿的计算方法，并以此为基础适用惩罚性赔偿，并无不当。

4. 一审判决确定的合理开支是否适当

金某公司等四上诉人主张，一审判决认定的律师费过高。在案证据显示，拉某酒庄在诉讼过程中提交了大量公证书以及律师参加诉讼的大量应诉文书，可见拉某酒庄为制止金某公司等上诉人的被诉侵权行为实际支出了公证费、律师费等费用。一审判决根据案件审理的实际情况，在拉某酒庄请求赔偿的数额范围内酌情确定合理开支并无不妥，金某公司等上诉人虽然主张一审判决认定律师费过高，但并未提交证据证明一审判决的认定显有不当，其相关上诉理由本院不予支持。

综上所述，一审判决认定事实清楚，适用法律正确，理应维持。基于二审审理过程中各方当事人就金某公司、拉某公司、华某公司对深圳某公司、杭州某公司的赔偿责任不再承担连带责任已无异议，本院对本案作部分改判。依照2013年修正的《中华人民共和国商标法》第五十七条、第六十三条第一款、第六十四条，1993年施行的《中华人民共和国反不正当竞争法》第九条，《中华人民共和国侵权责任法》第八条，2002年施行的《中华人民共和国商标法实施条例》第三十六条，《最高人民法院关于审理商标民事纠纷案件适用法律若干问题的解释》第一条、第十八条，《中华人民共和国民事诉讼法》第一百七十七条第一款第二项规定，判决如下：

一、维持江苏省高级人民法院（2017）苏民初5号民事判决第一项、第二项、第三项、第五项；

二、撤销江苏省高级人民法院（2017）苏民初5号民事判决第四项、第六项；

三、由南京拉某庄园酒业有限公司于本判决生效之日起三十日内赔偿拉某罗斯柴尔德酒庄经济损失及为制止侵权行为支付的合理开支5100万元，南京华某葡萄酿酒有限公司于本判决生效之日起三十日内赔偿拉某罗斯柴尔德酒庄经济损失及为制止侵权行为支付的合理开支2520万元，南京金某希望酒业有限公司对上述两公司的赔偿责任承担连带责任；

四、深圳市骏某酒业有限公司于本判决生效之日起三十日内赔偿拉某罗斯柴尔德酒庄经济损失及为制止侵权行为支付的合理开支269万元；

五、杭州佩某贸易有限公司于本判决生效之日起三十日内赔偿拉某罗斯柴尔德酒庄经济损失及为制止侵权行为支付的合理开支28万元；

六、驳回拉某罗斯柴尔德酒庄的其他诉讼请求。

如果未按本判决指定的期间履行给付金钱义务，应当依照《中华人民共和国民事诉讼法》第二百六十条之规定，加倍支付迟延履行期间的债务利息。

一审案件受理费541800元按一审判决承担。二审案件受理费506370元，由南京拉某庄园酒业有限公司和南京金某希望酒业有限公司共同负担296800元；南京华某葡萄酿酒有限公司和南京金某希望酒业有限公司共同负担167800元；深圳市骏某酒业有限公司负担28320元；拉某罗斯柴尔德酒庄负担13450元。

本判决为终审判决。

审 判 长 晏 景
审 判 员 戴怡婷
审 判 员 马秀荣
二〇二三年九月二十一日
法官助理 包 硕
书 记 员 韩 阳

20. 商标侵权案件合法来源抗辩的成立条件

——再审申请人望都县江某化妆品门市部等与被申请人株式会社纳某侵害商标权纠纷系列案①

中华人民共和国最高人民法院民事判决书（2022）最高法民再275号

再审申请人（一审被告、二审上诉人）：望都县江某化妆品门市部。住所地：中华人民共和国河北省保定市望都县。

经营者：张某某。

委托诉讼代理人：赵宇，上海申浩（天津）律师事务所律师。

委托诉讼代理人：赵丽君，上海申浩（天津）律师事务所律师。

被申请人（一审原告、二审被上诉人）：株式会社纳某。住所地：大韩民国首尔市江南区。

法定代表人：郑某某，该公司代表理事。

委托诉讼代理人：李航，河北航岳律师事务所律师。

委托诉讼代理人：史晗，河北航岳律师事务所律师。

再审申请人望都县江某化妆品门市部（以下简称江某门市部）因与被申请人株式会社纳某（以下简称纳某株式会社）侵害商标权纠纷一案，不服河北省高级人民法院（以下简称二审法院）（2021）冀知民终26号民事判决，向本院申请再审。本院于2022年6月24日作出（2021）最高法民申6332号民事裁定，提审本案。提审后，本院依法组成合议庭，公开开庭审理了本案。再审申请人江某门市部的委托诉讼代理人赵宇、赵丽君，被申请人纳某株式会社的委托诉讼代理人史晗到庭参加诉讼。本案现已审理终结。

江某门市部申请再审称，1. 江某门市部所提交的证据能够证明被诉侵权商品具有合法来源，且在购进被诉侵权商品过程中已尽到合理注意义务，符合法律、法规及司法解释关于合法来源的相关规定，不应承担赔偿责任。二

① 本案在年度报告中的位置为第43页、第47页。

审法院对江某门市部的注意义务要求过高，对主观方面是善意还是恶意的证明责任分配错误，最终认定江某门市部合法来源抗辩不能成立，认定事实及适用法律错误。2. 二审法院未追加天津众某供应链管理有限公司（以下简称众某公司）、天津冠某商贸有限公司（以下简称冠某公司）和青岛一某某国际贸易有限公司（以下简称一某某公司）为被告，导致案件事实未查清，影响当事人的权利救济。3. 江某门市部针对一审判决关于其所提交的证据与公证购买的被诉侵权商品是否具有同一性的认定提起上诉，二审法院对此未予审理，却以“未尽到合理注意义务”为由驳回上诉，致使江某门市部未能就“未尽到合理注意义务”的事实进行答辩，损害了江某门市部通过二审进行救济的程序权益。4. 纳某株式会社舍弃追究源头侵权人，针对终端门店发起数千起商标侵权诉讼，通过诉讼迫使门店支出数千到万元的赔偿款，获利数千万，属于不当维权，与“源头维权，追究生产者”的司法精神不符，应予规制。综上，江某门市部依据2017年修正的《中华人民共和国民事诉讼法》第二百条第二项、第六项的规定，向本院申请再审，请求：1. 撤销二审判决；2. 撤销一审判决；3. 改判驳回纳某株式会社的全部诉讼请求；4. 诉讼费用由纳某株式会社承担。

纳某株式会社辩称，1. 二审法院认定江某门市部未尽到相应注意义务，所售化妆品不具有合法来源，并无不当；2. 众某公司、冠某公司和一某某公司并非本案必要当事人，二审法院未予追加不存在错误。综上，请求驳回江某门市部的再审请求。

纳某株式会社向河北省保定市中级人民法院（以下简称一审法院）起诉请求：1. 判令江某门市部立即停止侵害第10494194号“NATURE REPUBLIC”和第948138X号“纳益其尔”商标（以下简称涉案商标）专用权的行为，即停止生产、使用、许诺销售或销售侵害涉案商标专用权的产品，并销毁库存侵权产品；2. 判令江某门市部赔偿纳某株式会社经济损失30000元；3. 判令江某门市部支付合理费用合计10000元（调查取证服务费、公证费、差旅费等2000元，律师费8000元）；4. 判令江某门市部承担本案的诉讼费用。

一审法院认定事实：纳某株式会社系韩国注册法人，该法人享有第1049419X号注册商标“NATURE REPUBLIC”，注册有效期限为2013年5月7日至2023年5月6日，核定使用商品（第3类）有香水、化妆洗液、化妆品等。第9481384号注册商标“纳益其尔”由案外人北京纳某某某国际贸易有限公司（以下简称北京纳某公司）依法享有，注册有效期限为2012年6月7日至2022年6月6日，核定使用商品（第3类）有香水、化妆品等。2018年1月1日，北京纳某公司与纳某株式会社签订《商标排他使用许可合同》，许可纳某株式会社在中华人民共和国行政区域内，排他性使用其享有的第9481384号注册商标“纳益其尔”，许可使用期限为2018年1月1日至2022年6月5日。

2019年1月1日，纳某株式会社与案外人北京纳某公司签订《授权委托书》，授权案外人北京纳某公司代表纳某株式会社对中华人民共和国境内的商标侵权行为进行调查取证、证据保全公证。2019年1月1日，案外人北京纳某公司与北京瀚某某知识产权代理有限公司（以下简称瀚某某公司）签订《授权委托书》，将纳某株式会社委托事项转委托给瀚某某公司。2019年9月4日，纳某株式会社与北京升祺律师事务所杨伟华律师签订《授权委托书》，委托杨伟华律师作为纳某株式会社特别授权诉讼代理人对中国境内的商标侵权行为进行维权。2019年7月30日，瀚某某公司河北分公司负责人张某某赴河北省保定市望都县某路的“朵宁江某日化1店”，刷卡购买了标识有“NATURE REPUBLIC”的商品一盒，“江某日化1店步行街店”出具购物小票，商品购买过程由河北省石家庄市国某公证处进行证据保全公证。北京纳某公司出具《鉴别证明》，认定被诉侵权商品系假冒纳某株式会社注册商标的产品。

一审法院判决：1. 江某门市部于判决生效之日起立即停止侵害商标专用权行为，即停止销售侵害涉案商标专用权的产品，并销毁库存侵权产品；2. 江某门市部赔偿纳某株式会社维权合理费用支出及经济损失共计10000元，自判决发生法律效力之日起十日内履行完毕；3. 驳回纳某株式会社的其他诉讼请求。案件受理费800元，由纳某株式会社负担600元，江某门市部负担200元。

江某门市部不服一审判决，上诉请求：1. 撤销一审判决；2. 依法改判，驳回纳某株式会社在一审中的诉讼请求并由纳某株式会社承担本案一、二审诉讼费用。其主要理由为：江某门市部提交的证据能够证明其所售被诉侵权商品系来源于众某公司，而众某公司的产品来源于一某某公司，江某门市部已经尽到合理注意义务，根据《中华人民共和国商标法》（以下简称商标法）第六十四条的规定，不应承担赔偿责任；河北省石家庄市国某公证处（2019）冀石国证民字第5480号公证书不能作为本案证据使用。

二审法院对一审法院查明的事实予以确认。

二审法院认为，本案的争议焦点为：（一）河北省石家庄市国某公证处（2019）冀石国证民字第5480号公证书是否可以作为本案证据使用；（二）江某门市部所售的被诉侵权商品来源是否合法；（三）江某门市部应当如何承担法律责任。

对于第一个问题。根据《中华人民共和国公证法》第三十六条、《最高人民法院关于适用〈中华人民共和国民事诉讼法〉的解释》第九十三条的规定，在江某门市部无相反证据的情况下，纳某株式会社向一审法院提交的公证书，二审法院予以采信，并作为本案的定案依据。对于江某门市部上诉提出（2019）冀石国证民字第5480号公证书跨区域公证，不能作为侵权的依据的理由，二审法院认为，相关规章规定的属地公证，是为了加强对公证的管理，保证公证工作有序进行，并非对公证程序强制要求，不影响本案公证书的真实性和有效性。

对于第二个问题。商标法第六十四条第二款规定："销售不知道是侵犯注册商标专用权的商品，能证明该商品是自己合法取得并说明提供者的，不承担赔偿责任"。江某门市部要证明所售商品来源合法，并免除赔偿责任，首先要证明自己无过错。化妆品属于特殊的商品，《化妆品监督管理条例》《化妆品卫生监督条例》对化妆品的进口、检疫、检验作了专门规定，江某门市部作为化妆品经营者，与普通商品销售者相比，具有较高的注意义务，应当对上游商家的资质进行查证，并提供相关证明。虽然一审中江某门市部提供了《青岛增值税专用发票》《天津增值税专用发票》《检验报告》《烟台海关进口关税专用缴款书》《中华人民共和国海关进口货物报关单》《中华人民共和国入境检验检疫入境货物检验检疫证明》复印件，但纳某株式会社对上列证据真实性不予认可。根据《最高人民法院关于民事诉讼证据的若干规定》第十一条规定："当事人向人民法院提供证据，应当提供原件或者原物。如需自己保存证据原件、原物或者提供原件、原物确有困难的，可以提供经人民法院核对无异的复制件或者复制品。"江某门市部提供的上述凭证不能证明其上游商家商品来自纳某株式会社，也不能证明其具有纳某株式会社授权，不能达到证明目的。由于江某门市部未能提供证据证明其尽到了相应的注意义务，应当承担不利后果，不能免除其赔偿责任。

对于第三个问题。根据商标法第六十三条的规定，本案没有证据证明纳某株式会社因侵权受到的损失或者江某门市部所获得的利益，一审法院适用法定赔偿具有法律依据。一审判决综合考虑江某门市部的主观过错程度、纳某株式会社品牌影响力等因素，酌情确定赔偿额包括制止侵权行为所支付的合理开支在内的各项经济损失10000元，数额适当。

综上，二审法院依照2017年修正的《中华人民共和国民事诉讼法》第一百七十条第一款第一项的规定，判决：驳回上诉，维持原判。二审案件受理费50元，由江某门市部负担。

一、二审法院查明的事实基本属实，本院予以确认。

本院另查明：纳某株式会社据以主张权利的第10494197号“NATURE REPUBLIC”商标，经续展专用权期限自2023年5月7日至2033年5月6日；第9481384号“纳益其尔”商标，经续展专用权期限自2022年6月7日至2032年6月6日。

再查明：江某门市部在一审阶段提供了其与上游商家众某公司签订的产品分销合同、众某公司营业执照副本、众某公司出具的出库单；在二审阶段补充提供了江某门市部入库单、江某门市部向众某公司支付款项的付款凭证，与一审证据一并用以证明其所销售的被诉侵权商品系合法取得。上述证据均为原件。此外，江某门市部还提供了众某公司从上游商家冠某公司及冠某公司从其上游商家一某某公司获取纳某株式会社芦荟胶商品的有关证据，包括发票、进口货物报关单、入境货物检验检疫证明、进口关税专用缴款书等证据的复印件，用以证明其合法取得被诉侵权商品并尽到了相应注意义务。

纳某株式会社对江某门市部与众某公司上述交易及相关证据的真实性、合法性不持异议，但认为上述证据所涉商品不能与被诉侵权商品一一对应，不能达到证明目的。

在本院再审庭审中，众某公司明确认可江某门市部销售的被诉侵权商品系来源于众某公司。

上述已提供原件的证据，由于供货商众某公司对供货事实表示认可，且纳某株式会社对交易的真实性亦表示无异议，本院对其真实性予以确认，对其证明力以及其余仅提供复印件的证据，本院将在下文结合案情予以分析评判。

本院再审认为，本案的争议焦点为：（一）江某门市部的合法来源抗辩能否成立以及其应否承担赔偿责任；（二）二审法院未追加相关当事人参加诉讼以及对相关实体问题的审理是否存在违反诉讼程序、损害当事人权利的情形。

（一）关于江某门市部的合法来源抗辩能否成立以及其应否承担赔偿责任的问题

商标法第六十四条第二款规定：“销售不知道是侵犯注册商标专用权的商品，能证明该商品是自己合法取得并说明提供者的，不承担赔偿责任。”《最高人民法院关于知识产权民事诉讼证据的若干规定》第四条规定：“被告依法主张合法来源抗辩的，应当举证证明合法取得被诉侵权产品、复制品的事实，包括合法的购货渠道、合理的价格和直接的供货方等。被告提供的被诉侵权产品、复制品来源证据与其合理注意义务程度相当的，可以认定其完成前款所称举证，并推定其不知道被诉侵权产品、复制品侵害知识产权。被告的经营规模、专业程度、市场交易习惯等，可以作为确定其合理注意义务的证据。”

根据上述法律和司法解释的规定，合法来源抗辩的成立须同时具备主、客观要件：客观要件为被诉侵权商品系由销售者合法取得，主观要件为销售者不存在过错；上述主、客观要件相互联系，不可分割，并且客观要件的举证对于主观要件具有推定效果。

1. 关于对本案客观要件的审查。本院认为，对于合法来源抗辩客观要件的审查，应当从该制度设计的初衷出发，综合考虑销售者所处的市场地位、权利人维权成本以及市场交易习惯等因素，对于销售者的举证责任作出合理要求，行政法规的相关规定亦可作为认定该客观要件是否成立的参考。《中华人民共和国商标法实施条例》第七十九条规定，“有供货单位合法签章的供货清单和货款收据且经查证属实或者供货单位认可的”“有供销双方签订的进货合同且经查证已真实履行的”“有合法进货发票且发票记载事项与涉案商品对应的”等情形均属于商标法第六十四条第二款规定的“能证明该商品是自己合法取得”的情形。本案中，被诉侵权商品的销售者江某门市部系个体零售商，在市场经营活动中所处地位较弱，交易方式通常较为灵活，对其证明合法来源的举证责任应予适度减轻，不宜过于苛求证据形式要件的完备，只要其提供的证据符合一般交易习惯，能够指明被诉侵权商品供货商的真实身份信息，以及系通过合法的购货渠道和合理的价格购入被诉侵权商品，就应当认定其所销售的被诉侵权商品具有合法来源。

经审查，江某门市部提供的证据中，产品分销合同、众某公司营业执照副本等证据显示，众某公司的经营范围包括销售化妆品，江某门市部与众某公司之间就纳益其尔芦荟胶商品存在购销合同关系。根据合同约定，由众某公司向江某门市部提供纳益其尔芦荟胶商品，江某门市部向众某公司支付货款；而出库单、入库单、付款凭证等证据显示，江某门市部以16元的单价从众某公司购入了360盒纳益其尔芦荟胶商品，并已向众某公司支付相关款项。上述证据中的商品名称、商品数量、交易时间、交易金额等均能够与合同相对应，可以证明上述合同已真实履行。此外，众某公司出具的出库单以及江某门市部入库单均载明纳益其尔芦荟胶商品条码为880617342037X，且出库单上还记载了生产批号和限用日期。经比对，上述信息与被诉侵权商品外包装上印制的条码、批号和限用日期完全一致。故，江某门市部提供的上述证据所显示的交易链条完整，交易渠道合法，交易方式符合一般交易习惯，且指明了被诉侵权商品的供货商系众某公司。即江某门市部所举证据已基本符合法律、法规及司法解释关于合法来源抗辩客观要件证明责任的标准和要求，能够证明江某门市部系合法取得被诉侵权商品。鉴于纳某株式会社未提供相反证据予以反驳，且众某公司对江某门市部销售的被诉侵权商品系来源于众某公司亦表示认可，本院对江某门市部提供的上述证据予以采信。

2. 关于对本案主观要件的审查。合法来源抗辩成立的主观要件要求销售者主观上不存在过错，即实际不知道且不应当知道其销售的系侵权商品。根据上述司法解释的规定，对销售者主观状态的把握，应从审查被诉侵权商品合法来源的证据着手，结合具体案情和交易习惯综合判断。销售者的经营规模、专业程度、市场交易习惯等，可以作为确定其合理注意义务的证据。通常情况下，小规模零售商与具有一定规模的商业主体相比，对于被诉侵权商品是否侵权的认知能力是不同的，销售者提供的合法来源证据与其注意义务程度相当的，则可以推定其主观上不知道所销售的系侵权商品。

本案中，被诉侵权商品纳益其尔芦荟胶，是一种平价日用化妆品，市场售价及产品利润微薄；而销售者江某门市部系个体工商户，经营规模小，专业程度低，故对其关于所售商品是否侵权的认知能力不宜要求过高。从江某门市部提供证据的情况来看，其所举证据能够证明其在遵从合法、正常的市场交易规则的情况下取得了被诉侵权商品，且商品的来源清晰、渠道合法、价格合理，亦指明了被诉侵权商品的提供者系众某公司，应视为其对被诉侵权商品的进货尽到了与其经营规模、专业程度等相适应的合理注意义务，从而推定江某门市部实际不知道也不应当知道所销售的商品为侵权商品，其主观上不存在过错。此外，江某门市部还提供了众某公司从其上游商家冠某公司获取纳益其尔芦荟胶商品的发票、以及冠某公司从其上游商家一某某公司获取纳益其尔芦荟胶商品的进口货物报关单、入境货物检验检疫证明、进口关税专用缴款书等证据的复印件。虽然江某门市部合法来源抗辩成立并不要求其证明所销售的被诉侵权商品源于权利人，但其作为销售者，在不持有上述证据原件的情况下，向人民法院提供上述证据的复印件，对于权利人纳某株式会社追溯侵权源头有一定帮助，对于本院进行主观要件的审查亦具有参考作用。因而，对于江某门市部向人民法院积极举证的行为应当予以鼓励和肯定。

综上，江某门市部已完成其关于被诉侵权商品具有合法来源且已尽合理注意义务的证明责任，其合法来源抗辩成立。依照商标法第六十四条第二款规定，江某门市部不应承担赔偿责任。江某门市部的相应再审申请理由成立，本院依法予以支持。二审判决关于江某门市部提供的相关证据不能证明其上游商家的商品来自纳某株式会社，也不能证明其具有纳某株式会社的授权，因而合法来源抗辩不能成立的认定不当，本院予以纠正。

应当指出的是，适用合法来源抗辩制度的前提是销售被诉侵权商品的行为构成侵权，因此即使合法来源抗辩成立，也并不改变这一行为本身的侵权性质。商标法设置合法来源抗辩制度，系通过免除善意销售者的赔偿责任来激励其披露商品来源信息，促进对侵权源头的打击。故合法来源抗辩的成立并不要求销售者证明商品源于权利人；换言之，如果销售者能够证明其所销售的商品源于权利人，则其销售行为不构成侵权，该情形与合法来源抗辩制度的法律精神相违背，即无须考虑是否适用合法来源抗辩制度。在合法来源抗辩成立的情况下，善意销售者虽然依法不承担侵权损害赔偿责任，但仍应按照法律规定承担其他相应的侵权责任。

3. 关于江某门市部的责任承担问题。根据《中华人民共和国民法典》第一百七十九条的规定，承担民事责任的方式主要有停止侵害、排除妨碍、赔偿损失等。本院认为，由于江某门市部销售被诉侵权商品的行为侵害了纳某株式会社涉案商标的专用权，故其应承担停止侵权的民事责任。纳某株式会社还主张江某门市部应当承担赔偿相关经济损失及支付维权支出的责任，具体为30000元的经济损失以及2000元的调查取证费和公证费等、8000元代理费的维权支出。对此本院认为，维权支出是权利人为制止侵权行为而产生的费用，系独立于因侵权所遭受的经济损失之外的维权成本，其法律属性与侵权损害赔偿不同；即使本案中江某门市部的合法来源抗辩成立，依照商标法第六十四条的规定不承担赔偿损失的责任，但原则上仍应对权利人为获得停止侵权救济的合理开支承担赔偿责任。

但在本案中，纳某株式会社关于维权支出的诉讼主张是否应予支持，应当结合案件的具体情况，并回归合法来源抗辩制度的立法本意加以综合认定。首先，纳某株式会社虽然提出应由江某门市部赔偿其维权支出的诉讼主张，但始终未向人民法院提供相关证据，故其应承担对其不利的法律后果。其次，合法来源抗辩制度关于免除善意销售者赔偿责任的规定，一方面系为激励善意销售者积极披露商品来源信息，另一方面也是对善意销售者基于正常市场交易秩序所产生的信赖利益的保护。本案中，被诉侵权商品的进货价格及销售价格较低，侵权情节及侵权后果较为轻微，且江某门市部已经说明了被诉侵权商品的提供者，为纳某株式会社追溯侵权源头提供了有利线索，已尽到了合理注意义务，主观上不存在过错。在此情况下，如果仍由江某门市部承担该项维权支出，不但有违公平原则，亦不能充分体现合法来源抗辩制度对善意销售者的激励和保护。最后，根据中国裁判文书网数据，纳某株式会社基于与本案相同的侵权商品，在中国大陆地区十余个省份向大量中小销售商提起诉讼，存在批量维权的情况。鉴于在批量诉讼案件中，权利人为制止侵权行为存在共同支出合理开支的情况，为防止维权支出的赔偿额高于权利人的实际维权支出，致使权利人多重得利，审查认定个案维权支出时，应评估诉讼主张的合理性。由于本案中纳某株式会社未能提供其维权支出的相应证据，本院对其在本案的维权支出无法单独核算，其相应诉讼主张缺乏依据。综上，为体现合法来源抗辩制度对善意销售者的激励和保护，同时引导知识产权权利人积极向侵权源头的生产商主张权利，合法、合理进行维权，本院对于纳某株式会社有关维权支出的诉讼主张不予支持。

在此需要明确的是，民事主体作为知识产权的权利人，有权合法、合理维护其自身权益；但知识产权保护的目的是倡导、鼓励使用具有创造性的智力成果，并将无形的知识财富转化为有形的物质财富，从而促进生产力的发展；如果将知识产权“维权”作为赚取利润的手段和工具，将“诉讼”作为牟利的途径，不仅不符合知识产权保护的宗旨，也不利于维护市场交易秩序的稳定，同时亦在一定程度上浪费了司法资源，此种行为不应予以鼓励和提倡。

（二）关于二审法院未追加相关当事人参加诉讼以及对相关实体问题的审理是否存在违反诉讼程序、损害当事人权利情形的问题

经审查，江某门市部的上游商家众某公司、冠某公司、一某某公司并非

本案必要的共同被告，二审法院未支持江某门市部关于追加上述当事人的请求，并无不当。此外，二审法院在审理过程中，对江某门市部是否已尽到合理注意义务的审查，其目的同样是为了查明江某门市部合法来源抗辩能否成立的焦点问题，不存在损害当事人诉讼权利的情形。江某门市部的相应再审申请理由不能成立，本院不予支持。

综上所述，江某门市部的部分再审申请理由成立，本院予以支持；对其余再审申请理由本院予以驳回。二审判决认定事实及适用法律均有不当，本院予以纠正。依照《中华人民共和国民法典》第一百七十九条，《中华人民共和国商标法》第五十七条、第六十四条第二款，《最高人民法院关于知识产权民事诉讼证据的若干规定》第四条，《中华人民共和国民事诉讼法》第一百七十七条第一款第二项、第二百一十四条第一款的规定，判决如下：

一、撤销河北省高级人民法院（2021）冀知民终26号民事判决；

二、撤销河北省保定市中级人民法院（2020）冀06知民初201号民事判决；

三、望都县江某化妆品门市部于本判决生效之日起立即停止侵害株式会社纳某注册商标专用权的行为，即停止销售侵害株式会社纳某注册商标专用权的产品，并销毁库存侵权产品；

四、驳回株式会社纳某的其他诉讼请求。

一审案件受理费800元，由株式会社纳某负担600元，望都县江某化妆品门市部负担200元。二审案件受理费50元，由株式会社纳某负担。

本判决为终审判决。

审判长 晏景
审判员 李丽
审判员 马秀荣
二〇二三年六月十六日
法官助理 曹佳音
书记员 彭静

22. 商标权人不得禁止他人对商品原料名称的正当使用

——再审申请人苏州诗某生物日化有限公司与被申请人上海碧某化妆品有限公司及二审被上诉人长丰润某商贸有限公司侵害商标权纠纷案[①]

中华人民共和国最高人民法院民事判决书（2022）最高法民再238号

再审申请人（一审被告、二审上诉人）：苏州诗某生物日化有限公司。住所地：江苏省苏州市相城区。

法定代表人：平某福，该公司总经理。

委托诉讼代理人：赵智庆，江苏简文律师事务所律师。

委托诉讼代理人：苏诗雨，江苏简文律师事务所律师。

被申请人（一审原告、二审上诉人）：上海碧某化妆品有限公司。住所地：上海市崇明区。

法定代表人：宋某，该公司执行董事。

委托诉讼代理人：陶国南，上海申浩律师事务所律师。

委托诉讼代理人：陶勇刚，上海申浩律师事务所律师。

二审被上诉人（一审被告）：长丰润某商贸有限公司。住所地：安徽省合肥市长丰县。

法定代表人：王某贵，该公司执行董事。

再审申请人苏州诗某生物日化有限公司（以下简称诗某公司）因与被申请人上海碧某化妆品有限公司（以下简称碧某公司）及二审被上诉人长丰润某商贸有限公司（以下简称润某公司）侵害商标权纠纷一案，不服江苏省高级人民法院（2020）苏知终24号民事判决，向本院申请再审。本院作出（2021）最高法民申4829号民事裁定，提审本案。本院依法组成合议庭公开开庭审理了本案，现已审理终结。

① 本案在年度报告中的位置为第48页。

诗某公司申请再审称，1. 碧某公司的第6××××7号“金银花”商标（以下简称涉案商标）权利存在重大瑕疵。原国家工商行政管理局商标评审委员会于1994年1月27日作出（1994）商评字第15号《“金银花”商标注册不当裁定书》，对涉案商标予以撤销，且于1995年3月28日进行公告。国家知识产权局亦于2022年8月15日作出决定，撤销涉案商标转让、续展，并于2022年9月13日进行公告。2. “金银花”仅表示商品的原料特点并容易误导公众，不应予以核准注册，也不应禁止其他市场主体对“金银花花露水”的合理使用。3. 碧某公司未提交证据证明“金银花”经过商业使用而产生显著性，与碧某公司建立对应关系，或客观上形成金银花花露水唯一或主要主体的市场格局。4. 碧某公司在国产非特殊用途化妆品备案服务平台进行多次备案，应当知晓该平台大量存在金银花花露水备案的情况，但其并未提出异议，已经默认“金银花花露水”属于商品通用名称，也视为其同意其他市场主体对“金银花花露水”的使用方式。因碧某公司长期不对“金银花”进行有效的商业使用，放任并怠于行使权利，“金银花”不具有区分商品来源的功能和作用，不应给予保护。5. 诗某公司对“金银花”的使用未构成商标性使用。被诉侵权商品上使用的是“清润”注册商标，处于显著位置，具有区分商品来源的作用。碧某公司在金银花花露水商品上并无任何知名度和商誉，诗某公司无须攀附。请求撤销一审判决第一项、第二项，撤销二审判决。

碧某公司辩称，碧某公司已就国家知识产权局作出的国知商标审撤字〔2022〕233号《关于撤销核准第6××××7号“金银花”注册商标转让、续展的决定》（以下简称第233号决定）提起行政诉讼。涉案商标在二审判决作出时处于有效状态，即使第233号决定被司法确认有效，也不应改变之前的生效判决和行政决定。二审判决认定事实清楚，适用法律正确，应予维持。请求驳回诗某公司的再审请求。

润某公司提交意见称，同意诗某公司的诉讼意见。

碧某公司向江苏省苏州市中级人民法院（以下简称一审法院）起诉，请求判令：1. 诗某公司立即停止生产、销售侵害其涉案商标注册商标专用权的商品；2. 润某公司立即停止销售侵害其涉案商标注册商标专用权的商品；3. 诗某公司、润某公司赔偿其经济损失共计20万元（含为维权所支付的公证费、律师费、购买侵权产品费、差旅费），润某公司在5万元的范围内承担连带赔偿责任；4. 诗某公司、润某公司共同承担本案诉讼费用。

一审法院认定事实：1992 年 7 月 30 日，上海红某日用化学品厂（以下简称红某厂）经原国家工商行政管理局商标局核准注册了涉案商标，核定使用商品为第 3 类，包括：化妆品、润肤液、香水、爽身粉、美容膏。1999 年 4 月 28 日，上海彩某化妆品有限公司（以下简称彩某公司）经核准受让涉案商标。2009 年 7 月 20 日，原国家工商行政管理总局商标局（以下简称商标局）受理转让人为彩某公司、受让人为碧某公司的涉案商标转让申请，并于 2010 年 2 月 6 日作出商标核准转让公告。涉案商标经续展注册有效期至 2022 年 7 月 29 日。

权利人取得涉案商标后，进行了使用宣传。相关出版物中也对红某厂金银花花露水商品广告语进行了举例和评述。碧某公司在京东网上经营有“碧某化妆品官方旗舰店”，开店时间为 2019 年 3 月 19 日；在淘宝网上经营有“上海碧某日化品店”，开店时间为 2018 年 12 月 28 日。上述两网店均销售使用涉案商标的花露水。

2012 年 11 月 7 日，诗某公司经商标局核准注册了第 9×××××6 号“清润”商标，核定使用商品为第 3 类，包括：化妆剂、化妆品、香水等。第 9×××××6 号“清润”商标经续展注册有效期至 2022 年 11 月 6 日。

2019 年 5 月 6 日，碧某公司的委托代理人申请保全证据公证。2019 年 5 月 27 日，上海市新虹桥公证处出具（2019）沪新虹桥证经字第 1012 号公证书，对淘宝网上购买的花露水商品实物及订单信息等进行了公证。一审当庭拆封实物，内有塑料瓶装花露水两瓶（详见附图，以下简称包装一花露水），瓶身正面标注有“清润®”“金银花花露水”“清香型”字样。其中，“金银花花露水”文字中“金银花”为艺术字体，“花”字用笔流畅，笔画相互勾连；“花露水”文字为类隶书字体，字体与上方“金银花”文字存在明显不同。瓶身反面标注有“清润®”“金银花花露水”字样，载有“本品选用金银花、薄荷脑、冰片等多种天然植物，采用传统工艺与现代生物科技研制而成”，并在下方标有“苏州诗某生物日化有限公司”。

2019 年 5 月 21 日，安徽宏玮律师事务所申请办理保全证据公证。2019 年 6 月 5 日，安徽省淮北市国信公证处就购买的花露水商品实物及付款过程等出具（2019）皖淮国公证字第 4292 号公证书。一审当庭拆封实物，内有塑料瓶装花露水一瓶（详见附图，以下简称包装二花露水），除瓶身正面主体部分的“金银花花露水”文字与（2019）沪新虹桥证经字第 1012 号公证书公证实物存在差异外，其余部分均一致。“金银花花露水”文字中“金银花”为类隶书字体，“花”字笔画不相勾连；“花露水”文字为类隶书字体，与上方“金银花”文字字体一致。

根据2010年2月5日颁布的《化妆品命名规定》[国食药监许〔2010〕72号]，化妆品名称一般应当由商标名、通用名、属性名组成，名称中使用具体原料名称或表明原料类别词汇的，应当与配方成分相符。市场上存在不同主体将“金银花”文字标注在花露水商品上的情况。根据2011年1月21日颁布的《国产非特殊用途化妆品备案管理办法》(国食药监许[2011]181号)，国产非特殊用途化妆品备案内容应包括产品名称及配方。诗某公司于2014年12月29日对涉案商品进行了国产非特殊用途化妆品备案，编号为苏G妆网备字2014003617，名称为“清润金银花花露水”，成分为忍冬花（金银花）提取物、乙醇、水、香精、冰片、薄荷醇、麝香草酚。

碧某公司于2011年4月13日在第3类商品上申请第9334638号“”商标，商标局于2012年11月15日以该标志中“金银花”直接表示指定使用商品的原料等特点，同时“金银花”作为商标使用在指定商品上易使消费者对指定商品的原料等特点产生误认为由驳回该商标申请。后，碧某公司分别于2013年11月18日、2015年2月2日、2017年6月7日在第3类商品上向商标局申请第1××××××3号“”、第1××××××9号“”、第2××××××0号“**碧丽金银花**”商标，均被商标局以类似理由驳回。

碧某公司成立于1995年，注册资本为133.3万元，经营范围为：日用化妆品、消雾灵，洗洁灵等。诗某公司成立于1998年，注册资本为150万元，经营范围为：发用、护肤、香水、美容修饰类产品等的制造、加工、销售。润某公司成立于2000年，注册资本为50万元，经营范围为：烟酒、副食、日用百货等。

一审法院认为，结合碧某公司涉案商标的设计美感度以及相应的宣传使用历史，应认定该商标具有一定显著性。诗某公司在本案中不能举证证明依据法律规定、国家或行业标准，“金银花花露水”已成为通用，亦不能证明相关公众普遍认为“金银花花露水”为特定类别的商品。涉案商标依法应予以保护。涉案包装一花露水所使用的“金银花”文字具有较强的识别性，与涉案商标构成近似，会使公众产生混淆与误认，应认定构成商标侵权。“金银花”属于花露水商品的原料。包括诗某公司在内的其他市场主体可出于描述商品具体原料成分的目的将“金银花”文字使用在花露水商品上。包装二花露水上的“金银花”文字与碧某公司的涉案商标存在一定差异，不会使公众产生混淆或误认。包装二花露水上使用“金银花”文字的行为属于合理使用，不构成对涉案商标的侵权。诗某公司、润某公司就其生产、销售涉案包装二花露水的行为无须承担任何责任。

一审法院判决：一、诗某公司立即停止生产、销售侵害碧某公司涉案商标专用权的商品；二、诗某公司于判决生效之日起十日内赔偿碧某公司经济损失及为制止侵权行为产生的合理开支共计 100000 元；三、驳回碧某公司的其他诉讼请求。案件受理费 4300 元由诗某公司负担。

碧某公司和诗某公司不服一审判决，向江苏省高级人民法院（以下简称二审法院）提起上诉。碧某公司上诉请求：撤销一审判决第三项，改判诗某公司生产并由润某公司在实体店销售的包装二花露水使用的“金银花”与其涉案商标构成近似，判决诗某公司、润某公司停止侵权并赔偿相应的损失。诗某公司上诉请求：1. 撤销一审判决第一项、第二项；2. 依法改判驳回碧某公司的全部诉讼请求；3. 一、二审诉讼费用由碧某公司负担。

二审法院对一审法院查明的事实予以确认。

二审法院认为：

一、关于诗某公司、润某公司在涉案花露水商品上使用“金银花”标识是否侵害了碧某公司涉案注册商标专用权的问题

涉案商标合法有效，经过权利人的宣传使用，为广大消费者熟知，具有一定的知名度和美誉度。涉案两款被诉侵权商品与涉案商标核定使用的商品属于同一种类。两款被诉侵权商品均在正面显著位置突出使用了“金银花”标识，具有区分商品来源的作用，构成商标性使用。将两款被诉侵权商品上使用的“金银花”标识与涉案商标相比，所使用的字体虽略有差异，但读音、文字、含义、排列顺序、排列方向均相同，从呼叫功能上无法进行区分，且整体结构和视觉效果均相似，构成近似商标。普通消费者施以一般注意力容易引起混淆或误认，认为被诉侵权商品来源于碧某公司或与碧某公司存在关联，故两款被诉侵权商品属于侵害碧某公司注册商标专用权的商品。诗某公司未经许可生产、销售两款被诉侵权商品，润某公司未经许可销售包装二花露水，侵害了碧某公司涉案商标专用权。

诗某公司未能提供证据证明依据法律规定、国家或行业标准，“金银花”已成为花露水的通用名称，亦不能证明“金银花”系约定俗成的花露水的通用名称。涉案商标早在 20 世纪 90 年代即被权利人注册，该商标注册并不违

背当时的法律规定，故不能以现行商标法的相关规定来否认已注册商标的效力。涉案商标在注册后经过权利人的宣传使用，已获得一定的显著性，起到了识别商品来源的作用，理应受到保护。被诉侵权商品包装上“金银花”标识字体醒目、位置突出，已超出了为描述商品成分或者说明商品其他特点而正当使用的界限，不属于正当使用。

二、关于诗某公司、润某公司应承担的民事责任的问题

诗某公司、润某公司未经许可生产、销售被诉侵权花露水侵害了碧某公司涉案商标专用权，依法应当承担停止侵权、赔偿损失的民事责任。因碧某公司未能提供证据证明其因诗某公司、润某公司侵权所遭受的实际损失或诗某公司、润某公司因侵权所获得的利益，也没有提供涉案商标许可使用费的倍数标准供参考，请求适用法定赔偿。二审法院综合考虑涉案商标的知名度，诗某公司及润某公司的经营规模，侵权行为的情节，涉案侵权商品销售价格、销售数量、销售模式，诗某公司和润某公司的主观过错以及碧某公司为制止侵权所需支出的合理费用等相关因素，酌情确定诗某公司及润某公司应承担的赔偿数额。碧某公司在起诉前三年实际使用了涉案商标，故诗某公司主张不应承担赔偿责任的上诉理由不能成立。

二审法院判决：一、撤销江苏省苏州市中级人民法院（2019）苏05知初824号民事判决；二、诗某公司、润某公司立即停止生产、销售侵害碧某公司涉案商标权的商品；三、诗某公司于判决生效之日起十日内赔偿碧某公司经济损失及为制止侵权所支付的合理开支共计120000元，润某公司对其中的20000元承担连带赔偿责任；四、驳回碧某公司的其他诉讼请求。一审案件受理费4300元，二审案件受理费4600元，共计8900元，由诗某公司负担8000元，润某公司负担900元。

本院对一审、二审查明的事实予以确认，另补充查明以下事实：

2022年8月15日，国家知识产权局作出第233号决定，撤销对涉案商标的转让和续展。针对第233号决定，碧某公司向北京知识产权法院提起行政诉讼，该案仍在审理当中。

碧某公司官网显示，其以“金银花”作为商标的商品有多款，包括金银花花露水、金银花祛痱止痒花露水、金银花驱蚊花露水等。市场上多家厂商生产金银花花露水商品，在文字设计及包装上与碧某公司的金银花花露水存在明显不同。淘宝、百度平台上搜索金银花花露水，可见多款其他品牌商品。在

国产非特殊用途化妆品备案平台，可见多款金银花花露水商品。

本院认为，本案再审的焦点问题是：诗某公司生产销售被诉侵权商品的行为是否侵害了碧某公司的商标权。

通常情况下，仅有本商品的通用名称、图形、型号的，或者仅直接表示商品的质量、主要原料、功能、用途、重量、数量及其他特点的，以及其他缺乏显著特征的标志，不得作为商标注册。如果这些标志经过使用取得显著特征，并便于识别的，则可以作为商标注册。但需要注意的是，如果其他经营者只是使用了已注册商标中包含的公共领域中的描述性信息，则该种对商标构成要素的正当使用不构成侵权。由此，《中华人民共和国商标法》（以下简称商标法）第五十九条第一款规定："注册商标中含有的本商品的通用名称、图形、型号，或者直接表示商品的质量、主要原料、功能、用途、重量、数量及其他特点，或者含有的地名，注册商标专用权人无权禁止他人正当使用。"依照该规定，注册商标中含有的表明本商品主要原料或其他特定特点的文字、图形、三维标志，注册商标专用权人无权禁止他人正当使用。

涉案商标为"金银花"，单从"金银花"文字本身看，其固有含义是指一种草本植物，又名忍冬花，作为中药材，具有清热去火、通经活络的功能。将金银花作为原料成分的花露水商品，使用"金银花"文字，具有表明商品原料、功能的属性。因此，单纯文字形式的"金银花"标志在花露水商品上的固有显著性不高。虽然涉案商标的"金银花"文字进行了一定程度的艺术设计，但考虑到其前述属性，即使通过使用强化了显著性，其保护范围也应仅限于具有该特定艺术设计形式的文字。因此，如果他人以介绍商品的主要原料为目的，使用明显不同的字体，在必要范围内对金银花文字进行正常使用，就属于对商标要素的正当使用而不构成侵权，权利人也无权禁止。此外，证据显示，在国产非特殊用途化妆品备案平台备案的金银花花露水商品超过 90 个，"金银花花露水"是消费者在淘宝、百度等平台搜索花露水商品的重要索引。上述事实表明，以金银花作为原料的花露水属于常见的商品类型，相关消费者能够对涉案商标与公共领域的权利界限进行区分，不会仅因"金银花"文字的使用对商品来源产生混淆。因此，将"金银花"文字与花露水商品名称共同使用，并未超出为说明商品或服务、便于消费者辨认的必要限度。

具体到本案而言，首先，从使用目的看。被诉侵权商品为花露水，其备案成分为：乙醇、水、香精、冰片、薄荷醇、麝香草酚、忍冬花（金银花）

提取物等。瓶贴中标明：本品选用金银花、薄荷脑、冰片等多种天然植物。因此，由于被诉侵权商品含有金银花成分，诗某公司在包装瓶贴上使用“金银花”属于对商品原料名称的指明。其将“金银花”独立于其他原料予以特别的指示，符合介绍商品类型的市场惯例。其次，从视觉效果看。涉案包装一花露水与包装二花露水中的“金银花”文字均与花露水商品名称共同使用，竖向排列，且文字大小一致。包装一花露水的“金银花”三个字中，尽管“花”字与涉案商标的“花”字近似，但整体视觉效果与涉案商标并不相同；包装二花露水的“金银花”三个字与涉案商标的差异更加明显。由此可见，被诉侵权商品对“金银花”文字的标注方式已经对涉案商标进行了避让。诗某公司关于其使用“金银花”文字的行为是出于说明商品原料的目的，具有正当理由的抗辩主张，符合商标法第五十九条第一款的规定。碧某公司主张诗某公司和润某公司侵害其商标专用权，依据不足，本院不予支持。一审、二审判决适用法律错误，本院依法予以纠正。

综上，依据《中华人民共和国商标法》第五十九条第一款，《中华人民共和国民事诉讼法》第一百七十七条第一款第二项、第二百一十四条第一款规定，判决如下：

一、撤销江苏省高级人民法院（2020）苏知终 24 号民事判决；

二、撤销江苏省苏州市中级人民法院（2019）苏 05 知初 824 号民事判决；

三、驳回上海碧某化妆品有限公司的诉讼请求。

一审案件受理费 4300 元，二审案件受理费 4600 元，由上海碧某化妆品有限公司负担。

本判决为终审判决。

审 判 长 佟 姝
审 判 员 马秀荣
审 判 员 傅 蕾
二〇二三年九月二十七日
法官助理 孙冠华
书 记 员 杨钰桐

附图：

碧某公司第 6××××7 号商标

金银花

包装一花露水

包装二花露水

（二）商标行政案件审判

23. 商标连续三年不使用撤销案件中商标使用行为的认定

——再审申请人江苏洋某酒厂股份有限公司与被申请人上海某盾资产管理有限公司及二审上诉人国家知识产权局商标权撤销复审行政纠纷案①

中华人民共和国最高人民法院行政判决书（2023）最高法行再10号

再审申请人（一审第三人、二审上诉人）：江苏洋某酒厂股份有限公司。住所地：江苏省宿迁市宿城区。

法定代表人：张某某，该公司董事长。

委托诉讼代理人：蔡爽，北京超成律师事务所律师。

委托诉讼代理人：刘莉莎，北京超成律师事务所律师。

被申请人（一审原告、二审上诉人）：上海某盾资产管理有限公司。住所地：上海市奉贤区。

法定代表人：温某，该公司董事长。

二审上诉人（一审被告）：国家知识产权局。住所地：北京市海淀区蓟门桥西土城路6号。

法定代表人：申长雨，该局局长。

委托诉讼代理人：高妍，该局审查员。

再审申请人江苏洋某酒厂股份有限公司（以下简称江苏洋某酒厂）因与被申请人上海某盾资产管理有限公司（以下简称上海某盾公司）及二审上诉人国家知识产权局商标权撤销复审行政纠纷一案，不服北京市高级人民法院（2020）京行终4258号行政判决，向本院申请再审。本院于2023年5月22日作出（2021）最高法行申4510号行政裁定，提审本案。本院依法组成合

① 本案在年度报告中的位置为第49页。

议庭，公开开庭审理了本案。再审申请人江苏洋某酒厂的委托诉讼代理人蔡爽、刘莉莎，被申请人上海某盾公司的法定代表人温明，国家知识产权局的委托诉讼代理人高妍到庭参加诉讼。本案现已审理终结。

江苏洋某酒厂申请再审称，（一）二审判决已认定贴附有第1470448号“洋河”商标（见附图1，以下简称诉争商标）的“洋河”牌系列酒产品投入使用，却依然认定不是诉争商标的使用，属于认定事实不清。（二）江苏洋某酒厂在申请再审阶段提交的“洋河”牌洋河节节高酒、“洋河”牌洋河迎宾酒等共计14款“洋河”系列酒产品的证据足以证明，诉争商标贴附在“洋河”系列酒产品上，在2015年1月9日至2018年1月8日（以下简称指定期间）内进行了公开、大量的商业性使用，理应予以维持注册。（三）二审法院认为二审中提交的驰名商标认定证据不能证明诉争商标实际使用情况，忽略了诉争商标是江苏洋某酒厂的核心驰名商标、不可能不使用这一实际情况。（四）上海某盾公司的撤销行为明显具有恶意，不应予以鼓励。综上，请求撤销一、二审判决，维持国家知识产权局作出的商评字〔2019〕第126632号《关于第1470448号“洋河”商标撤销复审决定书》（以下简称被诉决定）。

上海某盾公司辩称，（一）本案诉争商标的核定使用商品范围不包括“白酒”“烧酒”商品类别，故在“白酒”商品上的使用不能认定为在核定使用商品范围内的使用。（二）江苏洋某酒厂在“白酒”“烧酒”商品上注册了第1599550号“洋河”商标（见附图2），故其提供的在“白酒”商品上的使用证据，不能证明是本案诉争商标的使用，与本案无关联性，其提供的在“白酒”上的使用证据均为第1599550号“洋河”商标的使用。综上，请求维持二审判决。

国家知识产权述称，请求维持被诉决定。

北京知识产权法院（以下简称一审法院）经审理查明：

第1470448号“洋河”商标即诉争商标由江苏洋某酒厂于1999年4月9日提出注册申请，于2000年11月7日核准注册，核定使用在第33类“葡萄酒；果酒（含酒精）；开胃酒；蒸馏酒精饮料；蒸馏饮料；含酒精果子饮料；含水果的酒精饮料；蒸煮提取物（利口酒和烈酒）；白兰地”商品上，其专用期限至2020年11月6日。

2018年1月9日，上海某盾公司针对诉争商标以连续三年不使用为由向原国家工商行政管理总局商标局（以下简称商标局）提出撤销注册申请。商标局经审查作出商标撤三字〔2018〕第 Y015233 号决定，驳回上海某盾公司的撤销申请，诉争商标不予撤销。上海某盾公司不服商标局作出的决定，于 2018 年 11 月 1 日提出复审申请。2019 年 6 月 6 日，国家知识产权局作出被诉决定，认为：本案实体问题的审理适用 2001 年 10 月 27 日修正的《中华人民共和国商标法》（以下简称 2001 年修正的商标法），程序问题的审理适用 2013 年 8 月 30 日修正的《中华人民共和国商标法》（自 2014 年 5 月 1 日起施行，以下简称 2013 年修正的商标法）。江苏洋某酒厂提交的全部在案证据，能够证明诉争商标在指定期间在酒类商品上进行了公开、真实、有效的商业使用。诉争商标核定使用的商品同属酒类商品，诉争商标在核定使用商品上的注册未构成 2001 年修正的商标法第四十四条第四项所指的连续三年停止使用的情形。故诉争商标予以维持。上海某盾公司不服被诉决定，于法定期限内向一审法院提起行政诉讼。

在撤销阶段，江苏洋某酒厂向商标局提交了以下证据：

1. 江苏洋某酒厂出具的说明，载明苏某集团贸易股份有限公司（以下简称苏某贸易公司）为其控股子公司，其所有的“洋河”系列产品统一由苏某贸易公司负责销售；

2. 苏某贸易公司营业执照，显示法定代表人为王某；

3. 2006 年度全国工业旅游示范点名单（91 家）、全国工业旅游示范点牌匾及图片；

4. 苏某贸易公司 2012 年至 2018 年销售发票多张，发票上显示有“洋河”文字；

5. 户外广告发布合同、图片、收据及发票，约定的广告内容是“洋河老字号”“天之蓝”“老字号”“洋河微分子”“微分子”，图片显示的内容为“洋河老字号”“洋河微分子”，非本案诉争商标；

6. 北京知识产权法院作出的（2015）京知行初字第 3695 号、第 3696 号、第 3698 号和第 3699 号行政判决书。

在撤销复审阶段，江苏洋某酒厂向国家知识产权局提交的证据与撤销阶段的证据一致。

在一审诉讼阶段，江苏洋某酒厂向一审法院提交了以下证据：

7. 天猫“古泗水酒类专营店”上“洋河大曲象耳”白酒的销售页面截图，非本案诉争商标；

8. 江苏省高级人民法院（2017）苏民终 1781 号民事判决书；

9.（2019）宁石证经内字第8193号、第8194号和第8206号公证书。

上海某盾公司向一审法院提交以下证据：

1.《辞海》《中华国粹大辞典》《现代汉语词典》关于“白酒”的释义；

2. 在国家知识产权局中国商标网上查询在“烧酒”“白酒”商品上注册的商标信息所作的（2019）宿证民内字第4283号公证书、（2019）皖亳公证字第7239号公证书。

上述事实，有诉争商标档案、商标局决定、撤销注册商标复审申请书、答辩书、当事人在复审阶段和诉讼中提交的证据、被诉决定及庭审笔录等在案佐证。

一审法院另查，江苏洋某酒厂在第33类商品上还注册有第1599550号“洋河”商标、第15208018号“洋河”商标、第3338085号“洋河”商标。

一审法院认为：

关于法律适用问题。虽然诉争商标的核准注册时间处于2001年修正的商标法施行期间，但本案审查的诉争商标三年不使用期间处于2013年修正的商标法施行期间，因此，本案的实体问题和程序问题的审理均应适用2013年修正的商标法。但鉴于2001年修正的商标法第四十四条和2013年修正的商标法第四十九条的规定虽然文字表述不同，但均是关于连续三年不使用的商标撤销制度的规定，二者实体内容无本质修改，故在此仅指出被诉决定的法律适用瑕疵。

本案的争议焦点为诉争商标在指定期间内在其核定使用的商品上是否进行了真实、公开、合法有效的使用。江苏洋某酒厂在撤销阶段提交的证据4苏某贸易公司在指定期间内开具的多张销售发票显示有“洋河”字样，可以证明苏某贸易公司在指定期间内销售了“洋河”白酒。鉴于江苏洋某酒厂在第33类酒类商品上注册有多件“洋河”文字商标，其是否对诉争商标进行了使用，仍需结合其他证据予以认定。然而，江苏洋某酒厂提交的其他证据均未显示本案诉争商标，仅证据5、证据7产品宣传图片、天猫店铺中的销售图片和户外广告图片上显示的文字为“洋河老字号”“洋河微分子”“洋河大曲象耳”文字，亦非本案诉争商标。因此，江苏洋某酒厂提交的全部证据，均不足以证明其在指定期间内在诉争商标核定使用的商品上进行了真实、公开、合法有效的使用。被诉决定对此认定有误。

一审法院判决：撤销被诉决定；国家知识产权局重新作出决定。案件受理费一百元，由国家知识产权局负担。

国家知识产权局、江苏洋某酒厂、上海某盾公司不服一审判决，向北京市高级人民法院（以下简称二审法院）提起上诉。国家知识产权局、江苏洋某酒厂上诉称，在案证据能够证明诉争商标于指定期间在酒类商品上进行了公开、真实、有效的商业使用。

请求撤销一审判决，维持被诉决定。

上海某盾公司上诉称，一审判决结果正确，但对事实认定存在疏漏，未对江苏洋某酒厂在诉争商标核定使用商品之外的白酒（烧酒）商品上使用注册商标是否属于对商标的合法使用进行认定。请求二审法院查明事实，进行补正或发回重审。

二审法院对一审法院查明的事实予以确认，并查明，江苏洋某酒厂在二审诉讼中提交了以下证据：

第一组证据：诉争商标“洋河”所获荣誉，包括针对“洋河”商标的“中国驰名商标”和江苏省著名商标牌匾，江苏省著名商标牌匾的有效期为2004年至2007年，未在指定期间内；

第二组证据：诉争商标使用在“洋河牌迎宾酒”产品的证据，包括“洋河牌迎宾酒”产品照片及“洋河牌迎宾酒”产品销售宣传证据，其中的部分销售宣传证据不在指定期间内，在指定期间的宣传报道分别为《品牌白酒代理哪家好？洋河迎宾酒大品牌深得消费者信赖》《洋河迎宾酒白酒加盟喝出来的财富》《洋河迎宾酒加盟引爆无限商机热潮》《溧阳人坐不住了，名酒直供——洋河迎宾实体店来溧阳啦》；

第三组证据：诉争商标使用在“洋河牌蓝的诱惑酒”产品的证据，包括产品照片及部分发票；

第四组证据：诉争商标使用在其他洋河系列产品上的证据，包括部分“洋河牌醇香酒”“洋河牌大曲酒”“洋河牌特曲酒”的销售证据。

上海某盾公司不认可上述证据的真实性，并认为即使证据是真实的，亦不能证明诉争商标的真实使用，并明确拒绝对证据的真实性进行现场核实。

二审法院还查明，江苏洋某酒厂在第33类商品上还注册有第3610596号“洋河迎宾”商标（见附图3），核定使用商品为“酒（饮料）、果酒（含酒精）、葡萄酒、米酒、含酒精液体、黄酒、料酒、酒精饮料（啤酒除外）”等。江苏洋某酒厂在第33类商品上申请的含“洋河”字样的商标共计396件。

二审法院认为：

江苏洋某酒厂提交的证据4苏某贸易公司在指定期间内开具的多张销售发票显示有“洋河”字样，可以证明苏某贸易公司在指定期间内销售了“洋河”白酒。证据5、证据7产品宣传图片、天猫店铺中的销售图片和户外广告图片上显示的文字为“洋河老字号”“洋河微分子”“洋河大曲象耳”文字，非本案诉争商标。二审诉讼中提交的第一组证据中的江苏省著名商标牌匾未在指定期间内，“中国驰名商标”牌匾不能单独证明诉争商标的使用，第二组证据从产品照片和宣传报道内容来看更近似“洋河迎宾”商标的使用，同时考虑到江苏洋某酒厂注册有第3610596号“洋河迎宾”商标，其在第33类商品上申请的含“洋河”字样的商标近400件，故法院难以认定上述证据的使用为本案诉争商标的使用。第三、四组证据显示的是“洋河牌蓝的诱惑酒”“洋河牌醇香酒”“洋河牌大曲酒”“洋河牌特曲酒”，非本案诉争商标。因此，一审法院相关认定正确，二审法院予以维持。国家知识产权局及江苏洋某酒厂的上诉理由均缺乏依据，二审法院不予支持。

同时，一审法院已明确认定，江苏洋某酒厂提交的证据4苏某贸易公司在指定期间内开具的多张销售发票显示有“洋河”字样，可以证明苏某贸易公司在指定期间内销售了“洋河”白酒。鉴于江苏洋某酒厂在第33类酒类商品上注册有多件“洋河”文字商标，其是否对诉争商标进行了使用，仍需结合其他证据予以认定。故，一审法院已对江苏洋某酒厂在白酒（烧酒）商品上使用诉争商标是否属于对诉争商标的合法使用作出了认定，上海某盾公司关于一审法院事实认定存在疏漏的上诉理由缺乏依据，二审法院不予支持。

综上，二审法院判决：驳回上诉，维持原判。一审案件受理费一百元，由国家知识产权局负担；二审案件受理费一百元，由国家知识产权局及江苏洋某酒厂股份有限公司各负担三十元，由上海某盾资产管理有限公司负担四十元。

再审期间，江苏洋某酒厂提交了六组新证据材料：

第一组为诉争商标在洋河节节高酒产品上的使用证据。包含2017年至2018年包装材料年度供货协议、洋河节节高酒产品包装封样、技术标准及产品图片、专营经销协议及发票、网络销售截图、官网界面及备案主体查询，拟证明诉争商标在“洋河”牌洋河节节高酒产品上的使用。

第二组为诉争商标在洋河迎宾酒产品上的使用证据。包含2018年包装材料年度供货协议、洋河迎宾酒产品包装封样、技术标准及产品图片、专营经销协议及发票，拟证明诉争商标在“洋河”牌洋河迎宾酒产品上的使用。

第三组为诉争商标在蓝的诱惑酒产品上的使用证据。包含洋河牌蓝的诱惑酒产品包装封样、技术标准及产品照片、网络销售截图，销售合同及发票。拟证明诉争商标在“洋河”牌蓝的诱惑酒产品上的使用。

第四组为诉争商标在洋河系列酒产品包装箱或瓶底位置使用的证据。包含2017—2018年包装材料年度供货协议、洋河（青瓷）酒产品、洋河敦煌大曲酒产品、洋河微分子酒产品、洋河优曲、洋河普曲、洋河优普、洋河大曲象耳、洋河大曲（老天蓝）、洋河大曲（青瓷）、洋河美人泉，以及上述酒产品销售页面的网页公证书。拟证明诉争商标在上述系列酒产品上的使用。

第五组为中国酒业协会2021年7月16日来函，就“洋河”商标使用情况进行说明。

第六组为江苏省高级人民法院（2020）苏民终773号民事判决书、上海某盾公司的注册信息、江苏梦某酿酒股份有限公司模仿洋河公司的宣传使用证据。拟证明上海某盾公司与案外人江苏梦某公司有关联关系，江苏梦某公司模仿洋河公司的产品构成商标侵权，故上海某盾公司申请撤销诉争商标的主观恶意明显。

上海某盾公司对江苏洋某酒厂提交的新证据进行了当庭核验，发表质证意见如下：对第一组至第四组证据，包括各类品牌酒产品的包装材料年度供货协议、洋河牌洋河节节高酒产品包装封样、技术标准及产品图片、专营经销协议及发票、线下销售进货单据、店铺照片及销售发票的真实性、合法性予以确认；部分合同、网络销售截图、官网界面等，为自制证据，不认可真实性。上述证据均不能达到证明目的。第五组证据中国酒业协会的说明为单方证据，无约束力。第六组证据，无法证明上海某盾公司具有主观恶意，不能达到证明目的。上海某盾公司认为，上述证据均无法证明诉争商标的使用。江苏洋某酒厂名下有数十个洋河商标，无法与本案诉争商标产生唯一对应关系。并且供货合同、销售发票等均没有包含样品，与本案无关联性，也无法与本案商标的使用产生唯一对应关系。

国家知识产权局对上述六组证据的真实性、合法性、关联性予以认可。

上海某盾公司当庭未提交新证据，法庭结束后，上海某盾公司提交了9份证据材料，分别为现代汉语词典、中国国粹大词典、辞海、洋某酒厂酿酒理论培训简明教材、“洋河”商标的官网信息、（2019）辽抚法证字第2409号公证书《类似商品和服务区分表（第七版）》、百度百科网页截图、中国知名白酒企业注册商标情况的公证书，并明确上述材料不作为新证据，仅供法庭参考。

对于江苏洋某酒厂再审阶段提交的附有原件的新证据，其真实性、合法性本院予以确认，其关联性及证明目的，将结合原审证据综合判断考虑。

本院经再审查明：原审法院查明的事实基本清楚，本院予以确认。

另查明，《类似商品和服务区分表（第七版）》不包含“白酒”商品。《类似商品和服务区分标表（第十一版）》（2020 文本）显示，第三十三类商品包含“白酒”，且“白酒”属于未列入《国际分类》但我国常用的商品和服务项目名称。洋河公司、上海某盾公司、国家知识产权局均认可在诉争商标注册时，《类似商品和服务区分表》中无“白酒”商品。

本院认为，本案的争议焦点为：诉争商标于指定期间是否在核定使用的商品上进行了真实、合法、有效的使用。

2013 年修正的商标法第四十八条规定：“本法所称商标的使用，是指将商标用于商品、商品包装或者容器以及商品交易文书上，或者将商标用于广告宣传、展览以及其他商业活动中，用于识别商品来源的行为。”第四十九条第二款规定：“注册商标成为其核定使用的商品的通用名称或者没有正当理由连续三年不使用的，任何单位或者个人可以向商标局申请撤销该注册商标。商标局应当自收到申请之日起九个月内做出决定。有特殊情况需要延长的，经国务院工商行政管理部门批准，可以延长三个月。”具体到本案中，可从以下三个方面进行分析：

首先，关于诉争商标于指定期间是否在“白酒”商品上进行使用的问题。本案中，江苏洋某酒厂向国家知识产权局提交的证据 4 苏某贸易公司在指定期间内开具的多张销售发票显示有“洋河”字样，可以证明苏某贸易公司在指定期间内销售了“洋河”白酒商品。二审阶段，江苏洋某酒厂提交的第二组证据中，在指定期间的宣传报道分别为《品牌白酒代理哪家好？洋河迎宾酒大品牌深得消费者信赖》《洋河迎宾酒白酒加盟喝出来的财富》《洋河迎宾酒加盟引爆无限商机热潮》《溧阳人坐不住了，名酒直供——洋河迎宾实体店来溧阳啦》，上述四篇报道所附产品插图显示，酒的瓶颈部有诉争商标图样，瓶身及外包装显著部分为诉争商标加©。虽然瓶身有竖直排列的“洋河迎宾”字样，但对“洋河迎宾”注册商标的使用行为或在同一个商品上同时使用上述两个注册商标的行为，均不能否定注册人江苏洋某酒厂对诉争商标进行了使用。2018 年 2 月 8 日，江苏省高级人民法院作出的（2017）苏民终 1781 号民事判决认定，第 1470448 号“洋河”商标即诉争商标“……至今已持续使用17年时间……”足以认定为驰名商标予以保护。上述证据充分证明，诉争商标于指定期间在“白酒”商品上进行了公开、真实、有效的商业使用。

其次，关于指定期间内使用的“洋河”商标是否为本案诉争商标的问题。经查，本案诉争商标与第1599550号商标的图样相同。上海某盾公司主张，本案中江苏洋某酒厂提交的所有对“洋河”商标的使用证据，均是对第1599550号商标而非诉争商标的使用证据。《中华人民共和国民事诉讼法》第六十七条规定，当事人对自己提出的主张，有责任提供证据。《最高人民法院关于适用〈中华人民共和国民事诉讼法〉的解释》第九十条规定，当事人对自己提出的诉讼请求所依据的事实或者反驳对方诉讼请求所依据的事实，应当提供证据加以证明，但法律另有规定的除外。本院认为，根据原审查明的事实，江苏洋某酒厂于1999年4月对诉争商标提出注册申请，2000年11月获得核准注册。江苏洋某酒厂在当时生产销售的白酒商品上使用的“洋河”商标应为本案诉争商标。第1599550号“洋河”商标核准注册时间为2001年7月7日，晚于诉争商标。江苏洋某酒厂明确在指定期间即2015年1月9日至2018年1月8日对“洋河”商标的使用系对诉争商标的一贯持续使用，具有较强的合理性。上海某盾公司虽予以反驳，但并不能提供证据证明指定期间内江苏洋某酒厂在白酒商品上贴附的“洋河”标志明确指向第1599550号商标。在无相反证据的情况下，应认定指定期间内使用的“洋河”商标为本案诉争商标。上海某盾公司主张并非对本案诉争商标使用的理据不足，本院不予支持。

最后，关于诉争商标在“白酒”商品上的使用是否属于在核定商品范围内使用的问题。本案诉争商标申请注册时，“白酒”不属于《类似商品和服务区分表》中的规范商品名称。实际使用的商品不属于区分表中的规范商品名称，在认定具体商品所属类别时，应当结合商品功能、用途、生产部门、销售渠道、消费群体进行判断，并考虑消费习惯、生产模式、行业经营需求等综合认定。一方面，“白酒”与诉争商标核定使用的“蒸馏酒精饮料；蒸馏饮料；蒸煮提取物（利口酒和烈酒）”等商品在功能、用途、销售渠道等方面相同或相近。另一方面，根据经营者和消费者的通常认知，“蒸馏酒精饮料”和“烈酒”商品包括中国白酒。在当时的区分表不包含“白酒”商品的情况下，江苏洋某酒厂结合白酒制作工艺，将商标注册在“蒸馏酒精饮料”“蒸煮提取物（利口酒和烈酒）”上，并实际使用在白酒商品上，具有正当性。不能因之后《类似商品和服务区分表》商品项目更新增加了“白酒”商品，而对注册人此前的权利范围进行限缩。江苏洋某酒厂在“白酒”商品上的使用证据可以用于维持诉争商标在核定商品上的注册。

综合上述分析，诉争商标于指定期间在核定使用的商品上进行了真实、合法、有效的使用，不构成2013年修正的商标法第四十九条第二款规定的情形，诉争商标应予以维持。被诉决定对本案实体问题的审理适用2001年修正的商标法，属于法律适用瑕疵，但处理结果正确。

综上，江苏洋某酒厂的再审诉讼请求成立，本院予以支持。原审判决认定事实不清、适用法律不当，本院予以纠正。依照《中华人民共和国行政诉讼法》第八十九条第一款第二项、《最高人民法院关于适用〈中华人民共和国行政诉讼法〉的解释》第一百一十九条第一款、第一百二十二条的规定，判决如下：

一、撤销北京市高级人民法院（2020）京行终4258号行政判决；

二、撤销北京知识产权法院（2019）京73行初12936号行政判决。

三、维持国家知识产权局商评字〔2019〕第126632号《关于第1470448号“洋河”商标撤销复审决定书》。

一、二审案件受理费合计200元，由上海某盾资产管理有限公司负担。

本判决为终审判决。

审　判　长　白雅丽

审　判　员　傅　蕾

审　判　员　张玲玲

二〇二三年八月三十一日

法官助理　耿慧茹

书　记　员　高云萱

附图：

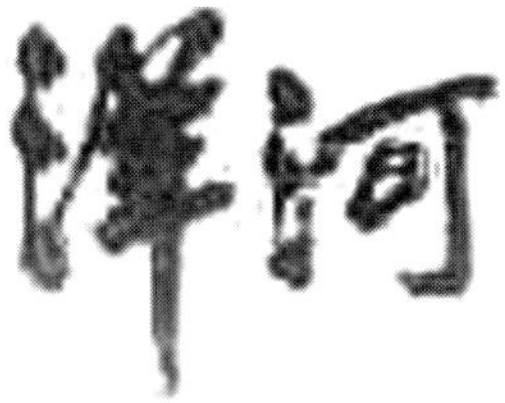

附图 1：诉争商标

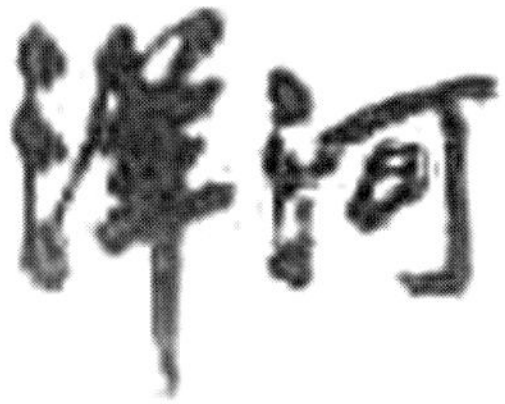

附图 2：第 1599550 号“洋河”商标

附图 3：第 3610596 号“洋河迎宾”商标

24. 仅境外使用证据不足以认定“在先使用并有一定影响”

——再审申请人哥伦比代某某有限责任公司与被申请人国家知识产权局、一审第三人石狮市永某商贸发展有限公司商标权无效宣告请求行政纠纷案①

中华人民共和国最高人民法院行政裁定书（2023）最高法行申2567号

再审申请人（一审原告、二审上诉人）：哥伦比代某某有限责任公司。住所地：美利坚合众国纽约州。

法定代表人：Jeffrey，该公司执行创意总监。

委托诉讼代理人：张汝全，北京市铸成（深圳）律师事务所律师。

委托诉讼代理人：赵智灵，北京市铸成（深圳）律师事务所律师。

被申请人（一审被告、二审被上诉人）：国家知识产权局。住所地：中华人民共和国北京市海淀区蓟门桥西土城路6号。

法定代表人：申长雨，该局局长。

委托诉讼代理人：杨建平，该局审查员。

一审第三人：石狮市永某商贸发展有限公司。住所地：中华人民共和国福建省泉州市石狮市凤里街道镇。

法定代表人：杨某某，该公司总经理。

委托诉讼代理人：刘清华，北京市博圣律师事务所律师。

再审申请人哥伦比代某某有限责任公司（以下简称哥伦比代某某公司）因与被申请人国家知识产权局、一审第三人石狮市永某商贸发展有限公司（以下简称永某公司）商标权无效宣告请求行政纠纷一案，不服北京市高级人民法院（以下简称二审法院）（2023）京行终5031号行政判决，向本院申

① 本案在年度报告中的位置为第51页。

请再审。本院依法组成合议庭进行了审查，现已审查终结。

哥伦比代某某公司申请再审称，（一）第5172626号“StAPLe”商标（以下简称诉争商标）的注册违反了2013年修正的《中华人民共和国商标法》（以下简称商标法）第三十二条的规定，构成对哥伦比代某某公司在先使用并具有一定影响的“STAPLE”商标的恶意抢注。1.“STAPLE”品牌由Jeff Staple创立于1997年。2011年7月25日，哥伦比代某某公司受让了Jeff Staple关于“STAPLE”商标的全部权利。Jeff Staple对“STAPLE”商标的使用应视为哥伦比代某某公司对“STAPLE”商标的使用。2.哥伦比代某某公司提交的证据形成时间晚于诉争商标申请日，但证据内容可以证明哥伦比代某某公司对“STAPLE”商标的使用早于诉争商标申请日。3.哥伦比代某某公司提交的证据足以证明其对诉争商标已在先使用并具有一定影响。4.北京知识产权法院（以下简称一审法院）未对诉争商标申请人张某峰与哥伦比代某某公司之间电话录音的公证书进行证据调取和司法鉴定，违反法定程序。（二）张某峰与永某公司一贯有抄袭他人注册商标的恶意，抢注诉争商标的恶意明显。经查询中国商标网，张某峰及永某公司名下的注册商标存在抄袭摹仿他人知名商标的痕迹。张某峰专门抄袭街头潮流品牌，不仅抄袭哥伦比代某某公司品牌，还抄袭其他同类品牌。（三）诉争商标申请人张某峰没有实际使用诉争商标的意图，永某公司提交诉争商标的使用证据均为张某峰为维持诉争商标注册所制作的证据。上述证据不能证明张某峰及永某公司对诉争商标进行了使用。综上，一、二审法院认定事实错误，请求本院判令：撤销一、二审判决及国家知识产权局作出的商评字〔2021〕第36831号《关于第5172626号“StAPLe”商标无效宣告请求裁定》；国家知识产权局重新作出裁定；本案全部诉讼费用由国家知识产权局负担。

国家知识产权局提交意见称，哥伦比代某某公司提交的证据不足以证明诉争商标的注册违反了商标法第三十二条的规定，构成不正当手段抢先注册哥伦比代某某公司在先使用并有一定影响的商标。二审判决认定事实清楚，适用法律正确。请求维持二审判决，驳回哥伦比代某某公司的再审申请。

永某公司提交意见称，在案证据不能证明哥伦比代某某公司是“STAPLE”的著作权人或利害关系人。哥伦比代某某公司推断永某公司恶意注册其他商标缺乏事实依据。哥伦比代某某公司二审期间提交的其1998、1999年在美国申请商标的证据显示上述商标均已无效。该公司还提交了其于2007年在美国申请商标的证据，而诉争商标申请日为2006年2月23日，早于在美国申请商标的时间。哥伦比代某某公司提交的证据均不能证明其在先使用“STAPLE”标志并有一定影响。哥伦比代某某公司提交的电话录音只能表明电话中有人自称为张某峰，不排除该公司找人伪称为张某峰，故该证据为无效证据，不应被采信。综上，永某公司请求驳回哥伦比代某某公司的再审申请。

再审审查期间，哥伦比代某某公司未提交新的证据。

本院审查查明，评审阶段证据3第226页显示：“2005年Staple Design x Nike推出的‘鸽子’，发售时一度惊动纽约警方、登上《纽约邮报》……”第225页显示：“Jeffrey Ng的故事，大约是一个千禧年初来自纽约街头的美国梦成真的缩影。”二审期间证据1显示：美国专利商标局官方网站查询到Jeff Staple曾经在第25类服装商品上申请注册“STAPLE”商标，申请日期为1993年8月31日。2011年7月25日，哥伦比代某某公司受让了Jeff Staple关于“STAPLE”商标的全部权利。

一审庭审笔录中记载，哥伦比代某某公司在庭审中表示其不再坚持对于在先著作权的主张。

本院经审查认为，鉴于哥伦比代某某公司在一审庭审中表示其不再坚持对于在先著作权的主张，且该公司未主张诉争商标的注册侵害其现有的其他在先权利，本案各方当事人再审审查期间的争议焦点为：诉争商标的注册，是否违反了商标法第三十二条的规定，属于以不正当手段抢先注册他人已经使用并有一定影响的商标。

商标法第三十二条规定：“申请商标注册不得损害他人现有的在先权利，也不得以不正当手段抢先注册他人已经使用并有一定影响的商标。”第四十八条规定：“本法所称商标的使用，是指将商标用于商品、商品包装或者容器以及商品交易文书上，或者将商标用于广告宣传、展览以及其他商业活动中，用于识别商品来源的行为。”《最高人民法院关于审理商标授权确权行政案件若干问题的规定》第二十三条第一、二款规定：“在先使用人主张商标申请人以不正当手段抢先注册其在先使用并有一定影响的商标的，如果在先使用商标已经有一定影响，而商标申请人明知或者应知该商标，即可推定其构成‘以不正当手段抢先注册’。但商标申请人举证证明其没有利用在先使用商标商誉的恶意的除外。在先使用人举证证明其在先商标有一定的持续使用时间、区域、销售量或者广告宣传的，人民法院可以认定为有一定影响。”根据上述规定，申请人不得以不正当手段抢先注册他人已经使用并有一定影响的商标。如果申请人明知或者应知他人已经使用并有一定影响的商标而予以抢注，即可认定其采用了不正当手段。在中国境内实际使用并为一定范围的相关公众所知晓的商标，即应认定属于已经使用并有一定影响的商标。有证据证明在先商标有一定的持续使用时间、区域、销售量或者广告宣传等的，可以认定其有一定影响。对于已经使用并有一定影响的商标，不宜在不相类似商品上给予保护。商标权是法定权利，具有地域性，其权利范围、保护内容及保护期限均受到地域范围的限制。在中国境内实际使用商标，要求在实际经营活动中对商标进行商业性使用的事实发生在中国境内。商标的使用方式，要求将商标使用在商品、商品包装或者容器以及商品交易文书上，或者将商标用于广告宣传、展览以及其他商业活动中，用于识别商品来源。

本案中，哥伦比代某某公司在商标行政阶段及一、二审期间提交了拟证明“STAPLE”标识注册并使用的证据。虽然其中部分证据未显示时间、部分证据晚于诉争商标申请日、部分证据未显示“STAPLE”标识、部分证据并非中国杂志，但是结合一、二审法院及本院再审期间查明的事实看，上述证据的内容能证明哥伦比代某某公司于 2011 年 7 月 25 日受让了 Jeff Staple 关于“STAPLE”商标的全部权利，还能够证明 Jeff Staple 于诉争商标申请注册的 2006 年 2 月 23 日之前已经在美国在先申请注册“STAPLE”商标，且经过使用在美国于与诉争商标核定使用的商品构成相同或者类似的鞋履服饰商品上具有了较高的知名度和影响力。鉴于商标权具有地域性，哥伦比代某某公司提交的证据均为“STAPLE”商标在境外注册和使用的证据，不能证明“STAPLE”商标在中国境内于诉争商标申请日前经过使用具有了一定影响力和知名度。因此，哥伦比代某某公司关于诉争商标的注册违反了商标法第三十二条的规定、属于以不正当手段抢先注册他人已经使用并有一定影响的商标的再审主张缺乏事实和法律依据，本院不予支持。

鉴于哥伦比代某某公司在本案一审期间未主张诉争商标的注册违反了商标法第四十四条第一款的规定，本院对其关于永某公司抄袭其他同类品牌注册商标的再审主张，不予审查。又因本案属于商标权无效宣告请求行政纠纷，不属于商标权撤销行政纠纷案件，本院对哥伦比代某某公司关于诉争商标申请人不具有实际使用商标的意图、不能证明诉争商标进行了使用的再审主张，不予审查。此外，哥伦比代某某公司一审期间提交的诉争商标申请人张某峰与哥伦比代某某公司之间电话录音公证书证据，拟证明张某峰申请注册诉争商标具有恶意，因该公司不能证明其在中国境内使用“STAPLE”商标并具有一定影响，一审法院认为上述证据已无调取和司法鉴定的必要，并无不当。哥伦比代某某公司关于一审法院未准许鉴定构成程序错误的再审主张，缺乏法律依据，本院不予支持。

综上，哥伦比代某某公司的再审申请不符合《中华人民共和国行政诉讼法》第九十一条规定的情形。依照《最高人民法院关于适用〈中华人民共和国行政诉讼法〉的解释》第一百一十六条第二款之规定，裁定如下：

驳回哥伦比代某某有限责任公司的再审申请。

审 判 长 李 嵘
审 判 员 傅 蕾
审 判 员 许常海
二〇二三年十二月十一日
法官助理 金 燕
书 记 员 吕姝君

25. 当事人在诉讼阶段新增的商标无效事由不应纳入审查范围

——再审申请人鹤山市东某调味食品有限公司与被申请人国家知识产权局、第三人胡某某商标权无效宣告请求行政纠纷案①

中华人民共和国最高人民法院行政裁定书（2023）最高法行申331号

再审申请人（一审原告、二审上诉人）：鹤山市东某调味食品有限公司。住所地：广东省鹤山市古劳镇。

法定代表人：任某某，执行董事兼经理。

委托诉讼代理人：全心怡，北京恒都（重庆）律师事务所律师。

委托诉讼代理人：井静娟，北京恒都（深圳）律师事务所律师。

被申请人：（一审被告、二审被上诉人）：国家知识产权局。住所地：北京市海淀区蓟门桥西土城路6号。

法定代表人：申长雨，该局局长。

委托诉讼代理人：黄会芳，该局审查员。

第三人：胡某某。

再审申请人鹤山市东某调味食品有限公司（以下简称东某公司）因与被申请人国家知识产权局、第三人胡某某商标权无效宣告请求行政纠纷一案，不服北京市高级人民法院（2022）京行终6131号行政判决，向本院申请再审。本院依法组成合议庭对本案进行了审查，现已审查终结。

东某公司申请再审称：原审判决适用法律有误。1. 本案引证商标经大量使用和宣传，在2013年4月7日前在“酱油、醋”商品上已达到驰名的程度，不应适用《中华人民共和国商标法》（以下简称商标法）第四十五条第一款有关五年期限的限制。引证商标已构成商标法第十三条规定的情形，且

① 本案在年度报告中的位置为第53页。

第三人具有恶意摹仿抄袭引证商标的情节，故诉争商标应予以无效。2. 东某公司在评审阶段在无效申请书的主文中有提出适用商标法第十三条，商评字〔2020〕第252571号《关于第12380352号“乐古 Le Gu 及图”商标无效宣告请求裁定》（以下简称被诉裁定）及第三人的答辩状中也对此有所评价，故人民法院对第十三条的审查不属于超范围审查。综上，请求撤销一、二审判决及被诉裁定，由国家知识产权局重新作出裁定。

国家知识产权局答辩称：本案不应将商标法第十三条作为审查条款。东某公司在评审阶段仅提出诉争商标违反商标法第三十一条和第三十二条，国家知识产权局根据东某公司的申请，仅就诉争商标是否违反上述条款进行审查，符合法律规定。故在诉讼阶段东某公司对诉争商标违反商标法第十三条的主张，人民法院不应审查。东某公司有关无效申请书内容中有引证商标驰名情况的陈述和主张，仅为对引证商标状态的描述，并非适用商标法第十三条的主张。故请求驳回东某公司的再审申请。

本院认为，本案再审审查阶段的争议焦点为：人民法院在审查被诉裁定时，应否就诉争商标违反商标法第十三条进行审查。

商标法第四十五条第一款规定：“已经注册的商标，违反本法第十三条第二款和第三款、第十五条、第十六条第一款、第三十条、第三十一条、第三十二条规定的，自商标注册之日起五年内，在先权利人或者利害关系人可以请求商标评审委员会宣告该注册商标无效。对恶意注册的，驰名商标所有人不受五年的时间限制。”

（一）在商标无效宣告的审查阶段东某公司是否主张商标法第十三条的问题。

东某公司提出在宣告无效申请书主文内容中，有三处对于引证商标的驰名情况进行了说明，故实质上属于对商标法第十三条的主张。经审查，在东某公司的无效宣告申请书中，对于引证商标“驰名商标”的表述，主要涉及2014年1月引证商标被国家知识产权局认定为“驰名商标”及“被申请人已不是这一件争议商标模仿申请人的驰名商标”的描述，在申请书的评审请求及事实与理由部分，东某公司明确提出了根据商标法第四十五条、第九条、第三十一条、第三十二条的规定请求裁定诉争商标无效，并未提出第十三条作为依据。综合上述情况，不应视为东某公司在无效宣告申请书中主张适用商标法第十三条。由于东某公司未依据商标法第十三条提出申请，故国家知识产权局未就十三条进行审查，不属于遗漏审查对象。国家知识产权局认为，被诉裁定中“况且申请人提交的证据亦不足以证明其引证商标在争议商标申请日之前已成为相关公众所熟知的商标”的表述系针对商标法第三十二条的回应，并非对驰名商标认定问题的回应，并无不当。

（二）人民法院是否应当对东某公司在商标无效宣告的审查阶段未提出但在诉讼阶段提出的主张进行审查。

商标无效宣告请求行政诉讼是对被诉行政行为的合法性进行审查，判断国家知识产权局作出被诉裁定是否合法，应根据该裁定作出时当事人的请求作出认定，当事人在诉讼阶段新增的商标无效事由不应纳入审查被诉裁定是否合法的考量范围。本案中在商标无效宣告的审查阶段，东某公司未明确主张诉争商标违反商标法第十三条的规定，国家知识产权局亦未对该条款的适用问题进行审查，仅在诉讼阶段东某公司新增了此项无效请求事由。如人民法院对诉争商标是否违反商标法第十三条径行予以审理，不仅超出商标无效宣告行政审查的范围，也会剥夺诉争商标注册人陈述、答辩等程序性权利。故东某公司在商标无效宣告的审查阶段中未提出、但在诉讼阶段提出诉争商标违反商标法第十三条的规定，人民法院不应对此予以评价。东某公司于2019年11月18日就诉争商标提出无效宣告申请，该时间距离诉争商标获准注册时间2014年9月14日已超过五年法定时限。国家知识产权局根据东某公司的申请，依据商标法第三十一条、第三十二条审查并作出的被诉裁定，并无不当。

如东某公司认为诉争商标违反商标法第十三条第二款、第三款的规定，可依法另行向国家知识产权局提出无效宣告申请。

综上，依照《最高人民法院关于适用〈中华人民共和国行政诉讼法〉的解释》第一百一十六条第二款之规定，裁定如下：

驳回鹤山市东某调味食品有限公司的再审申请。

审　判　长　白雅丽
审　判　员　傅　蕾
审　判　员　张玲玲
二〇二三年九月二十八日
法官助理　耿慧茹
书　记　员　高云萱

26. 商标缺乏显著特征的认定

——再审申请人郴州大某某防伪科技有限公司与被申请人国家知识产权局商标申请驳回复审行政纠纷案①

中华人民共和国最高人民法院行政裁定书（2023）最高法行申1053号

再审申请人（一审原告、二审上诉人）：郴州大某某防伪科技有限公司。住所地：湖南省郴州市北湖区。

法定代表人：唐某某，该公司执行董事。

委托诉讼代理人：廖正亮，湖南星河律师事务所律师。

被申请人（一审被告、二审被上诉人）：国家知识产权局。住所地：北京市海淀区蓟门桥西土城路6号。

法定代表人：申长雨，该局局长。

委托诉讼代理人：张玲，该局审查员。

再审申请人郴州大某某防伪科技有限公司（以下简称大某某公司）因与被申请人国家知识产权局商标申请驳回复审行政纠纷一案，不服北京市高级人民法院（2022）京行终6436号行政判决（以下简称二审判决），向本院申请再审。本院依法组成合议庭进行了审查，现已审查终结。

大某某公司申请再审称：从整体上看，第52444799号“大拇印卖家承诺商标假一赔百及图”商标（以下简称诉争商标，见文书后附图）具有显著特征，应予核准注册。（一）诉争商标中的竖排“大拇印”汉字位于商标中间，字体较大，系诉争商标的显著识别部分。大某某公司曾以“大拇印”汉字申请了多个商标，均被核准注册，说明“大拇印”汉字具有显著特征。（二）诉争商标中的带框汉字“卖家承诺商标假一赔百”，位于竖排“大拇印”汉字下方，相关公众一般把它识别为经营者对上方“大拇印”商标真实性的保证承诺，增加了整个标志的显著性。（三）诉争商标自身具有防伪功能，是商

① 本案在年度报告中的位置为第54页。

标领域的一项重大突破，可以推动我国防伪事业的发展。请求本院依法再审。

国家知识产权局提交意见称，二审判决认定事实清楚，适用法律正确，应予以维持。

本院经审查认为，本案再审审查的争议焦点为：诉争商标是否属于缺乏显著特征的情形。

《中华人民共和国商标法》（以下简称商标法）第十一条第一款规定：“下列标志不得作为商标注册：（一）仅有本商品的通用名称、图形、型号的；（二）仅直接表示商品的质量、主要原料、功能、用途、重量、数量及其他特点的；（三）其他缺乏显著特征的。”

申请商标注册的标志具有显著特征，是获得商标注册的必要条件。具备显著特征的标志应当能够使相关公众识别、记忆，从而可用以指示商品或服务来源，这也是商标的功能和价值。判断申请商标注册的标志是否具有显著特征，首先要考虑其本身的含义、呼叫和外观构成的识别性，即一般公众是否可以将该标志作为指示商品或服务来源的标志加以识别对待，其次在具体情况下还要进一步结合申请指定使用商品或者服务所在领域的相关公众的认知习惯，以及所属行业的实际使用情况等，对标志是否可指示商品或服务来源进行具体、综合、整体判断。

首先，关于诉争商标的含义、呼叫和外观是否可使公众作为指示商品或服务来源的标志进行识别或记忆。诉争商标由上部较大的“大拇印”文字，及下部带框较小的“卖方承诺商标假一赔百”文字构成，字体为普通印刷体。大某某公司主张因“大拇印”文字本身具有显著性，在此基础上添加“卖方承诺商标假一赔百”文字会增添标志的显著性。一般而言，在获准注册的商标标志周边添附其他装饰或文字并不会有损商标标志的显著性，有时甚至会增加商标标志的显著性。但有些添附恰恰会画蛇添足减损原标志的显著性。就诉争商标而言，“卖方承诺”“商标假一赔百”属于对真实性进行承诺的广告宣传惯常用语，而“大拇印”在这一语境下刚好也具有承诺的含义，两者结合后，反而淡化了“大拇印”单独存在时的显著性。诉争商标整体容易被一般公众识别成一个对真实性进行承诺的惯常广告用语，认为是对商品真实性或其上贴附的其他商标真实性的承诺，而非指示商品或服务来源的标志。因此，诉争商标缺乏显著性。其次，大某某公司还主张相关公众易将诉争商标下部“卖方承诺商标假一赔百”理解为经营者对上部“大拇印”标志真实性的承诺。但商标自证真伪功能并非认定商标显著性的考虑因素。

大某某公司关于诉争商标因具有自证真伪功能而具有显著性的主张不能成立。最后，大某某公司未能提供证据证明诉争商标经过使用获得了显著性。

综上，诉争商标缺乏申请注册商标应具有的显著特征。二审判决关于诉争商标构成商标法第十一条第一款第三项所规定情形的认定并无不当。

大某某公司的再审申请不符合《中华人民共和国行政诉讼法》第九十一条规定的情形。依照《最高人民法院关于适用〈中华人民共和国行政诉讼法〉的解释》第一百一十六条第二款之规定，裁定如下：

驳回郴州大某某防伪科技有限公司的再审申请。

审　判　长　丁广宇
审　判　员　李　嵘
审　判　员　许常海
二〇二三年九月二十六日
法官助理　金　燕
书　记　员　吕姝君

附件：诉争商标标志

大
拇
印

卖方承诺 商标假一赔百

27. 涉驰名商标行政案件中“一事不再理”原则的适用

——再审申请人雀某产品有限公司与被申请人国家知识产权局、一审第三人广东太某某电器有限公司商标权无效宣告请求行政纠纷案①

中华人民共和国最高人民法院行政裁定书（2023）最高法行申 1725 号

再审申请人（一审原告、二审上诉人）：雀某产品有限公司。住所地：瑞士联邦沃韦。

代表人：埃舍尔，该公司授权代表。

委托诉讼代理人：付振坤，北京康隆律师事务所律师。

委托诉讼代理人：项春晖，北京康隆律师事务所律师。

被申请人（一审被告、二审被上诉人）：国家知识产权局。住所地：中华人民共和国北京市海淀区蓟门桥西土城路 6 号。

法定代表人：申长雨，该局局长。

委托诉讼代理人：孙红，该局审查员。

一审第三人：广东太某某电器有限公司。住所地：中华人民共和国广东省中山市黄圃镇。

法定代表人：万某，该公司总经理。

委托诉讼代理人：李平，广东本宗律师事务所律师。

再审申请人雀某产品有限公司（以下简称雀某公司）因与被申请人国家知识产权局、一审第三人广东太某某电器有限公司（以下简称太某某公司）商标权无效宣告请求行政纠纷一案，不服北京市高级人民法院（以下简称二审法院）（2023）京行终 2543 号行政判决，向本院申请再审。本院依法组成合议庭进行了审查，现已审查终结。

雀某公司申请再审称：（一）二审判决错误认定雀某公司以违反 2001 年修正的《中华人民共和国商标法》（以下简称 2001 年商标法）第十三条第二

① 本案在年度报告中的位置为第 56 页。

款为由，对第7292806号商标（以下简称诉争商标）提出的无效宣告请求属于“以相同的事实和理由再次提出评审申请”的情形。雀某公司是基于新的证据提出的无效宣告请求。2009年至2023年期间，国家知识产权局、人民法院多次认定雀某公司的“太某某”商标为使用在“调味品；鸡精（调味品）”等商品上的驰名商标。上述驰名商标保护记录中有56份是在诉争商标所涉〔2013〕第93926号异议复审裁定作出（2013年10月28日）后所形成的新的证据，能够证明：在诉争商标申请日前后几年时间内“太某某”商标在“调味品；鸡精（调味品）”等商品上的较高知名程度和持续状态，可以跨类保护到11类相关商品上。（二）二审法院错误认定诉争商标的注册未违反2001年商标法第四十一条第一款的规定。请求本院依法再审。

国家知识产权局答辩称，二审判决认定事实清楚、适用法律正确、程序并无不当，应予维持。

本院经审查认为，本案再审审查的争议焦点为：雀某公司依据2001年商标法第十三条第二款再次提出评审申请是否属于“以相同的事实和理由再次提出评审申请”的情形；以及诉争商标是否属于2001年商标法第四十一条第一款规定的“以欺骗手段或者其他不正当手段取得注册”的情形。

2001年商标法第四十一条第一款、第二款规定：“已经注册的商标，违反本法第十条、第十一条、第十二条规定的，或者是以欺骗手段或者其他不正当手段取得注册的，由商标局撤销该注册商标；其他单位或者个人可以请求商标评审委员会裁定撤销该注册商标。已经注册的商标，违反本法第十三条、第十五条、第十六条、第三十一条规定的，自商标注册之日起五年内，商标所有人或者利害关系人可以请求商标评审委员会裁定撤销该注册商标。对恶意注册的，驰名商标所有人不受五年的时间限制。”第四十二条规定：“对核准注册前已经提出异议并经裁定的商标，不得再以相同的事实和理由申请裁定。”《最高人民法院关于审理商标授权确权行政案件若干问题的规定》第二十九条规定：“当事人依据在原行政行为之后新发现的证据，或者在原行政程序中因客观原因无法取得或在规定的期限内不能提供的证据，或者新的法律依据提出的评审申请，不属于以‘相同的事实和理由’再次提出评审申请。”

关于雀某公司是否存在以相同的事实和理由再次提出评审申请的情形。本案中，雀某公司曾在〔2013〕第93926号异议复审案中提出诉争商标的注册违反了2001年商标法第十三条第二款这一复审理由。商标评审委员会针对雀某公司提出的该复审理由作出了裁定。雀某公司未就该裁定提起诉讼。该裁定业已生效。诉争商标于2014年3月27日被依法核准注册。时隔六年后，2020年雀某公司再次提出评审申请，理由之一与前次异议复审程序中提出的理由相同，均为2001年商标法第十三条第二款。即认为，诉争商标是复制、摹仿或者翻译雀某公司已经在中国注册的驰名商标，误导公众，致使其利益可能受到损害。2001年商标法第四十二条规定，对核准注册前已经提出异议并经裁定的商标，不得再以相同的事实和理由申请裁定。首先，雀某公司未针对〔2013〕第93926号异议复审裁定提起诉讼。该裁定业已生效。此为雀某公司对自身权利的处分行为。该公司应当承担相应的后果。其次，雀某公司的"太某某"商标在诉争商标申请之时驰名与否是一个确定的事实，并不会随着时间发展而变化、产生新的事实。最后，雀某公司在本案商标权无效宣告复审程序中新提交的证据不存在前次商标异议复审程序中因客观原因无法取得或在规定的期限内不能提供的合理事由。故雀某公司依据2001年商标法第十三条第二款提出的评审申请属于以相同的事实和理由再次提出评审申请的情形。二审判决相关认定并无不当。

在案证据不足以证明诉争商标系采取欺骗手段或其他不正当手段取得注册。故诉争商标的注册并未违反2001年商标法第四十一条第一款之规定。二审判决对此认定并无不当。

综上，雀某公司的再审申请不符合《中华人民共和国行政诉讼法》第九十一条规定的情形。依照《最高人民法院关于适用〈中华人民共和国行政诉讼法〉的解释》第一百一十六条第二款之规定，裁定如下：

驳回雀某产品有限公司的再审申请。

审 判 长 丁广宇
审 判 员 李 嵘
审 判 员 许常海
二〇二三年十一月二十九日
法官助理 金 燕
书 记 员 吕姝君

三、著作权案件审判

28. 酒店、民宿提供影视作品点播服务行为的侵权判断

——再审申请人捷某华某网聚（北京）文化传媒有限公司与被申请人金华市雷某酒店管理有限公司侵害著作权纠纷案①

中华人民共和国最高人民法院民事裁定书（2023）最高法民申711号

再审申请人（一审原告、二审被上诉人）：捷某华某网聚（北京）文化传媒有限公司。住所地：北京市西城区。

法定代表人：张某，该公司执行董事兼经理。

委托诉讼代理人：王中杰，浙江盈科（丽水）律师事务所律师。

被申请人（一审被告、二审上诉人）：金华市雷某酒店管理有限公司。住所地：浙江省金华市金东区。

法定代表人：方某洵。

再审申请人捷某华某网聚（北京）文化传媒有限公司（以下简称捷某公司）因与被申请人金华市雷某酒店管理有限公司（以下简称雷某公司）著作权侵权纠纷一案，不服浙江省高级人民法院（2022）浙民终1050号民事判决，向本院申请再审。本院依法组成合议庭进行了审查，现已审查终结。

捷某公司申请再审称，二审法院认定雷某公司未侵害信息网络传播权的结论，系对信息网络传播权的行为作了限缩解释，适用法律存在错误。雷某公司虽然未实施将涉案作品置于信息网络中的行为，但其如果不通过信息网络提供影片的存储介质，酒店的入住者是无法获取涉案影片资源的；雷某公

---

① 本案在年度报告中的位置为第58页。

司将已置于信息网络中的视听作品再提供给消费者的行为属于通过信息网络提供作品的行为。综上，请求对本案再审，撤销二审判决，维持一审判决。

本院认为，《最高人民法院关于审理侵害信息网络传播权民事纠纷案件适用法律若干问题的规定》第三条第二款规定，通过上传到网络服务器、设置共享文件或者利用文件分享软件等方式，将作品、表演、录音录像制品置于信息网络中，使公众能够在个人选定的时间和地点以下载、浏览或者其他方式获得的，人民法院应当认定其实施了前款规定的提供行为。本案中，根据在案证据，涉案电影系通过投影仪设备带有的第三方软件——“云视听极光”，在不登录会员，并看完片头广告的情况下，便可完整播放。因此，涉案电影系已经通过“云视听极光”软件在互联网上传播的作品。“云视听极光”软件是可以通过公开渠道下载并安装的APP，并无证据显示雷某公司与“云视听极光”软件存在合作关系。雷某公司既未实施将涉案电影上传到网络服务器，或者设置共享文件或者利用文件分享软件等方式，将其置于信息网络中的行为，也未有证据证明其提供相关播放软件的会员账号、密码，其仅在酒店客房设置通过合法渠道购买的影视播放设备的行为，不构成侵权。故二审判决驳回捷某公司诉讼请求的结论并无不当。捷某公司的相应再审申请理由缺乏事实和法律依据，本院不予支持。

依照《中华人民共和国民事诉讼法》第二百一十一条第一款，《最高人民法院关于适用〈中华人民共和国民事诉讼法〉的解释》第三百九十三条第二款规定，裁定如下：

驳回捷某华某网聚（北京）文化传媒有限公司的再审申请。

审 判 长 白雅丽
审 判 员 李 丽
审 判 员 马秀荣
二〇二三年十二月五日
法官助理 卢 莹
书 记 员 张晨祎

四、不正当竞争案件审判

30. 行业协会原告主体资格的认定

——再审申请人唐山市某某协会与被申请人李某、张某不正当竞争纠纷案①

中华人民共和国最高人民法院民事判决书（2022）最高法民再76号

再审申请人（一审原告、二审上诉人）：唐山市某某协会。住所地：河北省唐山市。

法定代表人：夏某某，该协会会长。

委托诉讼代理人：李晓月，河北悦宾律师事务所律师。

被申请人（一审被告、二审被上诉人长沙顺某电子商务有限公司股东）：李某。

委托诉讼代理人：齐伟，广东金桥百信（长沙）律师事务所律师。

委托诉讼代理人：余能佳，广东金桥百信（长沙）律师事务所实习律师。

被申请人（一审被告、二审被上诉人长沙顺某电子商务有限公司股东）：张某。

委托诉讼代理人：齐伟，广东金桥百信（长沙）律师事务所律师。

委托诉讼代理人：余能佳，广东金桥百信（长沙）律师事务所实习律师。

再审申请人唐山市某某协会因与被申请人长沙顺某电子商务有限公司

① 本案在年度报告中的位置为第61页、第63页。

(以下简称长沙顺某公司)不正当竞争纠纷一案，不服河北省高级人民法院(2020)冀民终104号民事判决，向本院申请再审。本院于2021年12月11日作出(2021)最高法民申114号民事裁定，提审本案。再审审理期间，长沙顺某公司注销，本院依法通知该公司股东李某、张某参加诉讼。本院依法组成合议庭，开庭审理了本案。再审申请人唐山市某某协会的委托诉讼代理人李晓月，被申请人李某、张某的共同委托诉讼代理人齐伟到庭参加诉讼。本案现已审理终结。

唐山市某某协会申请再审称，原审判决认定事实和适用法律均有错误，请求本院撤销一、二审判决，责令由河北省高级人民法院重新审理。主要事实和理由：(一)骨质瓷是产生于英国的一个高档瓷种，距今有三百多年历史。唐山老一辈陶瓷工匠经过17年的不断探索，于1974年成功研制出中国第一批骨质瓷，结束了中国不生产骨质瓷的历史。中国骨质瓷的社会美誉主要是唐山骨质瓷企业创造和争取来的。骨质瓷的国家标准对磷酸三钙含量有明确规定。长沙顺某公司将不是骨质瓷的产品宣传为“新骨瓷”，以次充好，构成虚假宣传不正当竞争，不仅损害骨质瓷的良好商誉，也损害了唐山市某某协会及协会会员的合法权益。二审判决认为长沙顺某公司的虚假宣传行为不会对唐山市某某协会产生不良影响，缺乏事实依据。(二)唐山市某某协会虽然是非营利性经营主体，但是作为唐山骨质瓷生产企业的社团组织和“唐山骨质瓷”集体商标的商标权人，是骨质瓷市场品牌、品质服务主体，有责任维护自身及会员的合法权益和骨质瓷的声誉。(三)唐山市某某协会有权选择通过民事诉讼或行政救济等途径进行维权。二审判决认为唐山市某某协会不享有通过民事诉讼要求长沙顺某公司停止宣传并赔偿损失的权利，只能向相关监督检查部门进行举报，缺乏法律依据。(四)二审判决适用存在法律矛盾。如果认为唐山市某某协会有诉权，则应支持该协会的实体诉求；如认为没有诉权，则应依法驳回该协会的起诉。既然二审法院认为唐山市某某协会与本案无利害关系，那么本案就不应实体裁判。(五)唐山市某某协会在提起本案诉讼之前，曾委托律师向杭州市市场监督管理局投诉，但行政机关答复“新骨瓷”不构成虚假宣传。该协会出于无奈才提起民事诉讼，以规范长沙顺某公司等的不正当竞争行为。(六)根据唐山市某某协会一审提交的证据，长沙顺某公司的新骨瓷餐具销量和累计评价数较高。当前用“新骨瓷”进行虚假宣传的企业有十多家，给骨质瓷行业带来严重的不良影响。如果法院认为只能由企业作为原告起诉，那么数百家骨质瓷生产、销售企业分别起诉长沙顺某公司等，势必给应诉企业带来诉累，法院也存在赔偿数额难以计算等问题。由行业协会起诉、制止长沙顺某公司的虚假宣传，可以节约诉讼资源。

李某、张某辩称，（一）长沙顺某公司使用“新骨瓷”字样不属于虚假宣传行为，二审判决认定长沙顺某公司构成虚假宣传系认定事实和适用法律错误。1. 根据网络购物平台的消费者及一般瓷器消费者的购买习惯，购买瓷器会以商家标注的商品成分进行判断。长沙顺某公司从未在销售相关商品时宣称含有“骨粉”或与“唐山骨质瓷”存在任何关联，而是直接写明所销售商品为“瓷”，不足以让普通公众产生误解。2. 唐山市某某协会没有提供任何证据证明长沙顺某公司的宣传行为可能误导公众，并对唐山市某某协会造成直接损害。3. 唐山市某某协会向杭州市市场监督管理局进行投诉，行政机关已给出答复，认为商家使用“新骨瓷”字样不构成虚假宣传。（二）唐山市某某协会是非营利性法人，与长沙顺某公司之间不构成商业竞争关系。（三）即便认为长沙顺某公司有虚假宣传行为，长沙顺某公司销售的商品也不会与唐山市某某协会及其标识产生特定联系，不会损害唐山市某某协会的权益。1. 新骨瓷本质是白瓷的一种，通过添加不同比例的长石、石英、高岭土等原材料，从而对传统瓷器的烧成温度、变形度、吸水度、透光度产生影响，形成了一种新材质。新骨瓷产品既有骨质瓷的优良性能，又具有生产过程简单且生产成本较低的优点。由于新骨瓷的市场份额逐渐扩大，天猫平台在目前的商品类目中增加了“新骨瓷”，平台内许多商家使用“新骨瓷”字样销售商品。2. 陶瓷产业业内刊物《陶瓷》刊登的《骨瓷与新骨瓷的区别》等文章，不仅承认新骨瓷的地位，而且认可新骨瓷带来的商业价值。3. 新骨瓷的商誉来源于其性能本身，而非攀附“骨质瓷”而来。长沙顺某公司在宣传或销售商品时并未提及与“唐山”或“唐山骨质瓷”相关的字样，也未作出其他容易使消费者误解“新骨瓷”与唐山市某某协会产生特定联系的行为。（四）唐山市某某协会不是主张商标、地理标志保护，不应扩大保护范围，限制正常的市场竞争。“骨质瓷”“骨瓷”“新骨质瓷”等系瓷器商品的描述性词汇，不应作为区分商品或服务提供者的标识。（五）原审法院程序正当，由于长沙顺某公司不构成不正当竞争，唐山市某某协会的诉讼请求无事实与法律依据，故依法不能得到支持。综上，请求维持原判，驳回唐山市某某协会的再审请求。

唐山市某某协会向河北省唐山市中级人民法院（以下简称一审法院）起

诉，请求：1. 判决长沙顺某公司立即停止虚假宣传不正当竞争行为，不得在其销售的非骨质瓷商品中使用“骨瓷”字样；2. 判决长沙顺某公司赔偿给唐山市某某协会造成的损失及合理支出共计人民币 10 万元；3. 判决长沙顺某公司在其销售区域的媒体上声明，其生产、销售的“新骨瓷”餐具是陶瓷商品，不是骨质瓷商品；4. 本案诉讼费用由长沙顺某公司承担。

长沙顺某公司辩称，1. 唐山市某某协会不是本案适格主体，对本案不享有诉权；2. “新骨瓷”与“骨质瓷”是不同的瓷器种类，新骨瓷不属于虚假宣传。请求驳回唐山市某某协会的诉讼请求。

唐山市某某协会向一审法院提交了以下证据：

第一组证据：1. “唐山骨质瓷”商标注册证，显示唐山市某某协会是该地理标志集体商标的注册人。2. 唐山市某某协会章程，其中第二条载明的协会宗旨包括：维护本行业的合法权益，监督企业自觉自律，为行业服务，为会员服务，促进唐山陶瓷产业繁荣发展。证据 1、2 拟证明唐山市某某协会是本案适格的原告，具有诉讼主体资格。3. 北京市海淀区人民法院（2005）海民初字第 16146 号民事判决书、北京市第一中级人民法院（2006）一中民终字第 5251 号民事判决书，拟证明行业协会作为不正当竞争纠纷诉讼主体的判例早已存在。

第二组证据：1. 上海锦某国际酒店（集团）股份有限公司、世博中心锦某贵宾服务管理部出具的荣誉证书，显示唐山陶某股份有限公司销售分公司在 2010 年上海世博会期间为世博中心锦某贵宾服务管理部提供了优质的产品。2016 年 9 月杭州国际博览中心出具的奖状，显示“G20 杭州峰会服务保障突出贡献奖”。2. 唐山德某有限公司、唐山隆某有限公司获准使用唐山骨质瓷地理标志的证书、两企业的荣誉证书。经评估，截止到 2012 年 12 月 31 日，唐山德某有限公司的“德美兰”商标价值为 1960 万元。2017 年 6 月，唐山隆某有限公司的骨质瓷被河北省质量技术监督局评为“河北省优质产品”；2018 年 1 月，唐山隆某有限公司生产的隆昌牌日用陶瓷被中国陶瓷工业协会授予“中国陶瓷行业名牌”。2017 年 11 月，唐山亚某时代陶瓷有限公司的骨质瓷精品手绘被河北省委宣传部和河北省质量技术监督局评为“美丽河北·优秀名牌产品”。3. 2018 年 12 月，中国陶某工业协会给唐山隆某有限公司颁发的“中国陶瓷行业科技创新型先进企业”证书。2017 年 12 月，河北省工业和信息化厅给隆某骨质瓷有限公司研发中心颁发的“河北省工业企业研发机构证书”，类型为自建（A 级）。第二组证据拟证明唐山骨质瓷在国内具有较高的美誉度和品牌价值，相关企业为骨质瓷不断进行研发投入。

第三组证据：1. 2019 年 4 月 9 日的销售凭证。拟证明唐山市某某协会用于检测磷酸三钙含量的陶瓷商品是从长沙顺某公司经营的天猫网店即亿某旗舰店购得。2. 国家轻工业陶瓷质量监督检测唐山站国检（陶）字（2019）第 275、276 号检测报告各 1 份。显示长沙顺某公司销售的带有“新骨瓷”字样的陶瓷商品，其中名称为“格林中式新骨瓷餐具套装”的样品磷酸三钙含量为 0. 81%；名称为“春草中式新骨瓷餐具套装”的样品磷酸三钙含量为 0. 86%。拟证明上述样品磷酸三钙含量远低于骨质瓷 36%的国家标准，并非合格的骨质瓷。3. 可信时间戳认证证书，2019 年 5 月 13 日对长沙顺某公司销售陶瓷商品的网页信息进行的时间戳固定。网页信息显示：商品的材质表述为“瓷”，商品名称为“碗碟套装亿嘉中式新骨瓷餐具套装简约陶瓷碗筷碗盘家用送礼格林”，售价每套 394. 9 元，当月销量显示为 190 件。拟证明长沙顺某公司进行虚假宣传。4. 可信时间戳认证证书，对 2019 年 5 月 13 日亿某旗舰店相关录像进行固化。拟证明网页取证的连贯性及未经后期修改。5. 2019 年 5 月 24 日购买的销售凭证及对快递外观、收货录像的可信时间戳认证证书。拟证明第二次购买对陶瓷商品进行完整留存，以便法庭核实。6. 可信时间戳认证证书，对商品详情一栏中“材质”可修改的网页进行固定。拟证明商品详情一栏中的“材质”信息能够修改。

第四组证据：1. 工标网查询的关于陶瓷的 ICS 国际标准专业分类目录。拟证明我国确定了包括骨质瓷、抗菌骨质瓷在内的全部瓷种的产品标准，“新骨瓷”在我国没有任何标准，不是一个新瓷种。2. 河北省唐山市华忆公证处（2018）冀唐华证经字第 58 号公证书 1 份。拟证明有的企业将产品命名为月光骨瓷。3. 对天猫平台“嘉兰新骨瓷碗陶瓷碗家用 6 个装淡雅 5 寸高脚碗米饭碗面碗礼品碗套”网页的时间戳固定、商品检测报告及实物各 1 份。4. 对淘宝平台“朵颐复古餐具尖底碗新骨瓷饭碗水果沙拉碗创意汤碗面碗家用大号碗”网页的时间戳固定、商品检测报告及实物各 1 份。证据 3、4 拟证明不同质量的陶瓷产品也都宣称是“新骨瓷”。

第五组证据：1. 2019 年 4 月 10 日购买陶瓷商品发票 1 张，显示支出 729. 8 元。2. 2019 年 5 月 24 日购买凭证，显示支出 789. 8 元。第五组证据拟证明唐山市某某协会的部分维权支出。

长沙顺某公司发表质证意见如下：

对第一组证据，其中证据 3 是反不正当竞争法修订之前作出的判决，不适用于本案。

对第二组证据，不认可关联性，因唐山市某某协会所说的骨质瓷品牌价值与本案无关。

对第三组证据，认可证据 1 的真实性、合法性、关联性。对证据 2 的关联性不认可，该证据恰巧证明新骨瓷并不是骨质瓷。对证据 3 的真实性、合法性、关联性认可，证明目的不认可，该证据不能证明我公司对商品进行了虚假宣传。对证据 4、5 的真实性、合法性、关联性认可。对证据 6 的证明目的不认可，商品详情一栏中的材质信息能够修改，但经调查 2013 年天猫平台上架货品中的材质一栏，未有新骨瓷一项。

对第四组证据，证据的关联性及证明目的不予认可，该组证据并未体现新骨瓷。

对第五组证据，真实性、合法性、关联性均予认可。

长沙顺某公司提交了以下证据：

第一组证据：唐山市某某协会工商信息及唐山市某某协会官网的网页截图。拟证明唐山市某某协会为非营利性法人，没有诉讼主体资格。

第二组证据：长沙顺某公司与湖南华某家居用品股份有限公司的网店合作协议、华某供应商合作协议、涉案商品的采购合同、国家轻工业陶瓷质量监督检测醴陵站检测报告等。拟证明长沙顺某公司所开设销售涉案商品的网店是具有合法品牌授权的天猫旗舰店，售卖的所有商品均由正规厂家生产，具有品质保障。涉案商品质量合格且材质为“新骨瓷”，不存在虚假宣传。

第三组证据：1. 天猫平台商家销售此类商品的网页截图。拟证明天猫平台商家在销售“新骨瓷”商品时，在材质上选择“瓷”为普遍做法。2. 业内期刊《陶瓷》刊登的《骨瓷与新骨瓷的区别》，期刊《中国陶瓷》刊登的《新骨瓷初探》，期刊《河北陶瓷》刊登的《利用瓷土研制低温一次烧成新骨瓷》，上述文章拟证明“新骨瓷”并非“骨质瓷”。

唐山市某某协会发表质证意见如下：

对第一组证据，认可真实性、合法性、关联性，不认可证明目的，网页截图写明唐山市某某协会的宗旨包括维护本行业合法权益。

对第二组证据，不认可关联性。其中国家轻工业陶瓷质量监督检测醴陵站检测报告是对普通陶瓷的检测，与骨质瓷没有关系。

对第三组证据，认可真实性，不认可证明目的。期刊文章纯属个人观点，并没有被行业与国家所认可，而且本案中长沙顺某公司的商品也不是按照

《骨瓷与新骨瓷的区别》一文中的配方制作的。该文章说：虽然骨瓷与新骨瓷都含有“磷酸三钙”，但是骨瓷的磷酸三钙是动物骨灰中的纯天然骨粉，而新骨瓷的磷酸三钙是人工合成的。骨质瓷是含百分之四十以上的骨粉，而新骨瓷是不含骨粉的。

一审法院审理查明：

唐山市某某协会系地理标志集体商标“唐山骨质瓷”的注册人，注册号为第16325979号，核定使用商品/服务项目为第21类：家庭用陶瓷制品；日用瓷器；瓷器装饰品；瓷、陶瓷、陶土或玻璃塑像等。注册日期为2016年1月14日，有效期至2026年1月13日。唐山市某某协会是由唐山市陶瓷企业、相关单位及个人会员自愿结成的地方性、行业性社会团体，属于非营利性社会组织。其业务范围包括：建立行业自律机制、制定行规、行约、维护行业竞争秩序、组织业务培训与交流、提供咨询服务等。2019年4月9日，唐山市某某协会从天猫平台名称为“亿嘉旗舰店（ijarl旗舰店）”的网店购买了长沙顺某公司销售的陶瓷商品，该商品名称为“碗碟套装亿嘉中式新骨瓷餐具套装简约陶瓷碗筷碗盘家用送礼格林”，支付价款729.8元。唐山市某某协会委托国家轻工业陶瓷质量监督检测唐山站对从长沙顺某公司处购买的格林中式新骨瓷餐具套装进行检测，检测结果为磷酸三钙含量0.81%，未达到骨质瓷的标准。长沙顺某公司系湖南华某家居用品股份有限公司在天猫平台唯一的授权经销商。长沙顺某公司销售的涉案陶瓷商品是从正规渠道取得。

一审法院认为，2019年修正的《中华人民共和国反不正当竞争法》（以下简称反不正当竞争法）第二条规定：“经营者在生产经营活动中，应当遵循自愿、平等、公平、诚信的原则，遵守法律和商业道德。本法所称的不正当竞争行为，是指经营者在生产经营活动中，违反本法规定，扰乱市场竞争秩序，损害其他经营者或者消费者的合法权益的行为。本法所称的经营者，是指从事商品生产、经营或者提供服务（以下所称商品包括服务）的自然人、法人和非法人组织。”唐山市某某协会作为非法人组织，系“唐山骨质瓷”的集体商标所有权人，可以作为本案的诉讼主体。唐山市某某协会主张长沙顺某公司的宣传及销售行为扰乱市场经济，构成不正当竞争。长沙顺某公司销售的产品材质为新骨瓷，并非“骨质瓷”，且骨质瓷是瓷器的一种，并不是唐山独有、专属的商品，唐山市某某协会作为“唐山骨质瓷”商标的所有权人，亦没有证据证明长沙顺某公司在宣传或销售商品时让案涉商品与唐山产生了特定的联系，即销售的陶瓷商品是产自唐山而非其他地域，或者陶瓷商品是经唐山关联企业生产的骨质瓷商品，故对于唐山市某某协会的主张，不予支持。唐山市某某协会主张长沙顺某公司以次充好、损毁骨质瓷商品声誉理据不足，不予支持。综上所述，依照反不正当竞争法第二条的规定，一审法院判决：驳回唐山市某某协会的诉讼请求。案件受理费2300元，由唐山市某某协会负担。

唐山市某某协会不服一审判决，向河北省高级人民法院（以下简称二审法院）上诉请求：撤销一审判决，改判支持唐山市某某协会的一审诉讼请求；由长沙顺某公司承担本案一、二审案件受理费。主要事实与理由：（一）一审判决认定长沙顺某公司“销售的产品材质为新骨瓷”，缺乏事实和法律依据。目前我国陶瓷种类的命名权归国家市场监督管理总局和国家标准化管理委员会共同行使，人民法院无权给一个瓷器产品确定种类名称。骨质瓷包括骨质瓷器、抗菌骨质瓷器、淄博的合成骨质瓷三个种类，没有“新骨瓷”这一瓷种类别或名称。（二）“新骨瓷”没有统一标准，目前不同商家销售的新骨瓷之间差距也很大。商家将不是骨质瓷的瓷器宣称为新骨瓷，实质上是搭乘骨质瓷的良好声誉，增加自己的销售份额。此举违背诚信原则，系对消费者进行误导，弱化了骨质瓷的品质特征，破坏了骨质瓷的市场声誉。（三）长沙顺某公司的虚假宣传行为直接损害了唐山骨质瓷生产和销售企业利益，唐山市某某协会提起本案诉讼代表了会员企业的意愿，也是依照协会章程办事。（四）如果人民法院认可不同材质和属性的商品，可以在通用名称前加“新”字进行宣传，将鼓励搭便车行为，给社会带来严重不良后果。

长沙顺某公司辩称，（一）一般消费者购买骨质瓷时会特别关注产品特质，也必然关注作为其主要成分的“骨粉”含量。新骨瓷与骨质瓷不会让消费者产生混淆。（二）长沙顺某公司不存在虚假宣传、攀附骨质瓷商誉、以次充好的情形。（三）唐山市某某协会不能直接享有与“骨质瓷”相关的所有法律权利。长沙顺某公司宣传或销售商品没有与“唐山”或“唐山骨质瓷”产生特定联系，不侵犯唐山市某某协会任何权利，故不应支持唐山市某某协会的主张。

二审中，唐山市某某协会提交一组证据，分别是：1. 1999年11月方志出版社出版的《唐山市志》。内容包括：唐山市第某瓷厂是生产日用出口瓷和国内唯一生产高档骨灰瓷的厂家，1974年试制成功绿宝石牌高档骨质瓷。1976年大地震后扩大骨质瓷试产。1981年红玫瑰牌高档白色骨质瓷研制成功，经国家科委、轻工业部组织鉴定符合高档瓷标准并正式投入生产。1984

年“红玫瑰牌”餐具获国家银质奖。产品除部分出口外，大部专销国内80多家高级宾馆饭店。2. 百度百科、360百科关于“骨质瓷”的网页截图，内容为：唐山是中国骨质瓷发源地，现今骨质瓷的内销与外销产品有80%以上来自唐山，骨质瓷是我国乃至世界公认的高档瓷器。证据1、2拟证明唐山骨质瓷的历史、荣誉、市场份额等。3. 1993年7月10日，专利号为ZL89101452.7、专利权人为唐山市陶某工业公司第某瓷厂、名称为“软质骨灰瓷及其制作方法”的发明专利证书，该证书目前已失效。拟证明唐山曾享有软质骨质瓷及其制作方法发明专利，且对骨质瓷持续投入研发成本，唐山陶瓷企业对骨质瓷品质提高作出了巨大贡献。长沙顺某公司认可上述证据1、2的真实性，不认可证据3的真实性，对证明目的均不予认可。

二审法院查明，本案一审中，双方均认可骨质瓷器的重要检测标准为磷酸三钙含量应不低于36%，而根据唐山市某某协会提交的涉案陶瓷商品的检测报告，其磷酸三钙含量为0.81%，远低于上述标准。另外，长沙顺某公司在涉案商品名称中使用了“新骨瓷”字样，在该网页其他处不存在与唐山市某某协会相关的其他宣传表述。

二审法院对一审法院查明的其他事实予以确认。

二审法院认为，案件争议的焦点为：一、长沙顺某公司是否构成虚假宣传行为，如果构成，该虚假宣传行为是否对唐山市某某协会构成不正当竞争；二、如果构成不正当竞争行为，长沙顺某公司应在本案中如何承担民事责任。

关于是否构成虚假宣传行为。根据反不正当竞争法第八条第一款“经营者不得对其商品的性能、功能、质量、销售状况、用户评价、曾获荣誉等作虚假或者引人误解的商业宣传，欺骗、误导消费者”的规定，经营者的以上宣传行为可能构成虚假宣传行为。首先，本案中，长沙顺某公司在其开设的天猫店铺中使用“碗碟套装亿嘉中式新骨瓷餐具套装简约陶瓷碗筷碗盘家用送礼格林”等字样作为涉案陶瓷商品的名称进行宣传，其中“新骨瓷”字样是作为商品质量或材质的描述关键词存在。考虑到相关消费者在涉案天猫平台上筛选商品时多采取搜索物品关键词的方式，而骨瓷（骨质瓷）显然是搜索该类骨瓷（骨质瓷）商品的关键词，长沙顺某公司的被诉侵权行为具有引导或吸引消费者的作用。其次，从唐山市某某协会提供的涉案陶瓷商品的检测报告看，检测结果为磷酸三钙含量0.81%，远没有达到国家标准关于骨瓷（骨质瓷）产品磷酸三钙含量不低于36%的要求，因此该涉案陶瓷商品不属于骨瓷（骨质瓷）产品。长沙顺某公司对该事实也予以认可，并认为其所称

“新骨瓷”的涉案陶瓷商品本质上是白瓷的一种，而非骨瓷（骨质瓷）。再次，骨质瓷产品作为陶瓷产品中的高端系列，其良好品质是由更加复杂精细的制作工艺和更为昂贵的骨粉原料决定的，而长沙顺某公司主张其涉案陶瓷产品仅通过调整现有陶瓷产品的原料配比就能在外观和质地上近似于骨瓷（骨质瓷），因此其将涉案陶瓷产品称之为“新骨瓷”。关于该观点，长沙顺某公司并未提交相应的证据证实其涉案陶瓷产品与骨瓷（骨质瓷）品质近似，而其主张近似的“外观、质地”等品质在缺少客观标准的情况下高度依存于个人感受，无法进行客观评价，且其该观点不符合正常的市场规律，也与骨瓷（骨质瓷）产品价格昂贵却仍旧占据高端市场的现状不符，因此长沙顺某公司的该主张证据不足，其因此宣传涉案陶瓷产品为“新骨瓷”没有合理理由。最后，根据唐山市某某协会一审提交的证据，我国相关行政部门确定的陶瓷种类并不包括“新骨瓷”这一陶瓷类别，而长沙顺某公司提交的材料也仅是个别人关于“新骨瓷”的理论文章，并不能证明“新骨瓷”属于官方认可的陶瓷种类，其就此将涉案陶瓷产品称为“新骨瓷”也没有合法理由。综上，在上述情况下，长沙顺某公司将不属于骨瓷（骨质瓷）也与骨瓷（骨质瓷）无特殊联系的涉案陶瓷产品描述为“新骨瓷”，且将该字样加入商品名称供消费者作为搜索关键词，没有合理合法的正当理由，且容易使消费者对涉案陶瓷产品的质量和材质造成误解，误认为该涉案陶瓷产品与骨瓷（骨质瓷）产品存在迭代、替代等特殊关系（实际上两者既在品质上存在区别，在标志性的磷酸三钙含量和制作工艺上也存在巨大区别，不存在同是陶瓷产品之外的其他特殊联系），从而影响消费者选择，该行为属于反不正当竞争法第八条规定的虚假宣传行为，一审法院对上述事实的认定有误，应予纠正。

关于长沙顺某公司是否对唐山市某某协会构成不正当竞争行为。上述反不正当竞争法第八条规定兼具行政责任和民事责任，且所有的虚假宣传均具备行政可处罚性，但不是所有的虚假宣传行为均对特定主体构成不正当竞争而具有民事可诉性。根据 2017 年修正的《中华人民共和国民事诉讼法》第一百一十九条之规定，如唐山市某某协会主张长沙顺某公司在本案中对其构成不正当竞争，除了要求长沙顺某公司具备虚假宣传的客观行为外，还要求唐山市某某协会是与该虚假宣传行为有直接利害关系的公民、法人和其他组织。而本案中，虽然长沙顺某公司对涉案陶瓷产品使用“新骨瓷”字样的行为可能造成消费者对涉案陶瓷产品与骨瓷（骨质瓷）产品之间的联系造成误解，但其在宣传中并未提及与唐山市某某协会相关的“唐山骨瓷（骨质瓷）”字样或者实施其他容易让消费者误解与唐山市某某协会存在特殊联系的行为。在此情况下，即使唐山市某某协会举证认为唐山是我国骨瓷（骨质瓷）的发源地和重要产地，其也不应因此享有通过民事诉讼要求长沙顺某公司停止宣传并赔偿损失的权利。唐山市某某协会可以根据反不正当竞争法第十六条、第二十条的规定，向相关监督检查部门进行举报，也可以向相关网络销售平台进行反映。

如上所述，长沙顺某公司的虚假宣传行为并未对唐山市某某协会构成不正当竞争，关于如何承担民事责任问题二审法院不再论述。

二审法院认为，唐山市某某协会的上诉理由部分成立，一审判决虽然对是否构成虚假宣传这一事实认定错误，但最终的实体处理结果并无不当，二审法院予以维持。二审判决：驳回上诉，维持原判。二审案件受理费 2300 元，由唐山市某某协会负担。

本院再审阶段，唐山市某某协会提交了两组新证据。第一组证据：2018 年 4 月 4 日河北悦宾律师事务所出具的河北增值税普通发票及银行回单，金额为 3 万元。拟证明因本案维权支出的律师费用。第二组证据：2023 年 6 月 27 日天猫平台上“亿嘉旗舰店”的可信时间戳认证证书、该旗舰店店铺变更信息公示截图。拟证明涉案天猫网店目前仍在运营，但销售商品不再使用“骨瓷”字样。李某、张某质证称：对第一组证据，由于未提供对应的委托代理合同、转账流水，故关联性不予认可。对第二组证据的真实性、合法性、关联性予以认可。

李某、张某提交了两组新证据。第一组证据：2022 年 4 月 2 日（开福）登字〔2022〕第 7558 号登记通知书、2022 年 3 月 9 日长开税税企清〔2022〕3369 号清税证明、内资企业登记基本情况表、长沙顺某公司股东会议纪要、全体投资人承诺书。拟证明长沙顺某公司办理注销情况。第二组证据：李某、张某出具的《变更说明》。拟证明亿某旗舰店变更经营者情况。唐山市某某协会对上述证据的真实性、合法性、关联性予以认可。

本院对上述新证据认定如下：对唐山市某某协会提交的第一组证据，因除发票、回单外无委托代理合同等证据予以佐证，故不能实现其证明目的。对双方当事人提交的其他证据予以采信。

本院经审理查明，唐山市某某协会属于社会团体法人；对唐山市某某协会二审期间提交的专利证书的真实性予以认可。一、二审判决认定的其他事实基本属实，本院予以确认。另查明：

GB/T 13522-2008骨质瓷器国家标准显示，骨质瓷器技术要求的其中一项指标是“产品素胎中磷酸三钙的含量不低于36%”。根据目前关于陶瓷的国家标准，没有针对新骨瓷的标准和术语。

长沙顺某公司成立于2014年2月26日，注册资本10万元，企业类型为有限责任公司（自然人投资或控股）。该公司共有两名股东，分别是李某、张某，双方持股比例均为50%。因股东会决议解散，长沙顺某公司于2022年4月2日注销。2022年3月9日，由李某、张某签字的全体投资人承诺书载明：“本企业申请注销登记前已将债权债务清算完结，不存在未结清清算费用、职工工资、社会保险费用、法定补偿金和未交清的应缴纳税款及其他未了结事务，清算工作已全面完结。本企业全体投资人对以上承诺的真实性负责，如果违法失信，则由全体投资人承担相应的法律后果和责任。”天猫平台上“亿嘉旗舰店”目前仍在运营，但经营者已不是长沙顺某公司，销售商品亦不再使用“骨瓷”字样。

本院认为，本案再审阶段的焦点问题是：一、唐山市某某协会是否可提起本案民事诉讼并具备适格的原告主体资格；二、长沙顺某公司使用“新骨瓷”进行宣传是否构成虚假宣传不正当竞争；三、如构成虚假宣传不正当竞争，应如何承担法律责任。

一、唐山市某某协会是否可提起本案民事诉讼并具备适格的原告主体资格

（一）关于提起民事诉讼的问题

经查，唐山市某某协会系以长沙顺某公司进行虚假宣传构成不正当竞争为由提起民事诉讼。反不正当竞争法第一条规定：“为了促进社会主义市场经济健康发展，鼓励和保护公平竞争，制止不正当竞争行为，保护经营者和消费者的合法权益，制定本法。”根据该立法目的的规定，反不正当竞争法所保护的法益具有多重性。与此对应，反不正当竞争法规定了三种不同的法律责任，既包括行政责任，也包括民事责任、刑事责任。关于虚假宣传的行政责任，反不正当竞争法第二十条规定：“经营者违反本法第八条规定对其商品作虚假或者引人误解的商业宣传，或者通过组织虚假交易等方式帮助其他经营者进行虚假或者引人误解的商业宣传的，由监督检查部门责令停止违法行为，处二十万元以上一百万元以下的罚款；情节严重的，处一百万元以上二百万元以下的罚款，可以吊销营业执照。经营者违反本法第八条规定，

属于发布虚假广告的，依照《中华人民共和国广告法》的规定处罚。”第十六条第一款规定了举报制度，“对涉嫌不正当竞争行为，任何单位和个人有权向监督检查部门举报，监督检查部门接到举报后应当依法及时处理”。关于虚假宣传的民事责任，反不正当竞争法第十七条第一款、第二款规定：“经营者违反本法规定，给他人造成损害的，应当依法承担民事责任。经营者的合法权益受到不正当竞争行为损害的，可以向人民法院提起诉讼。”根据上述规定，虚假宣传的行政责任与民事责任是并行的两种责任，并非行政责任优先。当事人既可以选择向监督检查部门举报，由行政机关进行查处；也可以选择民事诉讼这一民事救济途径，只是当事人提起民事诉讼应当符合法定条件。

（二）关于唐山市某某协会是否具备适格的原告主体资格问题

对此问题可从两个方面考察：一是当事人之间是否存在竞争关系。反不正当竞争法第二条第三款规定：“本法所称的经营者，是指从事商品生产、经营或者提供服务（以下所称商品包括服务）的自然人、法人和非法人组织。”第十七条第二款规定：“经营者的合法权益受到不正当竞争行为损害的，可以向人民法院提起诉讼。”《最高人民法院关于适用〈中华人民共和国反不正当竞争法〉若干问题的解释》第二条规定：“与经营者在生产经营活动中存在可能的争夺交易机会、损害竞争优势等关系的市场主体，人民法院可以认定为反不正当竞争法第二条规定的‘其他经营者’。”二是提起诉讼一方与案件是否具有直接利害关系。2021 年修正的《中华人民共和国民事诉讼法》第一百二十二条规定：“起诉必须符合下列条件：（一）原告是与本案有直接利害关系的公民、法人和其他组织；……”

具体到本案，唐山市某某协会是由唐山市陶瓷企业、相关单位及个人会员自愿结成的地方性、行业性社会团体，属于非营利性法人。协会章程和《社会团体法人登记证书》明确其业务范围包括“维护行业竞争秩序”。同时，唐山市某某协会系地理标志集体商标“唐山骨质瓷”的注册人，集体商标的注册人负有对该商标进行有效管理和控制的职责。唐山市某某协会在宣传推广唐山骨质瓷时系从事商品活动的经营者。唐山市某某协会在宣传推广唐山骨质瓷、维护骨质瓷行业竞争秩序和唐山骨质瓷声誉的过程中，与长沙顺某公司具有竞争关系。长沙顺某公司的被诉宣传行为，可能对唐山市某某协会的合法权益造成损害。唐山市某某协会与本案具有直接利害关系，具备适格的原告主体资格。

综上，二审判决认为唐山市某某协会不享有通过民事诉讼要求长沙顺某公司停止宣传并赔偿损失的权利，认定有误，本院予以纠正。

二、长沙顺某公司使用“新骨瓷”进行宣传是否构成虚假宣传不正当竞争

反不正当竞争法第二条第二款规定：“本法所称的不正当竞争行为，是指经营者在生产经营活动中，违反本法规定，扰乱市场竞争秩序，损害其他经营者或者消费者的合法权益的行为。”第八条第一款规定：“经营者不得对其商品的性能、功能、质量、销售状况、用户评价、曾获荣誉等作虚假或者引人误解的商业宣传，欺骗、误导消费者。”《最高人民法院关于适用〈中华人民共和国反不正当竞争法〉若干问题的解释》第十七条规定：“经营者具有下列行为之一，欺骗、误导相关公众的，人民法院可以认定为反不正当竞争法第八条第一款规定的‘引人误解的商业宣传’：（一）对商品作片面的宣传或者对比；（二）将科学上未定论的观点、现象等当作定论的事实用于商品宣传；（三）使用歧义性语言进行商业宣传；（四）其他足以引人误解的商业宣传行为。人民法院应当根据日常生活经验、相关公众一般注意力、发生误解的事实和被宣传对象的实际情况等因素，对引人误解的商业宣传行为进行认定。”

（一）关于长沙顺某公司所作“新骨瓷”宣传是否有充分依据的问题

首先，根据国家轻工业陶瓷质量监督检测唐山站出具的检测报告，长沙顺某公司销售的陶瓷商品的磷酸三钙含量为0.81%，远未达到关于骨质瓷（骨瓷）磷酸三钙含量不低于36%的国家标准，因此该陶瓷商品不属于骨质瓷（骨瓷）。长沙顺某公司对该事实予以认可，并认为其所称“新骨瓷”并非骨质瓷（骨瓷）。

其次，截止到目前，我国国家标准确定的陶瓷种类不包括“新骨瓷”这一陶瓷类别，而且对于“新骨瓷”尚不存在国家标准或行业公认的标准。长沙顺某公司亦承认“新骨瓷”没有统一标准。

最后，虽然长沙顺某公司提交了学术刊物登载的部分关于“新骨瓷”的文章，但一方面从这些文章内容看，对于新骨瓷坯料配方的描述并不相同，另一方面这些文章主要是研究探讨性的，并未形成理论或实践上的定论。长沙顺某公司主张“新骨瓷”的外观、质地等与骨质瓷近似，但在缺少标准的情况下此类描述高度依赖于个体感受，无法进行客观评价。因此，长沙顺某公司将所销售的陶瓷商品描述为“新骨瓷”，没有相应的事实基础或充分

依据。

（二）关于“新骨瓷”宣传是否具有欺骗、误导消费者的可能性，对唐山市某某协会造成损害的问题

首先，长沙顺某公司在其经营的亿某旗舰店销售陶瓷商品，使用“碗碟套装亿嘉中式新骨瓷餐具套装简约陶瓷碗筷碗盘家用送礼格林”进行宣传，其中“新骨瓷”字样系作为商品材质或质量的描述性关键词存在，客观上起到了提示或吸引消费者的作用。

其次，“新骨瓷”宣传是否有欺骗、误导消费者的可能性，应根据日常生活经验、相关公众一般注意力，结合案件具体情况综合判断。虽然长沙顺某公司对所销售的陶瓷商品没有标示“骨粉”含量或宣称含有“骨粉”，但对于一般消费者而言，陶瓷商品的名称是更吸引注意力的商品信息。商品名称中的“新骨瓷”字样，不仅表明其与骨瓷（骨质瓷）存在密切联系，而且“新”字暗示对骨瓷（骨质瓷）的改进或创新，对消费者选购陶瓷商品产生实质性影响。新骨瓷宣传容易使相关公众对陶瓷商品的材质、质量、种类等发生错误认识，进而作出错误选择。新骨瓷宣传足以产生引人误解的效果。

再次，骨质瓷属于高档瓷种，其特征即与其他瓷器之间的区别主要有两点：一是磷酸三钙含量在36%以上，二是经过二次烧制而成。骨质瓷的品质是由其用料和复杂的制作工艺决定的。长沙顺某公司明知其所销售的“新骨瓷”与骨质瓷在坯料含量、制作流程方面存在本质区别，以“新骨瓷”向普通消费者宣传并无充分依据，但仍然在商品名称中使用“新骨瓷”字样。此行为足以影响消费者在面对同类商品时的选择，从而使长沙顺某公司直接或间接获取额外交易机会，损害了骨质瓷经营者的正当利益，扰乱了市场竞争秩序。虽然长沙顺某公司的宣传并未提及“唐山”这一特定地区或与“唐山骨质瓷”的联系，唐山市某某协会也未以侵害商标权为由提起诉讼，但唐山地区是我国骨质瓷的主要产地，“唐山骨质瓷”是地理标志集体商标，“新骨瓷”宣传会降低唐山骨质瓷的美誉度，甚至为唐山骨质瓷带来负面评价，使唐山市某某协会作为同业经营者在陶瓷行业的竞争优势减弱或丧失。涉案行为损害了唐山市某某协会的合法权益。

根据上述分析，长沙顺某公司使用“新骨瓷”宣传构成虚假宣传不正当竞争，二审判决认为长沙顺某公司的虚假宣传行为并未对唐山市某某协会构成不正当竞争，认定错误，本院予以纠正。

三、如构成虚假宣传不正当竞争，应如何承担法律责任

长沙顺某公司的虚假宣传不正当竞争行为，给唐山市某某协会造成损害，根据反不正当竞争法第十七条第一款的规定，依法应承担民事责任。本案系再审案件，二审判决作出时间是 2020 年 5 月 28 日，《中华人民共和国民法典》自 2021 年 1 月 1 日起施行。《最高人民法院关于适用〈中华人民共和国民法典〉时间效力的若干规定》第五条规定："民法典施行前已经终审的案件，当事人申请再审或者按照审判监督程序决定再审的，不适用民法典的规定。"关于本案的民事责任，《中华人民共和国侵权责任法》第十五条规定："承担侵权责任的方式主要有：（一）停止侵害；（二）排除妨碍；（三）消除危险；（四）返还财产；（五）恢复原状；（六）赔偿损失；（七）赔礼道歉；（八）消除影响、恢复名誉。以上承担侵权责任的方式，可以单独适用，也可以合并适用。"反不正当竞争法第十七条第三款、第四款规定："因不正当竞争行为受到损害的经营者的赔偿数额，按照其因被侵权所受到的实际损失确定；实际损失难以计算的，按照侵权人因侵权所获得的利益确定。……赔偿数额还应当包括经营者为制止侵权行为所支付的合理开支。经营者违反本法第六条、第九条规定，权利人因被侵权所受到的实际损失、侵权人因侵权所获得的利益难以确定的，由人民法院根据侵权行为的情节判决给予权利人五百万元以下的赔偿。"《最高人民法院关于适用〈中华人民共和国反不正当竞争法〉若干问题的解释》第二十三条规定："对于反不正当竞争法第二条、第八条、第十一条、第十二条规定的不正当竞争行为，权利人因被侵权所受到的实际损失、侵权人因侵权所获得的利益难以确定，当事人主张依据反不正当竞争法第十七条第四款确定赔偿数额的，人民法院应予支持。"

关于停止侵害。唐山市某某协会一审请求判决长沙顺某公司立即停止虚假宣传不正当竞争行为，不得在其销售的非骨质瓷商品中使用"骨瓷"字样。长沙顺某公司"新骨瓷"宣传构成虚假宣传不正当竞争，该公司依法应当停止不正当竞争行为。但根据本院再审查明的事实，长沙顺某公司此前经营的网店目前没有使用"新骨瓷"字样进行宣传，涉案不正当竞争行为已经终止；该店铺实际经营者发生变更，不再是长沙顺某公司。鉴于上述情况，本院对该项诉讼请求不予支持。

关于消除影响。唐山市某某协会一审请求判决长沙顺某公司在其销售区域的媒体声明其生产、销售的"新骨瓷"餐具不是骨质瓷产品。鉴于涉案网店已经停止使用"新骨瓷"宣传，能够起到消除消费者混淆的作用，故本院

对该项诉讼请求不予支持。

关于赔偿损失。唐山市某某协会一审请求判决长沙顺某公司赔偿给唐山市某某协会造成的损失及维权合理支出共计 10 万元。唐山市某某协会提供了两次购买陶瓷商品的发票及凭证，共计 1519.6 元。唐山市某某协会主张维权支出律师费、检测费虽未提供相应证据，但上述费用实际发生，可在赔偿数额中一并考虑。唐山市某某协会因侵权所受到的实际损失、长沙顺某公司因侵权获得的利益均难以计算，本院综合考虑长沙顺某公司侵权行为的性质、情节、持续时间等因素，酌情确定赔偿唐山市某某协会经济损失及维权合理费用共计 5 万元。

关于民事责任承担的主体。本院再审期间，长沙顺某公司因股东会决议解散而注销，唐山市某某协会明确主张由该公司两名股东李某、张某承担法律责任，李某、张某同意以认缴的出资额为限对长沙顺某公司未完结的债务进行清偿。本院认为，虽然在办理公司注销登记时，李某、张某签署承诺书声称，长沙顺某公司已将债权债务清算完结，但二人作为负有法定义务的清算组成员不能提供编制的资产负债表、财产清单等证据，公司的剩余财产状况不明，故属于未依法履行清算义务。2020 年修正的《最高人民法院关于适用〈中华人民共和国公司法〉若干问题的规定（二）》第二十条规定："公司解散应当在依法清算完毕后，申请办理注销登记。公司未经清算即办理注销登记，导致公司无法进行清算，债权人主张有限责任公司的股东、股份有限公司的董事和控股股东，以及公司的实际控制人对公司债务承担清偿责任的，人民法院应依法予以支持。公司未经依法清算即办理注销登记，股东或者第三人在公司登记机关办理注销登记时承诺对公司债务承担责任，债权人主张其对公司债务承担相应民事责任的，人民法院应依法予以支持。"因此，李某、张某应连带承担对唐山市某某协会的赔偿责任。

综上，唐山市某某协会的再审请求部分成立，本院予以支持。依照《中华人民共和国侵权责任法》第十五条，2019 年修正的《中华人民共和国反不正当竞争法》第二条、第八条、第十七条，2021 年修正的《中华人民共和国民事诉讼法》第一百二十二条、第二百一十四条第一款、第一百七十七条第一款第二项，《最高人民法院关于适用〈中华人民共和国反不正当竞争法〉若干问题的解释》第二条、第十七条、第二十三条，2020 年修正的《最高人民法院关于适用〈中华人民共和国公司法〉若干问题的规定（二）》第二十条之规定，判决如下：

一、撤销河北省高级人民法院（2020）冀民终104号民事判决和河北省唐山市中级人民法院（2019）冀02民初448号民事判决；

二、本判决生效之日起十日内，李某、张某连带赔偿唐山市某某协会经济损失及合理开支共计5万元；

三、驳回唐山市某某协会的其他诉讼请求。

如果未按本判决指定的期间履行给付金钱义务的，应当依照2021年修正的《中华人民共和国民事诉讼法》第二百六十条之规定，加倍支付迟延履行期间的债务利息。

一审案件受理费2300元，二审案件受理费2300元，均由李某、张某负担。

本判决为终审判决。

审 判 长 白雅丽
审 判 员 马秀荣
审 判 员 傅 蕾
二〇二三年七月二十八日
法官助理 陈泽宇
书 记 员 芦 菲

32. 有证据证明侵权获利高于法定最高赔偿额的认定及酌定考虑因素

——上诉人宁波奇某电器有限公司、龚某某、王某与被上诉人西某某股份公司、西某某（中国）有限公司及一审被告昆山新某某电器有限公司、武某某侵害商标权及不正当竞争纠纷案①

中华人民共和国最高人民法院民事判决书（2022）最高法民终312号

上诉人（一审被告）：宁波奇某电器有限公司。住所地：中华人民共和国浙江省慈溪市。

法定代表人：邱某某，该公司总经理。

委托诉讼代理人：李娜，浙江合创律师事务所律师。

委托诉讼代理人：吕甲木，浙江海泰律师事务所律师。

上诉人（一审被告）：龚某某。

委托诉讼代理人：郑勇，浙江合创律师事务所律师。

上诉人（一审被告）：王某。

委托诉讼代理人：郑勇，浙江合创律师事务所律师。

被上诉人（一审原告）：西某某股份公司。住所地：德意志联邦共和国慕尼黑。

授权代表人：诺某某·莫某某博士。

授权代表人：沃某某·邦博士。

委托诉讼代理人：孙建鸽，上海凯正律师事务所律师。

委托诉讼代理人：孙锐锋，上海凯正律师事务所律师。

被上诉人（一审原告）：西某某（中国）有限公司。住所地：中华人民共和国北京市朝阳区。

---

① 本案在年度报告中的位置为第64页。

法定代表人：肖某，该公司董事长。

委托诉讼代理人：陈某，该公司员工。

委托诉讼代理人：孙建鸽，上海凯正律师事务所律师。

一审被告：昆山新某某电器有限公司。住所地：中华人民共和国江苏省昆山市。

法定代表人：武某某，该公司执行董事。

委托诉讼代理人：吕甲木，浙江海泰律师事务所律师。

一审被告：武某某。

委托诉讼代理人：吕甲木，浙江海泰律师事务所律师。

上诉人宁波奇某电器有限公司（以下简称奇某公司）、龚某某、王某因与被上诉人西某某股份公司（以下简称西某某公司）、西某某（中国）有限公司（以下简称西某某中国公司）及一审被告昆山新某某电器有限公司（以下简称新某某公司）、武某某侵害商标权及不正当竞争纠纷一案，不服江苏省高级人民法院（2019）苏民初2号民事判决，向本院提起上诉。本院于2022年7月26日立案后，依法组成合议庭，公开开庭进行了审理。上诉人奇某公司的委托诉讼代理人李娜、吕甲木，上诉人龚某某、王某的委托诉讼代理人郑勇，被上诉人西某某公司、西某某中国公司的委托诉讼代理人孙建鸽，一审被告新某某公司、武某某的委托诉讼代理人吕甲木到庭参加诉讼。本案现已审理终结。

奇某公司上诉称：1. 西某某公司、西某某中国公司一审起诉时间为2017年8月，针对的是起诉前的侵权行为，故本案应当适用1993年施行的《中华人民共和国反不正当竞争法》（以下简称反不正当竞争法），一审法院适用2017年修订的反不正当竞争法错误。2. 一审判决内容存在歧义，判决主文与说理部分之间自相矛盾。（1）同一种被诉侵权行为不能既被认定构成商标侵权，又被认定构成不正当竞争；（2）一审判决说理部分认定奇某公司使用“SIMBMC”标识构成商标侵权，而对使用“上海西某某电器有限公司”的行为并未认定构成商标侵权，但是判决主文第一项却判决停止使用“上海西某某电器有限公司”，而未判决停止使用“SIMBMC”标识。3. 奇某公司的行为未侵害西某某公司及西某某中国公司“SIEMENS”注册商标的商标权。（1）奇某公司经销商实际使用的“SIMBMC”标识与“SiMBMC”注册商标基本无差别，未改变显著特征，该行为依法应由行政主管机关解决，一审法院对此予以审理在实体和程序上均无法律依据；（2）奇某公司使用的标识绝大部分是经案外人许可的“SiMBMC”注册商标，一审法院认定被诉侵权产品使用“SIMBMC”标识，属事实认定错误；（3）被诉侵权标识“SIMBMC”与第 G637074 号“SIEMENS”商标不构成近似，不会导致相关公众混淆；（4）一审法院以奇某公司将“SiMBMC”注册商标与“上海西某某电器有限公司”一起使用弱化“SIEMENS”的识别性，构成《中华人民共和国商标法》（以下简称商标法）第五十七条第七项规定的侵权行为属法律适用错误。4. 奇某公司的行为未对“西某某”商标及字号构成不正当竞争。（1）奇某公司系根据授权在被诉侵权产品上规范标注委托厂商名称“上海西某某电器有限公司”，一审法院未对与上海西某某电器有限公司（以下简称上海西某某公司）相关的重要事实予以查明，仅以奇某公司未提交上海西某某公司股东等其他信息为由，认定奇某公司的抗辩理由不成立，事实认定不当；（2）西某某公司及西某某中国公司并不在中国境内生产和销售洗衣机，也未在洗衣机产品上使用“西某某”商标及企业名称，该商标及字号在洗衣机产品的相关公众中不具有一定影响力和知名度，故奇某公司的行为不会造成相关公众的混淆、误认。5. 一审法院确定 1 亿元的赔偿数额缺乏依据。（1）一审法院以西某某公司及西某某中国公司提交的多篇新闻媒体报道确定奇某公司每年的销售额为 15 亿元，酌定每年涉及被诉侵权产品的销售额为十五分之一，即 1 亿元，远远超出了奇某公司的实际经营情况；（2）一审法院参照青岛海某股份有限公司（以下简称海某公司）及惠某某（中国）股份有限公司（以下简称惠某某公司）的利润率确定被诉侵权产品的利润率为 35% 缺乏依据；（3）按照《最高人民法院关于审理商标民事纠纷案件适用法律若干问题的解释》（以下简称商标民事案件适用法律的解释）第十八条规定，本案侵权时间最多应计算为二年，一审法院对于侵权时间酌定为五年，认定事实不清，适用法律错误；（4）一审法院在计算侵权赔偿数额时未考虑商标或企业名称在商品中的贡献率；（5）本案应在 300 万元的法定赔偿额范围内判决赔偿金额；（6）一审法院漏审关于奇某公司召回被诉侵权产品等重要事实和情节，判赔金额明显超高。6. 龚某某、王某作为奇某公司的股东，与奇某公司为不同的法律主体，一审法院认定上述二人与奇某公司承担连带责任属于法律适用错误。综上，奇某公司请求：1. 依法撤销一审判决，改判驳回西某某公司、西某某中国公司的诉讼请求或发回重审；2. 一、二审诉讼费用全部由西某某公司、西某某中国公司承担。

龚某某、王某上诉称：1. 西某某公司、西某某中国公司在一审阶段几次变更诉讼请求，在最后一次变更的诉讼请求中并未要求龚某某、王某赔偿经济损失，一审法院判决龚某某、王某连带赔偿西某某公司、西某某中国公司经济损失及合理开支，超出西某某公司、西某某中国公司的诉讼请求，严重违反法定程序。2. 一审法院认定奇某公司股东龚某某、王某夫妻二人的财产与公司财产混同、等同于一人有限公司，以及夫妻关系有意思表示的一致性、与奇某公司具有共同侵权故意，因而构成共同侵权，并据此判决龚某某、王某承担连带赔偿责任属事实认定错误，且法律依据不足，应当予以撤销或发回重审。3. 一审法院漏审奇某公司召回被诉侵权产品的事实情节，判决其承担巨额赔偿，有失公平。综上，龚某某、王某请求：1. 依法撤销一审判决，改判驳回西某某公司、西某某中国公司的诉讼请求或发回重审；2. 一、二审诉讼费用全部由西某某公司、西某某中国公司承担。

西某某公司、西某某中国公司针对奇某公司、龚某某、王某的上诉，共同答辩称：1. 2017 年修订的反不正当竞争法于 2018 年 1 月 1 日起施行，一审法院立案时间为 2019 年 1 月 15 日，且被诉侵权事实仍在持续，损害结果仍然存在，故一审法院适用 2017 年修订的反不正当竞争法并无不当。2. 上海西某某公司只是境外空壳公司，是奇某公司及龚某某、王某用于侵权的工具，无须列其为当事人即可查清全部事实，其不属于必须追加的共同诉讼当事人；选择诉讼对象是西某某公司、西某某中国公司的权利，奇某公司无权追加被告，一审法院未列上海西某某公司为当事人并无不当。3. 奇某公司使用的“SIMBMC”商标模仿抄袭了第 G63707X 号“SIEMENS”商标，与中文“上海西某某”“深圳西某某”“香港西某某”等共同使用，会减弱“SIEMENS”与西某某公司之间的对应关系，造成相关公众混淆。4. 一审法院确定赔偿数额的依据正确，有充分的事实和法律依据。5. 龚某某和王某应与奇某公司承担连带责任。（1）龚某某和王某系夫妻，二人作为奇某公司仅有的两位股东，公司资本来源于夫妻共同财产，收益也是夫妻共同共有，夫妻二人的利益高度一致，且奇某公司股权构成单一，财产极易混同，应视为一人公司；（2）龚某某和王某作为奇某公司的实际控制人，故意将奇某公司作为侵权平台，二人与奇某公司共同实施了侵权行为，故应当承担共同侵权责任。6. 一审阶段，西某某公司、西某某中国公司于 2019 年 9 月 29 日向一审法院提交的变更诉讼请求申请书，漏写了请求龚某某、王某二人承担连带赔偿责任的内容，属于笔误。但在一审庭审中已明确主张二人承担连带赔偿责任（见 2020 年 6 月 4 日庭审笔录第 4 页），奇某公司、龚某某、王某均出席了该次庭审并针对该项诉请进行了答辩、举证、质证并发表辩论意见等，充分行使了全部权利；此外，西某某公司、西某某中国公司的诉状、代理词中也明确主张二人的连带赔偿责任，故西某某公司、西某某中国公司并未放弃对二人连带责任的诉讼请求。7. 西某某公司提交的委托手续符合法律规定，奇某公司、龚某某、王某对“受委托人”和“诉讼代理人”的概念理解错误。综上，请求驳回奇某公司、龚某某、王某的上诉请求。

新某某公司、武某某述称：1. 西某某中国公司并无证据证明西某某公司将第 G68348X 号“西某某”及第 G63707X 号“SIEMENS”商标许可其使用，故西某某中国公司不具有提起侵害商标权纠纷起诉的原告资格。2. 根据商标民事案件适用法律的解释的规定，对于超过二年起诉的持续侵权行为，侵权损害赔偿数额应当自权利人向人民法院起诉之日起向前推算二年计算，一审法院将奇某公司的侵权获利时间酌定为五年，判决赔偿 1 亿元，并认为新某某公司在 50 万元范围内承担连带责任违反了上述司法解释的规定。3. 新某某公司没有理由知道其销售的商品系侵犯涉案商标权的产品，根据商标法规定，不承担赔偿责任，即使不能免除赔偿责任，也是独立承担赔偿责任，一审法院认定新某某公司主观上存在过错，应承担 50 万元的连带责任缺乏事实和法律依据，且确定赔偿数额明显过高。

西某某公司、西某某中国公司向一审法院起诉请求：1. 判令五被告立即停止侵害涉案商标专用权的行为，停止侵害西某某公司、西某某中国公司企业名称权的不正当竞争行为，即：停止在生产和销售的洗衣机、产品包装、产品宣传册、合同文书、互联网页面上使用“上海西某某电器有限公司”名称；2. 判令奇某公司赔偿西某某公司、西某某中国公司经济损失人民币 1 亿元及合理开支 163000 元，龚某某、王某对上述经济损失及合理开支承担连带赔偿责任；新某某公司和武某某在 300 万元范围内承担连带赔偿责任；3. 判令奇某公司和新某某公司在《法治日报》刊登公告以消除影响（公告面积不小于 15×8cm）；4. 案件诉讼费由五被告承担。

一审法院经审理查明：

（一）西某某公司、西某某中国公司企业知名度及其涉案商标、产品知名度的相关情况

西某某公司于 1897 年 6 月 18 日在德国成立。西某某中国公司于 1994 年 10 月 6 日成立，注册资本 9 亿欧元，经营范围包括电气、电子、机械工业等领域投资及电气、电子、机械产品的制造经营活动。上述两公司从 1993 年

起，在中国境内大部分主要城市设立多家关联企业及分公司。2009—2017年，西某某公司均被《财富》杂志评为世界500强企业，排名在第30位至第71位之间；2013—2018年，“西某某”均位列福布斯全球最具价值品牌百强排行榜前50；西某某中国公司2011—2014年，各年度主营收入均超过230亿元，利润均在50亿元以上，曾获得多项奖励及荣誉称号。

西某某公司、西某某中国公司一审提交的证据显示，其注册相关商标时间早、知名度高。商标行政管理机关出具的相关文书记载，两涉案商标均核定使用在第7、9、10、11类等商品或服务上，其中第7类中包括“洗衣机、洗衣和处理衣物的设备机器”等；“西某某”商标已成为第11类柜式和箱式冷冻机商品上的驰名商标。同时，亦有相关法院生效判决认定上述两涉案商标在第9类控制器商品上达到驰名。

西某某公司、西某某中国公司生产的洗衣机产品主要为滚筒洗衣机且单价在2000元以上，曾在行业内获得诸多荣誉。西某某公司、西某某中国公司提交的多份证据显示，西某某洗衣机的产品知名度及市场占有率较高。

（二）西某某公司、西某某中国公司主张五被告侵权的相关事实

上海西某某公司系在塞舌尔共和国注册的公司，奇某公司在诉讼中提交了该公司的注册证明书复印件及委托奇某公司办理洗衣机产品相关3C认证事宜的委托书，但未提交该公司股东等其他信息。

第984556X号“SiMBMC”商标由宁波保税区群某贸易有限公司于2011年8月15日申请注册，于2012年10月21日获准注册，指定使用在第7类“洗衣机；干洗机；家用豆浆机”等商品上。该商标于2016年5月13日经核准转让至富某电器有限公司名下，后又于2019年4月6日经核准转让至慈溪市湖某塑料喷涂厂名下。西某某公司在诉讼期间针对该商标向国家知识产权局提起无效宣告，国家知识产权局于2021年4月19日作出无效宣告请求裁定书，宣告对该商标予以维持。西某某公司已提起行政诉讼，目前正在审理中。

2017年3月至2018年8月，江苏、四川、陕西、湖南、云南、河南、重庆、贵州、广西、浙江等地行政机关先后对市场上相关销售商销售的标注有“上海西某某电器有限公司”及“SIMBMC”标识的洗衣机进行了查处，其中，部分行政机关认定相关销售行为侵害了西某某公司、西某某中国公司的商标权或构成不正当竞争，并作出了处罚决定，没收违法所得或没收侵权商品，并处罚款。

2018 年 8 月 2 日，标注来源于家电圈的网络文章“假冒西某某洗衣机退市撤柜，投机者奇某电器敲响了谁的警钟”中有涉及奇某公司紧急通知相关家电经销商停售并撤柜“SIMBMC 波轮洗衣机”全线产品的内容。西某某公司、西某某中国公司还提交了多份类似内容的报道，奇某公司对于其召回部分产品的事实认可，但对于报道中认为其傍名牌违法交易等内容不认可。

2014 年 1 月 1 日，达州晚报报道当地工商机关执法人员查处了 110 台上海西某某公司生产的“SIMBMC”侵权洗衣机，货值 11 万余元，该案被评为四川省工商局“红盾春雷行动”十大典型案例之一。

2013 年 8 月 13 日的《中国企业报》中，刊登了一篇标题为“西某某洗衣机被山寨却浑然不知?”的报道，报道了该报记者以消费者身份致电奇某电器全国服务热线，并联系一自称上海西某某授权经销商的情况。据该报道介绍，上海西某某授权经销商向该记者发来一份上海西某某公司的公司注册证和一个商标注册证，记者看到，上海西某某公司是 2012 年 4 月 8 日于塞舌尔共和国维多利亚市注册；所谓“上海西某某”商标，则是 2012 年 10 月 21 日获得注册的“SIMBMC”商标，商标注册人为宁波保税区群某贸易有限公司，该公司法定代表人邱某某同样也是奇某公司的法定代表人。该报道被多家网站平台转载。

2013 年 8 月至 2014 年 4 月，在好评家电网、家电消费网、南方农村报等媒体平台中，刊发有多篇文章，内容涉及奇某公司涉嫌傍名牌，攀附包括“西某某”品牌在内的多个知名品牌等，相关文章在多个网络平台转载。

2013 年 7 月至 2018 年 9 月，多个用户在百度贴吧等论坛网站中发帖，称其买到了标有“上海西某某电器有限公司”及“SIMBMC”标识的假冒西某某品牌的洗衣机。

湖南省工商行政管理局网站公布的 2015 年一季度流通领域商品质量抽查检验通报及江苏省工商行政管理局在 2016 年、2017 年对流通领域洗衣机的抽检结果中，不合格产品包括上海西某某公司生产的“SIMBMC”品牌的洗衣机。

（三）西某某公司、西某某中国公司主张五被告侵权主观恶意及侵权规模大的相关事实

2003 年，龚某某与王某在香港登记设立香港西某某电器（集团）有限公司（以下简称香港西某某公司），两人为公司唯二股东。2011 年，龚某某与王某作为股东投资设立富某电器有限公司。

深圳金典西某某电器有限公司（以下简称深圳西某某公司）的股东、法定代表人王某根与王某共同设立有深圳市奇某电器有限公司（以下简称深圳奇某公司）、深圳市三某科技有限公司等6家企业。

2017年4月，广东省工商行政管理局发布公告，认定奇某公司生产的标称“香港三菱”的洗衣机产品为缺陷商品。奇某公司在第7类、第11类商品上申请了“飞利浦”“A O史密斯”“富士山及图”“派克及图”等商标，且奇某公司申请的第360321X号“A O史密斯”商标被北京知识产权法院认定为三年未使用，要求原国家工商行政管理总局商标评审委员会重新作出复审决定。

奇某公司对于受上海西某某公司委托办理3C认证，并在国内将生产洗衣机产品直接投放市场，同时对生产的产品提供售后服务的事实表示认可；奇某公司对于受深圳西某某公司委托办理3C认证的事实亦表示认可。

QQ号为112144584X，昵称为达州某某电器的QQ空间中，展示了其实体店铺销售“SIMBMC”洗衣机的照片若干，型号以波轮为主，也有少量滚筒洗衣机，信息发布时间从2014年9月至2016年9月。在淘某、京某、一某店等电商平台存在数十家商家销售上海西某某公司洗衣机的配件产品。

根据奇某公司网站介绍，奇某公司成立于2003年，占地面积达200余亩，员工1000余人，拥有6条自动化流水线生产设备和完备的质量检测中心，年产能达200万台以上。2016年7月8日，奇某电器2016年全国营销峰会在宁波泛太平洋成功举办，奇某电器营销总经理宣布开盘政策后短短3个小时内，奇某电器实现超3亿的签约额，再次创造了历史性的突破。网站宣传内容还提到奇某公司通过央视、地方媒体、行业媒体以及58000家位于全国的终端经销网点，进行品牌的宣传和推广。奇某公司被慈溪市政府评为2013—2018年度百强企业。

2013年8月至9月，网易新闻、东南商报、浙江在线、凤凰网等媒体报道了奇某公司跻身全国洗衣机5强的文章。报道中提到：随着奇某、韩某和上海SIMBMC（上海西某某）三大自主品牌的加盟，宁波奇某集团以年产300万台洗衣机的生产能力，跻身中国洗衣机生产前5强……，公司董事长龚某某说，我们希望通过奇某、韩某和上海西某某三大品牌的加盟，为企业的可持续发展壮大提供强有力的品牌支撑。2014年7月，凤凰财经报道龚某某表示，过去十年间，奇某电器达到15亿的年产值，100%的增长率。奇某电器的渠道网络在国内市场已经基本没有空白领域，上千家的代理客户，构建了奇某电器不同于其他企业的竞争能力。2015 年 7 月 20 日，中国财经网报道，奇某集团 2015 年营销峰会再次实现多项业绩突破，来自全国各地的 1500 家经销商参加了活动，3 个小时实现 4.2 亿元签约额。中国质量新闻网、网易等平台有类似内容的报道。上述部分媒体还报道了奇某公司 2016 年营销峰会 3 个小时达到 3 亿元的签约额，2017 年一天订单金额达到 3.2 亿元。奇某公司在当地购有四块工业用地，面积分别为 1.37 公顷、1 公顷、1.828 公顷、1.505 公顷，建有二分厂、三分厂。

根据中国质量认证中心的中国国家强制性产品认证证书（3C 认证）显示，存在多个证书对应的委托人均为上海西某某公司，生产企业均为奇某公司，对应的产品涉及双桶洗衣机及全自动洗衣机近 1400 余个型号，证书有效期至 2018 年 8 月。香港西某某公司在 2012 年 10 月申请了 3C 认证证书，生产厂商为奇某公司，涉及型号 200 余个，该证书在 2014 年已撤销。深圳西某某公司在 2018 年申请了 3C 认证证书，生产厂商为奇某公司，涉及型号 800 余个，该证书目前处于有效状态。涉及奇某公司作为生产厂商的 3C 认证证书还包括：海南三某生活电器有限公司、三某（上海）电气有限公司、松某电器南京有限公司、富某某电气（南京）有限公司、海南小某某水魔方电器有限公司、香港三某电器（集团）有限公司、广州万某集团有限公司、松某（上海）电气有限公司等，涉及产品均为双桶洗衣机及全自动洗衣机。

2014 年好运物流网及慈溪物流网有用户发布需求，显示长期需要慈溪到昆山 9.6 米以上货车，拉洗衣机、冰箱等，联系人为武某某，通过 360 搜索，该电话号码为新某某公司联系电话。

（四）五被告情况及奇某公司的相关抗辩事实

奇某公司成立于 2003 年 6 月 11 日，注册资本 2000 万元，为有限责任公司；龚某某与王某为奇某公司股东，分别持股 60% 和 40%，二人为夫妻关系。

2012 年至 2019 年，奇某公司与中视金某国际传媒集团有限公司、北京尚某某文化发展中心等签订有广告发布、公关代理、MTV 制作、传播策划等合同或合作协议，并邀请相关艺人为代言人。奇某公司与苏某云商集团股份有限公司苏某采购中心、新某某电子科技（上海）有限公司等公司签订有多份采购合同，涉及奇某、韩某、派某等品牌洗衣机。奇某公司还与金某电器有限公司等十余家公司分别签订了洗衣机产品 OEM 定牌加工合同、ODM 委托生产加工合同、定牌购销合同书、OEM&ODM 采购合同等多类合同。奇某公司在第7类商品上注册有“奇帅”商标，2011年、2017年，浙江省质量技术监督局认定奇某公司奇某品牌洗衣机为浙江名牌产品。2015年至2018年，龚某某作为发明人、奇某公司作为专利权人，共申请并获得了19项与洗衣机技术相关的实用新型专利。奇某公司提交了相关发票，证明2015年、2016年、2017年部分品牌销售额分别达12213115.71元、15095526.28元、8714434.03元；还提交了上海西某某公司在塞舌尔共和国的公司注册证明书复印件及委托其办理洗衣机产品相关3C认证事宜的委托书。

新某某公司成立于2013年5月，注册资本50万元，类型为有限责任公司（自然人独资），股东为武某某；2017年9月19日，该公司类型变更为有限责任公司（自然人投资或控股），股东变更为武某某、王某莉。

（五）其他事实

根据海某公司发布的2015年、2016年年度报告显示，海某洗衣机的产品毛利率2015年为34.33%，2016年为34.64%；根据惠某某公司2015年、2016年年度报告显示，惠某某洗衣机产品毛利率2015年为37.49%，2016年为37.40%。

2018年10月15日，宁波市家电行业协会出具《关于宁波市洗衣机行业利润率的专项统计声明》，声明中陈述，2013年至2017年，宁波市洗衣机行业利润率为2.883%至3.054%不等。

西某某公司、西某某中国公司为主张本案合理费用，提交律师费发票158500元及公证费发票14500元。

西某某公司、西某某中国公司在本案中明确主张侵权的产品仅限于标注上海西某某公司的侵权产品。

审理过程中，一审法院依法要求奇某公司提交其与上海西某某公司之间合作业务往来的完整财务账册、产品生产计划、生产记录（包括具体的产品型号、数量）以及其与新某某公司合作的合同、完整的财务往来账册。同时，要求新某某公司提交与被诉侵权产品相关的进货合同、销售记录及财务账册。奇某公司及新某某公司无正当理由未提交。

一审法院认为，本案争议焦点为：（一）五被告实施的被诉行为是否侵害了西某某公司、西某某中国公司的注册商标专用权并构成不正当竞争；（二）如构成，五被告应如何承担法律责任。

因本案起诉时间在2019年4月之前，且无证据表明五被告的侵权行为持续至2019年4月之后，故本案适用2013年修正的商标法及2017年修订的反不正当竞争法。

（一）关于被诉侵权行为是否构成商标侵权

西某某公司、西某某中国公司主张五被告构成商标侵权的理由主要包括两个方面：一是奇某公司所生产的洗衣机产品上标注有“上海西某某电器有限公司”，该公司的名称以较粗字体体现，使用的“西某某”文字与西某某公司、西某某中国公司的“西某某”商标完全相同，使公众会产生混淆和误认，符合2013年修正的商标法第五十七条第七项“给他人的注册商标专用权造成其他损害的”规定；二是奇某公司将“SIMBMC”商标与“上海西某某电器有限公司”结合使用，会使公众误认为中文“西某某”对应的英文是“SIMBMC”，从而会弱化西某某公司、西某某中国公司中英文商标一一对应的关系。

对此，一审法院认为，首先，本案中奇某公司虽然将“西某某”商标作为企业名称在相同商品上使用，但其并未突出使用“西某某”或“上海西某某”字号，故奇某公司在洗衣机产品上标注“上海西某某电器有限公司”的行为不属于2013年修正的商标法第五十七条第七项规定的“给他人的注册商标专用权造成其他损害的”行为。

其次，奇某公司在洗衣机产品上使用了“SIMBMC”标识，与涉案商标“SIEMENS”核定使用商品类别相同。同时，“SiMBMC”商标申请注册并获核准的字母组合商标中为小写的“i”字母，但奇某公司在被诉侵权产品上使用的商业标识为“SIMBMC”，与经获准注册商标并不一致，其中“i”变形为大写“I”字母，视觉差异较为明显，该种使用方式已经改变了商标作为标识使用时的显著特征，从一般消费者观察的角度，上述行为在客观上导致“SIMBMC”标识与涉案商标“SIEMENS”商标更加近似，容易导致公众的混淆或误认。“SIMBMC”与“SIEMENS”相比较，两者开头均由“SI”字母组成，且读音开头均是“SIM”发音，当消费者看到“SIMBMC”标识与“上海西某某电器有限公司”一起使用时，显然很容易误认为“SIMBMC”标识就是西某某公司的英文商标，且根据西某某公司、西某某中国公司举证，在实际场景下确实已有用户产生了误认。奇某公司对于“SIMBMC”商标的解释并不能充分说明其设计思路以及该选择与企业或相关产品、服务在市场经营层面以及价值追求层面的关联，难谓合理。因此，奇某公司将“SIMBMC”与“上海西某某电器有限公司”一起使用的行为弱化了涉案商标“SIEMENS”的识别性，属于2013年修正的商标法第五十七条第七项规定的“给他人的注册商标专用权造成其他损害的”行为，构成商标侵权。

最后，新某某公司作为专业的家电产品销售商，其对西某某公司的涉案商标知名度应有清晰认知，但其仍从奇某公司处购进被诉侵权洗衣机产品进行销售，主观上存在过错，故其辩称已尽到合理审查义务，不应承担赔偿责任的抗辩理由不能成立，其销售被诉侵权产品的行为仍构成商标侵权。

（二）关于被诉侵权行为是否构成不正当竞争

1. 对西某某公司、西某某中国公司企业名称的不正当竞争行为

2017 年修订的反不正当竞争法第六条第二项规定，经营者不得实施下列混淆行为，引人误认为是他人商品或者与他人存在特定联系……（二）擅自使用他人有一定影响的企业名称（包括简称、字号等）、社会组织名称（包括简称等）、姓名（包括笔名、艺名、译名等）……

本案中，已查明的事实可以表明，西某某公司及西某某中国公司共同的字号“西某某”已经有一定的影响，其相关的企业名称也属于有一定影响的企业名称。奇某公司在洗衣机产品上标注“上海西某某电器有限公司”字样的行为，属于擅自使用他人有一定影响的企业名称，构成不正当竞争。虽然奇某公司辩称其使用上海西某某公司的名称是受上海西某某公司的委托生产被诉侵权洗衣机产品，但综合全案证据看，奇某公司的该抗辩意见不能成立，理由如下：第一，西某某作为公司企业名称的知名度非常高，作为专业洗衣机生产厂家，奇某公司不可能不了解西某某相关公司的企业名称知名度，但其仍然接受上海西某某公司的委托生产洗衣机产品，且涉诉之后除提交一份上海西某某公司的注册登记证复印件之外，无法提交任何与上海西某某公司主体相关的证明资料，明显有违商业领域经营活动的一般认知。第二，从奇某公司生产被诉侵权产品的过程看，除了塞舌尔共和国的一纸公司注册证复印件之外，被诉侵权产品从 3C 认证的申请、生产、销售、售后均由奇某公司负责，可以说除了名义上属于上海西某某公司委托生产，实际上被诉侵权产品的所有认证、生产、销售、售后等流程均由奇某公司负责，在此情形下，奇某公司无法提交任何与上海西某某公司之间的委托合同、生产合同、资金结算证明等证据，明显不符常理。第三，从奇某公司实际控制人龚某某与王某的过往行为看，其在与西某某公司、西某某中国公司无任何关联的情形下，于 2003 年在香港设立香港西某某公司，以西某某作为字号使用，攀附西某某公司、西某某中国公司企业知名度的主观故意非常明显。王某还与深圳西某某公司的法定代表人王某根共同设立了深圳奇某公司。第四，奇某公司在被诉侵权产品上标注“上海西某某电器有限公司”的行为，容易导致消费者的

混淆或误认，认为上海西某某公司与西某某公司、西某某中国公司存在一定的关联，进而误认为被诉侵权产品是西某某公司、西某某中国公司的产品或与其存在特定联系。综上，一审法院认为奇某公司的被诉侵权行为，主观上存在攀附西某某公司、西某某中国公司商誉的故意，客观上也容易导致消费者误认，构成不正当竞争。

新某某公司作为专业的家电产品销售商，其对西某某作为公司企业名称的知名度显然应有清晰认知，但其仍从奇某公司处购进标注“上海西某某电器有限公司”的洗衣机产品进行销售，主观上存在过错，客观上销售了擅自使用他人有一定影响的企业名称的产品，其行为同样构成不正当竞争。

2. 对涉案商标的不正当竞争行为

根据2013年修正的商标法第五十八条规定，将他人注册商标、未注册的驰名商标作为企业名称中的字号使用，误导公众，构成不正当竞争行为的，依照2017年修订的反不正当竞争法处理。本案中，“西某某”除了是西某某公司、西某某中国公司企业的字号，还是注册商标。奇某公司将包含西某某公司、西某某中国公司注册商标的企业名称标注在被诉侵权产品上，误导公众，属于2017年修订的反不正当竞争法第六条第四项中的“其他足以引人误认为是他人商品或者与他人存在特定联系的混淆行为”，构成不正当竞争。亦如前述，新某某公司主观上存在过错，其销售被诉侵权产品亦属于不正当竞争行为。

（三）关于五被告的民事责任应如何承担

奇某公司、新某某公司实施了商标侵权及不正当竞争行为，应承担相应民事责任。

1. 关于奇某公司与龚某某、王某应承担的民事责任

首先，关于具体的赔偿数额。一审法院认为，西某某公司、西某某中国公司主张以新闻报道中年销售额15亿元作为奇某公司因侵权产品、侵权行为获利予以计算并不适当。因为奇某公司并非只生产上海西某某公司这一种品牌洗衣机，但具体侵权产品的销售额在其总销售额中的占比并不清楚，且商标侵权行为和不正当竞争行为的侵权获利亦不能清晰区分，故在西某某公司、西某某中国公司因侵权所受损失及奇某公司因侵权所获利益均无法查清的情况下，应当全面考量西某某公司、西某某中国公司的权利状况及奇某公司实施被诉侵权行为的主观状态和客观行为，依据在案证据及查明的事实，合理分析并综合确定相关赔偿责任，重点考量下述因素：

（1）西某某商标及企业名称的知名度。西某某公司作为世界500强企业，西某某品牌作为世界百强品牌，其商标和企业名称的知名度非常高。（2）奇某公司的侵权主观恶意。如前所述，虽然奇某公司抗辩其生产被诉侵权洗衣机系受上海西某某公司委托，但其相关抗辩意见与市场经营领域的通常情形及一般认知均存在诸多不符常理之处，且结合奇某公司实际控制人龚某某与王某在2003年设立香港西某某公司、奇某公司申请注册“飞利浦”“A O史密斯”等商标、奇某公司受深圳西某某公司委托进行3C认证、深圳奇某公司系王某与深圳西某某公司法定代表人共同设立等一系列事实看，奇某公司主观上明显存在攀附知名企业商誉的故意。（3）奇某公司的侵权规模。通过西某某公司、西某某中国公司举证及奇某公司部分宣传资料可知，奇某公司的生产、销售规模巨大，其宣传年销售额达到15亿元，2015—2017年营销峰会均在几个小时内达到三四亿元的签约额，上述数额虽然不能认定为均系被诉侵权产品销售额，但可作为认定赔偿数额的参考。奇某公司虽然提交证据证明了其2015年至2017年部分其他品牌的销售额，但其提交发票的总额均不超过1500万元，与其宣称的15亿元销售额相差甚远。通过各地市场监督管理部门的查处情况可知，奇某公司生产的标注上海西某某公司的洗衣机产品销售范围非常广，涉及四川、江苏、陕西、湖南、云南、河南、贵州、广西、重庆等全国大部分省、直辖市。同时，奇某公司宣称其全国经销商1500多家，终端经销网点达58000家，进一步证明其产品销售范围广。从奇某公司申请的3C认证证书涉及的产品型号数量可知，其生产的产品型号众多，数量较大。虽然奇某公司抗辩申请的许多型号并未实际生产，但即便按照仅一半型号的实际生产来计算，其生产的不同型号产品仍有700余个。（4）奇某公司的侵权持续时间。从新闻报道及西某某公司、西某某中国公司提交的其他佐证可知，奇某公司使用上海西某某公司名称生产、销售洗衣机的期间至少在2013年至2018年，持续时间长达五年之久。（5）洗衣机产品的利润率情况。西某某公司、西某某中国公司提交了海某公司、惠某某公司的年度报告，证明洗衣机产品的毛利率在34%—37%之间，因上市公司年度报告中相关数据均经专业会计部门审核，故该数据可信度较高。虽然奇某公司提交了宁波市家电行业协会出具的利润率声明，但家电行业协会并不具备专业的财会审计能力，且宁波市家电行业协会亦未提交声明中数据的具体来源，故对该声明中的行业利润率不予采信。（6）一审法院审理过程中明确要求奇某公司提交其与上海西某某公司之间合作业务往来的完整财务账册、产品生产计划、生产记录以及其与新某某公司合作的合同、完整的财务往来账册，奇某公司在应该掌握或持有相关合同、账册的情形下，其显然拥有举证条件并持有相关证据，但拒不提交上述资料。（7）西某某公司、西某某中国公司为维权支出的合理费用。西某某公司、西某某中国公司提交律师费发票158500元及公证费发票14500元，但其在起诉中仅主张合理费用163000元，该主张金额低于其发票金额，应视为西某某公司、西某某中国公司放弃其余合理费用的主张。

综上所述，一审法院参考西某某公司、西某某中国公司的主张和提供的证据判定赔偿数额。依据西某某公司、西某某中国公司提交的多篇新闻报道确定奇某公司每年的销售额为15亿元；根据奇某公司提交的与其他公司签订的OEM合同等证据，酌定奇某公司每年涉及被诉侵权产品的销售额为15亿元的十五分之一即1亿元；对于被诉侵权产品的利润率参考海某公司和惠某某公司公告的利润率酌定为35%；对于侵权时间酌定为五年，据此，奇某公司的侵权获利至少为100000000×35%×5=175000000元，该金额远高于西某某公司、西某某中国公司主张的1亿元赔偿额，故一审法院对于西某某公司、西某某中国公司的赔偿请求予以全额支持。同时，西某某公司、西某某中国公司为维权而支出的合理开支163000元也一并予以支持。

其次，关于龚某某、王某是否应当承担连带赔偿责任的问题。一审法院认为，一方面，奇某公司股东为龚某某和王某，且二人为夫妻关系，在财产属性上来说，可以视为其等同于一人有限公司，在龚某某、王某未提交证据证明其夫妻财产独立于公司财产的情况下，龚某某、王某应对奇某公司的债务承担连带责任。另一方面，龚某某、王某基于夫妻关系具有意思表示的一致性，结合龚某某、王某设立香港西某某公司、通过其他公司申请“SiMB-MC”商标、王某与深圳西某某公司法定代表人共同设立深圳奇某公司等情形，龚某某、王某亦系奇某公司的实际控制人，二人作为自然人的侵权意图明显，在以公司名义的侵权行为实施过程中起到了重要作用，应视为其与奇某公司具有共同侵权的故意，构成共同侵权。综上，龚某某、王某与奇某公司在本案中应承担连带赔偿责任。

2. 关于新某某公司与武某某应承担的民事责任

因新某某公司主观上存在过错，故即便其仅是销售商，仍应在销售侵权产品的范围内与奇某公司承担部分连带责任。根据新某某公司被查获侵权产品的数量及武某某在网络上发布的物流需求等信息，一审法院酌定新某某公司在50万元范围内与奇某公司承担连带赔偿责任。

2013年修正的《中华人民共和国公司法》（以下简称公司法）第六十三条规定，一人有限责任公司的股东不能证明公司财产独立于股东自己的财产的，应当对公司债务承担连带责任。在新某某公司被查出侵权产品时，新某某公司属于武某某一人为股东的有限责任公司，武某某亦未提交证据证明新某某公司财产独立于其个人财产，故其对新某某公司的债务应承担连带责任。

3. 关于消除影响

奇某公司生产销售标注“上海西某某电器有限公司”的洗衣机产品时间长、销售范围广，且已有普通消费者产生了误认，对西某某公司、西某某中国公司商标识别性和商誉产生了不良影响，故西某某公司、西某某中国公司要求奇某公司在相关报纸媒体刊登公告以消除影响的诉讼请求，具有事实和法律依据，应予支持。奇某公司应在公告中明确表明“SIMBMC”“上海西某某电器有限公司”标识与西某某公司、西某某中国公司均不存在关联性，奇某公司生产的标注上述两标识的产品亦与西某某公司、西某某中国公司不存在任何关联性。因奇某公司刊登公告已足以消除影响，故对于西某某公司、西某某中国公司要求新某某公司刊登公告的诉请不再予以支持。

综上，一审法院依照2013年修正的商标法第五十七条、第五十八条、第六十三条，2017年修订的反不正当竞争法第六条、第十七条，2013年修正的公司法第六十三条，商标民事案件适用法律的解释第一条，《最高人民法院关于审理注册商标、企业名称与在先权利冲突的民事纠纷案件若干问题的规定》第一条，《中华人民共和国民事诉讼法》第一百四十五条的规定，判决：1. 新某某公司、奇某公司立即停止侵害涉案商标专用权及不正当竞争行为，即停止在生产和销售的洗衣机、产品包装、产品宣传册、合同文书、互联网页面上使用“上海西某某电器有限公司”名称。2. 奇某公司、龚某某、王某自判决生效之日起三十日内，连带赔偿西某某公司、西某某中国公司经济损失1亿元及合理开支163000元；新某某公司、武某某就上述款项在50万元范围内承担连带赔偿责任。3. 奇某公司自判决生效之日起三十日内，在《法治日报》刊登公告以消除影响（内容需经一审法院审核），逾期未登载的，由一审法院选择媒体刊登判决书内容，所需费用由奇某公司负担。4. 驳回西某某公司、西某某中国公司的其他诉讼请求。案件受理费人民币542615元，由奇某公司、龚某某、王某负担533815元，新某某公司、武某某负担8800元。

本案二审立案受理后，本院向各方当事人送达了二审举证通知书，明确告知各方当事人应在收到举证通知书次日起10日内向本院提交证据。逾期提交的证据材料，人民法院审理时不组织质证，但对方当事人同意质证的除外。

奇某公司于2022年8月30日签收举证通知书，此后分别于2022年10月26日、11月10日、12月7日及2023年1月9日分四次向本院提交了四组、共22份证据，用以证明一审判决确定的赔偿数额过高。

西某某公司、西某某中国公司认为，奇某公司提交的证据已超过了法院指定的举证期限，故不同意质证；另，认为上述证据均不属于二审新证据，不应纳入二审审理范围，且证据内容亦不能证明奇某公司的诉讼主张。

新某某公司、武某某在二审阶段亦向本院提交了13份证据，其证明内容与奇某公司相应证据所要证明的内容基本一致。

西某某公司、西某某中国公司亦以新某某公司及武某某提交证据超过举证期限为由，不同意质证；同时认为，上述证据材料与奇某公司提交的证据基本一致，新某某公司作为销售商，在诉讼中与生产商形成攻守同盟，故意或受指使帮助生产厂逃避责任，存在不诚信诉讼行为。

对于上述证据，本院认为，相关证据无法证明奇某公司的诉讼主张，且奇某公司提交证据材料的时间已远远超过本院指定的举证期限，西某某公司、西某某中国公司对此亦明确表示不同意质证，故本院对奇某公司所提交证据不予采纳。新某某公司、武某某并未提起上诉，且其提交的证据材料系针对奇某公司的诉讼主张，故本院对新某某公司、武某某提交的证据材料亦不予采纳。

二审诉讼期间，奇某公司、龚某某、王某、新某某公司、武某某均向本院提出异议，认为西某某公司未在民事起诉状中盖章，其委托的受托人不具有诉讼代理人资格，其在起诉状上签字的行为无效，应视为西某某公司未提起诉讼；即使认为上述受托人具有代理人资格，但并未出庭参与诉讼，应按自动撤诉处理。

本院对上述当事人针对西某某公司委托代理人的程序以及该公司诉讼主体资格提出的异议进行了审查。经查，西某某公司委托代理人及委托诉讼代理人的行为符合《中华人民共和国民法典》及《中华人民共和国民事诉讼法》相关规定的程序和条件，该公司具有诉讼主体资格；其委托诉讼代理人亦享有诉讼参与人资格，在本案中有权行使相应诉讼权利。

本院经审理查明，奇某公司在被诉侵权产品、外包装及宣传材料中使用的英文标识，其中部分为“SIMBMC”，部分为“SiMBMC”。一审法院将被诉侵权行为中使用的英文标识均认定为“SIMBMC”，认定事实存在错误，本院予以指出。一审法院查明的其他事实属实，本院予以确认。

本院另查明，奇某公司在二审庭审中明确表明，奇某公司生产被诉侵权产品属为其自身需要生产，并非接受他人委托生产；其在被诉侵权产品上以及经营活动中使用“上海西某某电器有限公司”标识，系出于产品多品牌战略的考虑；上海西某某公司法定代表人范某丹系奇某公司员工，并由奇某公司为其缴纳社会保险。

再查明，北京知识产权法院于2023年4月19日作出（2021）京73行初14416号行政判决，认为第984556X号“SiMBMC”商标的注册构成2001年修正的商标法第十三条第二款、第四十一条第一款规定的情形，应当被宣告无效，判决撤销国家知识产权局维持该商标注册的无效宣告请求裁定书，责令国家知识产权局重新作出裁定；该商标的权利人慈溪市湖某塑料喷涂厂及国家知识产权局均不服上述判决，提起上诉，目前该案正在二审审理中。

西某某公司、西某某中国公司在二审庭审中声明，其本案诉讼请求中的赔偿数额不包括侵害商标权行为的赔偿，即其对于侵害商标权部分不请求赔偿，针对本案涉及的侵害商标权行为，其今后亦不会再另行起诉主张赔偿；此外，对于被诉侵权标识“SiMBMC”“SIMBMC”，西某某公司、西某某中国公司在本案中亦未请求停止使用。

上述事实，有一审在案证据、二审庭审中当事人的陈述及相关法律文书予以证实。

本院认为，根据各方当事人的上诉和答辩，本案二审争议焦点为：（一）一审法院适用2017年修订的反不正当竞争法处理本案是否正确；（二）奇某公司的被诉行为是否侵害了西某某公司及西某某中国公司的注册商标专用权；（三）奇某公司的被诉行为是否对西某某公司及西某某中国公司构成不正当竞争；（四）一审法院确定的赔偿数额是否适当；（五）一审法院判决龚某某、王某与奇某公司承担连带赔偿责任是否正确。

（一）关于本案适用2017年修订的反不正当竞争法是否正确的问题

经查，本案西某某公司、西某某中国公司首次提起诉讼的时间为2017年8月，早于2017年修订的反不正当竞争法施行日期2018年1月1日，但西某某公司及西某某中国公司提交的证据显示被诉侵权行为于2018年1月1日后仍在持续，故一审法院适用2017年修订的反不正当竞争法处理本案并无不当。奇某公司关于本案应适用1993年施行的反不正当竞争法，一审法院适用法律错误的主张不能成立。

（二）关于奇某公司的被诉行为是否侵害西某某公司及西某某中国公司注册商标专用权的问题

本案中，根据西某某公司、西某某中国公司的诉讼主张及在案证据，奇某公司在被诉侵权产品、产品外包装及相关宣传活动中使用的被诉侵权标识包括“SiMBMC”“SIMBMC”及“上海西某某电器有限公司”。

1. 关于被诉侵权标识“SiMBMC”“SIMBMC”

鉴于西某某公司及西某某中国公司已明确其对于本案涉及的侵害商标权行为不请求赔偿，今后亦不会再另行起诉主张赔偿，且对于被诉侵权标识“SiMBMC”“SIMBMC”，西某某公司、西某某中国公司亦未请求停止使用，可见西某某公司及西某某中国公司针对奇某公司使用被诉侵权标识“SiMBMC”“SIMBMC”的行为，并无明确的诉讼请求。故本院对该部分行为是否侵害西某某公司及西某某中国公司注册商标专用权的问题不予评述。

2. 关于奇某公司使用被诉侵权标识“上海西某某电器有限公司”是否侵害西某某公司及西某某中国公司注册商标专用权的问题

奇某公司在本案中使用“上海西某某电器有限公司”标识的行为，可分为三种情形：一是使用在洗衣机机身上，二是使用在洗衣机外包装上，三是使用在宣传活动中。本院对上述使用情形分别进行分析评判。

（1）在洗衣机机身上使用的情形。首先，该标识使用在机身面板的显著位置，相关公众易将其作为区分商品来源的标识，应属商标性使用。虽然奇某公司称该标识系案外人的企业名称，其经合法授权使用该企业名称，但根据本院查明的事实，被诉侵权产品系奇某公司为自身发展所生产，通常说来，企业在自身产品的显著位置标注他人企业名称并不符合常理；且根据奇某公司二审庭审陈述，其使用该标识系出于多品牌战略考虑，可见，奇某公司使用该标识的初衷亦系将该标识作为商标使用，而非作为企业名称使用。其次，奇某公司将“上海西某某电器有限公司”标识使用在洗衣机机身上，与涉案商标“西某某”核定使用的第7类洗衣物机商品属同类商品。再次，“上海西某某电器有限公司”标识中，“上海”属表示行政区划的地理方位词，“电器有限公司”系体现商业主体性质和组成形式的名词，均不具有显著性，但“西某某”具有较强显著性和识别性，属该标识的显著识别部分，该部分与涉案商标“西某某”完全相同。因此从整体上看，该标识与涉案商标“西某某”构成近似商标。综上，奇某公司在洗衣机机身上将“上海西某某电器有限公司”整体作为商标使用，并与涉案商标“西某某”构成近似，易导致相关公众混淆和误认，其行为符合2013年修正的商标法第五十七条第二项规定的“未经商标注册人的许可，在同一种商品上使用与其注册商标近似的商标……容易导致混淆”的情形，该行为侵害了西某某公司及西某某中国公司的注册商标专用权。

（2）在商品外包装及宣传活动中使用的情形。通常情况下，生产企业会在商品外包装及宣传活动中标注相关企业名称。本案中，奇某公司声明被诉侵权产品系其自身产品，其接受案外人上海西某某公司的委托对被诉侵权产品申请3C认证，并经授权合法使用该企业名称。奇某公司上述声明内容与一审诉讼主张以及二审上诉理由存在较大差异，但由于在产品外包装及宣传活动中标注企业名称属正常商业行为，本院亦可采纳其系使用他人企业名称的诉讼主张。根据2013年修正的商标法第五十八条规定，将他人注册商标、未注册的驰名商标作为企业名称中的字号使用，误导公众，构成不正当竞争行为的，依照反不正当竞争法处理。故奇某公司的被诉行为符合上述法律规定的情形，应按照反不正当竞争法处理。本院将在下文中予以评述。

综上，奇某公司在被诉侵权产品机身上使用“上海西某某电器有限公司”的行为侵害了西某某公司及西某某中国公司的注册商标专用权。一审判决对该部分的事实认定及法律适用均有所不当，本院予以纠正。

（三）关于奇某公司的被诉行为是否对西某某公司及西某某中国公司构成不正当竞争的问题

2013年修正的商标法第五十八条规定，将他人注册商标作为企业名称中的字号使用，误导公众，构成不正当竞争行为的，依照反不正当竞争法处理。2017年修订的反不正当竞争法第六条规定，经营者不得实施下列混淆行为，引人误认为是他人商品或者与他人存在特定联系：……（二）擅自使用他人有一定影响的企业名称（包括简称、字号等）、社会组织名称（包括简称等）、姓名（包括笔名、艺名、译名等）……（四）其他足以引人误认为是他人商品或者与他人存在特定联系的混淆行为。《最高人民法院关于适用〈中华人民共和国反不正当竞争法〉若干问题的解释》第十三条规定，经营者实施下列混淆行为之一，足以引人误认为是他人商品或者与他人存在特定联系的，人民法院可以依照反不正当竞争法第六条第四项予以认定：……（二）将他人注册商标、未注册的驰名商标作为企业名称中的字号使用，误导公众。

本案中，根据已查明的事实，西某某公司成立于1897年，距今已有120

余年；西某某中国公司成立于 1994 年，在中国的投资范围包括了电气、电子、机械工业等领域，成立了诸多的关联企业及分公司。西某某中国公司在 2011 年之后多年的主营收入超过 200 亿元；2009—2017 年，西某某公司均被评为世界 500 强企业；2013 年，西某某品牌在全球最具价值品牌百强榜位于第 35 位，价值 137 亿美元；西某某滚筒洗衣机产品获得过诸多荣誉，在 2006 年市场占有率即已达到第二。上述事实均可以表明，西某某公司及西某某中国公司的字号“西某某”已经有一定的影响，其企业名称也属于有一定影响的企业名称。此外，“西某某”中、英文商标在 1997 年、1995 年即已在中国注册，原国家工商行政管理总局商标局及法院在既往裁定或判决中均认定过西某某中、英文商标在第 9 类、第 11 类商品上驰名。奇某公司在被诉侵权产品的外包装及宣传活动中使用“上海西某某电器有限公司”的企业名称，由于该企业名称中的字号“西某某”与西某某公司、西某某中国公司的字号及其已注册的中文商标“西某某”均一致，容易使相关公众将被诉侵权产品误认为系西某某公司或西某某中国公司的产品，或误认为与西某某公司或西某某中国公司存在关联关系，故其行为属于擅自使用他人有一定影响的企业名称及将他人的注册商标作为企业名称中的字号使用的行为，符合 2017 年修订的反不正当竞争法第六条第二项、第四项规定的情形，构成不正当竞争。

奇某公司主张其使用“上海西某某电器有限公司”的企业名称是经过上海西某某公司的授权，属于规范使用企业名称的行为。对此，本院认为，奇某公司是否获得他人授权使用该企业名称，均不影响该行为构成不正当竞争的认定和处理。再者，上海西某某公司属境外注册公司，奇某公司称其经依法授权使用该公司名称，但奇某公司除提交了一份上海西某某公司的注册登记证和委托书之外，未能提交其他与上海西某某公司主体相关的证明资料以及其与上海西某某公司之间的书面合同等关联证据，既不符合常理，又缺乏充分事实依据。即便奇某公司所述真实，由于西某某公司及西某某中国公司的企业名称及注册商标知名度较高，奇某公司作为专业洗衣机生产厂家，应当知晓二公司的相关情况，在此情况下，其仍接受上海西某某公司的授权，在洗衣机产品、产品外包装以及宣传活动中标注上海西某某公司的企业名称，主观上难谓善意。另外，从奇某公司股东龚某某及王某的过往行为来看，二人在与西某某公司、西某某中国公司无任何关联的情形下，于 2003 年在香港以“西某某”作为字号设立了香港西某某公司并生产销售标注该公司名称的产品，上述行为也体现出奇某公司具有明显的攀附故意。故本院对奇某公司的相关上诉主张不予支持。

此外，奇某公司主张同一种被诉侵权行为不能既认定构成侵害商标权行为，又认定构成不正当竞争行为，一审法院将停止侵害商标权行为与不正当竞争行为不加区分、混在一起判决，法律适用错误。本院认为，西某某公司、西某某中国公司对其注册商标“西某某”及企业字号“西某某”分别享有商标权及企业名称权，奇某公司在不同情形下使用被诉侵权标识“上海西某某电器有限公司”，对西某某公司、西某某中国公司的商标权及企业名称权均构成侵害，西某某公司、西某某中国公司分别依据2013年修正的商标法及2017年修订的反不正当竞争法的规定追究奇某公司的相应法律责任，人民法院依法分别作出认定并无不当。虽然一审法院未认定奇某公司单独使用“上海西某某电器有限公司”构成对西某某公司、西某某中国公司注册商标专用权的侵害不当，但因本案中侵害商标权及不正当竞争行为均表现为使用上述标识的行为，因而，一审判决主文第一项一并判决新某某公司、奇某公司立即停止侵害涉案商标专用权及不正当竞争行为，即停止使用“上海西某某电器有限公司”标识并无不当。

（四）关于一审法院确定的赔偿数额是否适当的问题

鉴于本案二审阶段西某某公司、西某某中国公司明确其仅针对不正当竞争部分主张赔偿，对侵害商标权部分不主张赔偿，故本院仅针对奇某公司的不正当竞争行为确定赔偿数额。

2017年修订的反不正当竞争法第十七条第三款、第四款规定：“因不正当竞争行为受到损害的经营者的赔偿数额，按照其因被侵权所受到的实际损失确定；实际损失难以计算的，按照侵权人因侵权所获得的利益确定。赔偿数额还应当包括经营者为制止侵权行为所支付的合理开支。经营者违反本法第六条、第九条规定，权利人因被侵权所受到的实际损失、侵权人因侵权所获得的利益难以确定的，由人民法院根据侵权行为的情节判决给予权利人三百万元以下的赔偿。”

本案中，西某某公司、西某某中国公司主张以奇某公司因侵权行为获得的利益为计算赔偿额的依据。本院认为，奇某公司因侵权所获得的利益，应当指在被诉侵权期间，奇某公司因生产、销售被诉侵权产品而获得的利益。鉴于除被诉侵权产品外，奇某公司还从事其他品牌产品的生产和销售，故在计算侵权获利时，应当在其获利总额的基础上扣除被诉侵权产品以外的生产、销售利润。西某某公司、西某某中国公司除提交了相关新闻报道作为认定赔偿额的依据外，未能提供其他能够证明奇某公司侵权获利情况的证据。由于上述新闻报道包含的内容是奇某公司的年销售总额，无法区分被诉侵权产品的销售额在其总销售额中的占比，故以此认定奇某公司的侵权获利证据不足。

从现有证据情况看，第一，从西某某公司、西某某中国公司提交的奇某公司部分宣传资料可知，奇某公司的生产、销售规模巨大，多篇新闻报道显示奇某公司每年的销售额为 15 亿元。其中，2015—2017 年营销峰会均在几个小时内达到三四亿元的签约额；第二，通过各地市场监督管理部门的查处情况可知，奇某公司生产的标注“上海西某某电器有限公司”的洗衣机产品销售范围非常广，涉及四川、江苏、陕西、湖南、云南、河南、贵州、广西、重庆等全国大部分省、直辖市。同时，奇某公司宣称其全国经销商有 1500 多家，终端经销网点达 58000 家，进一步证明其产品销售范围广；第三，从奇某公司申请的 3C 认证证书涉及的产品型号数量可知，其生产的被诉侵权产品型号众多，数量较大。上述情况结合洗衣机行业的利润率等因素，可以认定奇某公司因生产、销售被诉侵权产品而获得的利益明显超过 2017 年修订的反不正当竞争法第十七条第四款规定的法定赔偿最高限额 300 万元。在此情况下，综合考虑西某某公司及西某某中国公司企业名称具有较高的知名度，奇某公司具有明显的主观恶意，且侵权规模大、侵权持续时间长，并结合洗衣机产品的利润率以及西某某公司、西某某中国公司为维权支出的合理费用等因素，本案应在法定最高限额以上确定赔偿额。一审法院在奇某公司拒不提交相关财务证据的情况下，将在案的媒体报道内容作为销售总额的计算依据，并按照十五分之一计算被诉侵权产品的销售额占比，在综合相关案件因素的基础上，在法定最高限额以上裁量性确定本案赔偿数额的做法并无不当。

奇某公司主张：1. 一审法院依据网站宣传资料认定奇某公司每年的销售额为 15 亿元，缺乏事实依据，在此基础上推算被诉侵权产品的销售量，进而确定的赔偿数额亦缺乏依据；2. 海某公司、惠某某公司的业务结构、公司规模、定价策略等均与奇某公司不同，不能参照上述公司的利润率确定被诉侵权产品的利润率；3. 奇某公司的生产规模小，与西某某公司、西某某中国公司提交的证据所反映的情况相差甚远。本院认为，首先，奇某公司虽主张西某某公司及西某某中国公司提交的网站宣传资料等证据与事实不符，但二审庭审中明确表示，其并未对上述媒体报道提出过异议、进行过澄清或诉诸法律途径解决该不实报道，且在本院明确提示其提交相关证据的情况下，仍未能提交与被诉侵权产品相关的财务账册等证据，在没有其他证据证明奇某公司侵权获利的前提下，人民法院参考上述媒体报道信息确定赔偿数额并无不当；其次，西某某公司与海某公司、惠某某公司同属生产洗衣机的头部企业，在确定本案对西某某公司及西某某中国公司的赔偿数额时，上述两公司的利润率具有较强参考性，且该两公司年度报告中反映的洗衣机产品毛利率仅系本案确定赔偿额的参考因素，并非认定的唯一依据，一审法院在认定时亦已经综合考量本案实际情况，并进行了估算和折抵；最后，在案证据材料不足以证明奇某公司关于其生产规模小、利润率低等诉讼主张。故本院对奇某公司的上述诉讼主张不予采纳。

需要说明的是，虽然西某某公司、西某某中国公司二审中明确表示，其主张的赔偿数额不包括侵害商标权行为的赔偿，但本案侵害商标权及不正当竞争行为均体现为使用被诉侵权标识“上海西某某电器有限公司”，获利数额亦均体现在被诉侵权产品的生产、营销之上，而被诉侵权产品的生产和销售数量是固定的，且根据前述关于赔偿额的确定方式，即使仅考虑不正当竞争部分，确定1亿元的赔偿数额亦无明显不当。故本院对一审确定的赔偿数额予以维持。

（五）关于一审法院判决龚某某、王某与奇某公司承担连带赔偿责任是否正确的问题

首先，关于一审法院判决龚某某、王某承担连带赔偿责任是否超出诉讼请求的问题。龚某某、王某上诉主张，西某某公司、西某某中国公司在2019年9月29日最后一次提交的变更诉讼请求书中未主张龚某某、王某就奇某公司的赔偿责任承担连带赔偿责任，一审判决超出诉讼请求。经查，西某某公司、西某某中国公司在一审诉讼过程中的确存在多次变更诉讼请求的情况，在2019年8月1日提交的变更诉讼请求的民事起诉状中，表明要求龚某某、王某与奇某公司承担连带赔偿责任，在2019年9月29日提交的变更诉讼请求书中未主张龚某某、王某就奇某公司的赔偿责任承担连带赔偿责任，但其委托诉讼代理人在一审法院于2020年6月4日组织的庭审中，明确表示主张龚某某、王某就奇某公司的赔偿责任承担连带赔偿责任，各方当事人对此均未提出异议，并对该主张发表了相应答辩意见。对此，应视为西某某公司及西某某中国公司最终诉讼请求为主张龚某某、王某承担本案连带赔偿责任，一审法院对此作出审查和判决未超出诉讼请求范围，并无不当。

其次，关于龚某某、王某是否应与奇某公司承担连带赔偿责任的问题。根据本案已经查明的事实，龚某某、王某二人系奇某公司仅有的两名股东，

该二人作为奇某公司的实际控制人，在奇某公司侵权行为的实施过程中起到了重要作用；龚某某及王某曾于 2003 年在香港以“西某某”作为字号设立香港西某某公司，还通过其他公司申请注册“SiMBMC”商标，实际由奇某公司使用于被诉侵权产品；此外，王某还与深圳西某某公司法定代表人共同设立深圳奇某公司。可见，龚某某、王某二人在与西某某公司、西某某中国公司无任何关联的情形下，或以奇某公司名义，或以其他方式从事多项攀附西某某公司、西某某中国公司企业或注册商标知名度的行为，表现出明显的侵权故意。一审法院认定该二人与奇某公司具有共同侵权的故意，与奇某公司构成共同侵权，故龚某某、王某在本案中应与奇某公司承担连带赔偿责任并无不当，本院予以维持。但一审判决关于龚某某、王某二人系夫妻关系，奇某公司应视为一人公司，龚某某、王某据此应与奇某公司承担连带责任的认定，事实依据及法律依据不充分，本院对此予以指出。

综上所述，奇某公司、龚某某、王某的上诉请求及理由不能成立，应予驳回。一审判决认定的部分事实不清，适用法律存在不当之处，应予纠正；一审判决结果正确，应予维持。依照 2013 年修订的《中华人民共和国商标法》第五十七条第二项、第五十八条，2017 年修订的《中华人民共和国反不正当竞争法》第六条第二项、第四项及第十七条，《最高人民法院关于适用〈中华人民共和国反不正当竞争法〉若干问题的解释》第十三条第二项，《中华人民共和国民事诉讼法》第一百七十七条第一款第一项，《最高人民法院关于适用〈中华人民共和国民事诉讼法〉的解释》第三百三十二条的规定，判决如下：

驳回上诉，维持原判。

二审案件受理费人民币 542615 元，由宁波奇某电器有限公司、龚某某、王某共同负担。

本判决为终审判决。

审 判 长 晏 景

审 判 员 马秀荣

审 判 员 戴怡婷

二〇二三年七月二十七日

法官助理 曹佳音

书 记 员 韩 阳

五、技术合同案件审判

33. 技术秘密相关约定与技术秘密构成要件的审查

——上诉人杭州运某科技有限公司与被上诉人杭州丙某科技有限公司及一审被告顾某洁、胡某、乔某伟合同纠纷案①

中华人民共和国最高人民法院民事判决书（2021）最高法知民终1530号

上诉人（一审被告、反诉原告）：杭州运某科技有限公司。住所地：浙江省杭州市余杭区。

法定代表人：周某，该公司董事长。

委托诉讼代理人：狄静，浙江京衡律师事务所律师。

被上诉人（一审原告、反诉被告）：杭州丙某科技有限公司。住所地：浙江省杭州市余杭区。

法定代表人：司某，该公司总经理。

委托诉讼代理人：琚雷刚，浙江泽大律师事务所律师。

委托诉讼代理人：韩立平，浙江泽大律师事务所律师。

原审被告（反诉原告）：顾某洁。

委托诉讼代理人：狄静，浙江京衡律师事务所律师。

原审被告（反诉原告）：胡某。

委托诉讼代理人：狄静，浙江京衡律师事务所律师。

原审被告（反诉原告）：乔某伟。

委托诉讼代理人：狄静，浙江京衡律师事务所律师。

---

① 本案在年度报告中的位置为第66页。

上诉人杭州运某科技有限公司（以下简称运某公司）因与被上诉人杭州丙某科技有限公司（以下简称丙某公司）、原审被告顾某洁、胡某、乔某伟合同纠纷一案，不服浙江省杭州市中级人民法院于2021年5月6日作出的（2020）浙01民初1617号民事判决，向本院提起上诉。本院于2021年8月9日立案后，依法组成合议庭，并于2021年10月27日、2022年11月1日询问当事人。上诉人运某公司及原审被告顾某洁、胡某、乔某伟共同委托的诉讼代理人狄静，被上诉人丙某公司的委托诉讼代理人韩立平到庭参加两次询问；被上诉人丙某公司的委托诉讼代理人琚雷刚到庭参加第一次询问。本案现已审理终结。

运某公司上诉请求：撤销原审判决第一项、第六项，改判驳回丙某公司对运某公司的原审全部诉讼请求，并改判支持运某公司的反诉请求，即丙某公司向运某公司返还保证金5万元，并从2017年7月1日起按同期银行3年期定期存款利率计付利息。事实与理由：（一）丙某公司主张的技术秘密中不包括滚筒、成品箱的设置。原审判决所认定丙某公司的技术秘密内容超出了丙某公司主张的范围。（二）运某公司提出专利号为201820452322.3、名称为“一种成品膜转换设备”的实用新型专利（以下简称涉案专利）申请时，丙某公司所主张的技术信息已被公开，不具有秘密性。1. 专利号为201720005056.5、名称为“一种制袋设备及其连续性折叠装箱机构”、专利权人为案外人温州振某机械有限公司（以下简称振某公司）的实用新型专利（以下简称在先专利）已公开了丙某公司主张的与摆料机组合及具体连接方式、摆料板摆动方式相关的技术信息；2. 在摆料机构的基础上放置滚筒、成品箱属于本领域技术人员无须经过创造性劳动就能想到的技术信息；3. 丙某公司主张的技术秘密仅为结构、部件的简单组合，市场上早已公开销售了相关产品，该技术信息通过观察上市产品即可直接获得。（三）2018年1月，运某公司从振某公司购买到折箱机后，观察其结构而做出了发明创造，并就此提出涉案专利申请。（四）涉案专利技术方案与丙某公司主张的技术秘密并不相同，涉案专利申请材料未披露丙某公司主张的技术秘密，二者存在以下两方面区别：1. 丙某公司就其主张的技术秘密提交了“新设备下料图纸”作为载体，该图纸显示了曲柄上的间距孔位、曲柄与连接杆通过曲柄上的孔位调节连接点，也显示了曲柄与连接杆、连接杆与摆料板中部均通过外部轴承连接。与上述图纸内容相比，涉案专利未披露以上两项技术信息。2. 涉案专利技术方案中，滚筒与摆料板之间还设置有静电消除器和防护板，丙某公司提交的“新设备下料图纸”并未显示该技术信息。（五）丙某公司提交的“新设备下料图纸”所记载的技术信息系公知常识，丙某公司在原审庭审中也确认其设备已更新换代，足以说明丙某公司要求保护的技术信息不具有商业价值，不构成技术秘密。即使上述技术信息被涉案专利所披露，丙某公司也不会因此遭受经济损失或损失有限。与之相比，原审法院确定的400万元违约金过高。（六）原审法院就本案适用《中华人民共和国合同法》错误，应适用《中华人民共和国民法典》。

丙某公司辩称：运某公司、顾某洁、胡某、乔某伟已通过与丙某公司签订和解协议的方式作出不侵害丙某公司技术秘密的承诺，其应当遵守约定，否则应按约定金额支付违约金。在运某公司提出涉案专利申请前，丙某公司主张的技术秘密并未被公众知悉，运某公司从振某公司处购买的设备、振某公司拥有的在先专利，均与丙某公司的技术秘密属于不同的技术方案。运某公司申请的涉案专利披露了丙某公司的技术秘密。

顾某洁、胡某、乔某伟共同述称：同意运某公司的上诉主张。

丙某公司向原审法院提起诉讼，原审法院于2020年7月9日立案。丙某公司请求判令：1. 运某公司及顾某洁、胡某、乔某伟向丙某公司支付违约金500万元；2. 运某公司及顾某洁、胡某、乔某伟在《杭州日报》《都市快报》等报纸上赔礼道歉、消除影响；3. 运某公司及顾某洁、胡某、乔某伟承担丙某公司为维护合法权益所支出的律师费2万元。事实与理由：顾某洁、胡某、乔某伟曾为丙某公司员工，分别与丙某公司签订有保密协议，且在丙某公司任职期间均接触到了丙某公司技术图纸所记载的技术秘密。运某公司由顾某洁、乔某伟于2016年6月29日出资成立，经营范围与丙某公司重合；胡某从丙某公司离职后入职运某公司。运某公司利用从丙某公司获得的技术图纸等技术秘密生产与丙某公司产品相同的摆料机（又称折箱机），给丙某公司造成巨额损失。为此，丙某公司曾于2017年3月10日向浙江省杭州市余杭区人民法院提起侵害商业秘密的诉讼，案号为（2017）浙0110民初3574号（以下简称3574号案）。审理该案的人民法院经调查取证，在运某公司、顾某洁、胡某、乔某伟的办公电脑里发现了被窃取的技术图纸，运某公司、顾某洁、胡某、乔某伟亦承认侵害丙某公司技术秘密的事实。经协商，丙某公司与运某公司、顾某洁、胡某、乔某伟签订和解协议，运某公司、顾某洁、胡某、乔某伟也出具了《不侵权承诺函》，保证“不得以任何方式持有、保留、公开、转让、许可、售卖、披露丙某公司的图纸等商业秘密”“若违反承诺函内容，自愿赔偿丙某公司违约金500万元”。和解协议签订后，运某公司、顾某洁、胡某、乔某伟将从丙某公司处窃取的涉及“摆料机构”的技术秘密以运某公司名义申请涉案专利，违反了和解协议的约定。丙某公司的摆料机构由其自主研发，2016年成型，投入该公司的充气保护膜生产后，提高了生产效率，给丙某公司带来了高额利润。运某公司、顾某洁、胡某、乔某伟的行为给丙某公司造成了巨额损失，应承担违约责任。

运某公司、顾某洁、胡某、乔某伟原审共同辩称：1. 丙某公司主张的技术信息不构成技术秘密，丙某公司未提供证据证明其主张的技术信息符合技术秘密的法定构成条件。2. 丙某公司主张的技术信息系公共领域信息，在先专利也已予以披露，市场上还有相关产品在销售，所属领域的相关人员通过观察产品即可获得该技术信息。3. 和解协议签订后，运某公司、顾某洁、胡某、乔某伟于2017年6月在丙某公司当时法定代表人司某的现场监督下，删除了各自持有的丙某公司的全部产品图纸等，销毁了相关生产设备、配件、产品等，即履行了和解协议第四条关于“停止一切对丙某公司侵权行为”的约定，司某还就上述过程拍摄有视频。此后，运某公司、顾某洁、胡某、乔某伟与丙某公司再无接触，也无接触、获取丙某公司技术图纸等任何秘密信息的条件。4. 涉案专利技术系运某公司自行研发，不构成侵权，亦没有违反和解协议中的“不侵权承诺”。2018年1月，运某公司向振某公司购买了名为“折箱机”的设备后，通过观察该设备的结构、部件获得相应技术方案，并提出了涉案专利申请。5. 丙某公司主张的违约金过高，其关于赔礼道歉、消除影响及承担维权费用的诉讼请求亦没有法律依据。

顾某洁、乔某伟、胡某原审共同辩称：三人虽均为运某公司员工，但公司行为不能等同于员工个人行为。丙某公司并未提交证据证明该三人实施有侵害其技术秘密的行为，因此三人均未违反和解协议的约定。

运某公司、顾某洁、胡某、乔某伟向原审法院提起反诉，请求判令：1. 丙某公司向运某公司、顾某洁、胡某、乔某伟各返还5万元保证金，共计20万元；2. 丙某公司按照银行3年期定期存款利率（2.75%）向运某公司、顾某洁、胡某、乔某伟支付利息，至还清本金之日止，暂计至2020年11月30日为18792元。事实与理由：2017年6月9日，运某公司、顾某洁、胡某、乔某伟与丙某公司因3574号案而签订和解协议，双方此前的纠纷就此已告解决。和解协议签订后，运某公司、顾某洁、胡某、乔某伟遵守不侵权的约定，按照和解协议内容履行了义务。运某公司、顾某洁、胡某、乔某伟在和解协议生效后三年内未实施侵害丙某公司知识产权的行为，丙某公司应依约归还保证金及利息。

针对运某公司、顾某洁、胡某、乔某伟的反诉请求，丙某公司原审辩称：1. 运某公司、顾某洁、胡某、乔某伟未按照和解协议的约定删除丙某公司的技术秘密，还将其中涉及摆料机构的技术秘密以申请专利的方式公开，构成违约，应当没收保证金，并按约定支付违约金。2. 在先专利技术方案与丙某公司的技术秘密不同。运某公司申请的涉案专利在整体结构、核心部件方面与丙某公司的技术秘密完全相同。

原审法院认定事实：2017 年 3 月 10 日，丙某公司因与顾某洁、乔某伟、胡某、运某公司侵害商业秘密纠纷一案（3574 号案）向浙江省杭州市余杭区人民法院提起诉讼，要求顾某洁、乔某伟、胡某、运某公司停止侵害其商业秘密、删除并销毁被诉侵权图纸、消除影响、赔偿损失，并提交有运某公司与顾某洁、胡某、乔某伟签订的劳动合同、保密协议及辞职申请书作为证据。丙某公司向浙江省杭州市余杭区人民法院提出证据保全申请，该院于 2017 年 4 月 26 日对顾某洁、胡某邮箱、电脑中的图纸采取证据保全措施，取得包括传动轴、固定轴、曲柄、连接杆、铝板-A、铝板-C、挡料板-A、挡料板-B、电机固定板、新设备下料在内的图纸等。

2017 年 6 月 9 日，丙某公司与运某公司、乔某伟、顾某洁、胡某签订和解协议，就 3574 号案达成如下约定：（一）运某公司、乔某伟、顾某洁、胡某承认侵权事实，以书面及视频形式叙述侵权经过，并提供相应证据。（二）运某公司、乔某伟、顾某洁、胡某就其侵害丙某公司商业秘密的行为向该公司赔礼道歉，包括：1. 运某公司、乔某伟、顾某洁、胡某向丙某公司的客户及供应商（指曾试图联系、已经联系但未发生业务往来、已经发生业务往来的客户及供应商，具体名单由运某公司、乔某伟、顾某洁、胡某提供并经丙某公司确认为准），在 2017 年 6 月 29 日前以运某公司名义发送公函（公函内容需提前经丙某公司确认），承认侵权事实并表示道歉；2. 顾某洁、乔某伟、胡某各自以书面形式及视频形式向丙某公司道歉，道歉内容包括承认侵权事实，表示悔过，以及不再侵权的承诺。上述三人于 2017 年 6 月 9 日前提供书面和视频道歉文件，经丙某公司认可视为履行完成。（三）运某公司、乔某伟、顾某洁、胡某连带承担丙某公司为 3574 号案支出的所有费用。（四）运某公司、乔某伟、顾某洁、胡某立即停止一切对丙某公司的侵权行为，包括：1. 销毁己制成的产品以及使用丙某公司商业秘密制成的生产设备和配件，销毁方式由丙某公司确定并现场监督；2. 运某公司、乔某伟、顾某洁、胡某删除其所持有的丙某公司全部产品图纸等信息；3. 运某公司在协议签订后10日内追回已售出的全部侵权产品，并就追回情况向丙某公司书面报备。(五) 2017年6月9日前，运某公司、乔某伟、顾某洁、胡某向丙某公司出具不再侵权的承诺函，经丙某公司认可为准。承诺函内容应包括：1. 运某公司、乔某伟、顾某洁、胡某在任何时间不得以任何方式保留、公开、转让、售卖、披露丙某公司的图纸等商业秘密。2. 运某公司、乔某伟、顾某洁、胡某不得侵害丙某公司及其股东、员工、客户、供应商及其亲属的生命财产安全；若运某公司、乔某伟、顾某洁、胡某有任何一方违反本条约定，由侵害方向丙某公司支付违约金500万元，并承担人身财产损害的一切法律后果。(六) 运某公司、乔某伟、顾某洁、胡某各向丙某公司提供5万元保证金并于2017年6月29日之前打入丙某公司账户，保证自2017年4月26日起至和解协议生效后三年内不侵害丙某公司的知识产权（包括但不限于专利权、著作权、商标权、商业秘密等)。如三年期限届满，运某公司、乔某伟、顾某洁、胡某无侵权行为（丙某公司提起侵权诉讼被法院受理或向相关行政主管机关提出投诉或向运某公司、乔某伟、顾某洁、胡某发送侵权警告函视为发生侵权行为)，丙某公司按照银行3年期定期存款利率归还本金及利息。(七) 运某公司、乔某伟、顾某洁、胡某承诺遵守和解协议的各条约定，并于2017年6月30日之前完成上述约定的履行。和解协议在运某公司、乔某伟、顾某洁、胡某完全履行约定义务之日生效。丙某公司在和解协议生效后三日内向法院递交撤诉申请书。

2017年6月5日，顾某洁、胡某、乔某伟分别出具《道歉信》，载明："顾某洁承认在之前的工作中对丙某公司存在侵害商业秘密行为，有向当时在丙某公司任职的胡某索取图纸等信息，诚心向丙某公司道歉，并承诺立即停止一切侵权行为，停止生产侵权产品，承诺今后不再发生任何对丙某公司的侵权行为""胡某承认在之前的工作中对丙某公司存在侵权行为，2016年8月3日将切刀图纸、加工图纸和下料摆板通过邮件发送给顾某洁，还将丙某公司的部分图纸等信息带入运某公司作为设计参考，诚心向丙某公司道歉，并承诺立即停止一切侵权行为，按调解协议要求销毁已制成产品以及使用丙某公司商业秘密制成的生产设备和配件，删除所持有的丙某公司全部产品图纸等信息，承诺今后不再发生任何对丙某公司的侵权行为""乔某伟承认在之前的工作中对丙某公司存在侵害商业秘密行为，联系了丙某公司的部分客户，诚心向丙某公司道歉，并承诺立即停止一切侵权行为，按调解协议要求追回已售出的侵权产品等，承诺今后不再发生任何对丙某公司的侵权行为”。

在与丙某公司签订和解协议前，运某公司、乔某伟、胡某、顾某洁还于2017年6月出具了《不侵权承诺函》，载明：“承诺：1. 不在任何时间、不得以任何方式持有、保留、公开、转让、许可、售卖、披露丙某公司的图纸等商业秘密；2. 不在任何时间以任何方式侵害丙某公司及其股东、员工、客户、供应商及其亲属的生命财产安全。若违反本承诺函内容，自愿向丙某公司支付违约金/损害赔偿金500万元，并承担一切法律后果。”

2017年6月30日，运某公司支付丙某公司保证金5万元；2017年7月1日，顾某洁、胡某、乔某伟分别支付丙某公司保证金各5万元。

2017年7月3日，丙某公司向浙江省杭州市余杭区人民法院递交撤诉申请书，该院于2017年7月10日作出（2017）浙0110民初3574号民事裁定，准许丙某公司撤回对运某公司、乔某伟、胡某、顾某洁的起诉。

2018年4月2日，运某公司向国家知识产权局提交涉案专利申请，载明的发明人为案外人李某。涉案专利权利要求书记载：

“1. 一种成品膜转换设备，其特征在于，包括机架和用于放置产品的成品包装箱，所述的机架一侧的下方设置有用于安装卷膜的安装杆，所述的机架上位于安装杆的上方处设置有穿膜杆，所述的机架上远离穿膜杆的一侧转动连接安装有主动滚筒和从动滚筒，所述的主动滚筒和从动滚筒之间设置有用于穿过膜的穿膜间隙，所述的机架上设置有第一电机和第二电机，所述的第一电机的输出轴与主动滚筒的转轴之间通过链条连接，所述的机架上位于主动滚筒的下方处设置有摆料板，所述的摆料板的上端的侧面铰接在机架上，所述的第二电机与摆料板之间通过摇摆机构连接。

2. 根据权利要求1所述的一种成品膜转换设备，其特征在于，所述的摆料板包括设置有穿膜通道的摆料板本体和设置在摆料板本体上端两侧并往远离摆料板本体的斜上方延伸的防护板。

3. 根据权利要求1或2所述的一种成品膜转换设备，其特征在于，所述的机架上设置有位于主动滚筒和摆料板之间的静电消除器。

4. 根据权利要求1所述的一种成品膜转换设备，其特征在于，所述的摇摆机包括长杆和与第二电机的输出轴固定连接的短杆，所述的长杆的一端与摆料板铰接，所述的长杆的另一端与短杆远离第二电机的一端活动连接。

5. 根据权利要求1或2或4所述的一种成品膜转换设备，其特征在于，所述的机架上依次设置有位于穿膜杆与从动滚筒之间的上辅助杆和下辅助杆。”

涉案专利说明书记载了该实用新型的内容、附图说明和具体实施方式。其中，涉案专利说明书第［0004］段记载，机架上位于主动滚筒的下方处设置有摆料板，成品包装箱放置在摆料板的下方……第二电机与摆料板之间通过摇摆机构连接，第二电机启动能通过摇摆机构带动摆料板往复摆动。第［0007］段记载，摇摆机构包括长杆和与第二电机的输出轴固定连接的短杆，所述的长杆的一端与摆料板铰接，所述的长杆的另一端与短杆远离第二电机的一端活动连接……短杆能随着第二电机的输出轴的转动而转动，从而带动与短杆活动连接的长杆往复摆动，长杆往复摆动带动摆料板同时往复摆动，从而使得膜能均匀装入箱中。第［0014］段记载，机架上位于主动滚筒的下方处设置有摆料板，成品包装箱放置在摆料板的下方……第二电机与摆料板之间通过摇摆机构连接，第二电机启动能通过摇摆机构带动摆料板往复摆动，摇摆机构包括长杆 13 和与第二电机的输出轴固定连接的短杆 12，长杆的一端与摆料板铰接，长杆的另一端与短杆远离第二电机的一端活动连接，短杆能随着第二电机的输出轴的转动而转动，从而带动与短杆活动连接的长杆往复摆动，长杆往复摆动带动摆料板同时往复摆动，从而使得膜能均匀装入箱中。说明书附图具体展示了 8-从动滚筒、9-主动滚筒、12-短杆、13-长杆、16-第二电机、17-摆料板本体等部件。

原审诉讼中，运某公司、顾某洁、胡某、乔某伟提交了其于 2017 年 6 月销毁相关设备、配件、产品的照片，以作为其履行和解协议的证据。

原审庭审中，丙某公司明确其在本案中主张的秘密点具体为：1. 摆料机构包含下料摆板、电机，其组合方式为滚筒位于摆料板正上方，电机位于垂直摆料板正中心的平面上，驱动摆料板的中心运动；2. 挡料板 A 和挡料板 B 为分体组合的方式；3. 曲柄与连接杆的连接结构能够实现摆料板进行往复运动；4. 摆料机构和制袋机分离开，摆料机构可以单独装箱，单独使用摆料机；5. 挡料板 A、挡料板 B 入口 120 度折边。

原审法院认为：丙某公司与运某公司、顾某洁、胡某、乔某伟签订的和解协议及《不侵权承诺函》系各方当事人的真实意思表示，符合法律规定，合法有效。本案的主要争议焦点在于：运某公司、顾某洁、胡某、乔某伟是否存在违约行为。

关于丙某公司主张的技术信息是否构成商业秘密的问题。根据和解协议及道歉信的内容，运某公司、乔某伟、顾某洁、胡某承认所侵害丙某公司的技术秘密包括传动轴、固定轴、曲柄、连接杆、铝板-A、铝板-C、挡料板-A、挡料板-B、电机固定板、新设备下料图纸；和解协议第五条就《不侵权承诺函》明确表述为“不再侵权的承诺函”。因此，判断是否有“再”侵权行为，应首先确定首次侵权的范围。结合上述条款及和解协议第六条关于“三年内侵害商业秘密等知识产权另有保证金”的约定，应认定该承诺函指向的行为应与3574号案中的被诉侵权行为，即运某公司、乔某伟、顾某洁、胡某在和解协议及道歉信中所承认侵害商业秘密的行为一致。本案中，对于承诺函的理解应该是“在没有相反证据的情况下，推定3574号案中丙某公司所主张的技术信息构成反不正当竞争法意义的‘商业秘密’”，丙某公司无须另行就上述内容构成“商业秘密”进行举证。运某公司、乔某伟、顾某洁、胡某若认为涉案专利申请时丙某公司在3574号案中所主张的技术信息已不构成商业秘密，应由其承担举证责任。本案中，在先专利并未完全披露丙某公司在3574号案中主张的技术信息，运某公司、乔某伟、顾某洁、胡某亦未举出有效证据证明市场上已有相关产品在销售，故其认为上述技术信息不构成商业秘密的主张，证据不足，不应予以采信。若丙某公司在本案中主张的技术信息超出3574号案中其所主张的技术信息范围，则丙某公司无权依据承诺函要求运某公司、乔某伟、顾某洁、胡某承担违约责任；丙某公司可根据和解协议第六条判断所主张的技术信息是否构成商业秘密并确定保证金的返还，其亦可另行主张侵害商业秘密的侵权赔偿；但对于超出部分构成商业秘密的问题，仍应由丙某公司承担举证责任。

关于运某公司、乔某伟、顾某洁、胡某仍保存有丙某公司摆料机构图纸及使用上述图纸所制成的设备问题。和解协议签订于2017年6月9日，并约定该协议在运某公司、乔某伟、顾某洁、胡某完全履行义务之日生效，且丙某公司在和解协议生效后三日内向法院递交撤诉申请书。实际情况是，丙某公司已于2017年7月3日就3574号案申请撤诉。因此，在没有相反证据证明运某公司、乔某伟、顾某洁、胡某确实保存有丙某公司摆料机构图纸及使用上述图纸所制成的设备的情况下，应视为其完全履行和解协议约定义务，即已依约销毁了使用丙某公司商业秘密制成的生产设备和配件、删除了所持有的丙某公司全部产品图纸等信息。丙某公司关于运某公司、乔某伟、顾某洁、胡某仍持有其摆料机构图纸及使用上述图纸所制成的设备的主张，不应予以采信。

关于涉案专利是否披露了丙某公司涉及传动轴、固定轴、曲柄、连接杆、铝板-A、铝板-C、挡料板-A、挡料板-B、电机固定板的技术信息问题。3574号案中，上述部件的图纸中记载有其结构、形状、尺寸等技术信息。经比对，涉案专利说明书未记载涉及固定轴、传动轴的特征，附图中亦未明确标示出固定轴等部件；虽存在涉及短杆、长杆、摆料板本体的内容，但仅是对其连接关系、设置位置的描述，未对其具体结构进行限定，未能体现各部件的前述结构、形状等技术信息。因此，对于丙某公司该项的主张，不应予以采信。

关于涉案专利是否披露了丙某公司“新设备下料图纸”所记载技术信息的问题。与“新设备下料图纸”记载的技术信息相比，虽然涉案专利未明确摇摆机构与摆料板的铰接点位置，但考虑到往复摆动时摆料板的对称性及稳定性，将铰接点设置在摆料板中轴线上对本领域普通技术人员而言属于较为常规的设置方式。综上，涉案专利中第二电机、滚筒的相对位置关系，短杆、长杆组成的摇摆机构的设置方式，摆料板摆动的工作方式披露了与“新设备下料图纸”所记载技术信息一致的技术内容，故应认定涉案专利披露了“新设备下料图纸”中的技术信息。

因涉案专利披露了“新设备下料图纸”中的技术信息，运某公司系涉案专利的申请人，丙某公司由此认为运某公司实施了违反约定、披露了其在3574号案中所主张技术信息的行为，并要求运某公司承担违约责任的主张，具有合同依据，应予支持。关于违约金数额。综合考虑到涉案专利仅披露了“新设备下料图纸”中的技术信息，并未披露传动轴、固定轴、曲柄、连接杆、铝板-A、铝板-C、挡料板-A、挡料板-B、电机固定板图纸的技术信息，“新设备下料图纸”中的技术信息在所有图纸所体现技术信息中的比重情况等因素，酌情确定运某公司向丙某公司支付违约金400万元。

丙某公司要求运某公司承担其为维权所支出的律师费没有依据，不应予以支持。鉴于丙某公司并未举出有效证据证明运某公司的上述行为给其商业信誉造成了损害，故对其要求运某公司消除影响的诉讼请求不予支持。本案亦不涉及人身利益损害，对丙某公司关于赔礼道歉的诉讼请求，亦不予支持。

鉴于运某公司在和解协议生效后三年内违反约定、实施了披露3574号案中丙某公司所主张技术信息的行为，对运某公司要求丙某公司按照银行3年期定期存款利率归还保证金及利息的反诉请求，不应予以支持。

丙某公司还认为运某公司实施了将非3574号案中已主张的技术秘密以申

请涉案专利的方式予以公开的行为，并公开了丙某公司管理层微信聊天记录及视频、照片所对应产品的技术秘密。对于非 3574 号案中丙某公司所主张的技术信息是否构成商业秘密的问题，举证责任仍应由丙某公司承担。在丙某公司未对采取的保密措施进行举证的情况下，其关于运某公司公开了 3574 号案中丙某公司已主张技术信息之外的其他技术秘密的主张，不应予以采信。

丙某公司并未提供有效证据证明顾某洁、胡某、乔某伟通过申请涉案专利的方式实施了披露“新设备下料图纸”所记载技术信息的行为，因此其关于顾某洁、胡某、乔某伟构成违约的主张，没有证据支持，不应予以采信。同理，丙某公司没有提供证据证明顾某洁、胡某、乔某伟在和解协议生效后三年内实施了侵害其知识产权的行为，因此对于顾某洁、胡某、乔某伟要求丙某公司按照银行 3 年期定期存款利率归还保证金及利息的反诉请求，应予以支持。

此外，鉴于丙某公司在本案管辖异议阶段已明确其在本案中仅主张技术秘密，不包含经营信息，因此其以需查清“客户信息、供应商信息”等经营信息为由要求调取运某公司的纳税记录及开票记录等申请，与本案无关，原审法院未予调取。

原审法院依照《中华人民共和国合同法》第八条、第六十条第一款、第九十三条第一款，《中华人民共和国民事诉讼法》（2017 年修正）第六十四条之规定，判决：“一、杭州运某科技有限公司于判决生效之日起十日内支付杭州丙某科技有限公司违约金 400 万元；二、杭州丙某科技有限公司于判决生效之日起十日内返还顾某洁保证金 5 万元，并自 2017 年 7 月 1 日起按同期银行 3 年期定期存款利率计算至款项实际清偿之日止支付顾某洁利息；三、杭州丙某科技有限公司于判决生效之日起十日内返还胡某保证金 5 万元，并自 2017 年 7 月 1 日起按同期银行 3 年期定期存款利率计算至款项实际清偿之日止支付胡某利息；四、杭州丙某科技有限公司于判决生效之日起十日内返还乔某伟保证金 5 万元，并自 2017 年 7 月 1 日起按同期银行 3 年期定期存款利率计算至款项实际清偿之日止支付乔某伟利息；五、驳回杭州丙某科技有限公司的其他诉讼请求；六、驳回杭州运某科技有限公司的反诉请求。”如果未按判决指定的期间履行给付金钱义务，应当依照《中华人民共和国民事诉讼法》（2017 年修正）第二百五十三条之规定，加倍支付迟延履行期间的债务利息。本诉案件受理费 46940 元，由杭州运某科技有限公司负担 37402 元，由杭州丙某科技有限公司负担 9538 元。反诉案件受理费 4582 元，由杭州丙某科技有限公司负担 3436 元，由杭州运某科技有限公司负担 1146 元。

本院二审审理过程中，运某公司为证明其于 2018 年 1 月从振某公司处购得一台折箱机，以及所购折箱机的技术方案内容，提交了（2021）浙杭禹证民字第 4743 号公证书及光盘、运某公司与振某公司签订的“工业品买卖合同”，以及振某公司于 2018 年 7 月 4 日向运某公司出具的发票 8 张。其中，公证书中附有 3 张照片，照片及光盘内容均涉及一台机器设备，能反映出该机器设备中电机、电机输出轴、曲柄、连接杆、摆料板等部件之间的连接关系；“工业品买卖合同”载明的签订时间为 2018 年 4 月 4 日，标的物名称为“枕泡机”，单价为 115500 元，数量为 4；振某公司出具的上述 8 张发票各自显示金额均为 59125 元（含税），货物名称均为“枕泡机”，每张发票对应的数量为 0.5 台。

丙某公司的质证意见为：公证书照片及视频所拍摄的机器设备上并无生产厂家的标识，合同及发票虽然反映出振某公司与运某公司之间存在商业交易，但不足以证明所交易产品即为公证书中记载的机器设备。

本院认证意见为：运某公司所提交的公证书确由浙江省杭州市禹航公证处出具，“工业品买卖合同”及发票也为原件，故对该三份证据的真实性予以确认。然而，合同与发票所记载的交易时间、标的物名称、数量、价格均不一致，公证书所附照片或视频显示的产品实物也没有与合同或发票相对应的信息。因此，上述三份证据材料无法相互印证，不足以证明公证书所附照片和视频中的折箱机系运某公司于 2018 年 1 月从振某公司处购得。

原审法院查明的事实基本属实，本院予以确认。

本院另查明：

1. 与在先专利相关的事实

在先专利名称为“一种制袋设备及其连续性折叠装箱机构”，于 2017 年 1 月 4 日提出申请，并于 2017 年 7 月 28 日获得授权，专利号为 201720005056.5，专利权人为振某公司，发明人为案外人伍某鹤。在先专利共有 10 项权利要求，其权利要求书记载：

“1. 一种制袋设备的连续性折叠装箱机构，设置在制袋设备上模切机构的后方，其特征在于：包括第一安装支架、第二安装支架、摆动件、导向板；所述导向板通过第二安装支架固定在摆动件前方，且所述导向板朝下倾斜布置；所述摆动件可摆动地安装在第一安装支架上，所述摆动件上形成有一供薄膜袋通过的折叠通道，折叠通道的进口与导向板相对应，折叠通道的出口随摆动件摆动。

2. 根据权利要求 1 所述的连续性折叠装箱机构，其特征在于：所述摆动件通过转轴可旋转地设置在第一安装支架上，且所述转轴靠近摆动件的进口位置；所述转轴连接有驱动其往复旋转的驱动组件。

3. 根据权利要求 2 所述的连续性折叠装箱机构，其特征在于：所述驱动组件包括驱动电机、第一连杆、第二连杆；所述第一连杆一端连接驱动电机，另一端与第二连杆铰接；所述第三连杆一端连接转轴，另一端与第二连杆铰接。

4. 根据权利要求 3 所述的连续性折叠装箱机构，其特征在于：所述第三连杆连接第二连杆的一端设有一长形滑槽；所述第二连杆的端部通过一销轴与长形滑槽配合。"

在先专利说明书关于薄膜输送机构 8 的记载包括：说明书第［0012］段载明"一种制袋设备，包括安装侧板，所述安装侧板上设有薄膜输送机构，所述安装侧板上沿薄膜输送机构的输送方向依次设有薄膜上料机构、储料机构、热压封口机构、模切机构；所述模切机构后设有上述的连续性折叠装箱机构"。第［0025］段载明"所述薄膜上料机构 9 能对薄膜卷进行放卷上料；所述薄膜输送机构 8 包括两组主动驱动的压轮组以及若干辊轴，对薄膜进行稳定的运输"。说明书附图 6 显示薄膜输送机构 8 位于摆动件 2 的左侧，且薄膜输送机构 8 中的两组辊轴相互间隔一段距离呈分立设置。

在先专利说明书关于驱动组件 5 与摆动件 2 的记载包括：说明书第［0030］段记载：所述导向板 3 通过第二安装支架 13 固定安装在模切机构 11 与摆动件 2 之间，所述导向板 3 一端与模切机构 11 对应，另一端向下倾斜，朝向摆动件 2，在薄膜加工完成后，能顺着导向板 3 继续前进。第［0034］段记载：所述转轴 4 连接有驱动其往复旋转的驱动组件 5，所述驱动组件 5 包括驱动电机 51、第一连杆 52、第二连杆 53、第三连杆 54；所述第一连杆 52 一端连接驱动电机 51，另一端与第二连杆 53 连接；所述第三连杆 54 一端连接转轴 4，另一端与第二连杆 53 铰接；驱动电机 51 通过三连杆的传动机构能直接带动摆动件 2 做摆动运动，不仅结构简单，而且传动流畅容易控制。说明书附图 1 及附图 3 显示转轴 4 穿过摆料板上端；驱动电机 51、第一连杆 52、第二连杆 53、第三连杆 54 两两连接；第三连杆挂在转轴 4 的一端，且第三连杆上开有长形滑槽 541，第二连杆在该长形滑槽内与第三连杆连接。

以上事实有运某公司在原审诉讼中已提交的在先专利文件予以佐证。

2. 与涉案专利相关的事实

因运某公司未按规定缴纳第4年度年费和滞纳金，涉案专利权已于2021年4月2日终止，对此，国家知识产权局于2021年11月8日发出“专利权终止通知书”。运某公司于2023年2月14日书面陈述其认为涉案专利不符合授予专利权的条件，运某公司已放弃涉案专利权。

涉案专利说明书第［0014］段记载：具体使用时，先将待转换的卷膜安装在安装杆上，然后将膜依次穿过穿膜杆、穿膜间隙和穿膜通道，然后先开启第二电机，将第二电机调到合适的转速，使得摆料板匀速摆动，再开启第一电机，使得第一电机的输出轴转动通过链条带动主动滚筒转动，主动滚筒转动带动从动滚筒转动，从而使得膜匀速下降，在往复摆动的摆料板的作用下，将膜均匀装入成品包装箱内，转换工作效率高。说明书附图1显示从动滚筒8、主动滚筒9并排设置于摆料板17上方，膜从从动滚筒8与主动滚筒9之间的穿膜间隙10穿过；短杆12的一端连接第二电机16、另一端连接长杆13，长杆13连接于摆料板17相对于第二电机16的一面。

以上事实有专利权终止通知书、“中国专利审查信息查询”网页打印件、运某公司出具的“情况说明”、涉案专利文件在案佐证。

本院认为：本案案由虽确定为合同纠纷，但引发双方当事人争议的法律关系为运某公司等是否存在侵害丙某公司技术秘密的行为，运某公司等应否依照双方和解协议承担相应的违约责任，故本案先决问题为运某公司是否存在披露丙某公司技术秘密的侵害行为。因和解协议签订于2017年，运某公司提出涉案专利申请的时间为2018年，在《中华人民共和国民法典》施行之前，故本案应适用《中华人民共和国合同法》、2017年修订的《中华人民共和国反不正当竞争法》（以下简称反不正当竞争法）。

根据运某公司的上诉主张，本案二审争议的焦点问题是：（一）丙某公司所主张的技术信息是否构成技术秘密；（二）运某公司提出的涉案专利申请是否披露了丙某公司所主张的技术秘密；（三）运某公司是否应向丙某公司支付400万元违约金，以及丙某公司是否应向运某公司返还保证金5万元并支付相应利息。

（一）关于丙某公司所主张的技术信息是否构成技术秘密的问题

反不正当竞争法第九条第三款规定，本法所称的商业秘密，是指不为公众所知悉、具有商业价值并经权利人采取相应保密措施的技术信息和经营信息。也就是说，反不正当竞争法所保护的技术秘密，应具备不为公众所知悉、具有商业价值、权利人对其采取了相应保密措施三个构成要件。

本案中，丙某公司所主张的技术秘密以“新设备下料图纸”及按照图纸内容生产的设备为载体，具体包括5个秘密点。运某公司上诉主张丙某公司的该5点技术信息不具备商业价值和秘密性，不构成反不正当竞争法意义上的技术秘密。

1. 在商业价值方面。反不正当竞争法第九条第三款规定的“具有商业价值”是指有关信息具有现实或者潜在的商业价值，能为技术信息的拥有者带来竞争优势。本案中，承载丙某公司技术信息的摆料机虽未在市场上对外销售，但其能为丙某公司充气保护膜的生产过程提高装箱效率和节约装箱成本，由此为丙某公司在与包括运某公司在内的同行企业竞争中赢得优势。因此，丙某公司所主张的技术信息具有商业价值。

2. 在保密措施方面。权利人为防止信息泄露所采取的与其商业价值等相适应的合理保护措施，应当认定为反不正当竞争法第九条第三款规定的“采取相应保密措施”。丙某公司主张，顾某洁、胡某、乔某伟作为其员工期间，与其签订有保密协议，保密内容包括在工作过程中接触到的丙某公司的图纸；顾某洁、胡某、乔某伟对此不持异议。由此可见，丙某公司通过与其员工签订保密协议的方式针对承载了其技术信息的图纸提出保密要求，这种方式是丙某公司对其技术信息采取的保密措施。

3. 在是否已为公众所知悉方面。运某公司上诉主张丙某公司的5点技术信息已通过三种方式被公众知悉，一是通过观察振某公司销售的折箱机，二是通过观察丙某公司销售的摆料机，三是被振某公司申请的在先专利所公开。

（1）如前所述，运某公司未能举证证明在丙某公司的技术信息形成之前，其所谓的“振某公司制造的折箱机”已在市场上销售。至于丙某公司自行生产的摆料机，丙某公司陈述仅是用来供其在充气薄膜生产过程中的装箱时使用，并不对外销售。运某公司虽不认可丙某公司的以上陈述，但亦未提交证据证明丙某公司的摆料机曾在市场上销售或可通过其他方式被公众获得。因此，运某公司关于丙某公司的技术信息已被振某公司销售的折箱机或丙某公司生产的摆料机公开的主张，缺乏事实依据，不能成立。

（2）丙某公司认可在先专利技术方案的形成时间早于其主张的技术秘密的形成时间，且公众可以通过公开查询的方式获知在先专利技术方案的具体内容。因此，在先专利可以作为审查认定丙某公司所主张技术信息是否具备秘密性的依据。二审中，运某公司就丙某公司所主张 5 点技术信息中的两项是否具有秘密性的问题，与丙某公司存在争议，即滚筒的相对位置关系，以及实现摆料板往复运动的曲柄与连接杆的特定连接结构。

将上述两项双方存在争议的技术信息与在先专利权利要求书、说明书及其附图的内容对照来看。

关于滚筒的设置位置。根据已查明的事实可知，为了实现对加工完成后待折叠薄膜的引导，在先专利采用的是导向板这一技术手段。与之相比，丙某公司的图纸中显示有两个并排设置的滚筒，加工完成后的薄膜穿过两滚筒之间的缝隙后随摆料板摆动，以作进一步折叠。在先专利中的薄膜输送机构 8 虽然也包括两组主动驱动的压轮组以及若干辊轴，但该两组辊轴并非并排设置，而是相互间隔有一段距离呈分立设置，且该薄膜输送机构 8 并未设置在摆料板上方，而是位于摆动件 2 的左侧。因此，丙某公司要求保护的与滚筒设置位置相关的技术内容并未在在先专利权中得以体现，公众通过查询在先专利文件并不能知悉丙某公司要求保护的该项技术信息。

关于实现摆料板往复运动的曲柄与连接杆的特定连接结构。在先专利公开了相当于丙某公司技术信息中曲柄及连接杆的第一连杆、第二连杆、第三连杆，以及相互之间通过转轴相连接的方式。与之相比，丙某公司要求保护的技术信息具体是指连接杆与摆料板直接铰接，且丙某公司提交的图纸显示连接杆与摆料板的铰接点位于摆料板背面。在先专利中的第三连杆并未与摆料板直接相连，而是通过第三连杆与转轴铰接、转轴贯穿于摆料板一端的方式实现驱动组件与摆料板的间接连接，且在先专利说明书附图显示的铰接点位于摆料板一侧、而非背面。因此，丙某公司要求保护的该项技术信息与在先专利之间存在上述差异，则公众通过查询在先专利文件亦不能知悉丙某公司要求保护的曲柄与连接杆特定连接结构的技术信息。

综上，运某公司与丙某公司在本案二审过程中存在争议的两项技术信息，即滚筒的设置位置，以及实现摆料板往复运动的曲柄与连接杆的特定连接结构在运某公司提出涉案专利申请前，均未被公众所知悉。双方争议的上述两项技术信息构成反不正当竞争法意义上的技术秘密，运某公司的相反主张不能成立。

（二）关于运某公司提出的涉案专利申请是否披露了丙某公司所主张技术秘密的问题

就当事人主张的技术秘密与所对应的技术信息进行相同或实质相同比对

时，应根据其主张来确定需要保护的技术秘密的范围。若当事人主张的技术秘密是一个完整的技术方案，应予保护的对象及技术比对的内容就是一个完整的技术方案；若当事人主张的技术秘密是某一项或某几项技术信息，则技术比对的内容就是该技术信息本身，而非整体技术方案。具体到本案而言，丙某公司明确请求保护的是“新设备下料图纸”中的各项技术信息，运某公司在二审中主张涉案专利未披露其中涉及滚筒设置位置、曲柄与连接杆的特定连接结构这两项技术秘密。本院认为，若涉案专利权利要求书、说明书或附图中显示的内容包含有丙某公司所主张的任何一项技术秘密，即使涉案专利在该项技术秘密之外需结合其他技术特征才能形成一个完整的技术方案，也应当认定涉案专利中存在与丙某公司所主张技术秘密相同或实质相同的技术信息。

1. 关于“滚筒设置位置”技术秘密是否已被涉案专利申请文件披露的问题。

从已查明的事实可知，涉案专利权利要求书、说明书均记载了机架上安装有主动滚筒和从动滚筒、主动滚筒下方设置有摆料板的技术特征，说明书附图中也有相应部件及其位置关系的显示。以上内容与丙某公司提交图纸中的相应技术信息相同。原审判决由此认定涉案专利披露了丙某公司关于“滚筒相对位置关系”的技术秘密，具有事实依据，并无不当。

2. 关于“曲柄与连接杆的特定连接结构”技术秘密是否已被涉案专利申请文件披露的问题。

在界定需要保护的技术秘密的具体内容时，应将该技术信息与现有技术之间的差异作为考量依据。本案中，以丙某公司的“新设备下料图纸”所记载内容为依据，结合在先专利中记载的驱动组件与摆动件之间的连接方式来审查，丙某公司要求保护的曲柄与连接杆的特定连接结构是指连接杆直接铰接于摆料板正背面，其中包括三个技术要点，即连接方式为铰接、连接杆与摆料板直接连接、连接位置为摆料板正背面。该技术秘密点由此三部分共同组成，缺一不可。理由在于：其一，该技术信息中的“铰接”连接方式已被在先专利公开；其二，直接将连接杆铰接于摆料板一侧的结构无法推动摆料板做平稳、顺畅的往复运动。在先专利中，连接杆并未与摆料板直接铰接，而是通过连接杆与转轴铰接、转轴穿过摆料板的方式，使连接杆将电机输出的驱动力传至转轴上，摆料板随着转轴的转动而摇摆，即围绕转轴在一定弧度内作往复运动。与在先专利技术公开的连接方式相比，丙某公司要求作为技术秘密保护的曲柄与连接杆特定连接结构，是将连接杆直接铰接于摆料板上。这一直接铰接方式确实能够使驱动力直接作用于摆料板，减少了驱动力先传递至转轴、再通过转轴带动摆料板往复运动时的损耗，同时也能减少转轴与摆料板之间相互运动而带来的磨损。但是，由于摆料板是具有一定体积的四方体，若对其提供摇摆驱动力的连接杆仅仅铰接于该摆料板的一侧，则仅仅作用于一侧的力难以推动摆料板做平稳、顺畅的往复运动。也就是说，直接铰接于摆料板一侧而非其正背面的连接结构并不能达到丙某公司所称“提高摆动效率、降低驱动力需求”的效果。正基于此，丙某公司才选择将曲柄铰接于摆料板的正背面，即摆料板朝向电机一面的正中位置，以此连接结构使摆料板在连接杆所传递驱动力的作用下平稳摇摆、较为匀速地作往复运动，最终实现连续地将充气膜折叠后铺于箱体中。本案诉讼中，丙某公司认为只要连接杆与摆料板直接铰接、无须限定具体铰接位置即与其技术秘密相同或实质相同的主张，与其关于该技术秘密用于实现摆动效率更高、摆动所需动力更少的陈述相矛盾，不能成立。

与丙某公司要求保护的曲柄与连接杆前述特定连接结构相比，涉案专利权利要求书记载的内容公开了摇摆机构的组件以及摇摆机构与摆料板相铰接，即公开了铰接这一连接方式，以及摇摆机构与摆料板之间是直接连接、而非通过其他部件间接连接。至于具体的铰接位置。涉案专利权利要求书、说明书中虽无文字记载，但其说明书附图中明确显示了摇摆机构与摆料板的铰接点位于摆料板朝向电机的一面。以上内容与丙某公司提交图纸中的相应技术信息相同。原审判决由此认定涉案专利披露了丙某公司关于“曲柄与连接杆的特定连接结构”的技术秘密，具有事实依据，并无不当。

综上，运某公司申请的涉案专利披露了丙某公司就滚筒的设置位置，以及曲柄与连接杆的特定连接结构所享有的技术秘密，原审判决由此认定运某公司的上述披露行为构成对和解协议的违反、运某公司应承担违约责任并无不当。

（三）关于运某公司是否应向丙某公司支付400万元违约金，以及丙某公司是否应向运某公司返还保证金5万元并支付相应利息的问题

如前所述，因运某公司申请涉案专利的行为披露了丙某公司关于“滚筒相对位置关系”的技术秘密，构成对双方签订的和解协议的违反，原审法院由此判令运某公司承担违约责任具有事实依据和法律依据。违约金数额方面，原审法院在约定数额500万元的基础上酌情调低为400万元，丙某公司对此

未提出上诉，故本院不再予以调整。此外，鉴于运某公司存在前述违约行为，则和解协议约定的 5 万元保证金返还条件未能成就，原审法院未支持运某公司关于丙某公司向其返还 5 万元保证金及其利息的请求亦无不当，本院予以维持。

综上所述，运某公司的上诉主张不能成立，应予驳回。原审判决认定事实清楚，适用法律正确，应予维持。依照《中华人民共和国反不正当竞争法》（2017 年修正）第九条，《中华人民共和国合同法》第八条，《中华人民共和国民事诉讼法》第一百七十七条第一款第一项之规定，判决如下：

驳回上诉，维持原判。

二审案件受理费 39200 元，由杭州运某科技有限公司负担。

本判决为终审判决。

审　判　长　刘晓梅
审　判　员　陈瑞子
审　判　员　颜　峰
二〇二三年六月五日
法官助理　佟锡尧
技术调查官　陆　帅
书　记　员　沈靖博
书　记　员　谢思琳

35. 修复、重建、加强保密措施费用的赔偿

——上诉人青岛义某机械有限公司与被上诉人贾某权侵害技术秘密纠纷案①

中华人民共和国最高人民法院民事判决书（2022）最高法知民终945号

上诉人（一审原告）：青岛义某机械有限公司。住所地：山东省。

法定代表人：刘某某，该公司总经理。

委托诉讼代理人：韩某，该公司员工。

委托诉讼代理人：邵伟东，山东平都律师事务所律师。

被上诉人（一审被告）：贾某权。

上诉人青岛义某机械有限公司（以下简称义某公司）与被上诉人贾某权侵害技术秘密纠纷一案，不服山东省青岛市中级人民法院于2022年1月14日作出的（2021）鲁02知民初111号民事判决，向本院提起上诉。本院于2022年6月22日立案后，依法组成合议庭，于2022年8月12日对本案进行了询问。上诉人义某公司的委托诉讼代理人韩某、邵伟东到庭参加了询问。被上诉人贾某权经本院依法传唤，无正当理由拒不到庭，本院依法缺席审理。本案现已审理终结。

义某公司上诉请求：1. 维持原审判决第一项，将第二项依法改判为贾某权赔偿义某公司经济损失23万元；2. 一、二审诉讼费用由贾某权承担。事实与理由：（一）原审判决贾某权赔偿义某公司的经济损失10万元包括义某公司主张的律师费、鉴定费，但义某公司为维权支出的律师费、鉴定费即为9万余元，原审判赔金额未包括义某公司的直接经济损失。（二）义某公司要求贾某权赔偿的经济损失23万元包括鉴定费、律师费，还包括因发现其窃取公司技术秘密而购买信息安全管理平台系统架构专业版、数据防泄密系统升级版和安装调试培训服务等软件及服务支付的款项151600元。该款项是因贾

① 本案在年度报告中的位置为第71页。

某权窃取技术秘密导致义某公司不得不临时再次升级公司的安保措施造成的直接经济损失，应当予以赔偿。虽无法准确查明义某公司受到的实际损失，但本案的赔偿数额应当综合考虑涉案技术秘密的价值、在产品中发挥的作用以及贾某权所实施侵权行为的情节等因素综合确定。

贾某权未到庭应诉，亦未提交书面答辩意见。

义某公司向原审法院提起诉讼，原审法院于2021年4月3日立案受理，义某公司起诉请求：1. 判令贾某权停止侵害义某公司的技术秘密；2. 判令贾某权赔偿义某公司经济损失23万元；3. 本案诉讼费用由贾某权承担。事实与理由：贾某权于2017年7月入职义某公司技术设计岗位，有机会接触义某公司的核心技术和核心商业秘密。义某公司为保护公司商业秘密采取了防火墙等技术保密措施，制定了完整的《义某公司电子设备使用规章制度》，贾某权予以签字确认，同时，贾某权也与义某公司签署了《保守商业秘密及知识产权保护协议》。贾某权于2021年3月1日申请离职，义某公司在审批过程中发现，2021年3月5日，贾某权在互联网发布求职信息，涉嫌泄露义某公司商业秘密。2021年3月6日，贾某权签署《员工离职承诺书》，但在办理交接手续过程中，义某公司发现贾某权的个人笔记本电脑和个人手机中存储有大量义某公司专利产品图纸、软件，外观设计图纸、设备照片、常年销售的全套设备资料，这些资料包含了义某公司的实用新型和发明专利保护的信息，另外通过这些资料可以对义某公司相关产品整机进行深入研发，制造出相关设备，上述相关设备技术信息均为义某公司的商业秘密信息。贾某权的行为给义某公司造成巨大经济损失。

贾某权原审辩称：义某公司主张的商业秘密在互联网上已经公开，其主张没有任何依据。贾某权没有侵害义某公司的商业秘密，义某公司系统升级与贾某权无关，损失也不应由贾某权承担。

原审法院认定事实：

义某公司成立于1999年6月9日，经营范围包括包装机械及辅助设备的设计、组装、维修；电器控制箱设计、维修；包装机械及辅助设备的制造；加工、制造铆焊件；批发、零售铆焊加工件、焊接材料、五金、机电产品等。义某公司是某包装机行业标准的起草单位之一，该标准于2007年10月8日发布，自2008年3月1日起实施。义某公司还是某包装机国家标准的起草单位之一，该标准于2020年3月6日发布，自2020年10月1日起实施。山东省相关机构出具的《2020年度山东品牌价值评价结果通知书》显示，义某公司的品牌强度为 701，品牌价值 0.14 亿元。

义某公司在本案中主张的技术秘密为某包装机的部分三维零件图和三维装配图，共计 622 个，其中标准件的三维图占 10%左右，其余均为定制件的三维图。义某公司从 1999 年就已开始研发，经过数万次的试验，市场上没有与义某公司的某包装机结构、形状、尺寸完全相同的产品，是义某公司独一无二、自主研发的产品。

贾某权自 2013 年 7 月至 2021 年 3 月在义某公司生产技术部担任技术工程师，从事研发设计工作，具体负责某包装机的设计。贾某权分别于 2019 年 2 月 13 日、2021 年 3 月 1 日与义某公司签订《保守商业秘密及知识产权保护协议》，约定“贾某权有义务保守义某公司的商业秘密和技术秘密，不从事未经义某公司许可自己使用、与第三人共同使用、透露义某公司商业秘密或技术秘密与任何第三方的行为，及其他威胁义某公司商业秘密或技术秘密的行为；保密的主要内容为贾某权因工作信任关系获得或交换所得的保密信息，包括但不限于义某公司的财务数据、员工待遇、人事政策、销售计划、技术构思、构件、硬件、系统集成方案、供销渠道以及计划、措施、义某公司的客户信息、客户指定需要保密的信息等与甲方有关的信息，这些信息可能全部是贾某权本人的工作成果或间接取得……”

义某公司提交的《义某公司电子设备使用规章制度》（2021 年 1 月 1 日）规定有如下内容：1.1.2 原则上不允许员工将个人电脑带至公司。……1.2.4 内网电脑需要破坏掉所有 USB 接口，鼠标与键盘使用 PS2 通用圆孔。如果需要向内网电脑拷贝文件，需经过生产负责人或公司高层领导同意后，通过生产负责人电脑将文件拷贝至内网中，并通过飞鸽传至需要使用该文件的电脑。需要拷贝文件时，生产负责人需要对拷入拷出文件名、拷贝人、拷贝时间等信息做翔实记录。从本规定执行之日起三天之后，或新分配到员工手中的电脑一天之后，如发现仍有 USB 接口未被破坏，则视为该员工试图盗取公司机密，将按照公司规定处以相应的处罚。1.2.5 部分内网电脑因特殊工作需要，留下了 USB 接口未破坏，但此类电脑的 USB 接口处已经安装了带锁护罩。……2.2 公司为部分员工配备了工作用 U 盘，除此类 U 盘外不允许员工带任何电脑信息存储设备进入公司。如发现员工私自带有非公司配备的电脑信息储存设备进入公司，一经发现，将直接视为试图窃取公司机密，并按照公司有关条款进行处理。3.2 公司不允许厂内所有员工携带有照相、摄像功能的器材进入车间。贾某权签字承诺：《电子设备使用规章制度》已阅读，我对于本制度认可并签字确认。义某公司对贾某权的工作电脑采取了主机上锁及封闭全部USB接口的物理隔离措施。

2021年3月1日，贾某权向义某公司提交《辞职报告》。2021年3月6日，贾某权将工作电脑里文件交接给义某公司的工作人员，交接明细显示交接内容为三维模型和图纸。当日，贾某权在《员工离职承诺书》签字，承诺“没有备份在公司工作期间所接触的涉及公司的商业机密的文件、资料、信息及传真，没有拷贝或带走记录公司商业机密的磁盘或其他形式载体。”

2021年3月8日，某派出所接到报案称义某公司内一名叫贾某权的员工涉嫌侵害商业秘密犯罪，请求处理。某派出所认为以目前证据尚不构成刑事案件，建议双方到法院民事诉讼解决。

浙江某技术咨询服务有限公司出具的《司法鉴定意见书》载明的鉴定意见为：1. 贾某权笔记本电脑（“8sr”和“8工位装配”文件夹）中有258个三维零件图文件。2. 贾某权笔记本电脑（“8sr”和“8工位装配”文件夹）中有150个三维零件图与义某公司提供的三维零件图的特征和尺寸完全相同；有25个特征相同，但尺寸不同；另外83个三维零件图无法找到合适比较的对象，因此无法比较。3. 贾某权笔记本电脑（“8sr”和“8工位装配”文件夹）中与义某公司提供的150个特征和尺寸均相同的三维零件图中，有147个创建时间相同，3个创建时间不同；另外在25个特征相同但尺寸不同的三维零件图中，15个创建时间相同，10个创建时间不同。4. 所有三维零件图均无图号。针对上述鉴定意见，义某公司认为：1. 义某公司原来提供的检材光盘中包括1293个三维零件图，鉴定机构要求缴纳的鉴定费用是15万元，为减少诉累，义某公司进行精简仅仅保留了622个三维零件图，这就是83个三维零件图没有找到合适比较对象的原因。2. 关于创建时间，150个特征和尺寸完全相同的三维零件图创建时间相同的有147个，创建时间不同的是3个，其中2个是义某公司的三维零件图时间在先，1个时间在后的是标准件轴承；25个特征相同、尺寸不同的三维零件图创建时间相同的有15个，贾某权应是在义某公司的配件原图上修改的个别尺寸，不会修改重要尺寸，所以原始创建时间不会变更，只会更改修改时间，另外10个创建时间不同的均是义某公司的三维零件图时间在先，且是标准件轴承类。3. 所有三维零件图均无图号的原因是大家对图号标注的位置描述不清楚。标准画图的要求是，在三维软件画图时，软件的右侧有个属性要求表，按照要求填写完全，零件图号和零件名称就会显示在鉴定机构说的位置，一般常规操作是，保存三维文件时会用零件图号或是零件名称作为三维文件名称的命名。由于义某公司前些年暂时用不到这个属性表的作用，技术画图人员既要填写属性表又要在保存文件时对文件进行命名，信息又都是一样的，会增加他们的工作量，就没有强制要求填全这个属性表，所以只要求在画完三维零件图保存时，必须按照公司要求的图号和名称进行文件命名，便于查找和使用，所以义某公司所说的图号就是提供给鉴定机构鉴定的文件名称前边的英文字母加数字名称。

另查明，2021年3月12日，义某公司与青岛某信息技术有限公司签订《信息安全管理系统服务购销补充合同》《企业图文档协同管理系统EDM服务购销补充合同书》《服务器及相关设备维护合同》，购买信息安全管理平台系统架构专业版、数据防泄密系统升级版和安装调试培训服务等软件及服务，并支付款项1516000元。

义某公司为本案支付律师费1万元、鉴定费8万元。

原审法院认为，关于义某公司主张的“某包装机的部分三维零件图和三维装配图”是否构成商业秘密。首先，义某公司对其主张的涉案三维图采取了相应的保密措施，包括与贾某权签订《保守商业秘密及知识产权保护协议》、向贾某权告知《义某公司电子设备使用规章制度》以及对贾某权的工作电脑采取物理隔离措施。其次，义某公司主张的涉案三维图具有秘密性。所谓秘密性是指技术信息的整体或者精确的排列组合或者要素，并非为涉及该信息有关范围的人所普遍知道或容易获得。贾某权虽主张义某公司的涉案三维图在互联网上均有公开，但并未提供证据证明其主张，对贾某权的该项抗辩不予支持。最后，义某公司成立于1999年，是某包装机行业标准、国家标准的起草单位之一，义某公司依据涉案三维图制造、销售某包装机给义某公司带来经济利益，义某公司主张的涉案三维图具有价值性。综上，义某公司主张的“某包装机的部分三维零件图和三维装配图”构成商业秘密中的技术秘密。

关于贾某权是否构成侵权以及如何承担法律责任。本案中，贾某权自2013年7月至2021年3月在义某公司生产技术部担任技术工程师，具体负责某包装机的设计，能够接触到涉案技术秘密。贾某权签字确认的《义某公司电子设备使用规章制度》《保守商业秘密及知识产权保护协议》均明确规定不允许员工将个人电脑带至公司，不允许员工私自带有非公司配备的电脑信息存储设备进入公司，拷贝公司文件需做翔实记录，义某公司同时对贾某权的工作电脑采取了物理隔离措施，因此，贾某权对其接触的义某公司涉案技术秘密负有保密义务，且不能自行备份、存储。原审法院委托的鉴定机构出具的鉴定意见显示，贾某权笔记本电脑中存储的258个三维零件图有175个与义某公司的技术秘密相同或近似，结合本案查明事实，在贾某权未举证证明上述175个三维图来源的情况下，应认定贾某权系以不正当手段获取了涉案技术秘密，其行为构成对涉案技术秘密的侵害，应当承担停止侵权、赔偿损失的民事责任。关于赔偿数额，义某公司主张按照其损失作为计算依据，包括义某公司对局域网和电脑系统进行升级的费用及义某公司支付的律师费、鉴定费。原审法院认为，义某公司提交的其与青岛某信息技术有限公司签订的相关合同无法显示与贾某权侵权行为的关联性，义某公司也未提交其他证据证明其对网络、系统进行升级系因为贾某权的侵权行为，并且义某公司也未提交贾某权的侵权行为给其造成实际损失的其他证据，故对义某公司以其损失计算赔偿数额的主张不予支持，对于义某公司主张的律师费、鉴定费，原审法院在确定赔偿数额时予以考虑。根据贾某权侵权行为的性质、情节、损害后果及义某公司的合理开支等因素，确定贾某权赔偿义某公司经济损失10万元。

原审法院判决：一、贾某权于判决生效之日立即停止侵害义某公司的技术秘密；二、贾某权于判决生效之日起十日内赔偿义某公司经济损失10万元；三、驳回义某公司的其他诉讼请求。如贾某权未按判决指定的期间履行给付金钱义务，应当依照《中华人民共和国民事诉讼法》第二百六十条的规定，加倍支付迟延履行期间的债务利息。一审案件受理费4750元，由义某公司负担1350元，贾某权负担3400元；证据保全费30元，由贾某权负担。

二审中，义某公司未提交新证据。

本院经审理查明，根据原审开庭笔录记载，2021年3月8日，义某公司对贾某权的个人笔记本电脑进行检查，发现其中存储了其技术秘密，遂扣留了该笔记本电脑，并向公安机关报案。

另查明，2021年3月12日，义某公司向青岛某信息技术有限公司购买信息安全管理平台系统架构专业版、数据防泄密系统升级版和安装调试培训服务等软件及服务的费用为151600元，原审判决书所载“1516000元”为笔误。对此，义某公司予以认可。

原审查明的事实属实，本院予以确认。

本院认为，根据当事人诉辩意见及查明事实，本案二审争议焦点为：原审判决确定的赔偿数额是否适当。

《中华人民共和国反不正当竞争法》第十七条第三款、第四款规定："因不正当竞争行为受到损害的经营者的赔偿数额，按照其因被侵权所受到的实际损失确定；实际损失难以计算的，按照侵权人因侵权所获得的利益确定。经营者恶意实施侵犯商业秘密行为，情节严重的，可以在按照上述方法确定数额的一倍以上五倍以下确定赔偿数额。赔偿数额还应当包括经营者为制止侵权行为所支付的合理开支。经营者违反本法第六条、第九条规定，权利人因被侵权所受到的实际损失、侵权人因侵权所获得的利益难以确定的，由人民法院根据侵权行为的情节判决给予权利人五百万元以下的赔偿。"《最高人民法院关于审理侵犯商业秘密民事案件适用法律若干问题的规定》第二十条第二款规定："人民法院依照反不正当竞争法第十七条第四款确定赔偿数额的，可以考虑商业秘密的性质、商业价值、研究开发成本、创新程度、能带来的竞争优势以及侵权人的主观过错、侵权行为的性质、情节、后果等因素。"根据上述规定，侵害商业秘密纠纷案件中，权利人有权选择以其因被侵权所受到的实际损失或者侵权人因侵权所获得的利益来计算损害赔偿数额。其中，权利人因被侵权所受到的实际损失的认定，需要实际损失与侵害行为之间具有因果关系，权利人重建或者修复因侵权行为遭致破坏的保密措施所支出的费用属于其因被侵权所受到的实际损失。但是，侵害商业秘密行为发生后，即使原有保密措施仍然有效，权利人通常也会采取升级安全系统、增加安保设备等措施来加强商业秘密的保护，维护商业秘密安全。虽然升级的安全系统、增加的安保设备在权利人今后的生产经营中仍可以使用，但是，权利人采取上述措施的诱因是侵权行为的发生。为有效保护商业秘密，遏制侵权行为，对于权利人为减轻损失、防止损失扩大而采取必要、合理的措施加强商业秘密保护、维护商业秘密安全所支出的补救费用，应当在计算权利人因被侵权所受到的实际损失中予以适当考虑。

本案中，贾某权以不正当手段获取了涉案技术秘密，其行为构成对涉案技术秘密的侵害，应当承担停止侵权、赔偿损失的民事责任。义某公司上诉主张，原审判决贾某权赔偿的 10 万元仅为维权合理开支，未包含其升级安全系统的直接经济损失 151600 元。对此，本院认为，在案证据显示，2021 年 3 月 1 日，贾某权向义某公司提交《辞职报告》；2021 年 3 月 6 日，贾某权与义某公司工作人员交接工作电脑文件；2021 年 3 月 8 日，义某公司发现贾某权个人笔记本电脑中存储了其技术秘密，遂以贾某权涉嫌侵害商业秘密犯罪向公安机关报案；2021 年 3 月 12 日，义某公司与青岛某信息技术有限公司签订合同，购买信息安全管理平台系统架构专业版、数据防泄密系统升级版和安装调试培训服务等软件及服务。即，义某公司购买上述软件和服务的行为发生在发现贾某权实施被诉侵权行为之后的第四天，时间极为接近，且其内容涉及技术秘密的安全与维护，二者之间具有关联性。根据保密需要和保密制度，义某公司对贾某权的工作电脑采取了主机上锁及封闭全部 USB 接口的物理隔离措施，但是，贾某权的个人笔记本电脑中却存储了 175 个与义某公司的技术秘密相同或近似的三维零件图，义某公司对其技术秘密安全与维护系统进行升级亦属必要和合理。因此，在确定赔偿数额时，应将义某公司在发现贾某权被诉侵权行为后为减轻损失、防止损失扩大而采取必要及合理的补救措施加强技术秘密保护、维护技术秘密安全所支出的相关费用予以适当考虑。需要强调的是，义某公司支出的该笔 151600 元的费用，并非一次性损失，义某公司可以长期使用并从中获益，故该笔费用不应由贾某权全额负担。另，根据查明事实，义某公司为本案诉讼支出律师费 1 万元及由原审法院委托进行的司法鉴定费 8 万元，原审判决贾某权共赔偿义某公司 10 万元，考虑到义某公司支出的律师费及司法鉴定费等因素，该判赔数额明显偏低，本院予以适当调整。

本院在确定贾某权所应承担的侵权赔偿责任时主要考虑以下因素：第一，义某公司请求保护的涉案技术秘密具有一定商业价值；第二，贾某权在已经与义某公司签订保密协议、明确知晓公司的保密制度且离职前就保密事项再次签署承诺书的情况下，故意将公司技术秘密复制、下载和保留于个人笔记本电脑，其侵权恶意明显；第三，义某公司在本案侵权行为发生后立即购买软件及服务加强技术秘密保密措施，为此支出 151600 元；第四，义某公司为本案诉讼已经支出律师费 1 万元，并预缴司法鉴定费 8 万元。本院酌定贾某权向义某公司赔偿经济损失 6 万元，合理开支 1 万元，司法鉴定费 8 万元由贾某权负担。

综上，义某公司的上诉请求部分成立，应予支持。依照《中华人民共和国反不正当竞争法》第十七条，《最高人民法院关于审理侵犯商业秘密民事案件适用法律若干问题的规定》第二十条，《中华人民共和国民事诉讼法》第一百七十七条第一款第二项之规定，判决如下：

一、维持山东省青岛市中级人民法院（2021）鲁 02 知民初 111 号民事判决第一项，即贾某权于本判决生效之日立即停止侵害青岛义某机械有限公司的技术秘密；

二、撤销山东省青岛市中级人民法院（2021）鲁02知民初111号民事判决第二项；

三、贾某权于本判决生效之日起十日内赔偿青岛义某机械有限公司经济损失6万元，合理开支1万元；

四、驳回青岛义某机械有限公司的其他诉讼请求。如果未按本判决指定的期间履行给付金钱义务，应当依照《中华人民共和国民事诉讼法》第二百六十条之规定，加倍支付迟延履行期间的债务利息。

本案一审案件受理费4750元，由青岛义某机械有限公司负担3304元，贾某权负担1446元；一审证据保全费30元、鉴定费8万元，由贾某权负担。二审案件受理费4750元，由青岛义某机械有限公司负担3304元，贾某权负担1446元。

本判决为终审判决。

审 判 长 吴 蓉
审 判 员 陈文全
审 判 员 周桂荣
二〇二三年六月三十日
法官助理 郑文思
法官助理 何天笑
书 记 员 谢思琳

六、植物新品种案件审判

36. 植物新品种权的新颖性判断

——上诉人大连致某种业有限公司与被上诉人农业农村部植物新品种复审委员会、一审第三人衣某龙植物新品种权无效行政纠纷案①

中华人民共和国最高人民法院行政判决书（2022）最高法知行终809号

上诉人（一审原告）：大连致某种业有限公司。

委托诉讼代理人：肖春阳，辽宁博信律师事务所律师。

被上诉人（一审被告）：农业农村部植物新品种复审委员会。

负责人：张某某，该委员会主任。

委托诉讼代理人：陶某国，农业农村部种业管理司品种管理处处长。

委托诉讼代理人：陈猛，北京天驰君泰律师事务所律师。

一审第三人：衣某龙。

委托诉讼代理人：梁顺伟，北京市开越律师事务所律师。

上诉人大连致某种业有限公司（以下简称致某公司）与被上诉人农业农村部植物新品种复审委员会（以下简称植物新品种复审委员会）、一审第三人衣某龙植物新品种权无效行政纠纷一案，涉及品种权人为衣某龙、名称为“强硕68”的玉米植物新品种（以下简称涉案品种）。针对致某公司就涉案品种权提出的无效宣告请求，植物新品种复审委员会作出2020年第25号品种权无效宣告审理决定（以下简称被诉决定），维持涉案品种权有效；致某公司不服，向北京知识产权法院（以下简称一审法院）提起诉讼。一审法院

① 本案在年度报告中的位置为第74页。

于2022年8月17日作出（2021）京73行初3144号行政判决，判决驳回致某公司的诉讼请求；致某公司不服，向本院提起上诉。本院于2022年11月23日立案后，依法组成合议庭，并于2023年2月28日公开开庭审理了本案。上诉人致某公司的委托诉讼代理人肖春阳，被上诉人植物新品种复审委员会的委托诉讼代理人陶某国、陈猛，一审第三人衣某龙的委托诉讼代理人梁顺伟到庭参加诉讼。本案现已审理终结。

本案基本事实如下：涉案品种是名称为“强硕68”、品种权号为CNA20090802.7的玉米植物新品种，品种权人为衣某龙，申请日为2009年12月9日，授权日为2014年3月1日。

2019年1月24日，致某公司以涉案品种权不具备新颖性为由，向植物新品种复审委员会请求宣告“强硕68”品种权无效。致某公司提交了以下10份证据：

1. “强硕68”的《植物新品种权证书》。

2. 张掖市敦煌某种业有限公司（以下简称张掖敦煌公司）于2015年10月20日向辽宁省沈阳市中级人民法院出具的《证明函》。其中记载：“我公司接受衣某龙的委托，从2008年至今为其培育强硕68号玉米种子，根据我公司一直以来的生产经营实际，经核算后我公司以每公斤6.3元的价格将强硕68号玉米种子交付给衣某龙。”

3. 甘肃省种子管理局于2018年3月13日向大连市普兰店农业行政执法大队出具的《关于甘肃敦煌某种业股份有限公司“强硕68”品种许可资质的答复函》。其中记载：“经查询，甘肃敦煌某种业股份有限公司（以下简称甘肃敦煌公司）原持有的种子生产许可证号为（甘）农种生许字〔2006〕第0026号，许可证签发日期为2006年10月27日，有效期至2009年10月27日。在许可证有效期内，该企业于2008年6月24日变更增加了玉米品种‘强硕68’。”

4. 辽宁省大连市种子管理站于2008年1月10日呈报辽宁省大连市农村经济委员会的《关于2008年杂交玉米、水稻品种销售管理规定的请示》（大种管字〔2008〕2号）。

5. 辽宁省大连市农村经济委员会于2008年1月15日发布的《关于加强杂交玉米水稻品种销售管理的通知》［大农发〔2008〕7号］。

6. 辽宁省大连市种子管理站于2017年3月1日回复致某公司的《大连致某有限公司请示书回复函》。

7. 原农业部种子管理局于2015年5月11日发布的《关于撤销“致泰1号”玉米审定品种标准样品的通知》[农种品函〔2015〕20号]。

8. 辽宁省农作物品种审定委员会于2008年2月21日颁发“强硕68”品种审定证书。证书编号：2007-1-35；作物：玉米；审定编号：辽审玉〔2007〕351号；审定命名：强硕68；原名或代号：昊晟6号；选育单位（个人）：衣某龙。

9. 2001年2月26日原农业部令第48号《农作物种子生产经营许可证管理办法》① 部分内容。

10. 《中华人民共和国植物新品种保护条例实施细则（农业部分）》（2007年修订）（以下简称条例实施细则）。

2019年1月28日，经形式审查，植物新品种复审委员会向致某公司出具《受理通知书》。

2019年2月27日，植物新品种复审委员会向致某公司出具《补正材料通知书》，要求致某公司在收到通知之日起一个月内，围绕复审请求尤其是生产协议的事实，提供更具信服的证据和证明依据。2019年3月5日，致某公司向植物新品种复审委员会提交《意见陈述》，认为现有证据的证明力足以证明“强硕68”不具备新颖性。

2019年3月27日，衣某龙向植物新品种复审委员会提交《强硕68品种“新颖性”有关情况说明》，陈述以下四点答辩意见：（一）“强硕68”于2008年2月21日获得品种审定，由于当年没有可供生产用的大量繁殖材料，故让张掖敦煌公司帮助安排“强硕68”的小面积试制种，亲本种子免费提供，双方并没有签订种子生产协议。（二）正常情况下小面积试制种，一般不需要办理种子生产许可证，但甘肃敦煌公司为了承揽2009年制种业务，提前一年将办理“强硕68”种子生产许可证的材料上报当地农业厅。甘肃敦煌公司在种子生产许可证有效期内，于2008年6月24日变更增加了玉米品种“强硕68”，不能证明在此之前衣某龙与甘肃敦煌公司签订了关于“强硕68”的种子生产协议。（三）衣某龙自2009年开始大面积制种生产“强硕68”种子，2009年12月9日申请植物新品种保护，涉案品种没有丧失新颖性。（四）衣某龙曾起诉致某公司侵害其“强硕68”品种权，案件经过一审、二审以及申请再审，即辽宁省沈阳市中级人民法院作出的（2015）沈中民初字

① 注：已失效。

第00240号民事判决书（以下简称第240号判决）、辽宁省高级人民法院作出的（2016）辽民终460号民事判决书及最高人民法院作出的（2017）最高法民申2362号民事裁定书（以下简称第2362号裁定），人民法院均支持了衣某龙的诉讼请求。此外，2016年6月，致某公司就曾以“强硕68”不具备新颖性为由，提出过无效宣告请求，植物新品种复审委员会驳回了该无效请求。

随同《强硕68品种“新颖性”有关情况说明》，衣某龙向植物新品种复审委员会提交了三份反证如下：

反证1，张掖敦煌公司于2019年2月21日出具的《关于强硕68玉米杂交种生产情况的说明》。其中记载张掖敦煌公司与衣某龙于2009年合作生产“强硕68”玉米种子的具体事宜：1. 张掖敦煌公司于2008年协助衣某龙开始试制两个玉米品种，主要是调试玉米制种花期方案及观察该品种适应性。但生产试制过程中花期未调配好，造成花期不遇，制种失败。2. 通过2008年的生产试制观察，“强硕68”可以在本区域生产，并在试制基础上探索出了制种方案。3. 为下一年度的生产销售需要，提前于2008年6月向甘肃省种子管理站提交“强硕68”玉米品种许可资质的申报材料，并于2008年6月24日取得种子生产许可证。4. 2009年正式开始生产代繁种子合作业务。

反证2，第2362号裁定。其中记载：关于致某公司所谓“强硕68”品种权应予无效的申请再审事由，该争议问题属于品种权无效宣告程序应解决的问题，并非该案民事侵权程序应予审查的重点问题，故致某公司的上述申请再审事由，不予支持。

反证3，植物新品种复审委员会于2017年5月16日作出的涉及“强硕68”的品种权无效宣告审理决定（决定号：2017年第2号）。该无效程序的请求人为致某公司，无效理由为“强硕68”与“致泰1号”是同一品种，不具备特异性和新颖性。致某公司提交的证据包括：第240号判决；北京玉米种子检测中心作出的《（农）中种检字第（2011）第001号检验报告》；“致泰1号”出库记账单及付货凭证。植物新品种复审委员会最终认定致某公司提交的证据不能证明“强硕68”不符合植物新品种特异性、新颖性的要求，故驳回了致某公司的无效宣告请求。

2019年8月1日，植物新品种复审委员会向致某公司交换衣某龙提交的《强硕68品种“新颖性”有关情况说明》，并出具《意见陈述通知书》，要求致某公司在收到通知之日起3个月内，针对衣某龙的上述说明提交陈述意见。

2019年9月17日，致某公司向植物新品种复审委员会提交《意见陈述书》认为，张掖敦煌公司向辽宁省沈阳市中级人民法院出具的《证明函》充分证明张掖敦煌公司接受衣某龙委托，于2008年为其生产“强硕68”玉米种子，并在当年将种子交付给衣某龙。且甘肃敦煌公司只有提交品种权人委托生产协议，才能取得“强硕68”的生产许可。“强硕68”在其品种权申请日前销售超过一年，已丧失新颖性。

2020年6月17日，植物新品种复审委员会秘书处向甘肃省种子管理局出具《关于请协助调查“强硕68”生产许可档案的函》，请该局调查核实《关于甘肃敦煌公司“强硕68”品种许可资质的答复函》及“强硕68”生产许可档案和实际生产情况。2020年7月20日，甘肃省种子总站针对上述函件出具《关于“强硕68”种子生产许可情况的函》。具体回复内容为：（一）甘肃敦煌公司“强硕68”生产许可情况。经查询，2008年6月甘肃敦煌公司提交了“强硕68”生产许可申请，经临泽县农业农村局审核、甘肃省政府大厅省农牧厅窗口受理、甘肃省农牧厅审核同意，于2008年6月24日批准该企业主要农作物种子生产许可证变更增加“强硕68”品种的生产许可。（二）复函大连市普兰店农业行政执法大队情况。大连市普兰店农业行政执法大队于2018年3月5日发函，查询甘肃敦煌公司“强硕68”生产许可情况，经核查有关许可信息，2018年3月13日以《关于甘肃敦煌公司“强硕68”品种许可资质的答复函》回复大连市普兰店农业行政执法大队。

2020年12月19日，植物新品种复审委员会作出被诉决定，驳回致某公司的无效宣告请求，维持“强硕68”品种权有效。

致某公司不服，于2021年2月20日向一审法院提起诉讼，请求：判决撤销被诉决定，并判令植物新品种复审委员会重新作出决定。事实和理由为：“强硕68”已于2008年6月24日丧失“新颖性”，不能取得授权。甘肃敦煌公司持有（甘）农种生许字（2006）第0026号种子生产许可证，于2008年6月24日增加了玉米品种“强硕68”的生产许可。2008年至2015年，张掖敦煌公司接受衣某龙的委托，为衣某龙培育“强硕68号”玉米种子，根据生产经营实际以每公斤6.3元的价格将“强硕68”玉米种子卖给衣某龙。甘肃省种子管理局增加种子生产许可需以双方签订生产协议为必备条件。增加生产许可和委托生产，完全可以证明双方已于2008年6月24日前签订委托生产协议的事实。根据《中华人民共和国植物新品种保护条例》（1997年发布）（以下简称植物新品种保护条例）第十四条和条例实施细则的相关规定，“强硕68”已于2008年6月24日经育种者许可，在中国境内销售该品种繁殖材料，到申请日2009年12月9日，已销售该品种繁殖材料1年5个月，超过1年，“强硕68”丧失“新颖性”，不能取得品种权。

植物新品种复审委员会在一审辩称：（一）植物新品种复审委员会具有受理无效宣告请求复审案件的法定职权。被诉决定符合法律法规的程序性规定。（二）致某公司提交的证据无法证明衣某龙存在销售“强硕68”或签署相关生产协议的行为，无法证明“强硕68”丧失新颖性。（三）根据植物新品种复审委员会的调查情况，未查询到存在“强硕68”的生产协议或销售证明，致某公司的主张缺乏事实依据。被诉决定认定事实清楚、适用法律法规正确，致某公司的诉讼理由不能成立，请求法院驳回其诉讼请求。

衣某龙在一审述称：致某公司提起本案诉讼的事实不符合法律的有关规定，“强硕68”并没有丧失新颖性。致某公司的诉讼请求应予驳回。

一审法院经审理基本认定了上述事实。

一审法院另查明：致某公司向一审法院提交五份证据，其中证据4未在植物新品种无效宣告程序中提交。证据4为第240号判决，该判决记载原告为衣某龙，被告为致某公司，案由为侵害植物新品种权纠纷，衣某龙主张权利的品种为“强硕68”，被诉侵权的繁殖材料为“致泰1号”玉米种子。该判决认定致某公司未经品种权人衣某龙许可，为商业目的以“致泰1号”的名义生产、销售“强硕68”玉米种子的行为，侵犯了衣某龙享有的“强硕68”植物新品种权，致某公司依法应承担停止侵害、赔偿损失的民事责任。该判决书第11-12页就确定赔偿数额的焦点问题中记载：“本案中衣某龙起诉时已主张按照侵权人因侵权所得利益确定赔偿数额，故本院依致某公司侵权所得利益确定本案赔偿数额。具体数额，因致某公司拒不向本院提交生产、销售侵权种子的账册材料，本院根据现有证据进行认定。根据衣某龙提交的大连市种子管理站《2013—2014年度主要农作物种子销售和库存调查表》，酌定致某公司当时销售侵权种子的平均单价为每公斤10元，平均每月销售数量为5万公斤，销售额为50万元，则2014年3月1日至2014年年底十个月的销售数量约为50万公斤，销售总额约为500万元。关于致某公司销售侵权种子的利润率，因致某公司拒不提交其生产销售成本的相关账册，参照衣某龙提交的其他种子生产企业出具的生产‘强硕68’玉米种子的单位成本证明，可以认定每公斤利润为3.7元，则致某公司销售50万公斤侵权种子的获利酌定为185万元。”

经致某公司申请，一审法院于2021年12月20日向甘肃省种子总站出具

《委托调查函》，委托致某公司的代理人郑华律师查询并调取2009年12月9日（包含本日）前形成的或标明为2009年12月9日（包含本日）前的“强硕68”玉米品种有关生产许可的全部档案。甘肃省种子总站于2021年12月24日出具了《调查令回执》并提供了《主要农作物种子生产许可证申请表》，其中载明，申请单位为甘肃敦煌公司，生产地点为张掖市临泽县，作物种类为玉米，品种名称为“强硕68”“金来99”“郝玉318”“郝玉8号”“桥玉1号”。申请时间为2008年5月9日，发证日期为2008年6月24日，许可证编号为（甘）农种生许字（2006）第0026号。致某公司还提交《持委托调查函调查过程说明》、录音光盘及文字记录，显示甘肃省种子总站口头答复2015年以前申请的只有申请表，没有留存其他档案材料，其他档案材料已销毁。经一审法院核实，上述口头答复情况属实。

针对一审法院调取的证据，致某公司认可真实性、合法性、关联性，但认为根据《农作物种子生产经营许可证管理办法》第七条第八项的规定，品种为授权品种的，申请领取种子生产许可证还应向审核机关提供品种权人同意的书面证明或品种转让合同。授权品种既包括被授权植物新品种权的品种，也包括审定品种。“强硕68”在申请植物新品种之前已经通过品种审定，说明该品种已经被行政机关授权，属于授权品种。故要获得“强硕68”生产经营许可证应当提交品种权人同意的书面证明。甘肃省种子总站仅提供了《主要农作物种子生产许可证申请表》，显然其他证据材料已经被销毁。植物新品种复审委员会认可真实性、合法性、关联性，但认为授权品种不包括审定品种，仅指被授予植物新品种权的品种，该证据不能支持致某公司的意见。衣某龙认可真实性、合法性、关联性，但认为该证据不能支持致某公司的意见，授权品种特指取得植物新品种权的品种，致某公司的理解有误。

致某公司在本案一审程序明确其主张“强硕68”不具备新颖性的理由为“强硕68”繁殖材料经育种者许可在申请日前在中国境内销售已超过1年。具体而言，属于条例实施细则第十五条第二款第一项“育种者自己销售”的情形，具体的销售行为包括条例实施细则第十五条第一款第一项、第二项、第四项的规定情形。致某公司表示其在无效宣告程序中提交的证据2，即张掖敦煌公司于2015年10月20日向辽宁省沈阳市中级人民法院出具的《证明函》中记载了张掖敦煌公司以每公斤6.3元的价格将“强硕68”玉米种子交付给衣某龙。致某公司在一审诉讼中提交的证据4，即第240号判决使用了《证明函》中的6.3元作为单位成本，就意味着认定《证明函》中记载的内容涉及销售行为。故上述两份证据能够证明"强硕 68"的繁殖材料在申请日前在中国境内销售已超过 1 年。此外，一审法院应致某公司的申请调取的《主要农作物种子生产许可证申请表》显示，甘肃敦煌公司于 2008 年 5 月 9 日已申请包含"强硕 68"的种子生产许可证，该申请表说明衣某龙及甘肃敦煌公司实施了生产行为，且被调取单位承认其他材料已经销毁。根据《农作物种子生产经营许可证管理办法》第七条第八项的规定，还应该有如生产协议等其他材料，这部分内容应该包含在被销毁的材料中。

一审法院认为：

（一）关于法律适用

涉案品种的申请日为 2009 年 12 月 9 日，本案应适用 2004 年修正的《中华人民共和国种子法》（以下简称种子法）及 1997 年发布的植物新品种保护条例、2007 年修订的条例实施细则进行审理。

（二）"强硕 68"是否具备新颖性

1. 种子法、植物新品种保护条例中关于新颖性的相关规定及其理解

新颖性是植物品种获得植物新品种权所必须具备的条件之一。2004 年修正的种子法第十二条规定："国家实行植物新品种保护制度，对经过人工培育的或者发现的野生植物加以开发的植物品种，具备新颖性、特异性、一致性和稳定性的，授予植物新品种权……"

1997 年发布的植物新品种保护条例第十四条对新颖性进行了定义，即"授予品种权的植物新品种应当具备新颖性。新颖性，是指申请品种权的植物新品种在申请日前该品种繁殖材料未被销售，或者经育种者许可，在中国境内销售该品种繁殖材料未超过 1 年；在中国境外销售藤本植物、林木、果树和观赏树木品种繁殖材料未超过 6 年，销售其他植物品种繁殖材料未超过 4 年。"

条例实施细则第十五条规定："具有下列情形之一的，属于《条例》第十四条规定的销售：（一）以买卖方式将申请品种的繁殖材料转移他人；（二）以易货方式将申请品种的繁殖材料转移他人；（三）以入股方式将申请品种的繁殖材料转移他人；（四）以申请品种的繁殖材料签订生产协议；（五）以其他方式销售的情形。具有下列情形之一的，视为《条例》第十四条规定的育种者许可销售：（一）育种者自己销售；（二）育种者内部机构销售；（三）育种者的全资或者参股企业销售；（四）农业部规定的其他情形。"

从上述规定内容来看，首先，植物新品种的新颖性强调的是一个"新"

字，新颖性判断的核心在于申请品种繁殖材料的销售情况，即在申请日前申请品种的繁殖材料是否被销售，实质是申请品种的繁殖材料是否进入公有领域为社会公众所获取。其次，根据植物新品种保护条例第十四条的规定，在申请日之前未被销售的申请品种显然是具备新颖性的。同时，出于最大限度地维护申请人权益的考虑，对于经育种者许可的销售规定了宽限期，给予了育种者一定的优惠待遇。最后，就申请品种是在中国境内销售，还是在中国境外销售及申请品种的生物学特性，宽限期有所不同。此外，针对什么行为属于销售行为、什么情形视为经育种者许可的情形，条例实施细则第十五条第一款及第二款分别予以规定。

2. 致某公司主张“强硕 68”不具备新颖性的理由是否成立

致某公司主张“强硕 68”不具备新颖性的理由为“强硕 68”繁殖材料经育种者许可在申请日前在中国境内销售已超过 1 年。具体来说，属于条例实施细则第十五条第二款第一项“育种者自己销售”的情形，具体的销售行为包括条例实施细则第十五条第一款第一项、第二项、第四项规定的情形。相关证据为其在无效宣告程序中提交的证据 2，即张掖敦煌公司于 2015 年 10 月 20 日向辽宁省沈阳市中级人民法院出具的《证明函》。对此，一审法院认为，张掖敦煌公司出具的《证明函》仅显示张掖敦煌公司自 2008 年开始为衣某龙培育“强硕 68”玉米种子，其以每公斤 6.3 元的价格将“强硕 68”玉米种子交付给衣某龙，仅能体现衣某龙存在回购委托他人培育的“强硕 68”玉米种子的行为。第 240 号判决为计算赔偿数额参考了衣某龙回购委托他人培育的“强硕 68”玉米种子的价格作为单位成本，但这并不意味着第 240 号判决认定《证明函》中记载的内容涉及衣某龙针对“强硕 68”繁殖材料的销售行为。上述《证明函》不能证明在“强硕 68”申请日前，衣某龙存在以买卖方式或易货方式将“强硕 68”繁殖材料转移他人的情形或以“强硕 68”的繁殖材料签订生产协议的情形，即《证明函》不能证明在“强硕 68”申请日前，衣某龙已经在中国境内销售了“强硕 68”的繁殖材料。

致某公司还主张，一审法院应致某公司的申请调取的《主要农作物种子生产许可证申请表》显示甘肃敦煌公司于 2008 年 5 月 9 日已申请包含“强硕 68”的种子生产许可证，该申请表说明衣某龙及甘肃敦煌公司实施了生产行为。且被调取单位承认其他材料已经销毁。根据《农作物种子生产经营许可证管理办法》第七条第八项的规定，还应该有如生产协议等其他材料，这部分内容应该包含在被销毁的材料中。对此，一审法院认为，《主要农作物种子生产许可证申请表》仅能证明甘肃敦煌公司于2008年6月24日获得了"强硕68"的种子生产许可证，具备生产"强硕68"玉米种子的资格，但并不能证明衣某龙或甘肃敦煌公司对外销售了"强硕68"的繁殖材料。根据《农作物种子生产经营许可证管理办法》第七条第八项的规定，品种为授权品种的，申请领取种子生产许可证还应向审核机关提供品种权人同意的书面证明或品种转让合同。对其中"授权品种"的理解应与该条中"品种权人"的含义相统一。而"品种权人"系由国务院农业、林业主管部门授予植物新品种权的主体。本案中，甘肃敦煌公司申请"强硕68"种子生产许可证时，衣某龙尚未申请"强硕68"植物新品种权，彼时"强硕68"尚不属于授权品种。故致某公司推断被销毁的材料中包含生产协议等材料，进而能够证明"强硕68"繁殖材料在申请日前已被销售的相关主张不能成立，一审法院不予支持。

综上，依据在案证据，致某公司关于"强硕68"不具备新颖性的主张缺乏事实依据。被诉决定关于涉案品种符合新颖性要求的认定结论正确，一审法院予以支持。

一审法院依照《中华人民共和国行政诉讼法》第六十九条之规定判决：驳回致某公司的诉讼请求。案件受理费100元，由致某公司负担。

致某公司不服一审判决，向本院提起上诉，请求：1. 撤销一审判决；2. 撤销被诉决定并判令植物新品种复审委员会重新作出决定；3. 植物新品种复审委员会承担本案诉讼费。事实和理由为：（一）张掖敦煌公司于2015年10月20日向辽宁省沈阳市中级人民法院出具的《证明函》证明其2008年开始为衣某龙培育"强硕68"玉米种子，玉米种植时间为春季，说明衣某龙已经在2008年春季将"强硕68"种子交给了张掖敦煌公司，该《证明函》的内容即为生产协议的内容。根据办理种子生产许可证需要提供生产协议及上述《证明函》的内容，甘肃敦煌公司于2008年6月24日增加玉米品种"强硕68"种子生产许可，可以认定衣某龙已将"强硕68"繁殖材料在2008年6月24日前交付给了甘肃敦煌公司生产"强硕68"玉米种子，该行为至植物新品种申请日超过了一年。张掖敦煌公司于2019年2月21日出具的《关于"强硕68"玉米杂交种生产情况的说明》拟证明其2008年生产试制种失败，与《证明函》相矛盾，且张掖敦煌公司、甘肃敦煌公司与衣某龙有利害关系，即便"2008年生产试制种"一说存在，试制种也是生产的一种。一审判决有关在案证据不能证明衣某龙在植物新品种申请日前已经在中国境内销售了“强硕68”繁育材料的认定存在错误。（二）一审判决适用法律错误。辽宁省农作物品种审定委员会于2008年2月21日已经对“强硕68”完成审定，若无生产协议，则不可能完成种子生产许可证的办理。结合《证明函》内容，必然存在甘肃敦煌公司申请种子生产许可证之前与衣某龙签订的生产协议。《农作物种子生产经营许可证管理办法》第七条第八项规定生产“授权品种”指的是两个主体间进行授权生产的品种，该品种即为授权品种，而不是专指“授权”的“植物新品种”。由于新颖性的判断时间以品种繁殖材料的交付、签订生产协议为标准，“强硕68”繁殖材料经衣某龙许可，在中国境内的销售已经超一年，因此“强硕68”不具备新颖性。

植物新品种复审委员会辩称：（一）新颖性判断的核心在于申请品种繁殖材料的销售情况，即在申请日前申请品种的繁殖材料是否被销售，实质是申请品种的繁殖材料是否进入公有领域为社会公众所获取。对于销售行为的认定要避免与使用行为相混淆，不仅要审查品种的所有权是否转移，还要审查是否存在销售的真实意图。张掖敦煌公司出具的《证明函》仅显示其自2008年开始为衣某龙制种“强硕68”，其以每公斤6.3元的价格将“强硕68”品种交付给衣某龙，仅能体现衣某龙存在回购委托他人培育品种的行为。上述行为本质上是对涉案品种的使用行为而非销售行为，衣某龙并不存在对涉案品种进行商业销售的意图。致某公司据此主张衣某龙存在销售涉案品种的行为，进而主张涉案品种不具备新颖性无事实和法律依据。（二）致某公司对《农作物种子生产经营许可证管理办法》第七条第八项规定的“授权品种”理解有误。授权品种应与品种权人保持统一。甘肃敦煌公司申请主要农作物种子生产许可证时，“强硕68”尚不属于授权品种。衣某龙并不存在以签订生产协议的形式对外销售涉案品种的行为和对涉案品种进行商业销售的意图，致某公司的主张不能成立。综上，被诉决定和一审判决认定事实清楚，适用法律正确，请求驳回上诉，维持原判。

衣某龙述称：请求驳回上诉，维持原判。

本案二审期间，当事人均未提交新证据，并均对一审判决关于涉案证据真实性、合法性和关联性的认定不持异议。

二审另查明：2015年10月20日，向辽宁省沈阳市中级人民法院出具《证明函》的主体系张掖敦煌公司；甘肃省种子管理局于2018年3月13日向大连市普兰店农业行政执法大队出具的《关于甘肃敦煌公司“强硕68”品种许可资质的答复函》，以及甘肃省种子总站于2020年7月20日出具的《关于

"强硕 68"种子生产许可情况的函》涉及的主体系甘肃敦煌公司。在本案二审庭审中，各方当事人均认可张掖敦煌公司与甘肃敦煌公司为关联公司。一审判决对两个主体均简写为敦煌公司，未予区分，本院予以纠正。

一审法院认定的其他事实属实，本院予以确认。

本院认为：涉案"强硕 68"申请植物新品种权的申请日为 2009 年 12 月 9 日，本案应适用 1997 年发布的植物新品种保护条例以及 2007 年修订的条例实施细则。

获得植物新品种权保护的品种应当具备新颖性。根据植物新品种保护条例第二十一条、第二十七条、第二十八条以及条例实施细则第二十一条第四项的规定，申请人在申请植物新品种保护提交的说明书中，应当对品种有关销售情况作出说明。审批机关对品种权申请是否符合新颖性的规定进行初步审查。对经初步审查不合格的品种权申请，审批机关应当通知申请人在 3 个月内陈述意见或者予以修正；逾期未答复或者修正后仍然不合格的，驳回申请。植物新品种保护条例第三十七条的规定："自审批机关公告授予品种权之日起，植物新品种复审委员会可以依据职权或者依据任何单位或者个人的书面请求，对不符合本条例第十四条、第十五条、第十六条和第十七条规定的，宣告品种权无效……"针对已经授权的植物新品种提起的无效宣告请求，审批机关一般仅针对无效请求依据的事实和理由进行审查，如果无效宣告请求人主张该品种缺乏新颖性，则其应当提交证据证明。本案系致某公司不服植物新品种复审委员会对"强硕 68"新颖性作出的被诉决定提起的行政诉讼。根据《中华人民共和国行政诉讼法》第六条的规定，人民法院审理行政案件，对行政行为是否合法进行审查。对于"强硕 68"是否具备新颖性，应当围绕致某公司提出的事实以及理由是否能够证明其主张，进而对行政行为的合法性进行审查。

本案争议焦点在于，一审判决和被诉决定关于"强硕 68"品种具备新颖性的认定是否正确。致某公司上诉主张"强硕 68"品种不具备新颖性，其理由为，衣某龙与甘肃敦煌公司签订涉案品种委托生产协议的时间超过了植物新品种申请日一年，符合条例实施细则第十五条第二款第一项规定的"育种者自己销售"的情形；甘肃敦煌公司于 2008 年 6 月 24 日在其原种子生产许可证上变更增加了涉案品种"强硕 68"，张掖敦煌公司于 2015 年 10 月 20 日向辽宁省沈阳市中级人民法院出具的《证明函》证明其 2008 年开始为衣某龙培育"强硕 68"，存在条例实施细则第十五条第一款第四项规定的"以申请品种的繁殖材料签订生产协议”。对此，本院分析如下：

第一，关于申请品种是否具备新颖性的判断标准。判断申请植物新品种权的品种是否具备新颖性应当重点审查该植物品种的繁殖材料在申请日前是否由育种者本人或者经育种者许可在中国境内销售超过 1 年，在中国境外藤本和木本植物销售超过 6 年，其他植物销售超过 4 年。据此，本案的核心在于判断衣某龙是否在申请“强硕 68”植物新品种权的 2009 年 12 月 9 日前一年即 2008 年 12 月 9 日前，在中国境内销售了“强硕 68”种子。

第二，关于甘肃敦煌公司在种子生产许可证上变更增加“强硕 68”品种的相关证据及其证明力。致某公司上诉主张，“强硕 68”在 2008 年 2 月 21 日通过辽宁省品种审定即为授权品种，甘肃敦煌公司在种子生产许可证上变更增加该品种需要得到育种者衣某龙的授权，因此必然存在衣某龙与甘肃敦煌公司签署生产协议以及交付“强硕 68”种子的行为。对此，本院认为，审定品种是通过行政管理程序获得审定证书，其与获得作为一项民事权利的植物新品种权不同，通过品种审定并不意味着申请人获得排他性的民事权利。《农作物种子生产经营许可证管理办法》第七条第八项规定所涉及的“品种为授权品种的，申请领取种子生产许可证还应向审核机关提供品种权人同意的书面证明或品种转让合同”，其中的“授权品种”应当是指获得植物新品种权的品种。“强硕 68”品种的授权时间在 2014 年 3 月 1 日，甘肃敦煌公司于 2008 年 6 月 24 日在其原种子生产许可证上变更增加“强硕 68”时，“强硕 68”尚不属于授权品种，显然不属于前述《农作物种子生产经营许可证管理办法》规定的办理种子生产许可证时需要提交品种权人同意的书面证明的情形。致某公司仅以甘肃敦煌公司在其原种子生产许可证变更增加了“强硕 68”为由，主张衣某龙与甘肃敦煌公司必然签署了生产协议，尚缺乏有效证据予以佐证，不足以证明衣某龙存在销售“强硕 68”繁殖材料的事实。

第三，关于张掖敦煌公司出具的《证明函》及其证明力。致某公司上诉主张，《证明函》记载张掖敦煌公司从 2008 年生产“强硕 68”玉米种子，该公司接受衣某龙的委托，从 2008 年起为衣某龙培育“强硕 68”玉米种子，说明衣某龙于 2008 年将“强硕 68”繁殖材料交付给张掖敦煌公司，即便是试制种行为也属于生产行为，该《证明函》的内容就是生产协议的内容。对此，本院认为，销售行为是否存在是判断申请品种具备新颖性的重要事实。根据植物新品种保护条例第十四条的规定，导致申请植物新品种权保护的品种丧失新颖性的销售是指行为人为交易目的将品种繁殖材料交由他人处置，放弃自身对该繁殖材料的处置权的行为。育种者为委托他人制种而交付申请品种繁殖材料，同时约定制成的品种繁殖材料返归育种者，因育种者实质上保留了对该品种繁殖材料的处置权，除非法律另有规定，否则不会导致申请品种丧失新颖性。本案中，根据《证明函》的记载内容，张掖敦煌公司生产的“强硕 68”种子要交付给衣某龙，衣某龙系委托该公司制种并有义务支付制种款回购张掖敦煌公司生产的“强硕 68”种子，双方对委托制种并回购的意思表示明确。致某公司对该委托制种并回购的事实并未提出相反证据予以推翻。张掖敦煌公司虽然在一定时期内持有、使用了“强硕 68”繁殖材料，但其无权对“强硕 68”繁殖材料进行处置，作出不符合委托生产合同约定的其他行为。衣某龙作为委托人并没有放弃对申请品种繁殖材料的处置权。因此，衣某龙委托张掖敦煌公司生产“强硕 68”并回购的行为不属于销售“强硕 68”繁殖材料的行为。

致某公司在本案提交的现有证据不足以证明“强硕 68”丧失新颖性。被诉决定以及一审判决对此认定并无不当，本院予以维持。致某公司关于“强硕 68”不具备新颖性的上诉主张均不能成立，本院不予支持。

综上所述，致某公司的上诉请求不能成立，应予驳回。一审判决认定事实清楚，适用法律正确，应予维持。根据《中华人民共和国行政诉讼法》第八十九条第一款第一项之规定，判决如下：

驳回上诉，维持原判。

二审案件受理费 100 元，由大连致某种业有限公司负担。

本判决为终审判决。

审 判 长 罗 霞
审 判 员 胡晓晖
审 判 员 李 艳
二〇二三年三月二十一日
法官助理 徐世超
书 记 员 李思倩

37. 植物新品种确权程序的审查范围及特异性认定标准

——上诉人云南滇某种业有限公司与被上诉人植物新品种复审委员会、一审第三人云南大某种业有限公司植物新品种权无效行政纠纷案①

中华人民共和国最高人民法院行政判决书（2023）最高法知行终132号

上诉人（一审原告、无效宣告请求人）：云南滇某种业有限公司。

法定代表人：谭某，该公司董事长。

委托诉讼代理人：梁顺伟，北京市开越律师事务所律师。

被上诉人（一审被告）：农业农村部植物新品种复审委员会。

负责人：张兴旺，该委员会主任。

委托诉讼代理人：陶某国，农业农村部种业管理司品种管理处处长。

委托诉讼代理人：吴华，北京观韬中茂律师事务所律师。

一审第三人（品种权人）：云南大某种业有限公司。

法定代表人：陈某某，该公司总经理。

委托诉讼代理人：翟振锋，北京市康达律师事务所律师。

委托诉讼代理人：胡天宇，北京市康达律师事务所律师。

上诉人云南滇某种业有限公司（以下简称滇某公司）与被上诉人农业农村部植物新品种复审委员会（以下简称植物新品种复审委员会）及一审第三人云南大某种业有限公司（以下简称大某公司）植物新品种权无效行政纠纷一案，涉及品种权人为大某公司、名称为“西抗18”的玉米植物新品种权（以下简称涉案品种权）。针对滇某公司就涉案品种权提出的无效宣告请求，植物新品种复审委员会于2021年6月16日作出2021年第27号品种权无效宣告审理决定（以下简称被诉决定），维持“西抗18”品种权有效；滇某公司不服，向北京知识产权法院（以下简称一审法院）提起诉讼。一审法院于2022年10月27日作出（2021）京73行初12705号行政判决，判决驳回滇某

---

① 本案在年度报告中的位置为第76页。

公司的诉讼请求；滇某公司不服，向本院提起上诉。本院于2023年4月4日立案后，依法组成合议庭，并于2023年6月6日公开开庭审理了本案，上诉人滇某公司的委托诉讼代理人梁顺伟，被上诉人植物新品种复审委员会的委托诉讼代理人陶某国、吴华，一审第三人大某公司的委托诉讼代理人翟振锋、胡天宇到庭参加诉讼。本案现已审理终结。

本案基本事实如下：

（一）无效宣告程序相关事实

本案涉及农业农村部于2017年5月1日授权公告的品种权号为CNA20130494.4、名称为“西抗18”的植物新品种，其植物种类为玉米，申请日为2013年6月13日，培育人为田某文，品种权人为大某公司。

2017年7月3日，滇某公司针对“西抗18”的品种权向植物新品种复审委员会提出无效宣告请求。事实和理由为：1.“西抗18”的选育人是贵州西山种业有限责任公司（以下简称西某公司），大某公司申请植物新品种涉嫌剽窃他人知识产权。2.“西抗18”与审定品种“西山121”属于同一品种，大某公司申请“西抗18”时，“西山121”已经审定超过两年，该繁殖材料丧失新颖性。3.“西抗18”不具备特异性。

2017年7月3日、2017年7月26日、2017年9月27日、2018年1月12日，滇某公司分四次提交以下证据以支持其请求：“西抗18”品种授权公告打印件、“西抗18”品种审定证书、DNA指纹鉴定结果、“西山121”品种审定证书、关于玉米品种“云优19”有关情况的说明、关于请求撤销玉米品种“西抗18”审定资格的情况说明、“云优19”与“西山121”农业部植物新品种测试中心植物品种田间对比鉴定报告、“云优19”与“西抗18”农业部植物新品种测试中心植物品种田间对比鉴定报告、《杂交玉米种代制合同》《生产授权书》和四川省农作物种子生产许可证、银行汇款单和种子出库单等。

大某公司陈述意见称：2012年11月29日，西某公司将“西抗18”所有权转让给大某公司，不存在剽窃知识产权的行为；“西山121”和“西抗18”繁殖材料特征特性不同，其各自父母本材料均不相同。

2017年12月5日、2021年4月2日，大某公司分两次提交以下证据：玉米品种权转让协议、“西山121”品种审定证书和“西抗18”品种审定证书、“西山121”和“西抗18”选育情况说明、“西山121”和“西抗18”审定材料（其中“西山121”审定材料包括《杂交玉米新品种“西山121”的选育报告》《2007 年湖北省恩施州玉米区试（A 组）汇总报告》《2008 年湖北省恩施州玉米区试（A 组）汇总报告》，“西抗 18”审定材料包括《杂交玉米品种“西抗 18”选育报告》《2009 年临沧市杂交玉米新品种区域试验结果汇总（B 组）》《2010 年临沧市杂交玉米新品种区域试验结果汇总（B 组）》《玉米抗病性鉴定报告》），湖北省种子管理局“鄂种管函〔2014〕38 号”文件、“西山 121”和“西抗 18”谷物品种检测报告和农作物抗性鉴定报告（其中包括“西山 121”《检验报告》、“西抗 18”《检验报告》《2007 年州玉米品种区试田间病害调查汇总表》《2008 年州玉米品种区试田间病害调查汇总表》《云南省主要农作物品种抗性鉴定报告》）、品种选育完成人签字的书面证词、意见陈述书、云南省昆明市中级人民法院（2017）云 01 民初 2493 号民事判决书和最高人民法院（2019）最高法知民终 491 号民事调解书。

（二）关于“西抗 18”相关事实

2011 年 11 月 9 日，云南省农作物品种审定委员会颁发的《品种审定证书》显示，由西某公司申请的玉米新品种“西抗 18”经 2011 年云南省第六届农作物品种审定委员会主任委员会第二次会议审定通过，云南省农业厅 2011 年第 16 号予以公告，同时注明，品种审定编号为滇特（临沧）审玉米 2011053 号，亲本及组合为“西白 43-12”×“热抗白 67”，品种来源于 2005 年用自交系“西白 43-12”×“热抗白 67”组配而成的普通玉米单交种，选育单位为西某公司，选育完成人为田某文。

“西抗 18”的品种审定申请书中记载如下事实：

特征特性：幼苗叶鞘紫色，叶缘绿色，株型平展，雄穗颖壳紫红色，花丝红色，果穗穗柄短、筒型，穗轴白色，籽粒白色半马齿型，活秆成熟。平均生育期 121 天，株高 275 厘米，穗位高 121 厘米，穗长 19.1 厘米，穗粗 5.0 厘米，秃尖 1.4 厘米，穗行数 16 行，行粒数 37 粒，千粒重 321.9 克，单穗粒重 215 克，出籽率 78.3%。品质检测：容重 788g/L，粗蛋白质（干基）11.28%，粗脂肪（干基）4.32%，粗淀粉（C 基）72.88%，赖氨酸（干基）0.32%。抗性鉴定：感大斑病（7 级），感小斑病（7 级），抗灰斑病（3 级），中感纹枯病（6 级），抗穗腐病（3 级），抗茎腐病（3 级），中感丝黑穗病（6 级），抗锈病（3 级），中抗弯孢霉叶斑病（5 级）。

产量表现：2009—2010 年参加云南省临沧市普通玉米品种区域试验，两年平均亩产 600.45 千克，比对照西山 70 增产 13.5%，增产点（次）率

70%；生产试验平均亩产532千克，比对照西山70增产8.8%，增产点（次）率80%。

适宜区域：适宜在临沧市除双江、凤庆县外的县（区）海拔1300~1800米的玉米区种植。在大斑病、小斑病发生的地区慎用。注意防治纹枯病、丝黑穗病。

（三）关于“西山121”相关事实

湖北省农作物品种审定证书（2009年6月9日）载明，品种名称：“西山121”；品种来源于西某公司用自交系“92选16-2-1”作母本，自交系“西04”作父本配组育成的杂交玉米品种。2009年通过湖北省农作物品种审定委员会审定，品种审定编号为鄂审玉2009008。

“西山121”于2007—2008年参加湖北省恩施州玉米品种区域试验，品质经农业部食品质量监督检验测试中心测定，容重726.0g/L，粗蛋白（干基）含量9.77%，粗脂肪（干基）含量5.4%，粗淀粉（干基）含量70.9%，赖氨酸（干基）含量0.30%。两年区域试验平均亩产587.85kg，比对照鄂玉10号增产11.33%，其中：2007年平均亩产535.69kg，比鄂玉10号增产13.20%；2008年平均亩产640.00kg，比鄂玉10号增产9.82%，两年均增产极显著。

“西山121”的品种审定申请书中记载如下事实：

特征特性：株型半紧凑，茎秆坚韧，根系发达。叶鞘紫色，雄穗外颖及花药为紫红色，花丝紫红色，花丝密度大，吐丝早。果穗锥型，穗柄短，白轴，白粒，半马齿。区域试验中株高275.8cm，穗位高119.3cm，果穗长19.3cm，秃顶0.7cm，穗粗5.0cm，穗行数14.5行，行粒数36.6粒，千粒重371.6g，单穗粒重190.4g，干穗出籽率86.1%，双穗率9.6%，空秆率1.4%，倒伏（折）率4.2%。生育期143.5天，比鄂玉10号迟7.3天。抗性鉴定为抗大、小斑病、锈病及弯孢菌叶斑病，中抗穗腐病、纹枯病。

适宜范围：适宜湖北省恩施州海拔1200米以下地区种植。

（四）“云优19”相关事实

云南省农业厅于2003年1月13日颁布的审定证书（编号DS010-2002）载明：云南省农科院粮作所选育的“云优19”经云南省农作物品种审定委员会五届一次会议于2002年7月30日审定合格。“云优19”系云南省农科院粮作所于1997年用自选温带系种质母本“YML102”与国际玉米改良中心的热带种质父本“CML140”采用穗行法经五代选育而成，品种选育程序清楚。

“云优19”于1997年参加优质蛋白玉米品比赛试验，亩产530.2公斤，居九个参试种第二位，较统一对照云引Q-2增16.1%，1998—1999年两年参加云南省优质蛋白玉米多点试验，1998年平均亩产584.6公斤，比对照云引Q-2增2.55%，居十二个参试种第五位，1999年平均亩产551.8公斤，比对照云引Q-2增4.75%，居十一个参试种第二位。在云南省文山、玉溪、思茅、红河、临沧等地州经多年示范种植品种表现：优质、稳产、适应性较广、抗逆性强、植株清秀健壮。2000年在玉溪元江县示范种植230亩，平均单亩625公斤，产量与当地主栽种会单4号相当，但表现优质抗病；2000年—2001年在临沧地区示范种植5000亩，平均单产480公斤，比对照札单201增产13.69%；1999年-2001年在文山州累计示范种植248公亩，平均亩产412.7公斤，比对照兴黄单892增6.5%。“云优19”全生育期122天，株高249cm，穗长17.2cm，千粒重341.6克，籽粒白色，胚乳硬度达一级，籽粒赖氨酸含量0.4%，色氨酸0.11%，粗脂肪6.03%，蛋白质9.65%，属于优质蛋白玉米品种，品种植株清秀健壮，紫杆，叶子持绿性好，抗大、小斑病，抗穗粒腐病。“云优19”适宜在云南省文山、思茅、玉溪、临沧等中低海拔玉米产区及类似地区推广种植应用，在栽培上要注意相对隔离种植，以免与普通玉米串粉，影响其优质蛋白品质特性。经审核同意通过审定。

（五）其他事实

2017年4月10日，农业部植物新品种测试中心出具《DNA指纹鉴定结果》记载：受云南滇某种业有限公司委托，我中心对玉米样品“云优19”“西山121”“西抗18”进行了DNA指纹鉴定，结果如下：……二、样品来源“云优19”“西山121”样品来源于农业部征集的审定品种标准样品，保藏编号分别为SIG05328、SIG01655。“西抗18”样品来源为申请品种权提交的样品，保藏编号为XIN17310。三、检测结果……1.“云优19”与“西山121”的差异位点数为0；2.“西山121”与“西抗18”的差异位点数为0；3.“云优19”与“西抗18”的差异位点数为0。

2017年12月28日，农业部植物新品种测试中心应滇某公司委托，出具《农业部植物新品种测试中心植物品种田间对比鉴定报告》（测试编号：2017JD0003），其中包括：1.测试样品（品种）名称为“云优19”，对比样品（品种）名称为“西抗18”（备注：“西抗18”有两个品种，保藏号为SIG02909和XIN17310），测试样品和对比样品由农业部植物新品种测试中心从标准样品库提取，鉴定结论为测试样品与对比样品无明显差异。2.测试样品（品种）名称为“云优 19”，对比样品（品种）名称为“西山 121”，测试样品和对比样品由农业部植物新品种测试中心从标准样品库提取，鉴定结论为测试样品与对比样品无明显差异。

2017 年 12 月 5 日，上述“西山 121”和“西抗 18”的选育完成人田某文出具《杂交玉米新品种“西山 121”的选育情况说明》和《杂交玉米品种“西抗 18”选育情况说明》，载明“西山 121”与“西抗 18”在品种来源、产量表现、品种及其亲本特征特性等方面存在不同。

2018 年 5 月 23 日，西某公司向大某公司出具《关于“西抗 18”和“西山 121”标准样品的回复》，其中载有“我公司合法转让给贵公司的‘西抗 18’和‘西山 121’是两个不同时期，不同地点审定的，两个不同遗传来源和特征特性的白粒型杂交玉米品种，有审定证书和审定材料为证”“关于交给农业农村部（农业部）的标准样品问题，根据大家回忆，我公司针对‘西山 121’上交过两次标准样品，因为第一次标准样品不合格，所以第二次补交过标准样品。根据原生产科负责人马传新回忆，当时生产‘西抗 18”和‘西山 121’等西山系列试验示范种子收获季节阴雨天气多，统一晾晒在同一场地，完全有可能是在取样时错误判断，出现差错。这是在当时环境条件下造成标准样品送错的最大可能性和直接原因，只是不知道被检测‘西山 121’标准样品属于哪一个批次”。

2003 年 1 月 13 日，云南省农业厅向云南省农科院粮作所颁发《品种审定证书》，载明“云南省农业科学院粮食作物研究所选育的‘云优 19’玉米品种经云南省农作物品种审定委员会五届一次会议于 2002 年 7 月 30 日审定合格”。2017 年 2 月 15 日，云南省农业厅办公室发出云农办种植（2017）24 号《云南省农业厅办公室关于责成曲靖市农业局依法查处有关种子案件的通知》，载明：“‘云优 19’系云南省农业科学院粮食作物研究所选育并于 2002 年经过云南省品种审定委员会通过的玉米杂交品种（审定编号：DS010-2002），根据农业部农作物种子标准样品征集规定，2014 年 11 月 3 日，云南省农业科学院粮食作物研究所向农业部及云南省种子管理站提交了‘云优 19’（检测条码号为 YA5001）标准样品，根据农业部种子管理局要求，2015 年 12 月 28 日，云南省农业科学院粮食作物研究所再次向农业部提交了‘云优 19’（检测条码号为 YA5002）标准样品，后经查证，该标准样品及《品种真实性承诺函》为滇某公司提供，不符合农业部关于标准样品必须由品种选育单位提供的要求，目前该样品（在农业部种子管理局标准样品库中的标准样品编号为 SIG05328）已从农业部种子管理局的标准样品库撤出，云南省种子管理站征集的‘云优 19’标准样品由云南省农业科学院粮食作物研究所于 2014 年 11 月 3 日提交，该样品已依法提供陆良县种子管理站用于真实性鉴定。”2017 年 3 月 23 日，云南省农业厅向农业部种子局出具云农种植函（2017）39 号《云南省农业厅关于撤销玉米品种“云优 19”标准样品的申请函》，载明“鉴于滇某公司对‘云优 19’进行包装封缄并提交真实性承诺书不符合农业部有关规定，向贵局申请撤销玉米品种‘云优 19’标准样品及 DNA 指纹检验报告”。2017 年 5 月 1 日，农业部种子管理局向中国农业科学院作物科学研究所、北京市农林科学院玉米研究中心发出农种品函（2017）25 号《关于撤销云南省审定品种“云优 19”标准样品的函》，载明“同意撤销玉米品种‘云优 19’的标准样品（标准样品编号 SIG05328）及对应的 DNA 指纹数据”。

2021 年 6 月 16 日，植物新品种复审委员会作出被诉决定，认定滇某公司提交的现有证据不能证明“西抗 18”不具备特异性和新颖性，故决定维持“西抗 18”的品种权有效。

滇某公司不服，于 2021 年 7 月 30 日向一审法院提起诉讼，请求撤销被诉决定，并判令植物新品种复审委员会重新作出决定。事实和理由为：（一）“西抗 18”不具备新颖性。“西抗 18”申请日为 2013 年 6 月 3 日，系由西某公司选育。西某公司在 2010 年 11 月、12 月向临沧市恒某种业有限责任公司（以下简称恒某种业公司）销售“西抗 18”10 吨，并由恒某种业公司销售给各级分销商。2010 年至 2011 年春，西某公司向云南民某种业有限公司（以下简称民某种业公司）销售“西抗 18”5 吨，并由民某种业公司在普洱地区公开销售。（二）“西抗 18”不具备特异性。滇某公司曾于 2016 年 12 月 22 日申请农业部植物新品种测试中心对“云优 19”“西山 121”及“西抗 18”是否是同一品种进行 DNA 指纹检测和 DUS 测试。在 DNA 指纹检测中，“西抗 18”和“西山 121”对比差异位点为 0；在 DUS 测试中，“西抗 18”和“云优 19”无明显差异、“云优 19”和“西山 121”无明显差异。由此，由 A 等于 B，B 等于 C 则得出 A 等于 C 的逻辑，并结合“西抗 18”与“西山 121”的 DNA 指纹检测没有差异的结论，完全可以得出“西抗 18”与“西山 121”在 DUS 测试层面也没有差异的结论。植物新品种复审委员会以上述检测及测试中的“西山 121”繁殖材料报送错误为由不予采纳，存在错误。因此，“西山 121”和“西抗 18”为相同品种。

植物新品种复审委员会一审辩称：滇某公司并非被诉决定的利害关系人，且本案不属于行政诉讼受理范围，应裁定驳回滇某公司起诉。退而言之，滇某公司所提交证据不足以证明“西抗 18”不具备新颖性和特异性。请求法院判决驳回滇某公司的诉讼请求。

大某公司一审述称：同意植物新品种复审委员会意见，被诉决定认定事实清楚，适用法律正确，审查结论正确，请求法院判决驳回滇某公司的诉讼请求。

一审法院经审理基本认定了上述事实。

本案一审审理过程中，滇某公司提交了两组共 32 份证据，第一组包含“西抗 18”授权公告、玉米品种权转让协议、“西抗 18”云南省审定证书、永德县种子管理站备案准许经营的品种目录表、恒某种业公司汇款凭证、货物运输协议、入库单、调拨单、西某公司、民某种业公司的《新品种合同开发协议》、民某种业公司货物运输协议书、记账凭证、入库单、运费支付凭证、调拨单等证据，用以证明“西抗 18”在申请日之前一年进行过销售，不具备新颖性。

大某公司提交了玉米品种权转让协议、“西抗 18”植物新品种权证书、隆农种罚重〔2017〕9 号行政处罚决定书、云种站〔2018〕5 号文、（2017）云 01 民初 2493 号民事判决书、《关于撤销“西山 121”审定的申请》《关于发布审定农作物新品种和撤销审定品种的通知》《关于“西山 121”玉米品种有关情况的说明》、无效宣告请求书等证据，用以证明“西抗 18”品种权有效。

一审法院认为：“西抗 18”的品种权申请日为 2013 年 6 月 13 日，故本案应适用 2000 年 12 月 1 日施行的《中华人民共和国种子法》（以下简称种子法），2013 年 1 月 31 日修订、自 2013 年 3 月 1 日起实施的《中华人民共和国植物新品种保护条例》（以下简称植物新品种保护条例），2011 年 12 月 31 日修订、自 2012 年 1 月 1 日起实施的《中华人民共和国植物新品种保护条例实施细则（农业部分）》（以下简称植物新品种保护条例实施细则）。

（一）关于被诉决定是否属于可诉行政行为及滇某公司的主体资格问题

植物新品种复审委员会主张依据植物新品种保护条例第三十七条规定，被诉决定不属于可诉行政行为，滇某公司同被诉决定没有利害关系，不具有主体资格。

对此，一审法院认为，首先，植物新品种保护条例第三十七条规定：“自审批机关公告授予品种权之日起，植物新品种复审委员会可以依据职权或者依据任何单位或者个人的书面请求，对不符合本条例第十四条、第十五条、第十六条和第十七条规定的，宣告品种权无效；对不符合本条例第十八条规定的，予以更名。宣告品种权无效或者更名的决定，由审批机关登记和公告，并通知当事人。对植物新品种复审委员会的决定不服的，可以自收到通知之日起3个月内向人民法院提起诉讼。”可以看出，“宣告品种权无效或者更名的决定”对应的是“由审批机关登记和公告，并通知当事人”，而“对植物新品种复审委员会的决定不服”对应的是“可以自收到通知之日起3个月内向人民法院提起诉讼”，二者中间采用句号断句。上述规定应理解为，对决定不服的均可在法定期限内起诉，植物新品种复审委员会引用此条主张被诉决定不具有可诉性，缺乏事实和法律依据。

其次，《中华人民共和国行政诉讼法》（以下简称行政诉讼法）第二十五条第一款规定：“行政行为的相对人以及其他与行政行为有利害关系的公民、法人或者其他组织，有权提起诉讼。”被诉决定系植物新品种复审委员会就滇某公司针对“西抗18”的品种权所提出无效宣告请求而作出，滇某公司作为该行政行为的相对人，其权益明显受到行政主体的行政职权行为调整，有权就被诉决定提起行政诉讼。

（二）关于“西抗18”的特异性

植物新品种保护条例第十五条规定：“授予品种权的植物新品种应当具备特异性。特异性，是指申请品种权的植物新品种应当明显区别于在递交申请以前已知的植物品种。”植物新品种保护条例实施细则第十六条规定：“《条例》第十五条所称‘已知的植物品种’，包括品种权申请初审合格公告、通过品种审定或者已推广应用的品种。”需要指出，尽管2015年11月4日修订并于2016年1月1日起施行的种子法对“已知品种”的含义另有界定，但因“西抗18”之申请日为2013年6月13日，故其不适用于本案。

滇某公司主张，在先审定推广的“西山121”与“西抗18”均由西某公司选育，农业部植物新品种测试中心于2017年出具的《DNA指纹鉴定结果》《农业部植物新品种测试中心植物品种田间对比鉴定报告》显示，“西山121”与“西抗18”为同一品种，故“西抗18”不具备特异性。对此，一审法院认为，《DNA指纹鉴定结果》和《农业部植物新品种测试中心植物品种田间比对鉴定报告》不足以证明“西抗18”不具有特异性。理由如下：

首先，根据“西山121”与“西抗18”的品种审定证书、品种审定申请材料的记载以及选育完成人的陈述等，两者在亲本来源、品种及其亲本特征特性等方面均不同，现有证据无法认定两者为同一品种。

其次，对于农业部植物新品种测试中心于 2017 年出具的《DNA 指纹鉴定结果》《农业部植物新品种测试中心植物品种田间对比鉴定报告》，云南省昆明市中级人民法院作出的（2017）云 01 民初 2493 号民事判决已经查明，鉴于“云优 19”存在多次提交均不符合相关规定的情形，农业部种子管理局于 2017 年 5 月 1 日已发出农种品函〔2017〕25 号《关于撤销云南省审定品种“云优 19”标准样品的函》，其中载有“同意撤销玉米品种‘云优 19’的标准样品（标准样品编号 SIG05328）及对应的 DNA 指纹数据”；而其中所涉“西山 121”，西某公司于 2018 年 5 月 23 日明确表示“‘西抗 18’和‘西山 121’是两个不同时期，不同地点审定的，两个不同遗传来源和特征特性的白粒型杂交玉米品种”“针对‘西山 121’上交过两次标准样品，因为第一次标准样品不合格，所以第二次补交过标准样品。根据原生产科负责人马某新回忆，当时生产‘西抗 18’和‘西山 121’等西山系列试验示范种子收获季节阴雨天气多，统一晾晒在同一场地，完全有可能是在取样时错误判断，出现差错”，而《DNA 指纹鉴定结果》和《农业部植物新品种测试中心植物品种田间比对鉴定报告》中所采用的“云优 19”的样品保藏编号正是 SIG05328。可见，不仅“云优 19”的标准样品的提交存在不符合相关规定的情形，而且“西山 121”的标准样品仍可能存在将“西抗 18”错误作为“西山 121”进行取样提交的情形。

最后，从授权标准来看，是否具备特异性应以 DUS 测试的结果为准（DUS 测试方法为田间种植鉴定），DNA 指纹鉴定结果有辅助作用。具体到本案中，《农业部植物新品种测试中心植物品种田间比对鉴定报告》显示其测试周期为 2017 年间一个生长周期。而依据“西抗 18”和“西山 121”的审定材料及农业部发布的《植物新品种特异性、一致性和稳定性测试指南 玉米》（NY/T 2232-2012）（以下简称玉米测试指南）6.1 的规定可知，对于玉米新品种的测试周期至少应为 2 个独立生长周期。显然，考虑到环境影响等因素，在品种审定过程中一个以上生长周期的田间测试所反映的结果相对更为可靠。因此，仅从《农业部植物新品种测试中心植物品种田间比对鉴定报告》本身来看，其亦不足以否定“西抗 18”与“西山 121”具备特异性的结论。此外需要指出的是，相比于通过主张“云优 19”和“西山 121”无明显差异、“云优 19”和“西抗 18”无明显差异进而推导得出“西抗 18”和“西山 121”无明显差异的结论，直接将“西抗 18”与“西山 121”进行田间对比测试显然能够得出更为直观的结果。在缺乏直接对比田间测试且《DNA 指纹鉴定结果》《农业部植物新品种测试中心植物品种田间对比鉴定报告》中所涉“云优 19”“西山 121”的标准样品存在不符合规定或准确性存疑的情况下，上述证据不足以证明“西山 121”与“西抗 18”为同一品种。

综上，被诉决定关于“西抗 18”具备特异性的认定正确。

（三）关于“西抗 18”的新颖性

滇某公司主张，西某公司于 2012 年 6 月 1 日与案外人四川仲某种业有限公司签订的《杂交玉米种代制合同》；2011 年 12 月 1 日永德县种子管理站备案准许经营的品种目录表；2010 年 11 月 25 日、12 月 14 日恒某种业公司给西某公司营销部经理龙斌的汇款凭证、12 月 15 日恒某种业公司《货物运输协议》、12 月 17 日入（出）库单、12 月份《良种调拨单》；2011 年 1 月 4 日民某种业公司货物运输协议书、入库单、运费支付凭证、调拨单等，以上证据足以证明“西抗 18”在其申请日前已因销售行为而丧失新颖性。

对此，一审法院认为，首先，关于滇某公司在无效宣告程序中未提交而于诉讼程序中补充提交的证据。行政诉讼法第六条规定：“人民法院审理行政案件，对行政行为是否合法进行审查。”即，法院围绕行政机关所作出的行政行为认定事实是否清楚、法律适用是否正确及作出程序是否合法进行审查。滇某公司在无效宣告程序中并未提交与民某种业公司销售相关的证据，上述证据既非行政机关作出行政行为的事实依据，也非对于无效宣告程序中已有证据的补强，不属于应予接受的新证据。同时，滇某公司作为无效宣告请求人，本身就应在无效宣告程序中就其主张充分举证，如随意接纳其诉讼程序中提交的新证据，对品种权人有所不公，亦容易导致其救济渠道缺失。因此，一审法院对滇某公司提交的该部分证据不予认定，滇某公司可以重新向行政机关提出无效宣告请求。

其次，关于《杂交玉米种代制合同》等证据。从《杂交玉米种代制合同》载明的“对乙方和制种农户所造成的去杂损失和减产损失，甲方应根据实际情况酌情承担补偿”“乙方在种子播种结束后，将制种农户分村社的花名册交与甲方存档”“乙方不能擅自扩散或流失亲本材料，有义务为此组合的亲本材料保密，同时不能流失杂交一代种子，所产合格种子须全部收购交售给甲方。乙方如恶意流失扩散甲方的亲本材料或未经甲方同意用甲方材料进行组配研究，乙方将赔偿甲方损失”“合格种子甲方须全部调运……”“种子收购期间，乙方应采取措施避免种子流失，若发生种子流失现象，乙方应按甲方种子销售价格进行补偿”等内容来看，西某公司委托四川仲帮种业有限公司制种（即生产“西抗 18”），同时明确约定所制种子全部调回并禁止扩散或流失。由此可见，西某公司并不存在对“西抗 18”进行商业销售的意图，而合同约定的亲本价格应是对生产“西抗 18”的成本分担并可预期在种子回购时实现折抵，本质上并非销售行为。因此，上述代制合同等证据不足以证明西某公司存在销售“西抗 18”繁殖材料的行为。

最后，关于与恒某种业公司销售相关的证据。相关证据中，永德县种子管理站备案准许经营的品种目录表不能直接证明存在“西抗 18”销售行为；《货物运输协议》仅载明“杂交玉米种子”而未载明“西抗 18”；入（出）库单、《良种调拨单》、汇款凭证等证据中“西抗 18”字样均为手写，且《货物运输协议》运输时间为 2010 年 12 月 17 日至 12 月 19 日，入（出）库单日期为 2010 年 12 月 7 日。综上，上述证据并不能形成完整证据链，不足以证明相关公司在申请日前实施了销售“西抗 18”的行为。

综上，被诉决定关于“西抗 18”并未因销售而丧失新颖性的认定正确。

本案中，滇某公司在其提交的无效宣告请求书中所主张的宣告品种权无效的理由还包括“西抗 18”与已审定的“西山 121”属于同一品种，大某公司申请“西抗 18”的时候，“西山 121”已经审定超过两年，该繁殖材料丧失新颖性。在无效宣告请求书中，滇某公司明确引用了种子法第九十二条，即“……除销售、推广行为丧失新颖性外，下列情形视为已丧失新颖性……2. 农作物品种已审定或者登记两年以上未申请植物新品种权的……”。对此一审法院认为，首先，种子法历经多次修改，从滇某公司援引的条款及内容来看，其所引用的是 2015 年 11 月 4 日修订并于 2016 年 1 月 1 日施行的种子法。鉴于“西抗 18”的品种权申请日为 2013 年 6 月 13 日，滇某公司所依据的上述法律规定的“视为已丧失新颖性”的情形不适用于本案。其次，如前所述，“西抗 18”与“西山 121”并非相同品种，“西抗 18”也不会因为“西山 121”的审定而丧失新颖性。

综上，被诉决定认定事实清楚，适用法律正确，符合法定程序，一审法院予以支持。

一审法院依照《中华人民共和国行政诉讼法》第六十九条之规定判决：“驳回云南滇某种业有限公司的诉讼请求。案件受理费 100 元，由云南滇某种业有限公司负担。”

滇某公司不服一审判决，向本院提起上诉，请求：撤销一审判决，撤销被诉决定，判令植物新品种复审委员会重新作出决定。事实和理由为：（一）DNA指纹测试和DUS测试是区分品种真实性的法定、科学的方法，本案争议品种“西抗18”和“西山121”在DNA指纹测试和DUS测试中均没有检测出明显差异，属于同一品种；（二）被诉决定和一审判决以审定材料和育种者陈述所记载的特征特性不同为由认定“西山121”和“西抗18”属于不同品种，不符合品种审定制度和植物新品种保护制度的相关规定；（三）“西抗18”在申请日前一年存在销售行为，不具备新颖性。

植物新品种复审委员会辩称：（一）被诉决定对滇某公司的权利义务不产生实际影响，滇某公司的起诉不属于行政诉讼的受案范围，依法应予裁定驳回。（二）关于“西抗18”的新颖性。植物新品种复审委员会在无效程序中没有忽略滇某公司的任何证据，滇某公司在一审中提交的证据，不能作为认定被诉决定是否合法的依据。退一步讲，滇某公司在一审中提交的证据也不能证明“西抗18”丧失新颖性。（三）关于“西抗18”的特异性。滇某公司没有提供充分证据证明“西山121”和“西抗18”为同一品种。DNA指纹鉴定结果和DUS鉴定报告不具有证明力，因为这两份证据所采用的“云优19”的标准样品已经被撤销，“西山121”的标准样品也是错误取样提交，故不能作为“西抗18”不具备特异性的证据。

大某公司述称：被诉决定以及一审判决事实认定和法律适用正确。请求驳回滇某公司的上诉，维持原判。

二审中，本院要求大某公司说明关于“西山121”标准样品的问题。大某公司向本院提交了如下证据：1. 鄂种管函〔2014〕38号《湖北省种子管理局关于做好审定品种标准样品确认及补交工作的通知》，其中记载“涉及提交标准样品但经检测质量不合格的见附件3”，附件3中显示的品种中包括“西山121”；2. 西某公司于2019年2月作出的《关于撤销“西山121”审定的申请》；3. 湖北省农业农村厅于2019年8月8日发出的《省农业农村厅关于发布审定农作物新品种和撤销审定品种的通知》。上述证据拟证明湖北省种子管理局于2014年7月3日曾要求西某公司补充提交“西山121”的品种样品，以及西某公司因“西山121”品种特性出现退化等缺陷，于2019年2月11日申请撤销“西山121”的品种审定，经湖北省农业农村厅公告，“西山121”的品种审定已被撤销。

滇某公司的质证意见为：证据1的真实性无法确认，该文件中附件1和附件2均为空白，附件3只有“西山121”一个品种，该内容可能是大某公司自行制作或者有意隐瞒了相关内容，且该证据没有原件；对证据2、证据3形式上的真实性予以认可，但是不认可合法性及证明力。“西山121”的撤销理由不清楚，完全是为了在无效程序中解决“西山121”和“西抗18”为同一品种而人为制造的所谓事实，“西山121”的撤销违反法定程序。

植物新品种复审委员会的质证意见为：对于上述证据的真实性、合法性、关联性和证明目的无异议。

根据二审庭审调查情况，本院要求植物新品种复审委员会对于“西山121”标准样品的保藏情况作出说明，植物新品种复审委员会于庭后书面陈述：“2010年7月原农业部印发《关于做好品种标准样品征集工作的通知》。同年，西某公司分别向湖北省、贵州省种子管理机构提交了‘西山121’的样品。2010年12月1日，国家标准库收到湖北省提交的‘西山121’样品。2010年12月2日，国家标样库又收到了贵州省提交的‘西山121’样品。经检测，湖北省提交的样品发芽率不合格，贵州省提交的样品发芽率合格，国家标准库保留了贵州省提交的样品，按程序销毁了湖北省提交的不合格样品。2012年12月20日，国家标样库又收到湖北省提交的‘西山121’的样品，因库里已有样品（贵州省提交的合格样品），所以没有接受湖北省重新提交的样品。在调查过程中，西某公司提出当时误将‘西抗18’的样品当作‘西山121’提交。在标准样品管理中，一般不允许更换已提交的标准样品。鉴于西某公司提出的理由无法核实，未同意更换，所以到目前为止，国家标准样品库中保存的‘西山121’还是2010年12月2日提交的样品。”

本院对上述证据认证如下：证据1《湖北省种子管理局关于做好审定品种标准样品确认及补交工作的通知》未加盖行政机关印章，真实性无法核实。植物新品种复审委员会已明确国家标准样品库中保存的“西山121”仍是2010年12月2日提交的样品，并不存在接受补充提交“西山121”标准样品的事实。因此，证据1不能证明西某公司曾于2014年7月3日补交过“西山121”标准样品，错误将“西抗18”提交为“西山121”标准样品的事实。证据2、3的真实性予以认可，“西山121”已经被撤销品种审定。

一审法院认定的事实属实，本院予以确认。

本院另查明：

（一）滇某公司主张“西抗18”不具备特异性的相关事实

1. 关于DNA鉴定结果和DUS鉴定报告

2016年12月22日，滇某公司与农业部科技发展中心（农业部植物新品种测试中心）签订《植物品种特异性鉴定和DNA鉴定协议书》约定，对玉米品种“云优19”“西山121”和“西抗18”进行特异性鉴定和DNA鉴定，由农业部科技发展中心从国家植物新品种保藏中心提取玉米品种“云优19”（保藏号SIG05328）“西山121”（保藏号SIG01655）与玉米品种“西抗18”（保藏号S1G02909和XIN17310），对上述三个品种四份样品进行田间特异性测试；同时对“云优19”（保藏号SIG05328）“西山121”（保藏号SIG01655）与玉米品种“西抗18”（保藏号XIN17310）进行DNA指纹鉴定试验。其中还约定：“乙方应按照玉米品种DUS测试指南对于甲方委托的品种在相应生态区内组织DUS测试”“特异性测试费1.6万元，每个样品4000元；DNA检测费0.6万元，每个样品2000元”。

2017年4月10日，农业部植物新品种测试中心出具《DNA指纹鉴定结果》，检测结果显示：1.“云优19”与“西山121”的差异位点数为0；2.“西山121”与“西抗18”的差异位点数为0；3.“云优19”与“西抗18”的差异位点数为0。该鉴定结果附有详细指纹数据作为附件1，可以得出“云优19”（保藏号SIG05328）“西山121”（保藏号SIG01655）与“西抗18”（保藏号XIN17310）两两比对，在40个比对位点数中的差异位点数为0。

2017年12月28日，农业部植物新品种测试中心出具两份《农业部植物新品种测试中心植物品种田间对比鉴定报告》，显示测试样品“云优19”与对比样品“西抗18”无明显差异，测试样品“云优19”与对比样品“西山121”无明显差异。该两份鉴定报告的测试中心相同，均由审查员邓某签字，日期为2017年12月28日，对比结果为“经1个生长周期多点测试，测试样品和对比样品在38个测试性状中有0个性状有明显差异”，结论为“无明显差异性状”。对于为何《植物品种特异性鉴定和DNA鉴定协议书》约定，对上述三个品种四份样品进行田间特异性测试，协议中也约定按照四份样品收费，而鉴定报告中未显示“西山121”与“西抗18”的DUS测试结果。滇某公司对此解释称：农业部植物新品种测试中心接受DUS委托测试的前提条件为，测试品种之一须是该公司实际所有，因“西山121”与“西抗18”均非滇某公司的品种，故对于“西山121”与“西抗18”未予测试。

玉米测试指南第六条对于测试方法规定：测试周期至少为两个独立的生长周期，测试地点通常在一个地点进行，如果某些性状在该地点不能充分表达，可在其他符合条件的地点进行，田间试验的试验设计是申请品种和近似品种相邻种植。

（二）滇某公司主张“西抗 18”不具备新颖性的相关事实

1. 关于民某种业公司的相关事实

本案各方当事人均确认，滇某公司在行政程序中并未提交有关民某种业公司销售“西抗 18”的相关证据，也未据此主张“西抗 18”丧失新颖性，涉及民某种业公司的相关证据均为滇某公司在一审中提交的新证据，并非被诉决定作出的依据。

2. 关于恒某种业公司的相关事实

根据植物新品种复审委员会一审提交的证据以及清单显示，滇某公司于 2017 年 11 月 29 日向植物新品种复审委员会提交的补充证据中包括：恒某种业公司 2012 年度通过永德县种子管理站备案准许经营的品种目录表、恒某种业公司出具的证明、营业执照、入库单、两张银行汇款凭证、货物运输协议书、七张良种调拨单以及经销商电话号码。

被诉决定关于“西抗 18”的新颖性分析认为：银行汇款单据上的“西抗 18”字样为手写添附，不能证明是“西抗 18”的种子销售款，种子出库单等材料作为单方证据，都不能证明“西抗 18”销售行为成立。以上证据不能证明“西抗 18”在申请品种权日一年之前销售行为。

涉及恒某种业公司的相关证据系滇某公司在行政程序中提交的证据，也是被诉决定作出的依据。经审查，本院查明如下事实：

（1）恒某种业公司 2012 年度在永德县种子管理站备案准许经营的品种目录表记载，备案品种“西抗 18”，进种单位贵州西山，备案数量 5000 公斤，备案时间 2011 年 12 月 1 日。大某公司认为办理种子备案需要品种审定证书复印件，“西抗 18”于 2011 年 11 月 9 日通过审定，恒某种业公司在 20 天之内即成功办理备案不符合常理，对该目录表存疑。退一步，即使该目录表合法有效，备案也是为下一年度的生产经营提前做好准备，不能证明西某公司存在销售行为。

（2）货物运输协议书的签署时间为 2010 年 12 月 15 日，盖有恒某种业公司公章，未记载运输内容。

（3）恒某种业公司的法定代表人杨某学分别于 2010 年 11 月 25 日、2010 年 12 月 14 日向西某公司的股东龙某转款 5 万元、12 万元，银行汇款转款凭证上手写“支付‘西抗 18’种费”。

（4）入库单记载的单位名称为贵州西山种业，品名为“西抗 18”，数量记载为 10000，单价记载为 17 元，金额记载为 170000 元，时间为 2010 年 12

月17日。一审判决认定入库单记载时间为2010年12月7日，与该证据的原件不符，予以纠正。

（5）七张良种调拨单显示，恒某种业公司自2010年12月17日至2010年12月25日之间向赵玉峰等人销售“西抗18”的单价为25~28元/千克。

（6）2017年11月10日，恒某种业公司出具的证明记载：“我公司愿意提供2010—2012年从贵州西山种业有限公司调入的玉米品种‘西抗18’在临沧地区的销售凭证。如有需要，我公司愿意组织临沧各县乡镇销售商出庭作证，并对所提供的凭证承担法律责任。”

本院认为：根据行政诉讼法第六十三条的规定，人民法院审理行政案件，以法律和行政法规、地方性法规为依据，参照规章。涉案“西抗18”品种权的申请日为2013年6月13日，本案应适用2004年修正的种子法，2013年修订的植物新品种保护条例，参照2011年修订的植物新品种保护条例实施细则、2001年发布的《农业部植物新品种复审委员会审理规定》。

本案系植物新品种权无效司法审查案件。被诉决定系根据滇某公司请求启动的无效宣告审查，争议焦点在于“西抗18”与“西山121”相比是否具备特异性、“西抗18”是否具备新颖性。关于特异性的具体争议在于滇某公司提交的DNA指纹测试和DUS鉴定报告能否证明“西抗18”与“西山121”不具有明显区别，属于同一品种；关于新颖性的具体争议在于滇某公司提交的证据能否证明“西抗18”经西某公司许可在申请日前一年存在销售行为。

根据植物新品种保护条例第三十七条的规定，自审批机关公告授予品种权之日起，植物新品种复审委员会可以依据职权或者依据任何单位或者个人的书面请求，对不符合新颖性、特异性、一致性、稳定性规定的，宣告品种权无效。对植物新品种复审委员会的决定不服的，可以自收到通知之日起3个月内向人民法院提起诉讼。据此，品种权授予后，任何单位和个人均可对授予的品种权提出无效宣告请求，植物新品种复审委员会也可依职权直接启动无效宣告程序。在依请求启动的品种权无效程序中，植物新品种复审委员会原则上仅以无效请求人提交的证据和理由为基础审查涉案品种权是否符合授权条件，并不承担对涉案品种权全面审查即其是否符合品种权全部授权条件的义务。无效宣告请求人应就涉案品种权不符合授予品种权的新颖性、特异性等授权条件提交证据，相关证据证明上述相关事实具有高度盖然性时，由品种权人对于授权品种符合授权条件进一步提供证据。就本案的争议焦点问题，分析如下：

(一) 关于“西抗18”是否具备特异性的问题

植物新品种保护条例(2013年修订)第十五条规定:“授予品种权的植物新品种应当具备特异性。特异性,是指申请品种权的植物新品种应当明显区别于在递交申请以前已知的植物品种。”植物新品种保护条例实施细则(2011年修订)第十六条规定:“《条例》第十五条所称‘已知的植物品种’,包括品种权申请初审合格公告、通过品种审定或者已推广应用的品种。”“西抗18”品种权的申请日为2013年6月13日,“西山121”于2009年6月9日通过湖北省农作物品种审定,“西山121”构成“西抗18”的“已知的植物品种”。

在品种权授权审查程序中,根据植物新品种保护条例(2013年修订)第二十九条、第三十条关于“审批机关对品种权申请的特异性、一致性和稳定性进行实质审查”“审批机关主要依据申请文件和其他有关书面材料进行实质审查。审批机关认为必要时,可以委托指定的测试机构进行测试或者考察业已完成的种植或者其他试验的结果”等规定可知,审批机关针对申请品种是否具备特异性的实质审查,最终依据是以田间种植测试(DUS)所确定的性状特征为准。DNA检测所采取的核心引物(位点)与DUS测试的性状特征之间并不具有对应性,故一般不能仅依据DNA指纹鉴定结果直接判定品种间的特征特性有无明显区别,进而作出特异性判断,决定是否授予品种权。在品种权无效宣告审查程序中,对于特异性的判定标准也应当与品种权授权审查程序相一致,即最终判定授权品种是否具备特异性原则上应当以采取田间种植测试所确定的性状特征为准;授权品种与已知品种经DNA指纹鉴定无明显差异的,可以作为判定授权品种不具备特异性的重要参考。无效宣告请求人有证据证明授权品种与已知品种经DNA指纹检测差异位点数小于阈值,证明两者特征特性相同具有高度盖然性时,可以认定无效请求人已经完成初步举证责任,转由品种权人提交反证,证明授权品种具备特异性。

本案中,滇某公司主张,“西抗18”不具备特异性,提交了《DNA指纹鉴定结果》《农业部植物新品种测试中心植物品种田间对比鉴定报告》。被诉决定和一审判决认为滇某公司未完成举证责任的主要理由在于缺乏田间种植测试的直接对比,且DNA鉴定结论和DUS鉴定报告中所涉“云优19”“西山121”的标准样品存在不符合规定或准确性存疑的情形。滇某公司上诉认为,“西山121”和“西抗18”未进行田间种植测试的直接比对并非滇某公司的原因,“西山121”的标准样品存疑的事实仅有育种者的陈述,不能以此确认“西山 121”和“西抗 18”为不同品种。因此，本案需要审查“西山 121”是否存在错误补交标准样品的事实，无效宣告请求人滇某公司是否已经完成初步举证责任，品种权人大某公司是否已提交反证证明“西抗 18”与“西山 121”具有明显区别，进而作出是否具备特异性的判断。

1. 关于“西山 121”是否存在错误补交标准样品的事实

第一，本案现有证据不足以确认“西山 121”存在错误补交标准样品的事实。首先，西某公司于 2012 年 11 月 29 日将“西山 121”“西抗 18”等品种转让给大某公司，西某公司系本案的利害关系人，在无其他证据佐证的情况下，不能仅根据其关于补交标准样品的陈述认定该事实客观存在。其次，大某公司对具体补交程序以及是否存在实际补交的行为缺少证据证明。虽然大某公司提交了鄂种管函〔2014〕38 号《湖北省种子管理局关于做好审定品种标准样品确认及补交工作的通知》，但该通知未加盖行政机关印章，无法核实其真实性。即便能够认定行政机关要求补交样品，也缺少证据证明实际提交的具体样品。最后，植物新品种复审委员会在本案二审中确认，对于国家标准库收到的湖北省和贵州省分别于 2010 年 12 月提交的“西山 121”样品，经检测，湖北省提交的样品发芽率不合格，贵州省提交的样品发芽率合格，故保留了贵州省提交的样品，按程序销毁了湖北省提交的不合格样品；此后虽于 2012 年 12 月又收到湖北省提交的“西山 121”样品，但因库里已有贵州省提交的合格样品，故未接受。可见，在案证据不能证明西某公司或者大某公司曾经补充提交过“西山 121”的标准样品，因此，不能推定保藏号为 SIG01655 的“西山 121”审定品种标准样品是错误提交的样品。

第二，错误提交标准样品的不利后果一般亦应由提交该标准样品的行为主体承担。“西山 121”与“西抗 18”均为同一育种单位西某公司完成，前者于 2009 年在湖北省完成审定，后者于 2011 年 11 月在云南省完成审定，“西山 121”早于“西抗 18”。“西山 121”作为审定品种，提交的标准样品是确定品种真实性的最终依据，即使发生了将“西抗 18”的标准样品作为“西山 121”的样品进行提交的事实，该错误补交标准样品的不利后果一般亦应由提交的行为主体承担。如果允许品种审定主体对于品种的标准样品可以随意提交进行置换且无须承担由此产生的不利后果，行政机关和司法机关将难以确定实际推广销售的品种的真实性，导致损害社会公众利益，严重影响用种安全。

综上，本案现有证据尚不足以认定保藏号为 SIG01655 的“西山 121”是错误提交为“西抗 18”的品种，被诉决定和一审判决仅以西某公司作出的《关于“西抗 18”和“西山 121”标准样品的回复》认定西某公司错误将“西抗 18”标准样品当作“西山 121”的标准样品提交，致使两者的标准样品相同，并据此认定基于“西山 121”错误标准样品作出的鉴定结果不具有证明力，事实依据不足。

2. 关于滇某公司是否完成了初步举证责任

第一，涉案 DNA 指纹鉴定报告可以作为判定“西抗 18”与“西山 121”相比不存在明显区别的重要参考。滇某公司提交了其委托农业部植物新品种测试中心对“云优 19”“西山 121”与“西抗 18”进行 DNA 指纹鉴定的报告，结果显示“西山 121”与“西抗 18”在 40 个比对位点数中差异位点数为 0。该 DNA 指纹鉴定系农业部植物新品种测试中心调取原农业部征集的“西山 121”审定品种标准样品以及“西抗 18”申请品种权提交的保藏样品后，依据《玉米品种鉴定技术规程 SSR 标记法》（NY/T 1432-2014）进行的检测，附有样品的详细 DNA 指纹数据。如前所述，由于在案证据尚不足以认定保藏号 SIG01655 的“西山 121”审定品种标准样品是错误提交的，因此，基于现有证据可以认定该鉴定程序以及样品来源可靠，鉴定结果对于判定“西抗 18”与“西山 121”不存在明显区别具有重要的参考作用。

第二，滇某公司委托植物新品种测试中心进行的田间种植测试的报告对于特异性认定同样具有一定证明力。涉案 DUS 测试系测试中心调取原农业部征集的“云优 19”“西山 121”审定品种标准样品以及“西抗 18”申请品种权提交的保藏样品后，根据玉米测试指南，经过一个测试周期后作出的。田间测试结果显示测试样品“云优 19”与对比样品“西抗 18”无明显差异，测试样品“云优 19”与对比样品“西山 121”无明显差异。经咨询，农业部植物新品种测试中心未对两个均非滇某公司的品种进行种植测试直接比对，滇某公司关于未能提交“西山 121”和“西抗 18”的种植比对的证据并非其自身原因的辩解属实。根据玉米测试指南第六条规定的测试方法，“田间试验的试验设计是申请品种和近似品种相邻种植”，由于未能开展“西山 121”和“西抗 18”的相邻种植的测试比对，缺少测试性状的数据，因此不能仅依据“云优 19”与“西抗 18”无明显差异、“云优 19”与“西山 121”无明显差异的 DUS 测试报告直接认定“西抗 18”与“西山 121”无明显区别。但是，综合考虑上述两份田间测试系相同的测试中心和审查员在相同时间完成，上述田间种植测试的报告对于“西山 121”与“西抗 18”无明显区别的待证事实，具有一定的证明力。

综上，滇某公司在无效宣告审查程序中提交的 DNA 鉴定报告的鉴定程序以及样品来源可靠，其对“西山 121”和“西抗 18”未进行相邻种植对比测试的原因作出了相对合理的说明。综合其提交的证据，可以认定其对于“西抗 18”与“西山 121”相比不具有明显区别的待证事实达到了高度盖然性的证明标准。此时应当由品种权人大某公司提供反证证明“西抗 18”具备特异性。

3. 关于本案证据是否能够证明“西抗 18”与“西山 121”属于不同品种

第一，授予植物新品种权是以田间种植进行 DUS 测试所确定的性状特征为基础，申请品种是否明显区别于已知品种，一般通过两两相邻种植比对测试其性状特征后，根据品种测试指南判断得出。首先，“西抗 18”和“西山 121”的育种者西某公司对两个品种为不同品种的陈述，不能直接指向品种的特征特性。其次，“西山 121”和“西抗 18”的选育报告也是由育种者自行撰写表述亲本来源、育种过程，在无“西山 121”和“西抗 18”的繁殖材料佐证的情况下，难以确定其真实性，仅凭借育种报告也无法判定品种的性状特征。最后，“西山 121”和“西抗 18”的转让协议所记载的内容与品种表达的特征特性无关联，无法体现品种的性状特征。故，上述证据均不足以得出“西山 121”与“西抗 18”是不同品种的结论。

第二，“西抗 18”在 2009 年和 2010 年进行品种审定的区试报告以及“西山 121”在 2007 年和 2008 年进行品种审定的区试报告也不足以证明两个品种存在明显差异。本案二审庭审中，植物新品种复审委员会确认，品种审定实际上从 2017 年开始进行 DUS 测试，经过两个生长周期于 2019 年才开始具有 DUS 测试数据。而本案中的“西山 121”和“西抗 18”的审定时间分别为 2009 年和 2011 年，因此两个品种在审定过程中均不存在 DUS 测试结果。退一步而言，即使考虑“西抗 18”和“西山 121”在审定材料中记载的相关事实，一方面“西抗 18”和“西山 121”的审定地点分别为云南省和湖北省，生态区域有所差异；另一方面品种审定依据的《农作物品种试验与信息化技术规程 玉米》也系针对品种审定要求的区域试验、生产试验，与 DUS 测试标准不同。因“西抗 18”和“西山 121”的审定材料记载的特征特性并非根据 DUS 测试标准经过相邻种植对比测试得出，故不能据此判定“西抗 18”相对于“西山 121”具有明显区别，具备特异性。

综上，现有证据不足以证明实际参加审定的“西山 121”与目前国家植物新品种保藏中心保藏的保藏号为SIG01655的“西山121”存在不同，亦不能证明参加品种审定的“西山121”与“西抗18”存在明显区别。在此情况下，不宜仅根据“西抗18”“西山121”在品种审定过程中形成的材料，判定“西抗18”具备特异性。

4. 关于被诉决定以及一审判决对于特异性的认定是否错误

如前所述，根据二审查明的事实，现有证据不能证明“西山121”存在补充提交标准样品的事实，也无证据表明其在唯一一次提交标准样品的过程中错误将“西抗18”提交为“西山121”。滇某公司提交的关于“西抗18”不具备特异性的证据达到了高度盖然性的证明标准，大某公司未能提交证据推翻上述事实。被诉决定和一审判决仅依据大某公司提交的关于“西山121”错误提交标准样品的说明以及品种审定程序中形成的有关材料，认定“西山121”与“西抗18”具有明显区别，事实认定和举证责任分担均有不当。

（二）关于“西抗18”是否具备新颖性的问题

植物新品种保护条例（2013年修订）第十四条规定：“授予品种权的植物新品种应当具备新颖性。新颖性，是指申请品种权的植物新品种在申请日前该品种繁殖材料未被销售，或者经育种者许可，在中国境内销售该品种繁殖材料未超过1年；在中国境外销售藤本植物、林木、果树和观赏树木品种繁殖材料未超过6年，销售其他植物品种繁殖材料未超过4年。”植物新品种保护条例实施细则（2011年修订）第十五条规定：“具有下列情形之一的，属于《条例》第十四条规定的销售：（一）以买卖方式将申请品种的繁殖材料转移他人；（二）以易货方式将申请品种的繁殖材料转移他人；（三）以入股方式将申请品种的繁殖材料转移他人；（四）以申请品种的繁殖材料签订生产协议；（五）以其他方式销售的情形。具有下列情形之一的，视为《条例》第十四条规定的育种者许可销售：（一）育种者自己销售；（二）育种者内部机构销售；（三）育种者的全资或者参股企业销售；（四）农业部规定的其他情形。”

销售行为是否存在是判断申请品种具备新颖性的重要事实，导致丧失新颖性的销售强调的是经育种者许可的销售，即行为人为交易目的将品种繁殖材料交由他人处置，放弃自身对该繁殖材料的处置权的行为。育种者为委托他人制种而交付申请品种繁殖材料，同时约定制成的品种繁殖材料返归育种者的，因育种者实质上保留了对该品种繁殖材料的处置权，除非法律另有规定，否则不会导致申请品种丧失新颖性。“西抗18”于2011年11月9日通过云南省审定，2012年11月29日被西某公司转让给大某公司，2013年6月13日申请品种权。滇某公司上诉主张“西抗18”在申请日前一年存在销售行为，不具备新颖性。关于2012年6月13日之前是否存在经过西某公司许可的销售行为，滇某公司在诉讼过程中就此提交的证据主要包括三部分。对此，本院分析如下：

1. 关于涉及民某种业公司的相关证据部分

经审查，涉及民某种业公司的相关证据并非被诉决定作出的依据，不应作为本案审查范围。一审判决的认定并无不当，本院予以确认。

2. 关于涉及四川仲某种业有限公司的证据部分

经审查，涉及四川仲某种业有限公司的证据仅能证明该公司曾为西某公司制种，而西某公司实质上保留了对该品种的处置权，并不能证明存在销售“西抗18”的事实。同时，滇某公司在二审中对该部分理由不再坚持，被诉决定和一审判决的相关认定并无不当，本院予以确认。

3. 关于涉及恒某种业公司的证据部分

滇某公司提交了恒某种业公司2012年度通过永德县种子管理站备案准许经营的品种目录表，恒某种业公司出具的证明、营业执照、银行汇款凭证两张、货物运输协议书、入库单、七张良种调拨单及经销商电话号码。经审查，上述证据指向以下事实：

第一，滇某公司提交的两张银行汇款单据显示，案外人杨某学于2010年11月25日向龙某转款5万元，2010年12月14日向案外人龙某转款12万元，两张转款凭证上手写“支付‘西抗18’种费”。杨某学系恒某种业公司的法定代表人，龙某系西某公司的股东，该依据票据凭证的字迹系手写添附，无法直接证明前述转款系针对“西抗18”的品种交易费用，但初步证明恒某种业公司与西某公司存在支付对价的交易行为。

第二，滇某公司提交的恒某种业公司货物运输协议书和入库单显示，货物运输协议书运输时间为2010年12月17日至12月19日，入库单日期为2010年12月17日，入库时间与《货物运输协议》时间并不矛盾，入库单记载的“西抗18”的金额17万元与前述转款记录17万元在时间、数额上相对应。

第三，涉及恒某种业公司的七张“西抗18”的良种调拨单显示，恒某种业公司自2010年12月17日起至2010年12月25日向案外人赵某峰等销售“西抗18”，单价为25~28元/公斤。

第四，2012年度永德县种子管理站备案准许经营的品种目录表显示，“西抗18”于2011年11月9日通过云南省审定后，恒某种业公司于2011年12月1日在永德县种子管理站备案的品种有“西抗18”，进种单位为“贵州西山”，备案数量5000公斤。

本院在二审庭审中已核实前述良种调拨单等原始票据的真实性和完整性，虽然银行转款记录、入库单和七张良种调拨单上的“西抗18”均为手写，但交易的时间线清晰，不存在一审认定时间矛盾的事实。上述证据可以初步证明西某公司于2010年12月向恒某种业公司销售过“西抗18”。本案各方均认可“西抗18”作为主要农作物玉米在种子备案过程中需要提交“西抗18”的审定证书。“西抗18”于2011年11月9日通过品种审定后，品种审定证书应由选育单位西某公司持有，而恒某种业公司于2011年12月1日针对“西抗18”进行了品种备案，该事实进一步佐证，在备案之前，西某公司存在向恒某种业公司交易“西抗18”的行为。综上，可以认定滇某公司已经完成了“西抗18”丧失新颖性的举证责任，西某公司于品种权申请日2013年6月13日一年以前向恒某种业公司销售“西抗18”的事实具有高度盖然性，此时应由“西抗18”的品种权人大某公司证明上述销售行为并不存在，如西某公司与恒某种业公司的转款凭证针对的并非“西抗18”品种，或者西某公司向恒某种业公司交易“西抗18”时约定保留“西抗18”的处置权。否则，大某公司应当承担“西抗18”丧失新颖性的不利后果。

综上所述，一审判决和被诉决定关于“西山121”与“西抗18”具有明显区别、“西抗18”经育种者许可销售超过1年缺乏完整证据链证明的事实认定以及举证责任分担有所不当，结论有误。植物新品种复审委员会应根据本判决重新作出审查决定。在重新审查过程中，对于特异性的审查，可以进一步查证“西抗18”相对于保藏号为SIG01655的“西山121”是否具有明显区别的事实。如果大某公司确有证据证明保藏号为SIG01655的“西山121”标准样品存在不真实的情况，应当提供足以证明为真实的“西山121”，与“西抗18”进行田间种植测试，否则由其承担举证不能的不利后果。对于新颖性的判定，可以进一步审查西某公司的前述银行转款记录是否并非指向“西抗18”，或者西某公司就“西抗18”与恒某种业公司约定保留了处置权。上述事实应当由大某公司提交相应证据予以证明，否则由其承担举证不能的不利后果。

综上，滇某公司的上诉请求成立，应予支持。一审判决认定事实存在部分错误，适用法律有所不当。根据《中华人民共和国行政诉讼法》第七十条、第八十九条第一款第二项、第三款之规定，判决如下：

一、撤销北京知识产权法院（2021）京73行初12705号行政判决；

二、撤销农业农村部植物新品种复审委员会2021年第27号品种权无效宣告审理决定；

三、农业农村部植物新品种复审委员会就云南滇某种业有限公司针对品种权号为CNA20130494.4、名称为“西抗18”的玉米植物新品种权提出的无效宣告请求重新作出审查决定。

一审案件受理费100元，二审案件受理费100元，均由农业农村部植物新品种复审委员会负担。

本判决为终审判决。

审 判 长 罗 霞

审 判 员 胡晓晖

审 判 员 杜丽霞

二〇二三年十月二十三日

法官助理 徐世超

书 记 员 倪 烁

38. 尚无分子标记检测标准的植物新品种的侵权比对

——上诉人荷兰某公司、昆明某花园艺有限公司与被上诉人广州市某农业科技有限公司侵害植物新品种权纠纷案①

中华人民共和国最高人民法院民事判决书（2022）最高法知民终568号

上诉人（一审原告）：荷兰某公司。

上诉人（一审原告）：昆明某花园艺有限公司。

被上诉人（一审被告）：广州市某农业科技有限公司。

上诉人荷兰某公司、昆明某花园艺有限公司（以下简称昆明某公司，荷兰某公司与昆明某公司以下统称二公司）因与被上诉人广州市某农业科技有限公司（以下简称某公司）侵害植物新品种权纠纷一案，不服中华人民共和国广州知识产权法院（以下简称原审法院）于2021年12月31日作出的（2020）粤73知民初611号民事判决，向本院提起上诉。本院于2022年3月29日立案后，依法组成合议庭，于2022年8月3日、9月23日两次进行了询问。上诉人二公司共同的委托诉讼代理人于某，昆明某公司的委托诉讼代理人王某，被上诉人某公司的委托诉讼代理人徐某、梁某参加询问。本案现已审理终结。

二公司共同上诉请求：撤销原审判决，改判支持二公司原审的诉讼请求；本案诉讼费用由某公司负担。事实和理由：（一）原审法院将本案的争议焦点“被诉侵权植株与授权品种是否为同一品种”错误认定为“被诉侵权植株与授权品种的特征、特性是否相同”，导致审理仅围绕与涉案授权品种的特征、特性是否相同这一问题。依据《中华人民共和国民事诉讼法》（2017年修正，以下简称民事诉讼法）第六十四条第三款、《最高人民法院关于适用〈中华人民共和国民事诉讼法〉的解释》（2020年修正，以下简称民事诉讼法解释）第一百零五条、《最高人民法院关于民事诉讼证据的若干规定》（以

① 本案在年度报告中的位置为第79页。

下简称民事诉讼证据规定）第八十五条等规定，人民法院应当按照法定程序，全面、客观地审核证据。原审法院未全面、客观审核本案的关键证据中国科学院昆明植物研究所（以下简称昆明研究所）实验报告（DNA 实验报告）和农业农村部植物新品种测试（上海）分中心（以下简称上海测试中心）特异性、一致性、稳定性（DUS）测试报告，没有查明被诉侵权植株与授权品种在特征、特性方面的差异是否因非遗传变异所致这一关键事实，导致有关事实认定错误。（二）原审法院分配举证责任错误，适用法律错误。二公司在原审时提交了昆明研究所的 DNA 实验报告，证实被诉侵权植株与授权品种基因型完全一致，两者为同一品种。依据《最高人民法院关于审理侵害植物新品种权纠纷案件具体应用法律问题的若干规定（二）》（以下简称侵害植物新品种权规定二）第二十三条以及民事诉讼证据规定第四十一条之规定，举证责任至此应转移给某公司。某公司主张其不构成侵权，应证明被诉侵权植株不同于授权品种。原审法院对此没有依职权审查某公司被诉侵权植株的来源，在二公司已完成举证责任后，仍然要求二公司承担本应由某公司承担的举证责任，违反法律规定。（三）原审法院对昆明研究所 DNA 实验报告的审查认定错误。1. 原审判决认为昆明研究所和上海测试中心的两份报告在证据类型上不属于鉴定意见，该认定错误。法律准许单方委托鉴定，不能仅因上述报告系单方送检形成而否认检验行为的效力。2. 原审法院对侵害植物新品种权规定二第二十一条的理解与适用错误。原审法院认为，只要“该品种的 DNA 测试尚无国家或行业标准”，就“属于没有基因指纹图谱等分子标记检测方法进行鉴定的品种”，该理解存在错误。只要鉴定意见有科学的检测方法，就应当依法予以采纳。3. 关于二公司生产的红掌品种与其授权品种是否一致的问题。对于无性繁殖品种，目前授权机关一般不专门留存授权品种的样本植株。二公司非常熟悉自己的授权品种，不会对授权品种产生误认。原审法院采纳某公司对测试材料提出的异议，明显违背客观事实。在对被诉侵权行为进行取证前，二公司已将自己培育的授权品种交给昆明研究所进行基因研究，并通过科学检测筛查出 29 对引物。取证后，二公司将自认的授权品种连同被诉侵权植株一起经公证送交给昆明研究所。昆明研究所根据已筛选出的引物同时对送交的两个样品进行检测，其基因型完全一致，证明二公司前后两次送检的授权品种完全一致，且与被诉侵权植株基因型完全一致。4. 原审法院采信某公司对测试方式的异议属于认定错误。原审判决关于 29 对引物的选择代表性明显不足的认定系主观认定，其依据并非报告检测人张某的陈述。相关基因检测必须达到多少数量的引物才具有代表性属于科学领域的问题，只要能够满足科学上用于区别品种的基因检测即具有代表性，原审法院对该问题的判断缺乏科学依据。原审法院审理期间曾询问张某是否经“权威验证”，所谓“权威验证”缺少法律依据和判断标准，昆明研究所的专家即是该领域的权威。对事物的判断并非只有达到所谓权威标准才能够采信，所谓权威标准与科学及日常规律相悖。（四）原审法院对上海测试中心 DUS 测试报告的审查认定错误。1. 原审法院对报告审核人陈某荣陈述内容的理解明显与其本意以及《植物新品种特异性、一致性和稳定性测试指南・总则》（以下简称 DUS 测试指南总则）规定不同。陈某荣所述测试状态下两者性状存在明显差别，实际上可以下结论具备特异性，仅指“测试状态下”的结果，并未确定该差异是否恒定。2. 原审判决一方面认定陈某荣承认相关措施无法绝对消除生长状态的差异，另一方面却在没有任何相反证据的情况下认定性状差异的原因并非二公司主张的生长状态差异所致。3. 原审判决关于“两个样品 40 个基本性状中有 12 个存在差异”的认定错误。陈某荣称差异主要集中在数量性状和一些容易受环境影响的性状，原审判决却在没有任何依据的情况下认定相关差异并非环境因素所致。实际上，在基因型相同的情况下，授权品种样品与被诉侵权植株之间存在的性状差异应当是非遗传因素所致。

某公司辩称：（一）原审法院归纳的争议焦点正确，二公司的理解与法律规定不符。（二）原审法院对于举证责任的分配和对两份报告证明力的认定正确。（三）所谓环境不同是指不同年份和不同场所引起的不同环境，上海测试中心的 DUS 测试报告是在同一环境下对两个样品进行测试得出的，不存在因不同环境因素导致性状不同的问题。故，请求驳回上诉，维持原判。

二公司向原审法院提起诉讼，原审法院于 2020 年 5 月 13 日立案受理。二公司起诉请求：1. 某公司立即停止生产、繁殖和销售二公司涉案红掌植物新品种的繁殖材料的侵权行为；2. 某公司赔偿二公司人民币 249 万元（以下无特别说明为其他币种的，均指人民币）；3. 某公司承担本案诉讼费用。事实和理由：荷兰某公司是世界排名第一的红掌育种家。2014 年 11 月 1 日，荷兰某公司在中国获得名称为“某奥利尔”（商品名称：特伦萨）的植物新品种授权。2018 年 11 月 30 日，荷兰某公司独占许可昆明某公司在中国生产、繁殖和销售上述品种的繁殖材料。某公司通过组织培养方式，大量非法扩繁涉案授权品种的繁殖材料并销售。根据昆明研究所 DNA 实验报告，某公司生产、繁殖和销售的繁殖材料与涉案授权品种 DNA 完全相同，侵害了涉案植物新品种权。某公司实际销售持续约 5 年，年销售量在 80 万至 100 万株之间。按 3 年、每年 80 万株销量、许可使用费每株 0.075 欧元的 3 倍计算，某公司的侵权行为给二公司造成的许可使用费损失约合 416 万元。考虑某公司实际支付能力，二公司仅主张赔偿 249 万元。

某公司在原审中辩称：（一）某公司没有实际生产、繁殖被诉侵权植株，也没有在花卉市场上公开销售，二公司公证购买的被诉侵权植株是某公司应其要求从芳村花卉市场购买，用来与二公司的红掌产品进行品比试验。（二）现有证据不能证明被诉侵权植株侵害了涉案授权品种的植物新品种权。特伦萨在中国市场已经销售多年，没有被申请过植物新品种权，没有证据证明涉案特伦萨与授权品种属于同一个品种。（三）红掌品种目前只有 DUS 测试标准，没有 DNA 指纹检测标准；昆明研究所不具备合法的真实性检测资质。因此，二公司证明侵权所依据的 DNA 实验报告不具备合法性和关联性，不能作为认定本案侵权的证据。综上，二公司的侵权指控缺乏事实和法律依据，请求驳回其全部诉讼请求。

原审法院查明如下事实：

（一）关于二公司关系及其主张的品种权

品种权号为 CNA20080311.5、名称为“某奥利尔”的植物新品种权人是荷兰某公司。该品种属于花烛属，申请日 2008 年 6 月 2 日，授权日 2014 年 11 月 1 日。二公司称该品种商品名称为“特伦萨”。

昆明某公司是荷兰某公司的全资子公司，成立于 2005 年 12 月 19 日，注册资本 150 万欧元，经营范围包括花卉、园艺作物的开发、培育、种植及花卉园艺技术的研究，提供相关技术咨询服务，销售自产的产品。

2007 年 5 月 1 日，二公司签订《品种开发协议 H-2007.019 用组织培养法或其他无性繁殖法繁殖和销售植物品种》，约定：荷兰某公司授权昆明某公司用组织培养等方法繁殖荷兰某公司所种植和/或发现和开发之植物品种（参见附件一）并进行销售的独占许可；对于昆明某公司繁殖或生产荷兰某公司的植物品种并制作成盆栽，昆明某公司应按每株植物 0.075 欧元的标准支付许可费。该合同附件一约定的植物品种是所有红掌品种。

2018 年 11 月 30 日，荷兰某公司（许可人）出具《授权书》，授权昆明某公司（被许可人）在中国独占实施许可人所有在中国被授予的植物新品种权（包括但不限于附件清单所列品种权），包括但不限于生产、销售和推广被授予品种权的植物新品种；就任何第三方在中国范围内侵犯植物新品种权的侵权行为（无论发生在本函发出之前或之后），许可人全权委托并授权被许可人对其授权品种享有的植物新品种保护的一切权利，包括被许可人可以以其自身名义，单独或与许可人共同，采取任何法律行为以追究侵权人的法律责任。附件清单中所列的植物新品种包括“某奥利尔”。某公司对《品种开发协议 H-2007.019 用组织培养法或其他无性繁殖法繁殖和销售植物品种》及《授权书》均不予认可。

（二）关于被诉侵权事实

2019 年 5 月 27 日，二公司委托代理人李某向某公司购买红掌产品一批，共 43 箱，包含特伦萨、红斑比诺、马都拉三个品种。李某支付货款 13000 元，将所购上述红掌产品运送至位于广东省广州市花都区的某物流有限公司，交由该公司空运至昆明市。广东省广州市某公证处对上述过程进行了公证。

2019 年 5 月 28 日，公证员吴某与公证处工作人员原某随同李某来到位于云南省昆明市昆明长水国际机场的昆明市先科航空货运代理有限公司，提取了上述由广东省广州市空运至云南省昆明市的红掌产品 43 箱，并要求该公司将上述货物运送至云南省昆明市嵩明县某艺场。二公司将上述红掌产品中特伦萨、红斑比诺、马都拉三个品种各取出一部分交由该园艺场进行种植。种植装盆装筐后，广东省广州市广州公证处公证员对装筐进行了封装并粘贴公证处封条交由该园艺场保管培育。

2019 年 5 月 29 日，二公司在上述特伦萨、红斑比诺、马都拉三个品种中各取出三盆植株送至位于云南省昆明市的昆明研究所，委托该所对上述样品与二公司送检的其生产的对应红掌样品进行 DNA 测试，广东省广州市广州公证处据此出具（2020）粤广广州第 1XXXX2 号公证书。同年 6 月 24 日，昆明研究所出具 DNA 实验报告，检测人员为张某。根据该报告，昆明研究所从公证封存的 6 个规格 18 株红掌成品样品（包括上述特伦萨、红斑比诺、马都拉三个品种各三盆植株），分别随机选取 1 株进行实验。同时从二公司送检的其生产的 4 个品种样品（某易派迪、某敦代尔、某阿布顿、某奥利尔，每个品种 3 株），分别选取 1 株用于对比测试。测试采用改良十六烷基三甲基溴化铵（CetyltrimethylAmmoniumBromide，CTAB）法从送检样品中提取总 DNA，用浓度 1%琼脂糖凝胶电泳检测总 DNA 质量。总 DNA 检测合格后，使用 29 对微卫星荧光引物进行聚合酶链式反应（PolymeraseChainReaction，PCR）扩增、测试。荧光标记检测结果按照等位基因大小进行统计、整理。根据等位基因的有无进行编码，构建指纹图谱，并根据指纹图谱对两组样品进行比对。实验结果显示，某公司的红班比诺、马都拉、特伦萨，分别与某敦代尔、某阿布顿、某奥利尔在所检测的29个位点的指纹图谱完全一致。

为查明案件事实，原审法院对昆明研究所DNA实验报告检测人张某进行了电话询问，并在征得其同意情况下全程录音。张某称：昆明研究所具备云南省濒科委司法鉴定中心授予的植物分子生物学检测资质；委托人没有通过官方渠道，而是直接委托昆明研究所进行实验；昆明研究所没有对委托人自己生产的红掌品种与授权品种是否一致进行比对确认；严格的科学实验要进行重复验证，由于委托人没有要求，昆明研究所对送检的两个样品的实验结果未进行重复验证；红掌品种的DNA测试尚无国家或行业标准；2017年昆明研究所根据委托人提供的10多种红掌品种（品种名称不明）进行差异测试，在随机的200对引物中筛选出29对，昆明研究所DNA实验报告沿用这29对引物进行实验；29对引物的选取与品种的主要性状没有对应关系；委托人官网就有200多个红掌品种，由于2017年委托人提供的红掌品种不全，故29对引物对于红掌品种的区分率未经权威验证，权威验证需要对市场上所有红掌品种进行系统性研究才能获得。

针对昆明研究所DNA实验报告和张某的录音，二公司认为报告客观、准确，应予以采纳。某公司则认为，昆明研究所不具有测试资质；送检材料由昆明某公司单方提交，来源不明；红掌的DNA测试尚无国家或行业标准，昆明研究所选取的29对引物没有代表性、科学性和权威性；根据相关国际公约、司法解释和行业标准《植物新品种特异性、一致性和稳定性测试指南·花烛属》（以下简称花烛属测试指南），鉴别红掌最可靠的方法是基于田间观测法的DUS测试。

2019年5月30日，二公司将购买的被诉侵权植株送往上海测试中心进行DUS测试，送检品种包括红班比诺、马都拉、特伦萨。广东省广州市某公证处对上述提货、送检过程进行了保全证据公证，据此出具（2020）粤广广州第1XXXX3号公证书。

2021年2月1日，上海测试中心共出具9份DUS测试报告，报告测试人褚某、审核人陈某。双方当事人认可，编号为SH20190203的测试报告是本案被诉侵权植株与二公司授权品种比对的测试报告。根据该报告，测试的品种类型是种苗；使用的测试指南是花烛属测试指南NY/T 2557-2014；测试周期是第1个生长周期，2019年5月30日—2019年11月20日；材料来源是委托人提供。关于特异性、一致性和稳定性，报告称因只对送检的两个样品进行比对，故不对特异性进行判定，但具备一致性和稳定性。报告在“其他说明”中称，待测品种与近似品种生长状态明显不同，在质量性状和假质量性状上没有明显差异，部分数量性状有差异。根据报告后附的《性状描述对比表》，测试的两个品种在40个基本性状中有12个存在差异。

为查明案件事实，原审法院传唤上海测试中心报告审核人陈某荣到庭接受询问。陈某荣证言称：测试状态下两个样品的性状存在明显差别，实际上可以下结论具备特异性，两者是不同品种，但由于是昆明某公司委托进行的测试，在与昆明某公司沟通后，也从谨慎的角度出发，没有对特异性明确表态并添加了“其他说明”的内容；送检时两个样品存在植株大小、是否开花、颜色等生长状态的不同，在相同环境下同步培养进入可测试状态后才进行测试，出具报告时生长状态已接近一致，但不能说完全消除；性状差异主要集中在数量性状和一些容易受环境影响的性状，性状差异既有环境因素也有遗传因素，两个因素的影响力大小难以区分；除了少数例外，红掌都是在上海测试中心进行DUS测试；花烛属的DNA测试没有国家或行业标准，DNA测试可以辅助近似品种的筛选，但判断两个品种是否相同的权威方法是田间观测法。

针对上海测试中心DUS测试报告和陈某荣的证言，二公司认为，对被诉侵权植株无法通过田间观察检测对“品种同一性”作出科学鉴定，不能证明两者是不同品种。某公司则认为，二公司的解释明显不能成立，两个样品的性状差异多达12个，故两者是不同品种。

另查明，原农业部发布的行业标准花烛属测试指南于2014年6月1日实施。该标准主要起草人包括褚某霞和陈某荣，其中规定天南星科花烛属新品种DUS测试的技术要求和结果判定的一般原则，适用于花烛属新品种DUS测试和结果判定。根据该标准，繁殖材料须以种苗形式提供；提交的种苗数量至少20株，种苗至少有一朵花（或花蕾）；测试周期通常为一个生长周期；测试通常在一个地点进行；测试时申请品种和测试品种须相邻摆放，性状观测应选择在盆花品种3朵正常花后、切花品种1朵正常花后，按照附表A.1的方法进行；当申请品种至少在一个性状上与近似品种具有明显且可重现的差异时，即可判定申请品种具有特异性。该标准附表A.1是花烛属的基本性状表，共列基本性状40个，其中质量性状7个、数量性状24个、假质量性状9个。

（三）关于赔偿方面的事实

二公司为证明某公司的生产销售规模，提交了二公司取证人员与某公司销售人员的录音。

二公司主张为制止侵权，支出维权取证服务费、公证费、代理费、品种DNA研发测试费、法律顾问费、大棚租赁费等合理费用。

二公司还主张财产保全保费4980元为合理费用，但原审法院并未同意其财产保全申请。二公司与担保公司签订的合同明确约定，保全未通过法院审核的，保费应当退回。

某公司认为，特伦萨、马都拉、红班比诺非花烛属授权品种，并未落入植物新品种权保护范围；某公司有自己的植物新品种权；国家没有制定DNA检测标准和规范，对于花烛属植物品种的侵权检测，应当使用和授权依据相同的检测方法和标准，按照花烛属测试指南规定的标准和方法进行比对测试，以确定授权品种和被诉侵权植株的特征、特性是否相同；国家对植物品种真实性检测具有资质要求，昆明研究所不具备涉案植物品种真实性的检测资质，无权作出涉案品种与受保护品种是否是同一品种的检测报告，昆明研究所不具备对外出具具有法律意义的检测报告的资质，其实验报告无法律效力；涉案植物只有DUS检测标准，因此，授权品种和被诉侵权植株的特征、特性是否相同，应当通过DUS测试进行验证。

另查明，某公司成立于2015年6月24日，注册资本100万元，登记的经营范围包括林木育种、花卉种植、园艺作物种植、花卉作物批发等。

原审法院认为：荷兰某公司是“某奥利尔”植物新品种权人，昆明某公司经荷兰某公司授权取得该品种独占实施权，二公司的品种权应受法律保护。任何单位或者个人未经二公司许可，不得生产、繁殖和销售该品种繁殖材料。二公司主张某公司未经许可生产、繁殖和销售特伦萨，侵害其“某奥利尔”植物新品种权，应当对某公司未经许可实施生产、繁殖和销售行为，以及被诉侵权植株与其授权品种特征、特性相同的基本事实，承担举证证明责任。由于二公司从某公司处购得被诉侵权的“特伦萨”，故某公司未经许可销售被诉侵权植株的事实可以认定。本案的争议焦点在于：被诉侵权植株与涉案授权品种的特征、特性是否相同。

二公司提交了昆明研究所的DNA实验报告和上海测试中心的DUS测试报告，认为昆明研究所的报告证明被诉侵权植株与涉案授权品种DNA相同，上海测试中心的报告证明两者的性状差异是非遗传变异导致，故两者是相同品种。

关于昆明研究所和上海测试中心报告的证据类型和审查因素。民事诉讼中的鉴定须由法院依当事人申请或依职权启动。昆明研究所和上海测试中心的报告，并非由法院依当事人申请或依职权委托作出，而是昆明某公司自行委托有关机构出具，故在证据类型上不属于鉴定意见，应属于书证。虽然这两份报告不是鉴定意见，但由于也是有关机构对案件所涉专门性问题的意见，故可以参照对鉴定意见的审查因素进行审查。根据《最高人民法院关于知识产权民事诉讼证据的若干规定》第二十三条规定，人民法院对鉴定意见进行审查的因素包括：鉴定人是否具备相应资质；鉴定人是否具备解决相关专门性问题应有的知识、经验及技能；鉴定方法和鉴定程序是否规范，技术手段是否可靠；送检材料是否经过当事人质证且符合鉴定条件；鉴定意见的依据是否充分；鉴定人有无应回避的法定事由；鉴定人在鉴定过程中有无徇私舞弊或者其他影响公正鉴定的情形。

关于对昆明研究所 DNA 实验报告的审查。首先，根据该报告，测试材料由昆明某公司单方送检，昆明某公司并未就其生产的品种就是授权品种提交证明。张某也承认并未对昆明某公司生产的红掌品种与其授权品种是否一致进行比对确认。故某公司对测试材料提出异议合理，原审法院予以采纳。其次，根据张某陈述，29 对引物的选择仅仅基于昆明某公司所提供的 10 余种红掌品种，而昆明某公司自己官网展示的红掌就有 200 多种，故其代表性显然不足。张某也表示该 29 对引物对于红掌品种的区分率未经权威验证。故某公司对测试方法提出异议有理，原审法院予以采纳。最后，根据侵害植物新品种权规定二第二十一条规定，对于没有基因指纹图谱等分子标记检测方法进行鉴定的品种，可以采用行业通用方法对授权品种与被诉侵权物的特征、特性进行同一性判断。所谓“没有基因指纹图谱等分子标记检测方法进行鉴定的品种”显然不是指该品种无法在技术上实施 DNA 测试，而是指该品种的 DNA 测试尚无国家或行业标准，因而不属于该条后述的“行业通用方法”。涉案红掌品种的 DNA 测试尚无国家或行业标准，故属于没有基因指纹图谱等分子标记检测方法进行鉴定的品种，其同一性判断应采用其他方法进行。某公司据此主张不应采纳昆明研究所 DNA 实验报告有理，原审法院予以支持。综上，昆明研究所 DNA 实验报告无法证明被诉侵权植株与涉案授权品种的特征、特性相同。

关于对上海测试中心 DUS 测试报告的审查。上海测试中心负责绝大多数红掌品种的授权测试，褚某霞和陈某荣是行业标准花烛属测试指南的主要起草人，故测试机构和测试人具备资质和解决本案技术问题的知识、经验和技能。双方当事人对此并无异议。根据该报告，花烛属测试指南是上述行业标准，故测试方法和程序的规范性、技术手段的可靠性应当得到确认。双方当事人对此亦无异议。虽然送检材料由昆明某公司单方提交，但双方当事人均确认送检材料分别是被诉侵权植株与涉案授权品种。另外，根据《最高人民法院关于审理侵害植物新品种权纠纷案件具体应用法律问题的若干规定》（以下简称侵害植物新品种权规定）第四条第一款规定，对于侵害植物新品种权纠纷案件涉及的专门性问题可以采取田间观察检测方法鉴定。而根据行业标准，DUS 测试采用的正是田间观测法。综上，上海测试中心的 DUS 测试报告可以作为判断被诉侵权植株和涉案授权品种的特征、特性是否相同的依据。

根据该报告所附的《性状描述对比表》，两个样品在 40 个基本性状中有 12 个存在差异。双方当事人对此没有争议。报告称"待测品种与近似品种生长状态明显不同，在质量性状和假质量性状上没有明显差异，部分数量性状有差异"，表明被诉侵权植株与涉案授权品种是不同品种。故二公司的侵权主张不能成立，其全部诉讼请求应予驳回。

原审法院依照《中华人民共和国种子法》（2015 年修订）第二十八条，《中华人民共和国民事诉讼法》（2017 年修正）第六十四条第一款，《最高人民法院关于审理侵害植物新品种权纠纷案件具体应用法律问题的若干规定》第二条第一款、第二款，第四条第一款，《最高人民法院关于审理侵害植物新品种权纠纷案件具体应用法律问题的若干规定（二）》第二十一条，《最高人民法院关于适用〈中华人民共和国民事诉讼法〉的解释》（2020 年修正）第九十条、第九十一条之规定，判决：驳回荷兰某公司、昆明某公司的全部诉讼请求。一审案件受理费 26720 元，由荷兰某公司、昆明某公司共同负担。

二审中，二公司共同向本院提交了如下新证据：

第一组：河北某农业科技有限公司（以下简称某农业科技公司）出具的天正〔2022〕新品种鉴字第 105 号《专家鉴定意见书》，通过对上海测试中心 DUS 测试报告的分析，证明两样品差异性状为环境和管理等非遗传因素所致，上述测试报告可以证明两样品为同一品种。

第二组：某公司开具的发票一张、河北某律师事务所开具的发票三张，用于证明因本案维权发生鉴定费 30000 元、二审代理费 38700 元（3 张发票涉及 7 个案件总金额为 270827.48 元，每案平均为 38700 元）。

第三组：昆明研究所出具的实验报告 6 份，用于说明昆明研究所从红掌品种中筛选引物的过程，进而证明涉案 DNA 实验报告采用的方法科学，DNA 实验报告具有证明力。

某公司的质证意见为：对第一组证据的真实性、合法性、关联性均不认可。鉴定意见指人民法院就专门性问题组织鉴定得出的意见，而该组证据所谓鉴定的对象是在案证据，不属于可以进行鉴定的内容；没有证据证明某农业科技公司具有相应的鉴定资格，具备鉴定能力。认可第二组证据的真实性，不认可其关联性和证明目的。认可第三组证据形式上的真实性，不认可其关联性和证明目的。其中 2017 年 7 月 5 日的实验报告筛选了 12 对引物，这些引物是针对 8 个样品设计的，仅对该 8 个样品具有意义，后面挑选的 2 个样品也不能代表所有的红掌品种。昆明研究所通过这两次实验筛选的引物仅对于区分该 10 种红掌品种具有意义。

本院经审核后对上述证据作如下认证：对第一组证据，二公司坚持将其作为证据提交，该证据是某农业科技公司通过对 DUS 测试报告内容的分析，得出可以认定两样品为同一品种的意见。植物新品种权侵权案件审理中，被诉侵权植株与授权品种是否为同一品种的判断属于人民法院的审理职责。某公司出具的意见可以视为二公司一方聘请的有专门知识的人对专门问题提出的意见，本院将在裁判理由部分予以分析考虑。对第二组证据，鉴于某公司认可其真实性，本院对其真实性予以确认，并根据案件审理需要视情分析其证明力。对第三组证据，由于二公司在审理中提供了原件供核对，本院确认该组证据的真实性。结合二公司原审时提交的合同，该组证据可以证明二公司委托昆明研究所研究红掌的 DNA 指纹，并可证明昆明研究所作出的 DNA 实验报告采用的引物的筛选方法，与认定 DNA 实验报告是否具有证明力存在关联，本院将结合该组证据和在案其他证据对双方的争议问题进行分析认定。

某公司对于原审判决记载上海测试中心的 DUS 测试报告涉及的待测样品为被诉侵权植株提出异议，认为在案证据不能证明该报告测试的是被诉侵权植株。经查，广东省广州市某公证处对二公司将被诉侵权植株送交给上海测试中心的过程进行了公证，可以初步证明上海测试中心测试的是涉案被诉侵权植株。某公司对其异议没有提供证据加以证明，本院不予支持。

本院经审理查明，原审法院查明的事实属实，本院予以确认。

本院另查明如下事实：

（一）与昆明研究所DNA实验报告相关的事实

2017年7月至11月，受昆明某公司委托，昆明研究所作出了6份实验报告。其中，7月5日和11月23日的实验报告是通过微卫星分子标记法（也称简单重复序列，即SSR分子标记法）从10个红掌样品中筛选引物，构建红掌微卫星分子标记指纹图谱，用于建立快速鉴定体系；其余4份是使用上述两份报告筛选出的引物对红掌样品进行快速鉴定得到的实验报告。该6份实验报告主要记载了如下内容：

7月5日的实验报告记载：通过对8个样品进行总DNA提取、基因组浅层测序和序列组装、引物设计，设计了864对微卫星引物，并从中筛选出12对稳定性好、多态性高的微卫星引物，构建8个供试样品的特有微卫星指纹图谱，显示8个供试样品存在明显差异，能够很好区分8个样品，达到品种鉴定目的。

11月23日的实验报告记载：通过对2份不同编号的样品进行总DNA提取、基因组浅层测序和序列组装、引物设计，设计了908对微卫星引物，并从中筛选出24对稳定性好、多态性高的引物。使用第一次筛选出的12对引物对10个样品进行荧光标记法检测，显示有2对引物在两个样品中无扩增产物，因此去除第一次筛选出的该2对引物。使用第一次筛选的10对引物和新筛选的24对引物构建10个供试样品的特有微卫星指纹图谱，显示第一次筛选的10对引物能够很好区分10个样品；新筛选的24对引物也能够很好区分10个样品。因此建议对样品进行鉴定时可以首先使用第一次筛选的10对引物，如果不能有效鉴别再逐步增加引物数量。综合两次指纹图谱构建情况，由于品种间存在差异，每次构建的指纹图谱可能会有引物数量上的变化；因此建议收集所有待测品种，一次性建立完整的品种指纹图谱。

4份快速鉴定实验报告使用第一次筛选的12对引物对11个红掌样品进行了快速鉴定，显示6个样品的指纹图谱在12个位点中与7月5日实验报告使用的某个样品完全一致，5个样品的指纹图谱与之前使用的8个样品存在较大差异。

二审期间，二公司陈述，昆明研究所出具的DNA实验报告采用的29对引物就是来自上述7月5日和11月23日两次实验筛选出的引物，筛选引物时所使用的样品包含涉案授权品种。

（二）与上海测试中心 DUS 测试报告相关的事实

DUS 测试指南总则（GB/T 19557.1-2004）在特异性判别方法中记载如下内容：6.1.3.2 判断两个品种差异是否明显取决于许多因素，尤其要考虑被测试性状的表达类型，即是否是质量性状、数量性状或假质量性状。6.1.3.2.1 对于质量性状，在测试指南中如果性状表达处于不同级别，则认为两品种在该性状上具有明显差异。如果性状表达为同一级别，则认为差异不明显。6.1.3.2.2 根据品种的繁殖方式和观测的方法来考虑以数量性状作为特异性状。6.2 若品种自身变异极小，则对特异性的判定通过目测而非统计方法；对于数量性状，两个代码的差异通常表示具有明显差异，但这不是判定特异性的绝对标准。由于品种受测试地点、年份、环境差异或表达程度等因素的影响，明显差异可能大于或小于两个代码。

二公司向原审法院提起了包括本案在内有关红掌植物新品种的系列案件。根据二公司汇总的上述红掌植物新品种在授权审查时的性状比对表，“某奥利尔”在“30 佛焰苞与花梗的夹角”的性状代码、“某奥利尔”在“23 佛焰苞先端形状”的性状代码，与近似品种的该性状代码均只存在 1 个代码的差异；在品种授权的审查中，审批机关认定上述存在 1 个代码的差异构成具备特异性的明显差异。

上海测试中心对涉案被诉侵权植株和对照样品检测了 40 个性状，其中 12 个性状代码不同（包括 2 个假质量性状、10 个数量性状），并注明“在质量性状和假质量性状上没有明显差异，部分数量性状有差异”。在 10 个存在差异的数量性状中，两个样品在“33. 肉穗花序：粗度（中部）”性状上存在 2 个代码的差异，另外有 9 个数量性状的代码差异为 1。

某农业科技公司的《专家鉴定意见书》记载：1. 从该 10 项数量性状代码差值看，9 项性状仅 1 个代码差，可以视为不构成差异明显的性状；仅 1 个数量性状代码差为 2，可视为差异明显的性状。2. 结合测试样品与授权品种的相同性状高度相似、被诉侵权植株为“花卉市场购买”没有合法育种来源的事实，且该测试只进行了第 1 个生长周期，根据植物性状遗传规律，该差异性状形成原因应为环境和管理等非遗传因素所致，可以认定两样品为同一品种。

二公司向原审法院提起诉讼时没有提供上海测试中心的 DUS 测试报告。审理期间，某公司向原审法院申请进行 DUS 测试，并了解到二公司已经获取 DUS 测试报告的事实，从而书面请求原审法院调取二公司获取的 DUS 测试报告，二公司在原审法院的要求下提供了上海测试中心的 DUS 测试报告。

（三）其他相关事实

植物新品种审批机关没有保存红掌植物新品种的标准样品。

二审期间，二公司向本院作出书面承诺，称其向昆明研究所和上海测试中心提供的用于侵权比对的样品属于涉案授权品种“某奥利尔”；上述承诺如有不实，愿意承担法律责任。

本院认为：涉案被诉侵权行为发生在 2021 年修正的《中华人民共和国种子法》（以下简称种子法）施行日 2022 年 3 月 1 日以前，2015 年修订的种子法施行日 2016 年 1 月 1 日以后，本案应适用 2015 年修订的种子法及相关司法解释的规定。综合查明的事实和双方的诉辩主张，本案二审的争议焦点问题为：被诉侵权植株是否属于涉案授权品种“某奥利尔”；某公司是否实施了生产、繁殖、销售被诉侵权植株的行为；如果构成侵权，某公司应如何承担侵权责任。其中，被诉侵权植株是否属于授权品种“某奥利尔”是本案处理的关键和前提。

种子法第九十二条第二项规定：“品种是指经过人工选育或者发现并经过改良，形态特征和生物学特性一致，遗传性状相对稳定的植物群体。”可见，通常而言，不同品种之间通过特征、特性加以区分。本院 2006 年制定和 2020 年修正的侵害植物新品种权规定第二条第二款均规定，被诉侵权物的特征、特性与授权品种的特征、特性相同，或者特征、特性的不同是因非遗传变异所致的，人民法院一般应当认定被诉侵权物属于生产、繁殖或者销售授权品种的繁殖材料。依据上述规定，被诉侵权物是否属于授权品种的繁殖材料，应审查特征、特性是否相同，以及特征、特性的不同是否因非遗传变异所致。原审法院仅将“特征、特性是否相同”确定为争议焦点而没有考虑遗传变异的相关事实，存在瑕疵，但这一瑕疵并不必然导致对被诉侵权植株是否属于授权品种繁殖材料相关事实认定错误，本院将结合查明的事实对该问题进行综合分析认定。判断被诉侵权植株与授权品种的特征、特性是否相同往往需要结合专门知识，采取田间观察检测法、基因指纹图谱等分子标记检测法等进行检测、鉴定。本案中，判断被诉侵权植株是否属于涉案授权品种的繁殖材料，可以结合以下三个具体问题进行分析：一是如何确定涉案授权品种的保护客体；二是昆明研究所的 DNA 实验报告的证明力；三是上海测试中心的 DUS 测试报告的证明力。

(一)关于如何确定涉案授权品种的保护客体

植物新品种权的保护客体是授权品种的繁殖材料。也就是说，授权品种繁殖材料的确定是品种权人行使排他独占权的基础。一般而言，用来确定授权品种保护客体的繁殖材料是以品种权人向品种权审批机关提交并保存的标准样品为准。涉案红掌新品种“某奥利尔”由荷兰某公司于2008年提出申请，2014年获得授权，其主要通过组织培养的无性繁殖方式进行扩繁，植株整体或其叶片都可以成为繁殖材料。根据本案审理查明的事实，由于红掌品种的特殊性，在涉案品种申请过程中以及授权之后，审批机关均未要求荷兰某公司提交用于保存的标准样品，故无法通过提取标准样品确定授权品种的保护客体。囿于当时的技术条件所限，审批机关也没有保存授权品种的基因型信息。在此情况下，为切实保护品种权人利益，正确确定授权品种的保护客体，如果品种权人通过充分说明、作出承诺，且提供其他证据能够初步证明其提供的繁殖材料样品就是授权品种繁殖材料，则可以以品种权人提供的该繁殖材料样品作为确定保护客体的依据，被诉侵权人有相反证据或者合理理由足以推翻的除外。例如，被诉侵权人可以提出反证证明品种权人提供的该样品特征、特性不同于授权品种，或者有其他合理理由否定品种权人提供的该样品属于授权品种繁殖材料。

本案中，二公司在提起诉讼前向上海测试中心提交了其声称为授权品种繁殖材料的样品，由上海测试中心将该样品与被诉侵权植株进行了DUS测试，在诉讼中经原审法院询问后二公司提交了该份测试报告。涉案品种在2014年11月1日获得授权后，昆明某公司曾于2017年与昆明研究所签订了《技术服务合同》，委托昆明研究所对其提供的红掌样本进行研究，提供红掌样本的实验数据和分子实验报告，昆明研究所在合同有效期内先后作出了关于分子标记快速鉴定体系和红掌样品快速鉴定的6份实验报告。二公司在二审中陈述其提交的样本中包含涉案授权品种的样品。上述合同和实验报告内容相互印证，可以初步证明昆明某公司在本案发生前就已将涉案授权品种的样品交给昆明研究所进行检测提取了授权品种的基因型信息。昆明某公司向上海测试中心提供有关样品的事实发生在其提起本案诉讼之前近一年，昆明研究所获取样品、提取样品基因型信息的行为更发生在二公司对涉案被诉侵权行为取证之前近两年，均具有较高的客观可信度。此外，二公司在本案二审期间向本院作出了书面承诺，并自愿对承诺不实承担法律责任。综合考虑上述因素，在某公司未提供相反证据、也未提出合理理由予以否认的情况下，本院认定二公司提供给昆明研究所和上海测试中心的样品是涉案授权品种的繁殖材料，可以作为确定涉案品种权保护客体的依据。

（二）关于被诉侵权植株是否属于涉案授权品种“某奥利尔”繁殖材料的问题

根据2017年修正的民事诉讼法第六十四条第一款和2021年修正的民事诉讼法第六十八条第一款的规定，当事人对自己提出的主张应当及时提供证据。2020年和2022年修正的民事诉讼法解释第九十条均规定：“当事人对自己提出的诉讼请求所依据的事实或者反驳对方诉讼请求所依据的事实，应当提供证据加以证明，但法律另有规定的除外。在作出判决前，当事人未能提供证据或者证据不足以证明其事实主张的，由负有举证证明责任的当事人承担不利的后果。”本案中，二公司主张被诉侵权植株构成侵权，应对被诉侵权植株属于涉案授权品种繁殖材料负举证责任。二公司在本案中提供了昆明研究所作出的DNA实验报告和上海测试中心作出的DUS测试报告，共同用于证明被诉侵权植株属于涉案授权品种的繁殖材料。

1. 关于二公司认为原审法院对上述两份证据类型认定错误的问题

2017年修正的民事诉讼法第七十六条、第七十七条第二款和2021年修正的民事诉讼法第七十九条、第八十条第二款均规定，当事人可以就查明事实的专门性问题向人民法院申请鉴定；当事人未申请鉴定，人民法院对专门性问题认为需要鉴定的，应当委托具备资格的鉴定人进行鉴定；鉴定人应当提出书面鉴定意见，在鉴定书上签名或者盖章。从上述关于鉴定的启动和鉴定意见形式的规定可知，民事诉讼中的鉴定意见专门指由人民法院就专门性问题委托进行鉴定得到的书面意见。当事人就专门性问题自行委托有关机构或人员出具的意见，不属于上述规定所指的民事诉讼中的鉴定意见。但是，当事人就专门性问题自行委托有关机构或人员出具的意见与鉴定意见在证明内容上具有一定类似性，故对于该类意见，人民法院可以参照法律和司法解释关于鉴定意见的审查规则，并准用私文书证的质证规则，结合具体案情，对其证明力的认定适当从严审查。原审法院将其作为书证，并参照对鉴定意见的审查因素进行审查，并无不当。二公司认为原审法院对该两份证据的类型认定错误的意见缺乏依据，本院不予支持。

2. 关于昆明研究所 DNA 实验报告和上海测试中心 DUS 测试报告的证明力问题

繁殖材料是具有繁殖能力、并且繁殖出的新个体与授权品种的特征、特性相同的活体植物材料。对于通过无性繁殖方式扩繁的植物体，除突变外，品种本身的植株进行不变繁殖。在是否属于授权品种繁殖材料的认定过程中，基因型信息可以起到辅助作用。但是，由于品种通常是通过形态特征和生物学特性等特征、特性加以区分，基因型信息只能用于辅助判断特征、特性是否相同，当基因型相同的个体存在不同特征、特性的，不能简单以基因型相同为由认定属于授权品种繁殖材料。基因指纹图谱等分子标记检测是通过基因型相同的事实推定特征、特性相同，田间观察检测则是通过田间观察和比对表型得出结论。对于特征、特性是否相同的认定而言，田间观察检测法相对于基因指纹图谱等分子标记检测法更为科学。当存在两种使用不同检测方法得到的检验报告时，采用田间观察检测法的检验报告的证明力一般高于采用基因指纹图谱等分子标记检测法的检验报告。对于某些尚无基因指纹图谱等分子标记检测的国家标准或行业标准的品种，在审查报告的证明力时，应当综合分析全部证据，着重审查采用基因指纹图谱等分子标记检测法的报告使用引物来源的样本范围及其代表性、基因指纹图谱的建立是否符合科学规律，并足以科学精准地区分不同品种。

第一，关于昆明研究所 DNA 实验报告的证明力问题。

目前我国缺少对红掌品种进行基因指纹图谱等分子标记检测的国家或行业标准。涉案品种授权后，昆明某公司作为品种权人的子公司委托昆明研究所对红掌品种开展研究，有利于推动红掌品种分子标记法行业标准的构建，对其所做的相关工作和努力，应予以肯定。但是，对于昆明研究所的 DNA 实验报告能否证明被诉侵权植株与涉案授权品种繁殖材料基因型相同，具有相同的特征、特性，仍然要在考虑检测方法的科学性和涉案相关证据的证明力等因素后才能作出认定。

昆明研究所出具的实验报告是利用微卫星分子标记（SSR 分子标记法）构建红掌基因指纹图谱对不同红掌品种进行快速检测。本案中，双方当事人对该份 DNA 实验报告证明力的主要争议在于所采用的检验方法是否科学。使用 SSR 分子标记法进行基因型相同的检测，主要依赖于已建立符合科学规律的基因指纹图谱。建立科学的基因指纹图谱时，筛选的引物通常至少需要满足两个条件：一是在统计学上通过引物体系中各位点相同或差异位点数未超过阈值就可以认定为相同或极近似品种；二是在统计学上通过引物体系中的差异位点数超过阈值就可以认定为不同品种。红掌通过无性繁殖方式扩繁，相同品种的不同个体之间的基因型信息基本相同。昆明研究所的DNA实验报告所采用的引物体系是否科学，主要应考虑筛选出来的引物是否能够足以将不同红掌品种区分开来。由于目前尚不能确定红掌的表型和基因型的对应关系，在缺少红掌品种基因指纹图谱检测的国家或行业标准的情况下，昆明某公司委托昆明研究所建立的用于对红掌品种进行快速检测的引物体系应符合科学规律，能够区分不同品种的红掌。为此，在筛选引物的过程中，至少应当考虑所使用的样品的代表性和覆盖已知品种的范围。涉案DNA实验报告使用了29对引物，二公司在二审期间补充了第三组证据，包括昆明研究所的6份实验报告，用于说明昆明研究所筛选引物的方法以及引物体系的科学性。从该组证据看，在建立引物体系的过程中，第一次从8个样品中筛选出12对引物，实验报告记载12对引物在8个样品中有不同的特征性编码，通过引物组合可以很好区分开所有供试样品；此后又从2个其他样品中筛选出24对引物，实验报告记载使用第一次筛选出的12对引物对两次共10个样品进行测试，显示其中有2对引物在其中2个样品中无扩增产物，其他引物能够准确读取等位基因，因此去除上述2对引物。可见，由于品种间存在差异，每次选用不同样品构建基因指纹图谱时，引物不仅可能会有数量上的变化，而且在具体选择上也可能会有变化。在构建科学的红掌基因指纹图谱的实验过程中，应尽量选择多、有代表性的红掌品种。2017年11月23日的实验报告也记载由于品种间存在差异，每次构建的指纹图谱可能会有引物数量上的变化，建议收集所有待测品种，一次性建立完整的品种指纹图谱。二公司二审中提交的第三组证据显示，昆明研究所通过两次实验，从10个样品中共筛选出34对引物。二公司二审中陈述，昆明研究所的DNA实验报告所使用的29对引物就是来源于上述34对引物。可见，该29对引物是基于10种红掌筛选出来的，而仅昆明某公司官网展示的红掌就有200多种。昆明某公司在涉案品种获得授权后开始对红掌开展基因指纹研究，其掌握的红掌已多达200多种。二公司在寻求司法救济前本可以将尽量多的、具有代表性的红掌品种样品提供给昆明研究所开展研究使用，以便建立相对完整的红掌品种基因指纹图谱。但是，二公司仅提供了10个红掌品种的样品，且不能证明该10个样品品种具有代表性，不能证明从中筛选出的29对引物足以区分已知至少200多个红掌品种，样品数量明显不足。虽然二公司在诉讼中表示在筛选该 29 对引物时使用的样品包含了涉案授权品种样品，但是，在比对品种可能涉及样品范围之外的其他植物品种时，仅凭引物筛选时样品范围包括涉案授权品种这一事实，并不足以保证将涉案授权品种与样品范围之外的其他品种区别开来。综上，对于现有红掌品种而言，根据昆明研究所 DNA 实验报告使用的 29 对引物，尚难以认定其检测方法已具备充分的科学性，依据该 29 对引物作出的 DNA 实验报告证明力相应不足，不能仅依据该份证据认定被诉侵权植株与涉案授权品种的特征、特性相同，属于涉案授权品种的繁殖材料。

第二，关于上海测试中心 DUS 测试报告的证明力问题。

根据侵害植物新品种权规定二第二十一条规定，对于没有基因指纹图谱等分子标记检测方法进行鉴定的品种，可以采用行业通用方法对授权品种与被诉侵权物的特征、特性进行同一性判断。由于缺少红掌品种基因指纹图谱检测的国家或行业标准，侵权诉讼中可以按照花烛属测试指南和测试指南总则的相关规定，采用田间观察检测法对特征、特性是否相同进行认定。本案中，上海测试中心对送检的样品通过田间观察进行了检测，比对了两个样品的 40 个性状，其中 12 个性状代码不同，包括 2 个假质量性状、10 个数量性状，并注明“在质量性状和假质量性状上没有明显差异，部分数量性状有差异”。双方对于上述数量性状上存在的差异是否属于明显差异，能否据此认定两个样品属于相同品种的问题存在争议。

关于被诉侵权植株与授权品种之间是否存在明显差异的问题，可以参照 DUS 测试指南关于特异性的判断标准，对当事人提交的测试报告以及出具该报告的具有专门知识的人在诉讼中所作解释进行综合分析认定。上海测试中心的 DUS 测试报告记载 10 个存在差异的数量性状中，代码差异为 2 的数量性状有 1 个，代码差异为 1 的数量性状有 9 个。花烛属测试指南没有特别规定对花烛属品种数量性状上判断差异是否明显的具体标准，对此可以适用测试指南总则的规定。对于数量性状，测试指南总则记载，若品种自身变异极小，则对特异性的判定是通过目测而非统计方法；两个代码的差异通常表示具有明显差异，但这不是判定特异性的绝对标准；由于品种受测试地点、年份、环境差异或表达程度等因素的影响，明显差异可能大于或小于两个代码。可见，数量性状上 1 个代码的差异也可能被认定为明显差异。同时，本院注意到，二公司汇总的系列案件中其他红掌植物新品种在授权审查时的性状比对表显示，“某奥利尔”在“30 佛焰苞与花梗的夹角”的性状代码、“某奥利尔”在“23 佛焰苞先端形状”的性状代码，与近似品种的该性状代码均只存在 1 个代码的差异；审批机关在品种授权审查中将上述差异认定为具备特异性的明显差异。上海测试中心的 DUS 测试报告记载，两个样品在“33. 肉穗花序：粗度（中部）”性状上存在 2 个代码的差异，某农业科技公司作出的《专家意见书》也认为该性状属于明显差异。DUS 测试报告的审核人陈某荣作为具有专门知识的人，其在原审期间亦陈述，“在测试状态下不是同一个品种，因为很多性状下都是有明显差别”。综合上述事实，可以初步认定被诉侵权植株与涉案授权品种在上海测试中心的观察中在性状表达上具有明显差异。

接下来需要进一步审查有关明显差异是否因环境等非遗传变异因素影响所致的问题。一般而言，数量性状受多基因控制，每个基因对表型的影响较小；对环境条件呈现敏感反应，易受环境条件的影响而发生变异。虽然上海测试中心的 DUS 测试报告记载待测品种与近似品种生长状态明显不同，上述数量性状上的差异可能是由于两个样品受环境影响导致，但是也并不能排除其他因素如两个样品的基因型带来的影响。陈某荣在原审期间也陈述，“既有遗传基因的原因，也有环境因素的影响”“因此结论是不能说一定是受环境影响或者一定是受遗传影响”。综合分析上述证据，被诉侵权植株与授权品种样品在测试状态下的明显差异是否因环境等非遗传变异因素影响所致，这一事实尚处于真伪不明状态。

2020 年和 2022 年修正的民事诉讼法解释第一百零八条第一款、第二款均规定：“对负有举证证明责任的当事人提供的证据，人民法院经审查并结合相关事实，确信待证事实的存在具有高度可能性的，应当认定该事实存在。”“对一方当事人为反驳负有举证证明责任的当事人所主张事实而提供的证据，人民法院经审查并结合相关事实，认为待证事实真伪不明的，应当认定该事实不存在。”依据上述规定，如果经过审查待证事实处于真伪不明状态的，应当认定该事实不存在，对待证事实负有举证责任的一方当事人对此承担不利后果。由于在案证据显示两个样品存在明显差异，而差异是否因环境因素影响所致这一事实处于真伪不明的状态，因此，负有举证责任的二公司对此应承担不利后果。综上，上海测试中心的 DUS 测试报告尚不能证明被诉侵权植株属于涉案授权品种的繁殖材料。

某农业科技公司《专家鉴定意见书》是某农业科技公司受二公司委托，主要通过对 DUS 测试报告的分析得出的专门性意见。从形式上看，该意见书是二公司单方委托某农业科技公司所作，对其证明力的认定应作严格审查。从内容上看，该意见书仅从一般遗传机理方面分析了质量性状、数量性状、假质量性状受环境和基因影响的程度，并未针对涉案品种进行针对性分析，其得出差异性状应为环境和管理等非遗传因素所致的结论，缺少令人信服的依据，本院不予采信。

综上，通过对于涉案两份实验或测试报告的分析，昆明研究所的 DNA 实验报告虽显示两个样品在 29 个位点上一致，但由于在案证据尚不能证明筛选该 29 对引物所使用的样品具有代表性，足以全面代表已知红掌品种，尚不能证明该 29 对引物的选择符合科学规律，足以区分不同的红掌品种，涉案 DNA 实验报告证明力不高，不足以证明两者特征、特性相同；上海测试中心 DUS 测试报告显示两个样品存在明显差异，而该明显差异是否由环境等非遗传变异因素影响所致尚处于真伪不明状态。特别是，二公司在本案起诉前就取得了上海测试中心的 DUS 测试报告，对于可能对其不利的测试报告，二公司并未主动向原审法院提供，直至原审法院核查相关事实发现该测试报告后，二公司才应原审法院要求予以提供，一定程度上存在诉讼不诚信行为。通过对涉案两份实验或测试报告的比较，并综合考虑上述因素，本院认定在案证据尚不能证明被诉侵权植株属于涉案授权品种的繁殖材料，对该事实负有举证责任的二公司尚未完成举证责任，应对此承担不利后果。二公司认为其已经完成举证责任，应由某公司提供相反证据的主张，不能成立。二公司关于原审法院对昆明研究所 DNA 实验报告和上海测试中心 DUS 测试报告的审查认定错误的上诉理由缺乏依据，本院不予支持。

需要说明的是，某公司在本案中辩称，其从花卉市场购得被诉侵权植株用于实验研究，并未生产、繁殖、销售被诉侵权植株。从在案证据看，二公司系通过公证取证的方式从某公司处购买到被诉侵权植株，某公司关于其并未在市场上公开销售被诉侵权植株的抗辩，显然不能成立。某公司主张从市场上购买红掌进行实验培养，但对该事实并未举证证明，故本案中可以认定某公司生产、繁殖了被诉侵权植株。因现有证据尚不足以证明被诉侵权植株属于涉案授权品种的繁殖材料，据此难以认定某公司的有关行为构成侵害涉案品种权，故本院对其他争议问题已无须评述。

综上所述，二公司的上诉请求不能成立，应予驳回；原审判决认定事实基本清楚，适用法律基本正确，裁判结果应予维持。依照《中华人民共和国民事诉讼法》第一百七十七条第一款第一项之规定，判决如下：

驳回上诉，维持原判。

二审案件受理费 26720 元，由荷兰某公司、昆明某花园艺有限公司共同负担。

本判决为终审判决。

审　判　长　罗　霞
审　判　员　雷艳珍
审　判　员　李　艳
二〇二三年三月三日
法官助理　王　亮
法官助理　马　杰
书　记　员　李思倩

七、垄断案件审判

39. 垄断协议固定价格的认定

——上诉人重庆江某建材有限公司与被上诉人重庆市市场监督管理局反垄断行政处罚纠纷案①

中华人民共和国最高人民法院行政判决书（2023）最高法知行终29号

上诉人（一审原告）：重庆江某建材有限公司。住所地：重庆市丰都县。

法定代表人：刘某，该公司经理。

委托诉讼代理人：张志，北京大成（成都）律师事务所律师。

委托诉讼代理人：邹家倩，北京大成（成都）律师事务所律师。

被上诉人（一审被告）：重庆市市场监督管理局。住所地：重庆市渝北区。

法定代表人：唐某，该局局长。

委托诉讼代理人：舒某，该局工作人员。

委托诉讼代理人：王必伟，中豪律师事务所律师。

上诉人重庆江某建材有限公司（以下简称江某建材公司）因与被上诉人重庆市市场监督管理局反垄断行政处罚一案，不服重庆市第一中级人民法院（以下简称一审法院）于2022年10月8日作出的（2022）渝01行初55号行政判决，向本院提起上诉。本院于2023年2月15日立案后，依法组成合议庭，并于2023年4月26日询问当事人，上诉人江某建材公司的委托诉讼代理人张志、邹家倩，被上诉人重庆市市场监督管理局的委托诉讼代理人舒某、王必伟到庭参加了询问。本案现已审理终结。

---

① 本案在年度报告中的位置为第82页。

重庆市市场监督管理局于2021年6月15日作出渝市监处字〔2021〕41号《行政处罚决定书》（以下简称被诉行政处罚决定），该决定的主要内容为：根据重庆市公安局来函反映的问题，重庆市市场监督管理局于2019年10月14日对江某建材公司涉嫌垄断行为进行立案调查。经调查，江某建材公司存在以下违法行为及事实：（一）江某建材公司与具有竞争关系的经营者达成“固定或者变更商品价格、分割销售市场或者原材料采购市场”的垄断协议（以下简称涉案协议）。江某建材公司与重庆建某混凝土有限公司（以下简称建某混凝土公司）是两家相互独立的商砼生产企业，2019年5月以前，重庆市丰都县内只有江某建材公司和建某混凝土公司实际生产、销售商砼。2014年年初，江某建材公司和建某混凝土公司为了不相互杀价、消除恶性竞争，开始磋商联营事宜，并于2014年4月达成涉案协议。（二）江某建材公司与具有竞争关系的经营者建某混凝土公司实施了固定商品价格及分割销售市场的行为。1. 实施固定商品价格的行为。2014年4月20日起，江某建材公司和建某混凝土公司互派统计人员到对方公司上班。江某建材公司与建某混凝土公司达成协议后，约定了商砼销售价，并互派监督人员，如发现受监督公司因特殊情况低于标准价进行销售会将销售情况向自己公司负责人汇报、请示。2. 实施分割销售市场的行为，包括：（1）划分商品销售地域。双方互派人员每天相互检查混凝土罐车的行车全球定位系统（GPS），以确保供货地址与合同、票单一致，同时确保对方公司的水泥罐车未前往本公司供应的工地供货。两家公司在实际实施过程中通过调整分配方量对划分销售地域进行补充。（2）划分销售商品数量及销售利润。双方互派人员收集对方公司商砼销售合同和票据进行核对，并统计对方公司每天销售商砼的方量和价格；每月初分别汇总提交两公司上个月的销售总方量和总利润，两公司则根据统计数据对双方销售的总方量和总利润按约定比例进行分配。2019年3月，江某建材公司和建某混凝土公司互相撤出实施涉案协议期间指派到对方的工作人员，并不再按照以往的约定实施涉案协议。江某建材公司2018年的销售额为242985217.65元。江某建材公司和建某混凝土公司属于经营同种业务的独立经营者，相互之间在重庆市丰都县区域内具有明显的竞争关系。双方达成涉案协议并实施固定销售商砼价格、分割商砼销售市场的行为，破坏了公平竞争的市场环境，严重排除、限制竞争，损害了消费者利益。根据2007年通过的《中华人民共和国反垄断法》（以下简称2007年反垄断法）第四十六条第一款的规定，决定对江某建材公司作出如下处罚：处上一年度销售额5%的罚款，共12149260.88元。

江某建材公司不服被诉行政处罚决定，于2021年11月22日向重庆市渝北区人民法院提起行政诉讼；2022年3月22日，重庆市渝北区人民法院裁定将本案移送重庆市第一中级人民法院即一审法院管辖；2022年4月7日，一审法院决定立案受理。江某建材公司起诉请求判令：1. 撤销重庆市市场监督管理局作出的被诉行政处罚决定；2. 案件诉讼费由重庆市市场监督管理局负担。事实和理由：（一）被诉行政处罚决定认定事实自相矛盾，无法得出江某建材公司严重排除、限制竞争和损害消费者利益的结论。（二）被诉行政处罚决定的作出程序严重违法。（三）被诉行政处罚决定违反2017年修正的《中华人民共和国行政处罚法》（以下简称行政处罚法）第四条第二款关于"过罚相当"的规定。江某建材公司实施的涉案垄断行为的情节严重程度较轻，并未严重损害消费者利益，社会危害程度不高，理应从轻处罚。重庆市市场监督管理局对2007年反垄断法第四十六条第一款"上一年度销售额"作出对江某建材公司不利的扩大解释。"上一年度销售额"应是与垄断违法行为相关联的销售额方可计入，江某建材公司的上一年度销售额中有一部分是在重庆市丰都县市场之外的石柱土家族自治县（以下简称石柱县）市场的销售额，该部分与涉案垄断行为无关，重庆市市场监督管理局却全部计入作为处罚基数，违反"过罚相当"的处罚原则。

重庆市市场监督管理局在一审中辩称：（一）该局具有在本行政区域内依法作出行政处罚的职权；（二）被诉行政处罚决定作出程序合法，认定事实清楚，证据确凿充分，适用法律正确。该局请求依法驳回江某建材公司的诉讼请求。

一审法院认定如下事实：

江某建材公司与建某混凝土公司是重庆市丰都县内两家相互独立的商砼生产企业。江某建材公司成立于2012年7月25日，营业执照载明的经营范围为：装配式建筑制品、构件研发、生产、销售；预拌砂浆生产、销售；预拌混凝土、预制构件的生产销售等。2014年，江某建材公司与建某混凝土公司为了不相互杀价，就联营事宜进行磋商，并在2014年4月达成涉案协议，协议的主要内容如下：1. 按区域划分市场。两家公司以丰都县水天坪工业园区一个摄像头为界，工业园区往高镇方向为江某建材公司的销售区域，往丰都县方向为建某混凝土公司的销售区域。2. 按协商的市场份额划分销售方量和利润。一是对销售方量进行分配，两家公司以销售方量之和为标准，按照建某混凝土公司60%、江某建材公司40%的比例进行分配，当月销售未达到分配比例数量的公司就在下月到对方工地补齐差额方量。二是对利润进行分成，按照建某混凝土公司60%、江某建材公司40%的比例分配利润。如果哪个公司销售的利润超过该比例，就把多出来的利润补给对方。3. 固定价格。双方公司为了不互相杀价，尽量保持价格水平的稳定，约定双方公司商砼销售的标准价（也称最低销售价、基价）。如果双方公司因特殊情况低于标准价进行销售，则必须经双方负责人同意。4. 确定互相监督的方式。江某建材公司和建某混凝土公司分别互派员工到对方公司进行统计、监督，以确保协商的价格、销售区域、方量和利润的划分等条件落实到位。

2014年4月20日开始，江某建材公司与建某混凝土公司互派员工到对方公司上班，主要工作是：1. 实施固定商品价格的行为。江某建材公司和建某混凝土公司达成协议后，双方的商砼销售价按照不能低于以C30商砼360元/方为基准的标准价执行。随后，两公司在2017年11月22日与2017年12月对约定的商砼标准价进行过两次调整。当互派的监督人员发现受监督公司因特殊情况低于标准价进行销售时，将销售情况向己方公司负责人汇报、请示。2. 实施分割销售市场的行为。江某建材公司和建某混凝土公司互派的工作人员每天相互检查混凝土罐车的行车全球定位系统（GPS），以确保供货地址与合同、票单一致，同时确保对方公司的水泥罐车未前往本公司供应的工地供货。两家公司在实际实施过程中通过调整分配方量对销售地域的划分进行补充。为划分销售商品数量和销售利润，江某建材公司和建某混凝土公司互派人员到对方公司实施以下行为：1. 收集对方公司每日所有的商砼销售合同和票据，并进行核对；2. 统计对方公司每天销售商砼的方量和价格，根据约定的结算核定成本计算出对方公司当日的销售方量、利润，并制作方量、利润分配日报表；3. 每月初分别汇总两公司上个月的销售总方量和总利润制作方量、利润分配月报表，并根据约定比例计算出分配的方量和利润，将制作的方量、利润分配表交己方公司和对方公司进行审查确认。两公司每月初会根据统计数据对上个月双方销售的总方量和总利润按约定比例进行分配，并将利润差额分别打入对方指定账户中，上个月方量差量则通知对方在本月补齐。

2014年4月至2016年12月，两公司分配了在丰都县和石柱县销售商砼的方量和利润；2017年1月至2019年2月，两公司分配了在丰都县销售商砼的方量和利润。

2019 年 3 月，建某混凝土公司的法定代表人被公安机关抓获。江某建材公司和建某混凝土公司互相撤出指派到对方公司的工作人员，并停止实施达成的联营协议。

江某建材公司 2018 年的销售额为 242985217.65 元，江某建材公司认为被调查的行为包括发生在石柱县的行为，故上述销售额中包含的石柱县销售额 30161475.22 元应予扣除。

2019 年 10 月 14 日，重庆市市场监督管理局收到重庆市公安局的函件，称建某混凝土公司和江某建材公司在丰都县垄断经营当地商砼市场的行为涉嫌违反 2007 年反垄断法第十三条规定。同日，重庆市市场监督管理局启动调查工作，并于次日对江某建材公司所在的丰都县水天坪工业园区 B01-1/3 地块进行现场检查，制作现场笔录。随后，重庆市市场监督管理局开展多方调查，并多次对涉案人员进行询问。2021 年 1 月 11 日，重庆市市场监督管理局作出渝市监听告字〔2020〕108 号《行政处罚听证告知书》，于同年 1 月 29 日向江某建材公司送达。同年 3 月 4 日，重庆市市场监督管理局作出渝市监听通〔2021〕2 号听证通知书。同年 3 月 18 日，重庆市市场监督管理局举行听证，江某建材公司在听证会上提出申辩意见并提交证据。同年 6 月 15 日，重庆市市场监督管理局经过集体讨论后作出被诉行政处罚决定：对江某建材公司处上一年度销售额 5%的罚款，共 12149260.88 元。同年 6 月 17 日，江某建材公司收到被诉行政处罚决定后提起行政诉讼。

2019 年 12 月 20 日，重庆市涪陵区公安局出具涪陵公（刑）诉字第〔2019〕611-1 号起诉意见书，认为江某建材公司工作人员涉嫌故意销毁会计账簿、会计凭证罪，决定移送审查起诉。

一审法院认为：本案为反垄断行政处罚纠纷。根据双方当事人的诉辩主张，本案的争议焦点是：（一）重庆市市场监督管理局是否具有作出被诉行政处罚决定的法定职责；（二）江某建材公司是否与其他经营者达成并实施涉案协议；（三）重庆市市场监督管理局根据江某建材公司 2018 年全部经营业务销售额 5%计算罚款并作出处罚是否合法适当；（四）重庆市市场监督管理局作出的行政处罚程序是否合法。

2007 年反垄断法第十条规定："国务院规定的承担反垄断执法职责的机构（以下统称国务院反垄断执法机构）依照本法规定，负责反垄断执法工作。国务院反垄断执法机构根据工作需要，可以授权省、自治区、直辖市人民政府相应的机构，依照本法规定负责有关反垄断执法工作。"根据国家市场监督管理总局令第10号《禁止垄断协议暂行规定》第二条的规定，国家市场监督管理总局负责垄断协议的反垄断执法工作，并根据反垄断法第十条第二款规定，授权省、自治区、直辖市市场监督管理部门负责行政区域内垄断协议的反垄断执法工作。重庆市市场监督管理局负有重庆市内垄断协议的反垄断执法法定职责，有权作出被诉行政处罚决定。

根据2007年反垄断法第十三条第一款第一项与第三项的规定，禁止具有竞争关系的经营者达成固定或者变更商品价格、分割销售市场或者原材料采购市场的垄断协议。本案中，江某建材公司与建某混凝土公司同属行业内独立经营的竞争者，且在涉案行为发生期间在丰都县内只有该两公司在实际生产、销售商砼。江某建材公司与建某混凝土公司共同协商，就丰都县商砼销售价格、销售市场等事宜达成一致；在协议实施过程中，互相指派监督员按照协议内容进行落实。上述行为有相关多人多次询问笔录、书证等相互印证，足以证明江某建材公司与建某混凝土公司达成并实施了涉案协议，该行为的实质是通过固定价格、分割销售市场等联合经营方式消除相互之间的竞争，达到垄断货源、操纵价格的目的，不仅排除了相互之间的竞争关系，损害了公平竞争的市场秩序，还使建筑企业失去对商砼的议价权和选择权，侵害了丰都县区域内建筑企业的利益，违反了上述法律规定，构成经营者达成并实施垄断协议的行为。

2007年反垄断法第四十六条第一款规定："经营者违反本法规定，达成并实施垄断协议的，由反垄断执法机构责令停止违法行为，没收违法所得，并处上一年度销售额百分之一以上百分之十以下的罚款；尚未实施所达成的垄断协议的，可以处五十万元以下的罚款。"该款规定在计算罚款基数时仅表述为"上一年度销售额"，没有对其内涵作进一步限定，但对该"销售额"的含义应当结合反垄断法的立法目的进行判断。反垄断法的直接立法目的是预防和制止垄断行为。鉴于垄断行为的危害不仅限于其违法经营的范围，还损害市场竞争机制和经济运行效率，垄断行为通常对市场经济的危害性较大，总体上对垄断行为应当处以较为严厉的处罚，方能起到有效的威慑作用，否则难以实现反垄断法预防和制止垄断行为的立法目的，因此，将2007年反垄断法第四十六条第一款规定的"上一年度销售额"原则上解释为全部销售额具有合理性。从过罚相当的角度看，2017年修正的行政处罚法第四条第二款规定："设定和实施行政处罚必须以事实为依据，与违法行为的事实、性质、情节以及社会危害程度相当"；2007年反垄断法第四十九条规定："对本法第四十六条、第四十七条、第四十八条规定的罚款，反垄断执法机构确定具体罚款数额时，应当考虑违法行为的性质、程度和持续的时间等因素。”据此，审查反垄断执法机构确定的具体罚款数额是否合法适当，需要结合个案具体情况，以有利于实现反垄断法预防和制止垄断行为的立法目的和确保个案处理结果公正为指引进行综合判断，具体可以考虑如下因素：垄断行为的危害性程度，如垄断行为的性质（横向垄断协议通常比纵向垄断协议对市场竞争的危害性更大）、持续时间、所涉及的市场范围、违法销售额及对经营者全部业务的影响等；经营者的主观恶意，如是否明知故犯、恶意违法；经营者在违法行为中所处的地位和作用，如是否属于垄断行为组织者或者主导者等；是否已经并处没收违法所得；经营者是否存在抗拒行政查处或者主动停止违法行为的情节等。本案中，江某建材公司作为经营者达成并实施了涉案协议，原本应当根据其垄断违法销售情况计算其违法所得予以没收并同时处以罚款，但重庆市市场监督管理局并没有直接没收违法所得，而是综合考虑最终处罚数额应当包含没收违法所得和罚款两项处罚，笼统按其 2018 年度销售额百分之五处以罚款。上述处罚结果是该局综合考虑江某建材公司垄断行为性质、持续时间及危害程度，以及具有隐匿、销毁财务资料等情节所作出，在反垄断行政处罚的法定幅度内，符合反垄断法预防和制止垄断行为的立法目的，并未明显违反过罚相当原则。

被诉行政行为即被诉行政处罚决定系于 2021 年 6 月 15 日作出，本案应当适用 2017 年修正的行政处罚法。根据该法规定，行政机关在作出行政处罚决定之前，应当履行相关法定程序：一是全面、客观、公正地调查、收集证据；二是应当告知当事人作出行政处罚决定的事实、理由及依据，并告知当事人依法享有的权利；三是必须充分听取当事人的意见，对其提出的事实、理由和证据，应当进行复核，若意见成立，行政机关应当采纳；四是经调查，确有应受行政处罚的违法行为的，根据情节轻重及具体情况，作出行政处罚决定，行政处罚决定应当载明当事人违反法律法规或者规章的事实和证据、行政处罚的种类和依据、行政处罚的履行方式和期限、不服行政处罚决定申请行政复议或者提起行政诉讼的途径和期限等；行政处罚决定应当依法送达当事人。对于一般的行政处罚决定，由从事行政处罚决定审核的人员进行审核，行政机关负责人对调查结果进行审查；对情况复杂或者重大违法行为给予较重的行政处罚，行政机关的负责人应当集体讨论决定；行政机关作出责令停产停业、吊销许可证或者执照、较大数额罚款等行政处罚决定之前，应当告知当事人有要求举行听证的权利；当事人要求听证的，行政机关应当组织听证。本案中，重庆市市场监督管理局在作出被诉行政处罚决定前，依法履行了立案审批、调查收集证据、告知江某建材公司享有陈述、申辩、听证等相关权利的手续，举行了听证，并集体讨论案件，在法定期限内作出并向江某建材公司依法送达了相关文书，符合法律规定。关于江某建材公司提出的重庆市市场监督管理局行政处罚程序违法的主张，一审法院认为，首先，由于法律及相应规范性文件并未规定参加集体讨论的人数，亦未对行政首长必须参加集体讨论作出强制性规定，故重庆市市场监督管理局的两名负责人参加案件讨论并作出一致决定，并未违反法定程序。其次，本案系反垄断行政处罚案件，根据国家市场监督管理总局制定的《禁止垄断协议暂行规定》的相关规定，对垄断协议调查、处罚程序未作规定的，可以依照《市场监督管理行政处罚程序暂行规定》执行，但有关时限、立案、案件管辖的规定除外，即鉴于垄断行为调查的复杂性，在法律及相应规范性文件中未规定审理时限，故重庆市市场监督管理局的审理期限不违反法律规定。再次，舒某、黄某华系作为行政执法调查人员参加听证会和集体讨论，陈述调查事实，也未违反法律规定。最后，滥用职权是指行政机关行使职权实施行政行为过程中，故意违背法定目的，背离基本法理，造成后果显失公正的违法行政行为。江某建材公司提交的现有证据不能证明重庆市市场监督管理局在本案中存在故意不当行使职权的行为；重庆市市场监督管理局提交的证据可以相互印证，能够证明被诉行政处罚决定所认定的事实。虽然两份询问笔录记载的内容存在冲突，但对该两份证据不予采信并不影响被诉行政处罚决定认定的事实，亦不能直接据此认定重庆市市场监督管理局构成滥用职权。重庆市市场监督管理局所作出的被诉行政处罚决定的程序符合法律规定，江某建材公司认为其行政处罚程序违法，但未提供充分的证据和理由，不予支持。

一审法院依照《中华人民共和国行政诉讼法》第六十九条之规定，判决："驳回原告重庆江某建材有限公司的诉讼请求。案件受理费50元，由原告重庆江某建材有限公司负担。"

江某建材公司上诉请求：1. 撤销一审判决；2. 撤销被诉行政处罚决定。事实和理由：（一）被诉行政处罚决定的作出严重违反法定程序。1. 重庆市市场监督管理局未遵循《市场监督管理行政处罚程序暂行规定》的办案流程规定。根据前述暂行规定的相关条款，行政机关在作出行政处罚行为之前应当严格遵从以下法定程序：负责人决定立案—案件调查—案件调查终结报告

—案件审核并出具书面意见和建议—先行告知—听证—负责人集体讨论—最终处罚决定。重庆市市场监督管理局提交的在案证据无法证明被诉行政处罚决定的作出遵从了上述法定程序。虽然该局在一审庭审当庭提交了案件调查终结报告，但鉴于该证据并非在法定举证期限内提交，根据《中华人民共和国行政诉讼法》（2017 年修正，以下简称行政诉讼法）第三十四条第二款的规定，应视为重庆市市场监督管理局未制作案件调查终结报告。2. 重庆市市场监督管理局未提供由从事被诉行政处罚决定审核工作的人员撰写的案件审核意见。案件审核内容和结果与拟作出的行政处罚决定的合法性及合理性密切相关，并对行政相对人在公法上的权利义务具有直接、实质性的影响。重庆市市场监督管理局上述法定程序的缺失，足以证明被诉行政处罚决定的作出严重违反法定程序。3. 重庆市市场监督管理局未履行法定的核实、复核义务。在该局组织召开的听证程序中，对江某建材公司发表的关于涉案协议未实施、未妨害相关市场内消费者选择权和议价权、两公司联合经营有利于提升效率、涉案协议符合法定豁免情形等申辩意见，该局均未履行法定的核实、复核义务，显属程序不当。（二）被诉行政处罚决定认定江某建材公司与建某混凝土公司达成并实施涉案协议的主要证据不足，且适用法律、行政法规错误。1. 重庆市市场监督管理局提交的在案证据不能证明江某建材公司按照与建某混凝土公司达成的涉案协议实施了固定价格和划分销售市场的行为。一方面，根据江某建材公司对重庆市市场监督管理局指称的涉案协议实施期间（58 个月）该公司销售记录所作的统计，江某建材公司在相关市场［本案相关市场应认定为在丰都县境内不超过 90 分钟（当采用翻斗车运输时仅为前后 45 分钟）时间差内生产的商品混凝土市场］内实际销售 C30 商砼的交易次数为 804 笔，其中有 371 笔交易的成交价低于涉案协议约定的 C30 最低销售价，此情形显然是对双方之间就固定最低价格达成的涉案协议的背离和违反，被诉行政处罚决定和一审判决均认定江某建材公司实施了固定商品价格的行为，显属认定事实错误。另一方面，根据《重庆市城乡建设委员会关于印发〈重庆市预拌商品混凝土管理暂行规定〉的通知》（渝文审〔2013〕31 号）第三十三条第二款关于"生产企业宜建立预拌商品混凝土运输车卫星定位系统，运输车辆应安装卫星定位装置。鼓励生产企业通过科技手段对运输车辆及施工现场卸料情况进行监控，切实加强运输过程管理"的规定，江某建材公司在混凝土罐车上安装卫星全球定位系统（GPS）是为积极响应国家号召，对运输过程进行管理的需要，而非实施所谓的"分割销售市场行为"。

根据一审判决查明的被诉行政处罚决定指称江某建材公司在58个月的涉案协议实施期间订立的商砼销售合同所载明的项目名称，并结合《商砼销售项目定位图（部分）》和《重庆市丰都县经济交通旅游图》示出的内容，江某建材公司实际供应的商砼所运送的施工地点均位于靠近丰都县城龙河以东的区域，也即江某建材公司并未严格按照与建某混凝土公司达成的涉案协议中约定划分的商砼销售区域供应商砼，故被诉行政处罚决定和一审判决均认定江某建材公司实施了划分销售市场的行为，亦属认定事实错误。2. 关于适用法律、法规错误，其一，2007年反垄断法第一条项下的立法目的不仅是预防和制止垄断行为，亦包括维护市场公平竞争、提高经济运行效率、维护消费者利益和社会公共利益、促进社会主义市场经济健康发展等多元目标。重庆市市场监督管理局和一审法院在本案中仅将实现预防和制止垄断行为作为反垄断法的唯一立法目的进行执法司法，未能注意协调反垄断法所规定的上述多元立法目标，也未能注意与涉案垄断行为所实现的提高经济运行效率、提升相关市场消费者利益等积极效果进行权衡比较，导致作出的被诉行政处罚决定和一审判决均违反比例原则，显属适用法律错误。其二，江某建材公司与建某混凝土公司实施"按协商的市场份额划分销售方量和利润""确定相互监督方式"的行为并不受行为发生时法律、行政法规的规制，重庆市市场监督管理局和一审法院对于前述两种行为适用自2019年9月1日开始施行的《禁止垄断协议暂行规定》加以规制，显属适用行政法规错误。（三）被诉行政处罚决定确定的处罚基数和比例均明显不当。1. 被诉行政处罚决定错误将江某建材公司在石柱县的商砼销售额计入作为罚款基数。重庆市市场监督管理局在未对本案相关市场作出界定的情况下，将江某建材公司在本案相关市场以外的销售区域即石柱县的销售额30161475.22元纳入作为罚款基数，显属不当。2. 被诉行政处罚决定未能准确掌握本案处罚的自由裁量幅度。重庆市市场监督管理局按照江某建材公司2018年全年销售额5%的比例确定罚款数额，没有考量本案相关市场存在商砼经营者行政准入壁垒和行政排他性双寡头垄断竞争市场结构的内在成因和市场性质，无视江某建材公司并未实际实施与建某混凝土公司达成的涉案协议以及相关市场内经济景气指数逐年降低的事实，未就涉案协议是否造成排除、限制相关市场竞争的竞争损害进行充分说理，未就涉案协议可能给经济效率带来提升的积极影响进行评估，亦无视涉案协议实施的58个月期间内相关市场中的消费者剩余得到增加的事实，导致所作出的行政处罚违反过罚相当原则，显属不当。3. 被诉行政处罚决定未对江某建材公司依法具有的从轻、减轻处罚情节予以考虑。在重庆市市场监督管理局启动立案调查之前，江某建材公司已经主动停止与案外人建某混凝土公司的合作，消除了违法行为的后果，符合 2017 年修正的行政处罚法第二十七条第一项规定的可从轻或减轻处罚的法定情形；在立案调查过程中，江某建材公司主动向重庆市市场监督管理局报告与建某混凝土公司达成涉案协议的相关情况，并向重庆市市场监督管理局提供公司各岗位职责、规章制度等证据，符合 2007 年反垄断法第四十六条第二款规定的可以酌情减轻或免除处罚的法定情形，但被诉行政处罚决定对以上情形均未加考虑，显属不当。（四）被诉行政处罚决定未对涉案协议的达成和实施是否产生排除、限制竞争效果进行深入分析。1. 江某建材公司与建某混凝土公司的行为并未在相关市场产生严重限制竞争的后果。一方面，虽然江某建材公司与建某混凝土公司在涉案协议中涉及价格的约定，但价格并非竞争的唯一要素，事实上双方在结算方式等非价格要素上依然存在竞争，也即双方之间的竞争并未因为涉案协议的达成而受到限制。另一方面，本案相关市场因为经营混凝土搅拌业务资质需经行政审批所呈现的行政排他性双寡头垄断的市场竞争结构，导致本案相关市场以外的其他同业经营者客观上存在市场准入障碍。在重庆市市场监督管理局指称的涉案协议实施的 58 个月期间内，确实没有任何竞争者得以进入本案相关市场，但该结果并非涉案协议所导致。2. 在江某建材公司与建某混凝土公司被指称实施涉案协议的 58 个月期间内，消费者利益不但没有受到损害，反而还获得消费者剩余。一方面，本案相关市场因为资质行政审批所呈现的行政排他性双寡头垄断竞争市场结构虽然使相关市场内的消费者只能在江某建材公司和建某混凝土公司之间“二选一”，但消费者对非价格因素如价款支付方式、支付期限等仍具有充分的选择自由，消费者所看重的商砼种类和品质也并未因为涉案协议的达成而受到影响。另一方面，重庆市造价总站在重庆工程造价信息网公布的商砼当期信息价是消费者主观可接受的最高价，将江某建材公司整理形成的 58 个月中每月对外销售合同价格进行平均所得到的当月平均价与重庆工程造价信息网公布的同期“官定信息价”进行比较，可以发现江某建材公司的大部分商砼销售月平均价均低于当月的“官定信息价”，由此可见消费者的剩余价值为正值，也即消费者因涉案协议的达成而分享了利益。3. 江某建材公司和建某混凝土公司所达成的涉案协议依法应当豁免。其一，重庆市统计局发布的官方统计数据显示在涉案协议实施期间，重庆市无论是 GDP 同比增长幅度还是工业总产值数均呈逐年下降趋势，可见本案相关市场内的经济景气指数不高是不争的事实。其二，江某建材公司和建某混凝土公司达成涉案协议后分别实施了按照各自拥有的产能比例分享商砼方量和销售利润的经营行为，对释放双方明显过剩的产能、提升经济运行效率均起到了重要促进作用。

重庆市市场监督管理局辩称：（一）被诉行政处罚决定作出程序合法。关于江某建材公司指摘重庆市市场监督管理局提交的证据无法证明被诉行政处罚决定的作出遵从制作调查终结报告、撰写案件审核意见及建议的程序性问题，事实上重庆市市场监督管理局在本案调查终结时已经撰写调查终结报告，并连同案件材料交由审核机构进行审核。因调查终结报告、案件审查材料系作出被诉行政处罚决定的内部程序所形成的副卷材料，重庆市市场监督管理局将其作为证据向一审法院提交，并在一审法院组织的证据交换中请求出示案件调查终结报告、案件审核材料，但江某建材公司拒绝发表质证意见，以至未能完成该部分证据的展示和质证。江某建材公司认为重庆市市场监督管理局未在法定举证期限内提交上述副卷材料构成重大程序违法，其有权拒绝质证。但根据《最高人民法院关于适用〈中华人民共和国行政诉讼法〉的解释》第九十九条的规定，构成重大程序违法情形的认定须与行政行为实施主体不具有行政主体资格、减损权利或者增加义务的行政行为没有法律规范依据等情形的程度相当，而调查终结报告、案件审核材料等未在法定举证期限内提交显然不属于重大程序违法情节，并未对江某建材公司依法享有的申请听证、陈述、申辩、质证等重要程序性权利造成实质损害。因此，江某建材公司认为重庆市市场监督管理局行政处罚程序存在重大违法的理由不能成立。（二）被诉行政处罚决定认定事实清楚，证据确凿充分。重庆市市场监督管理局在作出被诉行政处罚决定之前召开的听证程序中，已经出示证明江某建材公司和建某混凝土公司磋商垄断联营、签订涉案协议、联手实施固定商砼价格、划分商砼销售地域、划分商砼方量分配比例、划分商砼销售利润分配比例等事实的证据，所出示的证据足以证明被诉行政处罚决定的作出具有充分的事实和法律依据。江某建材公司关于其与建某混凝土公司并未按照涉案协议约定的划分区域销售商砼的上诉理由不能成立，重庆市市场监督管理局提交的证据能够证明两公司在涉案协议实施初期通过彼此互派监督人员到对方公司上班的方式较为严格地执行了涉案协议中约定的划分商砼销售地域条款，此后两公司逐渐发现采用划分销售利润和方量为主的实施方式更加便捷。因此，即便双方后期存在逐渐淡化划分商砼销售地域市场的情形，仍不影响或改变双方实质上约定并实施了划分商砼销售地域市场之事实，因为划分商砼方量和商砼销售利润的分配比例仍属变相划分销售地域市场、变相分割销售市场，仍然构成对 2007 年反垄断法第十三条第一款第三项规定的违反。（三）被诉行政处罚决定所确定的处罚基数和处罚比例均属适当。1. 按江某建材公司上一年度销售额作为罚款计算基数的认定正确。被诉行政处罚决定认定江某建材公司上一年度的销售额包含其 2018 年在丰都县市场和石柱县市场的商砼销售额。垄断行为的危害不仅限于其违法经营的范围，还损害市场竞争机制和经济运行效率，故只有对垄断行为科处严厉处罚方能起到有效的震慑作用。在 2007 年反垄断法并未对“上一年度销售额”的内涵作出限定的情况下，将“上一年度销售额”原则上解释为被处罚对象上一年的全部销售额具有合理性，且对被处罚者处上一年度销售额的百分之一以上百分之十以下的罚款是法定惩罚性罚款，重庆市市场监督管理局无权对江某建材公司随意减轻或变相减轻处罚，故将江某建材公司上一年度销售额作为罚款基数的认定正确合理。2. 对江某建材公司适用 5%的裁量基准合理适当。江某建材公司未主动报告其实施涉案协议，并销毁、隐匿相关财务票据、资料等重要证据，导致对其在涉案协议实施期间的违法所得无法计算，同时考虑到其实施销毁、隐匿重要证据的行为发生在对其进行立案调查之前，且在调查期间其尚能配合提供部分证据材料，重庆市市场监督管理局经内部集体讨论后认为其并不具有法定从重、从轻、减轻或免除处罚的情节，且由于其销毁、隐匿证据导致无法对其采取没收违法所得并处罚款的处罚方式，故对其适用 5%的罚款裁量基准合理适当。综上，江某建材公司的上诉请求及理由均不能成立；一审判决认定事实清楚，适用法律正确，处理结果得当，请求二审法院依法驳回上诉，维持原判。

本案二审期间，江某建材公司为证明其主张，向本院提交了 11 份新证据：1. 重庆市丰都县经济交通旅游图；2. 丰建发〔2013〕79 号《丰都县城乡建设委员会关于公布核准重庆江某建材有限公司资质结果的通知》；3. 重庆市市场监督管理局在听证程序中对江某建材公司发表的陈述、申辩意见所作出的复核意见；4. 重庆市人民政府官网公布的“经济社会发展主要指标（GDP）”发展态势图；5. 涉案协议实施期间国家统计局中国经济景气监测中心发布的《国民经济预警指标信号图》和《宏观经济景气指数》；6. 百度百科关于“国民经济信号预警”的定义；7. 百度百科关于“工业生产指数”的定义；8. 百度百科关于“宏观经济景气指数”的定义；9. 江某建材公司与重庆国彬机械有限公司于2012年8月24日签订的《产品买卖合同》；10. 江某建材公司与武汉拓某机械有限公司于2018年6月11日签订的《设备买卖合同书》；11.《重庆市城乡建设委员会关于印发〈重庆市预拌商品混凝土管理暂行规定〉的通知》（渝文审〔2013〕31号）。其中，证据1拟用以证明江某建材公司超出重庆市市场监督管理局认定的涉案协议约定的区域进行销售，即江某建材公司的销售方式均为就近销售，并未按照与建某混凝土公司达成的涉案协议实施划界销售商砼的行为。证据2拟用以证明在重庆市市场监督管理局指称的涉案协议实施期间，重庆市丰都县住房和城乡建设委员会仅对江某建材公司和建某混凝土公司批准授予商砼经营资质。证据3拟用以证明重庆市市场监督管理局未按照2017年修正的行政处罚法第三十二条规定对江某建材公司提出的"不存在划分销售区域"的事实、理由和证据进行核实，且未提供证据证明江某建材公司的行为损害建筑企业的议价权和选择权。证据4拟用以证明在重庆市市场监督管理局指称的涉案协议实施期间，重庆市GDP同比增长呈逐年下降的趋势。证据5-8拟用以证明在重庆市市场监督管理局指称的涉案协议实施期间，工业生产指数（包含建筑材料的产出）呈现"蓝灯"状态，即属于"冷"状态，由此表明在该期间的经济表现正处于萎缩或已萧条的状态；宏观经济景气指数均小于100，表明经济处于不景气的状态，经济运行是向不利方向发展。证据9-10拟用以证明江某建材公司自2014年4月至2018年6月购买搅拌站2台，每台年设计生产能力为180万立方米；自2018年6月后新购买搅拌站2台，每台年设计生产能力为240万立方米。证据11拟用以证明江某建材公司在混凝土罐车上安装GPS是为了积极响应国家号召，系出于对运输过程进行管理的需要，而非实施所谓的"分割销售市场行为"。

重庆市市场监督管理局的质证意见为：对证据1的真实性、合法性及关联性均不予认可，理由是经重庆市市场监督管理局查询江某建材公司提交的经济交通旅游图所载明的统一书号和审图号，并未查询到对应的地图和出版物信息，故江某建材公司提交的该份证据属于违法出版物；江某建材公司和建某混凝土公司在实施涉案协议后期逐渐改以划分销售利润和方量为主，虽然双方存在逐渐淡化划分商砼销售地域市场的表象，但双方并未明确彻底取消商砼销售的地域划分，故双方逐渐淡化划分商砼销售地域的事实并不能否定或改变双方实质上约定并实施了划分商砼销售地域的事实，而且该地图仅展示了丰都县的城区道路及建筑分布情况，与江某建材公司拟证明的其未实施分割销售市场的待证事实不具有关联性。对证据 2 的真实性、合法性予以认可，对其与本案的关联性不予认可，理由是该份证据仅能证明丰都县城乡建设委员会于 2013 年对江某建材公司申报的预拌商品混凝土专业三级资质材料进行审查，审查意见为合格，但丰都县城乡建设委员会批准商砼经营企业的数量与江某建材公司拟证明的其未实施涉案协议的待证事实之间不具有关联性。对证据 3 的真实性、合法性及关联性均不予认可，理由是该份证据仅是江某建材公司就其陈述、申辩意见与重庆市市场监督管理局复核意见所自行制作的对比汇总，且重庆市市场监督管理局已在被诉行政处罚决定中对江某建材公司的陈述、申辩意见作出回应，故该份证据不能实现江某建材公司的证明目的。对证据 4 的真实性、合法性予以认可，对其与本案的关联性不予认可，理由是该份证据反映的是 2010 年第一季度至 2018 年第四季度重庆市的经济发展情况，并非丰都县的经济发展情况，而且从该份证据显示的各项指标可以看出该期间重庆市的地区生产总值呈现逐年上升的趋势，虽然增速呈放缓状态，但仍处于增长态势，况且增速放缓亦与我国经济发展从高速增长过渡到高质量增长的大背景相契合，故该份证据不能实现江某建材公司的证明目的。对证据 5-8 的真实性、合法性及关联性均不予认可，理由是该四份证据系从网络上搜集所得，未注明制作方法、制作时间、制作人，不符合证据的法定形式，且有关数据系从统计和经济的角度进行分析，与江某建材公司拟证明的“经济不景气”这一待证事实不具有关联性，故不能实现其证明目的。对证据 9-10 的真实性、合法性予以认可，对其与本案的关联性不予认可，理由是该两份证据仅能证明江某建材公司购买相关生产设备的事实，与本案不具有任何关联性。对证据 11 的真实性、合法性予以认可，对该份证据与本案的关联性不予认可，理由是该份证据仅能证明重庆市有关部门鼓励生产企业通过科技手段对运输车辆及施工现场卸料情况进行监控，通过对预拌商品混凝土运输车安装 GPS 定位系统切实加强运输过程管理，但重庆市市场监督管理局在行政执法调查过程中查实江某建材公司实际是利用安装 GPS 定位系统以确保建某混凝土公司的供货地址与该公司签订合同和开具票单上载明的送货地址相一致，确保建某混凝土公司的商砼运输车辆不会前往江某建材公司供应商砼的工地范围供货，故该份证据不能实现江某建材公司的证明目的。

本院的认证意见为：1. 对证据 1 的真实性、合法性及关联性均不予认可，理由是江某建材公司提交的该份证据仅是一张来源出处不明的部分地图截图打印件，该份证据也不能证明江某建材公司在涉案协议长达58个月的实施期间从未按照协议约定划分的销售地域向有关建筑工地供应商砼。对证据2的真实性、合法性及关联性均予以认可。对证据3的真实性、合法性及关联性予以认可，但该份证据系江某建材公司就其在本案听证程序中发表的陈述、申辩意见与重庆市市场监督管理局所作回应自行归纳整理的对比表，在证据性质上属于当事人陈述，并不能以重庆市市场监督管理局未接受江某建材公司的申辩意见，即直接认为重庆市市场监督管理局在作出被诉行政处罚决定之前未履行收集、提交、出示证据和对当事人的申辩意见进行复核的法定职责。对证据4-5的真实性、合法性予以认可，但对其与本案的关联性和证明力均不予认可，首先，该两份证据不能证明在涉案协议实施期间重庆市处于经济不景气的状况；其次，江某建材公司提交该两份证据的目的是要证明涉案协议符合2007年反垄断法第十五条第五项关于"因经济不景气，为缓解销售量严重下降或者生产明显过剩"的垄断协议法定豁免情形，但仅凭该两份证据并不能证明在涉案协议实施期间重庆市丰都县的商砼销售量已经出现严重下降或产能明显过剩的情况，故该两份证据即便能够证明彼时重庆市经济增速放缓，也不能当然、直接地证明彼时重庆市丰都县的商砼销量严重下降或者已经出现产能过剩的情况。换言之，该两份证据不能实现江某建材公司的证明目的。对证据6-8的真实性、合法性及关联性均不予认可，理由是该三份证据均系网络信息打印件，其来源和依据不明，且由于电子数据具有不稳定性和易篡改性的特点，本院难以核实其真实性。退一步而言，即便该三份证据的内容客观属实，但基于前述关于证据4-5的认证意见，该三份证据同样与本案不具有关联性，不能实现江某建材公司关于涉案协议符合上述垄断协议法定豁免情形的证明目的。对证据9-10的真实性、合法性予以认可，但对其与本案的关联性不予认可，理由是该两份证据不能动摇或者推翻重庆市市场监督管理局和一审法院关于江某建材公司实施固定、变更商品价格、分割销售市场之垄断行为的认定；相反，该两份证据显示在涉案协议实施期间，江某建材公司进一步扩大了搅拌装置的持有规模，进一步提升了搅拌装置的年产输出能力，由此恰恰说明江某建材公司所称的"因经济不景气，涉案协议依法可以享受豁免"的上诉观点不能成立。对证据11的真实性、合法性、关联性均予以认可，但不认可该份证据的证明目的，理由是本案关注的重点并非江某建材公司是否应当在其拥有的混凝土罐车上安装GPS定位系统，江某建材公司最初在其混凝土罐车上安装GPS定位系统确实不排除是为了响应国家关于“对运输过程进行管理”的号召，但在涉案协议实施期间，江某建材公司和建某混凝土公司互派员工到对方公司现场驻点并利用对方混凝土罐车上安装的GPS定位系统，监督对方公司的混凝土罐车出站后的流动轨迹，这种做法的真实意图究竟为何恰恰是本案反垄断执法司法关切的重点，即于此关切的是江某建材公司或建某混凝土公司究竟是在对什么样的“运输过程”进行管理，故仅凭该份证据所对应的重庆市政府有关部门发布的行政管理性文件，并不能当然认为江某建材公司未在本案中实施分割销售市场的垄断行为。

对一审判决查明的事实，重庆市市场监督管理局没有异议。江某建材公司对一审判决查明事实的异议主要集中在其上诉理由中所主张的三个方面，即“其在被指称实施涉案协议的58个月期间内实际销售的804笔C30商砼中有371笔的交易成交价低于涉案协议约定的C30最低销售价”“其在混凝土罐车上安装卫星全球定位系统（GPS）是出于积极响应国家号召对运输过程进行管理”“其供应的商砼所运送的施工地点并未严格按照与建某混凝土公司达成的涉案协议中约定的商砼销售划分区域”，由此可见，江某建材公司并非对一审判决查明的事实本身有异议，而是对一审判决根据所查明的事实作出江某建材公司实施了固定商品价格、分割商品销售地域的认定有异议。因此，对江某建材公司的上述异议，本院在后续判理部分加以评述。经审理查明，一审法院查明的事实基本属实且有证据佐证，本院予以确认。

本案二审期间，江某建材公司向本院提交一份调查令申请书，请求本院向其开具调查令，以便其持调查令前往重庆市住房和城乡建设委员会调查、复印重庆工程造价信息网上发布的材料信息价格的收集、编制和确定的依据，以便将该信息网上发布的材料信息价格与江某建材公司在被指称实施涉案协议期间实际销售商砼价格进行对比，从而证明江某建材公司的行为不但未严重限制竞争，反而令消费者受益。本院经审查，江某建材公司申请调查的证据并不能达到其主张的证明目的（具体分析见本院判理部分的阐述），其申请缺乏必要性，也无法律依据，本院不予准许。

本院另查明：

（一）重庆市市场监督管理局于2021年6月15日作出渝市监处字〔2021〕42号《行政处罚决定书》，决定对建某混凝土公司处上一年度销售额5%的罚款，共10979561.69元。建某混凝土公司未对该行政处罚决定申请行政复议或提起行政诉讼，该行政处罚决定已生效。该行政处罚决定认定了如下事实：

1. 关于涉案产品情况

商砼也称为预拌商品混凝土，是指由取得相应资质的预拌商品混凝土企业在施工现场以外的地方提前用水泥、沙、石与水依比例配合搅拌而成、通过运输设备送至使用地点、交货时为拌合物的建筑材料，也叫混凝土。商砼有国家标准（GB/T 14902-2012），按强度等级划分规格，一般划分为C10、C15、C20、C25、C30、C35、C40、C45、C50、C55、C60、C65、C70、C75、C80、C85、C90、C95、C100。商砼从搅拌机卸入搅拌运输车至卸料时的运输时间不宜大于90分钟，如需延长运送时间，则应采取相应的有效技术措施，并应通过试验验证；当采用翻斗车时，运输时间不应大于45分钟。《重庆市城乡建设委员会关于印发〈重庆市预拌商品混凝土管理暂行规定〉的通知》（渝建发〔2013〕74号）第九条规定：重庆市主城区及纳入禁止现场搅拌混凝土管理的其他区县（自治县）城区，建筑面积1000平方米或者混凝土用量500立方米以上的建设工程，应使用预拌混凝土；禁止在前述建设工程施工现场搅拌混凝土。根据原重庆市建委发布的《重庆市建设领域禁止、限制使用落后技术通告（第七号）的通知》第19项的规定，政府建筑施工主管部门专门对现场搅拌混凝土作了地域、建筑面积、用量的相关限制性规定。2019年5月前，重庆市丰都县内只有建某混凝土公司和江某建材公司两家企业在实际生产、销售商砼。丰都县内的建筑企业很少从丰都县周边的涪陵区、武隆区、忠县、石柱县、垫江县的商砼生产企业购买商砼，一方面是因为商砼产品的特性和建筑施工需要决定了建筑施工方不便从距离较远的生产企业购买。另一方面，丰都县外的商砼生产企业向丰都县内销售商砼会面临运输成本增加、运输超载罚款的风险。

2. 关于建某混凝土公司与江某建材公司达成“固定或者变更商品价格、分割销售市场或者原材料采购市场”之涉案协议的情况

建某混凝土公司与江某建材公司为重庆市丰都县内两家相互独立的商砼生产企业。2014年年初，建某混凝土公司和江某建材公司为了不相互杀价、消除恶性竞争，开始磋商联营事宜。2014年4月，建某混凝土公司和江某建材公司的法定代表人及两家公司相关工作人员在丰都县聚贤茶楼开会并最终达成协议（即涉案协议）进行联营。涉案协议的内容为：（1）按区域划分市场。两家公司以丰都县水天坪工业园区小沙溪大桥为界，该大桥以东靠石柱县方向的所有区域作为江某建材公司的销售区域；该大桥以西靠重庆市涪陵

区方向的所有区域作为建某混凝土公司的销售区域。（2）按协商的市场份额划分销售方量和利润。一是对销售方量进行分配，两家公司以销售方量之和为标准，按照建某混凝土公司60%、江某建材公司40%的比例进行分配，当月销售未达到分配比例数量的公司就在下月到对方工地补齐差额方量。二是对利润进行分成，按照建某混凝土公司60%、江某建材公司40%的比例分配利润。如果哪个公司销售的利润超过该比例，就把多出来的利润补给对方。（3）固定价格，双方公司为了不互相杀价、尽量保持价格水平的稳定，一是约束双方公司商砼销售的标准价（又称最低销售价、基价）。该价格包含了20公里以内的运输费用和自留费用。标准价以商砼C30为标准，C30的标准价为360元/方，低于或高于C30的型号按约定差额下调或上调标准价格。如果双方公司因特殊情况低于标准价进行销售，则必须经双方负责人同意。二是约定了天泵和地泵特殊灌注方式的费用和运输距离超过20公司的运输费用，使用天泵加40元/方，使用地泵加30元/方，超过20公里的运输费约定为3元/公里/方。（4）确定互相监督的方式。建某混凝土公司和江某建材公司分别互派3名员工到对方公司进行统计、监督，以确保协商的价格、销售区域、方量和利润的划分等条件落实到位。

3. 关于涉案协议实施的情况

从2014年4月20日开始，建某混凝土公司和江某建材公司互派统计人员到对方公司上班。（1）实施固定商品价格的行为。建某混凝土公司和江某建材公司达成协议后，双方的商砼销售价按照不能低于以C30商砼360元/方为基准的标准价执行。两家公司对约定的商砼标准价进行过两次调整。第一次是2017年11月22日，两家公司重新约定标准价，具体各型号商砼标准价为：大工地标准价：C15为340-350元/方，C20为360元/方，C25为370元/方，C30为380元/方，C35为400元/方，C40为420元/方，C45为450元/方，C50为480元/方，C55为510元/方，C60为540元/方；零星工地标准价：C15为360-370元/方，C20为380元/方，C25为390元/方，C30为400元/方，C35为420元/方，C40为440元/方，C45为470元/方，C50为500元/方，C55为530元/方，C60为560元/方。第二次是2017年12月，两家公司再次协商变更了标准价，具体各型号商砼标准价为：大工地标准价：C15为380-390元/方，C20为400元/方，C25为410元/方，C30为420元/方，C35为440元/方，C40为460元/方，C45为490元/方，C50为520元/方，C55为560元/方，C60为600元/方；零星工地标准价：C15为400-410

元/方，C20为420元/方，C25为430元/方，C30为440元/方，C35为460元/方，C40为480元/方，C45为510元/方，C50为540元/方，C55为580元/方，C60为620元/方。当互派的监督人员发现受监督公司因特殊情况低于标准价进行销售时，会将销售情况向己方公司负责人汇报、请示。（2）实施分割销售市场的行为。一是实施划分商品销售地域的行为，建某混凝土公司和江某建材公司互派的工作人员每天相互检查混凝土罐车的行车全球定位系统（GPS），以确保供货地址与合同、票单一致，同时确保对方公司的水泥罐车未前往本公司供应的工地供货。两家公司在实际实施过程中通过调整分配方量对销售地域的划分进行补充。二是实施划分销售商品数量、销售利润的行为：①每日收集对方公司所有的商砼销售合同和票据并进行核对。②统计对方公司每天销售商砼的方量和价格，根据约定的结算核定成本计算出对方公司当日的销售方量、利润，并制作方量、利润分配日报表。③每月初分别汇总两公司上个月的销售总方量和总利润并制作方量、利润分配月报表，再根据约定的比例计算出分配的方量和利润，并制作方量、利润分配表交自己公司和对方公司进行审查确认。建某混凝土公司和江某建材公司每月初根据统计数据对上月双方销售的总方量和总利润按约定比例进行分配，并分别将利润差额打入对方指定账户，上个月方量差量通知对方在本月补齐。从2014年4月至2016年12月，建某混凝土公司和江某建材公司分配了双方公司在丰都县和石柱县销售商砼的方量和利润；2017年1月至2019年2月，建某混凝土公司和江某建材公司分配了双方在丰都县销售商砼的方量和利润。建某混凝土公司和江某建材公司在联营过程中数次调整方量和利润的分配比例，包括：2014年4月，双方约定按照建某混凝土公司60%、江某建材公司40%的比例分配销售方量和利润；2015年7月至2016年6月，双方约定利润分配比例调整为建某混凝土公司56%、江某建材公司44%，约定方量分配比例调整为建某混凝土公司55%、江某建材公司45%；2016年7月至2017年6月，双方约定利润分配比例调整为建某混凝土公司56%、江某建材公司44%，约定方量分配比例调整为建某混凝土公司52.5%、江某建材公司47.5%；2017年7月至2019年2月，双方约定分配的销售利润比例和方量分配比例均调整为建某混凝土公司52.5%、江某建材公司47.5%。

建某混凝土公司和江某建材公司为落实按照约定比例分配方量和利润，根据实际的生产成本估算以C30商砼为基准的商砼核定成本、20公里以外的运输费和泵费核定成本，并将运输费和泵费也计入利润与商砼一起按照比例进行分配。各个型号商砼的核定成本分别是：C20 为 250 元/方，C25 为 255 元/方，C30 为 260 元/方，C35 为 270 元/方，C40 为 280 元/方，C45 为 295 元/方，C50 为 310 元/方，C55 为 325 元/方，C60 为 340 元/方；泵费约定的核定成本为：天泵 20 元/方，地泵 10 元/方，运输超过 20 公里的运输费约定核定成本为 1.5 元/方。

（二）重庆市市场监督管理局向一审法院提交的与被诉行政处罚决定作出相关的内部副卷显示包括有如下材料：1. 重庆市市场监督管理局关于申请立案查处重庆市丰都商砼行业垄断协议案备案的函；2. 重庆市市场监督管理局针对建某混凝土公司、江某建材公司垄断协议案的案件审核表；3. 重庆市市场监督管理局行政处罚案件负责人集体讨论记录；4. 重庆市市场监督管理局关于拟对重庆市丰都县两家商砼生产企业垄断协议行为进行行政处罚的请示；5. 国家市场监督管理总局关于原则同意对重庆市丰都县两家商砼生产企业垄断协议案拟处理意见的复函；6. 行政处理决定审批表；7. 建某混凝土公司、江某建材公司的听证申请书；8. 重庆市市场监督管理局向建某混凝土公司、江某建材公司发出的听证通知书；9. 重庆市市场监督管理局就建某混凝土公司、江某建材公司垄断协议案的听证笔录；10. 重庆市市场监督管理局关于建某混凝土公司、江某建材公司涉嫌构成垄断协议行为行政处罚案的听证报告；11. 重庆市市场监督管理局行政处罚案件有关事项审批表（关于重庆市丰都县两家混凝土公司协议垄断案）；12. 重庆市市场监督管理局关于重庆市丰都县两家商砼生产企业垄断协议案调查终结报告。

（三）本案二审询问中，江某建材公司陈述称，丰都县住建局会根据江某建材公司和建某混凝土公司每月如实上报的商砼销售价，将前述价格信息公布在重庆工程造价信息网上供消费者参考。

本院认为：本案为反垄断行政处罚案。被诉行政处罚决定所涉垄断行为发生在 2007 年反垄断法施行后、2022 年修正的《中华人民共和国反垄断法》施行前，本案应当适用 2007 年反垄断法、2017 年修正的行政处罚法等涉案垄断行为发生时所施行的法律。根据双方当事人的诉辩主张，本案二审争议焦点为：（一）被诉行政处罚决定的作出程序是否合法；（二）江某建材公司是否参与达成并实施了“固定或者变更商品价格”和“分割销售市场”的横向垄断协议；如达成并实施，其能否依法主张豁免；（三）重庆市市场监督管理局在本案中以江某建材公司 2018 年全部经营业务销售额为基数、按照 5%的比例计算罚款并作出处罚是否合法适当。

（一）关于被诉行政处罚决定的作出程序是否合法

首先，本案不存在被诉行政处罚决定作出前缺失必需的流程文件的情形。2017 年修正的行政处罚法第三十六条规定："除本法第三十三条规定的可以当场作出的行政处罚外，行政机关发现公民、法人或者其他组织有依法应当给予行政处罚的行为的，必须全面、客观、公正地调查，收集有关证据；必要时，依照法律、法规的规定，可以进行检查。"该法第三十八条规定："调查终结，行政机关负责人应当对调查结果进行审查，根据不同情况，分别作出如下决定：（一）确有应受行政处罚的违法行为的，根据情节轻重及具体情况，作出行政处罚决定；（二）违法行为轻微，依法可以不予行政处罚的，不予行政处罚；（三）违法事实不能成立的，不得给予行政处罚；（四）违法行为已构成犯罪的，移送司法机关。对情节复杂或者重大违法行为给予较重的行政处罚，行政机关的负责人应当集体讨论决定。在行政机关负责人作出决定之前，应当由从事行政处罚决定审核的人员进行审核。行政机关中初次从事行政处罚决定审核的人员，应当通过国家统一法律职业资格考试取得法律职业资格。"根据本院查明的重庆市市场监督管理局向一审法院提交的与被诉行政处罚决定作出相关的执法流程内部副卷，明确包含案件调查终结报告、案件审核意见等材料，且副卷的全部材料能够清晰、全面、有序地展示该局从对江某建材公司决定进行反垄断执法立案调查直至对其作出被诉行政处罚决定的完整执法脉络，故并不存在江某建材公司所主张的重庆市市场监督管理局在作出被诉行政处罚决定之前缺少必需的案件调查终结报告、案件审核意见等材料构成程序重大违法的情况。

其次，本案不存在行政机关不举证或无正当理由逾期举证的情形。行政诉讼法第三十四条规定："被告对作出的行政行为负有举证责任，应当提供作出该行政行为的证据和所依据的规范性文件。被告不提供或者无正当理由逾期提供证据，视为没有相应证据。但是，被诉行政行为涉及第三人合法权益，第三人提供证据的除外。"据此可知，行政机关在行政诉讼中的举证责任，应当限于其作出行政行为所依据的证据和所依据的规范性文件，也即行政机关应当就其作出的对公民、法人、其他组织等行政相对人的合法权益产生影响的行政行为的正当性负有举证责任。进一步而言，行政机关应当是就其作出的行政行为所依据的事实、理由和依据负有举证责任。而且，2017 年修正的行政处罚法亦未明确规定行政机关在作出行政处罚决定之前，负有向当事人出示作为行政执法内部工作流程形成的过程性文件（如案件调查终结报告、案件审核意见等）的法定义务。即便江某建材公司作为规范性文件援引的《市场监督管理行政处罚程序暂行规定》中规定的行政处罚办案流程，亦未明确要求行政机关在作出行政处罚决定之前须向当事人出示案件调查终结报告、案件审核意见等材料。因此，在行政机关不存在就行政处罚执法内部工作流程形成的过程性文件负有举证义务的情况下，江某建材公司以重庆市市场监督管理局在一审行政诉讼程序中未在法定举证期限内提交上述材料构成逾期举证为由，认为符合行政诉讼法第三十四条规定的“视为没有相应证据”，进而认为被诉行政处罚决定的作出程序存在重大违法。该主张于法无据，本院不予支持。

最后，本案不存在行政机关未履行法定的核实、复核义务的情形。2017年修正的行政处罚法第三十二条规定：“当事人有权进行陈述和申辩。行政机关必须充分听取当事人的意见，对当事人提出的事实、理由和证据，应当进行复核；当事人提出的事实、理由或者证据成立的，行政机关应当采纳。行政机关不得因当事人申辩而加重处罚。”据此可知，行政机关在行政处罚执法过程中作出行政处罚决定之前，应当保障当事人的申辩、陈述等程序性权利，对当事人提出的事实、理由和证据应当进行复核，但并不代表行政机关经复核后必须一概采纳当事人的申辩意见，除非当事人提出的事实、理由或者证据成立。本案中，重庆市市场监督管理局在听证程序中充分听取了江某建材公司的陈述和申辩意见，充分保障了江某建材公司依法享有的陈述、申辩等程序性权利，并且在重庆市市场监督管理局的听证报告中对于江某建材公司所提出的申辩意见均逐一作出了回应。因此，江某建材公司关于重庆市市场监督管理局在本案执法过程中未履行核实、复核义务构成重大程序违法的上诉理由，与事实不符，本院亦不予支持。

综上，被诉行政处罚决定作出程序合法。江某建材公司关于被诉行政处罚决定存在严重程序违法的上诉主张不能成立，本院不予支持。

（二）江某建材公司是否参与达成并实施了“固定或者变更商品价格”和“分割销售市场”的横向垄断协议；如达成并实施，其能否依法主张豁免

2007年反垄断法第三条规定：“本法规定的垄断行为包括：（一）经营者达成垄断协议；（二）经营者滥用市场支配地位；（三）具有或者可能具有排除、限制竞争效果的经营者集中。”该法第十三条规定：“禁止具有竞争关系的经营者达成下列垄断协议：（一）固定或者变更商品价格；（二）限制商品的生产数量或者销售数量；（三）分割销售市场或者原材料采购市场；（四）限

制购买新技术、新设备或者限制开发新技术、新产品；（五）联合抵制交易；（六）国务院反垄断执法机构认定的其他垄断协议。本法所称垄断协议，是指排除、限制竞争的协议、决定或者其他协同行为。”根据上述法律规定，结合反垄断司法实践，判断一项协议是否构成反垄断法所规制的垄断协议（横向垄断协议或纵向垄断协议），一般遵循如下分析思路：首先，审视协议是否符合法定的垄断协议类型；其次，分析协议是否具有排除、限制竞争的目的或者产生排除、限制竞争的效果；最后，认定协议是否具有法定豁免情形。

1. 关于涉案协议的具体行为类型

根据本院查明的事实，应认定江某建材公司与建某混凝土公司达成并实施了“固定或者变更商品价格”和“分割销售市场”的横向垄断协议，具体分析如下：江某建材公司与建某混凝土公司于2014年4月在丰都县聚贤茶楼聚会并就双方的商砼联营事宜达成涉案协议，该协议约定的主要内容涵盖固定商砼的供应价格、划分两公司的商砼销售市场、按照协商的商砼市场份额划分两公司的销售方量和利润、确定足以确保协议得到落实的监督方式，可见涉案协议的内容符合2007年反垄断法第十三条所规制的“固定或者变更商品价格”和“分割销售市场”。江某建材公司与建某混凝土公司通过涉案协议固定价格的具体表现是：通过约定“价格变动幅度”“不同灌注方式的灌注费和一定运输距离以上的运输费”“据以计算价格的标准算法”“未经参加协议的其他经营者同意不得变更价格”等多种条件共同实现对不同型号商砼价格的固定。2007年反垄断法第十三条第一款第一项规定的固定商品价格的横向垄断协议所涉及的固定价格方式，不仅包括固定最低价格或者直接确定价值的具体数值，也包括固定价格幅度或者固定能够据以间接控制价格数值的计算方式、标准等。按照涉案协议的约定，双方在协议存续期间因特殊情况并非不可以低于约定的标准价进行销售，只要报经双方负责人同意即可，故这种调整价格需经双方同意的做法仍然属于双方协商固定商品价格的一种方式。江某建材公司以其没有固定最低价格或者可能低于约定标准价销售为由主张涉案协议不构成固定商品价格的横向垄断协议，与反垄断法第十三条第一款第一项规定的内涵不符，本院不予支持。

江某建材公司与建某混凝土公司达成涉案协议后，实施了“对约定的商砼标准价根据供应对象的不同进行两次步调一致的上浮调价”“根据实际生产成本估算以C30商砼为基准的商砼核定成本、20公里外的商砼运输费以及不同灌注方式的商砼泵费的核定成本”“互派工作人员到对方处驻点按日收集商砼销售合同和票据；按日统计双方每日销售商砼的方量和价格，制作商砼方量、利润分配日报表；按日检查对方混凝土罐车的行车全球定位系统（GPS）；向己方负责人汇报和请示对方低于双方约定的标准价销售商砼的情况”“每月月初汇总双方上月销售总方量和总利润并据此制作方量、利润的月分配表，进而分配双方的总方量和总利润”等行为，上述行为的目的主要是确保双方协商达成的“固定或者变更价格”和“分割销售市场”等条款内容得到执行。江某建材公司实际参与并与建某混凝土公司共同实施了按约定比例分配丰都县商砼方量和利润，并数次调整方量和利润的分配比例，这些行为同样属于对涉案协议项下“划分两公司的商砼销售市场”条款的执行。江某建材公司并未充分举证证明在涉案协议存续的58个月期间其供应商砼的建筑工地均超出协议所划分归属其销售的地域范围；即便其能够证明所供应的建筑工地超出涉案协议约定的销售地域范围，因涉案协议涉及限制多方主体的竞争行为，亦不能当然据此否定涉案协议所实际导致的分割销售市场的反竞争效果。江某建材公司在混凝土罐车上安装GPS定位系统，一方面是为了响应政府号召对运输过程进行管理所需，另一方面实际也是用于检查、督促涉案协议所约定的划分两公司商砼销售市场的内容得到落实和执行。因此，江某建材公司主张其商砼实际供应地超出涉案协议所划分销售地域以及其在混凝土罐车上安装GPS定位系统是为了响应政府号召对运输过程进行管理所需，并以此否认其实施了涉案协议，缺乏事实依据，本院不予支持。

2. 关于排除、限制竞争的目的与效果

垄断协议是反垄断法规制的一类垄断行为，是排除、限制竞争或者具有排除、限制竞争可能性的违法行为。对于2007年反垄断法第十三条第一款第一项至第五项列明的五类典型横向垄断协议，在实践中很可能甚至必然会产生排除或者限制竞争的效果，因此可以推定甚至直接认定该五类横向垄断协议的反竞争效果。具体就本案而言，江某建材公司和建某混凝土公司为避免彼此开展“相互杀价的价格战”而达成涉案协议，固定商品价格并分割销售市场。江某建材公司和建某混凝土公司的缔约目的即避免“相互杀价”就是避免价格竞争的一种行业表述，即该协议本身已经直接表明其具有排除、限制竞争的目的。涉案商品商砼的特殊属性（商砼从搅拌机卸入搅拌运输车直至卸料，运输时间不宜超过90分钟；当采用翻斗车时，运输时间不宜超过45分钟）和丰都县的地域范围天然决定了丰都县内的商砼销售市场不容易受到来自丰都县以外其他地域的商砼供应商的竞争约束，即丰都县内的消费者的商砼需求无法在江某建材公司和建某混凝土公司以外的第三方获得有效的供给替代，故丰都县内的商砼销售市场构成本案的相关市场。在本案相关市场中，江某建材公司和建某混凝土公司是仅有的两家商砼经营者，双方实施固定商品价格、分割销售市场的行为，最直接的效果是导致相关市场内没有价格竞争，这一状况如果持续下去还可能进一步导致原本应当存在的产品质量、技术创新、服务效率等方面的竞争也逐步消失。概言之，涉案协议至少明显具有排除、限制价格竞争的目的和效果。

3. 关于垄断协议豁免事由

2007年反垄断法第十五条规定："经营者能够证明所达成的协议属于下列情形之一的，不适用本法第十三条、第十四条的规定：（一）为改进技术、研究开发新产品的；（二）为提高产品质量、降低成本、增进效率，统一产品规格、标准或者实行专业化分工的；（三）为提高中小经营者经营效率，增强中小经营者竞争力的；（四）为实现节约能源、保护环境、救灾救助等社会公共利益的；（五）因经济不景气，为缓解销售量严重下降或者生产明显过剩的；（六）为保障对外贸易和对外经济合作中的正当利益的；（七）法律和国务院规定的其他情形。属于前款第一项至第五项情形，不适用本法第十三条、第十四条规定的，经营者还应当证明所达成的协议不会严重限制相关市场的竞争，并且能够使消费者分享由此产生的利益。"根据上述规定可知，如果具有竞争关系的经营者达成固定价格协议、限制产量或者销量协议、划分市场协议等，落入2007年反垄断法第十三条第一款规制的横向垄断协议范围，经营者欲以有关协议具有反垄断法第十五条第一款第一项至第五项规定情形为由主张豁免，则其应当举证证明三项重要事实：第一，有关协议属于上述五项法定情形之一；第二，有关协议为实现上述五项法定情形之一所必需，因而不会严重限制相关市场的竞争；第三，有关协议能够使消费者分享由此产生的利益。而且，对于上述三项重要事实，经营者应当提供充分证据证明相关协议具有上述五项法定情形之一项下所指积极的竞争效果或经济社会效果，且该效果应是具体的、现实的，而不能仅依赖一般性推测或者抽象推定。

本案中，江某建材公司主张涉案协议具有反垄断法第十五条第一款第五项规定的豁免情形。反垄断法第十五条第一款第五项主要是针对特定经济时期所作的规定。在经济不景气时，由于市场会供大于求，造成销售量下降，出现生产过剩的现象，故在这种特定情况下，对经营者达成的限制产量或者销量等垄断协议予以豁免，可以避免对社会资源和生产造成巨大损害，有利于恢复经济。本案中，江某建材公司提供的证据并不能证明涉案协议签订时重庆市丰都县的商砼销量出现严重下降或者已经出现产能过剩的情况；相反，江某建材公司二审补充提交的证据显示，其在涉案协议实施期间进一步扩大了搅拌装置的持有规模，进一步提升了搅拌装置的年产输出能力。由此可见，涉案协议并不是为因应经济不景气而签订，况且涉案协议亦不是关于限制产量或销量的约定，而是关于“固定或变更商品价格”和“分割销售市场”的约定。因此，江某建材公司主张的垄断协议豁免情形在本案中并不存在。

江某建材公司主张涉案协议的实施能够给丰都县消费者带来福利，对此其至少应当举证证明该协议达成及实施后，丰都县消费者就相同规格、数量的商砼所支出的购买费用相较于协议达成及实施之前所支出的购买费用减少，但江某建材公司并没有提供这方面的证据予以证明。江某建材公司在本案中提供的证据是丰都县住建局在重庆工程造价信息网公布的商砼同期信息价格，但该信息价格既不是政府或者行业指导价，也不是有关消费者与江某建材公司、建某混凝土公司实际交易的商砼价格，而是丰都县住建局根据江某建材公司、建某混凝土公司等经营者申报的价格进行汇总后公布的价格；同时，江某建材公司自行整理涉案协议实施期间（58 个月）中每月销售商砼的平均价，并与丰都县住建局在重庆工程造价信息网公布的同期价格信息价进行比较，主张大部分商砼销售月平均价均低于丰都县住建局当月公布的价格，进而主张消费者因涉案协议的达成和实施分享了部分利益（即消费者剩余）。江某建材公司进行上述对比所使用的价格均是其单方直接或者间接提供的价格，这些价格本身包括涉案协议实施期间已经被扭曲、非正常竞争的价格，江某建材公司援用这些价格信息显然不能达到证明消费者因涉案协议的达成和实施而分享利益的证明标准，故其该项主张不能成立。

综上，江某建材公司参与达成并实施的“固定或者变更商品价格”和“分割销售市场”的涉案协议为横向垄断协议，该协议依法不能豁免。重庆市市场监督管理局依据涉案协议达成并实施期间所施行的 2007 年反垄断法，并参照当时施行的国家市场监督管理总局《禁止垄断协议暂行规定》等行政规章查处涉案协议，于法有据。

（三）重庆市市场监督管理局在本案中以江某建材公司 2018 年全部经营业务销售额为基数、按照 5%的比例计算罚款并作出处罚是否合法适当

2007 年反垄断法第四十六条第一款规定：“经营者违反本法规定，达成并实施垄断协议的，由反垄断执法机构责令停止违法行为，没收违法所得，

并处上一年度销售额百分之一以上百分之十以下的罚款；尚未实施所达成的垄断协议的，可以处五十万元以下的罚款。”首先，从该法律条款的文义来看，该条款规定计算罚款基数时仅表述为“上一年度销售额”，并没有对“销售额”的外延作进一步的限定。在“上一年度销售额”存在多种理解的情况下，需要结合反垄断法立法目的和一般法律适用原则探究其合理含义。其次，从反垄断法立法目的的解释角度看，反垄断法的直接立法目的是预防和制止垄断行为。鉴于垄断行为的危害不仅限于其违法经营的范围，还损害市场竞争机制和经济运行效率，故垄断行为通常对市场经济的危害性较大，总体上对垄断行为应当处以较为严厉的处罚，方能起到有效的威慑作用，否则难以实现反垄断法预防和制止垄断行为的立法目的。因此，将 2007 年反垄断法第四十六条第一款规定的“上一年度销售额”原则上解释为全部销售额具有合理性。最后，从过罚相当的角度看，依据 2017 年修正的行政处罚法第四条第二款的规定，设定和实施行政处罚必须以事实为依据，与违法行为的事实、性质、情节以及社会危害程度相当；依据 2007 年反垄断法第四十九条的规定，反垄断执法机构确定具体罚款数额时，应当考虑违法行为的性质、程度和持续的时间等因素。据此，审查反垄断执法机构确定的具体罚款数额是否合法适当，需要结合个案具体情况，以有利于实现反垄断法预防和制止垄断行为的立法目的和确保个案处理结果公正为指引进行综合判断。具体可以考虑如下因素：垄断行为的危害性程度［如垄断行为的性质（横向垄断协议通常比纵向垄断协议对市场竞争的危害性更大）、持续时间、所涉及的市场范围、违法销售额及对经营者全部业务的影响等］；经营者的主观恶意（如是否属于明知故犯、恶意违法）；经营者在违法行为中所处的地位和作用（如是否属于垄断行为组织者或者主导者等）；经营者是否已经被并处没收违法所得；经营者是否存在抗拒行政查处或者主动停止违法行为的情节等。

本案中，重庆市市场监督管理局系根据重庆市公安局移交的线索于 2019 年 10 月正式启动对江某建材公司的行政执法调查，就江某建材公司从事的涉案垄断行为而言，重庆市市场监督管理局原本应当根据其垄断违法销售情况计算其违法所得予以没收，并同时处以罚款，但该局并没有直接没收违法所得，而是笼统按照江某建材公司 2018 年度销售额的百分之五处以罚款，本身已经考虑江某建材公司垄断行为性质（属于典型的横向垄断协议）、垄断行为持续时间（涉案横向垄断协议自 2014 年 4 月达成直至 2019 年 3 月停止实施，时间跨度长达将近五年）、垄断行为危害程度（江某建材公司在涉案协议存续期间会同建某混凝土公司持续、反复、多次以直接或间接方式实施了固定或变更商品价格和分割销售市场的行为）、抗拒行政查处（江某建材公司有关工作人员因涉嫌故意销毁会计账簿、会计凭证罪已被重庆市相关司法机关移送审查起诉）。对于江某建材公司认为其在石柱县销售商砼的销售额不应计入作为罚款基数的问题，前已述及，2007 年反垄断法第四十六条第一款规定的“上一年度销售额”可以解释为经营者在该年度的全部销售额，故被诉行政处罚决定将江某建材公司 2018 年在石柱县的销售额 30161475.22 元计入作为罚款基数并无不当。综合考虑江某建材公司最终处罚数额应当包含没收违法所得和罚款两项处罚，并结合其参与实施的涉案垄断行为的危害性及持续时间等因素，应认为被诉行政处罚决定的处罚结果在反垄断行政处罚的法定幅度内，符合反垄断法预防和制止垄断行为的立法目的，并未明显违反过罚相当原则。重庆市市场监督管理局在本案中以江某建材公司 2018 年全部经营业务销售额为基数、按照 5%的比例计算罚款并作出处罚合法适当。江某建材公司关于被诉行政处罚决定的处罚基数、处罚比例均显属不当的上诉主张不能成立，本院不予支持。

综上所述，江某建材公司的上诉请求不能成立，应予驳回；一审判决认定事实清楚，适用法律正确，应予维持。本院依照《中华人民共和国行政诉讼法》第六十九条之规定，判决如下：

驳回上诉，维持原判。

二审案件受理费 50 元，由重庆江某建材有限公司负担。

本判决为终审判决。

审 判 长 余晓汉
审 判 员 欧宏伟
审 判 员 何 隽
二〇二三年八月三十一日
法官助理 李 锐
书 记 员 吴迪楠
书 记 员 艾小妍

40. 仅诉请确认特定行为构成垄断时的处理

——上诉人马某等与被上诉人某出租汽车协会垄断纠纷案①

中华人民共和国最高人民法院民事裁定书（2021）最高法知民终2131号之二

上诉人（一审原告）：王甲、梁某、刘某A、蔡某、陈某甲、陈某乙、桂某、韩某、何某、罗某、兰某一、刘某B、刘某C、刘某D、廖某、李A、马乙、童某、王乙、王丙、王丁、王戊、王己、许甲、熊某、杨某、喻某、应某、姚某、曾某、周甲、朱甲、朱乙、徐1、肖甲。

上述三十五名上诉人共同推选的诉讼代表人：王甲、刘某C、桂某、刘某B、李A。

被上诉人（一审被告）：某出租汽车协会。

法定代表人：王某某，该协会会长。

委托诉讼代理人：李涛，湖北维力律师事务所律师。

委托诉讼代理人：柳晓军，湖北维力律师事务所律师。

一审原告：马某、陈某丁、杜某、冯某、方某、胡1、刘某E、刘某F、刘某G、刘某H、刘某I、刘某J、刘某K、柳某、兰某二、李B、任某、任某甲、石某、苏某、邵某、尚某、田某、唐一、唐二、吴某、邬某、伍某、夏甲、肖乙、徐2、许乙、杨某、易1、易2、周乙、周丙、周丁、张一、张二、张三、朱丙、赵某、刘某L、占某、丁某、王庚、胡2、高某、李C、夏乙、袁某、张四、徐3、余某。

上诉人王甲等三十五人因与被上诉人某出租汽车协会、一审原告马某等五十五人垄断纠纷一案，不服湖北省武汉市中级人民法院（以下简称一审法院）于2020年12月14日作出的（2019）鄂01民初8256号民事判决，向本院提起上诉。本院于2021年11月15日立案受理，并依法组成合议庭对本案进行了审理。在本院审理过程中，上诉人王甲等三十五人共同推选王甲、刘

① 本案在年度报告中的位置为第84页。

某C、桂某、刘某B、李A等五人为其诉讼代表人。三十五名上诉人共同推选的诉讼代表人王甲及上诉人刘某A，被上诉人某出租汽车协会的委托诉讼代理人柳晓军参加询问。本案现已审理终结。

马某等九十人（本裁定书所列上诉人王甲等三十五人和一审原告马某等五十五人）于2019年9月17日向一审法院提起诉讼，一审法院于2019年9月19日立案受理。马某等九十人起诉请求：1. 判决确认某出租汽车协会滥用市场支配地位对马某等九十人构成横向垄断的民事侵权行为；2. 判令某出租汽车协会负担本案所有诉讼费用。事实和理由：某出租汽车协会发布武租协（2009）10号《关于调整我市客运出租汽车承包经营收费项目标准的通知》等文件，组织武汉市的客运出租汽车公司对出租车驾驶员收取统一的承包费等费用，该行为构成横向垄断。

某出租汽车协会在一审中辩称：（一）马某等九十人的诉讼请求不明确，且其中曾某等四十人的起诉系重复起诉，刘某K等八人与本案无利害关系，法院应裁定驳回该九十人的起诉。（二）马某等九十人请求确认侵权所涉文件发布于2009年，距其起诉时已历时10余年，本案起诉已过诉讼时效期间。（三）依据2002年以来的系列法规，出租车行业属于公共交通的补充，属于公共基础设施领域，系自然垄断行业，因此在出租车行业应当排除适用《中华人民共和国反垄断法》（由中华人民共和国第十届全国人民代表大会常务委员会第二十九次会议于2007年8月30日通过，自2008年8月1日起施行，以下简称2007年反垄断法）。（四）本案所涉文件是依据国务院、湖北省人民政府及武汉市人民政府、武汉市交通运输委员会发布的系列文件与政策制定的，文件规定的内容在全国具有普遍性，符合当时的国情。出租汽车包括巡游车（中心城区与远城区）、网约车等，经对相关市场进行分析，涉案文件并无排除、限制竞争的效果。即使涉案文件存在“排除、限制竞争效果”情形，根据2007年反垄断法第十五条第一款第七项的规定，某出租汽车协会也具有免责事由。（五）某出租汽车协会不是经营者，不可能实施滥用市场支配地位的行为。

一审法院经审理查明以下事实：

马某等九十人系武汉市客运出租汽车驾驶员或曾经有该职业从业经历的人员。某出租汽车协会系社会团体法人。某出租汽车协会章程第二条、第六条载明：该协会是经武汉市民政局登记，由武汉地区出租汽车和汽车租赁企业、驾驶员和与行业相关的单位自愿组成的地方性、行业性、非营利性社会团体；该协会在政府部门和企业、驾驶员之间起桥梁和纽带作用，反映企业和驾驶员的愿望和要求，传达政府意图，以行业服务、行业自律、行业协调和担任本行业的代表为基本职能。其主要业务范围为：“1. 开展对全行业基础资料和经营管理的调查研究，向政府部门反映会员的愿望和要求，探讨本市出租汽车行业稳定和发展的有关问题。积极向政府有关部门提出制订行业规划和经济技术政策、加强行业管理和完善经营环境等方面的建议。2. 参与地方或国家有关行业标准的制定，协助政府有关部门协调行业内外的各种关系，帮助企业解决在经营中所遇到的困难和问题……10. 做好政府主管部门委托办理的其他工作。”

近二十年来，国家、湖北省、武汉市及相关行业管理部门已先后制定或修订《国务院办公厅关于进一步规范出租汽车行业管理有关问题的通知》《国务院办公厅关于深化改革推进出租汽车行业健康发展的指导意见》《巡游出租汽车经营服务管理规定》《湖北省人民政府办公厅关于进一步规范全省出租汽车行业管理工作的通知》《武汉市城市客运出租汽车管理条例》《武汉市人民政府办公厅关于进一步加强我市客运出租汽车行业管理工作的通知》《武汉市人民政府关于进一步规范巡游出租汽车经营行为的通知》《武汉市城市客运出租汽车营运管理实施办法》《关于做好全市客运出租汽车安装税控计价器有关工作的通知》等涉及出租汽车行业发展的规范性文件或指导性意见。其中，武汉市客运出租汽车管理处印发的《关于完善我市客运出租汽车经营机制的指导意见》规定了出租汽车企业推行承包经营应具备的条件、推行承包经营的方式、承包经营的收费项目及标准、加强对完善经营机制的组织领导等内容。武汉市客运出租汽车管理处印发的《市客管处关于印发武汉市客运出租汽车经营合同示范文本的通知》载明：该管理处会同某出租汽车协会制定了客运出租汽车经营合同示范文本，客运出租汽车企业按合同示范文本与驾驶员签订合同时，必须按照示范文本“填写说明”的要求填写；补充协议的约定，不违反有关法律法规，国家、省、市有关政策，行业管理规定和协会自律意见；合同示范文本统一由某出租汽车协会发放；凡不按照武交（2006）83号《市交委关于规范客运出租汽车企业经营行为的指导意见》和武租协（2006）1号《关于规范客运出租汽车企业经营行为的自律意见》的规定使用合同示范文本的，该管理处将不办理有关营运手续，并责令其改正；拒不改正的，该管理处将按照与企业签订的《武汉市客运出租汽车经营权有偿出让合同》的约定，收回部分或者全部经营权。武汉市客运出租汽车管理处印发的《关于巡游出租汽车政策解释解答》载明：某出租汽车协会出台的承包费标准是根据国家有关法规规定、结合武汉市实际、经会员单位协商提出的自律意见，出租汽车企业作为会员单位应当遵守；出租汽车企业根据协会的自律意见，在签订承包经营合同时提出承包费标准，司机在合同上签字认可，双方承包关系达成一致；如果司机不认可企业提出的承包费标准，通过协商与企业达不成一致意见，则双方承包经营关系无法建立。2016 年 9 月 5 日，武汉市交通运输委员会发出《市交通运输委关于宣布失效一批交通运输行政文件的通知》，宣布包括武交（2006）83 号《市交委关于规范客运出租汽车企业经营行为的指导意见》等行政文件失效。

近二十年来，某出租汽车协会已向其会员单位发布《关于规范客运出租汽车企业经营行为的自律意见》《武汉市出租汽车暨汽车租赁协会关于客运出租汽车司机双班承包具体操作问题的自律意见》《武汉市出租汽车暨汽车租赁协会关于规范出租汽车“油改气”后月承包费收取标准的自律意见》《关于调整我市客运出租汽车企业承包经营收费项目标准的通知》《武汉市出租汽车暨汽车租赁协会关于 2012 年新增凯旋出租汽车实行新运营机制的自律意见》等指导性意见。上述意见涉及对出租车辆承包费的项目进行测算、调整等内容。某出租汽车协会要求会员企业按照上述自律意见执行，上述自律意见均抄送武汉市交通运输委员会、武汉市客运出租汽车管理处。其中，某出租汽车协会发布的《武汉市出租汽车暨汽车租赁协会关于规范客运出租汽车企业经营行为的自律意见》表明：该协会对于不执行该自律意见的企业，将按照章程、行规行约和议事决事规则的规定进行处理；对于严重背离该意见的企业，将向市客运出租汽车管理处提出调整、减少、中止其部分或全部经营权的意见和建议。某出租汽车协会发布的《武汉市出租汽车暨汽车租赁协会关于规范出租汽车“油改汽”后月承包费收取标准的自律意见》表明：就规范出租汽车“油改汽”后企业向驾驶员收取的月承包费标准，明确企业和驾驶员双方利益分配关系，提出自律意见，内容包括原以汽油或柴油为燃料的出租汽车，在行业管理部门确定的具有改装资质的改装厂家，改装增加以压缩天然气为燃料的设备；车辆安装 CNG 设备费用按规定折旧计算提取，与月投资收益，一并计入月承包费等。某出租汽车协会发布的《关于进一步明确客运出租汽车经营合同月承包费中车费发票及耗材和座套及清洗费收取标准的通知》载明：公司经营合同的收费项目中车费发票及耗材和座套及清洗费的标准据实调整为每月 130 元/车；经过全行业座套制作清洗更换工作一年的实际运转测算，经会长办公会研究决定，并报市客管处审批，决定自 2009 年 7 月 1 日起，出租汽车车费发票及耗材核定为每月 90 元/车，座套制作、清洗、更换费用核定为每月 40 元/车，全市 A 类、B 类和双班经营合同车辆均按该标准执行。某出租汽车协会发布的《关于调整我市客运出租汽车企业承包经营收费项目标准的通知》载明：2006 年以来，武汉市出租汽车的税（费）、车价等已相继发生调整变化，据此，企业承包经营收费项目标准应作相应调整；经协会会长办公会核算，并报市客管处审定，公布调整后的具体收费项目、标准及测算方法。

近年来，湖北省、武汉市相关政府部门对涉及武汉市出租汽车行业从业人员反映的问题、申请多次予以回复。武汉市客运出租汽车管理处对郑某等人就税控计价器、折旧费、车辆更新费用等事项的信息公开申请作出《回复》。武汉市客运出租汽车管理处给梁某的《关于申请事项的答复》称：该处没有梁某申请公开的在有关部门办理的《收费许可证》［载明武租协（2009）10 号《关于调整我市客运出租汽车承包经营收费项目标准的通知》规定的天然气设备折旧及收益的收费标准每月 200 元/车、受聘驾驶员管理服务费的收费标准每月 200 元/车］，建议其向武租协（2009）10 号发文单位咨询。武汉市财政局对徐 2、马某等五人出具（2019）970 号《政府信息公开告知书》，就对方申请公开因“刹车门”事件武汉市财政局划拨专项资金的相关信息予以回复。湖北省市场监督管理局对梁某、刘某 D 等人分别出具的《关于对武汉市出租汽车暨汽车租赁协会申请调查的答复》《关于举报武汉市出租汽车暨汽车租赁协会制定出租车企业向驾驶员收费标准涉嫌垄断协议的答复》载明：某出租汽车协会印发的武租协（2006）1 号、武租协（2007）12 号、武租协（2009）10 号、武租协（2012）6 号等文件，是根据国办发（2004）81 号《国务院办公厅关于进一步规范出租汽车行业管理有关问题的通知》、鄂政办发（2005）41 号《湖北省人民政府办公厅关于进一步规范全省出租汽车行业管理工作的通知》、武政办（2006）17 号《武汉市人民政府办公厅关于进一步加强我市客运出租汽车行业管理工作的通知》、政府令第 201 号《武汉市城市客运出租汽车营运管理实施办法》、武交（2006）83 号《市交委关于规范客运出租汽车企业经营行为的指导意见》等规章文件精神制定的；根据国家新的文件精神，武汉市交通运输委员会于 2016 年 9 月以武交（2016）133 号《市交通运输委关于宣布失效一批交通运输行政文件的通知》宣布武交（2006）83号《市交委关于规范客运出租汽车企业经营行为的指导意见》失效；协会相关自律意见有政策依据，同时，2016年9月上述自律意见已失效。

2019年，肖甲、刘某K等八人分别与相关出租汽车经营企业就双方的纠纷签订协议书，或出具承诺书、息诉罢访承诺书。

在本案诉讼前，曾某、王甲等四十人，以某出租汽车协会及相关出租汽车经营企业为共同被告，向湖北省武汉市江岸区人民法院分别提起40件侵权民事诉讼，武汉市江岸区人民法院已判决驳回上述40件案件原告的诉讼请求。

2011年10月31日，任某甲（作为承包人）与武汉市联海实业有限公司（作为发包人）签订《武汉市客运出租汽车经营合同》及补充协议，双方约定的每月承包费为4910元。2012年2月24日，王戊（作为承包人）与武汉国兴实业有限公司（作为发包人）签订《武汉市客运出租汽车经营合同》及补充协议，双方约定每月承包费为5072.97元。上述两份合同的文本首页均印有“武汉市客运出租汽车管理处 武汉市出租汽车暨汽车租赁协会监制”的文字。

一审法院认为：本案系垄断纠纷民事案件。在本案诉讼前，曾某、马某等部分当事人以某出租汽车协会及相关出租汽车经营企业为共同被告，向武汉市江岸区人民法院分别提起的40件诉讼均系侵权责任纠纷民事案件。上述40件诉讼的案由、所涉法律关系及当事人与本案并不完全相同。因此，上述40件诉讼的原告在本案一审中作为共同原告提起本案诉讼，不属于重复起诉。肖甲、刘某K等人均有从事武汉市出租汽车驾驶行业的从业经历，其针对所从事行业的行业协会业已实施的相关行为提起诉讼并不为法律所禁止。即使肖甲、刘某K等人与相关出租汽车经营企业签订了协议书或出具了承诺书、息诉罢访承诺书，上述协议或承诺并不直接涉及本案某出租汽车协会，故并不影响肖甲、刘某K等人在本案中的诉讼主体资格。马某等人的诉讼请求，实为要求人民法院依据2007年反垄断法确认某出租汽车协会行为违法，故其诉讼请求明确。综上，某出租汽车协会主张马某等人部分系重复起诉、部分当事人与本案无利害关系、诉讼请求不明确、本案应裁定驳回起诉的抗辩意见不成立，一审法院不予支持。

对于某出租汽车协会制定、发布武租协（2009）10号《关于调整我市客运出租汽车企业承包经营收费项目标准的通知》等行业自律意见是否属于

2007年反垄断法规定的垄断违法行为，一审法院将依据2007年反垄断法的相关规定，对马某等人主张的涉嫌垄断违法的事由予以审查。某出租汽车协会的社会团体法人属性、某出租汽车协会章程确定的基本职能和业务范围以及某出租汽车协会并未实际参与任何出租汽车经营业务的实际情况表明，某出租汽车协会不属于2007年反垄断法规定的经营者，不具备该法禁止的经营者达成垄断协议、经营者滥用市场支配地位，以及具有或者可能具有排除、限制竞争效果的经营者集中等行为的前提条件。某出租汽车协会制定、发布的《关于规范客运出租汽车企业经营行为的自律意见》《关于调整我市客运出租汽车企业承包经营收费项目标准的通知》等协会文件的内容、效力及制定过程表明，上述一系列协会文件系某出租汽车协会根据国家、省、市对出租汽车行业的政策调整，结合武汉市出租汽车行业的发展状况，向某出租汽车协会的会员单位提出的指导性意见。上述协会文件与国家及地方政府同期关于出租汽车行业发展的政策及规范性文件的精神总体上保持一致，具有规范会员单位向驾驶员承包人收费行为的作用，不具有排除、限制竞争的特定效果，也未明显有损于消费者利益和社会公共利益。此外，鉴于某出租汽车协会不属于行政机关和法律、法规授权的具有管理公共事务职能的组织，不具备管理武汉市出租汽车经营者的行政权力，故某出租汽车协会的协会文件对其会员单位虽具有引导和指导意义，但并无法律强制力。不同出租汽车公司与驾驶员承包人之间约定的月承包费金额的差异，亦印证了某出租汽车协会的协会文件对其会员单位并不具有法律强制力的事实。最后，由于武汉市交通运输委员会已于2016年宣布包括武交（2006）83号《市交委关于规范客运出租汽车企业经营行为的指导意见》在内的若干行政文件失效，某出租汽车协会此前制定的相关协会文件也已失去对其会员单位的指导性意义。因此，某出租汽车协会制定、发布一系列协会文件的行为不应视为2007年反垄断法第二章规定的“组织本行业的经营者从事禁止的垄断行为”的情形或该法第五章规定的“滥用行政权力，强制经营者从事本法规定的垄断行为”的情形；上述协会文件对其会员单位的经营行为及相关驾驶员承包人合法权益的实现、武汉市客运出租汽车市场的竞争秩序、客运出租汽车消费者的利益及社会公共利益并未造成妨碍或损害。

综上所述，一审法院依照《中华人民共和国反垄断法》（2007年颁布）第三条、第十六条、第三十六条，《最高人民法院关于审理因垄断行为引发的民事纠纷案件应用法律若干问题的规定》第一条，《中华人民共和国民事诉讼法》（2017 年修正）第六十四条第一款、第一百四十二条，《最高人民法院关于适用〈中华人民共和国民事诉讼法〉的解释》第九十条的规定，于 2020 年 12 月 14 日作出（2019）鄂 01 民初 8256 号民事判决：驳回马某等九十人的全部诉讼请求。一审案件受理费 1000 元，由马某等九十人负担。

王甲等三十五人不服一审判决提起上诉，请求：1. 撤销一审判决；2. 支持王甲等三十五人在一审中的诉讼请求；3. 判决确认某出租汽车协会制定并发布收费自律意见的行为违反 2007 年反垄断法；4. 判决本案一审、二审诉讼费用由某出租汽车协会负担。事实和理由：（一）一审法院适用法律错误，某出租汽车协会应当受 2007 年反垄断法的规制。王甲等出租车司机成为客运出租汽车驾驶员的首要条件是，必须与某出租汽车协会会员签订由某出租汽车协会监制的《武汉市客运出租汽车经营合同》，并按合同向某出租汽车协会会员按月交纳承包费。某出租汽车协会虽不是 2007 年反垄断法规定的经营者，但其章程中包括具有协助政府有关部门开展行业管理工作的职能，可向客运出租汽车管理机构提出对会员调整、减少、终止部分或者全部经营权的意见和建议。某出租汽车协会名下具备出租车经营资质的会员单位总配车数量共计 11719 辆，占武汉市出租车市场 96.6%的市场份额，某出租汽车协会利用其监制的合同取得对王甲等出租车司机的控制权。某出租汽车协会多次组织名下具有竞争关系的经营者召开会议并制发会议纪要，向会员发布自律意见固定价格，违反了 2007 年反垄断法第十一条、第十三条第一款、第十六条之规定。某出租汽车协会制定并发布自律意见属于滥用市场支配地位的垄断行为，明显对王甲等三十五人造成损害。（二）一审法院对某出租汽车协会并未实际参与任何出租汽车经营业务的事实认定不清。一审法院并未审理认定某出租汽车协会组织会员召开会议，并以武租协（2009）10 号《关于调整我市客运出租汽车承包经营收费项目标准的通知》中的收费项目及收费标准涉嫌横向垄断的事实。一审法院也未就某出租汽车协会是否未参与任何出租车经营业务要求其举证证明。有关事实已表明某出租汽车协会利用其市场支配地位，建立价格联盟固定价格，擅自增加收费项目为其会员单位牟取不当利益，这些事实包括：1. 关于税（费），因王甲等出租车司机并未办理营业执照，但其承担 249.2 元/月/车的营业税（后改为“增值税”）等税费；2. 关于经营权有偿出让金，武汉市人民政府明文规定该费用由出租车企业承担，不得以任何形式和明码实价向司机收取；3. 关于车辆折旧，车辆新车购置价会受市场因素影响而变化，某出租汽车协会发布的自律意见中却对价格进行固定，助其会员单位攫取高额利润；4. 关于车费发票及耗材，车费发票及耗材不管需求多少，均按 100 元/月/车收费，实际上每台车每月都用不了这么多发票；5. 关于“油改气”，改装厂改装天然气设备 6300 元/车，某出租汽车协会却发文向司机收取 200 元/月/车，攫取高额利润；6. 关于车辆保险，会员单位从保险公司购买车辆保险后，某出租汽车协会按其自律意见中明确的车辆保险的价格 650 元/月/车（每年 7800 元）收取保险费（车辆当年保险金额高于 7800 元时由司机补差价，车辆当年保险金额低于 7800 元或出租车企业少买保险时的价差由企业获利），剥夺了王甲等出租车司机购买保险的自主权，且某出租汽车协会发布武租协（2007）15 号《规范会员单位车辆保险的自律意见》，以每车 500 元/年标准收取费用，成立行业车辆共保组织，证明某出租汽车协会违反《社会团体登记管理条例》第四条第二款不得从事营利性经营活动的规定；7. 关于企业收益，武汉市交通运输委员会在武交（2006）83 号《市交委关于规范客运出租汽车企业经营行为的指导意见》中规定企业管理费为 1000 元/车/月，而某出租汽车协会却将企业收益变更为 1550 元/车/月；8. 关于受聘驾驶员服务费，政府规定的收费项目里没有该项收费，某出租汽车协会擅自增加收费项目。王甲等三十五人保留追讨某出租汽车协会不当得利的权利。（三）一审法院认定某出租汽车协会及其会员的行为未对王甲等三十五人以及消费者造成损害的事实错误。某出租汽车协会提供的《客运出租汽车调研报告》载明：依法成立的行业协会代表性不够全面，组织结构有待完善，组织结构中没有个体经营者和出租车司机代表的参与，会长、副会长都是由 200 台车以上企业法人担任，重大的议事决策及行业自律措施因缺少驾驶员的参与代表性不强。某出租汽车协会发布的针对王甲等出租车司机的收费项目及标准，并未起到协助政府有关部门开展行业管理工作以及在政府部门和企业、驾驶员之间起桥梁和纽带作用，也未与国家及地方政府同期关于出租汽车行业发展的政策及规范性文件的解释总体保持一致；某出租汽车协会甚至为维护会员利益而违反法律规定，在监制合同的同时以《补充协议》协助会员剔除与王甲等出租车司机之间劳动关系条款，致使王甲等出租车司机劳动权利和经济利益受损。（四）某出租汽车协会制定并发布收费自律意见的行为违反 2007 年反垄断法。某出租汽车协会制定的《关于进一步明确出租汽车经营合同月承包费中车费发票及耗材和座套及清洗费收费标准的通知》《武汉市出租汽车暨汽车租赁协会关于规范出租汽车“油改气”后月承包费收取标准的自律意见》等涉及收费的项目和收费标准的所有文件均涉嫌违反2007年反垄断法。某出租汽车协会的行为已明显超越其备案章程等文件确定的业务范围，其利用占有绝对市场支配地位优势，建立价格联盟、固定价格、擅自增加收费项目为其会员单位牟取不当利益。其发布的自律意见促成具有竞争关系的会员固定了收费标准，导致出租车行业失去良性竞争，损害了市场主体和消费者的利益。

某出租汽车协会辩称：（一）一审判决认定事实清楚、适用法律正确。某出租汽车协会不属于2007年反垄断法规定的经营者，且未对行业秩序、消费者及公共利益等造成妨碍或损失，一审判决对此作出的认定正确。（二）本案起诉已超过诉讼时效期间。王甲等三十五人诉称的相关侵权行为发生于2006年至2009年，已历时10年多，且相关意见已于2016年9月5日作废，其于2019年9月19日起诉已超过诉讼时效期间。（三）本案不适用2007年反垄断法第十七条关于横向垄断协议的规定。依据2002年以来的系列法规，出租车行业属于公共交通的补充，属于公共基础设施领域，系自然垄断行业。依据2007年反垄断法第八条的规定，出租车行业属于特许经营行业，对于消费者的运价使用政府定价，本案争议并不影响消费者权益。同时，出租车市场包括全国的巡游车与网约车等出行业务，本案应以全国范围内的客运企业（包括公交、客运、旅游、出租、班线等市场主体）的劳动力要素市场为相关市场。因武汉市城区出租车的市场主体在全国的客运市场份额中占比微小，在全国范围内并不产生限制与排除竞争的效果，实际上还产生了增加涉案司机收益的效果。本案所涉文件是依据国务院、湖北省及武汉市人民政府、武汉市交通运输委员会发布的系列文件和政策制定的，符合当时的历史国情、法规沿革，尊重了出租车行业社会特点，保障了人们出行，促进了城市发展和社会稳定。且本案所涉的文件规定在全国具有普遍性，杭州、长沙、广州、福州、绵阳、温州等城市在同时期均依据国务院有关规定制定了类似的文件。（四）王甲等三十五人的上诉请求和理由不明确。王甲等三十五人主张侵权责任，认为某出租汽车协会同时实施价格垄断协议、滥用市场支配地位、经营者集中行为，但从其举证来看，未充分说明每一项垄断行为的具体情形及相应的请求权基础。（五）本案争议核心已被另案生效判决所羁束。本案上诉人中的曾某等四十人，此前已向湖北省武汉市江岸区人民法院另案提起侵权诉讼，请求确认某出租汽车协会构成侵权并赔偿相关损失。湖北省武汉市江岸区人民法院已就该另案诉讼作出判决，且判决已经生效，生效判决认定某出租汽车协会行为合法且不构成侵权、该四十人与相关出租车公司签订的承包合同有效，据此驳回了该四十人的全部诉讼请求。某出租汽车协会制定的系列文件是否违反2007年反垄断法属于合法性判断问题，在另案生效判决已经认定有关系列文件合法的情况下，本案应直接认定某出租汽车协会相关行为合法。此外，刘某K等七人已与其所在的出租车公司签订了《罢诉息访承诺书》，明确相关纠纷已全部解决，故此七人已在本案中不具有诉权。综上所述，某出租汽车协会请求驳回上诉，维持原判。

马某等五十五名一审原告在二审中未作陈述。

二审中，上诉人王甲等三十五人补充提供了以下证据材料：1. 某出租汽车协会2017年4月19日出具的《关于出租汽车企业收费情况说明》（复印件）；2. 某出租汽车协会2018年6月4日出具的《关于缴纳重大事故互助补贴金的通知》（复印件）；3. 某出租汽车协会2013年6月18日印发《关于修改武汉市客运出租汽车行业车辆重大事故互助补贴金管理暂行办法》有关情况的说明（复印件）；4. 出租车驾驶员李A与武汉市云天客运商贸有限公司之间的协议（复印件）；5. 武汉市客运出租车汽车管理处办公室2001年6月18日印发《市客管处关于转发〈武汉市客运出租汽车经营权管理暂行办法〉的通知》[武客管政（2001）14号]（复印件）；6.《国家发展改革委、财政部关于加强和规范机动车牌证工本费等收费标准管理有关问题的通知》[发改价格（2004）2831号]（复印件）；7.《财政部 发展改革委关于进一步清理整顿涉及出租汽车收费的通知》[财综（2006）14号]（复印件）；8. 武汉市客运出租车汽车管理处和某出租汽车协会2006年6月26日《规范客运出租汽车企业经营行为宣传手册》（打印文本）；9. 武汉盛源汽车客运有限公司2013年7月21日购买汽车的发票（复印件）；10. 武汉市交通运输委员会2006年5月12日《市交委关于规范客运出租汽车企业经营行为的指导意见》[武交（2006）83号]（同某出租汽车协会在一审中提供的证据5）；11. 湖北省财政厅2019年9月27日《政府信息公开告知书》[鄂财公开告（2019）25号]（复印件）；12. 湖北省财政厅、湖北省物价局2006年7月28日《关于公布湖北省涉及城市客运出租车收费项目取消、保留、降低收费标准、减免等有关问题的通知》[鄂财综发（2006）19号]（复印件）；13. 武汉市生态环境局2019年10月29日《关于王甲等同志咨询有关问题的回复》（复印件）；14. 王甲于2008年5月14日支付7800元车辆改装费的收据；15.《武汉市客运出租汽车行业调研报告》（打印文本，落款单位与日期分别为武汉市客运出租汽车管理处、2004 年 11 月 8 日）；16. 武汉市中级人民法院研究室 2017 年 11 月 27 日《关于出租车驾驶员与出租车企业间民事纠纷案件相关问题的解答》（复印件）。王甲等三十五人补充提供上述证据材料，拟证明某出租汽车协会实施垄断行为。经质证，某出租汽车协会不认可上述证据材料的证明力。本院将根据案件审理的需要决定是否进一步审核认定上述证据材料的证明力。王甲等三十五人于 2023 年 5 月 12 日向本院邮寄调查取证申请书，申请本院调取其所属出租车公司由武汉市税务局下属征税机关征收出租车司机个人所得税的法律依据。本院经审查认为，法律依据不属于人民法院调查取证范围，且本案审理也不涉及该类法律依据的适用及其影响等问题，故本院对王甲等三十五人的调查取证申请不予准许。

本院另查明：在本案诉讼之前，马某等九十人（九十名出租车驾驶员）中有曾某等四十名出租车驾驶员于 2019 年 3 月至 10 月，以某出租汽车协会和驾驶员所在的有关出租汽车经营企业为共同被告，向湖北省武汉市江岸区人民法院提起侵权责任之诉（该院分别于 2019 年 3 月 25 日、2019 年 5 月 29 日、2019 年 6 月 26 日、2019 年 7 月 25 日、2019 年 9 月 11 日、2019 年 9 月 19 日、2019 年 10 月 9 日立案受理），请求某出租汽车协会和有关出租汽车经营企业共同向该四十名驾驶员给付因多收费用（其中王甲请求返还 2004 年多收的税控计价器款及后续资金占用费共 4892 元，其余三十九名驾驶员请求返还的费用为 2009 年 6 月至 2019 年 10 月的收费）造成的侵权损害赔偿金 1246 元至 33039.5 元不等的金额。在该案（以下称为前案）中，曾某等四十名出租车驾驶员提出诉讼请求的理由主要是：某出租汽车协会发布的《关于调整我市客运出租汽车企业承包经营收费项目标准通知》［武租协（2009）10 号］中，收费项目税费项下包括了营业税及附加 249.2 元/月；但依据财政部、国家税务总局颁布的《营业税改征增值税试点实施办法》第二条的规定，纳税主体应为出租车公司，出租车承包费中的营业税不应由司机承担；某出租汽车协会发布的推荐价、指导价、收费项目及标准违反多项法律、法规。湖北省武汉市江岸区人民法院一审认为：出租车的税费、车价等收费政策经某出租汽车协会核算，并报武汉市客运出租汽车管理处审定，某出租汽车协会的行为“未违反法律、行政法规明确规定的义务，同时也未违反合理的注意义务”，不具有过错；出租车驾驶员与有关出租汽车经营企业之间的关系为合同关系，有关出租汽车经营企业按合同约定收取费用同样不具有过错。因此，某出租汽车协会、有关出租汽车经营企业在该案中不构成侵权。

湖北省武汉市江岸区人民法院于2019年11月22日依照《中华人民共和国民事诉讼法》（2017年修正）第六十四条第一款、第一百四十二条的规定，作出40份一审判决，分别驳回曾某等四十名出租车驾驶员的诉讼请求。该40份一审判决宣判后，其中二十三名出租车驾驶员提起上诉，该案二审法院（本案一审法院）经审理于2022年4月至6月作出二审判决：驳回上诉，维持原判。

前案原告曾某等四十人除胡疆红以外的三十九人均包括在马某等九十人（本案一审中的九十名原告）中；本案一审判决作出后，仍坚持上诉的共有王甲等三十五人，其中前案原告曾某等四十人中有十四人为本案上诉人。

二审中，本院于2022年12月7日询问双方当事人，要求王甲等三十五人明确其单独请求确认某出租汽车协会侵权的诉讼目的，王甲等三十五人说明其提起本案诉讼的背景是：曾某等四十名出租车驾驶员针对某出租汽车协会在武汉市江岸区人民法院提起40件侵权诉讼被判决驳回诉讼请求，之后发现某出租汽车协会涉嫌构成垄断，湖北省武汉市江岸区人民法院认定某出租汽车协会的行为“未违反法律、行政法规明确规定的义务”错误，故提起本案诉讼。本院向王甲等三十五人释明，其可以将某出租汽车协会侵权作为诉讼理由，支持其要求某出租汽车协会承担停止侵害、赔偿损失、赔礼道歉等民事责任的法律依据，但不能单独作为诉讼请求，单独的确认侵权之诉缺乏诉的必要性与实效性（即诉的利益）。对此，王甲等三十五人表示其在二审中增加损害赔偿的诉讼请求。某出租汽车协会表示不同意王甲等三十五人在二审中增加诉讼请求，同时以其在一审中已经提出诉讼时效抗辩为由，不同意进行调解。对此，王甲等三十五人在二审询问中表示，其可以对赔偿部分另行起诉，但对本案不同意撤诉。

本院经审理认为：本案为垄断纠纷。就本案一审原告马某等九十人的诉讼请求看，其主要请求法院确认某出租汽车协会的行为构成“横向垄断的民事侵权行为”，而没有据此提出停止侵害、损害赔偿等请求，故本案为确认之诉。对于该诉讼，人民法院应当依据本案原告起诉时所施行的《中华人民共和国民事诉讼法》（2017年修正）及其司法解释的有关规定审查原告起诉是否符合法定起诉条件，包括诉的必要性与实效性（即诉的利益）。

《中华人民共和国民事诉讼法》（2017年修正）第一百一十九条规定的第三项起诉条件为起诉“有具体的诉讼请求和事实、理由”。“具体的诉讼请求”，是指原告应当明确其起诉所要解决的问题，也就是向人民法院提出保护自己民事权益的具体内容。原告在起诉时所提出的事实主要是纠纷发生的事实经过即客观情况。原告在事实的基础上，根据法律规定说明提出诉讼请求的理由。而原告仅仅提出“确认被告侵权”之类的请求，并不必然导致其民事权益获得保护，因为原告要求被告承担赔偿损失等民事责任，还涉及损失与因果关系的证明、诉讼时效等一系列问题。对于确认之诉，应严格审查起诉条件，以避免当事人随意提起不能直接产生具体权利义务关系、缺乏单独诉讼必要性和实效性的确认之诉，徒增诉累、浪费司法资源。

能够成为确认之诉的对象的法律关系或者法律事实一般是一旦判决确认即能够直接引起当事人之间权利义务变动的法律关系或者法律事实（如请求确认双方的收养关系、请求确认某自然人失踪或者死亡等），而并非任何事实和法律问题均可成为确认之诉的对象。原则上，只有特定民事法律关系（或民事权益）属于民事纠纷的核心法律关系或者确认该法律关系是纠纷解决之本质所在，才能对此提起独立的确认之诉。在给付之诉中，当事人的诉讼目的是获得给付判决，而确认民事法律关系或民事权益之存在只是作出给付判决的前提，若允许当事人就确认关系提起确认之诉则意味着当事人为获得给付判决而至少会先后提起两个诉，其结果必然造成诉累和司法资源浪费。事实上，法院对给付之诉和形成之诉作出本案判决前，均需要确认作为本案判决先决事项的某项民事法律关系（或民事权益）是否成立乃至是否合法有效，原告原则上应当将所谓“侵权确认”主张作为诉的理由在侵权责任之诉中一并提出，仅在例外情况下允许当事人对“特定法律事实”的争议提起确认之诉。具体就本案诉讼而言，如果允许当事人先单独提出确认“被告侵权”之诉，待该诉的判决生效后再据此提出侵权损害赔偿诉讼，该两诉看似是不同的诉，实质上属于不当拆分案件，将本应作为一个诉进行的诉讼拆分为多个诉分别诉讼，徒增诉累。对于原告以提起损害赔偿等民事责任承担之诉为潜在目的而单独提起的所谓“侵权确认之诉”，人民法院原则上不应予以受理。一般而言，当事人不能仅仅以确认被告特定行为构成垄断、侵权等本应作为诉讼理由的主张作为独立诉讼请求提起诉讼，而不提出要求被告承担停止侵害、赔偿损失、赔礼道歉等民事责任。该类起诉不具有诉的必要性与实效性，缺乏诉的利益。

现行《民事案件案由规定》中没有“确认侵权”“确认垄断”等之类确认之诉的案由，仅有特定的积极确认之诉（如确认亲子关系纠纷、确认收养关系纠纷、物权确认纠纷、确认合同效力纠纷、股东资格确认纠纷、公司决议效力确认纠纷、专利权权属纠纷等）和特定条件下的消极确认之诉（如否认亲子关系纠纷、确认合同无效纠纷、确认不侵害知识产权纠纷）。换言之，“确认侵权”“确认垄断”等之类的诉讼主张不能直接产生民事权利义务关系（或者民事责任），故原则上不能单独作为确认之诉提出，仅可作为请求对方当事人承担民事责任之诉的理由同时提出，除非原告能够合理说明其单独提起上述确认之诉具有必要性和实效性等正当理由。这类确认之诉的必要性与实效性问题分别涉及法院有无必要通过判决来解决当事人之间的纠纷、法院能否通过判决实际解决该纠纷。本案中，马某等九十人提起的“确认被告侵权”之诉既不直接针对权利义务关系，又不能期待通过确认判决直接、实质性解决当事人之间的权利义务纠纷，提起本案确认之诉缺乏诉的利益，不符合《中华人民共和国民事诉讼法》（2017 年修正）第一百一十九条第三项“有具体的诉讼请求和事实、理由”这一受理条件。

综上所述，马某等九十人提起本案诉讼不符合法定起诉条件，应当裁定驳回起诉；一审法院进行实体审理作出驳回诉讼请求的判决，适用法律错误，本院予以纠正。本院依照《中华人民共和国民事诉讼法》（2021 年修正）第一百七十七条第一款第二项、《最高人民法院关于适用〈中华人民共和国民事诉讼法〉的解释》（2022 年修正）第三百二十八条之规定，裁定如下：

一、撤销湖北省武汉市中级人民法院（2019）鄂 01 民初 8256 号民事判决；

二、驳回马某等九十人（包括马某、王甲、梁某、刘某 A、蔡某、陈某甲、陈某乙、桂某、韩某、何某、罗某、兰某一、刘某 B、刘某 C、刘某 D、廖某、李 A、马乙、童某、王乙、王丙、王丁、王戊、王已、许甲、熊某、杨某、喻某、应某、姚某、曾某、周甲、朱甲、朱乙、徐 1、肖甲、陈某丁、杜某、冯某、方某、胡 1、刘某 E、刘某 F、刘某 G、刘某 H、刘某 I、刘某 J、刘某 K、柳某、兰某二、李 B、任某、任某甲、石某、苏某、邵某、尚某、田某、唐一、唐二、吴某、邬某、伍某、夏甲、肖乙、徐 2、许乙、杨某、易 1、易 2、周乙、周丙、周丁、张一、张二、张三、朱丙、赵某、刘某 L、占某、丁某、王庚、胡 2、高某、李 C、夏乙、袁某、张四、徐 3、余某）的起诉。

一审案件受理费 1000 元，退还一审原告马某等九十人；二审案件受理费 1000 元，退还上诉人王甲等三十五人（包括王甲、梁某、刘某 A、蔡某、陈某甲、陈某乙、桂某、韩某、何某、罗某、兰某一、刘某 B、刘某 C、刘某

D、廖某、李A、马乙、童某、王乙、王丙、王丁、王戊、王己、许甲、熊某、杨某、喻某、应某、姚某、曾某、周甲、朱甲、朱乙、徐1、肖甲)。

本裁定为终审裁定。

审 判 长 余晓汉
审 判 员 何 隽
审 判 员 欧宏伟
二〇二三年五月十五日
法官助理 李庆瑾
书 记 员 吴迪楠

八、知识产权诉讼程序

41. “产地”作为制造行为实施地确定案件管辖的条件

——原告深圳市小某硅胶生活用品有限公司与被告浙江森某电子商务有限公司、浙江森某服饰股份有限公司侵害外观设计专利权纠纷案①

中华人民共和国最高人民法院民事裁定书（2023）最高法民辖143号

原告：深圳市小某硅胶生活用品有限公司。住所地：广东省深圳市坪山区。

法定代表人：蔡某，该公司总经理。

被告：浙江森某电子商务有限公司。住所地：浙江省杭州市余杭区。

法定代表人：邱某。

被告：浙江森某服饰股份有限公司。住所地：浙江省温州市瓯海区。

法定代表人：邱某。

2023年4月25日浙江省杭州市中级人民法院立案的（2023）浙01民他4号原告深圳市小某硅胶生活用品有限公司（以下简称深圳某公司）诉被告浙江森某电子商务有限公司（以下简称浙江某商务公司）、浙江森某服饰股份有限公司（以下简称浙江某服饰公司）侵害外观设计专利权纠纷一案，浙江省高级人民法院与广东省高级人民法院之间因管辖权产生争议，协商未果。2023年9月25日，浙江省高级人民法院报请本院指定管辖。

本院经审查认为，本案为侵害外观设计专利权纠纷。根据《最高人民

① 本案在年度报告中的位置为第87页。

法院关于审理专利纠纷案件适用法律问题的若干规定》（以下简称专利司法解释）第二条第一款规定，因侵犯专利权行为提起的诉讼，由侵权行为地或者被告住所地人民法院管辖。因此，原告有权选择向侵权行为地或被告住所地人民法院提起诉讼。第二款同时规定，侵权行为地包括外观设计专利产品的制造、许诺销售、销售、进口等行为的实施地及上述侵权行为的侵权结果发生地。此外，根据《最高人民法院关于第一审知识产权民事、行政案件管辖的若干规定》第二条的规定，外观设计专利的权属、侵权纠纷以及涉驰名商标认定第一审民事、行政案件由知识产权法院和中级人民法院管辖。

本案中，被诉侵权产品标贴上的“产地：广东深圳”字样，能否直接作为确定管辖的依据，两地法院存在不同认识。本院经审查认为，“产地”并非专利司法解释第二条中的规范用语，如将“产地”直接视为制造行为的实施地，该地点也应当是一个便于查明被诉侵权制造者或制造行为的具体地点，并足以据此确定与制造行为有关的、具有案件管辖权的法院。理由在于，一方面，制造地通常为实施被诉侵权产品制造行为的具体地点，将“制造地”作为侵权行为发生地有利于查明与被诉侵权制造行为有关的事实，实现对侵权行为的源头打击。因此，被诉侵权产品之上标注的“制造地”，至少应当是一个便于查明被诉侵权制造者或制造行为的具体地点。另一方面，如被诉侵权产品之上标注的“制造地”信息过于笼统，且地域范围较大，而该地域范围内又存在多个具有管辖权的法院时，就可能出现管辖法院不确定的情况，故不宜直接将此作为专利司法解释第二条规定的侵权行为地。本案中，根据某公司提交的证据，作为本案两被告的浙江某商务公司、浙江某服饰公司的住所地均位于浙江省且住所地信息明确，足以指向具体的被诉侵权行为实施主体并作为确定案件管辖权的依据。而根据被诉侵权产品包装上标注的“产地：广东深圳”等信息，难以进一步查明、确定被诉侵权产品的制造者或与制造行为有关的事实，不宜直接作为确定本案管辖权的事实依据。在此情况下，广东省深圳市中级人民法院依据《最高人民法院关于第一审知识产权民事、行政案件管辖的若干规定》第二条规定，将本案移送被告住所地杭州市中级人民法院处理并无不当，符合“两便原则”，亦有利于案件事实的查明。

综上，依照《中华人民共和国民事诉讼法》第三十八条第二款、《最高人民法院关于适用〈中华人民共和国民事诉讼法〉的解释》第四十条、第四十一条规定，裁定如下：

原告深圳市小某硅胶生活用品有限公司诉被告浙江森某电子商务有限公司、浙江森某服饰股份有限公司侵害外观设计专利权纠纷一案由浙江省杭州市中级人民法院审理。

本裁定一经作出即生效。

审 判 长 佟 姝

审 判 员 李 丽

审 判 员 马秀荣

二〇二三年十一月二十日

法官助理 林法纲

书 记 员 杨钰桐

图书在版编目（CIP）数据

最高人民法院知识产权审判案例指导 ：最高人民法院知识产权案件法律适用问题年度报告及案例全文. 第16辑 / 最高人民法院民事审判第三庭编. -- 北京 ：中国法治出版社，2025. 4. -- ISBN 978-7-5216-5206-2

Ⅰ. D923.405

中国国家版本馆 CIP 数据核字第 2025J7R884 号

策划编辑/责任编辑：李小草　　封面设计：蒋怡　杨泽江

最高人民法院知识产权审判案例指导：最高人民法院知识产权案件法律适用问题年度报告及案例全文．第16辑

ZUI GAO RENMIN FAYUAN ZHISHI CHANQUAN SHENPAN ANLI ZHIDAO：ZUI GAO RENMIN FAYUAN ZHISHI CHANQUAN ANJIAN FALÜ SHIYONG WENTI NIANDU BAOGAO JI ANLI QUANWEN. DI-16 JI

编者/最高人民法院民事审判第三庭
经销/新华书店
印刷/三河市国英印务有限公司
开本/730 毫米×1030 毫米　16 开　　印张/ 40.25　字数/ 581 千
版次/2025 年 4 月第 1 版　　2025 年 4 月第 1 次印刷

中国法治出版社出版
书号 ISBN 978-7-5216-5206-2　　定价：168.00 元

北京市西城区西便门西里甲 16 号西便门办公区
邮政编码：100053　　传真：010-63141600
网址：http：//www.zgfzs.com　　**编辑部电话：010-63141787**
市场营销部电话：010-63141612　　**印务部电话：010-63141606**

（如有印装质量问题，请与本社印务部联系。）